중국의 길
- 남다른 현대화의 길

中華社會科學基金(Chinese Fund for the Humanities and Social Sciences) 資助

경인문화사

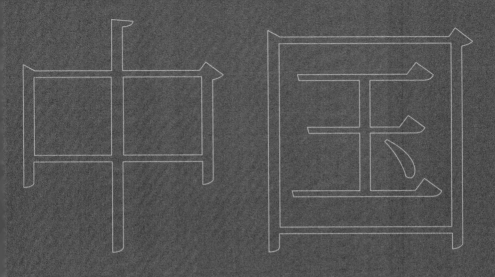

중국의 길

남다른 현대화의 길

賀新元 著

朴英姬 · 徐哲根 · 金春子 · 朴光海 · 韓相禱 譯

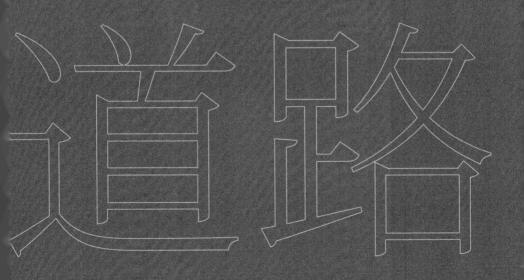

2012년 11월 29일, 중국 공산당 제18차 전국대표대회 폐막 후 시진핑 (習近平) 총서기는《부흥의 길》전시회를 참관하면서 "아편전쟁 이후 170 여 년간 계속된 분투를 통해 중화민족의 위대한 부흥은 밝은 미래를 보여 주고 있다. 지금 우리는 역사상 어느 시기보다도 중화민족의 위대한 부흥 이라는 목표에 더 가까이 다가가고 있으며, 역사상 어느 시기보다도 더 자신감 있고 능력 있게 이 목표를 실현하고 있다"[1]고 지적하였다.

그 후 중국 공산당 중앙기관 간행물인《구시(求是)》는 2013년 2월,《홍 기문고(紅旗文稿)》2013년 제3호에 발표된 재프랑스 중국 학자 쑹루쩡(宋 魯鄭)의 글《중국에 가야만 미래를 볼 수 있다: 중국은 자신감 있는 시대 를 맞이하고 있다》는 글의 전문(全文)을 전재하였다. 저자는 글의 첫머리 에서 "오늘의 중국은 1840년 이래 가장 좋은 시대에 있으며, 오늘의 중국 에는 1840년 이래 가장 좋은 제도가 있으며, 오늘의 중국은 전 세계 각 주요 국가들 중에서 가장 잘 발전한 국가이다"[2]라고 단도직입적으로 말하

---

1 《中华民族伟大复兴是最伟大中国梦, 我们比任何时期都更接近这个目标》,《解放日报》2012 年 11月 30日.
2 宋鲁郑,《只有去中国才能看到未来－中国正迎来自信时代》,《求是》2013年 第9期.

였다. 이것은 무엇을 설명하는가?

오늘의 '중국 특색 사회주의 길'이 1840년 이래 '중국의 길(中國道路)'의 발전 과정에서 최고의 발전 단계라는 것을 설명하는 외에 또 무엇을 설명할 수 있겠는가? 우리가 반드시 '길에 대한 자신감'을 확고히 하는 동시에 함부로 자신을 낮추지 말고 '중국 특색 사회주의 길'을 계속 견지하고 보완해야만 중화민족의 위대한 부흥 목표를 실현할 수 있다는 것을 설명하는 외에 또 무엇을 설명할 수 있겠는가?

마르크스는 1852년 완성한 《루이 보나파르트의 브뤼메르 18일》이라는 책에서 루이 보나파르트 쿠데타 성공 원인을 1848년 혁명 이후 프랑스의 정치, 경제, 사회와 문화의 발전에서 찾아야 한다고 지적하였다. 마르크스는 "사람들은 스스로 자신의 역사를 만들지만 자기 마음대로 만드는 것이 아니며, 자신들이 선택한 조건에서 만드는 것이 아니며, 직접 부딪히고, 기정하고, 과거로부터 물려받는 조건에서 만드는 것이다"[3]라고 했다.

'중국의 길'의 진전은 당연히 마르크스의 이 사상을 따르는 것이며, 중국이 이미 정한, 심지어는 특정한 정치, 경제, 사회, 역사 문화에 기초한 일종의 국정으로, 릴레이식으로 "과거로부터 물려받은 조건하에 창조된" 것이다.

'중국의 길'은 중국 사회의 한 차례 어렵고 위대한 전환으로 볼 수 있다. 즉 농업사회로부터 공업사회로 전환, 폐쇄적 사회에서 개방적 사회로 전환, 전통 문명사회에서 현대 문명사회로 전환이라고 표현할 수 있다. 실제로 이러한 전환은 청나라 말기(정확히는 1840년)에 이미 시작되었는데, 지금까지 이미 세기를 뛰어넘어 170여 년을 경과하였다. 오늘까지 이러한 전환은 여전히 철저히 완성되지 못한 방안으로, 아직도 '진행형'이다. 당

---

3 《马克思恩格斯文集》第2卷, 人民出版社, 2009, 470-471쪽.

의 18대가 열린 새로운 역사적 출발점에서 '중국의 길'이라는 오래된 문제를 다시 논하는 것은, 인류사회 발전 법칙에 따라 질서 있게 역사 발전을 추진하는 것이고, '중국 특색 사회주의 길'의 역사적 필연성에 대한 이성적이고 심도 있는 사색이다. 왜냐하면 이는 중화민족의 위대한 부흥이라는 '중국꿈(中國夢)'의 실현과 관련되고, 또한 학자들의 역사적 책임감에 대한 강력한 외침과 사상적 고문이기 때문이다.

'중국의 길'은 아직도 완성되지 못한 방안이기에, 그 진로에 좌절과 반복이 생기는 것은 피할 수 없는 현실적 문제이다. 이미 경험한 중국 혁명의 길, 중국 건설의 길은 어떻게 개척되어 왔고, 그 과정에서 얻은 경험과 교훈에 대해 우리는 어떻게 분석하고 결론지을 것인가? 오늘까지 걸어온 '중국 특색 사회주의 길'에 대해 미래의 경로를 어떻게 개척할 것인가? 이 역시 '중국꿈'이 실현될 수 있을지를 결정하는 뛰어넘을 수 없는 현실적인 문제이다. 이러한 문제에 대해 심도 있는 연구와 논의를 전개하여 보다 큰 범위에서 공감대를 찾는 것이 바로 이 책이 이루고자 하는 중요한 목표이다.

170여 년 동안 중국은 중화민족이 생존을 추구하고 발전을 도모하는 각종 변혁과 혁명운동 과정에 장기간 처해 있었다. 양무운동, 유신변법, 신문화운동을 거쳐 1911년 신해혁명에 이르기까지 중국 인민은 각 계층 유지인사들의 지도 하에 '중국의 길'을 탐색하는 과정에서 수없이 배회하였고, 시행착오도 여러 차례 범하였다. 마르크스-레닌주의가 중국에 전파되고 중국 공산당이 탄생되기까지 대혁명, 토지혁명전쟁, 전민족 항일전쟁, 전국 해방전쟁을 거쳐 1949년 중화인민공화국이 성립될 때까지, 또 3년 경제회복과 사회주의 3대 개조 완성 후 사회주의 기본 제도가 수립될 때까지 중국 공산당은 중국 인민을 이끌어 성공적으로 중국 특색의 혁명의 길을 개척하였다.

'대약진', 인민공사화 운동에서 '문화대혁명'까지, '소련 일변도(一邊倒)'에서 중·소 논쟁, 중·소 관계 파열, 중·미 양국이 연합하여 소련에 대항한 시기까지 중국 공산당은 우여곡절 중에서 사회주의 건설의 길에 대해 어렵게 탐색하여 경험을 쌓는 동시에 심오한 교훈도 남겼다. '4인방'을 타도한 시기부터 1978년 중국 공산당 11기 3중전회에서 경제건설을 중심으로 하는 개혁개방을 실시한 때까지, 12차, 13차, 14차, 15차, 16차, 17차 당대회를 거쳐 중국 공산당은 또 다시 끊임없이 발전하고 완벽해지는 '중국 특색 사회주의 길'을 개척하는데 성공하였다. 17대 보고서는 이 길을 '중국 특색 사회주의 길'이라 명확하게 명명하였다. 이로써 '중국의 길'의 진전은 '중국 특색 사회주의 길'로 한동안 이어진다.

이 일련의 시행착오, 혁명, 건설, 개혁운동의 뒤에는 강한 원동력이 잠재하고 있었던 바, 이것은 바로 민족의 독립과 인민의 해방을 쟁취하고 국가의 부강과 인민의 행복을 도모하는 것이었다. 역사적으로 보면 이러한 일련의 운동은 자발적인지 여부를 떠나, 또 소망의 여부를 떠나 모두 서방의 군사적 위협 아래에서 서방을 본받아 배우고 경험을 받아들인 것이라는 데 대해서는 더 말할 필요가 없다. 그 기간에 기물(器物) 차원의 서양화, 제도 차원의 '서양화', 사상 차원의 '서양화', 전반적인 '서양화', 그리고 마르크스주의 중국화와 자본주의를 이용한 사회주의 발전 과정을 거쳤다. 170여 년 동안 중국은 경제, 정치, 문화, 예술, 사회, 생활형태 면에서도 크고 심각한 변화가 일어났고, 여기에는 서방의 흔적이 적지 않았다.

근본적으로 말하면 이러한 변화는 중국이 현대화를 추구하는 과정에서 이루어진 것이었다. 그러므로 170여 년 동안 진행된 일련의 운동은 사실상 다른 차원, 다른 영역에서의 중국 현대화였다. 역사적으로 보면 중국의 현대화는 매우 명확한 방향이 있는 역사 과정인 바, 전통 문명사회에서 현대 문명사회로 변형하는 건설 과정이었다. 우리는 중국 현대화의 구축은 절대적으로 국가의 부강함을 구하는 것일 뿐 아니라 더 중요한 목표는 민족 진흥과 인민의 행복을 구하고, '자유인 연합체'의 실현을 구하는 것이라는 점을 명확히 알아야 한다.

'중국의 길'은 자체의 특수한 '기본 문제'가 있는데, 그것은 바로 중국이 기존의 사회 환경 속에서 어떻게 '중국의 운명' 문제를 해결할 것인가이다. 이러한 문제는 중국 사회 실천 속에서 점차 제기된 것으로 마오쩌둥(毛澤東), 덩샤오핑(鄧小平), 쟝쩌민(江澤民), 후진타오(胡錦濤)를 주요 대표로 하는 중국 공산당원들이 점차적으로 해답하고 계속해서 개척한 것이었다. '중국의 길'의 개척에는 결정적인 전진 방향과 의지의 힘 등의 문제가 존재한다. 중국 공산당은 이 두 가지 문제를 이미 해결하였다고 본다. 중국 공산당은 탄생 이래, 줄곧 마르크스주의를 지도 사상으로 하고 공산주의 실현을 최종 목표로 했으며, 노동자·농민연맹을 주체로 하는 광범한 인민대중을 주요 의지의 힘으로 하였다. 역사는 인민이 창조한 것이다. 그러나 인민의 역사 창조 활동은 국정(國情), 세정(世情)이 내포하고 있는 '객관적 가능성'에서 출발할 수밖에 없고, 일정한 가치 기준으로 역사의 발전을 추진하는 인민의 역할을 판정할 수밖에 없었다.

어떻게 인민대중의 실천 활동의 역사 발전 방향이 정확하다고 판정할 것인가? 마오쩌둥은 《연합정부를 논함》이라는 저서에서 두 가지 기준을 제시했다. 하나는 역사가 사회 생산력을 해방하고 발전시키는 기준을 향해 전진하도록 하는 것이고, 다른 하나는 역사가 "가장 많은 인민대중의 최대 이익에 부합한다"는 기준으로 발전하도록 하는 것이다. 인민대중의 실천이 이 두 가지 기준에 부합하기만 하면, 역사는 중국 공산당이 예측한 방향으로 전진할 것이다. 170여 년 동안의 실천은 인민이 '중국의 길'을 선택했음을 증명한다.

'중국의 길'은 중국 사회 발전 역사의 자연적인 발전 과정이고 역사적 합법성을 갖고 있으며, 역사가 '중국의 길'을 선택한 것이다. 그러나 역사가 선택했다 해서 우리가 한번 고생으로 영원히 편해지는 것은 아니다. 우리는 역사의 경험과 교훈을 총결집하여 미래의 진로를 모색하고, 역사가 미래의 중국의 길을 더 잘 밝힐 수 있도록 해야 한다.

문명만이 나라를 세울 수 있으며 중국의 현대화 과정은 사실 문명이 전환되는 하나의 과정이다. 실사구시적으로 말하면, 중국 전통사회의 문명질서는 이미 무너지고 해체되었지만, 중국 현대 문명질서는 아직 완전히 수립되지 않았으며, 오늘날에도 여전히 사회 대변형 과정 중에 처해 있다. 시행착오는 왕조 교체를 유발하고, 혁명은 국가의 독립을 추진하며, 건설은 사회 기반을 다지며, 개혁은 중국 사회의 기물제도(器物制度)에서 가치체계에 이르기까지 문명 형태의 전환을 맞이하였다.

중국이 현대화를 추구하고 중국 현대 문명의 전환을 도모하는 과정에서 불가피하게 구미의 선진 자본주의 국가들이 선행하는 문명의 형태를 참조하고 거울로 삼았으며, 세계 최초의 사회주의 국가 소련의 문명 성과를 참조하고 거울로 삼았으며, 같은 유교문화권에 속하는 인근 국가인 일본[4] 문명의 성과를 참조하고 거울로 삼았으며 또한 기타 개발도상국의 문명 형태를 참조하고 거울로 삼았음은 의심할 여지가 없다.

계몽운동이 낳은 새로운 문명 형태의 유럽과 제2차 세계대전을 통해 부상한 미국은 자연스럽게 '서방 현대화'의 모범으로 된 것은 의심할 여지가 없는 사실이다. 마찬가지로 러시아 10월혁명 이후 수립된 세계 최초

---

4 19세기 60년대, 일본은 메이지유신을 거쳐 탈아입구(脫亞入歐)하여 성공적으로 현대화를 실현하였다. 일본은 비서방 국가가 서방 현대화를 모델로 현대화를 실현한 첫 번째 국가라고 말할 수 있다. 물론 일본 현대화는 서방을 모델로 했지만 여전히 강력한 일본 문화의 성격을 보존하고 있다. 때문에 일본의 현대화는 서방 현대화와 완전히 같은 것은 아니며 단순한 복제가 아니라 창의적인 것으로, 양자 사이에는 '공통점'도 있고 '차이점'도 있다.

의 사회주의 국가는 구미 현대화 궤도의 옆에서 마르크스주의 기본 이론에 따라 또 다른 인류사회 발전의 현대화 길을 개척하였다. 얼마 지나지 않아 1950, 1960년대 사회주의 현대화는 구미 자본주의 문명에 도전하고 위협하여 서방 문명의 봉쇄를 불러일으켜 두 개 문명의 대치 상태가 형성되었고 냉전시대가 시작되었다. 한때 사회주의 국가들은 마르크스주의의 근본에 지나치게 빠져 제도의 우월성에 스스로 기뻐하여 낭만적인 공산주의 대안의 자유왕국의 이상에서 방향을 잃은 가운데 소련에서는 스탈린(Stalin) 모델이 만들어졌고, 중국에서는 문화대혁명이 일어났다. 동유럽의 급변, 소련의 해체, 사회주의의 실천은 세계적 범위에서 정도 다른 문제점과 이화 현상이 나타났고, 국제 공산주의 운동은 추락되고 사회주의 현대화의 길은 심히 좌절되었다. 이 역시 의심할 여지없는 사실이다.

미국 학자 프랜시스 후쿠야마(Francis Fukuyama)는 세계는 이미 인류의 이데올로기 진화 과정의 종착점에 도달했고, 서방의 자유민주 체제는 인류 마지막 정치체제 형식이 되었다는 결론을 내렸다. 이러한 서방 자유주의자들의 편집증이 짙은 '역사의 종말'론은 이후의 역사 발전에서 자본주의 현대화에 더 많은 영예를 가져다주지 못했고, 사회주의 현대화에 종지부도 찍지 못했으며, '중국 특색 사회주의' 실천에 의해 철저히 분쇄되었다.

1978년부터 시작된 중국의 개혁개방은 중국과 중국 공산당을 쇠망의 길로 밀어부치는 '문화대혁명'의 위기를 바로 잡고 중국 특색 사회주의 건설의 길을 개척했다. 그러나 미국은 자유와 민주를 수호한다는 구실로 유럽의 주요 국가들과 연합하여 걸프(Gulf)에서 두 차례의 이라크 전쟁, 그리고 그후의 아프가니스탄 전쟁과 리비아 전쟁을 일으켰다. 이는 두 차례의 세계대전에서 이미 서방 현대성의 암흑면이 심각하게 폭로된 후, 또다시 그들의 패권 정치 성격이 여지없이 폭로되었으며, 한편으로는 서방 현대화는 사실상 전 세계의 기타 국가들의 모델이 될 수 없다는 것을 증명했다. 또 다른 한편으로는 2008년 10월, 미국 월가(Wall Street)에서 시작된 금융위기는 전 세계적인 금융위기와 세계적 경제위기로 번졌다. 서방 학자들은 그 원인은 바로 자본주의 경제질서 내부의 심층구조, 도덕적 결함과 자본 탐욕에 있다고 인정한다. 그리하여 구미 학계와 정계에서 서방 현대화 성격에 대한 비판과 반성을 불러 일으켰고, 곧 조슈아 쿠퍼 레이머(Joshua Cooper Ramo)의 '베이징 컨센서스'가 나왔으며, 서방학자가 제기한 '중국 모델'이 나왔다. 한때 '중국 특색 사회주의 길'은 세계적으로 논의되는 키워드가 되었고, 마치 서방 자본주의 현대화를 완전히 대체할 수 있는 하나의 방안임이 이미 증명된 것 같았다.

물론 현대화 방안은 끝이 없는 시험에 처해 있다. 구미 국가는 자신의 현대화의 길에 대해 비판과 반성을 하는 과정에서 부단히 수정하고 있다. '중국 특색 사회주의 길'의 성공적 개척은 고난과 휘황찬란함을 겪었지만, 앞으로의 실천 과정에서 끊임없이 바로잡고 발전해야 하는 것은 부인할 수 없다.

현재 중국의 부상은 이미 사실이다. 16세기 이래 서방이 장기간 세계 지배적 지위에 있던 국제 구도가 바뀌어야 한다. 세계화를 계기로 30여 년 동안 개혁개방을 실시하여온 중국은 이미 국제질서의 변두리에서 중심으로 향하고 있으며, 중국이 설 수 있는 세계 무대는 갈수록 넓어지고 있다. 중국이 100여 년 동안 추구해 온 국가 부강의 꿈은 이미 상당한 부분에서 실현되었으며 국내총생산 세계 순위는 1978년 15위에서 2010년에는 일본을 초월하여 2위로 상승하였다. 우리는 중화민족의 위대한 부흥의 꿈을 실현하는 목표에 점점 가까워지고 있다. 그러나 21세기의 전진 과정에서 불가피하게 여러 가지 내외적 도전에 직면하게 되고 시련을 겪게 될 것이다. 이러한 현실 속에서 우리는 자신에게 중국의 앞길은 순풍에 돛을 단 것마냥 순조로울 것인가 하는 질문을 던지지 않을 수 없다.

전 세계를 둘러보면, 진정한 강대국은 강대한 군사력과 경제력이 있어야 할 뿐 아니라, 강대한 지식역량과 문화역량을 가져야 하며, 특히 현대적 핵심 가치체계, 즉 자신만의 특색을 가진 현대문명 모델을 만들어야 한다. 이 기준에 따라 중국은 100여 년간의 현대화 운동의 노력을 거쳐 오늘날의 성과를 이루었고, 진정한 비전인 중국 현대문명의 질서의 구조 전환 성공과 구축까지는 (구체화하면 '두 개의 100년' '세 가지는 반드시 실현이다'[5]) 아직 갈 길이 멀며, 아직 많은 부족한 점과 어려움, 문제점이 존재한다. 이는 주로 아래와 같은 몇 가지 측면에서 나타난다.

발전 과정에서 불균형하고 조화롭지 못하며 지속적이지 못한 문제가 여전히 존재한다. 과학기술 창조 능력이 떨어지고 산업구조가 불합리하며 농업 기반이 여전히 취약하고 자원환경에 대한 제약이 격화되며 과학발전 체제를 제약하는 장애가 비교적 많고, 개혁개방을 심화하고 경제발전 방식을 전환하는 임무가 막중하다. 도시와 농촌의 지역 발전 격차와 주민 소득 분배격차는 여전히 크다. 사회 모순이 뚜렷하게 증가되고 교육, 취업, 사회보장, 의료, 주택, 생태환경 보호, 식약품 안전, 사회치안, 사법 집행 등 인민대중의 절실한 이익과 관련된 문제점이 많으며 일부 주민들의 생활이 비교적 어렵다. 일부 분야에서는 도덕의 규범을 잃고 신용과 성실이 부족하며, 일부 간부들의 과학발전을 지도하는 능력이 떨어지고, 일부 기층 당조직이 취약하고 산만해지고 있으며, 소수의 당원 간부의 이상과 신념이 동요되고 취지 의식이 희박하며, 형식주의, 관료주의 등 문제가 뚜

---

5 중국 공산당 창건 100년이면 전면적으로 샤오캉(小康) 사회를 건설한다는 목표는 반드시 실현될 것이고, 신중국 수립 100년이면 부강, 민주, 문명, 조화된 사회주의 현대화 국가를 건설한다는 목표는 반드시 실현될 것이며, 중화민족의 위대한 부흥의 꿈은 반드시 실현될 것이다.

렷하게 나타나며, 사치를 부리고 낭비하는 현상이 심각하다. 일부 영역에서는 소극적이고 부패 현상이 자주 나타나 반부패투쟁의 형세가 여전히 심각하다는 것 등등이다.

시진핑 총서기는 "올바른 길 찾기가 얼마나 쉽지 않은가"[6]라고 하며, '중국 특색 사회주의 길'은 "개혁개방 30여 년의 위대한 실천 속에서 나왔고, 중화인민공화국이 수립된 지 60여 년의 지속적인 탐색 속에서 나왔으며, 근대 이래 170여 년의 중화민족의 발전 역정에 대한 깊은 총화에서 나온 것이며, 중화민족에 대한 5천여 년의 유구한 문명의 전승 속에서 나온 것이며, 깊은 역사적 연원과 광범위한 현실적 기초를 가지고 있다"[7]라고 말하였다. 지금 중국은 사회 대전환의 결정적 시기에 처해 있다. '중국 특색 사회주의 길'에서 중국 사회를 현대 문명질서로 성공적으로 전환하려면 적어도 세 가지 방면의 자원을 섭취해야 한다. 첫째, 20세기 사회주의 실천의 역사 경험의 교훈에서 영양을 섭취하는 것인데, 이것은 사회주의 측면에서 나온 것이다. 둘째, 15세기 이래 자본주의가 걸어온 길 및 그 경험의 교훈에서 시사점을 찾아야 하는 것인데, 이것은 자본주의 측면에서 나온 것이다. 셋째, 세계대전 이후 새롭게 독립한 개발도상국들이 걸어온 길과 그 과정에서 부딪친 어려움에서 영감을 얻는 것인데, 이것은 개발도상국들의 측면에서 비롯된 것이다.[8]

섭취한 자원은 반드시 중국 자체의 문화(전통문화, 혁명문화, 건설문화, 개혁개방 문화를 포함)와 결합하고, 특히 5천여 년 역사의 유구한 문명과 결합해야 한다. '중국 특색'이 내포하고 있는 주요한 의미 중 하나는

6 《中华民族伟大复兴是最伟大中国梦, 我们比任何时期都更接近这个目标》, 《解放日报》 2012 年 11月 30日.

7 习近平 2013年 3月 17日 在全国人大闭幕会上的讲话, 《人民日报》 2013年 3月 18日.

8 参见萧冬连, 《国步艰难－－中国社会主义路径的五次选择》, 社会科学文献出版社, 2013, 238쪽.

중국 문화의 특색이다. 다시 말하면 중국이 구축하려는 사회주의 현대화 문명질서는 중국 문화 성격을 지닌 현대 문명질서의 일종이다. 이는 한 세대 또 한 세대의 중국 인민들의 공동의 노력이 필요하며, 덩샤오핑이 언급한 바와 같이 "우리 몇 세대, 십 여 세대, 심지어 몇 십 세대 후세들의 지속적인 노력과 분투가 필요하다."[9] 비록 현재 자본주의가 전 세계에서 주도적 지위에 놓여 있지만 '중국 특색 사회주의 길'은 전 세계 자본주의와의 장기적 대결에서 반드시 찬란한 빛을 발산할 것이며, 중화민족의 위대한 부흥의 꿈을 실현할 것이다.

이 책은 필자가 다년간 '중국의 길'을 고민하고 연구하여 종합한 단계적인 성과로서, 본문 중의 견해와 사회상의 견해가 다소 차이가 있을 수 있다. 그러나 가능하면 문제의식 속에서 중국의 이론, 중국의 학술로 '중국의 길' 진화의 자연과 역사를 통일한 궤적을 해석하려 애씀으로써 '중국의 길' 발전의 필연성을 충분히 논증하고, '중국 특색 사회주의 길' 발전의 기적을 해석하여 '중국 특색 사회주의 길'의 독특한 창조, 이론의 독특한 공헌, 제도의 독특한 우월성을 충분히 과시하였다.

이 단계적 성과를 내놓은 목적은 독자들이 비판할 수 있는 표적을 제공하여, 공평하게 교류하고 서로 의논하는 학술의 장을 마련하여 향후 더욱 심도 깊은 연구를 추진하고자 하는 데 그 취지가 있다.

---

9 《邓小平文选》第3卷, 人民出版社, 1993, 379-380쪽.

상편
'중국의 길'의 역사적 발전

중편
'중국의 길'의 해독(解讀)

하편
'중국의 길'의 문명적 의의

中 国 道 路

머리말

Ⅰ. '길(道路)'은 '추상'과 '구체'의 변증 통일이다

중국 전통문화에서 '도(道)'와 '로(路)'는 서로 구별된다. '도(道)'는 초기 금문(金文) 纊 = 犭(行, 행, 四通의 대로) + 𦣻(首, 수, 대인) + 㞢(止, 지, 걷기)를 합쳐 "갈림길에서 길을 안내한다"는 뜻을 표시한다. 문자를 만들 때의 본의는 길 안내가 되어 방향을 잃은 사람들에게 길을 안내한다는 뜻이다. 주로 '경로(途徑), 방법, 규칙(規律)', '진리, 정의', '무형의 현묘한 문, 유형 세계의 기원', '길 안내, 길 안내자', '해설, 설명, 생각을 표현함', '사통팔달의 대로'라는 의미로 활용된다.

'로(路)'는 금문(金文) 𨟠 = 𠯢 + 𨾛에서 문자를 만들 때 본의는 족(足, 발 족)과 각(各, 각기 각)을 합쳐 "제각기 발을 내디딘다"는 뜻이다. 주로 '행차할 통로', '실마리, 순서', '줄, 대열'이라는 뜻으로 활용된다.

금문(金文)의 뜻에서 분석하면, '도(道)' 자는 "두뇌의 지시에 따라 걸어간다"라고 이해할 수 있다. 즉 명확한 목표와 불명확한 경로 사이에서 분석, 사고, 탐색을 거쳐 모색한 통행 가능한 경로이다. 때문에 중국의 고대인들은 '道' 자를 활용하여 도리(道理), 법칙(法則), 규칙(規律) 등과 같은 추상적 개념들을 나타냈다. 예컨대 노자(老子)가 말한 "도라고 할 수 있는 것도 항상 도가 아니다(道可道, 非常道)"라든가, '치국지도(治國之道)', '위인지도(爲人之道)', '양생지도(養生之道)' 등이다. '路' 자는 "모든 길은 로마와 통한다"는 속담처럼 사람들이 발만 내디디면 목적지에 도달할 수 있다는 구체적인 경로를 의미한다. 이러한 의미에서 본다면 '도(道)'는 주로 추상적인 것을 말하고, '로(路)'는 구체적인 것을 말한다. 두 글자를 합쳐 '도로

(道路)'라고 하는데, 그 뜻은 형이하학(形而下學)적인 구체적인 '로(路)'의 개척은 반드시 형이상(形而上)적인 추상적인 '도(道)'의 지도가 뒷받침되어야 한다는 것이다. 마르크스주의 변증법은 우리에게 추상은 구체를 떠날 수 없고, 구체도 추상을 떠날 수 없으며, 양자가 유기적 통일을 이루는 것만이 세상 만물의 객관적 존재임을 알려주고 있다. '도로(道路)'가 포함하고 있는 추상과 구체의 변증법적 통일 사상은 '중국의 길(中國道路)'이라는 명제에서도 남김없이 구현되고 있다.

사실상 '중국의 길'에 대해 역사는 이미 대답하였고, 인민들은 이미 선택하였다. '중국의 길'의 '로(路)'는 중화민족의 부흥의 길과 중국 현대화의 길을 가리킨다. '중국의 길'의 '도(道)'가 해결해야 할 일은 '중화민족 부흥의 길'을 어떻게 갈 것이고, 중국 현대화의 길을 어떻게 실현할 것인가?라는 과제이다. 도대체 어떻게 가야 하고, 실현해야 하는가 하는 것이다. 역사와 인민의 해제(解題)는 중국의 국정과 시대적 특징을 긴밀하게 결합하여 사회주의 길을 창조적으로 견지하며 인민민주 독재를 견지하고 중국 공산당의 영도를 견지하며 마르크스-레닌주의와 마오쩌둥 사상을 견지한다는 것이다. 이러한 '한 가지 결합과 네 가지 견지'가 바로 '중국의 길'의 '도(道)'의 요의(要義)와 정수(精髓)이다. 그러나 이론상의 증명은 역사적 증명을 대체할 수 없고, 역사적 증명은 반드시 논리적 분석이 필요하며, 논리적 분석은 역사의 생활 속에서 검증되어야 한다.

II. '중국의 길'은 역사적 기점과 논리적 기점의 변증법적 통일이다

2013년 1월 5일, 시진핑(習近平) 총서기는 새로 선출된 중앙위원회 위원과 후보위원들을 대상으로 열린 당의 18대의 정신을 학습하고 관철하는 세미나 개강식에서, 길 문제는 당의 흥망성쇠, 성공과 실패에 관계되는 첫 번째 문제로서, 길(道路)이 바로 당의 생명이라고 말하였다.

그러므로 '중국의 길'에 대한 연구는 중대한 이론적 가치와 실천적 가치를 가지고 있다. '중국의 길'이 어떠한 '길'인가를 이해하려면 우선 '중국의 길'의 역사적 기점과 논리적 기점을 확실히 해야 한다.

'중국의 길'의 역사적 출발점은 어디서 시작되었는가? 현재 학계에 다른 관점들이 있는데, 대략 네 가지로 귀납할 수 있다. 첫 번째 관점은 1978년부터 실시한 개혁개방을 역사적 출발점으로 정하고, '중국의 길'은 개혁개방 과정에서 형성된 '중국 특색 사회주의 길'이라고 본다. 두 번째 관점은 1949년 중화인민공화국 성립을 역사적 출발점으로 정하고, '중국의 길'은 중국 사회주의 혁명, 건설과 개혁의 길이라고 본다. 세 번째 관점은 1921년 중국 공산당 창건을 역사적 출발점으로 정하고, '중국의 길'은 중국 공산당이 각 민족 인민들을 영도하여 신민주주의와 사회주의 혁명, 그리고 사회주의 건설과 개혁개방을 진행하는 길이라고 생각한다. 네 번째 관점은 '중국의 길'은 중화민족의 위대한 부흥의 길이고, 그 역사적 출발점은 1840년의 아편전쟁이라고 본다. 그렇다면 왜 부흥이라 하는가? 이는 1840년 아편전쟁부터 중화민족이 서방 국가의 침략과 착취의 대상으로 전락되어 100년간의 굴욕 단계에 들어섰기 때문이다. 앞의 세 가지 관점은 모두 일리가 있어 보이지만, 역사적 환경이나 국제적 지연(地緣) 변화에 대한 파악이 부족하여 맹인이 코끼리를 만지는 감이 든다. 네 번째 관점은 역사적 출발점과 논리적 출발점의 통일을 구현하였다.

그러면 중국은 도대체 어떠한 현대화의 길을 가야 하는가에 대해 1840년부터 중국 인민들의 탐구의 눈길이 모아지기 시작했다. 이 시기부터 '중국의 길'에 관한 문제는 논쟁 중에서 탐구해 왔고, 탐구 과정에서 시행착오를 범하고, 시행착오 중에서 발전하고 보완되었다. 이러한 과정을 거처 중국 인민은 시행착오 중에서 중국 혁명의 길과 건설의 방향을 모색해 냈고, 개혁개방 과정에서 '중국 특색 사회주의 길'을 만들어냈다.

물론 '중국의 길'은 하나의 시공(時空)적인 개념이며, 일정한 시간과 공간 속에서 탐색, 형성, 발전, 연장된 것이다. 여기에서 말하는 '일정한 시간'이란 1840년 제1차 아편전쟁부터이고, '일정한 공간'이란 지리적 공간뿐 아니라, 특히 중국이 서방 자본주의의 식민지 확장에 조우(遭遇)한 정치, 경제, 문화적 공간을 말한다. 시간적으로 '중국의 길'은 진행형만 있을 뿐 완료 시간은 없다. 공간적으로 '중국의 길'은 중국만의 특색을 가지고 있을 뿐 아니라 세계적 의의도 가지고 있다.

'중국의 길'의 역사적 출발점은 마땅히 1840년 아편전쟁으로 정해야 한다. 그 주요한 이유는 아래와 같다. 외적 요인인 경우, 서방 자본주의는 선진 산업문명을 무기로 삼아 승승장구하여 전 세계적으로 식민지를 확장할 때, 서방 사람들의 눈에는 풍요로운 '동방 제국'이 자연스럽게 식민지 확장의 주요 대상이 되었다. 그리하여 1840년이 중국이 서방과의 공간적 조우(遭遇)가 시간적으로 표현된 해가 되었고, 비록 이 한 걸음이 서방의 무력의 위협 하에 어쩔 수 없이 전개되었지만, 이 역시 중국 전통문명과 서방 자본주의 산업문명이 정면으로 깊게 '접촉'한 결정적 한 걸음이기도 하다.

내적 요인인 경우, 중국이 수천 년에 걸쳐 수립한 중앙왕조와 주변 속국 간의 '화하질서(華夏秩序)'나 '천조예치 체계(天朝禮治體系)'는 비록 그 당시에는 세계적으로 큰 영향력을 가지고 있었고, 또 중국에 대적하거나 대등하게 맞설 수 있는 기타 국가의 역량이 미처 나타나지는 않았지만, '천하유아독존(天下唯我獨尊)'이라는 올가미에 스스로 목이 졸린 청나라는 외부 세계에서 일어나고 있는 개혁을 무시하고 여전히 자신을 '천조제국(天朝帝國)'의 '천정' 아래에 가두어 놓음으로써 정치, 경제, 문화, 과학기술 등 분야에서 중화민족이 전부 서방 자본주의 국가들에 비해 뒤처지게 하였다. 1840년 아편전쟁 이후, 서양인들의 공격 하에 비로소 몽롱한 두 눈을 겨우 뜨기 시작했지만, 눈에 들어온 것은 온통 상처투성이의 광경이었다. 중국은 점차 반식민지 반봉건 국가로 전락하기 시작했다.

이상 내외적인 요인을 종합적으로 보면, 1840년 아편전쟁은 중화민족의 진로와 운명의 분수령으로 되었다. 중국의 오래된 체제('華夏秩序' 혹은 '天朝禮治體系')와 전통 농업문명은 서방의 신구 열강과 새롭게 부상한 일본의 충격 하에 점차 해체되고 전환되기 시작했다. 이때부터 중화민족은 극심한 고통 속에서 봉건주의의 착취와 압박에 시달리는 동시에 잇따라 서방 자본주의와 일본 파시즘의 침략을 받고 그에 대해 저항하면서 중화민족 부흥의 길을 개척하기 시작했다.

18차 당대회를 마치고 새로 출범한 시진핑 총서기는 기타 정치국 상무위원들과 함께 '부흥의 길' 전시회를 참관하면서 "지금 사람들은 모두 '중국꿈'에 대해 토론하고 있는데, 나는 중화민족의 위대한 부흥을 실현하는 것이 바로 중화민족의 근대 이래 가장 위대한 꿈이라고 생각한다"고 말했다. 이 말은 '중국의 길'의 역사적 출발점이 1840년이라는 권위적인 해석이며, 또한 중화민족의 위대한 부흥이 '중국의 길'의 논리적 출발점임을 지적한 것이다.

중화민족의 위대한 부흥이 '중국의 길'의 논리적 출발점이 되는 것은 당연한 것이다. 논리적 출발점은 일종의 이론이나 사상적 시작의 범주로서 종종 시작 개념의 형식으로 표현된다. 일반적으로 이는 반드시 아래 네 개 요건을 동시에 만족해야 한다. 첫째, 논리적 출발점은 하나의 가장 기본적이고 가장 간단한 질(質)적 규정이다. 둘째, 이 논리적 출발점은 그 이론 또는 사상의 연구 대상을 구성하는 기본 단위이다. 셋째, 이 논리적 출발점의 내용이 그 이론과 사상 발전의 전반에 관통되어 있다. 넷째, 이 논리적 출발점의 범주는 완전한 과학이론 체계를 형성하는데 도움이 된다.

따라서 '중국의 길'의 논리적 출발점은 '중화민족의 위대한 부흥'에 귀속되어야 한다. '중화민족의 위대한 부흥'은 '중국의 길'에 대한 연구 중에서 가장 기본적이고 가장 간단한 질적 규정이고, '중국의 길'을 연구하는 가장 기본적 개념으로서 '중국의 길' 전반 발전 과정에 관통되어 있으며, 또한 이 기본 범주를 활용해야 비로소 '중국의 길'의 필연성, 객관성과 완전성을 더 잘 이해하고 연구할 수 있다. 이는 1840년 아편전쟁이 '중국의 길'의 역사적 출발점이라는 것과 완전히 대응된다.

논리와 역사는 통일된 것이고, 역사적 출발점인 동시에 논리적 출발점도 된다. 엥겔스는 "역사가 어디서부터 시작되면 사상 발전도 반드시 어디서부터 시작되어야 하고, 사상의 진일보한 발전은 역사의 과정이 추상적이고 이론적으로 일관 형식상의 반영에 불과하다. 이러한 반영은 수정을 거친 것이지만 현실의 역사적 과정 자체의 법칙에 의해 수정되는 것이다. 이때 요소 하나 하나가 완전히 성숙되고 전형적으로 발전하는 점을 살펴볼 수 있다"[1]고 말하였다.

역사적 출발점과 논리적 출발점이 통일된 '중국의 길'은 서방과 다른 현대화의 길이며, 그 앞날은 밝지만 그 발전 과정은 순탄치 않았다. 1840년부터 중국은 전성기에서 쇠퇴기로 접어들어 점차 반식민지 반봉건사회로 전락되기 시작했고, 중화민족은 서방 자본주의 열강들이 제멋대로 분할하는 경지에 깊이 빠져 들어가는 동시에 서방 자본주의 식민지배 하에서 피동적으로 자본주의 세계 체제에 말려드는 과정에서 자신의 현대화의 길을 탐색하기 시작했다. 그리하여 1840년부터 중국은 제국주의와 봉건 통치를 반대하고 민족 해방과 국가 독립을 쟁취하며 국가 부강과 민족

---

1 《马克思恩格斯文集》第2卷, 人民出版社, 2009, 603쪽.

부흥을 실현해야 한다는 두 가지 역사적 임무를 짊어지게 되었다. 1840년부터 중국은 쇠락에서 번성하여 점차 위대하고 강성 국가로 발돋움하였으며, 중화민족은 거듭되는 실패와 좌절 속에서 분발하여 서방과는 다른 현대화의 길을 탐색하였다. 이 길은 각 계층의 어질고 뜻이 있는 지사들이 나라와 민족을 멸망으로부터 구하고 생존을 위해 용감하게 탐구한 길이며, 중국 공산당이 각 민족 인민을 영도하여 중화민족의 위대한 부흥을 위해 개척하여 온 밝은 길이다.

일정한 역사 단계 및 그 단계에서 맡은 역사적 임무를 기준으로 볼 때, 170여 년 동안 걸어온 '중국의 길'을 두 개의 역사 단계와 네 개 시기로 구분할 수 있다. 첫 번째 역사 단계, 즉 첫 번째 시기는 1840년부터 중국 공산당 창건까지의 80년이다. 이 시기 각 분야의 어질고 뜻있는 지사들이 나라와 민족을 멸망의 위기에서 구하고 생존을 도모하기 위해 여러 시도와 노력들이 비록 실패와 좌절을 거듭하고 피와 생명이라는 크나큰 대가를 치렀으나, 그러한 시도와 노력은 결코 헛되지 않았고, '중국의 길'에 대한 깊은 인식과 올바른 선택으로 이어졌다. 이 길은 바로 어질고 뜻있는 지사들이 "반식민지 봉건사회에서 나라와 민족을 멸망의 위기에서 구하고 생존을 도모하기 위해 탐구한 길이다." 두 번째 역사 단계는 중국 공산당 창건부터 시작하여, 주로 중국 공산당이 앞사람들의 탐색 과정에서 거듭해 온 시행착오를 바탕으로, 전국 각 민족과 인민들을 영도하여 마르크스주의 기본 원리를 중국의 구체적인 현실과 시대 특징에 결부하여 끊임없이 국가의 독립, 민족의 해방, 국가의 부강과 인민의 행복을 선도하고 중화민족의 위대한 부흥과 현대화를 실현한 과정이다. 이 단계를 세 개 시기, 즉 혁명, 건설, 개혁개방으로 나눌 수 있다. 세 개의 시기를 거쳐 최종적으로 '중국 특색 사회주의 길'을 배태하였다.

'중국의 길'은 네 개 시기가 합쳐진 두 개의 역사 단계에서 형성되었는

데, 첫 번째 역사 단계는 비교하고, 시행착오를 거듭하는 시기이며, 두 번째 역사 단계는 길을 선택하고 실천에 옮기는 시기이다. 전자는 기초이고 전제이며, 후자는 꽃을 피우고 열매를 맺는 시기, 즉 '중국 특색 사회주의'라는 꽃을 피우고, '중국 특색 사회주의 길'이라는 열매를 맺는 시기이다.

첫 번째 역사 단계의 100년 역사는 사실상 중국 각지의 어질고 뜻있는 지사들이 앞사람이 쓰러지면 뒷사람이 이어가면서 지속적으로 항쟁하고 나라와 민족을 멸망의 위기에서 구하고 생존을 도모한 한 폭의 투쟁의 역사적 경관이다. 이러한 역사는 한편으로 서방 열강들이 중국에 두 차례의 아편전쟁, 중·프전쟁, 갑오 중일전쟁과 8개국 연합군의 중국 침략 전쟁 등 일련의 침략 전쟁, 서방 열강 간에 세력 범위를 쟁탈하기 위해 일으킨 제1차 세계대전이 러시아 10월혁명의 승리를 촉진하였고, 중국 정부가 서방 열강들과 끊임없이 체결한 영토 할양, 배상 및 일부 주권을 상실한 불평등조약 등이 있었다. 다른 한편으로 중국에서 일어난 양무운동, 무술변법, 태평천국운동, 의화단운동과 손중산이 영도한 자산계급 민주주의 혁명 등 일련의 저항운동이 있었다.

그 과정에서 중국의 다양한 계급과 정치역량들이 점차 정치무대에 등장하여 나라를 구하기 위한 여러 가지 '주의(主義)'를 제시하고 실천하였는데, 그중에는 구식 농민봉기, 봉건귀족 내부의 개량, 민족자본주의 개량, 자산계급 민주혁명 등이 있었다. 그러나 이러한 '주의'와 '운동'은 모두 중화민족과 중국 인민을 빈궁하고 쇠약하며 유린당하는 비참한 상황에서 구해내지 못했다. 이것에 대하여 마오쩌둥은 일찍이 예리한 묘사가 있었다. "서방의 자산계급 문명, 자산계급 민주주의와 자산계급 공화국의 방안이 중국 인민들의 마음속에서 일제히 파산되었다"[2]고 지적했다. 매번

2 《毛澤東選集》第4卷, 人民出版社, 1991, 1471쪽.

의 항쟁과 실패는 중국 인민을 교육시켰다. 봉건사회의 뿌리를 건드리지 않는 개량운동과 서방 자본주의를 그대로 모방하는 방식은 중화민족을 착취와 압박 속에서 구하는 민족적 사명과 제국주의와 봉건주의에 반대하는 역사적 과업을 완성할 수 없을 것이다.

그러면 어떻게 할 것인가? 중화민족의 희망은 도대체 어디에 있는가? 역사와 인민은 100년 가까이 피와 불의 투쟁을 거쳐 마침내 자신들에게만 속하는 '주의'와 '운동', 그리고 영도자와 의지할 힘을 찾았다. 이 '주의'가 바로 러시아 10월혁명이 보낸 마르크스-레닌주의이고, 이 '운동'이 바로 사회주의 운동과 계급투쟁이며, 영도자는 곧 중국 공산당이고, 의지할 힘은 바로 중국 노동자계급과 광범위한 농민계급, 즉 노농연맹이다. 이로부터 '중국의 길'은 두 번째 역사 단계에 들어섰고, 중화민족의 운명에도 역사적인 변화가 발생하기 시작하였다. 미네르바의 부엉이가 황혼이 깃들면 울기 시작했듯이, 오랜 동방의 대지에는 한 줄기 서광이 솟아오르기 시작했다.

두 번째 역사 단계의 100년 역사는 중국 공산당이 영도한 신민주주의와 사회주의 혁명, 사회주의 건설과 개혁의 파란만장한 역사 화폭이다. 이 역사 화폭은 한편으로 제1차 세계대전의 암흑 속에서 헤쳐나온 서방 주요 자본주의 국가들이 1929년 세계 경제위기에 빠졌고, 이로 인한 국내 경제위기를 이전하기 위해 제2차 세계대전을 발동하였으며, 이는 전 세계 민족해방운동의 물결로 이어졌다. 많은 민족국가의 독립, 특히 사회주의 국가들이 수립됨에 따라 서방 국가들은 '마셜플랜(Marshal Plan)'과 '평화적 변화' 등 일련의 전략적 전술을 취하여 사회주의 국가들을 봉쇄, 억제, 전복하려 하였다. 이렇게 내외적 요인으로 소련이 해체되고 동유럽이 급변하여 사회주의 운동이 저조기에 접어 들었다. 화폭의 다른 한 면은 중국 공산당이 전국 각 민족 인민들을 영도하여 용감히 어려움을 헤쳐 나아가

북벌전쟁, 토지혁명전쟁, 항일전쟁과 국내 해방전쟁, 토지개혁과 사회주의 개조를 거쳐, 투쟁 과정에서 마르크스주의를 중국의 구체적인 현실과 결부하여 마오쩌둥 사상이 생겨났고, 신민주주의와 사회주의 혁명의 길을 개척하였으며 중화인민공화국을 건립하였고, 사회주의 기본적 제도를 세웠으며 국가 독립과 민족 해방을 이루었다. 이렇게 중화민족의 위대한 부흥을 위한 정치적 전제와 제도적 기반을 닦았다. 이것이 바로 중국 공산당이 민족 독립과 인민 해방이라는 역사적 과업을 짊어진 혁명의 길이다.

소련 사회주의 모델을 모방한 시기부터 중국의 실제 상황과 결합하여 소련 모델을 개조 활용한 시기까지, 국민경제 회복 시기부터 비교적 완전하고 독립적인 공업체계와 국민경제체계를 건설하기까지, '세 폭의 붉은 기(旗)' 시기부터 '문화대혁명'까지, 서방 자본주의의 봉쇄에서 유엔으로의 복귀까지 중국 공산당은 중국식 사회주의를 건설하는 과정에서 성과를 이루었고, 또한 우여곡절을 겪었으며 교훈을 얻고 경험을 쌓았다. 아울러 정·반 양면으로 중국이 '새로운 길'과 '정확한 길'을 성공적으로 개척할 수 있는 일정한 물질적 기초와 사상적 기초를 마련했다. 이것이 바로 사회주의 새 중국을 탐색하고 건설하는 길이다.

'문화대혁명'의 종식은 사회주의 건설에 새로운 생기를 가져다주었고, 중국 공산당이 '사회주의란 무엇인가, 어떻게 사회주의를 건설할 것인가', 사회주의와 자본주의의 관계를 어떻게 이해하고 처리할 것인가 하는 문제에 대해 더욱 새롭고 깊게 인식할 수 있게 하였다. 이러한 인식은 당으로 하여금 30여 년 동안의 개혁개방 과정에서 하나 또 하나의 어려움을 성공적으로 극복하게 하였고, 하나 또 하나의 승리를 얻게 하였다. 새롭게 얻은 인식, 이겨낸 어려움과 얻은 승리는 주로 아래와 같이 표현된다.

사회주의 건설의 길에 대한 인식에 있어서, 사상을 해방하는 데로부터 11기 3중전회에서 채택한 당과 국가의 사업 중심이 경제건설과 개혁개방으로 전환하였고, 경제체제에 대한 인식에 있어 계획상품 경제로부터 사회주의 시장경제로 전환하였으며, 사회주의에 대한 재인식에 있어 사회주의 초급 단계 이론으로부터 사회주의 본질 이론으로 발전하였고, '중국 특색 사회주의' 총구도에 있어서 물질문명과 정신문명의 '2위일체(兩位一體)'로부터 경제 건설, 정치 건설, 문화 건설, 사회 건설과 생태문명 건설의 '5위일체(五位一體)'로 발전하였다. 마르크스주의 중국화 이론적 창의성에 있어서 덩샤오핑 이론으로부터 '세 가지 대표'의 중요한 사상을 거쳐 과학적 발전관에 이르기까지 '중국 특색 사회주의' 이론체계를 형성하였다. 힘을 모아 사상을 통일하는 데 있어 덩샤오핑의 "사상을 해방하고 실사구시하며 일치하게 단결하여 앞으로 나아가자"라는 문장으로부터 1992년 남방담화(南方談話)에 이어 2012년 시진핑의 남방시찰로 이어졌다. 국제 왕래에 있어 올림픽의 성공적 유치와 개최부터 세계무역기구(WTO) 가입까지, '사스', 지진과 산사태 등 심각한 자연재해를 이겨내고, 소련의 해체와 동유럽의 급변에서 국제 금융위기까지의 국제 정치경제 파동을 이겨냈다.

경제적 성과에서 국내총생산은 1978년 세계 15위에서 2010년 제2위로 뛰어올랐으며, '중국 특색 사회주의' 길의 진화에서 12차 당대회에서 발표한 "자신의 길을 걸으며 '중국 특색 사회주의'를 건설하자"는 덩샤오핑의 연설로부터 13차 당대회에서 확립한 '중국 특색 사회주의', '하나의 중심, 두 개 기본점'의 총노선을 거쳐, 14차 당대회에서는 사회주의 시장경제체제의 건설을 제시하였고, 16차 당대회에서 제시한 전면적인 샤오캉(小康) 사회를 건설하는 총목표를 선언하였으며, 17차 당대회에서 '중국 특색 사회주의'를 '한 갈래의 길', '하나의 이론 체계'로 개괄하였고, 18차 당대회에서 다시 '중국 특색 사회주의'의 '한 갈래의 길', '하나의 이론체계'와 '하나의 제도'로 통일하였으며 전체 당원들에게 반드시 "길에 대한 자신감, 이론에 대한 자신감과 제도에 대한 자신감"을 견지하고 '중국 특색 사회주의 길'을 통하여 중화민족의 위대한 부흥을 이루도록 요구하였다.

이 모든 것은 중국의 개혁개방은 성공적이고 개혁개방에서 형성된 '중국 특색 사회주의 길'은 "과학적 사회주의 이론 논리와 중국 사회 발전의 역사 논리의 변증법적 통일로서, 중국의 대지에 뿌리를 내린 중국 인민의 뜻을 반영한 중국과 시대의 발전과 진보의 요구에 부합된 과학적인 사회주의이며, 전면적으로 샤오캉 사회를 건설하고 사회주의 현대화를 추진하며, 중화민족의 위대한 부흥을 실현하는 데에 반드시 걸어야 할 길이다."³ 이것이 바로 개혁개방의 길이며, 바로 '중국 특색 사회주의 길'을 건설하는 것이다.

만약 첫 번째 역사 단계의 탐색 과정이 없었다면, 역사와 인민은 마르크스주의, 사회주의와 중국 공산당을 선택하는 데 어려움이 있었을 것이고, 중국 인민은 여전히 어둠 속에서 장기간에 걸쳐 모색하였을 것이다.

1840년 아편전쟁 이래의 중국 역사는 '중국의 길'은 중국 역사 발전에서 필연적이고, 중국 인민의 역사적 선택이라는 것을 충분히 증명하였다. 1840년부터 중국 공산당이 영도한 중국혁명, 건설, 개혁 발전의 역사적 진전은 '중국의 길'의 논리적 발전 과정을 결정하였으며, '중국의 길'의 논리적 발전 과정 역시 1840년 이래의 중국 역사 과정을 반영하고 추진하였다. 이러한 역사와 논리 사이의 변증법적 통일관계는 체계적 연구와 구체적 설명이 필요하다.

---

3 习近平,《毫不动摇坚持和发展中国特色社会主义, 在实践中不断有所发现有所创造有所前进》,《人民日报》2013年 1月 6日. 이것은 시진핑 총서기가 새로 선출된 중앙위원회 위원과 후보위원들을 대상으로 열린 당의 18대의 정신을 학습하고 관철하기 위한 세미나 개강식에서 한 연설이다.

Ⅲ. '중국의 길'은 중국 문명이 전환되고 있음을 표시한다

모든 민족은 자신의 전통과 창조성으로 다양한 영역에서 세계문명에 참여하고 세계문명을 풍부하게 한다. 모든 국가가 현대문명 발전의 길로 나아가는 성패는 그것이 자국의 실제 상황과의 부합 여부와 자국 인민에 의지하고 자국 인민의 필요를 실현하는 정도에 따라 결정된다.

근대 이전, 중화민족은 큰 위기에 직면한 적이 없었고 언제나 도전 속에서 역전에 성공했고 승화하였다. 외부에서 들어온 불교가 장전불교(藏傳佛敎)와 한전불교(漢傳佛敎)로 개조되었고, 남쪽으로 내려온 북방의 유목민족은 중화민족 속에 융합되었다. 1840년 아편전쟁은 중화문명 역사상 전례 없는 문명의 위기를 불러왔다. 중국을 침략한 서방 열강들은 군사력이 있었을 뿐 아니라 성숙한 문명 모델도 있었고, 중화민족은 외래문명의 심각한 도전에 직면했으며, 170여 년이나 지속된 문명위기는 아직도 끝나지 않았다. 개혁개방 30여 년 이래, 비록 경제적으로 급속한 발전을 이루었고, 심지어 2010년 국내총생산이 세계 제2위로 성장하여 서방 국가와 필적할 수 있는 종합적인 국력을 갖추었지만, 중화문명의 전환은 여전히 실현되지 못하였고 아직도 탐색 단계에 머물러 있다. 18차 당대회에서 제기된 "길에 대한 자신감, 이론에 대한 자신감, 제도에 대한 자신감"이라는 '세 가지 자신감'에는 유독 '문명에 대한 자신감' 또는 '문화에 대한 자신감'은 언급하지 않았다. 이로 보아 중화문명의 전환과 승화를 위해서는 아직도 일정한 시간과 여정이 필요하다는 것을 알 수 있다.

중화문명 전환의 목표는 어디에 있는가? 현대화의 방향은 틀림없지만, 이미 부딪혔던 서방식 현대화는 아니며, 무너진 소련식 사회주의 현대화도 아닌 중국 특색 사회주의 현대화이다. 현대화는 모든 국가가 반드시 걸어야 할 피할 수 없는 숙명이지만 모든 국가가 걸어야 할 길은 서로 같지 않을 수 있다. "모든 길은 로마로 통한다."

현대화 문명은 물질적 기초가 있어야 하는 바, 이는 초석이며 가치 편향은 존재하지 않는다. 현대화 문명은 이성화된 질서와 세속화 정신을 가져야 하며, 이는 혈육(血肉)이며 가치관의 의미가 강하다. 현대화 문명은 제도 설치가 있어야 하며, 이는 구조로서 일정한 가치 지향성이 존재한다.

자본주의는 현대문명을 창조하는 과정에서 역사적 진보 역할을 하였다. 자본주의 발전 역사를 볼 때, 물질적 토대를 마련하려면 반드시 기물 차원의 과학기술이 뒷받침되어야 한다. 유럽의 16세기부터 시작된 과학혁명과 18세기부터 시작된 산업혁명이 창조한 재부(財富)와 통치력은 그 누구도 대적할 수 없었다. 20세기에 접어들어 정보기술혁명, 신에너지 기술혁명과 바이오 기술혁명 등 새로운 형태는 자연과 자신에 대한 인류의 개조와 통제력을 지속적으로 추진하였다.

소위 자본주의가 이해하는 이성화 질서란 바로 막스 웨버(Max Weber)가 말하는 이성화 자본주의인 바, 비인격화한 관료제도, 산출에 투입되는 회계 부기를 산정하는 제도 등등이다. 갈수록 보급화되는 이러한 현대기업의 관리제도는 전반 사회에 대한 식민화를 성공적으로 실현하였고, 경제, 문화, 정치, 나아가서는 일상생활에 이르기까지 보편적 질서법칙으로 자리 잡았다. 세속화의 정신적 추구는 인류 욕망에 대한 끊임없는 해방과 추구 및 이로 인한 모험적 진취정신, 금전과 재부에 대한 끝없는 만족 욕구와 절약하고 부지런한 직업윤리에서 나타난다. 이러한 자본주의 정신에는 자신의 생존법칙이 있는 바, 우승열패, 적자생존을 믿는다. 일정한 의미에서는 시장의 경쟁과 강자의 승리는 인류사회의 진보를 강력하게 추진시킬 것이다.

서방의 현대문명이 전 세계에 영향을 미칠 수 있었던 것은 현대적 물질과 이성적인 것만 의존한 것이 아니라 그 배후에 더 강력한 문명 언어와 법정 체제가 있어 하나의 새로운 축의 문명으로 이해된다.

개혁개방 30여 년 이래, 중국 발전의 기적은 중국이 이미 부강한 국가, 법치국가와 책임있는 정부 등 현대 정치질서의 요소를 갖추었고, 이미 발전, 이성, 행복, 민주, 자유, 평등, 조화 등과 같은 현대문명의 가치관이 형성되었음을 세계에 증명하였다. 더욱 중요한 것은 이러한 요인과 가치관은 사회주의의 선진 제도와 결합되었는 바, 이러한 결합은 중국이 현대문명으로 전환하는 중국만의 특색을 나타냈고, 또한 중국의 사회주의 현대화가 서방 현대화와 다른 현대화라는 것을 알려주었다.

그러나 국력이 갈수록 강대해지고 그 누구도 도전할 수 없는 '세계 제조'의 지위에서 '세계 창조'의 지위로 전환되는 동시에, 중국 국내에는 민족의 핵심 가치 상실, 사회윤리 질서 혼란, 정치제도의 합법성에 대한 도전, 정부와 법치의 권위와 신용이 떨어지는 문명 위기의 현상이 나타났다. 문명 위기와 국가 부강은 엄청난 차이와 대조를 이루어 놀라움을 자아낸다. 이 모든 것은 지금까지 중국의 부상을 의미하지만 부강(富强)의 부상일 뿐 문명의 부상은 아니다.

이와 같은 현실에 직면한 중국 사상계에서는 서로 전혀 다른 두 가지 극단적인 견해가 있다. 하나는 '보편적 가치론'이고, 다른 하나는 '중국 모델'론이다. 보편적 가치론자의 경우, 이 세계에서 현대화의 길은 단 하나인 바, 서방의 현대화가 16세기 이래 세계 역사가 입증한 유일하고 정확한 현대화 길이라고 본다. 오늘날의 중국의 문제는 서방을 배우기에 부족하다는 것이며, 양무운동(洋務運動)과 같은 개혁에 불과하여, 보편적 가치와 정치제도의 영역에서 전반적인 서방화가 필요하다고 주장한다. 이와 대립되는 '중국 모델'론자들은 중국의 성공은 서방을 모방할 필요가 없다는 것을 증명했으며, 중국은 자체의 현대화 길, 자체의 문명 가치관, 중국 국정에 부합되는 독특한 정치제도가 있고, 중국의 부상이 전 세계 저개발 국들에게 모범을 제공했으며, 서방의 문명을 포기하더라도 국가의 부강을 실현할 수 있다고 인정한다.

그리하여 중대한 문제가 우리 앞에 놓이게 되었다. 즉 오늘 세계 현대 문명 앞에, 중국은 서방 주류 문명의 대항자로 나설 것인가, 아니면 추종 자가 될 것인가, 아니면 또 제3의 길이 있는가?

세계사 운동의 법칙을 가진 성공 경험은 각국의 구체적 실천 속에 존 재한다. 다시 말하자면 공성(共性)이 개성(个性) 안에 존재한다는 것이다.

'보편적 가치'를 주장하는 프랑스 철학가 에드가 모랭(Edgar Moran)은 "문화와 문명은 양극을 구성하는 바, 문화라는 용어는 독특성, 주관성과 개체성을 의미하고, 이와 상대되는 문명이라는 용어는 전파성, 객관성과 보편성을 의미한다"고 지적하였다. 유럽을 예로 들면 유럽문화와 유럽문 명은 서로 다른 것이다. "유럽문화는 유대교-기독교-그리스-로마를 자신 의 독특한 축으로 하고 있고, 유럽문명은 인본주의, 과학기술을 특징으로 유럽에 널리 퍼진 후, 완전히 다른 문화적 배경에 뿌리를 내린 것이다." 다시 말하면 문명은 전 인류가 공유하는 가치 또는 본질인 반면 문화는 민족 간의 차이점과 민족적 특징을 강조한다.

문명은 다방면으로 표현되는 바 물질, 기술과 제도일 수도 있고, 보편 적 가치관념이 존재한다. 문화는 반드시 정신적 형태이어야 하고, 문화는 추상적 '사람'의 존재가치를 가리키는 것이 아니라 일부 특정된 민족 또 는 집단이 창조한 가치이다. 문명과 문화의 관점에서 볼 때, '보편적 가치 론'과 '중국 모델'론은 보편적 문명과 특수한 문화 사이의 논쟁이고, 실질 적으로 서방 현대화와 중국 현대화 사이의 논쟁이기도 하다.

현재 중국에는 네 가지 가장 중요한 문화 전통이 존재하고 있다. 즉 유가(儒家)를 핵심으로 하는 중국의 고대문명 전통, 5·4운동 이래 계몽을 상징으로 하는 현대적인 문명 전통, 중국 공산당 영도하의 사회주의 혁명 문화 전통과 사회주의 개혁개방의 문화 전통이다. 유가문명은 1911년부터 1919년 사이에 제도적 기반과 사회적 기반을 상실함으로 인해 와해되어 파편화된 방식으로 중국 사람들의 일상생활에 존재한다. 서방에서 도입된 현대적 문명은 100여 년 이래 우여곡절을 겪으면서 아직도 은연중에 감화되어 작용하고 있다. 사회주의 혁명문화 전통은 비록 한 단락 역사의 시행착오를 거쳤지만, 관료자본의 패권을 반대하고 평등과 공정을 추구하며, 민족 해방과 국가 독립을 추구하는 이념은 중국 내에서 광범한 심리적 기반과 사회동원 능력을 갖고 있다. 사회주의 개혁개방의 문화 전통은 깊이와 폭에서 중국 현대문명의 전환 속도와 질을 광범위하게 발전시켰다. 헤겔(Hegel)은《역사철학》에서 "어느 한 민족이 세계 역사의 발전 단계에서 어떠한 위치를 차지하는가는 그 민족의 외적 성취의 정도에 있는 것이 아니라 그 민족이 나타내는 정신 속에 있으며, 그 민족이 어떤 역사 단계의 세계정신을 구현했는가를 보아야 한다"고 말했다. 만약 이러한 기준에 따라 중국 현대문명의 전환이 성공적이라 하면 중화민족은 자신의 '세계 정신'을 형성해야 한다. 중화문명의 전환과 승화는 이 항로의 표지까지 도달하려면 아직 갈 길이 멀다는 것은 아주 분명하다.

Ⅳ. '중국 특색 사회주의 길'은 중국의 전도 운명과 관련된다

최근 몇 년 동안, 사회적으로 여러 가지 잘못된 사상이 나타나면서 중국의 발전 방향을 교란하고 '중국 특색 사회주의 길'을 가로 막으려 하고 있다. 예를 들면, 민주사회주의, 신자유주의, 역사 허무주의 사조, 서방 헌정주의(西方 憲政主義), 신유가주의(新儒家主義), 보편적 가치론 등이다. 진리성 사상은 비교와 투쟁을 거쳐 더욱 좋고 빨리 발전하고 전파되며, 사상의 진리성도 비교와 투쟁을 통해 비로소 분명해지고 구현된다. 여러 가지 잘못된 사조와의 적극적 투쟁은 진리가 탄생하고 발전하며 완성되어 전파되는 가장 효과적인 경로인 바, 이 역시 중요한 법칙이 되고 있다.

30여 년의 사상 비교와 투쟁을 거쳐, 30여 년의 실천 성과의 증명을 거쳐, 역사는 '중국 특색 사회주의 길'은 결코 다른 길이 아닌 과학적 사회주의 길이고, '중국 특색 사회주의'는 결코 다른 주의가 아닌 마르크스주의가 가리키는 과학적 사회주의이며, 오직 사회주의만이 중국을 구할 수 있고, 오직 '중국 특색 사회주의'만이 중국을 발전시킬 수 있다는 결론을 내렸다.

중국 공산당 중앙위원회에서는 '중국의 길'의 중요성을 여러 번 강조하면서 길(道路)은 깃발이고 방향이며 생명이라고 지적하였다. 18차 당대회 보고는 "근대 이래 파란만장의 역사를 돌이켜보고 중화민족의 희망찬 미래를 전망하면서, 한 가지 명확한 결론을 내렸다. 즉 우리는 전면적으로 샤오캉 사회를 건설하고 사회주의 현대화를 빨리 추진하여 중화민족의 위대한 부흥을 실현하며, 반드시 확고부동하게 '중국 특색 사회주의 길'을 걸어야 한다"고 강조하였다.

시진핑 총서기는 취임 후 '중국의 꿈'을 제기했고, 이어 제12기 전국인민대표대회 제1차 회의 폐막 연설에서 중국의 꿈을 실현하려면 반드시 중국만의 길을 걸어야 한다고 재차 지적하였다. 이는 바로 '중국 특색 사회주의 길'을 말한다. 이 길은 결코 쉽게 개척된 것은 아니며, 이 길은 지난 30여 년 개혁개방의 위대한 실천 속에서 개척된 것이며, 중화인민공화국이 성립된 후 60여 년의 지속적인 탐색과정에서 도출된 것이며, 근대 이래의 170여 년이란 중화민족의 발전과정을 총괄하는 과정에서 개척된 것이고, 5천여 년 유구한 중화민족의 문명을 계승하는 과정에서 개척된 것으로, 심원한 역사적 연원(淵源)과 광범한 현실적 기초를 갖고 있다.

'중국의 길'은 시태(時態)와 형태(形態)를 갖춘 유기적 통일체이다. '중국 특색 사회주의 길'은 단지 '중국의 길'의 현재형이고, 사회주의 초급 단계와 대응한다. 또한 미래형도 있는데, 이것은 사회주의 초급 단계에서 중급 단계를 거쳐 고급 단계로 발전하는 것이며, '중국의 길'은 또 그에 상응하는 형식으로 나타날 것이다. 마찬가지로 '중국의 길'에는 당연히 과거형이 있는데, 과거형은 3개의 역사 단계, 즉 1840년부터 1921년까지, 1921년부터 1956년까지, 1956년부터 1978년까지로 나눌 수 있다. 세 개의 역사 단계에서 짊어진 역사적 임무가 다르기 때문에 여러 '길 형태'가 나타났는데, 즉 어질고 뜻있는 지사들이 '반식민지 반봉건 사회에서 나라와 백성을 위기 속에서 구하고 생존을 도모하기 위해 탐구하는 길', '시행착오식 길'과 중국 공산당이 영도한 신민주주의와 사회주의 혁명의 길, 사회주의 건설의 길 등이다. 총괄적으로 말하면, 1840년 이래 개척하여 온 구국의 길, 민족 부흥의 길과 현대화의 길은 중국의 기본적인 정치 주제이다.

'중국 특색 사회주의 길'은 세계의 발전 미래와도 관련된다. 근대 이래 중국의 발전은 세계와 분리된 적이 없으며, 세계의 발전도 역시 중국과 떨어진 적이 없었다. 거듭되는 시행착오와 탐색 과정에서 형성된 '중국의 길'은 성공적인 길이며, 서방 자본주의의 경험을 참조했지만 서방 자본주의와는 다른 독특한 길이다. 이러한 '중국의 길'은 중국을 변화시켰을 뿐 아니라 세계 발전에 도움을 주고 있고 온 세상을 재창조하고 있으며 세계에 희망을 가져다 주었다.

'중국의 길'을 연구함에 있어 반드시 세계 역사 발전의 시간과 공간의 경위선(經緯線)에서 세계적 시각에서 중국을 보아야 하며, 중국의 시각에서만 세계를 바로 보아서는 안 된다. 만약 중국의 발전을 세계 구도에 놓고 보면, 중국의 많은 문제점은 그 정도로 문제가 되지 않는다. 중국의 영도자들은 중국 내에 존재하는 문제점을 부인하지 않았으며 심지어 어떤 문제는 매우 심각하다. 예를 들면, 소득격차, 환경오염, 부정부패, 도시와 농촌이 조화되지 못한 것 등의 문제는 진지하게 해결해야 함을 인정하고 있다. 그러나 이러한 문제점을 세계적 구도에 놓고 보면, 중국만의 문제가 아니며, 특히 문명의 전환기를 완성하고 있는 13억 인구를 가진 중국은 다른 나라보다 그렇게 심각한 것도 아니다. 물론 문제를 판정할 때 주요한 것은 문제의 성격을 보고 판정해야 한다. 우리에게 존재하는 문제점은 일시적인 발전 과정의 문제이지 제도적 문제는 아니다. 그러나 서방 국가들에 존재하는 상당한 문제점은 장기적이고 근본적인 문제이며 제도적 문제이다.

V. 이 책의 주요한 관점 사상과 구성

'중국의 길'은 최종적으로 '중국 특색 사회주의 길'로 발전하고, 30여 년의 개혁개방 과정에서 한 발자국씩 걸어가면서 '중국 기적'을 창조하였다. 지금도 '중국 특색 사회주의 길'은 세상 사람들의 화제를 모으고 있으며, 국내외의 적지 않은 인사들은 이 길에 대해 의심과 질의로 가득 차 있으며, 심지어는 부정까지 하며, 심지어는 이 논의를 빌어 중국 공산당을 공격하고 마르크스주의를 공격하며 사회주의를 공격하고 중화민족의 부흥을 공격하는 사조까지 생겨나 '중국 특색 자본주의', '국가 자본주의', '중국 위협론', '중국 책임론', '중국 전망 불확실론' 등의 논조를 만들어 냈다.

'중국 특색 사회주의 길'은 어떤 길인가? 이 길은 더 먼 미래까지 이어질 수 있을까? 이것은 지금까지도 국내외 학자들과 정계에서 관심있게 주목하고 있는 화제로 되었다. 이에 대해 우리는 본질적으로 '중국의 길'의 전반적인 발전 과정의 체계성과 필연성을 밝혀야 하고, 역사의 수직적(시간의 차원에서) 발전 과정에서 '중국의 길'의 강력하고 내재적 생명력을 파악하며 국제와의 수평적(공간의 차원에서) 비교에서 '중국의 길'의 변천 과정의 어려움과 우월성을 파악하고, 나아가 '중국의 길'에 내재하고 있는 사회주의 가치 성향을 파악하는 것이 필요하다.

이 책은 '중국의 길'을 하나의 시공간, 하나의 역사와 논리가 통일된 분석틀이나 범례 안에서 사실을 드러내고 도리를 설명하는 방식으로 '중국의 길'에 대한 해석을 시도함으로써, 한편으로는 우리의 '중국의 길' '전정식(全程式)'과 '전경식(全景式)'에 대한 이해도를 높이고, 다른 한편으로는 '중국의 길'이 서방 자본주의 현대화와는 완전히 다른 현대화의 길이라는 것을 알려주며, 나아가서는 '중국 특색 사회주의 길'에 대한 자각성과 자신감을 굳건히 하며, 동시에 국제적으로 모든 국가들이 '중국의 길', 특히 '중국 특색 사회주의 길'을 이해하고 인정하도록 하는 것이다.

'중국의 길'이라는 명제에 대해 말하자면, 두 개의 역사적 분기점, 즉 '어디에서 왔는가'와 '어디로 가는가'라는 과제를 회피할 수 없다. 중국의 미래를 알려면 먼저 중국의 현재를 알아야 하고 근대 중국도 알아야 한다.

'중국의 길'이라는 명제에 대해 말하자면, 누구의 길인가, 누가 그 길을 걷고 있는가 라는 주체를 회피할 수 없다. '중국의 길'의 주체는 분명한 것이 중국 인민과 중화민족이라는 것이다.

'중국의 길'이라는 명제에 대해 말하자면, 이 길은 어떠한 길인가 라는 과제를 회피할 수 없다. 이 길은 중화민족의 위대한 부흥과 사회주의 현대화를 실현하는 길이다.

'중국의 길'이라는 명제에 대해 말하자면, 지나온 과정, 즉 이 길은 어떻게 점차적으로 발전되어 왔으며, 그동안 몇 개의 단계를 거쳤고 어떠한 어려움과 난관을 헤쳐나왔는가를 회피할 수 없는 것이다.

회피할 수 없는 이 네 가지가 '중국의 길'의 내용을 구성하였으며, 자연히 이 책에서 연구와 논증의 주요 내용을 구성하게 되었다.

이 책에서는 주로 역사와 현실을 융합시켜 역사의 중요한 부분을 연결하여 '중국의 길'을 유기적으로 연계한 총체를 1840년 이후의 170여 년의 역사(중국 역사와 세계 역사를 포함) 속에서 고찰함으로써 '중국의 길' 발전의 역사적 필연성, 중국 인민의 역사적 선택과 장래 진로에 대해 진지하게 사고하고자 하는 것이 주된 취지이다. 그럼으로써 '중국의 길'의 맥락을 정확하게 파악할 수 있고, 그 '길'에 대한 자신감의 역사적 원천과 실천적 근원을 알 수 있으며, 그 세계적 의의를 충분히 과시할 수 있다.

이 책에서 제시하는 주요 내용 및 관점 사상은 아래와 같다.

1. '중국의 길'의 역사적 필연성은 사람의 자각적인 과정과 역사의 자연적 과정 통일임을 제시했다. '중국의 길'은 중국 인민들의 자각적 분투 과정의 반영이고, 중국 역사가 세계 대역사 속에서 자연적으로 발전되어 온 결과이다. 일부가 아닌 전반적으로 이 발전 과정을 파악하고 이해해야 할 뿐 아니라 이 발전 과정 중의 법칙과 특징도 연구해야 한다.

2. '중국의 길'의 주요 성공의 관건이 인민에게 달려 있음을 제시했다. 국가, 민족, 인민의 3자가 서로, 추진하는 유기적 전체가 되는 것, 이 유기적 전체의 역사 추진 궤적이 바로 '중국의 길'이다. 국가, 민족, 인민 중에서 핵심은 인민이다. '중국의 길'이 성공할 수 있는 최대의 자본과 신용은 인민들의 지지와 신임인데, 이는 혁명 시기에도 그랬고 건설과 개혁 시기에도 그랬다.

3. '중국의 길'에 대한 세계적 시야와 배경을 제시했다. 세계 역사의 횡적, 종적 발전 중에서 자본주의는 한 지역에서 세계화되었고, 또 2008

년 금융위기부터 자본주의 사회가 자본주의 제도와 문명에 대한 의문을 품기 시작하였으며, 사회주의는 소련의 해체와 동유럽의 급변으로부터 다시 인류의 역사적 선택과 새로운 탐색과 창조를 실시하는 새로운 출발점이 되었다. 중국이 세계 역사의 발전 과정에서 생존과 발전을 도모하여 세계 역사의 발전 과정에서 없어서는 안 될 부분이 되었고, 그 영향 하에 자신만의 흔적을 남겼다. 구체적으로 1840년부터 1921년까지 중국은 어떻게 세계 역사와 상호작용했는가, 1921년 후의 중국은 또 어떻게 세계 역사와 상호작용했는가, 특히 1921년부터 중국 공산당인은 어떻게 역사에 의해 어떤 시대의 좌표 속에 놓여 있으며 또 역사는 그들에게 어떠한 역사적 사명을 부여했는가? 이것은 오늘날 우리가 '중국의 길'이라는 명제를 논의하는 데 있어 심사숙고해야 할 과제이다.

4. '중국의 길'의 원류(源流) 간의 공통성을 제시했다. 이러한 눈높이에서 '중국의 길'을 살펴본다면, 우리는 역사의 흐름을 단절할 수 없으며, 역사의 완형(完形)을 훼손할 수 없다. 우리는 신·구(新舊) 두 단계의 민주혁명을 완전히 갈라놓을 수 없을 뿐 아니라, 개혁개방 전후의 두 개 시기를 갈라놓을 수도 없다. 근대 중국 역사의 발전은 중국과 중국 인민으로 하여금 최종적으로 사회주의를 선택하게 하였다. 사회주의 초급 단계의 국가 상황은 중국과 중국 인민으로 하여금 '중국 특색 사회주의'를 선택하게 하였다. '중국 특색 사회주의'만이 중국으로 하여금 현대화를 실현하게 할 수 있으며, 중화민족으로 하여금 위대한 부흥을 실현하게 할 수 있다. 이것이 바로 170여 년 이래 중국이 걸어왔고, 또 앞으로 계속 걸어야 할 현대화의 길이다.

5. '중국의 길에 대한 자신감'을 제시한 것은 세계 역사와 중국 역사 발전의 실천과 발전 법칙에 근거한 것이다. 길에 대한 자신감은 위대한 실천 속에서 나온 것임을 제시하였다. '중국의 길'의 발전사는 완강한 투

쟁과 탐색으로 엮어진 분투의 역사이고, 한 권의 풍부하고 생동적인 교과서이며, 중국 각 민족과 세계 인민들로 하여금 중국 공산당, 중국 혁명, 건설, 개혁을 이해하게 하는 발전사이다. 이 역사 과정에서 많은 사람들로 하여금 중국 인민이 마르크스주의와 사회주의를 선택하고 중국 공산당을 선택한 필연성과 '중국의 길'을 성공적으로 개척한 필연성을 알게 하였을 뿐 아니라 그 속에서 끊임없이 교훈을 얻고 계발을 받으며 힘을 얻어, 나아가 '중국 특색 사회주의 길'에 대한 자신감을 확고히 하고, 따라서 '중국 특색 사회주의 길'을 견지하는 자각성을 생겨나게 하였다.

6. 중국 인민들이 '중국의 길'을 탐색하는 과정에서 과학적 이론을 지침으로 하는 어려운 과정을 제시하였다. 이 과정에서 어떻게 중국 공산당과 마르크스주의를 찾았고 자발적으로 선택했으며, 또 어떻게 중국 공산당의 영도를 확고부동하게 견지했으며, 이 과정에서 마르크스주의를 창조 발전하여 끊임없이 마르크스주의의 중국화를 실시하였고, 마르크스주의 중국화의 두 가지 큰 성과, 즉 마오쩌둥 사상과 '중국 특색 사회주의' 이론체계를 탄생시켰다. 그중 '중국 특색 사회주의' 이론체계에는 덩샤오핑 이론, '세 가지 대표'의 중요한 사상과 과학적 발전관이 포함된다.

'중국의 길'의 문명적 의의, 이는 어떻게 중국으로 하여금 전통문명에서 현대문명으로 나아가게 했으며, 어떻게 자신의 문명으로 세계문명에 영향을 주었는가를 제시하였다.

역사 속에서의 중생(重生)이야말로 생명력이 있는 재생(再生)이다. 현실적 기초에 토대하여 역사의 과거를 받아들여야 비로소 밝은 미래가 있다. 이는 우리에게 진정으로 정확하고 진실한 '중국의 길'의 발전 역사를 이해하고, 역사를 직시하고, 역사 속에서 사고하며, 나라와 민족의 미래를 탐색하며 나아갈 것을 요구하고 있다.

中 国 道 路

상편
'중국의 길'의 역사적 발전

우리가 말하는 '길(道路)'은 중국 인민과 중화민족이 마르크스주의와 중국화 마르크스주의의 '도(道)'의 지도 하에 개척하여 온 중화민족의 부흥과 중국 현대화를 실현하는 '로(路)'를 가리킨다.

아편전쟁부터 2013년까지, 이 '중국의 길'은 어떻게 변천해 왔는가? 그동안 어떤 역사적 단계를 거쳤는가? 이것이 본편에서 중점적으로 해결하려는 문제이다. '중국의 길'은 자체적인 내재적 융합의 역사 논리를 가지고 있다. 이 내재적 역사 논리는 4개 역사 단계의 유기적 연관성을 가지고 있다. 즉 1840년부터 1921년까지의 탐색 과정에서의 '시행착오' 단계, 1921년부터 1949년까지의 국가 독립과 민족 해방의 신민주주의 혁명 단계, 1949년부터 1956년까지의 사회주의 혁명 단계, 1956년부터 1978년까지의 사회주의 건설의 탐색 단계, 1978년부터 지금까지의 개혁개방 단계이다. 이 4개 단계는 전후로 연결되어 완전하고 지속적인 인과관계를 구성하였고, 역사와 논리가 고도로 통일된 '중국의 길'을 형성하였다. '중국의 길'의 각 역사 단계에는 상응하는 표현 형태와 구체적 내용이 있다. 지금까지 발전해 온 '중국의 길'은 '중국 특색 사회주의 길'로 성숙하게 자리 잡았다.

'중국의 길'이 '중국 특색 사회주의 길'의 형태로 발전해 온 것은 역사적 우연이나 책략이 아닌 역사의 필연적 결과이다. 마치 참외가 익으면 꼭지가 떨어지는 것과 같은 것이다. 왜 이렇게 단언하는가? 이론적 증명은 역사적 증명을 대체할 수 없고, 역사적 증명은 논리 분석이 필수적이며, 논리적 분석은 역사의 사회생활로 검증되어야 한다. 다음 내용에서 역사 사실로 "참외가 익으면 꼭지가 떨어지는" 즉 조건이 성숙되면 일이 쉽게 이루어지는 전경(全景)을 설명할 것이다.

제1장
시행착오 중에서 배태한 '중국의 길'
(1840~1921)

1840년 산업혁명을 최초로 완성한 영국은 중국에 아편전쟁을 일으켰으며, 이로써 오래된 중국의 운명을 완전히 바꾸어 놓았다. 아편전쟁은 중대한 국제 사건으로서 서방 자본의 확장으로 중국을 침략한 역사적 결과이면서도 중국이 반식민지 반봉건 사회로 전락되기 시작한 출발점이자 중화민족의 부흥과 현대화로 나아가는 역사적 시발점이기도 하다. 큰 역사적 관점에서 보면, '중국의 길'의 출발을 의미한다.

아편전쟁은 오래된 중화제국이 '내생(內生)'의 방식으로 현대화와 민족국가 체제 길의 종말을 선고하였다. 아편전쟁과 동반한 '수천 년 미증유의 대변국(大變國)' 속에서, 각 분야의 어질고 뜻있는 지사들은 어떻게 망국의 고통 속에서 다양한 구국의 사상과 방안을 제시하며 국가를 멸망으로부터 구하고 민족의 생존을 도모하는 역사극을 한 장면 한 장면 연출하였는가?

제1절 시대적 배경과 역사적 임무

중국 역사문화와 서방 역사문화의 교류는 16세기부터 본격적으로 시작되었다. 이러한 교류는 외국에서 들어오는 역방향성 교류가 많았고 국외로 나아가는 것은 적었으며, 19세기 중엽 서방 국가들에게 침략당하기 시작한 후에 이르러서야 자발적으로 국외로 나가기 시작했다. 아편전쟁 전 중국의 역사문화 발전 형태는 대체로 폐쇄적이었고, 기타 중요한 문명 밖에서 스스로 움직였으며 문명 교류가 이루어졌다 하더라도 끊어졌다 이어졌다 하였다.

Ⅰ. 시대적 배경

14~15세기부터 유럽에서는 자본주의 맹아가 배태되었고 자국 내의 '인클로저' 등 운동을 거쳐 자본의 원시적 누적을 완성했으며, 또한 16세기 신항로의 개척으로 최초로 대외적인 식민 약탈을 감행했다. 영국, 프랑스와 북아메리카 등지에서는 17~18세기에 걸쳐 연이어 부르주아 혁명이 일어나면서 서방 자본주의가 급속히 발전하였다. 1840년 이후 영국은 산업혁명을 완수하고 세계 최초 산업국가가 되었다. 산업혁명 이후 유럽 열강들은 지리 지식, 항해기술과 선진적인 과학기술을 바탕으로 상품 덤핑 시장과 원료 생산기지를 쟁탈하기 위해 세계 곳곳에서 온갖 수단과 방법을 가리지 않고 확장하였다. 19세기 중엽에 이르러서는 프랑스, 미국, 러시아와 일본 등의 나라에서 연이어 산업혁명을 진행하면서 세계는 자본주의 시대로 접어 들었다.

서방 선진국에서 자본주의가 발전하던 시기(14세기 중엽부터 19세기 중엽까지)에 중국은 무엇을 하고 있었는가? 이 시기 중국은 명나라(1368~1644)와 청나라(1644~1911)의 봉건사회에 처해 있었다. 명나라 시기, 중국의 동부 연해지역에는 자본주의 경제의 맹아가 배태되었다. 그러나 이 정도의 자본주의는 태동한 뒤 명나라 말에 실시한 해금정책과 청나라 수립으로 거의 말살되었다. 아편전쟁 전 서방과의 교역을 배척한 중국은 사실상 유아독존(唯我獨尊)의 '천조제국(天朝帝國)'의 모습이었다.1 스스로 이룬 국제체계(엄밀히 보면 지역성 체계)인 '동방 조공체계(東方朝貢體系)'가 한편으로는 '천조의 우물' 안에 자신을 '묶어 두어서' 유럽의 자본주의 발전과 산업혁명과는 인연이 없게 되었고, 다른 한편으로는 이러한 조공체계를 갖춘 중국은 오만한 자세로 중국에 들어오려는 외국 자본, 무역과 문명을 나라 대문 밖에서 막았다. 중국은 외국과의 무역에서 언제나 수출액이 수입액을 초과하였고, 외국 상품은 중국의 거대한 시장에 들어오기가 무척 어려웠으며, 외국 자본의 유입은 더욱 힘들었다.

자본의 이익 추구에 급급한 서방 자본주의 강대국들은 다양한 수단을 통해 중국 상품시장 개척과 원자재 공급지 개척을 시도했다. 그리하여 16세기부터 서방, 특히 유럽의 탐험가, 선교사, 상인과 사절들이 수시로 중국의 화남 연해지역에 들어오기 시작하였고, 러시아 사람들은 시베리아를 넘어 동북 변경에까지 이르렀다. 중국의 오랜 폐쇄 국면이 이러한 남북 간의 외력에 의해 조금씩 풀리면서, 동서양 간의 직접적 접촉도 본격화되었다.

19세기에 이르러 중국에 대한 서방의 영향력도 지속적으로 강화되었다. 그러나 봉건제도 발전의 관성의 장력으로 청나라 봉건제도가 서방 국가들의 작용력에 거의 동등한 반작용력을 갖게 되었다. 중국과의 무역에서 서방 무역의 수입 초과 지위는 여전히 변하지 않았다. 그러자 영국은 오랜 무역역조를 타개하기 위해 아편이라는 특수한 상품을 이용하여 중국 동남쪽 연안에서 서서히 무역의 물꼬를 트기 시작하였다.

아편무역은 중국의 백은(白銀)을 대량으로 외국으로 흘러 나가게 했을

---

1 역사 자료의 통계에 따르면, 1820년[가경(嘉庆) 25년], 중국 경제총량은 세계 경제총량의 32.4%(Angus Maddison, Chinese Economic Perform ace in the long Run)로 세계 1위였다.

뿐 아니라 중국 인민의 건강과 사회 풍화에 심각한 손상을 입혔다. 이러한 상황에서 아편을 금지시켜야 봉건계급의 통치 지위를 확보할 수 있었다. 린쩌쉬(林則徐)를 비롯한 애국 관료들은 아편금지 운동을 일으켰으나 아편 소각 운동은 영제국에게 중국의 대문을 활짝 열 수 있는 구실을 주어 결국 아편전쟁이 일어났다. 아편전쟁 실패 후, 중국 역사상 첫 번째의 불평등조약인《중·영 남경조약》이 체결되었다. 그러자 기타 제국주의 열강들도 벌떼같이 몰려들면서 여러 불평등조약이 체결되기 시작했다.

II. 역사적 임무

중국 대지가 아편과 직접 부딪치면서 서방의 군함과 대포가 중국의 대문을 두드리면서 아편전쟁을 일으켰다. 아편전쟁은 중국에 영향을 미쳤고 세계에도 영향을 미치는 획기적인 국면 형성을 촉구하였다. 이때부터 중국 역사와 세계 역사가 본격적으로 만나기 시작했고, 이러한 조우 속에서 중국은 폐쇄 자수 상태는 끝났지만 점차 국가 주권이 상실되었고, 중국 인민은 봉건주의와 제국주의의 이중 착취와 압박을 받기 시작했으며 중국 사회는 점차 반봉건 반식민지 사회로 전락하기 시작했다. 중화민족의 100년 굴욕은 이때부터 시작되었고, 중화민족이 침략에 저항하고 망국의 굴욕을 씻어버리는 투쟁 과정에서 민족의 부흥과 현대화의 길을 모색하는 길도 이때부터 개척되었다.

낙후한 봉건제도로 자신보다 선진적인 자본주의에 대항하고, 낙후한 봉건 사회제도 내부에서 중화민족의 부흥과 현대화를 탐구하였는데, 그 과정과 결과는 어떠한 상황이었을까?

제2절 '중국의 길'의 배태

실천은 사상과 이론의 지도를 떠날 수 없다. 1840년부터 1921년까지는 중국의 사상이론이 가장 활발하던 시기였다. 이 시기에 제시된 다양한 구국 방안의 배후에는 일정한 사상이론이 있었다. 각종 사상이론은 전통사상을 위주로 기물(器物) 차원의 서학(西學: 中體西用 사상)의 사상을 흡수하고, 전통사상을 위주로 사상문화 제도적 차원의 '서학'(입헌군주 사상)을 흡수하며, '서학'을 위주로 중국 전통사상(자산계급 민주공화 사상)을 개조하는 순서로 나타났다. 근 한 세기 동안 중국 사회의 각 계급과 각 파의 정치가들은 정치무대에 등장하였고 중화민족의 위기에 대해 각자의 반응과 이에 따른 행동을 선택하였다. 즉 청나라 봉건왕조의 몰락을 겨냥한 경우도 있고, 서방 열강들의 침략 확장을 겨냥한 경우도 있으며, 양자를 겸한 경우도 있었다. 그들은 '도(道)'의 지도 하에 농민 폭력혁명, 내부 완화 개량, 내부 군주입헌과 자산계급 민주혁명 등 각양각색의 구국 방안을 제시하고, 이를 실현하기 위한 시도를 하였다.

I. 농민들의 미래 이상사회에 대한 허황한 희망은 '태평천국'의 실패로 파멸

아편전쟁 이후 중국의 농민들은 사회적 어려움, 청나라 봉건계급의 암울한 통치와 외국 침략세력의 횡포에 견딜 수 없어, 1851년 남부지역 광시(廣西)에서 태평천국혁명을 일으켰다. 태평천국혁명은 14년간 지속되었고 그 세력이 17개 성에 미쳤지만 꿈꾸어 오던 '태평'은 실현되지 못했고, 수립한 '천국'은 요절하였다. 비록 중국 역사상 최대 규모의 농민혁명이었지만 역대 농민봉기와 마찬가지로 실패의 숙명을 피하지 못했다. 진보적 의미로 보면, 한편으로는 태평천국혁명은 중국 봉건사회의 붕괴를 가속화했고, 중국의 식민지화를 지연시켰다. 다른 한편으로는, '태평천국'의 《천조전무제도(天朝田畝制度)》 중의 이상적인 신념과 목표2는 19세기 이후의 반세기 동안 신해혁명이 일어날 때까지 중국 인민의 투쟁정신을 불러일으켰다.

II. '중체서용' 사상 지도 하의 봉건 상층의 양무 자강운동은 갑오전쟁의 실패로 종결

외국 세력의 지원 하에 태평천국혁명은 최종적으로 진압되었다. 내환이 안정되고 서방과 강화(講和)가 성립되자, 조정 통치 상층부의 개명한 인사들은 다시 국가의 권위를 회복하고 사회 중흥을 위해 서방을 주시하기 시작했다. 그리하여 공친왕(恭親王), 원상(文祥), 청궈판(曾國藩), 쭤종탕(左宗棠), 리홍장(李鴻章) 등 상류 엘리트들은 낡은 질서를 회복하는 기초 위에 대담하게 새로운 질서 원소를 주입하였으며,3 서방인들의 도움으로

---

2 "밥이 있으면 같이 먹고, 옷이 있으면 같이 입으며 토지가 있으면 같이 농사를 짓고 돈이 있으면 같이 사용한다. 따뜻하지 않은 곳이 없고 균등하지 않은 곳이 없는 이상 사회"를 건설하는 것이다.

3 이러한 새로운 질서의 원소는 첫째로 기구 설치이다. 총리아문(总理衙門) 설치를 포함한 국가권력기구를 설치하고 국제체계와 융합되는 외교 개량을 실시함과 동시에 국제법을 도입하였다. 통상대신(通商大臣)을 임명하여 대외무역을 관장하게 하는 동시에 세관을 설치하였다. 중국에서 서방식 교육의 시작이 된 동문관(洞文馆)을 설립하고 외국의 학술사상을 연구하고 번역 출판하였다. 둘째로 '중체서용(中体西用)'의 사상을 제기하였다. 1861년, 최초의 개량운동 사상가 펑궤이펀(冯桂芬)은 "중국의 윤상명교(倫常名教)를 원본으로 하고, 여러 나라의 부강책략으로 보완한다(以中國之倫常名教爲原本, 輔以諸國富强術)"라는 '중체서용' 사상을 제기했다. 그 후 왕도(王韜), 정관응(郑观应) 등 사상가들의 전승과 발전을 거쳐 1898년 장지동(张之洞)이 체계적이고 권위적인 '중체서용' 사상을 제기

자강운동을 추진하려 시도하였다. 이 운동은 중국 봉건 통치계급 진영에서 분화되어 나온 진보적 관료들이 국가와 민족의 위기에 대비한 '자강' '구부(求富)' 운동의 정치적 반영이었다.

자강운동은 실제로 봉건 내부의 개량에 속하는데 그 개량사상은 어떻게 형성되었는가? 이미 16~17세기에 중국의 연해지역에 들어온 러시아를 포함한 유럽의 일부 탐험가와 선교사들은 당시 통치계급 내부의 일부 사대부(士大夫)들 사이에서 천문학, 수학, 지리학, 제도학(制圖學), 건축학과 관련된 서방 과학기술의 최신 성과를 대폭 전파하였다. 그러나 이는 극소수의 사람들에게만 영향을 미쳤을 뿐 중국의 정치체제, 사회구조와 경제제도에는 근본적인 영향을 미치지 못했다. 그러나 이러한 초기의 탐험과 선교활동은 19세기 서방 자본과 서방 문명의 중국 침략 확장을 위한 길을 닦아 놓았고, 동시에 중국 전통사상의 변천에 외적 조건을 제공했다는 사실은 부인할 수 없다. 그리하여 '서학'의 자극 하에 '중체서용(中體西用)' 사상이 나타났다.

아편전쟁 후 국내의 농민봉기와 제국주의 침략이라는 이중 도전은 봉건통치 계급의 상부 인물들로 하여금 사상에 대해 깊이 반성하게 했다. '중체서용'은 내외적 힘의 강한 자극을 받아 '서방을 따라 배워' '자강(自

한 이후부터 '중체서용' 사상은 양무운동의 지도 사상으로 되었다. 셋째로 최초로 산업화와 군사 근대화를 실현하기 시작하였다. 당시 군사 선행, 군사와 공업 동시 추진, 경공업이 뒤따른 발전 등 주요한 발전 단계를 거치는 시기에 안경군 계소(安庆军械所), 강남제조국(江南制造局), 복주선전국(福州船政局), 금릉기계제조국(金陵机械制造局), 친진기기국(天津机器局), 륜선초상국(轮船招商局), 개평광무국(开平矿务局), 상해기기직포국(上海机器织布局), 전보총국(电报总局)과 호북조사국(湖北缫丝局) 등의 기업이 가동되었다. 넷째로 아동들을 국외로 유학 보내 선진적 과학지식을 배우게 하였다. 증국번과 이홍장의 제안에 따라 30여 명의 학동(学童)들을 미국으로 유학을 보냈다. 1872년부터 1881년까지 청 정부는 120명의 학동들을 네 차례에 나누어 외국 유학을 보내 과학지식을 배우게 하였다.

强)'을 구하기 위해 찾아낸 하나의 이론적 지렛대였다. '중체서용'의 전체 명칭은 '중학위체 서학위용(中學爲體 西學爲用)'이다. 이는 봉건 군주 전제 제도를 바꾸지 않는 전제하에서 중국의 유가사상을 주체로 한 사상을 기반으로 하고, 서방의 근대산업과 기술을 보조(輔助)로 하여 중국의 역사적 진보를 취지로 하는 사조(思潮)를 의미한다.

아편전쟁 시기, 린쩌쉬(林則徐)와 웨이위앤(魏源)이 제기한 '사이장기(師夷長技)'는 '중체서용'의 최초의 소박한 표현 방식이다. 그후 펑궤이펀(馮桂芬)이 제기한 "중국의 윤상명교(倫常名敎)를 원본으로 하고, 여러 나라의 부강 책략으로 보완한다"는 사상은 '사이장기'에 대한 비교적 체계화된 이론적 표현 방식이다. 쒜푸청(薛福成)과 정관잉(鄭觀應) 등 사상가들의 보완 발전을 거쳐 장즈동(張之洞)의 《권학편(勸學篇)》에 이르기까지 이 사상은 기본적으로 체계화를 이루어 고정화 되었다. 장즈동은 《권학편》에서 "신구겸학(新舊兼學), 사서(四書), 오경(五經), 중국사사(中國史事), 정서(政書), 지도(地圖)는 구학(舊學). 서방정치(西政), 서방 예술(西藝), 서방 역사(西史)는 신학(新學). 옛 학문을 체질로 하고, 새로운 학문을 쓸모 있게 하며, 한쪽으로 치우치지 않는다(舊學爲體, 新學爲用, 不使偏廢)"[4]라고 논술했다. '중체서용'은 정치적으로 서방 자본주의 선진기술로 낙후한 봉건제도를 공고히 하고 문화적으로 서방의 근대 과학기술 사상으로 동양 문화의 부족한 부분을 보완하려 하였다.[5] '중체서용' 사상은 중국 역사 발전의 필연적 추세에 순응하였고 중국에서의 근대 자본주의 발전의 역사적 요구를 구현하였으며, 이에 따라 양무운동의 지도 사상이 되었다.

'중체서용'은 양무운동을 위해 사상적 장애를 제거하였다. 중체서용의 지도 하에 양무파의 관원과 양무 사상가 및 일부 사대부들은 대담하게 서

---

4 张之洞, 《劝学篇·外篇·设学第三》.

5 武力主编, 《中国发展道路》, 湖南人民出版社, 2012, 168쪽.

학을 접촉하고 서방의 선진적인 과학기술을 도입하였다. 처음에는 군사기술과 공업기술 등 기물(器物) 차원의 기예(技藝)적인 것을 도입하였는데, 그 후에는 자연과학을 비롯한 역사, 지리, 정치, 교육과 무역 등 사회과학 분야의 내용도 번역하고 연구하였다. 19세기 80년대에 이르러 자산계급 개량주의 사상이 싹트기 시작한 사람이 있었다.

가나긴 30여 년 동안의 양무자강 운동의 효과는 어떠한가? 이는 갑오 중일전쟁의 최종 실패에서 확실하게 검증되었다. 상층에서 시작된 국가를 멸망으로부터 구하고 민족의 생존을 도모하는 개량 운동은 서방 현대화의 성과물을 봉건제도 모체 내부에서 기물 차원에서만 흡수하여 내부 개량을 시도하였으며 국가 쇠락의 속도를 어느 정도 늦추었을 뿐 국운(國運)은 끝내 바뀌지 않았고, '자강(自强)'과 '국부(國富)'의 목표는 훨씬 미달했다. 상위층 통치계급 엘리트들이 일으킨 자강운동은 구질서에서 일부 개량을 거쳐 국가 부강을 실현하고 외부 세력의 침략을 물리치며 국내의 반란을 진압하여 통치계급의 지위를 공고히 하기 위함이었다.

그들이 실패를 면하지 못한 원인은 첫째, 현행 제도를 뒤엎으려는 욕구도 없이 오직 군주입헌제도의 지주계급과 자산계급의 연합 독재정권을 수립하려는 것이었고, 둘째, 하층민들을 동원할 의사가 전혀 없었으며 감히 동원하지도 못했고 제국주의의 이익을 감히 건드리지 못했으며, 셋째, 시간적으로 자강운동은 외국 제국주의 열강이 중국에서 제멋대로 확장한 시기와 일치했기 때문이다.[6]

---

6 제멋대로 확장한 표현은 첫째, '메이지유신' 이후로 국력이 강대해진 일본은 1874년 타이완을 침략한 뒤에 1897년에는 류쿠군도(琉球群島)를 병탄하였다. 둘째, 1875년 영국은 미얀마로부터 중국의 운남(云南)을 침략하여 중국의 서남대문을 열려고 시도했다. 셋째, 1871년부터 1881년까지 러시아는 신강(新疆)의 이리(伊犁) 지역을 강점했고, 넷째, 1884년부터 1885년까지 프랑스는 중국-프랑스 전쟁을 통해 중국의 안남(安南) 지역을 빼앗았다. 다섯째, 일본의 조선 침략과

‘중체서용(中體西用)’은 양무운동에서 생겨난 서방의 공업기술을 배우기 위한 사상 관념으로 미숙하고 완전한 사상체계를 갖추지는 못했다. 그러나 수구배외(守舊排外) 반대와 문화혁신 제창에는 일종의 ‘사상 해방’ 역할을 했다. 객관적으로 보면, 중국 최초의 산업과 민족자본주의 발전에 일정한 추진 역할을 기여한 ‘중체서용’과 양무자강 운동은 중국의 근현대 산업화의 길을 개척했다. 중국 근대 산업화의 시작과 자산계급의 출현을 상징하며, 민주혁명 관념의 맹아를 배태하였으며, 현대 자본주의의 씨앗을 뿌려 향후 혁신운동의 새로운 사회풍조를 시작한 자강운동의 심원한 역사적 의의는 조금도 의심할 여지가 없다.

Ⅲ. 군주입헌제는 유신변법, 청말 신정과 입헌개혁을 거친 후 결국 활로를 찾지 못했다

　청조 상층 엘리트들은 영국이 해양제국으로 강대해진 것은 군주입헌제 덕분이라 생각했고, 이웃 나라 일본이 갑오전쟁에서 중국을 패배시키고 러일전쟁에서 승리한 주된 요인도 일본이 메이지유신 시기에 군주입헌제를 실시한 데 있다고 판단했다. 그리하여 일본의 치국 경험을 배우려 많은 사람들을 일본으로 유학을 보냈는데, 1906년까지 13,000여 명에 이르렀다. 중국 유학생들은 군주입헌 사상을 국내로 도입했고, 대량의 일본 서적과 서방의 번역 저작을 국내로 소개하였을 뿐 아니라 철학, 경제학과 사회학 등 중요한 학술 분야에서도 일본의 전문용어를 도입하였으며, 청나라 후기의 교육체제와 대부분 교과서도 모두 일본을 모방하여 채택한

　갑오전쟁이다. 이러한 충격적 사건들은 청 정부와 현대화 분자들의 주의력을 분산시켰을 뿐 아니라 거액의 군비지출과 배상금을 초래하였으며, 원래 자강에 쓸 수 있던 대량의 자금을 끌어갔다.

것이었다. 1902년부터 1904년까지, 중국의 번역서 중 일본 번역서가 전체 573권 번역서 중 62.2%를 차지한 반면, 영국의 번역서는 10.7%로 감소되었으며, 미국 번역서가 6.1%를 차지했다. 573권 번역서 중 사회과학 저서가 25.5%, 역사와 지리 번역서가 24%, 자연과학 번역서가 21%, 응용과학 번역서가 10.5%, 철학 저서가 6.5%, 문학작품이 4.8%를 차지했다.[7] 서방 자본주의 국가를 따라 배우는 과정에서 사회적으로 명망이 높은 사람들이 주도한 아래에서 위로의 군주입헌 운동과 국가 차원에서 진행된 위에서 아래로의 군주입헌 운동이 일어났다.

1. 1898년 유신변법은 황권을 빌어 이중위체(以中爲體)의 중서합벽(中西合璧)의 혼합 정치체제를 수립하려고 시도하였다

갑오전쟁의 실패는 청왕조의 멸망을 가속화시킨 동시에 중국에 대한 제국주의 열강들의 새로운 침략 확장과 영토 할양의 바람이 휘몰아치게 되었고 중국은 더욱 심각한 반식민지 위기에 빠져들었다. 사상계의 유식자들은 특히 일부 젊은 유신파 인사들은 반드시 자강운동보다 더 급진적인 제도 상의 개혁, 심지어는 혁명을 일으켜야 중국을 위기에서 구할 수 있다고 생각했다. 강유웨이(康有爲)와 그의 제자 량치차오(梁啓超)는 러시아의 피터 대제와 일본 메이지 천황의 방식을 도입할 것을 주장하였다.[8] 강유웨이는 정치적으로 자산계급 군주입헌제를 구축하고, 경제적으로 민족 자본주의를 발전시켜 국가와 민족의 위기를 만회하고, 변법을 실시하

---

7 转引自徐中约, 《中国近代史》(上), 香港中文大学出版社, 2002, 431쪽.
8 이를 위해 강유위는 전문적으로 저술하여 《일본변정고(日本变政考)》와 《러시아 피터 정변기(俄彼得政变记)》 두 저서를 펴냈다. 강유위는 일찍이 두 권의 저서를 광서(光绪) 황제에게 상신하였다.

여 강성을 도모하여 제국주의 열강의 침략에 저항하고, 중국이 국가 독립과 민족 부강의 길을 탐색할 것을 주장했다. 캉유웨이와 량치차오는 광서황제(光緒帝)의 지원 하에 유신변법(維新變法)을 일으켰다. 그러나 이 변법은 츠시태후(慈禧太后)가 제기한 "네가 조상의 위패를 유지하고, 그들을 불태우지 않는 한, 네가 머리태를 자르지 않는 한 나는 관여하지 않겠다"[9]는 최저 한도의 기준을 넘어섰기 때문에 시작한 지 103일만에 실패로 끝났다. 따라서 이 변법을 역사상 '백일유신(百日維新)'이라고도 한다.

유신변법의 실패는 아래에서 위로의 개량운동은 반식민지 반봉건 사회에서는 결코 성공할 수 없다는 사실을 증명하였다. 이 과정에서 상당한 유식자들은 청나라 봉건통치를 뒤엎고 봉건사회를 끝내야 국가의 앞날과 민족의 운명을 바로잡을 수 있고, 철저하게 봉건사회를 뒤엎어야만 보다 선진적인 사회로 발전할 수 있다는 인식을 갖게 되었다. 또한 일부 어질고 뜻있는 지사들은 평화적 변혁 수단으로는 봉건사회를 철저히 뒤엎을 수 없으며, 반드시 하층으로부터의 유혈적인 혁명만이 이러한 목표를 실현할 수 있음을 인식했다.

2. 청말 신정과 입헌개혁은 청왕조의 운명을 위로부터 아래로 구하려 시도하였다

제국주의 열강들의 침략이 가속화되고 침략 범위가 확대됨에 따라 중국의 식민화 정도는 한층 심해졌다. 중국 내륙에 자유롭게 전파되는 기독교의 규모와 속도는 날이 갈수록 확대되었고, 중국 경제에 대한 제국주의의 경제적 지배는 더 심각한 추세로 나아가 국가 경제와 백성들의 생활은 갈수록 어려워졌다.

---

9 转引自徐中约,《中国近代史》, 香港中文大学出版社, 2002, 380쪽.

멸망에 임하는 듯한 느낌이 인민들의 마음속에 나날이 커져갔고, 민족적 자긍감을 가진 사람들은 제국주의에 대한 강한 저항과 반항이 생겼다. 이러한 사회적 분위기 속에서 1900년 의화단(義和團) 운동이 시작되었다. 이 운동은 결국 청정부와 8개국 연합군 세력의 연합적 탄압을 당하였다. 1901년 9월 청정부는 11개 침략국과 중국 근대사에서 가장 불평등한 주권을 상실한 치욕스러운 조약인 《신축조약(辛丑條約)》을 체결하여 중국은 완전히 반식민지 반봉건 사회로 전락되었다. 비록 의화단 운동은 비이성적 요소들이 있었지만 외국 제국주의의 침략을 반대한 정신과 그 속에 당연히 내재된 애국주의 색채는 절대 홀시할 수 없는 것이다. 의화단 운동은 일정한 민족주의 성격을 띠고, 외국의 속박에서 빨리 벗어나 민족 해방을 쟁취하고자 하였음을 구현하였다.

8개국 연합군이 베이징으로 진공하자 츠시태후(慈禧太后)는 시안(西安)으로 도피했다. 나라와 민족이 멸망의 직전에까지 이르렀던 상황에서 츠시태후는 자신의 지배적 지위를 공고히 하고 외국의 존경을 다시 얻는 심도 있는 개혁을 해야 한다는 것을 깨닫고 직접 개혁을 주도했다. 1901년부터 1905년까지 츠시태후가 직접 주도한 '신정(新政)'은 사실상 1898년의 유신변법과 다를 바 없었고, 핵심은 서방의 제도를 유치하여 중국의 체제를 조금이나마 조정하자는 데 그 목적이 있었다. 당시 군주입헌제는 아직 츠시태후의 시야에 들어오지 못했다.

1905년에 이르러 츠시태후는 심신이 지쳐 어쩔 수 없이 청조가 이미 말년이 다다랐음을 인정했다. 그동안 실시해 온 부분적이고 산발적인 신정으로는 근본적으로 중국을 구할 수 없으며, 향후 중국은 한 차례의 철저한 개혁과 자강운동을 실시해야만 희망을 찾을 수 있다고 인정할 수밖에 없었다.

청조 말기 신정의 자극 하에 과거 유신파의 군주입헌 사상이 량치차오의 활약 하에 다시 사회적 관심을 받기 시작했다. 점진적 방식을 주장한 군주입헌 개혁은 츠시태후를 비롯한 청조 통치계급의 지지를 얻었으나 츠시태후는 정치제도 면에서 군주입헌을 실시해야 한다는 근본적인 문제를 진지하게 고려해본 적이 없었고, 츠시태후를 비롯한 청조의 황실 구성원들은 군주입헌제를 통치 유지 수단으로만 간주하는 것이 그들의 그럴 듯한 속셈이었다. 비록 '신정'과 군주입헌 개혁은 아무런 성과 없이 끝났지만 20세기 초 중국 사회에 커다란 변화를 가져다 주었다. 청조 말기 마지막 10년의 산업화와 민주화는 커다란 진보를 가져왔고, 중국 자산계급 성격의 현대화는 전국적 범위에서 대규모로 실시되었다. 이는 중국의 전통사회가 근대 사회로의 전환에 크게 기여했다.

이 두 가지 군주입헌 운동의 실천을 볼 때, 서방의 군주입헌제와 큰 차이가 있다. 서방의 군주입헌은 '입헌(立憲)'에 중심을 두었고 '군주(君主)'는 유명무실한 반면 중국의 군주입헌은 '군주'에 중심을 두고 '입헌'은 유명무실하다. 이렇게 봉건황제 집권 사상에 미련을 둔 '군주입헌'은 중국에서 실현될 수 없었으나 그 사상은 많은 영향을 미쳤으며 아울러 민주공화 사상의 광범위한 전파를 촉진했다. 내우외환(內憂外患) 과정에서 강렬한 민족 책임감과 역사적 사명감을 가진 진보적인 정치 개량 인사들이 역사 무대에 등장했으며, 그들은 '중국의 길'을 탐색하였다. 이러한 탐색 과정은 감성적 요소가 가득 찼고, 개량과 혁명 사이에서 갈등하여 결국에는 군주입헌의 개량 방식으로 민족의 생사존망의 위기에서 벗어나고 중국의 강성을 도모하려 했다.

역사의 발전은 반식민지 반봉건 사회의 중국은 근대 자본주의와 정치 혁신을 성공적으로 도입할 수 없음을 증명하였다. 말하자면 중국에서는 온건한 자산계급 개량의 길은 실현될 수 없고, 군주입헌의 방식으로는 중국을 구할 수 없다는 것이다.

Ⅳ. 2천여 년을 유지해 온 봉건제도는 자산계급 민주공화사상 지도 하의 신해혁명 중에서 여지없이 무너졌다

1895년 이후 중국은 불안정한 시대에 들어섰다. 이 시대에는 낡은 유가 사상과 그 지배 하의 사회와 경제 질서가 이미 '파괴'되었고 새로운 질서는 아직 '확립'되지 않았다. '파괴'에서 '확립'으로의 빠른 전환의 실현은 한 차례 중대한 정치운동, 심지어는 급진적인 혁명이 도래될 것임을 예시하고 있었다. 260여 년에 걸친 청왕조는 이미 역사의 '화산구(火山口)'에 있었으니, 멸망은 필연적이었다.

민족과 나라의 생존을 위한 정치무대에는 두 개 파벌, 즉 군주입헌의 길을 주장하는 개량파와, 폭력으로 청조 집권통치를 뒤엎고 민주공화국을 수립하자는 혁명파로 나뉘었다. 사회 변혁 목적과 방식에 큰 이견이 있어 사상 선전 분야에서 치열한 다툼이 벌어졌다. 이러한 투쟁 과정에서 유신변법, 청조 말기 신정 입헌운동에 대한 반성을 통하여 유식자들은 조정(朝廷)에서 실시한 개혁은 봉건통치만 유지하려는 표면적이고 우유부단한 낮은 수준의 개혁일 뿐이며, 청조의 통치와 제국주의 식민통치 하에서는 진정한 입헌이 있을 수 없다는 사실을 확신하게 되었다. 청조 상층의 개혁에 대한 철저한 환멸과 실망으로 갈수록 많은 사람들이 혁명을 지향하고, 혁명을 향해 나아가며, 자산계급 민주공화국을 수립하게 된다. 결국 민주공화 사상이 군주입헌 사상을 이겼다.

역사가 여기까지 추진되면서 혁명적 자산계급이 본격적으로 역사의 무대에 오르기 시작하였고, 자산계급 혁명이 곧 폭발하게 된 시점에 이르게 된다. 중국은 낙후한 사회 기반 위에서 다시 세워지는 것이 아니라 반드시 혁명을 거쳐야만 새로운 나라로 부상할 수 있었다. 1793년 매카트니 훈작(Lord macartney)이 건륭(乾隆) 황제를 만난 후 "중화제국은 낡고 괴상한 일류의 전함(戰艦)과 같아, 지난 150여 년 동안 대대로 이어온 능력과 경각심이 있는 관원들은 대책을 강구하여 이 전함으로 하여금 물위에 떠 있게 하여 그 방대한 외관으로 주변국들을 두렵게 했다. 그러나 쓸모없는 사람이 키를 잡고 항해를 할 때 바로 규율과 안전을 잃게 된다. 전함은 당장 침몰되지 않을 수 있지만, 쓸 수 없는 큰 배처럼 열흘간 표류하다가 해안에서 산산이 부서져 그 낡고 허름한 기초 위에 다시 세울 수 없을 것이다"라고 예언하였다.

1. '서학'을 중심으로 한 중국 전통사상의 개조와 자산계급 삼민주의 의 출현

자산계급 민주공화 사상의 핵심은 봉건군주제도를 뒤엎고 자산계급 민주공화국을 수립하는 것이다. 반식민지 반봉건 국가에서 자산계급 민주공화국을 수립하려 시도한다면, 반봉건과 반제국주의라는 두 가지 역사적 과업을 완성하지 않고는 완전히 실현할 수 없는 것이다. 식민지 사회 하에서 1902년 중국에 있는 외국 투자 총액은 7.88억 달러였고, 1914년에는 16.1억 달러에 달했다.[10] 1907년 중국의 해상운송업의 84%, 면방직업의 34%와 강철생산의 100%가 외국의 통제 하에 있었고, 1911년 외국은 중국 철도의 93%를 통제했다. 이러한 통계를 통해 외국 자본의 중국 경제에 대한 지배 정도를 파악할 수 있다.

중국의 반식민지화는 주관적으로 중국 민족 공업의 발전을 제약했지만, 객관적으로는 중국 경제 현대화에 필수적인 전제 조건을 제공한 동시에, 민족경제를 보호하는 경제민족주의와 애국주의 사상의 탄생을 자극했던 바, 이는 중국 경제의 현대화를 위해 일정한 동력을 제공했다. 1904년

---

10 徐中约,《中国近代史》(上), 香港中文大学出版社, 2002, 441-442쪽.

부터 1908년까지, 정부에 등록한 근대 중국 회사는 227개였으나, 1912년에는 지속적으로 운영하고 있는 국내 공장이 이미 20,749개가 되었다. 이 중 대다수가 중소형 규모의 기업이었고, 고용자가 100명을 넘는 기업은 750개에 불과하였다.[11] 그러나 이는 중국 민족자산계급이 독립적인 계급으로 발전하였음을 설명한다. 자산계급의 발전은 필연적으로 중국 근대 노동자 계급의 출현을 동반한다.

중국의 문호가 열리자 근대 서방에서 발발했던 영국의 영광스러운 혁명, 미국의 독립전쟁과 프랑스 대혁명 등 혁명은 중국 사회에 깊은 영향을 일으켰다. 이러한 혁명 실천과 성과는 중국의 어질고 뜻있는 지사들의 본보기가 되었으며, 혁명 중에 나타난 민주, 독립, 인권, 평등과 자유 등 사상 관념도 중국 사회에 영향을 주었다. 지식계층에서는 서방의 사상 문화 기준으로 중국의 전통 주류 문화 사상을 개조하자는 주장이 보편화되었고, 특히 중국의 쇠약을 초래한 사상 문화와 철저히 결렬하자는 주장도 있었다.

군주입헌제가 실패하자 민족주의, 민주, 공화사상이 중국의 혁명적 변혁의 원동력이 되었다. 손중산의 삼민주의가 이러한 배경 하에 탄생되었으며, 반식민지 반봉건 사회의 중추신경을 건드렸다. 이것이 손중산이 주장한 민주혁명 강령이었다. 삼민주의란 민족주의, 민권주의와 민생주의를 지칭한다. 삼민주의는 중국 국민당의 혁명강령으로서 그의 출현은 당시 중국 사회의 기본 모순과 주요 모순에서 기원하였고, 손중산이 객관적 역사실천 활동과 서방 실천경험에 기초하여 사상적으로 고찰한 주관 총화, 개괄과 제련이다. 손중산은 민족혁명의 기치를 들고 삼민주의 사상을 열심히 선전했으며, 무력으로 청 봉건왕조를 뒤엎고 자산계급 민주공화국을

---

11 徐中约,《中国近代史》(上), 香港中文大学出版社, 2002, 443쪽.

수립할 것을 주장했다.

손중산의 삼민주의 제안은 단번에 완성된 것이 아니다. 민족주의와 민권주의 최초의 표현은 홍중회(興中會)의 입회 선서와 규약에 나타나 있다. 1894년, 손중산은 호놀룰루(Honolulu)에서 자산계급 최초의 민주혁명파 조직인 홍중회를 설립했다. 입회 선서는 "타로(韃虜)를 몰아내고 중화를 회복하며 합중정부를 수립한다(驅除韃虜, 恢復中華, 建立合衆政府)"는 것이었으며, 《홍중회 장정(章程)》은 국가를 멸망으로부터 구하고 민족의 생존을 도모하며 중화를 진흥시키자고 강조하였다.

서방식 교육을 받은 손중산은 단 한 차례의 불완전한 상층 개량으로 중국 사회 병을 고치는 것은 아무런 도움도 안 되며, 오직 한 차례의 철저한 혁명을 통해서만 문제를 철저히 해결할 수 있다고 생각했다. 이를 위해 그는 끊임없이 모든 여건을 활용하여 혁명을 일으켰다. 1895년 광주봉기가 좌절되자 손중산은 유럽으로 망명했다. 외국 체류 기간에 손중산은 자산계급 사회정치학설을 진지하게 연구하고 유럽 자본주의 사회제도를 현지에서 고찰하고 "유럽처럼 국가가 부강하고 민권이 발달했는데도 아직 백성들의 생활이 행복하지 못하니 유럽의 지사들이 아직도 사회혁명운동을 한다는 것을 깨닫게 되었다. 나는 한번 고생하면 영원히 편해지는 방법으로 민생주의를 실시하여 민족과 민권문제를 동시에 해결할 것이다. 이것은 오직 삼민주의의 주장으로만 완성할 수 있다"[12]라고 말했다.

이것은 손중산이 최초로 삼민주의를 제시한 것이다. 삼민주의는 혁명 실천 속에서 풍부해지고 발전되었다. 1905년 동맹회(同盟會) 설립 시 손중산은 동맹회 기관지 《민보(民報)》 발간사에서 처음 체계적으로 '민족, 민권과 민생' 삼민주의를 제시했고, 그후 동맹회의 정치강령에서 삼민주의를

---

12 孫中山, 《建国方略》, 辽宁人民出版社, 1994, 87쪽.

"타로를 몰아내고 중화를 회복하며 민국을 수립하며 토지권을 평등히 하자(驅除韃虜, 恢復中華, 創立民國, 平均地權)"라고 구체적으로 주장했다.

손중산이 가장 일찍 민족주의 기치를 추켜든 이유는 첫째, 제국주의와 중화민족의 모순이 근대 중국사회의 주요 모순으로 되었기 때문이며, 둘째, 만청(滿淸) 봉건통치 정권이 제국주의 열강들과 결탁하여 한족과 기타 소수민족을 압박하고 착취했기 때문이다. 손중산의 민족주의에는 반만(反滿)의 내용이 있을 뿐 아니라 제국주의를 반대하여 민족의 독립과 해방을 이룬다는 사상도 담겨 있다. 《민보》발간사에서 손중산은 '외국의 핍박'과 '이민족의 잔인함'에 민족주의가 '잠시라도 늦출 수 없는' 두 가지 기본 원인이라고 명확하게 지적했다.

민권주의는 삼민주의 사상의 핵심이다. 봉건주의와 인민대중의 모순은 근대 중국사회의 또 하나의 주요 모순이다. 이 모순을 해결하는 방도는 혁명으로 봉건 전제제도를 뒤엎고 '민주입헌'의 공화제도로 대체해야 하는 것이다.

민생주의는 '사회혁명'과 관련한 강령적 사상이다. 손중산은 중국의 근대화는 역사의 필연적 추세라고 인식했다. 사회혁명 영역에서 자본주의를 비판하면서도 또 자본주의를 발전시켜야 한다고 주장하는 손중산은 사회주의를 동정하는 마음을 보여주었다. 그는 토지는 국유화하고 토지권은 균등해야 하며, "사회경제 조직을 개량하고 전국의 토지가격을 심사하여 결정해야 하며, 현재의 토지가격은 여전히 주인의 소유로 하되, 혁명 후 사회개량의 진보로 오른 토지가격은 국가에 귀속시키며 국민이 공유해야 한다." 자본은 절제해야 하고 '대실업(大實業)'은 "모두 국유로 귀속시켜야" 자본가가 독점하는 유폐를 막으면서, "전국의 자력을 모을 수 있다"고 주장했다.

2. 신해혁명의 발발과 자산계급 민주공화국의 수립

손중산이 영도한 정치단체는 삼민주의의 지도 하에 수십 차례의 크고 작은 혁명봉기를 일으켰고, 1911년 10월, 우창(武昌) 봉기를 일으켜 마침내 청왕조를 역사의 폐허 속에 밀어넣었다. 1912년 서방식 민주공화국인 중화민국(中華民國)이 수립되었다. 중화민국은 중국 근대역사 상 처음이자 유일한 자산계급 민주공화국이었다.

손중산이 제기한 삼민주의는 중국 반식민지 반봉건 사회의 주요 모순을 정확하게 분석하였고, 아울러 주관적인 사회주의 색채를 띠고 있으며, 농민전쟁과 유신운동의 적극적 내용을 비판적으로 계승하였으며, 서방 민주주의의 사상 요소를 참고했던 바, 이는 진보적인 것이었다. 그러나 삼민주의는 어쩔 수 없이 일정한 역사적 한계가 있었다. 예컨대 반제 반봉건 투쟁에서 철저하지 못했다. 이로 인해 신해혁명의 성과가 빨리 빼앗기는 결과를 초래하였다.

신해혁명은 봉건제도를 뒤엎고 중화민국을 수립했지만 중국 자산계급의 선천적인 연약성과 타협성으로 인해 자산계급 민주혁명의 역사 과업을 완성할 수 없었다. 결과적으로 봉건주의의 기본적인 토대를 완전히 소멸하지 못하였고, 제국주의에 반대하는 역사적 중임을 짊어지는 임무를 완성하지 못했다.

신해혁명이 중국에 가져온 것은 봉건전제 제도가 없는 반봉건 반식민지 사회였다. 신해혁명은 불철저성으로 인해 혁명의 성과를 위안스카이(袁世凱)에게 빼앗겼다. 손중산과 뜻이 맞는 많은 사람들은 공화국이 수립되면 혁명 목표를 이미 완성하였기 때문에 손중산의 '삼민주의' 중의 민권주의와 민생주의는 팽개치고 외면하고, 오직 만주족에 반대하는 민족주의의 일부 내용만 받아들이면 된다고 생각했다. 이는 군벌 할거와 봉건 군주제도의 복벽에 여건을 마련해 주었다. 위안스카이는 대통령에 취임한 후 공화제도를 저버리고 손중산이 제기한 자산계급 공화국의 건국강령을 포기했으며,[13] 독재제도를 복벽하는 길로 나아갔다. 봉건 군주제도를 복벽하는 소란은 1916년 6월 6일 위안스카이의 급사로 중지되었다. 이렇게 되자 핵심 정치인의 부재로 복벽운동을 성토하는 과정에서 각자 독립한 성(省)은 원심력이 생기게 되었고, 각 군벌들은 권력을 탈취하고 지역을 확장하기 위해 서로 공격전을 펼쳐 나라가 군벌 할거 혼전의 무질서한 시국으로 빠져들어 민국 역사상 가장 어두운 시기에 접어들었다.[14]

신해혁명의 최종 결과 황제를 쫓아냈지만 더 많은 봉건 군벌들이 달려들었으며 중국 인민은 여전히 전쟁, 기아와 빈곤에서 허덕이고 있었다.

총괄하여 말하면, 중국 근대사에서 삼민주의는 비교적 완전한 의미를 지닌 민주혁명 강령인 동시에, 구민주주의 혁명이 보다 완전한 의미에서 시작되었음을 드러냈으며, 중국 근현대화로 나아가도록 촉진시키는 역사적 공헌을 하였다.

13 손중산은 혁명강령에서 혁명노선을 '3단계'로 설계했다. 첫 번째 단계는 군정기(軍政期)이다. 이 기간 군정부는 중앙과 지방의 군정과 민정(民政)을 통제한다. 두 번째 단계는 훈정기(訓政期)이다. 이 기간 지방 자치정부를 수립하고 민중들이 지방의회와 정부관원을 선거하며 중앙정부는 여전히 군정부가 통제한다. 이와 동시에 군정부와 민중의 권력과 의무를 명확히 규정한 임시헌법을 제정하고 공포한다. 세 번째 단계는 국가가 헌정(憲政)의 길을 걷는 것이다. 훈정기(訓正期)가 끝나면 군정부는 스스로 해산되고 새로운 헌법을 제정하여 전국을 통치한다.
14 민국 시기의 군벌 할거와 혼전은 1916년부터 1927년까지 지속되었다.

제2장
혁명 과정에서 어렵게 탄생한 '중국의 길'
(1921~1956)

비록 시대에 뒤떨어진 정치체제와는 결별했지만 과거의 그늘은 여전히 사회풍습과 사상 생활을 지배하고 있었다. 정부의 면모는 일신했으나 그 정신 실질은 여전히 과거와 같았다. 탐오와 부패, 군벌 할거, 군주제도를 회복하려는 망상과 혼란한 사회질서를 바로 잡지 못하는 상황이 어디에서나 나타났다. 중화민국의 수립은 사람들이 기대하는 사회의 평화와 질서를 가져다주지 못했다. 그리하여 중국의 지식인들은 손중산의 삼민주의가 채택한 공화체제는 중국을 혁신할 만큼 충분하지 않으며 철저한 사상 상의 변혁 없이는 훌륭한 정부와 진보적 사회는 있을 수 없다는 사실을 점차 확신하게 되었다. 중국이 진정으로 현대화의 길로 나아가고 민족의 위대한 부흥을 실현하자면 더욱 과학적인 이론이 필요하고 이 이론의 지도 하에 혁명 행동이 있어야 했다.

'도(道)'는 끊임없는 총화를 거쳐 형성된 것이고, '로(路)'는 한 걸음 한 걸음 탐색해낸 것이다. 제국주의, 각 봉건 군벌과 관료 자산계급이 중국의 운명을 지배하는 상황에서 제국주의를 반대하고 봉건주의를 반대하는 이중적 역사 과업은 중화민족의 해방과 국가 독립의 전주가 되었다. 중국의 정치무대에 또 어떤 정치역량이 등장하고, 어떤 지도적 사상으로 이중적 역사적 임무를 완성할 것인가?

제1절 손중산과 삼민주의에 대한 레닌의 평가

1912년 7월 15일, 레닌은 손중산이 영도한 신해혁명과 정치강령에 대해 '중국 민주주의와 포퓰리즘'이라는 짧은 문장을 집필했다. 그는 문장 첫머리에 이렇게 썼다. "그(손중산-저자 주)는 러시아 포퓰리스트들과 매우 유사하며 기본 사상과 많은 설에 이르기까지 모두 똑같다"[15]고 하였다. "이러한 전투적인 민주주의 사상은 우선 사회주의의 공상, 중국이 자본주의 길로 나아가는 것을 막는, 즉 자본주의를 방지하자는 염원과 결합된 것이고, 다음으로는 급진적인 토지개혁을 선전하고 실시하려는 계획과 결합된 것이다. 이 두 가지 사상의 정치적 경향은 바로 독특한 의미(민주주의와 같지 않으며 민주주의를 초월하는)를 갖고 있는 포퓰리즘 요소를 구성하고 있다."[16]

레닌이 이렇게 인정한 이유는 낙후한 반봉건 농업국가의 객관적 여건 하에 5억에 가까운 인민들의 일상생활에서 이러한 압박과 착취의 일정한 역사의 독특한 형식인 봉건제도만 제기했기 때문이다. 농업생활 방식과 자연경제가 통치적 지위를 차지한 것이 이러한 봉건제도의 기초이지만, 중국의 농민들은 여러 방식으로 토지에 속박되어 봉건계급의 잔혹한 착취를 받았으며, 이러한 착취의 정치 대표가 바로 봉건주의자인 황제를 우두머리로 하는 봉건주의 전체와 단독의 봉건주의이다. 이러한 사회제도 하에서 손중산과 혁명자들이 우선적으로 반대해야 할 것은 인민대중에 대한 압박과 착취였다. 이에 대해 레닌은 "그들은 주관적으로 사회주의자이며", 손중산의 "이 중국 민주주의자의 주관적 사회주의 사상과 강령은 사실상 '부동산의 모든 법적 근거를 변경한다'는 강령일 뿐이고, 단지 봉

---

15 《列宁选集》第2卷, 人民出版社, 1995, 290쪽.
16 《列宁选集》第2卷, 人民出版社, 1995, 292-293쪽.

건 착취를 소멸하는 강령일 뿐"[17]이라고 지적했다. 또한 레닌은 "손중산의 포퓰리즘의 실질, 그의 진보적, 전투적, 혁명적인 자산계급 민주주의 토지개혁 강령, 그리고 그의 이른바 '사회주의 이론'의 실질은 바로 여기에 있다"[18]라고 지적했다.

이어 레닌은 손중산의 삼민주의를 분석했다. 그는 위안스카이의 군주 전제 복벽이 실패한 후 "손중산을 비롯한 혁명적 자산계급 민주파들은 정치개혁과 토지개혁에 대한 농민 대중의 높은 적극성과 확고성과 과감한 정신을 발휘하였으며, 이 과정에서 중국을 '진흥'하는 길을 정확하게 찾고 있다"[19]고 평가했다. 그러나 손중산의 삼민주의는 또한 소자산 계급의 반동적 '사회주의자'의 이론이다. 이 이론은 중국에서 자본주의를 방지할 수 있다고 인정하고 중국이 비록 낙후했지만 사회혁명을 쉽게 실행할 수 있다고 인정한다. 레닌은 이러한 관점과 견해를 "모두 극히 반동적인 공상"[20]이라 평가했다.

문제점은 또 "중국의 민주주의자들이 진지하게 유럽의 사회주의를 동정하고 이것을 반동적 이론으로 개조함과 동시에 이러한 자본주의를 '방지'하는 반동적 이론으로 순수한 자본주의의, 완전한 자본주의의 토지강령을 제정"[21]한 데 있다. 그러므로 손중산이 찾는 "중국을 '진흥'하는 길은 멀리 갈 수 없는 운명"이었다. 여기에서 레닌은 손중산의 삼민주의가 실패할 수밖에 없는 이유를 지적했는데, 이 역시 향후 손중산이 무엇 때문에 소련의 도움 하에 새로운 삼민주의를 발전시킬 수 있었으며, 중국

---

17 《列宁选集》第2卷, 人民出版社, 1995, 293쪽.
18 《列宁选集》第2卷, 人民出版社, 1995, 293쪽.
19 《列宁选集》第2卷, 人民出版社, 1995, 295-296쪽.
20 《列宁选集》第2卷, 人民出版社, 1995, 293-294쪽.
21 《列宁选集》第2卷, 人民出版社, 1995, 294쪽.

공산당과 협력할 수 있었는가에 대한 가장 합리적 해석이었다.

레닌은 전망하는 차원에서 중국은 "반드시 이런저런 중국 사회민주노동당(中國社會民主工黨)을 설립할 것이다. 손중산의 소자산계급의 공상(空想)과 반동 관점을 비판할 때, 아마 그의 정치강령과 토지강령 중의 혁명 민주주의의 핵심을 세심하게 추려내 이를 보호하고 발전시킬 것이다"[22]라고 예언했다. 1912년 레닌의 예언대로 1921년 중국은 '중국사회민주노동당(中國社會民主工黨)'인 중국 공산당을 성립하였다.

중국 공산당의 성립과 국민당의 개편은 사회주의 혁명이 당시 반봉건 반식민지 중국의 유일한 활로였음을 잘 보여주었다.

제2절 신문화운동과 마르크스-레닌주의의 중국에서의 전파

사상의 격동은 일반적으로 국내외에서 중대한 사건이 발생한 상황에서 나타난다. 1895년부터 1911년까지, 중국 봉건주의 틀 안에서 한 차례 사상 변혁이 일어났다. 신해혁명 후 국제적으로 제1차 세계대전이 일어났고 국내 정치에서 역류가 나타나면서 위안스카이는 전제(專制)를 실시하고 제제(帝制)를 복벽시켰다. 1915년 1월 18일, 일본 제국주의는 서방 자본주의 열강들이 제1차 세계대전을 일으키는 시기를 이용해 위안스카이 정부를 협박하여 '21개조'를 체결하고 이 조약을 통해 중국의 정치, 군사 및 영토를 완전히 통제하여 중국을 그들의 식민지로 전락시키려 했다.

경제적으로는, 민족자산 계급과 민족 상공업이 제1차 세계대전 시기에

---

22 《列宁选集》第2卷, 人民出版社, 1995, 296쪽.

급속히 발전하였는데, 바로 엥겔스가 말한 바와 같이 "일단 사회경제가 진보하고 봉건 질곡에서 벗어나고 봉건적 불평등을 소멸함으로써 권리 평등을 확립하려는 요구가 일상적 궤도에 오를 경우, 이러한 요구는 급속하게 더욱 큰 규모를 이루게 된다."[23]

사상적으로는, 신해혁명의 시련을 겪고 서방 계몽사상이 전파되어 민주공화 사상이 이미 사람들의 마음속에 깊이 새겨져, 어떠한 독재와 전제(專制)도 민주 지식인에게는 용납되지 않았다. 이러한 국내외의 정세 하에서 중국 민중들의 마음속에는 민족과 국가가 곧 멸망된다는 공포감이 더 급격히 생겨났고, 또한 이러한 공포감은 새로운 민족주의를 촉진하고 문화 사상 분야에서 먼저 폭발하면서 새로운 신문화운동이 일어났다.

신문화운동은 5·4운동을 분수령으로 전, 후기로 나뉜다. 전기에는 과학과 민주를 제창하고 우매와 전제를 반대하였으며 새 도덕을 제창하고 낡은 도덕을 반대하였으며, 신문학을 제창하고 낡은 문학을 반대했다. 후기에는 주로 마르크스-레닌주의를 선전했다. 사상 계몽의 폭과 깊이를 근거로 신문화운동을 '중국의 문예부흥'이라 묘사하는 사람들도 있었다.

I. 신문화운동의 전기: 자산계급 민주주의 문화운동

사회 혼란과 봉건 군벌 할거의 재난을 겪을 대로 겪은 중국의 지식인들은 급진적 자산계급과 소자산계급 민주주의자들을 포함하여 제1차 세계대전 기간에 민족주의와 민주 정서에 깊이 감화되었고, 1917년 러시아 10월혁명 승리에 깊이 감화되었으며, 제국주의 침략과 내전 속에서 유린당하는 나라를 부흥해야 한다는 책임감을 절실히 느끼게 되었다. 이들 지

---

23 《马克思恩格斯全集》第20卷, 人民出版社, 1971, 116쪽.

식인들 중에는 외국에서 유학하고 돌아온 사람들의[24] 개혁 의지가 가장 강했다.

이들 귀국 유학생 중 가장 걸출한 인물로는 프랑스에서 귀국한 천두슈(陳獨秀)와 차이위앤페이(蔡元培), 일본에서 귀국한 귀머뤄(郭末若)와 루쉰(魯迅), 미국에서 귀국한 후스(胡適)와 장멍린(張夢麟) 등이다. 이러한 신지식인들은 중국 전통사상 문화에 깊이 뿌리를 내렸고, 또한 서방 문명에 대해서도 잘 알고 있었다. 자유주의, 사회주의, 실용주의, 권위주의, 과학과 민주 등의 사상도 그들에게 영원히 지워지지 않는 기억을 남겼다. 그들은 전통사상 문화에 대한 비판적 재평가를 극력 요구했고, 서방의 사상과 이데올로기를 대대적으로 추천하고 소개할 것을 호소했다. 그들의 선동 능력과 호소력으로 중국 근대사상 한 차례의 가장 중대한 사상 해방운동이 불타오르게 되었다.

천두슈, 차이위앤페이와 후스(胡適) 등은 아주 빨리 이번 사상혁명의 정신적 영도자가 되었다. 과학과 민주를 사상혁명의 기치로 내세우고,《신청년》을 중심으로(1915년 9월 천두슈가 상하이에서 《청년잡지》를 창간하고 1916년 9월 《신청년》으로 개명했고, 1917년 초에 베이징으로 옮김) 봉건주의 속박을 타파하고 명실상부한 자산계급 민주공화국을 수립하는데 목적을 두었다. 전통주의를 포기하고 신문화를 고양하는 이 운동은 실질적으로 자산계급과 소자산계급의 급진적 민주주의자들이 일으킨 문화혁명 운동이다. 그의 출현은 당시 특별한 역사 시기의 경제, 정치와 사상문화 등 여러 요소가 종합적으로 작용한 산물이고, 근대 중국이 오랜 기간

---

24 어느 학자의 통계에 따르면, 1903년부터 1919년까지 중국 유학생이 국외에서의 비례수는 대체로 일본에 41.51%, 미국에 33.85%, 유럽에 24.64%였다. Tse tsung Chow May Fourth movent: Intellectual revolutian China(Combridg, mass, 1966) 26, 31. 참조.

겪었던 물질적, 사상적 준비의 바탕이 된 필연적 결과이기도 하다.

그 후 후스는 이 역사 사건을 총괄하면서 신문화운동은 "한 차례의 자발적으로 전통문화 속의 여러 가지 관념과 제도를 반대한 운동이며, 자발적으로 개인을 전통 역량의 속박에서 해방시키는 운동이다. 이것은 한 차례의 이성(理性)이 전통에 대한, 자유가 권위에 대한, 생명과 인간의 가치 선양이 생명과 인간의 가치 억압에 대한 운동이다"[25]라고 말하였다.

신문화운동을 거쳐 봉건사상은 전례 없는 충격과 비판을 받았고, 사람들의 사상은 전대미문의 해방을 받았으며, 민주와 과학사상이 널리 전파되었다. 전기의 신문화운동은 중국에서의 마르크스-레닌주의 전파를 위해 길을 개척했고, '5·4운동'의 폭발을 위한 사상적 기초를 닦았다. '5·4운동' 전 신문화운동의 정치적 색채는 점차적으로 미약해져 일반적인 문화운동으로 바뀌었다. 이 역시 자산계급 민주주의 문화운동의 역사적 한계라 할 수 있다.

II. 신문화운동의 후기: 중국에서의 마르크스-레닌주의의 전파

신문화운동 후반기에는 주로 사회주의 사상과 마르크스-레닌주의가 전파되었다. 전파 과정에서 대량의 선진 지식인들을 계발하여 그들로 하여금 마르크스주의를 선택하고 받아들이도록 한 동시에, 이를 나라를 구하고 사회를 개조하며 혁명을 추진하는 사상 무기로 삼았다. 신문화운동 후반기에 사회주의 사상이 전파된 것은 첫째는 러시아 10월혁명의 영향이고, 둘째는 새로운 혁명계급의 내재적 요구였다.

중국인들이 마르크스주의에 접근한 것은 1905년, 《민보(民報)》 제2호

---

25 欧阳哲生等编,《中国的文艺复兴》, 外语教学与研究出版社, 2001, 181쪽.

에 마르크스(Karl Marx)의 전기가 게재되면서부터였다. 1908년 초 무정부주의 잡지《천의보(天義報)》는 일본어판에 실린 엥겔스(Friedrich Engels)가 1888년에 집필한《공산당 선언 서문》즉《공산당 선언》의 제1장과 엥겔스의《가족의 기원》의 일부분을 번역하여 실었다.[26] 당시 중국에서의 마르크스주의 전파는 매우 산발적이었고 중국 사회에 대한 영향도 매우 미약했다.

1917년 러시아 10월 사회주의 혁명의 승리는 마르크스-레닌주의 사상의 위력을 과시하자 중국에서 마르크스-레닌주의는 광범위하게 전파되기 시작했다. 제1차 세계대전으로 인해 중국의 선진분자들로 하여금 자본주의를 의심하기 시작했다. 예컨대, 리따쟈오(李大釗)는 제1차 세계대전이 곧 끝날 무렵 "이번 전쟁은 유럽 문명의 권위에 의심을 갖게 만들었고, 유럽인들도 자신의 문명 가치에 대해 반성할 수밖에 없었다"[27]고 지적했다. 천두슈는 자본주의 사회가 봉건주의 사회를 대체한 후 "정치상의 불평등은 사회의 불평등으로 바뀌었고, 군주 귀족의 억압은 자본가의 억압으로 바뀌었다"[28]고 지적했다. 과연 구미식 자본주의 민족국가를 세워야 하는가 세우지 말아야 하는가는 이 부류의 선진분자들이 고민해야 할 문제가 되었다. 중국의 지식인들이 국가의 운명을 위해 방황하고 사색할 때, 1917년 러시아 10월 사회주의 혁명의 승리는 세계를 뒤흔들어 중국 혁명의 길을 밝게 비춰주어 사회주의 민족 국가를 세우는 문제가 중국 인민의 일정에서 본격적으로 언급되기 시작하였다.

이는 마오쩌둥(毛澤東)이 말한 바와 같이 "10월혁명의 포 소리는 우리에게 마르크스-레닌주의를 가져다주었다. 10월혁명은 전 세계와 중국의

---

26 徐中约,《中國近代史》, 香港中文大学出版社, 2002, 517쪽.
27 《李大钊文集》(上), 人民出版社, 1984, 565쪽.
28 陈独秀,《法兰西人与近世文明》,《青年杂志》第1卷 第1号 1915年 9月.

선진분자들을 도와주어 무산계급의 우주관을 국가 운명을 고찰하는 도구로 삼아 다시 자신의 문제를 고려하여, 러시아인들과 같은 길을 걷게 하였다. 이것이 곧 결론이다."[29] 리따조, 천두슈를 비롯한 신문화운동에서 급진적 사상을 가진 지식인들은 마르크스-레닌주의를 받아들여 '초보적인 공산주의 사상을 갖춘 지식인으로 전환하였고', 역사적 비교를 통해 오직 사회주의 혁명만이 중국의 독립 부강을 위한 길이라는 신념을 확고히 하였다.

이때부터 신문화운동은 근본적 변화가 나타났다. 즉 자산계급 문화혁명 운동으로부터 마르크스-레닌주의를 광범위하게 선전하는 운동으로 전환되었다. 동시에 《신청년》은 점차 마르크스-레닌주의를 선전하는 간행물로 되었다. 사회 정세 발전의 수요에 응하여 《신청년》은 러시아 10월혁명의 경험과 사회주의를 선전하는 이론 문장을 대량으로 소개했다. 가장 먼저 발표된 문장은 1918년 11월 리따조의 《서민의 승리》와 《볼셰비키의 승리》라는 두 편의 문장이었다.

전체적으로 말하면 신문화운동은 근대 중국에서 사상 해방의 폭풍을 일으킨 전대미문의 사상 해방운동과 계몽운동이었다. 마오쩌둥은 신문화운동을 선진 중국인들의 중국 현대화 탐구의 중요한 부분으로 간주하였으며, 신문화운동은 "선진 중국인들이 온갖 난관을 물리치고 서방 국가를 향해 진리를 추구하는"[30] 매우 중요한 과정이며, 이 과정에서 중국에서의 마르크스-레닌주의를 전파하는 길을 개척했다고 지적했다.

그러나 신문화운동은 선천적인 한계와 결함이 존재하는 바, 이는 아래와 같은 몇 가지에서 나타난다. 첫째, 신문화운동 과정의 영도자적 인물들은 이 운동을 민중 속으로 널리 보급하지 않고 다만 지식인들의 범주 내

---

29 《毛泽东选集》第4卷, 人民出版社, 1991, 1471쪽.
30 《毛泽东选集》第4卷, 人民出版社, 1991, 1469쪽.

에 국한했다. 둘째, 신문화운동은 일반적인 정치 구호만 내걸었지 민주정치를 실현하는 구체적 방법을 제시하지 않았다. 셋째, 신문화운동이 중국 전통문화를 대하는 면에서 극단적으로 부정하는 사상과 행위가 있었다.

Ⅲ. '문제'와 '주의'에 대한 논쟁, 중국에서의 마르크스-레닌주의 광범위한 전파를 촉진

5·4운동 이후 마르크스주의와 사회주의는 점차 사람들의 환영을 받았다. 아울러 점진적 사회개량과 급진적 근본 변혁 중에서 어느 것이 좋고 어느 것이 나쁜가에 대한 한 차례의 대논쟁이 곧 폭발했다.

1919년 7월, 후스는《문제를 많이 연구하고 주의(主義)에 대해 적게 논의하자》라는 글을 발표했다. 후스 등 실용주의자들을 비롯한 일부 사람들은 구체적이고 실제적인 문제를 연구하고 해결할 것을 전력을 다하여 제창했으며, 조금씩 조금씩 진화적으로 사회를 개량할 것을 주장했다. 그들은 듣기 좋은 '주의'를 공담하는 것은 쉬운 일이고, 수입된 '주의'를 공담하는 것은 아무런 소용도 없으며 종이 위에 편향한 '주의'는 더욱 위험한 것이라고 지적했다. 그들은 맹목적 행동주의와 목표 없는 혁명을 반대하고 자발적이고 점진적인 개량의 길을 권고하면서 사회 진보를 가로 막는 빈곤, 질병, 문맹, 부패와 혼란 등의 사회문제를 천천히 해결하려 했다. 후스와 그 추종자들은 문제를 많이 연구하자고 선전하였는데, 그 결과 그들이 주장한 소위 '많이 연구하는' 문제들은 주로 문학비평, 고대 역사와 고증학 등 문제에 집중되고, 시급히 해결해야 할 사회와 정치문제에 대해서는 관심이 심각하게 부족하였다.

리따조와 천두슈 등 사회주의자들을 비롯한 다른 부류의 사람들은 러시아 10월혁명을 본받아 폭력혁명과 같은 직접적이고 철저한 정치사회 전환을 주장했다. 그들은 '주의'는 사회개조 과정에서 항해 중의 나침반 처럼 필요한 기능을 하지만, '주의'와 문제는 또 갈라놓을 수 없으며, 중국에 존재하는 심각한 사회문제는 반드시 마르크스주의 '근본적 해결'이 우선되어야 비로소 구체적인 문제를 해결할 수 있다고 주장했다. 실제로 리따조는 '주의'는 사회문제 해결을 위한 '총 방향'을 제시할 수 있다고 강조함과 동시에, 이론과 실제의 결합 문제에도 관심을 돌리면서 문제에 대한 연구를 이탈하지 않았다. 그는 논문《문제와 주의를 다시 논함》에서 "사회주의자로서 자신의 주의가 세계적 범위에서 영향력이 있으려면, 반드시 자신의 이상(理想)을 어떻게 자신을 에워싸고 있는 현실에 적용하겠는가를 반드시 연구해야 한다"[31]고 지적했다.

'문제와 주의'에 관한 이 논쟁은, 논쟁 쌍방의 사상과 신앙에 큰 차이가 있었다. 즉 한쪽은 자산계급 자유주의를 신앙하고 다른 한쪽은 무산계급 사회주의를 믿었다. 그래서 이 사상 학술에서 나타나기 시작한 연구와 토론은 훗날 정치적 갈등으로 이어질 수밖에 없었다. '문제와 주의'의 논쟁은 신문화운동의 통일전선 내부의 마르크스주의자와 자산계급 자유주의자의 분열의 시작을 나타낸다. 또한 이는 중국에서 마르크스주의가 전파되는 과정에서 나타난 첫 번째의 대논쟁이었고, 이러한 논쟁 과정에서 마르크스주의는 광범위하게 전파되었다.

---

31 《李大钊文集》(下), 人民出版社, 1984, 34쪽.

제3절 5·4운동은 중국 신민주주의 혁명을 시작하여 신·구 민주주의 혁명의 분수령이 되었다

제1차 세계대전 전승국 중 하나인 중국은 파리강화회의에 대표를 파견했다. 회의에서 중국이 제기한 합리적 요구는 거절당했을 뿐 아니라 국가의 일부 이익도 빼앗겼다. 《베르사유 조약》은 중국정부의 합리적이고 합법적인 요구를 근본적으로 무시하고 산둥(山東)에서 독일이 가지고 있던 이익을 일본에 넘겨주었다. 파리강화회의에서 중국 북양군벌 정부의 외교적 실패는 중국 민중들의 강한 불만을 자아내 5·4운동을 촉발시켰다. 1919년 5월 4일, 10월혁명의 영향 하에 리따조우와 천두슈를 대표로 하는 초보적 공산주의 사상을 갖춘 지식인들의 조직과 지도 하에 베이징의 5천여 명 청년 학생들이 성세 호대한 시위운동을 진행했다. 이 시위운동은 빠르게 민족주의, 서방 열강에 대한 강력한 질책과 매국적인 군벌정부에 대한 강력한 불만으로 겹쳐진 전국적인 철저하고도 비타협적인 반제 반봉건 애국주의 운동으로 발전하였다.

I. 5·4운동은 중국에서 마르크스-레닌주의의 광범위한 전파 촉매 역할을 하였다

러시아 10월혁명이 전파한 마르크스-레닌주의와 5·4운동은 마치 중국 사상혁명에 투여한 촉매제처럼 중국 지식인들 중에서 강한 파장을 일으켰다. 중국의 선진 지식인들이 마르크스-레닌주의에 끌린 이유는 마르크스-레닌주의가 중국을 위해 "중국의 옛 전통과 서방의 오늘날 조종(操縱)"을 포기하고, 조작 실천을 가능하게 하는 사상을 제공할 수 있다는 데 있었다.[32] 이것은 나라를 구하고 백성을 구할 수 있는 사상이었다. 마르크스 -레닌주의와 사회주의 사상이 중국에서 진보 사상의 주류로 자리잡았고, 사상계에는 마르크스-레닌주의를 광범위하게 전파하는 추세가 형성되었 다. 마르크스주의를 학습하고 연구하는 단체가 점차 설립되었고, 전국적 으로 400여 종의 진보적 간행물이 출판되었고, 진보적 사회단체도 400여 개가 형성되었으며, 마르크스주의 과목이 각 대학의 강단에 올랐고, 마르 크스주의에 관한 저작과 마르크스주의를 소개하는 서적도 지속적으로 출 판되었다.

리따조, 천두슈, 마오쩌둥, 차이허선(蔡和森), 리따(李達), 저우언라이(周 恩來) 등을 대표로 하는 중국의 제1세대 마르크스주의자들이 형성되기 시 작하였다. 이러한 대표자들의 영도 하에 신문 간행물, 사회단체, 강단과 저작은 마치 사상 폭탄마냥 구(舊) 문학, 구 도덕, 군주제도와 군벌주의를 궤멸시켜 중국에서의 마르크스주의의 광범위한 전파를 추진했다. 동시에 5·4운동 과정에서 노동자 계급은 중국의 새로운 정치역량으로 부상하여 처음으로 독립적인 정치세력으로 정치무대에 등장했다.

II. 5·4운동은 중국 신민주주의 혁명을 시작하여, 신·구 민주 주의 혁명의 분수령이 되었다

5·4운동은 실제적으로 중국 신·구 민주주의 혁명의 분수령이 되었다. 러시아 10월혁명의 승리는 중국 민주혁명의 성격이 전환하게 된 매우 중 요한 외적 요건이다. 만약 신해혁명 후부터 10월혁명 전까지 사람들이 자

---

32 Martin Bernal, Chinese Socialism to 1907(Utica, 1976), 111, 137; Maurice Meisner, Li Ta chao and the Origins of Chinese Marxism(Cambridge, Mass, 1976), 100 참조.

본주의의 막다른 골목거리에서 헤매고 있었다면, 10월혁명은 이 막다른 골목거리를 열어놓아 길을 찾아 헤매는 중국 민중을 미망에서 깨어나게 하고 사람들은 더욱 광활한 신천지에 들어서게 되었다. 신민학회 회원인 평황(彭璜)은 "중국 정세, 사회조직, 공업 상황, 국민 성격 등은 모두 러시아와 비슷하여 러시아의 과격주의는 중국에서 행할 수도 있고, 과격주의를 답습할 필요도 없으며 설령 혁명적 사회주의를 사용하더라도 러시아와 같은 정신은 필요하다"[33]고 주장했다. 같은 신민학회 회원이었던 마오쩌둥도 "러시아식으로 인하여 여러 길은 모두 새로 발명한 하나의 길을 걸을 수 없게 되었는데 단지 이 방법만이 다른 개조 방법보다 가능한 성질을 많이 포함하고 있다"[34]고 말했다.

5·4운동 후 대부분의 지식인들은 여러 가지 정치 주장과 학설에 대한 자각적인 비교와 감별을 통해 실천 과정에서 인식을 제고하고, 점차적으로 마르크스-레닌주의에 대한 신앙을 갖췄다. 중국 민중들은 고달픈 방황 속에서 드디어 새로운 희망을 찾게 되었고 새로운 길을 개척하였으며, 새로운 시대가 곧 시작되었다. 이것은 어떠한 새로운 길과 새로운 시대인가? 마오쩌둥은 당시 상황을 "제1차 제국주의 세계대전과 첫 번째로 승리한 10월 사회주의 혁명은 세계사의 방향을 바꿔 놓고, 세계사의 시대를 구분했다"[35]고 표현했다.

이 변화된 역사적 조건의 결정으로 중국 혁명의 성격도 그에 따라 중대한 전환이 일어났으며, 이 이전의 중국 자산계급 민주주의 혁명은 구세계 자산계급 민주주의 혁명의 일부분에 속하여 자본주의 길을 걸은 것이다. 이후의 중국 자산계급 민주주의 혁명은 새로운 자산계급 민주주의 혁

---

33 《新民学会会务报告》第2号.
34 《毛泽东文集》第1卷, 人民出版社, 1993, 1쪽.
35 《毛泽东选集》第2卷, 人民出版社, 1991, 667쪽.

명 범주에 속하는 것으로 바뀌었고, 혁명전선에서는 세계 무산계급 사회주의 혁명의 일부분에 속하며, 사회주의 혁명의 길을 걷는 것이었다.

5.4운동은 민중을 광범위하게 동원, 조직하지 못한 신해혁명의 약점을 보완하여 학생, 지식인으로부터 노동자, 공상업자, 심지어는 일부 농민에 이르기까지 전국 방방곡곡에서 전체 민족에 영향을 일으킨 한 차례 진정한 의미의 대중적 혁명운동이 되었다. 5·4운동은 중국 대중들로 하여금 제국주의 침략 본질과 봉건군벌의 암울한 통치를 더욱 깨닫게 하였고, 동시에 제국주의와 봉건주의에 반대하는 중국 인민의 각오와 결심을 더욱 고조시켰다. 또한 중국의 길에 대한 사색과 탐구를 추진했으며, 중국에서의 마르크스주의의 전파와 노동운동과의 긴밀한 결합을 더욱 추진하였다. 5·4운동은 무산계급이 영도하는 중국 신민주주의 혁명의 서막을 열어 놓았을 뿐 아니라 직접적으로 중국 공산당의 성립을 위해 계급적, 사상적, 지도적 조건을 제공하였다.

III. 1921년 중국 공산당의 탄생

중국 초기의 마르크스주의자들은 과거 열성적 민주주의 전사(戰士)였으며, 그들은 자산계급 민주주의에 대한 신앙과 자산계급 공화국의 방안을 포기하고 마르크스주의의 입장으로 전향하여 마르크스주의의 과학사회주의가 인도하는 길로 나아가게 되었다. 이는 결코 어떠한 압력에 굴복한 것도 아니고, 그렇다 해서 그 어떤 생각이 갑자기 떠올라 한 것도 아니며, 유행에 따른 것도 아닌 자신들이 직접 겪은 실천 과정에서 신중한 고려를 거쳐 내린 역사적 선택이며, 중국 인민들의 선택이기도 하다.

형세의 발전과 역량이 커짐에 따라 무산계급 정당을 조직할 임무에 대해 논의하기 시작하였다. 공산국제의 도움으로 1921년 7월 상하이에서 제

1차 대표대회를 열고 중국 공산당을 성립하였다. 대회에서는 중국 공산당의 첫 강령과 결의안을 통과시켰다. 강령은 다음과 같이 규정하였다. 당의 명칭은 '중국 공산당'이고, 당의 성격은 무산계급 정당이며, 당의 분투 목표는 자산계급을 뒤엎고 자본소유제를 폐지하며 무산계급 독재를 수립하여 사회주의와 공산주의를 실현하며, 당의 기본 임무는 노동자운동의 각종 활동에 종사하고 노동조합과 노동자운동에 대한 연구와 영도력을 강화한다. 이로써 중국에서 공산주의를 목표로 하고 마르크스-레닌주의를 행동의 지침으로 하는 통일적인 새로운 노동자계급의 정당이 창건되었다. 중국 공산당의 성립은 재난이 심한 중국 인민들에게 광명과 희망을 가져다주었고, 중국 혁명의 새로운 방향을 가르쳐주었다. 마오쩌둥이 지적한 것처럼, 중국 공산당의 창건은 천지개벽의 큰 사건이었다.

중국 공산당은 성립 이후 역량을 집중하여 홍콩 선원 대파업과 경한철도 대파업 등 노동운동을 영도하여 중국 노동자운동의 첫 번째 고조를 불러 일으켰다. 1922년 1월부터 1923년 3월까지, 전국적으로 180여 차례의 대파업이 발생하였다. 경한철도 대파업의 실패에서 중국 공산당은 강대한 적들을 이기려면 반드시 강력한 동맹자를 찾아야 하며, 그렇지 못할 경우 승리를 쟁취할 수 없다는 점을 인식하게 되었다.

제4절 제1차 국공합작, 파열의 운명을 지닌 각자의 이익을 위해 결합된 국강공약(國强共弱)의 일시적 합작

열강들의 지원 하에 벌어진 봉건 군벌들의 할거 혼전 국면에 직면하여 손중산이 영도하는 국민당은 어찌할 방법이 없었고, 갓 탄생한 중국 공산당은 힘이 부족하고 경력이 아직 부족했다. 이러한 정세에서 소련 공산당의 연결, 주선 하에 국민당과 공산당 사이의 양당 역사상 첫 번째 합작이 이루어지게 되었다.

I. 1924년 국민당의 개편

신해혁명은 성공했지만 손중산(孫中山, 孫文) 혁명파의 건국강령은 실패로 돌아갔다. 삼민주의는 중국에 기대했던 평화와 질서를 가져다주지 못했고, 이로 인해 초래된 것은 크고 많은 사회질서의 유실과 혼란이었으며, 손중산은 상심한 끝에 자기 이론의 역사적 제한성을 깨닫게 되었다. 1912년 신해혁명이 방금 끝난 후 레닌은 손중산 이론의 부족점을 지적함과 동시에 중국에는 노동자계급의 정당이 곧 나타날 것이라고 예언했다. 1917년 러시아 10월혁명은 중국 공산당의 성립을 추진했을 뿐 아니라 중국 국민당의 개편에도 영향을 주었다.

1. 손중산 삼민주의 이론의 승화

서방 열강들은 군벌만 지지했을 뿐 손중산의 건국 책략에는 전혀 관심이 없었다.[36] 러시아 10월혁명의 승리는 손중산을 기쁘게 하였으며, 중국에 대한 우호적인 의사와 러시아 차르(tsar) 시대 불평등조약을 주동적으로 폐지한다는 소비에트 정부의 움직임은 손중산으로 하여금 러시아에 대해 각별한 친절감을 느끼게 했다. 게다가 그는 볼셰비키당의 규율이 엄

---

36 손중산의 건국 책략은 국가를 통일하는 것이고, 따라서 통일된 주권국가는 제국주의가 중국에서의 이익 취득에 극히 불리하기 때문이다. 군벌 할거의 사분오열 국면이 제국주의가 바라는 것이었다.

격하고 조직이 엄밀한 데 대한 감상을 통해 소비에트의 성공 모델을 채택하여 국민당을 개편하고, 또한 국민혁명을 위한 지원을 촉구하였다. 그는 공산국제의 도움을 받아 연러, 연공, 공농을 돕는(聯俄, 聯共, 扶助農工: 러시아와 연합하고 공산당과 연합하며 농민과 노동자를 돕는다) 3대정책을 확립하고, 구 삼민주의를 신 삼민주의로 발전시켰다.

신 삼민주 중에서 민족주의는 제국주의와 봉건 군벌에 반대하는 주장을 더욱 명확하게 내세웠는데, 민족해방 투쟁은 다수의 민중에게 있어서 그 목표는 모두 반제국주의일 뿐이었다. 민권주의는 '주권이 민중에 있다'라는 원칙을 더 확고히 했고, 권력이 소수인의 사유(私有)로 하지 않으며, 봉건군벌과 관료들의 잔혹하고 횡포한 압박과 착취를 더욱 폭로했으며, 자산계급의 사회정치 제도에 대해 일부 비판을 한 동시에 '대의정체(代議政體)에 보다 개량이 많은' 소비에트 정권을 찬양했다. 민생주의는 지속적으로 '평등한 토지 소유권'과 '자본의 절제'를 강조하는 기초 위에 '사유 자본이 국민의 생계를 조종하지 못하게 한다'는 사상을 중심으로 천명하면서 노동법을 제정하여 노동자의 생활을 개선해야 한다고 규정했다.

2. 국민당의 개편과 제1차 국공합작의 시작

내용상 신 삼민주의는 구 삼민주의의 발전이지만, 새로운 역사적 특징과 시대적 특징을 반영하였으며, 자산계급 민주혁명파의 새로운 혁명 단계에서의 진보성을 나타냈다. 신 삼민주의의 정치강령과 중국 공산당 민주혁명 강령의 주요 원칙이 기본적으로 같기 때문에 신 삼민주의는 제1차 국공합작의 정치사상적 기초가 되었다. 또한 당시 중국 민족주의의 주류는 공산당이 아닌 국민당에 있었고, 국민당은 한 자산계급 정당만이 아니라 모든 계급의 연맹이었다. 따라서 소련은 새로 탄생한 공산당은 국민당이 이미 마련한 기반을 활용하여 영향력을 발휘하는 동시에, 공산당원이 국민당에 가입할 것을 적극 격려했다. 중국 공산당은 노동자운동 과정에서의 교훈을 흡수하여 국민당을 이용하여 역량을 강화하고 역사적 사명을 완성할 수 있다고 생각했다.[37]

1924년 1월 20일부터 30일까지, 광저우(廣州)에서 개최된 중국 국민당 제1차 전국대표대회에서 당의 강령과 당장(黨章)을 통과시키고 삼민주의와 3대정책을 결합하여 새롭게 삼민주의를 해석했다. 손중산은 대회에서 당 내부 단결의 중요성 및 민족통일과 재건을 위하여 강력한 조직을 발전시켜야 한다고 강조하였다. 손중산은 국민당을 성공적으로 개편하였으며, 제1차 국공합작을 실현했다. 개편 후의 국민당은 자산계급 성격의 정당에서 노동자, 농민, 소자산계급과 민족자산계급 등 네 개 계급의 혁명연맹 정당이 되었다. 가장 중요한 것은 1924년 1월부터 시대가 부여한 신성한 사명과 민족이 맡긴 중임을 짊어진 젊은 중국 공산당은 점차 정치무대의 앞장에 서게 되었고, 적극적으로 대혁명의 물결에 뛰어들어 대혁명의 고조를 조직하고 추진했다.

Ⅱ. 제1차 국공합작, 파열의 운명을 지닌 채 각자의 이익을 위해 결합된 국강공약(國强共弱)의 일시적 합작

개편을 거친 국민당은 당 내부에 새로운 피가 주입되었고 응집력, 동원력과 조직 규율성이 전례없이 향상되었다. 공산국제의 지지 하에 국공

---

37 어떤 학자는 당시 모스크바의 진정한 의도는 젊은 중국 공산당을 이미 성장한 국민당 체구에 접목하면 그 내부로부터 국민당을 전복하고 무산계급의 영도권을 쟁취할 수 있으며 '레몬즙'을 짜듯이 우익 분자들을 몰아내는 데 있었다고 한다. Benganin I Schinese Cmmunism and the Rise of Mao 참조(Cambridge, Mass, 1958), 53, 60.

합작으로 황포군관학교를 창설하고 국민혁명군을 설립하여 자신의 군대를 양성했으며 무장역량을 강화했다. 중국 공산당의 지도 하에 노동자, 농민운동이 회복되고 발전되어 1924년 7월 광저우 샤몐(沙面) 노동자들의 반제파업의 승리에서 1925년 상하이 '5·30'운동과 성항(省港) 대파업까지 전국적으로 기세 높은 반제 반봉건의 대혁명 고조가 일어났고, 민족독립과 부국강민(富國强民)을 추구하는 중국 국민들의 열망을 불태웠다. 이는 중화민족이 중국 공산당의 참여 하에 민족의 독립, 대중의 해방과 국가의 부강을 추구하는 길에서 성공적으로 내디딘 첫 걸음이었다.

손중산은 이 정세를 빌어 북벌을 다시 일으켜 군벌을 소탕하고, 군벌의 배후에서 지지한 제국주의를 좌절시키려 하였다. 하지만 안타깝게도 1925년 3월 12일 베이징에서 손중산이 사망했고, 그의 북벌 계획도 보류되었다. 손중산의 추종자인 장제스(蔣介石)는 손중산이 남긴 북벌 유업을 이어받아 완성한 후, 1927년 상하이에서 '4·12' 반혁명 정변을 일으키고 난징(南京)에서 국민정부를 수립했다.

왕징웨이(汪精衛)는 우한(武漢)에서 '7·15' 반혁명 정변을 일으키고 공산당과 국민당 좌파들을 숙청했다. 이후 장제스와 왕징웨이는 손중산이 제정한 국공합작 노선과 반제 반봉건 강령을 철저히 배반했고, 닝한(寧漢: 南京과 武漢, 즉 장제스 세력과 왕징웨이 세력)의 합세로 국공 양당은 공개적으로 분열되었고 제1차 국공합작의 파열로 기세 드높던 대혁명도 좌절되었다. 손중산을 수반으로 한 자산계급 혁명파들의 중국을 강성한 자산계급 공화국으로 만들려던 이상은 철저히 파멸되었다. 1928년 6월 15일 난징(南京) 국민정부는 통일 대업을 완성했다고 선포하였다.

III. 국공합작 중에서 중국 공산당은 사상적으로 점차 중국 혁명의 영도권과 의지 역량의 문제를 해결하였다

손중산이 영도한 혁명은 결국 자산계급 혁명이고, 중국 공산당이 영도한 혁명은 무산계급 혁명이기에 혁명 성격이 전혀 다른 두 정당이 협력하는 과정에서 필연적으로 지도권 다툼이 일어난다. 사실상 합작에 대해 담판하는 과정에서 중국 공산당은 이미 주도권 문제를 제기한 바 있었다. 왜냐하면 정권은 주도권과 갈라놓을 수 없기 때문이다. '5·30'운동 후 취 츄바이(瞿秋白)는 '5·30'운동은 "무산계급이 국민혁명 과정에서 지도권을 취득할 필요성이 있음을 충분히 증명했다"[38]고 지적하였다. 떵중사(鄧中夏)는 《노동운동 부흥 중의 몇 가지 중요한 문제》라는 글에서 "우리는 정권을 취득하기 위해 국민혁명에 참가한 것이다." 그러나 "정권은 하늘에서 우리의 노동자들에게 떨어지는 것이 아니며 실제적인 정치투쟁 과정에서 하나하나씩 쟁취한 것이며, 우리가 정권을 쟁취하지 않으면 자산계급이 쟁취할 것이다." 오직 무산계급이 정권에 참여해야만이 비로소 "혁명 과정에서 자산계급의 타협성과 연약성을 대비할 수 있고, 혁명 후 정권을 독점하는 것을 막을 수 있으며", 앞으로 노동자 정부의 수립을 위한 '사전 준비'를 할 수 있다[39]고 지적하였다.

영도권과 정권 문제에 있어 마오쩌둥은 전 당의 지혜를 모아 1925년 12월 1일에 《중국 사회 각 계급의 분석》이란 문장을 발표했고, 이 글의 발표를 전후로 《중국 농민 중 각 계급의 분석과 혁명에 대한 태도》, 《국민당 우파 분리 이유와 그것이 혁명 전도에 미치는 영향》과 《국민혁명과 농민운동》 등의 문장을 발표했다. 마오쩌둥은 논문에서 적과 친구를 분별

---

38 《瞿秋白选集》, 人民出版社, 1985, 235쪽.
39 《邓中夏文选》, 人民出版社, 1983, 129-130쪽.

하는 것이 혁명의 첫 번째 문제라고 강조하고, 중국사회 각 계급의 경제 지위와 정치 태도를 구체적으로 분석했으며, 중국 혁명의 적과 친구를 분명히 밝혀낸 후 최종적으로 "제국주의와 결탁한 모든 군벌, 관료, 매판계급, 대지주계급 및 이들에 부속된 일부 반동 지식계는 우리의 적이다. 노동자 무산계급은 우리 혁명의 영도 역량이다. 모든 반(半) 무산계급과 소자산계급은 우리의 가장 가까운 벗이다. 입장이 동요되는 중산계급의 우익은 우리의 적일 수도 있고, 그 좌익은 우리의 벗일 수도 있는데, 그러나 우리는 항상 그들이 우리의 전선을 혼란시키지 못하도록 해야 한다"는 결론을 내렸다. 마오쩌둥은 이 계급의 기도를 "민족자산계급 통치를 실현하는 국가는 전혀 통하지 않는다"[40]라고 지적했다.

마오쩌둥이 제기한 신민주주의 혁명 기본 사상의 핵심은 정권 문제이고, 무산계급이 영도하는 몇 개 혁명계급이 연합 독재하는 국가를 수립하는 것이며, 중국에서 자산계급이 영도하는 자산계급 독재의 국가를 수립하는 것을 반대하였다. 이 사상은 비록 전당적으로 주도적 지위를 차지하지 못했고, 특히 당중앙의 주요 영도자인 천두슈에게 받아들여지지 않았다. 그러나 마오쩌둥을 대표로 하는 일부 공산당원은 이미 자발적으로 중국 민주혁명을 이끄는 길로 나아가기 시작했음을 설명한다.

1840년 이래, 청조 내부의 사회 개량운동이나 손중산의 구민주주의 혁명은 모두 젊은 중국 공산당원들이 중국혁명 성공의 주요 의지 역량은 농민과 대중이라는 것을 분명히 인식하게 하였다. 어떠한 역량에 의지하여 정권을 쟁취하는가 하는 문제 인식 위에서 대부분의 중국 공산당 지도자들은 농민들이 중국혁명에서 차지하는 중요한 지위와 역할을 인식하게 되었다. 1923년 12월, 명중샤(鄧中夏)는《농민운동》이라는 글에서 "우리가

40《毛泽东选集》第1卷, 人民出版社, 1991, 4·9쪽.

농민운동을 해야 한다는 것은 한시도 지체할 수 없는 일이다'라고 목소리를 높이면서 "민중으로 들어가는 것이 우리의 유일한 사명이다"[41]라고 주장했다. 1924년 1월, 그는 《중국 농민의 상황과 우리의 운동방침》이라는 글에서 농민혁명은 "신흥하고 위대한 세력"[42]이라고 지적했다. 윈따잉(惲代英)은 1924년 6월에 집필한 《농촌 운동》이란 글에서 혁명가들에게 "농민을 사귀어라! 농민들을 단결시켜라! 농민을 교육하라! 그리고 가장 중요한 것은 농민을 연구하라!"라고 하면서, 이것은 "중국혁명 중 가장 중대하고 필수적인 준비 사업이다"[43]라고 주장했다.

리따조도 역시 "경제가 낙후한 반식민지인 중국에서 전체 인구의 90% 이상을 차지하는 농민은 중요한 지위에 있으며 농업은 여전히 국민경제의 기초이다. 때문에 우리가 혁명 역량을 평가할 경우 반드시 농민이 중요한 일부분임을 강조해야 한다"[44]라고 하면서 농민의 중요성을 강조했다. 저우언라이(周恩來)는 "우리는 반혁명세력이 강대하다고 보지 말아야 한다 … 우리는 노동자들로 무장할 수 있고 농민들로 자위할 수 있다." 또한 "노동자는 국민혁명의 영도자이고, 농민과 병사들을 노농병(勞農兵) 대연합으로 이끌어 공동으로 제국주의를 타도해야 한다"[45]고 지적했다.

역량에 의지하는 문제에서 마오쩌둥은 중국 농민투쟁의 특징을 분석한 후, 다음과 같이 지적했다. 중국의 농민운동은 곧 정치투쟁과 경제투쟁이 통합된 계급투쟁 운동이다. 그 내부에서 가장 특별하게 나타나는 정치투쟁이다. 이는 도시의 노동자운동의 성격과는 매우 다른데, 당시 도시 노

---

41 1923年 12月 《中国青年》 第11期.
42 1924年 1月 《中国青年》 第13期.
43 《恽代英文集》(上), 人民出版社, 1984, 561쪽.
44 转引自徐中约, 《中国近代史》(下), 香港中文大学出版社, 2002, 520쪽.
45 周恩来, 《在省港罢工工人代表大会上的报告》(1925年 7月 31日), 载 《工人之路》 1925年 第37期.

동계급의 투쟁은 단지 정치적으로 집회 결사의 완전한 자유를 추구하는 것이고, 아직 자산계급의 정치 지위를 타파하려는 것이 아니었다. 반면 농촌의 농민은 한번 일어서면 바로 토호열신(土豪劣紳)과 대지주들이 수천 년 동안 유지해왔던 농민을 압박 착취할 수 있었던 정권(이 지주정권이 곧 군벌정권의 진정한 기초)에 부딪혀, 이 착취 정권을 뒤엎지 않고서는 농민의 지위가 확보될 수 없었다. 이것이 중국 농민운동의 가장 큰 특징이었다. 이러한 분석에 따라 마오쩌둥은 반동정권을 뒤엎고 대중 혁명정권을 수립하는 혁명의 근본적 차원에서, 무산계급이 농민 투쟁을 영도한다는 중국 혁명에서의 최우선적인 중요성을 지적하였다.

제5절 토지혁명과 징강산(井岡山) 혁명의 길

'농촌으로 도시를 포위하고, 무장으로 정권을 탈취'하는 이론은 1927년 9월에 마오쩌둥이 처음으로 제시한 것이다. 대혁명이 실패한 어려운 정세에서 젊은 중국 공산당원이 혁명을 계속 견지해야 하는가, 하지 말아야 하는가, 이것은 전 당 앞에 놓인 반드시 해답해야 할 근본적 문제였다. 1927년 8월 1일 중국 공산당이 영도하는 군대는 난창(南昌)에서 봉기를 일으켜 무장으로 정권을 탈취하는 첫 총소리를 울렸고, 피와 불의 언어로 강폭에 두려워하지 않고 혁명을 지속하겠다는 중국 공산당원의 굳은 결의를 알렸다. 8·1 난창봉기부터 중국 공산당은 독자적으로 인민군대를 창조하고 혁명 무장을 장악하며 무장 투쟁을 시작하였다.

난창봉기는 중국 공산당이 혁명을 견지하려는 결심을 보여주었다. 그러나 이는 대혁명 실패 후 혁명을 계속해야 하는가 하지 말아야 하는가 하는 문제에 대한 대답일 뿐, 어떻게 혁명할 것인가, 즉 어떠한 혁명의 길로 나아갈 것인가에 대해서는 아직 근본적인 해결을 가져오지 못했으며, '도시 중심론'의 안개 속에서 벗어나지 못했다.

이 문제에 대한 해답은 더욱 어려운 것인 바, 중국 공산당은 이를 위해 막대한 대가를 치렀다. '8·7'회의에서 혁명을 구하는 대책을 제기했는 바, 즉 천두슈 우경 기회주의의 착오를 강력하게 수정, 종료하였으며, 토지혁명과 무장혁명으로 국민당 반동파에 저항한다는 정확한 방침을 확정하고, 상악감월(湘, 鄂, 贛, 粵: 호남성, 호북성, 강서성, 광동성의 약칭) 등 4개 성에서 일으킬 농민 추수봉기를 주요 과업으로 확정했으며, 새로운 길을 모색할 임무를 명확히 제시했다. '8·7'회의에서 확정한 토지혁명과 무장투쟁으로 국민당 반동파에 대항하는 총방침은 토지혁명을 주요 내용으로 하고, 무장투쟁을 주요 형식으로 하는 중국 혁명의 기본 특징을 뚜렷이 했다.

1927년 9월 마오쩌둥은 봉기부대를 이끌고 원자시(文家市) 리런학교(里仁學校)에서 전적위원회(前敵委員會) 회의를 소집했다. 그는 적군은 강대하고 아군은 약세인 상황을 분석하고, 창사(長沙)를 공격하려는 기존 작전 계획을 포기하고 혁명의 중심을 도시에서 적들의 통치세력이 비교적 빈약한 농촌으로 이동할 것을 주장하였다. 이러한 이론은 8·7회의에서 이미 제기된 바 있었다. 즉 당시에는 '산으로 들어가는' 사상, 토지혁명과 '무장투쟁'을 진행하는 사상이었다.

이러한 3자의 가장 좋은 결합은 바로 노농 무장할거(勞農武裝割據)인데, 즉 무산계급의 영도 하에 농촌으로 내려가 혁명 근거지를 창설하고, 이를 전략적 토대로 노농정권을 수립하여 토지혁명을 기본으로 대중을 단합시키며, 무장투쟁을 주요 형식으로 노농정권을 공고히 하는 것이었다. 무장투쟁, 토지혁명과 농촌 근거지 이 3자는 긴밀히 결합된 것이어서, 상부상조하고 하나라도 빠져서는 안 된다. 근거지는 중국 혁명의 전략적 의지로 만약 근거지가 없다면 노농정권도 없게 되며, 전략적 후방을 잃게 된 무장투쟁은 '유구주의(流寇主義)'로 전락되어 토지혁명의 성과도 공고하지 못하고 발전하지 못하게 될 것이다.

그러나 공산당 내부에는 '도시 중심론'을 견지하는 지도자도 적지 않았다. 이 부류의 사람들은 "단순한 농민폭동은 최후의 승리를 얻을 수 없으며", "도시에서 노동자의 폭동을 발동하는 것은 매우 중요하다"고 주장하면서 "당의 책임은 노동자의 일상적 투쟁을 영도하고 광범위한 대중의 혁명 열기를 발전시키며 폭동을 조직하고 그들의 무장폭동을 영도하여 폭동을 일으킨 도시가 자발적으로 농민폭동의 중심과 지도자로 되게 하는 것"[46]이라고 제기했다. 이 사상의 지도 하에 1927년 11월 중국 공산당 중앙위원회는 상하이에서 취츄바이(瞿秋白)가 주최한 중앙임시정치국 확대회의를 개최했다. 회의에서는 전국적으로 저조한 혁명 정세를 부정하고, '현재 전 중국의 상황은 직접적인 혁명 정세'라고 평가하면서, 이를 위해 전국적인 무장폭동을 실행할 총책략을 확정했다.

1927년 대혁명의 실패로부터 1929년 말까지, 중국 공산당은 전국 각지에서 추수봉기와 광저우(廣州) 봉기를 비롯한 200여 차례의 무장봉기를 이끌었다. 대부분의 무장봉기는 실패했지만, 일부 무장을 보존하였기에 향후 중국 공산당이 영도하는 인민군대의 창설과 발전, 그리고 농촌 혁명 근거지의 창설과 확대를 위한 일정한 토대를 마련했다. 봉기의 연이은 실패는 피의 교훈으로 젊은 중국 공산당에게 러시아 10월혁명 식의 '도시 중심론'은 중국에서는 실현될 수 없으며, 중국 혁명은 오직 마르크스-레닌주의의 지도 하에 중국 사회의 특징에 따라 자국의 혁명의 길을 모색해야 함을 교육하였다. 이때부터 중국 혁명은 대혁명의 실패에서 토지혁명

---

46 《中共党史教学参考资料》(一), 人民出版社, 1979, 127·130쪽.

전쟁 홍기로의 역사적 전환이 시작되었다.

추수봉기 후 마오쩌둥은 군대를 인솔하여 징강산(井崗山)으로 들어갔다. 1928년 1월 23일, 주더(朱德)와 천이(陳毅)는 군대를 인솔하여 우여곡절 끝에 징강산에서 마오쩌둥과 합류하여 중국 노농홍군(勞農紅軍) 제4군을 창설했다. 징강산 혁명 근거지의 창설은 중국 공산당이 농촌으로 도시를 포위하고, 무장으로 정권을 탈취하는 혁명의 길로 나아가기 시작하였음을 의미한다.

중국은 무엇 때문에 농촌으로 도시를 포위하고 무장으로 정권을 탈취하는 혁명의 길을 걷고, 소련의 '도시 중심'의 길을 포기하였는가? 이 길은 무엇 때문에 생존하고 발전할 수 있었는가? 이론적으로 어떻게 해석할 것인가? 실천에서 증명할 수 있겠는가?

이를 위하여 마오쩌둥은《중국의 홍색정권은 무엇 때문에 존재할 수 있는가?》와《징강산의 투쟁》등 일련의 글을 통하여 이론의 합리성을 천명했다. 마오쩌둥은 중국 혁명의 성격과 임무 그리고 홍색정권의 실질을 분석했으며, 처음으로 '노동자 농민 무장할거'의 중요 사상을 제시했다. 그는 징강산 혁명 근거지 및 기타 지역에서 창설한 작은 범위 홍색정권의 경험 교훈을 정리하면서, 중국의 홍색정권이 창설되고 존재할 수 있는 원인과 조건을 다음과 같이 분석했다.

첫째, 지방의 농업경제(통일적인 자본주의 경제가 아님)와 제국주의가 구분한 세력 범위의 분열과 착취 정책은 신구 군벌 각 파벌 간의 모순과 계속된 전쟁은 혁명역량이 발전할 수 있는 기회를 제공했다. 둘째, 대혁명의 영향력은 여전히 중국의 광대한 지역의 노농대중 속에 남아 있었다. 셋째, 중국 혁명의 원인이 된 모순이 해결되지 못했기에 전국 혁명 정세는 지속적으로 발전하고 있었다. 넷째, 상당한 역량을 보유한 정규 홍군이 지지하는 홍색정권이 있었다. 다섯째, 홍색정권의 공산당 조직은 역량을

확보하고 있었고, 그 정책은 착오가 없었다.[47]

이외에 마오쩌둥은 서방 자본주의 국가의 무산계급은 자산계급 정당의 민주제도를 활용하여 중심 도시의 평화적인 투쟁으로부터 시작하여 무장으로 정권을 탈취하는 방향으로 전환할 수 있다고 지적했다. 그러나 중국사회의 특성 때문에 서방 자본주의 국가의 '도시 중심론'은 중국에서 통하지 않는다. 중국에서는 농민이 전체 인구의 절대다수를 차지하기 때문에 농민문제와 농민의 토지문제가 중국 혁명의 근본 문제이다. 그러므로 중국의 민주혁명은 반드시 농촌의 무장투쟁으로부터 시작해야 한다.

이론으로 실천을 지도하고, 이론이 뒷받침되면 상대적으로 실천하기가 순조롭다. 징강산 혁명의 길의 핵심 내용은 노농 무장할거이고, 국민당 통제구역과 멀리 떨어진 농촌에 확고한 혁명 근거지를 창설하여 농촌으로부터 도시를 포위하며, 무장으로 정권을 탈취하는 것이다.

1929년 1월, 마오쩌둥과 주더는 홍군 제4군의 주력을 인솔하여 징강산을 출발하여 깐난(贛南: 江西省 남부지역), 민시(閩西: 福建省 서부지역)로 진출했다. 1년 남짓한 기간 어렵게 전전(轉戰)하여, 홍군 제4군은 기타 홍군과 통합하여 홍군 제1군단을 창설하고, 깐난과 민시 지역에 중앙 혁명 근거지를 창설할 기초를 마련하였다. 같은 시기에 깐둥베이(贛東北: 江西省 동북지역), 홍후(洪湖), 샹깐비앤(湘贛邊: 湖南省 및 江西省 변방지역), 어위완(顎豫皖: 湖北省, 河南省, 安徽省) 및 기타 지역의 농촌 혁명 근거지에서도 적군의 공격을 끊임없이 물리치는 과정에서 입지를 확고히 하였고 초보적인 발전을 이루었다.

이로써 "붉은 기는 도대체 얼마 동안 날리는가"라는 문제와 "홍색정권은 존재할 수 있는가"라는 문제는 이미 긍정적으로 응답했다. 혁명의 길

---

47 参见毛泽东的 《中国的红色政权为什么能够存在?》 和 《井冈山的斗争》,《毛泽东选集》 第1卷, 人民出版社, 1991, 47-54·57-81쪽.

을 개척하는 과정에서 대혁명의 실패로부터 1930년까지의 3년 동안 농촌 근거지는 한 점의 불꽃마냥 타올라 전국 11개 성의 경내에 작게 분산되어 유동성이 매우 큰 근거지와 유격지역이 존재하였고, 나중에 서로 이어져 범위가 넓고 비교적 튼튼한 혁명 근거지로 확대 발전되었는 바, 깐시남(贛西南: 江西省 서남지역) 혁명 근거지(그후 閩西 근거지와 통합하여 중앙혁명근거지로 됨), 민시(閩西) 혁명 근거지, 샹어깐(湘鄂贛: 湖南省, 湖北省, 江西省) 혁명 근거지, 깐둥베이(贛東北) 혁명 근거지, 샹어시(湘鄂西: 호남성 및 호북성 서부지역) 혁명 근거지, 어위완(鄂豫皖) 혁명 근거지와 요쟝(右江) 혁명 근거지들이 있었다. 이러한 근거지를 통해 중국 공산당은 농민대중의 지지를 받았고 자신의 당과 정부기관을 수립하였으며, 독립적인 군사역량을 구축하였고 경제면에서 기본적으로 자급자족할 수 있게 되었다.

비록 이론적으로 발전하고 실천으로 입증되었지만 당 내부의 적지 않은 지도자들은 여전히 중국 혁명은 도시 무장봉기를 중심으로 하는, 즉 '도시 중심론'을 고집했다. 그들은 파리 코뮌(Commune de Paris)과 10월 혁명의 경험을 그대로 답습하여 당의 사업 중심을 도시에서 농촌으로 이전하는 것을 부정하고 혁명이 고조되기 전에 정권을 수립하는 어려운 사업을 하려 하지 않고, 비교적 가벼운 유동(遊動) 유격(遊擊) 방식으로 당과 홍군의 정치 영향력을 확대하기를 희망했으며, 대중을 쟁취하는 전국적인 사업이 효과적으로 진전되거나 또는 어느 수준에 이른 후에 전국적 봉기를 일으켜 한 번에 전국의 정권을 쟁탈하려 했다. 이러한 "몇 단계에 걸쳐 완성해야 할 일을 단번에 이루려는" 사상은 당시 환경 속에서 상당한 위험을 안고 있었다.

그리하여 1930년 1월 마오쩌둥은《한 점의 불꽃도 요원의 불길로 타오른다》라는 문장을 집필하여 노농 무장할거의 사상을 다시 이론적으로 상세히 설명했다. 이 글에서 그는 각 지역의 홍군, 홍색정권과 농촌 혁명 근거지의 건설 경험을 정리하고 중국 혁명이 자본주의 국가와 다른 길로 나아가야 한다는 사상을 체계적으로 논술했다. 그는 중국의 홍색정권은 식민지 반식민지 봉건사회의 각종 모순이 첨예화된 산물이다. 홍군, 유격대와 홍색지역의 창설과 발전은 반식민지 중국 사회에서 노동계급 영도 하의 농민투쟁의 최고 형식이며, 반식민지 사회에서 농민투쟁 발전의 필연적 결과이다. 짧은 시기 내에 도시에서 승리를 쟁취하지 못할 상황에서 중국 혁명의 발전 법칙은 다음과 같다. 당의 사업 중심을 도시에서 농촌으로 전환하고, 농촌에서 유격전쟁을 전개하고 토지혁명을 심도있게 추진하여, 현지의 백색정권을 뒤엎고 홍색정권을 수립함으로써 낙후한 농촌을 선진적인 혁명 근거지로 전환하는 것이다라고 강조했다.

이러한 농촌 혁명 근거지에 의지하여 도시를 거점으로 농촌을 공격하는 흉악한 적들에게 저항하고 더 나아가서는 농촌으로 도시를 포위하여 장기적인 투쟁과정에서 혁명역량을 축적, 강화, 발전시켜 점진적으로 적들의 역량을 약화시켜야 한다. 최종적으로 '적대아소(敵大我小)', '적강아약(敵强我弱)'의 상황이 '아대적소(我大敵小)', '아강적약(我强敵弱)'으로 전환된 시기에 다시 중심 도시를 공략하고 전국 혁명의 승리를 쟁취해야 한다.

마오쩌둥은 이렇게 해야 전 중국 혁명 대중의 신앙을 튼튼하게 세우며, 반동 통치계급에게 극심한 난관을 조성시켜 그들의 토대가 흔들리고 내부 와해를 추진해야 비로소 홍군을 창설할 수 있으며, 향후 대혁명의 중요한 도구가 될 수 있다. 한마디로 말하면 반드시 이렇게 해야만 혁명의 고조기를 맞이할 수 있다고 설명했다.

마오쩌둥이 제기한 농촌으로 도시를 포위하고 무장으로 정권을 쟁취하는 이론은 중국 사회의 특징과 완전히 부합되며, 중국 혁명을 승리로 이끄는 길이라는 것을 실천으로서 다시 한번 입증했다. 1928년 7월 중국 공산당 6차 대회가 모스크바에서 개최되었다. 이 회의에서 취츄바이(瞿秋

白)는 맹목적인 '좌'경 착오로 추수봉기와 광저우(廣州) 봉기 실패를 초래한 이유로 비판을 받았다. 1930년 리리싼(李立三)은 혁명 정세에 대한 잘못된 판단으로 '좌'경 모험적인 착오 노선을 계속 추진하여 군대를 집중시켜 중심 도시를 공략함으로써 백색지역에서의 당조직이 심각한 손실을 입게 되었고 홍군과 혁명 근거지에 심각한 손실을 가져왔다.

1931년 1월 공산국제 대표 미푸(Miff)의 지지 하에 왕밍(王明)이 사실상 중국 공산당의 영도권을 장악하고 대대적으로 '좌'경주의를 추진했다. 1931년 11월 7일, 중화소비에트 제1차 전국대표대회가 루이진(瑞金)에서 개최되었고, 중화소비에트공화국이 수립되었다. 중화소비에트공화국은 중국 공산당이 인민정권을 수립하는 첫 번째 탐색과 시도로서, 중국 역사상 처음으로 근로대중이 주인이 된 새로운 형태의 국가이다. 어느 학자는 중화소비에트공화국은 오늘날 중화인민공화국의 초기 형태이고, 중화인민공화국의 한 차례의 위대한 연습이라고 말했다. 중화소비에트공화국의 탄생은 중국 공산당이 영도하여 창설한 정권이 처음으로 정치무대에 등장했음을 의미한다.

그러나 '좌'경 교조주의의 지휘 하에 제5차 반'포위 토벌'은 실패하여 중앙소비에트 지역을 잃게 되었고, 홍군은 할 수 없이 전략적 이동을 택하여 장정(長征)을 시작하였다. 장정 도중 1935년 1월 15일부터 18일까지, 중국 공산당 역사상 전환적 의의가 지대한 회의가 준이(遵義)에서 소집되었다. 회의에서 리더(李德)와 보구(博古)가 군사 지휘에서 범한 오류를 날카롭게 비판하고 장원티엔(張聞天)으로 보구(博古)를 대체하고, 저우언라이(周恩來)와 마오쩌둥, 왕쟈샹(王稼祥)으로 구성된 새로운 3인 군사지휘소조의 설치를 결정했다. 1935년 10월 장정이 성공적으로 끝나고, 간고한 전략적 이동이 완료되었다. 1937년 1월에는 중국 공산당의 최고기구가 옌안(延安)으로 이동했다.

농촌에서 근거지를 건설하고, 농촌으로 도시를 포위하며 무장으로 정권을 쟁취하는 사상은 마오쩌둥을 핵심으로 하는 중국 공산당원이 마르크스-레닌주의를 중국의 구체적 상황과 결부하여 활용하고 발전시킨 것이다. 중국의 특수한 역사 조건과 이로 결정된 중국 혁명 발전의 특수한 법칙을 반영했으며, 중국 혁명이 승리로 나아가는 유일하고 정확한 길임을 밝혀주었고, 중국 혁명은 바로 이 정확한 길을 따라 승리로 나아가게 되었다. 농촌으로 도시를 포위하고 무장으로 정권을 쟁취하는 이론은 한마디로 개괄하면, 농촌을 중심으로 농촌에서 홍색정권을 수립하고 발전시키며, '노농 무장할거'를 실시하면서 장기적 투쟁과정에서 혁명 역량을 축적하고 발전시켜, 여건이 성숙되면 전국의 정권을 쟁탈하는 것이다.

마오쩌둥을 대표로 하는 중국 공산당원이 중국 혁명의 길을 모색하는 과정에서 창조한 농촌으로 도시를 포위하고 무장으로 정권을 쟁취하는 이론은 중국 혁명사에서나 마르크스-레닌주의와 마오쩌둥 사상의 발전사에서나 중대한 의의를 갖고 있다.

첫째, 농촌으로 도시를 포위하는 혁명의 길의 개척은 중국 혁명이 도시에서 농촌으로의 역사적 전환을 실현했고, 중국 혁명 발전의 객관적 법칙을 밝혔으며, 이는 중국 혁명이 승리로 나아가는 유일하고 정확한 길이다. 둘째, 농촌으로 도시를 포위하고 무장으로 정권을 쟁취하는 이론은 폭력혁명에 관한 마르크스주의 학설을 발전시켰고, 마르크스주의 이론 보고(寶庫)에 독창적인 기여를 하였으며, 식민지 및 반식민지 국가와 민중의 해방투쟁을 위해 중요한 경험을 제공했다. 셋째, 농촌으로 도시를 포위하고 무장으로 정권을 탈취하는 이론은 마르크스주의 일반 원리와 중국 혁명의 구체적인 실천이 서로 결합된 훌륭한 본보기이며, 마오쩌둥 사상이 형성된 중요한 상징이다.

제6절 마오쩌둥 사상과 항일전쟁의 승리

장정 과정에서 중국 공산당이 이끈 홍군은 남쪽에서 북쪽까지, 동쪽에서 서쪽까지, 한족(漢族) 지역에서 소수민족 지역까지, 노정을 따라 혁명의 불씨를 뿌려 민중의 기초가 지속적으로 확대되었다. 홍군은 장정을 거쳐 산베이(陝北: 陝西省 북부)에 도착하여 전략적 대이동을 완성하고 항일전선으로 진군했다. "외적을 물리치려면 우선 내치를 잘해야 한다"는 정책을 고집한 장제스는 "한번 고생으로 영원히 편해진다"는 격으로 역량이 약한 홍군이 산베이에 막 발을 내디딘 틈을 타서 홍군을 소멸하려 서둘렀다. 때마침 일본의 중국에 대한 전면적인 침략전쟁으로 옌안(延安)의 마오쩌둥과 난징의 장제스가 마침내 '악수하고 화해하여' 제2차 국공합작이 이루어지며 공동으로 항일전쟁을 시작하였다.

Ⅰ. 마오쩌둥 사상의 형성과 마르크스주의 중국화의 제1차 비약

과학적 이론은 모두 실천에서 나온 것이며 오랜 실천 경험에 대한 총화와 추상에서 나온 것이지, 억측 혹은 공상에서 나온 것이 아니다. 마오쩌둥 사상도 이러한 역사 과정에서 형성된 것이다. 마오쩌둥 본인도 이 사상의 형성에 대해 "내가 쓴 문장은 수십 년 간의 투쟁 과정을 반영한 것이고, 대중 혁명투쟁의 산물이며, 결코 자신의 머릿속에서 상상해낸 것이 아니다. 우선 대중의 혁명투쟁이 있어야만 우리의 두뇌 속에 반영된다. 대중의 혁명투쟁이 있는 한, 어떤 정책, 책략, 이론과 전략전술을 제정할 것인가 하는 과제가 나타나며, 넘어지고 실패를 겪고 압박도 받아보는 과정에서 비로소 이 과제를 알게 되고 이에 맞는 글을 쓸 수 있게 된다"라고 말했다.

옌안에서 마오쩌둥은 당과 국가가 직면한 문제점과 앞으로의 운명 및 최종적으로 승리를 취득한 후 어떻게 나라를 수립할 것인가 하는 전략과 책략에 대한 전반적인 심사숙고를 통해 이를 이론화, 체계화하였다. 집필 과정에서 마오쩌둥은 대혁명과 토지혁명 시기의 경험과 교훈을 심각하게 정리하고, 마르크스-레닌주의의 일반 원리와 중국의 정세와 중국 혁명 실천의 특수한 요구를 결합하여 적지 않은 논저를 써냈다.48 이러한 저작을 주체로 중국 신민주주의 혁명사상의 이론체계를 형성하였다. 이러한 사상 이론 체계는 항일전쟁 과정에서 '옌안 정풍'을 거쳐 최종적으로 당의 7차 대회에서 마오쩌둥 사상으로 총괄하고, 중국 공산당의 지도 사상으로 확립되었다.

마오쩌둥 사상의 형성은 한 번에 이루어진 것이 아니고 중국 무산계급 혁명의 전반 혁명 과정을 거쳤다. 기타 사물과 동일하게 그 과정을 맹아 단계, 형성 단계, 성숙 단계와 발전 단계로 나눌 수 있는데, 그 주요 내용은 신민주주의 이론, 사회주의 개조 이론과 사회주의 건설 이론 등 세 가지가 포함되어 있다.

마오쩌둥 사상의 맹아 단계는 1921년 중국 공산당 성립부터 1927년 대혁명 실패까지이다. 국공합작의 결렬과 대혁명의 실패는 마오쩌둥을 비

---

48 옌안 시기 마오쩌둥의 주요 저작으로는 《중국혁명전쟁의 전략문제》(1936년 12월), 《항일전쟁시기 중국공산당의 임무》(1937년 5월), 《국공합작 후의 긴급한 임무》(1937년 9월), 《항일유격전쟁의 전략문제》(1938년 5월), 《지구전을 논함》(1938년 5월), 《민족해방운동에서 중국공산당의 지위》(1938년 10월), 《전쟁과 전략문제》(1938년 11월), 《중국혁명과 중국공산당》(1939년 12월), 《신민주주의론》(1940년 1월), 《당의 작품을 정돈하자》(1942년 2월), 《당팔고를 반대하자》(1942년 2월), 《연합정부를 논함》(1945년 4월), 《충칭 담판에 관하여》(1945년 10월), 그리고 저명한 철학 저서 《모순론》(1937년 8월)과 《실천론》(1937년 7월) 등이 있다.

롯한 중국 공산당원들은 어떻게 마르크스-레닌주의를 중국 혁명의 구체적인 실천에서 운용하고, 어떤 방법으로 사회주의를 실현하는가 라는 과제를 심사숙고하기 시작했다. 거듭되는 '피와 불'의 교훈은 마오쩌둥으로 하여금 중국 혁명이 최종적으로 승리를 쟁취하려면 반드시 마르크스-레닌주의 기본 원리와 중국 혁명의 구체적 실천을 결합해야 함을 인식하고, 신민주주의 이론을 제시하였다. 신민주주의 혁명이론을 뒷받침하는 것은 마오쩌둥의 일련의 중요한 저작들이다.[49]

마오쩌둥 사상의 초보적인 형성기는 1927년 8·7회의부터 1935년 1월 쭌이(遵義) 회의까지이고, 이후 마오쩌둥 사상의 살아있는 영혼이라 불리는 '실사구시, 대중노선, 독립 자주'의 기본 사상의 출범이 마오쩌둥 사상이 형성됨을 상징한다. 이러한 사상이 담겨 있는 것이 바로 마오쩌둥의 《중국의 홍색정권은 무엇 때문에 존재할 수 있는가?》, 《징강산 투쟁》, 《한

---

49 "누가 우리의 적인가? 누가 우리의 벗인가?"라는 혁명의 첫 번째 문제를 해결하기 위해 마오쩌둥은 1925년 12월에 《중국 사회 각 계급의 분석》이라는 글을 집필했다. 이 글에서 마오쩌둥은 공업무산계급은 중국 혁명의 영도 역량이고, 농민은 가장 믿을직한 동맹군이며, 소자산계급은 무산계급의 가장 가까운 벗이고, 중국의 자산계급 중 민족자산계급은 혁명성도 있고 취약성도 있으며, 지주계급과 매판계급은 중국 혁명의 가장 큰 적이라고 했다. 이 글에서 마오쩌둥은 대혁명 중 우경착오를 범한 천두슈(陳独秀)와 장궈타오(張国燾)의 '좌'경 기회주의를 비판했다. 농민이 가장 믿을직한 동맹군이 되는 한, 어떻게 농촌으로 내려가 농민을 단합할 것인가 라는 과제가 중국 공산당이 직면한 과업으로 되었다. 그리하여 1927년 충분한 조사연구를 거친 마오쩌둥은 훗날 중국 공산당이 농민운동을 영도하는 위대한 강령으로 평가 받는 《후난(湖南) 농민운동 고찰보고》를 작성했다. 이 보고서에서 마오쩌둥은 농민의 역할과 농민혁명을 지도하는 당의 중요성을 더 긍정하고 농촌에서 농민혁명 영도권과 농민혁명 무장의 중요성을 강조했으며, 농민계급 중 부농, 중농과 빈농 등 세 개 계층이 존재하고 그중 빈농이 가장 혁명적 역량이라고 인정했다. 대혁명 실패 후, 실패의 교훈을 총괄하기 위해 마오쩌둥은 《국민당 우파가 분리된 원인 및 혁명전도에 대한 영향》과 《국민혁명과 농민운동》을 집필했다.

점의 불꽃도 요원의 불길로 타오른다》,《교조주의를 반대한다》등 대표적인 저작들이다.[50] 만약 준이 회의(遵義會議) 전의 마오쩌둥 사상이 농촌으로 도시를 포위하고 무장으로 정권을 쟁취하는 이론에만 국한되었다고 한다면, 토지혁명 후기와 항일전쟁 시기의 실천과 검증 과정에서 체계적인 전개와 총괄을 거친 마오쩌둥 사상의 내용은 정치, 경제, 문화와 철학 등 여러 영역으로 확장되어 성숙 단계로 나아갔다. 이 시기 마오쩌둥은 자신의 사상을 체계화시켜 최종적으로 주로 신민주주의 이론체계와 마오쩌둥 철학사상 체계를 형성했다.[51]

신민주주의 혁명이론 체계에서 마오쩌둥은 중국 혁명이 거쳐야 할 두 단계를 논술했는데, 신민주주의 혁명의 총노선, 즉 "무산계급이 영도하고

---

[50] 1928년 10월과 11월에 발표된 《중국의 홍색정권은 무엇 때문에 존재할 수 있는가?》와 《징강산 투쟁》, 그리고 1930년에 발표된 《한 점의 불꽃도 요원의 불길로 타오른다》등 저작은 마오쩌둥 사상 중 농촌으로 도시를 포위하고 무장으로 정권을 쟁취하는 이론의 중요한 문헌으로, 농촌으로부터 도시를 포위하여 전국적 승리를 쟁취하는 혁명이론이 초보적으로 형성되었음을 의미한다. 1929년에 발표된 《당내의 그릇된 사상을 바로잡는 것에 관하여》에서는 사상적으로 당을 다스리는 원칙을 제기했고, 1930년 5월에 발표된 《교조주의를 반대한다》에서는 반드시 유심(唯心) 정신을 씻어버리고 "투쟁 중에서 새로운 국면을 창조하는 사상노선"인 실사구시 사상노선을 유지할 것을 강조했으며, "조사가 없으면 발언권이 없다", "중국 혁명 투쟁의 승리는 중국 동지에 의지하여 중국 국정을 이해해야 한다"고 강조했으며 처음으로 명확하게 교조주의를 반대했다.

[51] 마오쩌둥의 신민주주의 혁명이론과 철학사상을 담은 대표적 저작으로는 《중앙의 현재 정치정세와 당의 임무에 관한 결의》(1935년 12월), 《중국 혁명전쟁의 전략문제》(1936년 12월), 《항일구국 10대 강령》(1937년 8월), 《실천론》(1937년 7월), 《모순론》(1937년 8월), 《전쟁과 전략 문제》(1938년), 《〈공산당인〉발간사》(1939년 10월), 《중국 혁명과 중국 공산당》(1939년 12월), 《신민주주의론》(1941년 1월), 《일본 제국주의를 반대하는 책략을 논함》, 《항일 유격전쟁의 전략문제》, 《민족해방전쟁 중 중국 공산당의 지위》, 《우리의 학습을 개조하자》, 《천백만 군중을 쟁취하여 항일민족통일전선으로 들어가기 위하여 투쟁하자》등이다.

노농연맹을 기초로 하는 민중의 반제 반봉건 혁명"이라고 개괄했다. 또한 신민주주의 혁명의 정치강령, 경제강령과 문화강령을 밝혔고, 통일전선, 무장투쟁과 당의 건설은 신민주주의 혁명의 '삼대법보(三大法寶)'라 총괄했고, 항일민족통일전선 책략의 총노선을 확정했다. 중국 혁명은 오로지 무장투쟁으로 해결해야 한다는 사상을 제시했고, 중국 혁명의 구체적인 길과 형식을 밝혔으며, 처음으로 마르크스주의 이론과 중국 혁명 실천을 서로 결합하는 기본 사상 원칙을 제시했다. 당의 건설을 '위대한 공사'라고 지칭하고 이론과 실천을 서로 결합하는 태도, 광범한 대중과 긴밀히 연계하는 태도와 비평과 자아비평의 자세를 당의 세 가지 양호한 태도로 요약했으며, 당의 최고 강령과 최저 강령의 변증관계를 논술했고, 당의 건설 이론을 완벽하게 논술하였다. 중국 공산당의 영도 하에 광범한 대중에 의지하고 대중을 위해 봉사함을 취지로 하는 인민군대를 핵심으로 하며, 정확한 전략전술이 있고 상황 변화에 따라 유격전과 운동전을 실시하며, 농촌 근거지에 의지하여 '삼 결합'의 무장역량 체제를 실행하는 인민전쟁을 진행하는 등에 관한 인민전쟁의 사상을 전면적으로 논술했다.

철학사상 체계에서 마오쩌둥은 마르크스주의 인식론의 본질적 특징을 제시했고, 실천은 인식의 원천, 동력과 목적이며 실천은 진리를 검증하는 유일한 표준임을 제기했다. 인식 변증 발전의 두 개 비약 단계를 명시했고, 주관과 객관, 이론과 실천의 상호 통일에 관한 인식론의 사상을 발전시켰다. 대립통일의 법칙은 변증법의 실질과 핵심이라는 사상을 견지하고 발전시켰으며, 모순의 보편성과 특수성 및 그 변증관계의 원리를 제기했고, 모순의 동일성과 투쟁성의 원리를 논술했으며, 전 당에 '마르크스주의를 중국에서 구체화한다'는 위대한 역사적 임무를 제기했다. 1945년 당의 7차 대회에서 마오쩌둥 사상은 중국 공산당의 지도 사상으로 공식 확정되어 마르크스주의 중국화의 첫 역사적 도약을 실현하였다. 이는 중국 공산당 지도 사상 발전사에서의 첫 번째 이정표이다.

1945년 당의 7대가 끝난 지 얼마되지 않아 항일전쟁에서 승리하였고, 중국은 해방전쟁에 들어섰으며 '두 개의 앞날이 걸린 운명'의 싸움이 시작되었다. 3대 전투의 종료는 기본적으로 국민당을 대표하는 구중국의 종식, 중국의 위대한 역사적 전환이 눈앞에 다가왔다는 것을 선언했다. 이러한 역사적 전환기를 위한 이론적 토대를 마련하기 위하여 1949년 3월에 시바이포(西柏坡)에서 개최된 중국 공산당 7기 2중전회에서 마오쩌둥은 중앙정치국을 대표하여 《중국 공산당 7기 중앙위원회 2차 전체회의에서의 보고》를 하였다. 이 회의의 보고에서 마오쩌둥은 모순전화의 관점을 활용하여 당의 사업 중심이 농촌에서 도시로 이동됨과 동시에 도시가 농촌을 이끌어 생산력을 크게 발전시키는 시기에 들어섰다고 밝혔고, 모순 특수성의 원리를 활용하여 당의 사업 임무의 특수성과 국내 각 계급의 상황 및 관련 정책을 분석했으며, 역사 유물주의의 국가 학설과 계급투쟁의 학설을 활용하여 전국이 승리한 후의 국가정권 성격과 계급투쟁의 특징을 명시한 동시에 끊임없는 혁명론과 발전단계론을 서로 결합한 사상으로 전 당을 무장시키자고 제의했다.

1949년 6월, 마오쩌둥은 《인민민주 독재를 논함》이란 글을 발표하여, 신중국 건립을 위한 위대한 강령을 확립했다. 그는 신중국 정권의 성격을 명확하게 밝혔고, 국내 각 계급의 지위와 상호관계를 논술했으며, 독재의 내용, 기본 임무 및 민주와 독재와의 관계를 자세히 논술했으며, 완벽한 신민주주의 정치강령을 제정했다. 또한 신중국의 외교정책을 천명했고, 인민민주 독재의 국가정권을 구축하는 것은 중국 사회 발전과정에서 반드시 걸어야 할 길이라고 제시했으며, 인민민주 독재의 정권이 실현될 수 있는 국내외의 기본 경험을 총괄했다. 《인민민주 독재를 논함》은 중국 인민민주 독재 국가정권의 이론적 기초와 일정한 발전 단계에서의 정책적 기초를 마련했으며, 마르크스주의의 국가학설을 풍부히 하고, 곧 수립될 신중국을 위하여 정치이론 상의 토대를 마련하였다.

마오쩌둥 사상의 형성과 발전은 중국 공산주의 사업과 더욱이 세계 공산주의 운동의 발전에 모두 전례 없는 창조적 의의를 가지고 있다. 마오쩌둥 사상은 마르크스-레닌주의가 식민지 반식민지 국가의 혁명 중에서 특히 중국 혁명 과정에서의 새로운 발전이며, 마르크스-레닌주의의 사상 보고(寶庫)를 풍부하게 발전시켰다. 마오쩌둥 사상이 있었기 때문에 비로소 중국 혁명이 최종 승리의 씨앗을 뿌리게 되었다.

II. 옌안 혁명의 길은 징강산 혁명의 길의 연장이다

1937년 7월 7일 일본 제국주의가 중국을 침략하는 노구교 사변을 일으켜 항일전쟁이 전면적으로 시작되었다. 마오쩌둥 사상의 지도 하에 중국 공산당은 옌안에서 반침략 전쟁의 책략을 세우고 항일전쟁 8년 동안 비록 국공합작에서 국민당의 군사 탄압을 받았지만 민족의 이익을 위해 시종일관 민족항일투쟁의 기치를 높이 들어 도의적으로 유리한 고지를 점하여 중국의 절대다수 민중의 동정과 지지를 얻었으며, 나아가 상당한 적후 항일 근거지를 개척했으며, 중국 공산당이 영도하는 군대와 당 조직의 역량, 그리고 민심의 실력을 키워왔다.

옌안(延安) 혁명의 길은 항일전쟁 시기에 형성된 것이다. 노농홍군은 장정을 거쳐 싼베이(陝北: 섬서성 북부) 옌안에 도착한 후, 중국 공산당 중앙위원회는 옌안을 근거지로 정당, 군대와 당의 사상을 정돈하고 체계적으로 중화소비에트 시기의 여러 기구를 회복했으며, 광범한 민중을 조직하여 새로운 사회, 정치와 경제제도를 적극적으로 탐구하고 창조하여 항일전쟁에 헌신하고, 최종적으로 정권을 쟁탈하기 위하여 적극적인 준비를 하였다. 이 과정에서 형성된 옌안 경험과 옌안 혁명의 길은 중국 공산당의 발전에 창조적 의의를 가지고 있으며, 이러한 옌안 경험과 옌안 혁명의 길에 중국 혁명 최종 승리의 씨앗을 뿌려 놓았던 것이다.

옌안 혁명의 길은 징강산(井岡山) 혁명의 길의 연신이다. 남부지역을 투쟁의 진영으로 한 징강산 혁명의 길은 전국적인 혁명 정세를 불길로 타오르게 했으며, 옌안 혁명의 길은 서북지역을 투쟁의 진지로 전국 항전 정세를 불길로 타오르게 했다. 옌안 혁명의 길의 핵심은 주로 징강산 시기에 발전되어 온 대중노선, 실사구시, 무장투쟁과 농촌에서의 혁명적 민족주의를 강화하는 등의 내용이다. 줄곧 존재해 온 도시 중심론과 농촌에서 도시 포위론과의 두 갈래 혁명의 길의 논쟁은 옌안 시기에 와서야 철저히 해결될 수 있었다. 항일전쟁으로 중국 민족주의에 새 동력을 부여하였고, 옌안에서의 경험이 있었기 때문에 옌안 시기는 중국 공산당이 최종 정권을 쟁탈하기 위한 힘을 키우고 준비를 하는 아주 중요한 시기가 되었다.

그 준비 기간, 싼간닝 변구(陝甘寧邊區: 陝西省, 甘肅省, 寧夏省)의 민주는 큰 발전을 가져왔다. 첫째, 농촌에서는 농회(農會: 농민조합) 결성을 보급하여 대중적인 사회정치적 동원으로 계급의식을 배양하고 강화하여 그들이 적극적으로 토지분배 운동에 참여하도록 격려했으며, 항일과 민족해방 사업을 힘있게 추진했다. 둘째, 중국 공산당은 정권 수립 과정에서 민족통일전선을 강화하고 각 계층의 대중과 단합하여 항일전쟁에 뛰어들기 위해 '삼삼제(三三制)'를 제정했다. 이는 민주정권의 구성 인원 비례에 있어서 공산당원, 비당원인 좌파 진보분자와 중간층 분자가 각각 1/3을 차지한다고 규정했다. 공산당원은 노동계급과 빈농을 대표하고, 좌파 진보분자는 농민과 소자본가 계급을 대표하며, 중간층 분자는 민족자본가 계급과 진보적 신사를 대표한다. 이와 관련하여 한 외국인은 중국 공산당은 싼간닝 변구에서 '하나의 민주제도'라고 불릴 만한 제도를 실시하였으며,

또 '대의제 민주(代議制民主)', '농촌 혹은 농민 민주', 혹은 하나의 '효과적인 대중 민주'라고 했다.[52]

III. 옌안과 충칭, '신중국'과 '구중국'의 비교

'신중국'과 '구중국'은 옌안과 충칭(重慶)에 대한 외국인들의 두 가지 인상이었다. 『서행만기(西行漫記)』의 저자 에드가 스노우(Edgar Snow)의 부인 님 웨일스(Nym Wales)는 당시의 옌안이 "새로운 정신과 새로운 인류의 여행, 이 사람들은 지구상에서 가장 오래되고 변화가 가장 적은 문명의 심장지대에서 새로운 세계를 건설하고 있다"[53]고 표현했다. 중국 공산당의 항일 근거지였던 시기의 옌안은 확실히 외국인들에게 깊은 인상을 남겼다. 공산당원은 활력이 넘치고 희망이 있으며 성실하며 대중을 관심하는 새로운 중국인이다. 옌안은 희망이 넘치고 생기발랄하며, 효율이 탁월하고 투지가 고양되고 규율이 엄격하며 열정이 가득 찬 '신중국'을 대표할 수 있다. 스노우가 말한 것처럼 옌안은 바로 중국의 하늘에 서서히 떠오르고 있는 하나의 붉은 별과 같았다.

반면 국민당의 임시수도인 충칭은 완전히 다른 상황이었다. 국민당원은 전혀 활기가 없고 생활이 퇴폐적이며 사리사욕을 채우고, 외부의 침략을 저항없이 받아들이며, 일반 백성들에게 관심이 없고, 인도적이지 못하며 가까운 사람만 임용했다. 충칭은 바로 '구중국'의 축소판이었다. 이렇게 상당히 차별화된 인상은 중국을 다녀갔던 대다수 외국인들에게 "공산

52 Kenneth E. Shewmaker, Americans and Chinese Communists, 1927-1945: A Persuading Encounter(Ithaca, N.Y., 1971), 211, 215.
53 Nym Wales (Helen Foster Snow), Inside Red China (Garden City, N.Y., 1939), XI, 38.

당이 중국에서 존재할 것이다. 중국의 운명은 장제스가 아니라 공산당의 손에 달려 있다"[54]라는 생각을 갖게 하였다. 국민당과 친밀하고 공산당을 반대하기로 유명한 루스벨트(F. D. Roosevelt) 대통령의 주중국 특사 헬리(Patrick Hurley)도 1944년 11월에 옌안을 방문한 후 중국 공산당은 "중국의 유일한 진정한 민주분자이며", 그들은 "사실상 공산당이 아니며, 그들은 지금 민주 원칙을 위해 분투하고 있다"[55]는 결론을 내렸다. 사실도 이와 같으며, 역사도 필연적으로 이와 같이 발전하는 바, 이것이 곧 역사적 변증법이다.

1945년 8월 15일 일본정부는 정식으로 투항을 선포했다. 8년 항전은 중국의 승리로 끝났고, 평화적으로 국가를 수립하는 것은 국민들의 희망이었다. 항일전쟁 승리 후 민족 모순은 해결되었지만 계급 모순이 주요 모순으로 상승하여 국·공 양대 정치역량의 합작은 종말을 고하고 기타 각종 역량들도 급격히 분화되어 각자 숙주를 찾아 '두 개의 중국의 운명'이라는 정치적 대결에 포함되었다.

예로부터 "도의에 부합하는 사람은 많은 도움을 받고, 도의에 어긋나는 사람은 도움을 받지 못한다(得道者多助, 失道者寡助)"라고 했듯이, 공산당을 동정하고 따르는 역량이 국민당보다 훨씬 많아졌다. 1946년 평화적 건국에 실패하자 장제스는 국내전쟁을 도발했다. '요심전투(遼沈戰役)', '회해전투(淮海戰役)'와 '평진전투(平津戰役)'의 3대 전략적 결전을 통해 국민당의 주요한 군사 역량은 거의 소멸되었고, 1949년 4월 21일 해방군은 장강(長江)을 건너 24일 난징을 점령했다.[56] 1949년 10월 1일 중화인민공

---

54 John s. Service, The America Papers: Some Problems in the History of U.S. -China Relations (Berkeley, 1971), 162.

55 转引自徐中约,《中国近代史》, 香港中文大学出版社, 2002年, 第605页 재인용.

56 해방전쟁에서 해방군은 왜 군사력이 강한 국민당 군대를 소멸할 수 있었는가? 그 원인은 아래와 같은 몇 가지 요인과 갈라놓을 수 없다. 첫째, 8년 동안의 항

화국의 성립을 선포하였다.

제7절 토지개혁과 사회주의 개조

중화인민공화국의 성립은 중국 혁명이 자산계급 민주혁명 단계로부터 사회주의 혁명 단계로 전환되었음을 의미한다. 반식민지 반봉건 사회에서 다시 태어난 신생 민족국가의 첫 시작은 매우 힘겨웠고 사회주의 건설은 더욱 막중한 임무였다. 건국 첫날부터 '신중국' 전진의 발걸음은 단 한 번도 멈추지 않았다. 물질생산은 사회 역사 발전의 결정적 요소이다. 그러나 상부 구조도 역시 경제 토대에 반작용을 할 수 있고, 생산력과 생산관계, 경제 토대와 상부 구조와의 사이에는 작용과 반작용의 현실적인 과정이 있으며, 단선식의 간단한 결정과 피결정 논리가 아니다.

그러므로 중국 공산당은 대대적으로 경제를 복구하고 생산력을 제고하는 동시에 생산관계를 개조하여 이 양자가 서로의 장점을 더욱 잘 돋보이게 하며 사회주의 혁명의 승리와 사회주의 기본 제도의 확립을 함께 추진하였다.

일전쟁을 거친 국민당 군대는 완전히 지쳐버렸고 항일전쟁에서 승리할 때까지 견지할 수 있었던 것은 바로 민족주의, 애국주의와 동맹군이 곧 승리할 것이라는 데 대한 동경 때문이었다. 둘째, 8년 항일전쟁의 승리는 국민당 군대로 하여금 전쟁에서의 해탈과 사명감이 끝났다고 느끼게 하여, 국민당 군대의 대다수가 공산당과 또 다시 내전을 하려 하지 않았으며, 전쟁이 끝나고 천하가 태평스럽기를 기대했다. 셋째, 항일전쟁 기간 중국 공산당은 군사력을 크게 확충하였으며, 항일전쟁 후에는 더욱 생기 있고 투지가 높았으며, 미래에 대해 충분한 믿음을 가지고 있었다. 넷째, 국민당 정부의 부패는 민심을 잃었고 공산당을 옹호하고 지지하는 민심은 크게 높아졌다.

Ⅰ. 토지개혁과 3년 국민경제 회복, 중국 혁명은 신민주주의 혁명 단계에서 사회주의 혁명 단계로 전환되었다

1949년 중국 공산당은 수습하기 어려운 경제적 국면을 접수하였다. 가장 시급한 과업은 국민경제를 회복하고 혁명의 전 단계에서 미처 달성하지 못한 토지개혁을 위주로 각종 사회개혁을 진행하는 것이었다. 경제적으로는 국가경제 생활을 정돈하고 공·농업 생산을 회복하며, 인민의 생활 수준을 제고시키는 것이 우선적으로 실시해야 할 과업이었다. 중앙정부는 재정 안정을 촉진하고 통화팽창을 억제하며 토지혁명을 실시하는 일련의 효과적인 정책을 채택하여 국가 각 부서의 정상적인 운영을 보장했다. 당시 전개한 토지개혁은 어느 정도에서 국가경제 건설 의미 상의 '농촌으로 도시를 포위하는' 것이었다.

토지개혁으로 농촌경제가 신속히 회복되었지만 국민경제는 농촌경제에만 있는 것은 아니며 주로 공업경제에 있다. 레닌이 선언한 것처럼 "사회주의 사회에는 오직 하나의 진정한 기초가 있는데, 그것은 바로 대공업이다."[57] 국민경제 회복 시기, 중국 공산당은 국가 건설 중에서 공업화의 중대한 역할을 명확하게 인식하고 이 목표를 위해 혼신을 다하여 발전하였다. 3년 간의 노력을 거쳐 1952년에 이르러 중국의 공·농업 생산은 전쟁 전의 최고 수준에 이르렀으며, 1949년 총생산량의 77.5%를 초과했다.

3년 동안의 국민경제 회복과 토지개혁에서 이룬 성과는 신민주주의 혁명에서 사회주의 혁명 단계로 접어들게 하였다.

---

[57] 《列宁全集》第41卷, 人民出版社, 1986, 301쪽.

Ⅱ. 사회주의 개조와 사회주의 기본 제도의 수립

마오쩌둥은 《신민주주의론》과 《인민민주 독재를 논함》이란 두 편의 문장에서 신중국 건설과 관련한 기본 틀을 갖춘 강령과 지도적인 내용을 제기했는 바, 이는 중화인민공화국의 수립과 그 후의 발전에 모두 중요한 지도적 의의를 갖고 있다.

신중국의 성립으로 중국은 신민주주의 사회에 진입했다. 신민주주의 사회는 독립적 사회 형태가 아니라 중국 근대사에서 반봉건 반식민지 사회에서 사회주의 사회로 나아가는 독특한 사회 단계이며, 이는 단지 중개와 교량의 역할을 했으며, 완전히 하나의 과도기적 사회였다. 과도적인 사회로서 존재하는 기간에 사회주의 요소도 있었고 비사회주의 요소도 있었으며, 심지어 자본주의 요소도 있었다. 어떻게 하면 사회주의적 요소가 비사회주의적 요소를 이겨내고, 지도자의 지배적 지위를 차지하여 그 우월성을 더욱 잘 발휘하도록 보장할 수 있을 것인가, 이는 과도기에 반드시 완성해야 할 임무였다.

과도적인 사회로서 그 자체의 내재적 모순과 나타난 기본 특징이 있다. 7기 2중전회는 민주혁명이 승리 후 무산계급과 자산계급의 모순이 국내의 주요 모순이 될 것이고, 국제적으로 여전히 제국주의와의 모순이 존재한다고 인정하였다. 신중국의 수립은 국민당 반동 통치가 전복되었음을 의미한다. 그러나 상당한 민주혁명의 과업이 완성되지 못한 첫 3년 동안 국내의 주요 모순은 여전히 인민대중과 제국주의, 봉건주의 및 국민당 반동파 잔여 세력과의 모순이다.

하이난(海南)과 서남지역이 완전히 해방된 1952년 이후 국내 상황은 근본적인 변화가 일어나 무산계급과 자산계급의 모순이 신민주주의 사회의 주요 모순이 되었다. 모순은 사회가 나타내는 특징을 결정한다. 신민주주의 사회의 주요 특징은 다음과 같다. 첫째, 경제 형태에서 다섯 가지 경제 성격58이 병존하고, 그중 비사회주의 경제가 국민경제에서 상당한 비중을 차지하고, 주체적인 지위에 처해 있지만 국가경제의 지도를 받아야 한다. 둘째, 정치면에서 노동자계급이 영도하는 각 혁명계급의 연합독재인 인민민주 독재를 실시하며, 민족자산 계급은 하나의 계급으로 국가 정치에서 일정한 지위를 차지한다. 셋째, 문화면에서 마르크스주의 지도하의 신민주주의 문화, 즉 민족적이고 과학적이며 대중적인 문화를 실행하였다. 이러한 문화는 인민대중의 반제 반봉건 문화이며, 중화민족의 신문화에 속한다.

신민주주의 혁명의 승리는 객관적으로 자본주의 발전을 위해 장애를 제거한 동시에 사회주의 발전을 위해 더 넓은 길을 개척했다. 신민주주의의 정치와 경제제도의 확립과 국민경제의 회복으로 인해 사회주의 요소는 곧 자본주의 요소를 뛰어넘어 사회주의로 전환될 것이다.

구체적으로는 신민주주의에서 사회주의로의 이행과 전환을 어떻게 완성할 것인지에 대해 당중앙은 하나의 총노선을 제시했다. 1952년 토지개혁이 완성되고 인민민주 독재가 공고해지고, 국민경제가 전면적으로 회복 발전됨에 따라 생산재료의 사유제에 대한 사회주의 개조는 양호한 환경을 맞았다. 1953년 6월 마오쩌둥은 중앙정치국회의에서 과도 시기의 총노선과 총임무에 대해 비교적 자세히 논술하였다. 1954년 2월 중국 공산당 7기 4중전회에서 정식으로 이 총노선을 통과시켰다. 같은 해 9월 제1기 전국인민대표대회 제1차 회의에서 《중화인민공화국 헌법》을 통과시켰고, 총노선을 과도 시기에서의 국가 총임무와 총강령으로 정했다.

---

58 다섯 가지 경제 성격은 사회주의 성격의 국유경제, 반(半)사회주의 성격의 합작 사경제, 개인자본주의 경제, 개체경제, 국가자본주의 경제이다. 이들이 신민주주의의 경제 형태를 구성했다.

이 총노선의 기본 내용은 다음과 같다. 상당히 긴 기간 내에 국가의 사회주의 공업화를 점차적으로 실현하며 농업, 수공업과 자본주의 공상업에 대한 국가의 사회주의 개조를 점차적으로 실현해야 한다. 한마디로 말하면 과도 시기의 총노선은 곧 '일화삼개(一化三改)'와 '일체양익(一體兩翼)'이다. '일화(一化)'는 주체로서 국가의 사회주의 공업화를 점진적으로 실현하는 것이다. '삼개(三改)'는 개인 농업, 수공업과 자본주의 공상업에 대한 국가의 사회주의 개조를 점진적으로 실현하는 것인데, 이는 '양익(兩翼)'이다.

총노선은 한편으로는 사회주의 공업을 발전시켜 중국을 낙후한 농업국에서 선진적인 공업국으로 전환하며, 사회주의 공업이 전반 국민경제의 결정적인 의의를 가지는 영도 역량이 되게 하는 것이며, 다른 한편으로 농민 수공업자의 개인 소유제를 사회주의 집단 소유제로 개조하고, 자본주의 사유제를 사회주의 전민 소유제로 개조하며, 생산력을 한층 해방시켜 사회주의 건설을 지지하고 추진하는 것이다. '일화(一化)'와 '삼개(三改)'는 서로 연계되고 서로 견제하며 서로 추진하여 생산력 발전과 생산관계 개혁의 변증법적 관계를 구현했다. 그러므로 과도 시기 중국 공산당의 총노선은 사회주의 개조와 사회주의 건설을 동시에 실시하는 것으로서 신민주주의 사회에서 사회주의 사회로 전환하는 역사적 필연성을 반영했다.

사회주의 개조의 차원에서 보면, 이 총노선은 착취제도를 소멸하고 사회주의 길로 나아가며, 농업국을 공업국으로 건설하고 경제를 발전시켜 빈곤에서 벗어나려는 중국 인민들의 강력한 의지를 반영했다. 사회주의 건설의 차원에서 보면, 사회주의 공업화를 실현하는 것은 국가의 독립과 부강의 당연한 요구이며 필요한 조건이다.[59] 자본주의 공상업, 개인 농업, 개인 수공업에 대한 사회주의 개조는 국가 사회주의 공업화를 실현하는

필연적 요구이며 기본적인 보증이다.[60]

1952년 하반기부터 1956년까지 신중국은 4년의 시간을 통하여 생산자료의 사유제를 사회주의 공유제로 바꾸어 사회주의 혁명의 임무를 완성했으며, 중국 역사상 가장 심도있고 위대한 사회변혁을 실현했으며, 중국 사회주의 현대화 건설을 위한 기초를 다졌다. 이로써 사회주의 기본 제도를 수립하고, 사회주의 초급 단계에 접어 들었다.

1956년 사회주의 개조가 기본적으로 완성되어 중국 사회의 경제구조를 근본적으로 개변하였으며 수천 년 동안 생산자료의 사유제를 기초로 한 계급착취 제도가 기본적으로 소멸되었고, 사회주의 경제가 국민경제의 주도적 요소로 되었고, 사회주의 경제제도가 기본적으로 확립되었다. 4억이 넘는 인구를 가진 대국에서 사유제를 소멸하는 복잡하고 어렵고 깊이 있는 사회변혁을 비교적 순조롭게 실현하면서 생산력을 파괴하지 않았을 뿐 아니라 공·농업과 전반 국민경제의 발전을 추진하였으며, 인민대중의

59 당시 중국의 현대 공업 총생산액은 공농업 총생산액의 26.6%만 차지하였고 공업 분포는 매우 불합리했으며, 교육, 문화와 과학기술이 낙후했다. 오직 사회주의 공업화를 실현해야만 비로소 선진적 기술로 농업과 국민경제 각 분야를 발전시키고 국방의 현대화를 구축하고 공고히 할 수 있으며 사회주의 개조를 위해 강력한 물질적 기반을 마련할 수 있으며, 사회생산력의 발전을 촉진하고 인민들의 물질과 문화생활을 점차 개선하며, 중국의 낙후한 모습을 변화하여 최종적으로 중화민족이 세계 민족의 행렬에 우뚝 서게 할 수 있다.

60 신민주주의 혁명의 전국적 승리와 전국적 범위에서의 토지개혁을 완성한 후, 노동자계급과 자산계급 사이, 사회주의와 자본주의 길 사이의 '두 개 계급과 두 개의 길'의 모순이 주요 모순이 되었다. 이 모순을 해결하기 위해서는 반드시 생산자료의 사유제를 사회주의 공유제로 전환시켜야 했다. 당시의 예측에 따르면, 국민경제에서 각 경제 성분이 차지하는 비례는 다음과 같았다. 사회주의 성격의 국영경제 비중은 19.1%, 사회수의 또는 반(半)사회주의 성격의 힙직사 경제의 비례는 1.5%, 반(半)사회주의 성격의 공사합영(公私合營) 경제의 비례는 0.7%, 개인자본주의 경제의 비례는 6.9%, 농업과 수공업 개인경제의 비례는 71.8%이다.

보편적인 지지를 받아 막대한 사회 혼란을 불러 일으키지 않은 것은 위대한 역사적 승리이다. 이 역사적 승리는 중국의 사회생산력을 해방하고 생산력의 발전을 촉진하였으며, 사회주의 건설의 발전과 인민생활 수준의 향상을 위해 광활한 미래를 개척하였다.

과도기의 총노선에는 두 개의 '점차적으로'가 연속 사용되어 당시의 기본 정신이 온당하고 신중해야 하고 건설, 개조, 안정의 3자 관계에 있어서 기본적인 사고 맥락은 개조로 건설을 촉진하고 건설로 새로운 안정을 건설하고 공고히 하며, 안정으로 개조와 건설을 보장한다는 것을 설명하였다. 그러므로 사회주의 개조이론은 완전히 중국 공산당이 실천 과정에서 마르크스-레닌주의 기본 원리와 중국 사회주의 혁명의 구체적 실정과 결합하여 창조적으로 개척한 중국 특성에 적합한 사회주의 길 개조 이론이다. 이 이론은 새로운 경험과 사상으로 마르크스주의의 과학적 사회주의 이론을 풍부하게 하였다.

제3장
사회주의 건설 과정에서 우여곡절을 겪으며 발전한 '중국의 길'
(1956~1976)

　　마르크스주의의 고전 이론에 따르면 사회 형태는 뛰어넘을 수 있지만 생산력 발전 단계는 뛰어넘을 수 없다. 1956년 3대 개조가 완성되어 사회주의 기본 제도가 확립되었으며, 중국은 자본주의 사회 형태를 뛰어넘어 사회주의 초급 단계에 진입하였던 바, 이 단계에서는 생산력 발전에 중점을 두어 생산력과 생산관계가 서로 적합하도록 하는 것이다. 전면적으로 사회주의를 건설하는 단계에서 어떻게 건설할 것인가? 이 문제가 중국 공산당원들 앞에 놓여졌다.

제1절 자신의 사회주의 건설의 길 탐색

　　1956년 사회주의 개혁을 완성한 후 중국은 어떻게 전면적으로 사회주의를 건설할 것인가? 중국은 실천 경험이 없고 소련의 경험도 부족과 실수가 나타났다. 신중국은 사회주의 건설에서 외국의 경험을 전부 그대로 맹복적으로 따라서는 안 되고, 반드시 자신의 길, 즉 중국의 국정에 맞는 '중국 특색 사회주의' 건설의 길을 걸어야 한다. 마오쩌둥을 핵심으로 한 제1세대 중앙영도집단이 사회주의 건설의 길을 탐색하는 20년(1956~1976)

동안, 많은 우여곡절을 겪으면서 큰 성과를 이룬 동시에, 중국의 국정에 근거하고 '소련을 거울로 삼아' 독창적인 사상과 이론을 제기했고, 나아가 새로운 역사 시기에 '중국 특색 사회주의'를 건설하기 위한 물질적 기초, 귀중한 경험과 이론상의 대책을 마련했다.

전반 20년의 역사로 보면, 사회주의 건설의 이론을 탐색하는 과정에서 중국 공산당은 전반기에는 일정한 창조성을 가지고 적지 않은 긍정적 성과를 거두었지만, 후반기에는 중국의 실제 상황을 점점 이탈하여 갈수록 더욱 '좌(左)'적인 사상이 나타났다.

Ⅰ. 마오쩌둥을 핵심으로 한 제1세대 중앙영도집단의 사회주의 건설이론에 대한 공헌

1. 1956년, 중화인민공화국 역사와 국제공산주의 운동 역사상의 시간상 연결점

1956년부터 1976년까지 20년 동안 마오쩌둥을 핵심으로 한 제1세대 중앙영도집단의 사회주의 건설이론에 대한 역사적 공헌은 주로 1956년에 제시한 일련의 사상과 이론에서 집중적으로 구현되었는데, 물론 기타 연도에 제기한 정확한 사상과 이론도 포함된다.

공화국 발전사나 중화인민공화국 발전사를 막론하고, 또한 중국 공산당의 이론 발전의 창조성이나 사회 발전의 실천 방면을 막론하고, 1956년은 중대한 역사적 의의가 있는 시간의 연결점이고 전환점이 되는 해이다. 1956년은 중국 사회주의 건설 역사상 평범하지 않은 해로 국내경제 상황이 아주 좋았다. 1949년부터 1952년까지 국민경제는 회복되었고, 1953년부터 제1차 5개년계획이 실시되었다. 1956년 제1차 5개년계획의 목표가 앞당겨 완성되었다. 관련 통계수치에 따르면, 1952년 국내총생산은 679억 위안(元)이고, 1956년에는 1256억 위안에 달했다. 1952년의 공업생산액은 119.8억 위안이고, 1956년에는 642억 위안에 달했다. 국민소득은 1952년을 기준으로, 1953년부터 1956년까지 연평균증가율이 10.3%였다.[61] 마오쩌둥의 말대로, 1956년은 '다사다난'한 한해였다. 필자도 1956년은 마오쩌둥과 기타 제1세대 영도자들이 전면적인 사회주의 건설의 서막을 연 한 해일 뿐 아니라 사회주의 건설 사상 큰 성과를 이룬 한 해이며, 건국 이래 경제발전이 비교적 빠르고 정치가 비교적 민주적이며 문화사상이 비교적 활발한 한 해였다고 생각한다.

1956년은 중국 사회주의 건설과 국제 공산주의 운동 역사상 평온하지 않은 한 해였고, 국내·국제 정치상황에는 심각한 변화가 일어났다. 첫째, 1952년부터 시작된 사회주의 개조는 1956년에 완성되어 사회주의 제도가 기본적으로 확립되었고, 사회주의 혁명이 마무리되어 전면적인 사회주의 건설 단계로 진입했으며, 중국 역사상 가장 위대하고 가장 큰 사회변혁을 실현하였다. 둘째, 사회주의 제도가 기본적으로 확립된 정세 하에서 마오쩌둥은 국내의 주요 모순에 대해 다음과 같은 과학적 판단을 내렸다. 지금부터 중국의 주요 모순은 더 이상 자산계급과 노동자계급 사이의 모순이 아니라 "선진적 공업국을 건설하려는 인민의 요구와 낙후한 농업국 현실 사이의 모순이며", "경제와 문화의 신속한 발전에 대한 인민의 수요와 현재 경제 문화가 아직 인민의 수요를 만족시키지 못하는 현실과의 모순이며", 이러한 주요 모순의 전환이 전국 인민의 주요 임무는 역량을 집중하여 사회 생산력을 발전시키고 경제 건설을 진행하는 것임을 결정했다. 셋째, 국내에서는 사회주의 개조의 성급함과 경제 건설의 급진적 현상이

---

61 王萌, 《新中国60年经济发展绩效及其基本经验》, 《探索》 2009年 第5期.

나타나 1956년에는 노동자들이 파업하고 학생들이 수업을 거부하며 농민들이 합작사에서 탈퇴하는 등 문제가 발생했다. 넷째, 국제 공산주의 운동에서 우선 1956년 2월에 개최된 소련 공산당 제20차 대표대회 기간 후르시초프(Khrushchev)가 스탈린(Stalin)에 대한 개인 숭배의 면사포를 벗긴 비밀 보고를 제출한 사건이 있었고, 잇따라 1956년 6월과 10월에 '폴란드 사건'과 '헝가리 사건'이 연이어 발생했다.

이러한 심각한 변화는 마오쩌둥과 기타 영도자들이 중국의 사회주의 건설의 길을 모색하고 궤도를 바꾸는 데 결정적 역할을 했다. 이러한 상황에서 사회주의를 어떻게 건설할 것인가 하는 문제는 새로운 역사적 과제가 되었다. 마오쩌둥은 중국의 사회주의 초창기의 경험 교훈을 깊이 분석하고 소련의 모델과 기타 사회주의 국가의 경험 교훈을 비교한 기초 위에서 자신의 건설의 길을 모색해야 한다는 임무를 과감하게 제시했으며, 이 역사적 과제를 둘러싸고 역사와 현실, 국제와 국내의 일부 중대한 문제에 대해 해답함으로써 자신의 건설의 길을 걷기 위한 일련의 사상과 이론을 제시했다.

모든 사물은 양면성을 가지고 있다. 이론 발전의 궤적을 보면, 1956년은 사회주의 건설과 관련한 마오쩌둥 사상이 가장 집중적으로 창조되어 절정에 오른 한 해였다. 비록 1957년부터 1976년까지 마오쩌둥의 많은 사상이 변화가 일어나서, '좌'가 이 20년의 주요한 선율이 되었으며, 1956년에 제시한 사상이론들이 실천에 옮겨지지 않았거나, 많은 사상이론은 실천 과정에서 거부되었으며, 어떤 사상이론은 실천 과정에서 '좌'로 인해 잘 수행되지 못하였다. 그러나 마오쩌둥이 중국 사회주의 건설의 길을 위해 생기발랄한 탐구를 진행함으로써 우리에게 풍부한 '사상이론의 유산'을 남겨 주었다는 사실은 의심할 여지가 없다.

2. 1956년부터 1976년까지 사회주의 건설 이론에 대한 탐색의 주요 내용

1956년부터 1976년까지의 20년 동안 마오쩌둥을 핵심으로 하는 제1세대 중앙영도집단은 과오를 시정하는 과정에서 마르크스-레닌주의와 중국의 실정과의 '제2차 결합'[62]을 동시에 진행하면서 끊임없이 경험과 교훈을 총결하여 사회주의 건설의 몇 가지 중요한 사상을 개괄해냈다.

1956년 당과 국가의 중심 사업이 전면적인 사회주의 건설로 이전되었다. 어떻게 사회주의를 건설하고, 어떻게 사회주의를 공고히 하고 발전시킬 것인가? 이는 당과 국가가 직면한 역사적 과제였다. 마오쩌둥을 핵심으로 하는 제1세대 중앙영도집단은 '제1차 5개년 계획' 실시 중에서의 경험 교훈과 소련 공산당 제20차 전국대표대회에서 드러난 과오와 결점에 근거하여, '소련을 경계로 하며' 중국식 사회주의 발전의 길을 걷기로 결정했으며, 또 마르크스-레닌주의 기본 원리와 중국의 구체적 실상을 "제2차의 결합을 통해 중국에서 사회주의를 건설할 수 있는 길을 찾아야 한다"[63]고 제시했다.

여기에서 '결합'이란 마르크스주의 보편원리를 중국의 실정과 결합하여 중국의 특성에 따라 마르크스주의를 활용하며 본국의 경제상황과 정치상황에 부합되는 사회주의 건설의 길을 개척하고, 이 과정에서 축적된 풍부한 경험을 이론으로 승화시켜 중국화한 마르크스주의로 발전시킨다는 의미이다. '결합'의 과정은 바로 마르크스주의의 중국화 과정이다. 역사 발전의 과정을 분석하면, '제2차 결합'은 장기적인 시기가 될 것이다.

---

62 혁명 기간, 중국 공산당은 성공적으로 '제1차 결합'의 임무를 완성하면서 마오쩌둥 사상을 창시하였고, 신민주주의 혁명과 사회주의 혁명의 승리를 취득했다.

63 参见吳冷西,《忆毛主席——我亲身经历的若干重大历史事件片段》, 新华出版社, 1995, 9쪽.

당시 마르크스주의와 중국의 구체적인 실정의 '제2차 결합'을 제기하는 데는 좋은 국내 여건과 국제 환경이 있었다. 국내적으로 사회주의 개조와 경제 건설과정에서 중국 공산당은 풍부한 '결합'의 실천 경험을 축적하였고, 3년의 국민경제 회복과 3년의 사회주의 개조를 거쳐 중국만의 사회주의 성격의 경제관계, 사회구조와 사상 관념이 기본적으로 형성되었고, 사회주의 정치제도와 경제제도 그리고 문화제도가 기본적으로 확립되었으며, 중국 공산당이 집권당으로서의 지위가 더욱 공고해졌다. 국제적으로 소련 공산당 제20차 전국대표대회 및 비밀보고는 중국 공산당의 사상을 느슨하게 하였고 사상 해방이라는 청풍(淸風)을 가져왔다.

'제2차 결합'을 탐색하는 과정에서 제시된 사회주의를 건설하는 데 중요한 사상은 이 시기에 중국 공산당이 막대한 대가를 치르고 취득한 적극적인 성과로서 오늘날 '중국 특색 사회주의' 위업을 추진하는 데 여전히 중대한 지도적 의의가 있다고 할 수 있다. 이러한 중요 사상에는 몇 가지 내용이 포함된다.

첫째, 중국식 사회주의의 단계론을 제기했다. "사회주의 단계는 또 다시 두 개 단계로 나눌 수 있는 바, 첫 번째 단계는 발달하지 않은 사회주의이고, 두 번째 단계는 비교적 발달한 사회주의이다. 후반 단계는 전반 단계에 비해 더욱 긴 시간이 걸릴 수 있다."[64]

둘째, 네 가지 현대화라는 사회주의 건설의 전략적 목표와 '2단계' 발전전략을 제기했다. 현대화는 사회주의를 건설하는 과제에서 반드시 있어야 하는 것이다. 사회주의 현대화 건설의 전략적 목표는 바로 중국을 현대 농업, 현대 공업, 현대 국방과 현대 과학기술을 갖춘 강대국으로 건설하는 것이다. 이를 위하여 반드시 '2단계' 발전전략을 채택해야 한다. 첫

64《毛泽东文集》第8卷, 人民出版社, 1999, 116쪽.

단계에서는 독립적인 비교적 완전한 공업 체계와 국민경제 체계를 세우는 것이고, 두 번째 단계에서는 전면적으로 농업, 공업, 국방과 과학기술의 현대화를 실현하여 중국 경제를 세계 선두에 서게 하는 것이다.

셋째, 중국식 사회주의 공업화의 길 이론을 제기했다. 중국 사회주의 발전의 길에 대한 모색은 중국식 사회주의 공업화의 길에 관한 일련의 중요한 사상에 집중적으로 반영되었다. 이러한 일련의 중요한 사상은 다음과 같다. 중공업, 경공업과 농업의 관계를 정확하게 처리하고 농업, 경공업, 중공업 순으로 국민경제를 발전시킨다. 중공업을 우선적으로 발전시키는 조건 하에서 공업과 농업, 중공업과 경공업, 중앙공업과 지방공업, 대형기업과 중소형기업, 외국식 생산방법과 본토식 생산방법, 연해공업과 내륙공업, 경제 건설과 국방 건설을 병행하는 '두 다리(兩條腿)'로 걷는 방침을 견지하며, 종합형평의 문제를 정확히 해결하고, 축적과 소비, 생산과 생활 문제를 잘 처리하며, 국가, 집단과 개인의 관계를 잘 처리하고, 여러 방면의 일을 통일적으로 관리하고 돌보아야 하며 적절히 안배해야 한다. 이러한 사상은 소련과 일부 동유럽 국가들이 중공업의 발전을 단편적으로 강조한 경험 교훈을 섭취한 기초 위에서 형성되었고, 소련의 공업화 모델과 다르며 중국의 국정에도 부합된다.

마오쩌둥은《10대 관계를 논함》이라는 저작에서 "중공업은 중국 건설의 중점이다. 반드시 생산수단의 생산을 우선적으로 발전시켜야 한다"[65]라고 지적했다.《인민 내부의 모순을 정확하게 처리하는데 관한 문제》에서는 또 변증법적으로 지적했다. "중국은 농업대국으로서 농촌인구가 전국 인구의 80% 이상을 차지한다. 공업을 발전시키는 것은 농업을 발전시키는 것과 반드시 병행되어야 공업에 원자재와 시장이 있게 되기 때문에

---

[65]《毛泽东文集》第7卷, 人民出版社, 1999, 24쪽.

강대한 중공업을 건립하기 위해 보다 많은 자금을 축적할 수 있다."[66] 1959년 7월, 마오쩌둥은 농업, 경공업, 중공업 순으로 국민경제 계획을 제정해야 한다는 사상을 제기함과 동시에 "현재 우리의 문제는 중공업과 농업, 경공업에 대한 투자 비례를 적절히 조절하여 농업과 경공업을 더 많이 발전시키는 것이다"[67]라고 지적했다.

넷째, 사회주의 경제건설은 상품생산을 많이 발전시키고 상품을 널리 유통하고 가치법칙의 역할을 존중하고 발휘하며 종합적이고 형평적으로 발전해야 하는 사상을 제기했다. 상품생산은 다른 경제제도와 연계될 수 있는 바, 자본주의에는 자본주의 상품생산이 있고 사회주의에는 사회주의 상품생산이 있다. 경제건설은 경제발전 법칙에 따라야 하고, 특히 가치법칙을 존중해야 하며, 경제건설 중에서 일으키는 가치법칙의 역할을 학습하고 활용하며 발휘할 것을 강조하고, 가치법칙을 '대학교'라고 지적했다. 경제건설은 종합적으로 형평적으로 안정적으로 나아가는 방침을 실시해야 한다. 종합 형평사상은 "구체적인 조건과 실제적 정황을 살피지 않고 무턱대고 뛰어드는 것을 반대"하는 과정에서 조금씩 형성된 것으로, 그 주요 내용은 "건설 규모의 크기는 반드시 국가의 재력과 물력에 부합해야 하고",[68] "구매력의 향상은 반드시 물자(物資)에 부합해야 하며",[69] "국민경제는 비례에 따라 발전하는 법칙을 반드시 준수해야 한다."[70] 하지만 이와 같은 경제 발전 속도에 대한 모색은 유지되지 못했다. 왜냐하면 이는 당시 실시되고 있던 중공업을 우선적으로 발전시킨다는 사상과

66 《毛泽东文集》 第7卷, 人民出版社, 1999, 241쪽.

67 《毛泽东文集》 第7卷, 人民出版社, 1999, 24쪽.

68 《陈云年谱》(中), 中央文献出版社, 2000, 363쪽.

69 《陈云文选》 第3卷, 人民出版社, 1995, 54쪽.

70 《陈云文选》 第2卷, 人民出版社, 1995, 24쪽.

저촉되었기 때문이었다.

다섯째, 사회주의 민주정치 건설의 목표의 제기는 바로 "집중(集中)도 있고 민주도 있으며, 규율도 있고 자유도 있으며, 통일적인 의지도 있고 개인의 심정도 상쾌하며 생동하고 활발한 그런 정치 국면"71을 조성하려는 것이다. 이러한 민주정치 목표의 실현을 위해 인민 내부 모순의 정확한 처리를 국가정치 생활의 주제로 삼고 인민민주를 견지하며 단결할 수 있는 모든 역량을 단결해야 한다. 중국 공산당과 각 민주 당파와의 관계를 잘 처리하고 장기 공존과 상호 감독의 방침을 견지하며, 애국 통일전선을 공고히 하고 확대해야 한다. 인민이 나라의 주인으로 되는 여러 권리를 효과적으로 보장해야 하며, 인민이 국가와 사회 사무의 관리에 참여하도록 해야 한다. 사회주의 법제는 근로자의 이익을 보호하고 사회주의 경제 기초를 보호하며, 사회 생산력을 보호해야 한다.

여섯째, 사회주의 문화 건설은 반드시 마르크스주의의 지도적 지위를 견지해야 하고, '백화제방, 백가쟁명'의 방침을 실행할 것을 제기했다. 동서고금의 우수한 문화에 대해 옛것의 장점을 취하여 현실에 이용하고, 외국의 장점을 중국에 적용하여, 낡은 것을 버리고 새것을 창조한다(古爲今用, 洋爲中用, 推陳出新)는 방침을 적용한다. 사상정치 사업은 경제사업과 모든 사업의 생명선이며, 정치와 경제의 통일, 정치와 기술의 통일, 붉고도 전문화한 방침을 실시한다. 혁명과 건설에서의 지식인의 역할을 강화하고, 광범한 노동자계급과 지식인의 대오를 건설한다. 과학을 향해 진군하고 세계 각국의 과학기술을 발전시킨 옛길을 걸을 수 없으며, 독립자주, 자력갱생, 분발하여 세계 선진 수준을 따라잡기 위해 노력해야 한다.

일곱째, 집권하고 있는 조건 하에서 공산당 자체의 건설을 강화할 것

71 《毛澤東文集》 第8卷, 人民出版社, 1999, 293쪽.

을 제기했다. 제국주의의 '평화적 변화' 전략의 위험에 경계하는 동시에 이러한 위험성과 단호하게 싸워야 하며, 공산당이 집정한 후 관료주의와 같은 여러 가지 소극적 현상이 나타날 수 있는 가능성에 대해 경계심을 높여야 한다. 이를 위해 공산당원은 반드시 공산주의의 원대한 이상을 견지하고, 반드시 겸손하고 신중하며 교만하지 않고 조급해하지 않는 작풍을 계속 유지해야 하며, 지속적으로 완강하게 분투하는 작풍을 견지해야 한다. 각급 영도 간부들은 반드시 자발적으로 인민이 부여한 권리를 활용하여 인민을 위해 봉사하며, 인민대중에 의지하여 이 권리를 실행함과 동시에, 인민대중의 감독을 받아야 한다. 반드시 일반 근로자의 자세로 평등한 대인관계를 유지해야 한다. 반드시 공산당 내부와 간부 대오 중에서 특권계층과 귀족계층이 형성되는 것을 방지하며 공산당 내부와 간부 대오 중의 부패 현상을 단호하게 반대해야 한다. 반드시 "무산계급 혁명 후계자의 양성" 문제를 실제에 맞게 해결해야 한다.

여덟째, 사회주의 외교상의 '세 개의 세계' 구분이론을 제기하여,[72] 국제정치 무대에서의 중국 활약을 위한 이론 근거를 제공했다. 제1세계는 최강의 경제 역량과 군사 역량을 가진 세계적인 패권주의를 시행하는 초강대국인 미국과 소련을 가리키고, 제3세계는 아시아(일본 제외), 아프리카, 라틴아메리카와 기타 지역의 개발도상국을 가리키며, 제2세계는 이 양자 사이의 선진 국가를 지칭한다. 초강대국 간에 세계 패권 지위를 다투는 싸움은 세계 정세가 불안한 주요 근원이며, 제3세계는 제국주의, 식

---

72 마오쩌둥이 제기한 이 사상은 1940년대의 '중간지대론'의 사상에서 싹이 텄고, 1960년대의 중간지역론 외교전략에서 추형(雛型)이 시작되어, 1970년대에 형성되었다. 1974년 2월 22일 마오쩌둥은 잠비아(Zambia)의 카운다(Kaunda) 대통령을 접견할 때 처음으로 이 사상을 제기했고, 1974년 4월 10일 덩샤오핑이 유엔 총회 제6차 특별회의에서 '세 개의 세계' 구분에 관한 마오쩌둥의 사상을 전면적으로 논술했다.

민주의와 패권주의에 반대하는 주요 역량이다. 이 전략 사상은 중국과 제3세계 국가와의 단결을 강화하고, 세계 정치 구도에서의 국제적 지위를 강화하며, 제2세계 국가로서의 위상을 쟁취하여 공동으로 패권을 반대하고 대외관계를 발전시키는 데 중대한 지도적 의의를 갖는다.

II. 마오쩌둥을 핵심으로 한 제1세대 중앙영도집단의 사회주의 건설을 탐색하는 과정에서의 실수

1. 사회주의의 길을 전면적으로 건설하는 데 대한 적극적인 탐색과 '제2차 결합'의 중단(1956~1966)

비록 중국 공산당 8차 대회와 그 전후 당은 중국의 사회주의 개조가 완성된 후의 주요 모순과 임무에 대해 비교적 정확하게 논술하였지만 소련 공산당 제20차 전국대표대회의 영향으로 공산당 내부에서는 '좌'적 사상이 일어났고, 1957년에는 반(反)우파 투쟁을 일으켰고 이를 확대하였다. 1958년 5월 5일부터 23일까지 개최된 중국 공산당 8대 2차 회의는 마오쩌둥의 의견을 받아들여 국내 주요 모순에 관한 중국 공산당 8대 1차 회의의 판단을 수정하고 당면한 사회적 주요 모순은 여전히 "두 개 계급, 두 갈래 길"의 모순, 즉 무산계급과 자산계급, 사회주의 길과 자본주의 길 간의 모순이라고 제기했다. 또한 회의에서 "열의를 다하여 앞을 다투며 더 많이, 더 빨리, 더 좋게, 더 절약하면서 사회주의를 건설하자"는 총노선을 정식으로 수립했다. 총노선, '대약진', 인민공사를 마오쩌둥은 '세 폭의 붉은 기(旗)'라고 총괄하였다.

반우파 확대로 중국 공산당 8차 대회에서 "대규모 계급투쟁은 일단락되고, 앞으로 사업은 사회주의 건설을 위주로 한다"는 정책으로 바뀌면서 계급투쟁이 점차 중심이 되어 경제 건설을 대체하고, 최후에는 "계급투쟁을 중점으로 삼는다"로 발전했다. 1956년 11월 중국 공산당은 8기 2중전원회의를 소집하고, 1957년 하반기부터 당내에서 정풍운동(整風運動)을 전개하기로 결정했다. 1957년 4월 27일 중국 공산당 중앙위원회는 《정풍운동에 관한 지시》를 공포하고 전당적으로 인민 내부의 모순을 정확히 처리하는 주제로 관료주의, 종파주의와 주관주의에 반대하는 정풍운동을 진행할 것을 결정하면서, 당외 인사들에게 '자유롭게 자신의 의견을 발표할 것'을 호소하고, 광범한 대중들이 당과 정부에 대한 비평과 의견을 제기하여 공산당의 정풍운동을 도울 것을 동원하고 격려하였다.

영도층이 1957년 봄~여름 시기의 국내 계급투쟁 정세를 너무나 엄중하게 예측한 데다가 '대명, 대방, 대자보, 대변론(大鳴, 大放, 大字報, 大辯論)'의 대민주 형식을 채택했기 때문에 결과적으로 전국적으로 대중적인 정치운동이 일어나 최종적으로 반우파 투쟁이 심각하게 확대되어 "많은 지식인, 애국인사와 당내의 간부들을 '우파분자'로 잘못 분류하여 불행한 결과를 초래했다."[73] 1958년 중국 공산당 8대 2차 회의에서 사회주의 총노선을 확정한 후 전국의 중심 임무는 급속히 반우파에서 '대약진'과 인민공사화운동으로 전환되었고, 반우파 투쟁은 점차 약화되어 루산회의(盧山會議)에 이르러 종료되었다. 그러나 루산회의에서 펑더화이(彭德懷)가 '대약진'운동을 비판함으로써 제2차 반우파 투쟁이 일어났다. 그러나 이번 반우파 투쟁은 주로 종전의 대(對) 당외 세력 투쟁에서 당내 투쟁으로 전환한 것이다.

'대약진'은 여러 가지 필수적인 규칙제도를 파괴했고, 인력과 물력의 큰 낭비를 조성하여 전체 국민경제 비율이 크게 균형을 잃었다. 인민공사

---

73 《十一屆三中全會以來重要文獻選讀》(上), 人民出版社, 1987, 311쪽.

화 운동은 실질적으로 '1평2조(一平二調)'를 특징으로 하는 '공산풍(共産風)'을 일으키는 과정으로 농업 생산력을 심각하게 파괴하였다. '대약진' 운동과 인민공사화 운동은 당이 중국 사회주의 발전의 길을 모색하는 과정에서 나타난 한 차례의 엄중한 실수였다. '대약진'과 인민공사화 운동, 소련이 일으킨 분쟁, 건설항목 지원 중단, 대량의 계약 파기, 사회주의 건설 경험 부족으로 '대약진'과 인민공사화 운동에서 나타난 고위층 영도자와 광범한 군중들의 지나친 열의 등으로 인해 1959~1961년까지 전국적인 식량 부족과 기근이 나타났다(3년 동안의 곤란한 시기). 통계에 의하면, 양식 생산량은 1958년의 2억 톤에서 1959년의 1.65톤으로 감소했고, 1960년에는 다시 1.6톤으로 내려갔다. 농업생산 총지수를 1957년을 100으로 기준한다면, 1958년에는 108, 1959년에는 86으로 내려갔고, 1960년에는 83으로 내려갔다. 이에 비해 공업생산의 지수는 좀 나아서, 가령 1957년을 100으로 기준한다면, 1958년에는 131, 1959년에는 166, 1960년에는 161~163, 1961년에는 107~110이다. 국민총생산(GNP)의 전반적인 상황은 사람들을 실망시켜, 1958년의 950억 달러에서 1959년의 920억 달러, 1960년의 890억 달러, 1961년의 720억 달러로 줄곧 감소하였다.

'대약진'이 국민경제에 끼친 커다란 영향은 중앙의 높은 중시와 반성을 일으켰다. 1960년에 국민경제를 조정하는 '8자방침(八字方針)', 즉 '충실, 조정, 공고, 제고(充實, 調整, 鞏固, 提高)'의 방침을 제정하고, 8기 9중 전원회의에서 이 방침을 중국 국민경제 발전의 지도사상으로 확정했다. 3년 동안 어려운 시기에서의 조정, '대약진'의 열광적 사상이 아직 사라지지 않은 상황에서의 조정, 그 어려움은 가히 짐작할 수 있다. 그리하여 1962년 초에 개최한 '7천인 대회'[74]에서 전당적으로 조정에 관한 사상이

---

74 '7천인 대회'는 1962년 1월 11일부터 2월 7일까지 베이징에서 열린 7천여 명이 참석한 중앙사업회의 확대회의를 가리킨다. 이 회의의 목적은 국민경제의 조정

통일되었고, 또한 이 회의에서 당중앙의 주요 영도자들은 '대약진'과 3년 동안 경제 곤란한 시기에 대해 자아비판을 했다.

1962년 중국 계급투쟁 정세에 대한 극히 과대한 평가에 근거하여 당의 8기 10중전회에서는 도시와 농촌의 실제 작업 중에서 사회주의 교육운동을 실시하여 '사회주의와 자본주의의 모순'을 철저하게 해결할 것을 지시했다. '사회주의 교육' 운동은 비록 간부들의 태도와 경제관리 등의 면에서 일정한 역할을 하였지만 지도사상의 편차로 인해 기존의 '좌'적 오류는 더욱 심화되었다.

중·소 10년(1956~1966) 논전은 최종적으로 중소관계의 전면적 파열을 초래했고, 중국 주변 정세의 불안정 요소가 갈수록 증대되었으며, 국제 정세가 갈수록 악화되어 국가의 안전문제가 갈수록 선명하게 나타났다. 이로 인해 중국 경제발전 전략은 다시 조정될 수밖에 없었고, 군사공업 발전과 중공업을 우선적으로 빠르게 발전하는 것은 당이 직면한 필연적 선택이 되었다. 전쟁 준비를 위해 1964년 5월 마오쩌둥은 제3차 5개년계획의 수립을 논의할 때 '3선(三線)' 건설을 제기했다. 그는 원자탄 시대에 후방이 없으면 안 되고, 전국을 1선, 2선, 3선으로 나누고, 반드시 3선 건설을 잘해야 한다고 하였다. 그리하여 제3차 5개년계획의 중점을 '3선 건설'에 두었다.

2. '문화대혁명' 10년간 사회주의 건설의 길에 대한 곡절적인 탐색과 실수(1966~1976)

1960년부터 시작된 국민경제 조정은 1966년에 기본적으로 완성되었고, 국가는 제3차 5개년계획을 시작하였다. 그러나 불행한 것은 당과 인

을 위해 사상적 통합을 가져오기 위한 것이었다.

민에게 심각한 재앙을 가져다준 한 차례의 10년이란 기나긴 '문화대혁명'이 일어났다. 마오쩌둥이 '문화대혁명'을 시작한 근본적 출발점은 당 내부에 수정주의와 자산계급 집권파들이 나타났기에 반드시 '대혁명'을 일으켜 자본주의로의 복벽을 방지하여 당의 순결성을 수호하고, 중국 스스로 사회주의를 건설할 수 있는 길을 탐색하려는 것이었다. '문화대혁명'은 "무산계급 독재 하에서의 지속적인 혁명"이론의 지도 하에 반혁명 집단에게 이용당해 당과 국가, 각 민족에게 심각한 재난을 안겨준 내란이었다. 문화대혁명은 대체로 3개 단계로 나뉜다.

첫 번째 단계는 1966년 5월 '문화대혁명'이 시작된 때로부터 1969년 4월 중국 공산당 제9차 전국대표대회 개최까지이다. 이 단계의 임무는 소위 '자산계급 사령부'를 분쇄하고 자본주의 길을 걷는 집권파들의 권력을 탈취하는 것이며, 목적은 이른바 "자산계급 독재를 무산계급 독재로 전환"시키는 것이었다. 그 운동은 '모든 것을 의심하고', '모든 것을 타도하며', '전면적인 내전'으로 표현되었다. 1966년 5월에 중앙정치국 확대회의의 소집과 같은 해 8월의 당의 8기 11중전회의 소집은 '문화대혁명'의 전면적 시작을 의미한다.

두 번째 단계는 1969년 4월 중국 공산당 9차 대회 소집부터 1973년 8월 중국 공산당 10차 대회 소집까지이다. 이 단계의 주요 내용은 린뱌오(林彪) 반혁명 집단이 최고권력을 탈취하고, 반혁명 정변을 일으키려 한 시도가 분쇄된 것이다. 린뱌오가 반란을 일으키고 도주한 '9·13' 사건은 객관적으로 '문화대혁명'의 실패를 선언하였다. 이후 저우언라이(周恩來)가 중앙의 일상 업무를 주관하여 상황을 호전시켰다.

세 번째 단계는 1973년 8월 중국 공산당 10대의 소집부터 1976년 10월 '4인방(四人幫)'의 분쇄까지이다. 이 단계의 주요 내용은 덩샤오핑(鄧小平)이 두 번째로 복귀하여 안정을 도모한 것과 4인방을 분쇄한 것이었다.

1977년 8월 중국 공산당 제11차 전국대표대회에서 당중앙은 '문화대혁명'의 종료를 공식적으로 선포했다. '문화대혁명'은 10년의 동란을 초래했다, 중국 공산당 조직은 심각하게 파괴되었고, 많은 공산당의 영도자들이 숙청되거나 면직되었다. 공·농업 생산이 심각하게 후퇴하였고 교육 시스템의 마비는 한 세대 잘 훈련된 국가 인재를 잃게 하였다. 하지만 중국은 '문화대혁명' 기간에도 여전히 일부 성과를 거두었다.

1981년에 통과한 《건국 이래 당의 몇 가지 역사문제에 관한 결의》는 문화대혁명 기간 중국이 사회주의 건설에서 취득한 성과를 "국민경제는 비록 커다란 손실을 입었지만, 여전히 진전이 있었다. 양식(糧食) 생산은 비교적 안정적인 증가를 유지하였다. 공업교통, 기본 건설과 과학기술 면에서 중대한 성과를 취득했는 바, 그중 새로운 철도 부설과 난징(南京) 장강대교의 완공, 일부 선진 기술을 갖춘 대형기업의 생산, 수소폭탄 실험과 인공위성의 발사 회수의 성공, 맵쌀 유형 교잡벼의 육성과 보급 등이 포함된다. 국가 동란의 정세 하에서 인민해방군은 여전히 국가의 안전을 지켰다. 대외 사업도 새로운 국면을 맞이했다.

물론 이 모든 것은 전적으로 '문화대혁명'의 성과가 아니고, '문화대혁명'이 없었다면 사업은 더 큰 성과를 거두었을 것이다. '문화대혁명' 과정에서 비록 린뱌오, 쟝칭(江靑) 두 반혁명 집단의 파괴를 받았지만 끝내 이들을 제압했다. 공산당, 인민정권, 인민군대와 전반 사회의 성격은 바뀌지 않았다. 역사는 우리 인민은 위대한 인민이고, 우리 당과 사회주의 제도는 위대하고 완강한 생명력이 있음을 다시 증명했다"75고 총화했다.

---

75 《三中全会以来重要文献选编》(下), 人民出版社, 1982, 816-817쪽.

제2절 20년 간의 사회주의 건설의 길 탐색 실수의 원인 분석과 시사점

소련 모델에 대한 인식과 반성을 통하여 마오쩌둥을 핵심으로 하는 제1세대의 중앙영도집단은 사회주의 건설 이론에 대한 탐색에서 많은 유익한 사상을 취득하였지만 유감스럽게도 대다수의 유익한 사상은 진지하게 실시되지 못했으며, 저작과 문건상으로만 그쳤다. 정확한 사상 이론이 실현되지 못한 것은 잘못된 사상 이론이 우세하였기 때문이었다. 사회주의 건설 이론을 탐색하는 과정에서의 실수는 주로 '무산계급 독재 하의 계속 혁명'이라는 이론에 집중되었다.

1967년 11월 6일 마오쩌둥의 동의를 거쳐 천보다(陳伯達), 야오원위앤(姚文元)의 주최로 작성한 러시아 10월혁명 50주년을 기념한 논문《10월 사회주의 혁명이 개척한 길을 따라 전진하자》를 '양보일간(兩報一刊: 인민일보, 해방군보, 잡지《붉은기》)' 편집부의 이름으로 발표되었다. 이 논문에서는 먼저 6개 방면에서 '무산계급 문화대혁명'의 일련의 '좌'경적 그릇된 관점에 대해 이론 형태로 개괄하였고, 아울러 "마오쩌둥 동지가 제기한 무산계급 독재 하의 계속 혁명이론은 천재적이고 창조적으로 마르크스-레닌주의 무산계급 독재 시기의 계급투쟁 관념을 발전시켰으며 천재적으로 무산계급 독재의 관념을 발전시켰는 바, 이는 역사적인 의의를 가지고 있고, 마르크스주의 발전사상의 세 번째 위대한 이정표를 수립했다"[76]고 지적했다.

이 이론의 기본적 관점은 이후 중국 공산당 제9차 대표대회에서 통과한 당장의 총강령에 기재되었고 '전반적인 사회주의 역사 단계에서의 당

---

76 《人民日报》,《红旗》杂志,《解放军报》编辑部,《沿着十月社会主义革命开辟的道路前进 ――纪念伟大的十月社会主义革命五十周年》,《红旗》1967年 第16期.

의 기본 노선'으로 정식 확정되었다. 그후의 역사적 실천으로부터 보면, 무산계급 독재 하에서 혁명을 계속한다는 이론, 노선, 방침과 정책은 마르크스-레닌주의 기본 이론에 위배되었고, 마오쩌둥 사상의 정상적 궤도에서 이탈했으며 당과 국가에 심각한 혼란을 초래했으며, 사회주의 건설로 하여금 심각한 전반적 과오를 범하게 했다.

전체적으로, 마오쩌둥 등 지도자들은 소련 모델의 근본적 폐해에 대한 깊은 인식이 부족했고, 마르크스 등 사람들의 사회주의 사회에 대한 일부 중요 생각들에 대한 전면적 이해가 부족했으며, 사회주의 건설 실천 경험이 부족하여 중국이 사회주의 초급 단계에 머물러 있다는 것을 명확하게 파악하지 못했으며, 경제발전 법칙과 중국의 기본 국정에 대한 전반적 인식이 부족했기에 중국의 구체적인 실정에 부합되고 소련의 실천과 다르며, 마르크스 등의 구상과도 다른 방침과 정책을 채택하지 못하여 결국 전 당원이 명확하게 받아들일 수 있는 체계적인 사회주의 건설 이론을 형성하지 못했다. 일부 지도자들은 혁명전쟁 시대의 일부 성공 경험을 기계적으로 적용하여 정확한 사상이 전부 유지되지 못하였고, 어떤 정확한 사상들은 실천 과정에서 완전히 반대쪽으로 나아갔다.

구체적으로 보면, 사회주의 건설의 길을 모색하는 과정에서 마오쩌둥 등 영도자들의 여러 가지 실수가 나타나게 된 주요 원인으로는 다음과 같은 몇 가지를 꼽을 수 있다.

첫째, 무산계급과 자산계급의 모순, 사회주의와 자본주의의 모순이 여전히 사회주의 사회의 주요 모순이라고 잘못 생각하고 '계급투쟁을 중점으로 삼는다'는 기본 노선과 '무산계급 독재의 계속 혁명'의 이론을 제기하여 '문화대혁명'을 일으켰다.

둘째, 사회 생산력의 발전을 홀시했고 경제 건설을 중심으로 하는 노선을 확고부동하게 견지하지 못했다. 경제를 발전시키는 방법도 맞지 않았고 급하게 성사시키려 했으며, 군중운동을 통해 편면적으로 중공업을 발전시켜 국민경제 발전의 심한 기복을 초래했다.

셋째, 여전히 전통적 관념과 소련 모델의 속박을 받아 사회주의는 반드시 단일 공유제를 기초로 해야 한다고 잘못 인식하여 사회 생산력의 발전에 큰 역할을 하는 비공유제의 경제 요소를 없애는데 급급해 '1대 2공 3순(一大二公三純)'을 맹목적으로 추구했다.

넷째, 사회주의는 반드시 단일 계획경제를 실행해야 한다고 잘못 인식하고 고도로 집중적이고 통일적인 계획경제 체제를 맹목적으로 추구했으며, 상품경제와 가치법칙의 역할을 제한했다.

다섯째, 자력갱생을 편면적(片面的)으로 이해하고 대외 경제기술 교류를 홀시했으며 대규모적인 전쟁의 위험성을 지나치게 예측한 데다 제국주의 국가의 포위와 경제적 봉쇄로 중국을 장기간 폐쇄와 반폐쇄 상태에 빠뜨렸다.

여섯째, 법률제도의 보장이 없었다. 제8차 당대회에서 민주법제 수립과 사상문화 건설을 강화하는 데 관한 정확한 방침과 주장을 제시했지만 그후 구체적인 법률을 제정하지 못했고, 제도상의 보장도 결여되었다. 이는 당의 권력이 개인에게 지나치게 집중되고, 당내 개인 독단과 개인 숭배 현상이 발생하게 되는 여건을 제공해 주었으며 군중노선, 민주집중제와 집단 지도체제의 파괴를 초래하여 사회주의 민주와 법 제도가 심각하게 파괴되었다.

일곱째, 사회주의 건설 시기의 계급투쟁 법칙과 특징에 대한 정확한 분석이 부족했다.

여덟째, 공산당의 주요 영도자의 인식 차이가 있고, 당 지도층 내부의 민주 생활이 비정상적이었다.

비록 중국 국정에 적합한 사회주의 건설의 길로 나아가지는 못했지만 마오쩌둥을 핵심으로 하는 중앙영도집단의 탐색은 중국 사회주의 사상 발전사에서 중대한 역사적 지위와 의의를 가지고 있다. 탐색 과정에서 취득한 성과는 덩샤오핑을 핵심으로 하는 중앙영도집단에 계승되어 덩샤오핑 이론의 주요한 원천이 되었고, 탐색 과정에서 나타난 착오는 덩샤오핑 등 영도들에 의해 시정되어 덩샤오핑 이론을 정립하는 계기가 되었다.

정·반 양면의 경험 교훈, 특히 착오를 범한 역사적 교훈은 중국 공산당과 중국 인민을 교육시켜 사람들의 반성과 각성을 촉구하여 다시 중국만의 사회주의 건설의 길을 탐색하게 했다. 건국 이래 정·반 양면의 경험 교훈에 대한 총괄과 국제정치상의 경험과 세계 정세에 대한 연구를 기초로 개혁개방의 실천 과정에서 덩샤오핑을 핵심으로 하는 중앙영도집단은 마르크스주의와 중국의 실제를 결합한 제2차의 역사적 도약을 점차적으로 실현하고, 처음으로 중국처럼 경제, 문화가 낙후한 나라에서 어떻게 사회주의를 건설하고, 어떻게 사회주의를 공고히 하고 발전시킬 것인가 하는 일련의 기본적 문제에 대해 체계적이고 초보적으로 답했다.

1956년부터 1976년까지 우여곡절을 거치며 발전한 중국 역사는 다음과 같이 계시하고 있다. 사회주의 건설은 사회주의 초급 단계의 기본적인 국정으로부터 출발해야 하고, 사회주의 본질을 정확하게 인식해야 하며, 반드시 객관적인 경제법칙에 따라 일을 처리해야 한다. 생산관계의 변동은 반드시 생산력 수준에 부합되어야 하고, 마르크스-레닌주의를 정확하게 이해하고 대처해야 하며, 자본주의와 그 창조의 문명적 성과를 정확하게 보아야 한다. 또한 당과 국가의 민주제도를 건전하게 만들어 어떠한 형식의 개인 숭배와 개인 독단이라도 확실하게 제거해야 한다.

제4장
개혁 과정에서 발전이 완벽해지는 '중국의 길' (1976~)

개혁개방 이전의 30년간 어떤 시행착오를 겪었든지 마오쩌둥을 핵심으로 하는 당의 제1세대 중앙영도집단이 새로운 시기에 '중국 특색 사회주의'를 건설하기 위한 귀중한 경험과 이론적 준비, 물질적 기반을 마련했다는 점은 의심할 여지가 없다. 이는 국내외적으로 모두 인정하는 논란의 여지가 없는 사실이다.

'문화대혁명'이 끝난 후, 1978년 12월 11기 3중전회의 개최는 꼭 여명 전 어둠을 뚫고 동이 트는 것처럼 10년 '문화대혁명'을 겪은 중국이 희망에 넘치는 새로운 시대를 맞이하였음을 상징하고, 혼란 속에서 새로운 질서가 힘차게 솟아오르고 있으며, 이 새로운 질서는 중국 인민들에게 더 안정되고, 진보적이며 더 아름다운 삶을 기대하게 한 것이다. 덩샤오핑을 핵심으로 하는 제2세대 중앙영도집단은 '제2차 결합'의 임무를 다시 짊어지고 중국의 경제조건과 정치조건에 적합한 사회주의 개혁개방의 길을 모색하는 데 주력했다. 이는 마오쩌둥 시대에 완성하지 못한 '제2차 결합' 임무의 연속이다.

역사 발전의 전반 과정에서 필연적으로 서로 다른 단계적 특징이 나타나며, 이에 상응한 역사적 임무가 있기 마련이다. 11기 3중전회는 미르크스주의 중국화의 새로운 단계를 개시하였고 개혁개방 속에서 역사 시기에 따라 각기 다른 임무를 해결하기 위해 끊임없이 새로운 이론적 성과를 만들어 냈는데, 덩샤오핑 이론, '세 가지 대표'의 중요한 사상, 과학적 발전관이 잇따라 나왔다. 17차 당대회에서 덩샤오핑 이론, '세 가지 대표'의 중요한 사상과 과학적 발전관을 '중국 특색 사회주의' 이론체계로 개괄했다. '중국 특색 사회주의' 이론체계는 바로 '중국 특색 사회주의 길'을 지도하는 사상 체계이며, 마르크스주의 기본 원리와 중국 개혁개방의 실천, 중국의 국정과 시대의 특징이 상호 결합된 산물이며, 마르크스주의 중국화의 제2차 중대한 이론적 비약에 속한다. 이 이론체계의 지도 하에 다른 역사 단계를 거치면서 각 단계의 역사적 임무를 완성했다.

제1절 덩샤오핑 이론과 '중국 특색 사회주의 길'의 개척

1978년 12월에 개최된 당의 11기 3중전회는 마오쩌둥을 핵심으로 하는 제1세대 중앙영도집단의 사회주의 건설의 길에 대한 탐색이 새로운 역사 단계로 접어들게 되었다. 덩샤오핑을 핵심으로 한 제2세대의 중앙영도집단은 제1세대 중앙영도집단의 바통을 이어받아 전 당과 전국 인민을 영도하여 새로운 역사 단계에서 '중국 특색 사회주의 길'을 탐색하였는 바, 이는 개척과 창조적 성격을 띤 새로운 탐색이었다.

Ⅰ. '중국 특색 사회주의' 실천의 개척

개혁개방은 완전히 새로운 사업이고 '제2차 혁명'이며, 지난 30년의 경험 교훈 외에 참고할 만한 축적된 경험이 없었기 때문에 오직 '실천 과정에서 방법을 모색하고 경험을 쌓는' 수밖에 없었다.

1. 전당 사업의 중심이 '계급투쟁을 중점으로 삼는다'에서 '경제 건설을 중심으로 한다'로 옮겨지면서 개혁개방의 서막이 전면적으로 열렸다. 1956년 9월 제8차 당대회에서 제기한 '경제 건설을 중점'으로 한다는 결정은 좌경적 사상으로 인한 일련의 업무 착오와 린뱌오(林彪) 반혁명 집단과 4인방(四人帮)의 교란과 파괴로 인해 중단되었다. 11기 3중전회는 당의 사상노선과 정치노선을 해결했으며, 당의 사업 중심이 '계급투쟁을 중점으로 삼는다'에서 '경제 건설을 중심으로 한다'로 옮겨졌다. 1979년 4월 중앙사업회의는 3년 동안의 국민경제에 대한 '조정, 개혁, 정돈, 제고'의 방침을 수립했다. 그 주요 임무는 "단호하고 점차적으로 각 분야의 심각하게 불균형한 비례관계를 기본적으로 조정하여 전반 국민경제로 하여금 계획적이고 비례적으로 건강하게 발전하는 궤도로 오르게 하며, 적극적이고 안정적으로 공업관리와 경제관리 체제를 개혁하고, 중앙, 지방, 기업과 종업원의 적극성을 충분히 발휘하며, 기존의 기업을 지속적으로 정돈하고 건전하면서도 양호한 생산질서와 노동질서를 구축하며, 조정, 개혁과 정돈을 통해 관리수준과 기술수준을 대폭 향상시키며, 객관적인 경제법칙에 따라 잘 처리한다"[77]는 것이었다.

1979년 3월에 열린 중국 공산당 이론 업무 토론회에서 덩샤오핑은 "건설을 함에 있어서도 중국의 실제 상황에 부합되어야 하며 중국식의 현대화의 길을 개척해야 한다"[78]라고 지적했다. 사상노선 문제가 당의 11기 3중전회에서 해결된 후, 1980년 2월에 열린 당의 11기 5중전회에서 조직노선 문제를 해결하고, 당규와 당의 기율의 성격을 지닌 《당내 정치생활에 관한 몇 가지 준칙》을 통과시켰다. 사상, 정치와 조직노선 문제의 해결은 중국의 개혁개방 서막이 열렸음을 상징한다.

77 《十一届三中全会以来重要文献选读》(上), 人民出版社, 1987, 78쪽.
78 《邓小平文选》第2卷, 人民出版社, 1994, 163쪽.

2. 개혁은 우선 농촌에서 시작되었고, 농촌 사회주의의 길은 다시 선택되었다. 중국의 개혁은 먼저 경제체제로부터 시작하였는 바, 그 돌파구로 농촌을 선택하였다. 그 원인은 첫째, 중국이 과거에 민주혁명을 함에 있어서 중국의 실정에 부합하는 상황 하에 마오쩌둥이 개척한 농촌으로서 도시를 포위하는 길로 나아갔기 때문이고,[79] 둘째, 지금의 건설도 중국의 실제 상황과 결합하면서 진행해야 하기 때문이다. 농업은 중국 국민경제의 기초이고, 농업의 안정과 발전은 사회 안정과 발전의 기초이다. 덩샤오핑이 지적한 바와 같이 "중국 인구의 80%가 농촌에 있는데, 만약 이 80%의 생활문제를 해결하지 않는다면 사회는 안정되지 못할 것이다. 공업의 발전과 상업 및 기타 경제활동은 80%를 차지하는 인구가 빈곤한 기초 위에서는 이루어질 수 없다."[80] 오직 농촌에서 활력있는 경제와 개방 정책을 실시하고 농촌 문제를 해결해야 비로소 더 큰 범위에서 전국 80% 인구의 적극성을 동원할 수 있다.

따라서 인민공사 체제가 농촌에서 폐지되고 전국적으로 가족 단위 생산량 도급 책임제를 주요 내용으로 하는 농촌경제 체제 개혁이 보편적으로 실시되었다. 1984년 말에 이르러 전국적으로 이미 1.8억의 농가에서 다양한 형식의 가족 단위 생산량 도급책임제가 실시되었다. 전국 8억 농민이 토지에 대한 경영 자주권을 얻어 농촌의 생산력 발전을 대대적으로 추진하였으며, 중국의 농촌에서 세계가 주목하는 천지개벽의 변화가 일어났다.

새로운 시대의 개혁, 즉 덩샤오핑이 말한 '제2차 혁명'은 먼저 농촌에서 획기적 진전을 거두고 점차 도시로 전파되는 과정으로서, 그 정확성은 역사에 의해 증명되었다. 이 과정은 국내 학자들에 의해 중국 혁명 발전의 특징에 따라 형상적으로 '제2차 농촌으로 도시를 포위한다'라고 부른다.

---

79 《邓小平文选》第2卷, 人民出版社, 1994, 163쪽.
80 《邓小平文选》第3卷, 人民出版社, 1993, 117쪽.

3. 농촌 사회주의 새로운 길의 탐색에서 얻은 뜻밖의 수확으로 향진기업(鄕鎭企業)이 출현하였다. 가족 단위 생산량의 도급책임제는 농촌의 생산력을 대폭 발전시켰고, 농촌의 향진기업이 새로운 역량으로 갑자기 출현하게 되었다. 이것은 중국 농민들이 농촌 사회주의 길을 탐색하는 과정에서의 위대한 창조이다. 향진기업은 1983년부터 빠르게 발전하여 1990년에 이르러 중국 향진기업에 근무하는 종업원 수는 9,265만 명에 달하여 전체 농촌 노동력의 22%를 차지했다. 1983년부터 1991년까지, 중국 향진기업의 총생산액은 1000억 위안에서 1.1만 억 위안으로 증가하였다. 향진기업의 급속한 발전은 농촌경제의 판도를 바꾸었고, 농촌의 잉여노동력을 토지에서 이동시켜 농촌의 치부(致富)와 점진적 현대화의 실현을 위하여 공업과 전반 경제개혁과 발전을 위한 새로운 길을 개척했다.

4. 농촌경제 발전의 두 번의 비약은 중국 사회주의 농촌 발전의 경로를 그려냈다. 인구가 많고 경작지가 적은 중국의 실제 상황과 사회주의 국가로서 '공유제를 주체로 하고, 공동으로 부유해지는'[81] 두 가지 기본 원칙을 견지해야 하는데 근거하여, 덩샤오핑은 "중국의 농업 현대화는 서방 국가 또는 소련과 같은 국가의 방식을 그대로 옮겨올 수 없으며, 반드시 사회주의 제도 하에서 중국의 실제적 상황에 부합하는 길로 나아가야 한다"[82]고 강조했다. 이 길은 반드시 중국의 실제 상황과 부합되어야 하고, 또 사회주의 제도도 견지해야 한다.

가족 단위 생산량 도급을 위주로 하는 책임제의 실시는 단지 중국 사회주의 농촌 발전 과정에서 일시적으로 조치를 취한 정책일 뿐이었다. 이에 대해 덩샤오핑은 명확하게 알고 있었고, 두뇌도 매우 명석했다. 비록 가족 단위 생산량 도급책임제는 근본적으로 전통 농업을 현대 농업으로

---

81 《邓小平文选》第3卷, 人民出版社, 1993, 362쪽.
82 《邓小平文选》第3卷, 人民出版社, 1993, 362쪽.

전환시키지는 못했지만 농민의 적극성을 불러 일으켰고 농업 생산력의 발전을 추진했으며, 농촌사회의 모습을 바꿔놓았다. 중국 사회주의 농업 현대화를 실현하는 기나긴 과정에서 어떻게 사회주의 제도를 공고히 하면서 농촌 집단경제를 발전시킬 수 있는가 하는 문제에 대해 덩샤오핑은 줄곧 고민하고 있었다. 1990년 3월 덩샤오핑은 농업문제를 언급하면서 "중국 사회주의 농업의 개혁과 발전을 길게 보면 두 차례의 비약이 있어야 한다. 첫 번째 비약은 인민공사를 폐지하고 가족 단위 생산량 도급을 위주로 하는 책임제를 실시하는 것이다. 이것은 큰 발전이고, 장기적으로 변함없이 견지해야 한다. 두 번째 비약은 과학적으로 농사짓는 것과 생산 사회화의 수요에 적응하여 적당한 규모의 경영을 발전시키며, 집체경제를 발전시키는 것이다. 이 역시 매우 큰 발전이고, 물론 매우 기나긴 과정이다"[83]라고 제기하였다.

가족 단위의 생산량 도급을 위주로 하는 책임제는 이미 뛰어난 성과를 거두었고, 또한 이를 기초로 어떻게 농업의 집체화와 집약화(集約化)를 추진하여 '제2차 비약'을 실현할 것인가? 이것은 중국 사회주의 농촌 현대화 발전의 길을 장기적으로 계획하는 과정에서 반드시 답해야 할 과제이다. 덩샤오핑이 기획한 청사진에 따르면 "관건은 생산력을 발전시켜 이 방면에서 집체화의 더욱 큰 발전을 위해 여건을 마련하는 것이다. 구체적으로 말하면, 다음과 같은 네 가지 여건을 실현해야 한다. 첫째, 기계화 수준이 제고되어(이것은 넓은 의미의 기계화로, 경작을 통한 수확의 기계화에 한정되지 않는다는 것이다) 어느 정도 현지의 자연조건과 경제 상황에 맞는 농민들이 선호하는 기계화를 실현한다. 둘째, 관리수준이 제고되고 경험을 쌓아 일정한 관리능력을 갖춘 책임자들을 확보해야 한다. 셋째,

---

83 《邓小平文选》第3卷, 人民出版社, 1993, 355쪽.

여러 가지 경영이 발전되어 이에 따른 여러 전문팀이 설립되어 농촌의 상품경제가 크게 발전해야 한다. 넷째, 집체소득이 증가하고 전체 소득에서의 비례가 높아져야 한다. 이 네 가지 조건을 갖춰 현재 농호(農戶)에 도급을 맡기는 지역에서는 그 형식에 변화가 있을 것이다."[84] 발전은 필연적이고 대중의 실천은 필수적이다. 사실 '제1차 비약'을 실행하는 과정에서 조건이 성숙된 지역에서는 이미 '제2차 비약'을 모색하고 있었으며, 일부 지역에서는 심지어 '제2차 비약'의 선진 모델이 나타났다.

이는 적당한 규모의 경영과 집단경제의 발전을 결합시켜 집체화와 집약화의 길로 나아가며, 최종적으로 '제2차 비약'을 실현하는 11기 3중전회 이래 중국 농업과 농촌 개혁의 성과에 대한 적극적 긍정이며, 또한 21세기 중국 사회주의 농업과 농촌 개혁 방향에 대한 과학적 전망과 경로에 대한 설계이다. 이것은 중국 사회주의 농업 현대화를 실현하는 과정에서 반드시 거쳐야 하는 길이다.

5. 12기 3중전회를 개최하여 개혁을 농촌에서 도시로 확대하였다. 1984년 10월, 당의 12기 3중전회가 개최되었다. 회의에서 통과된 《중공중앙의 경제체제 개혁에 관한 결정》은 중국의 개혁이 농촌에서 도시로 확대되었음을 의미한다. 《결정》은 중국 경제체제 개혁을 지도하는 첫 번째 강령 성격의 문건이고, 이는 도시 개혁을 개시했으며 '전면적 개혁의 청사진'이라 불리기도 한다. 12기 3중전회의 개최는 "중국에서 곧 전면적 개혁의 국면이 나타날 것을 의미하였다."[85] 12기 3중전회 이후 더욱 광범위하고 심각한 경제체제 개혁의 물결이 중국 대지에 전면적으로 전개되기 시작했고, 농촌의 개혁은 도시 경제체제의 개혁을 추진했다.

도시 경제체제 개혁의 중심은 전민소유제 기업의 제도 개혁 또는 경영

---

84 《邓小平文选》第2卷, 人民出版社, 1994, 315-316쪽.
85 《邓小平文选》第3卷, 人民出版社, 1993, 78쪽.

방식의 개혁이며, 그 주요한 형식으로는, 첫째는 기업 도급경영 책임제이고, 둘째는 임대제이고, 셋째는 기업 주도 체제의 개혁이다.

6. 개혁은 경제체제 개혁만이 아니라 각 방면에 연관된 개혁이다. 개혁은 경제 영역에서 단독으로 진행되는 것이 아니다. 경제체제 개혁이 커다란 성과를 취득한 동시에 과학기술 체제와 교육체제 개혁에서도 큰 진보를 가져왔다. 정치체제 개혁도 따라가 일부 영역에서는 중대한 발전을 가져왔다. 예컨대, 정당체제에서 1980년 2월에 개최된 11기 5중전회에서는 '8차 대회'에서 설치된, '문화대혁명' 이전에 실행 효과가 증명된 중앙서기처를 부활하고, 고문위원회, 기율검사위원회를 설립하였으며, 주석제를 총서기제로 바꾸었고, 총서기는 중앙위원회의 구성원으로서 중앙서기처의 업무를 주관하기로 결정했다. 국가정권 체제에서 1982년 12월에 열린 제5기 전국인민대표대회 제5차 회의에서는 새로운 헌법을 통과했고 전국인민대표대회 상무위원회의 직권을 확대했으며, 현(縣) 급과 현 급 이상의 지방 인민대표대회에 상무위원회를 설치하여 지방 국가권력기구의 입법권을 확대하였다. 1982년 국무원은 관료주의를 극복하고 업무 효율을 높이기 위해 체계적으로 비교적 큰 규모의 기구 개혁을 실시했다. 또 국가 간부체제에서도 간부의 혁명화, 젊은 세대화, 지식화와 전문화라는 전략 방침을 제시했다.

7. '두 개의 대국(兩個大局)'은 '중국 특색 사회주의 길'에서 함께 부유를 실현하는 하나의 전략적 경로이다. 중국은 지역 차이가 크고, 남에서 북까지, 동에서 서까지 생산력 수준의 격차도 크고 선명하다. 그러므로 불균형한 발전은 중국 사회주의 건설 사업에서 직면해야 할 실제적이고 정상적인 문제이다. 어떻게 불균형 발전 상황 하에서 중국의 전반적인 진보와 발전을 촉진하고, 최종적으로 중화민족의 위대한 부흥과 사회주의 현대화를 실현할 것인가, 이는 국가 정상 차원에서 전략적으로 고려하고 계

획득해야 할 문제이다. 이러한 요인에 의거하여 덩샤오핑은 선견지명으로 '두 개의 대국'이라는 전략적 배치를 제시하여, 중국의 비약적 발전을 추진했다. '두 개의 대국' 사상은 덩샤오핑의 오랜 사색의 산물이다.

덩샤오핑은 일찍이 서남부 지역의 시정(施政)을 주도할 때부터 서부 민족지역의 경제사회 발전을 특별히 중시하였다. 20세기 80년대, 덩샤오핑은 실천과 결합하여 국가의 전반적인 발전전략에 대한 사고 방향이 더욱 명확하여 최종적으로 '두 개의 대국' 사상을 제기하였다. 1986년 3월 덩샤오핑은 "우리의 정책은 일부 사람, 일부 지역을 먼저 부유하게 만들어 낙후 지역을 이끌고 도와주며, 선진 지역이 낙후 지역을 돕는 것이 하나의 의무이다. 우리가 사회주의 길을 견지하는 근본적인 목표는 공동부유를 실현하는 것인데, 그러나 균형적인 발전은 불가능한 일이다. 과거에 평균주의를 해서 '한 솥의 밥(大鍋飯: 평균주의 분배 방식)'을 먹었는데, 실제로는 함께 낙후되고, 함께 가난했던 것인데, 우리는 바로 이런 손해를 본 것이다. 개혁은 우선 평균주의를 타파해야 하고, '한 솥의 밥'을 깨야 하는데, 지금 보니 이 방법은 맞는 것이다."[86]

1987년 6월, 덩샤오핑은 미국 전임 대통령 카터(Jimmy Carter)를 접견하면서 "중국의 자원은 대부분 시장(西藏)과 신장(新疆)을 포함한 소수민족 지역에 분포되어 있습니다. 만약 이 지역들을 개발한다면 그 미래는 매우 좋을 것입니다. 우리가 소수민족 지역의 발전을 도와주는 정책은 확고부동합니다"[87]라고 하였다. 1988년 9월 덩샤오핑은 '두 개의 대국'의 사상을 명확히 형성하면서 "연해지역은 대외 개방을 가속화하여 2억의 인구가 있는 이 광대한 지대가 비교적 빠르게 먼저 발전하도록 해야 하며, 그리하여 내지가 더욱 잘 발전할 수 있게 이끌어 나아가야 한다. 이는 대

86 《邓小平文选》第3卷, 人民出版社, 1993, 155쪽.
87 《邓小平文选》第3卷, 人民出版社, 1993, 246쪽.

국(大局)과 관련된 문제이며, 내지에서는 이 대세를 고려해야 한다. 반대로, 일정한 수준으로 발전한 후에 연해지역은 더욱 큰 역량으로 내지의 발전을 부축해야 하는 바, 이 역시 대세이다. 그때 연해지역도 이 대세에 복종해야 한다'[88]고 지적했다.

　'첫 번째 대국'은 개혁개방이 추진됨에 따라 지속적으로 심화되어 어느 시기에 '두 번째 대국'을 제기하고 또 어떻게 실현할 것인가? 1992년 초, 덩샤오핑은 남부 지역을 시찰하면서 "사회주의 길을 걸으면 공동부유함을 점진적으로 실현해야 한다. '공동부유'라는 구상은 이렇게 제시되었는데, 조건이 갖추어진 일부 지역이 먼저 발전하고 일부분 지역은 좀 늦게 발전하며, 먼저 발전한 지역이 늦게 발전한 지역을 이끌어 최종적으로 '공동부유'에 도달하는 것이다. 만약 부유한 지역이 더 부유해지고 빈곤한 지역이 더 빈곤해지면 양극 분화가 나타나게 되는데, 사회주의 제도 하에서는 반드시 양극 분화를 피해야 하며, 또 피할 수 있다. 양극 분화를 해결하는 방법 중 하나는 먼저 부유한 지역이 세금을 더 많이 내 빈곤한 지역의 발전을 지원하는 것이다. 물론 이 방법을 너무 일찍 실행해서도 안 되며, 지금은 발달한 지역의 활약을 쇠퇴하게 할 수 없으며 '한 솥의 밥'을 먹도록 권장해서도 안 된다. 어느 시기에 이 문제를 제기하고 해결할 것인가? 어떤 기초 위에서 이 문제를 제기하고 해결할 것인가?에 대해서는 검토가 필요하다. 구상컨대, 이번 세기 말 샤오캉(小康) 사회의 수준에 도달했을 때, 이 문제를 제기하는 동시에 해결해야 한다. 그때에 가서 발달한 지역은 지속적으로 발전하는 동시에 세금을 더 많이 내고 기술을 양도하는 등 방식으로 발달하지 못한 지역을 지원해야 한다. 발달하지 못한 지역은 대부분 자원이 풍부한 지역이어서 그 발전의 잠재성이 매우 크

---

88 《邓小平文选》第3卷, 人民出版社, 1993, 277-278쪽.

다. 종합적으로 말해서, 전국적 범위에서 반드시 연해지역과 내지의 빈부 격차 문제를 점차적으로 순조롭게 해결할 수 있다"[89]고 지적했다.

8. 연해 경제발전 전략은 '두 개의 대국(兩個大局)' 사상 실현의 필연적 선택이다. 중국 각 지역의 동시 발전이 불가능함으로 연해지역의 발전 기초와 조건의 우세로, 그리고 '시장화 취향' 개혁이 국제사회와 접할 수 있는 창구가 절실하게 요구되어, 최대의 이익(얻는 방식은 첫째, 원자재를 해외에서 수입하는 방식, 둘째, 세계시장에 가공 완제품을 수출해 외화를 벌어들이는 방식, 셋째, 외국 자본을 유치하고 선진 과학기술과 관리 경험을 획득하는 방식이다)을 거두어, 중국의 끊임없는 발전을 추진했고, 덩샤오핑의 '두 개의 대국' 사고에 따라 연해지역 경제발전 전략을 세웠다. 이 것은 저울의 균형을 잡는 것과 같은 전술일 뿐 아니라 기본성과 전망성도 갖춘 전략이다. 1978년 이래 중국이 실행한 모든 개혁개방 정책은 사실상 모두 이 전략을 바탕으로 실시된 것이다.

1980년 국무원은 주하이(珠海), 싼터우(汕頭), 썬전(深圳)과 싸먼(廈門)에 4개 경제특구를 설립했고, 1984년에는 14개의 연해 항구 도시를 개방했으며, 1984년 하이난도(海南島)를 다섯 번째 경제특구로 확정했다. 1985년부터 국무원은 창장 삼각주(長江三角洲), 푸젠성(福建省) 남부지역의 샤장췬(閩南廈漳泉) 삼각지역을 연이어 연해 경제 개방지역으로 개척했고, 1988년부터는 연해와 내지의 개방 도시에서 경제기술개발구의 설립을 승인했다. 1990년 당중앙과 국무원은 상하이 푸둥(浦東)을 개발 개방하는 결정을 내렸고, 1992년 3월부터 13개의 변방 항구 도시를 개방했고, 5개의 창장 연안의 도시, 4개의 변방과 연해지역의 성 소재지와 11개의 내지의 성 소재지 도시를 개방하여 연해 개방 도시 정책을 실시했다. 이로써 중국은

89 《邓小平文选》 第3卷, 人民出版社, 1993, 373-374쪽.

경제특구, 연해 개방 도시, 연해 개방구, 연강(沿江) 개방 항구도시, 연변(沿邊) 개방 도시, 내지의 성 소재지로 이루어지는 개방 도시 체계가 형성되었다. 이러한 체계의 형성은 중국의 전방위적, 다차원적, 광범위한 영역의 대외 개방의 국면이 초보적으로 마련되었음을 의미한다. 덩샤오핑의 '두 개의 대국' 사상은 연해 경제발전 과정에서 위력을 과시했고, 세계가 주목하는 경제성과를 거두었다.

9. '일국양제(一國兩制)'는 조국 통일을 실현하는 위대한 구상과 경로 선택이다. 신중국 성립 당시, 국가 통일 문제에 직면하였는데 그중 홍콩과 마카오의 주권 회복과 타이완(臺灣) 문제가 포함되었는 바, 이것은 모두 역사적으로 남아있는 문제이다. 만약 이러한 문제들을 해결하지 않고 국가의 통일을 실현한다면, 중화민족의 위대한 부흥과 사회주의 현대화 실현은 공허한 것이다. 물론 통일은 여러 가지 구체적 실현 형식이 있고, 평화적 방식, 무력적 방식이 있기 때문에 상황에 따라 결정해야 한다.

20세기 50년대 중·후반, 국내외 정세의 변화로 타이완 통일 과제는 또 다시 진척되지 않았다. 70년대 말에 이르러 국내외 정세에는 중대한 변화가 나타났는 바, 중국과 미국이 수교하여 양국관계의 정상화가 실현되었고, 11기 3중전회에서 당과 국가의 사업 중심이 '계급투쟁을 중점으로 삼는다'로부터 '경제 건설을 중심으로 한다'로 옮겨갔다. 개혁개방이 끊임없이 추진됨에 따라 해협 양안(海峽兩岸)의 중국 사람들, 홍콩과 마카오 동포 그리고 해외교포, 화교들은 모두 중화민족의 진흥 사업을 간절하게 기대하고 참여하려 하였다. 이러한 역사적 조건 하에서, 덩샤오핑은 전반적인 국가 민족의 이익과 전도에 대한 고려에서 출발하여 역사를 존중하고 현실을 존중하며 실사구시하고 여러 이익을 돌보는 원칙에 따라 '평화통일, 일국양제(和平統一, 一國兩制)'의 방침을 제시했다.

'일국양제(一國兩制)' 방침에 따라 1982년 10월부터 중, 영 양국 정부가 홍콩 문제를 놓고 여러 차례 협상을 벌인 끝에 1984년 9월 18일 협의에 달성했다. 그해 12월 19일, 중국 총리와 영국 총리는 베이징에서 《홍콩 문제에 관한 연합성명》(《중·영 연합성명》으로 약칭)에 서명함으로써 중화인민공화국 정부는 1997년 7월 1일부터 홍콩에 대한 주권 행사를 회복하게 되었다. 1985년 5월 27일, 양국 정부는 베이징에서 비준서를 서로 교환하고 《중·영 연합성명》은 정식으로 효력을 발휘하였다. 1986년 6월 중국 정부와 포르투갈 정부는 베이징에서 마카오 문제와 관련한 첫 회담을 열었다. 1987년 4월 중국 정부와 포르투갈 정부는 《마카오 문제에 관한 연합성명》을 체결하고, 1999년 12월 20일부터 중화인민공화국 정부는 마카오에 대한 주권 행사를 회복하게 되었다.

II. 덩샤오핑 이론의 형성: '중국 특색 사회주의' 이론체계의 근원

덩샤오핑은 우리의 사업은 "서적에 의지하지 않고 실천에 의지하며 실사구시에 의지한다." 예를 들면 "농촌에서 가족 단위 생산량 도급을 하는데 그 발명권은 농민의 것이다. 농촌 개혁 중 많은 것이 모두 기층에서 창조된 것인데 우리는 그것을 가져와 가공하고 향상시켜 전국의 지도로 삼았다"[90]라고 말했다. 이 말은 이론 형성의 원인, 이론과 실천과의 관계, 즉 이론은 실천 속에서 오며 실천 경험의 총화와 승화이며, 이론은 또 실천을 지도하고 실천의 검증을 받는다는 것을 구체적으로 밝혀냈다. 덩샤오핑 이론의 형성도 예외가 아니다. 덩샤오핑 이론은 위에서 서술한 '중국 특색 사회주의'를 개척하는 과정에서 끊임없이 발전되고 성숙되어 형

---

90 《邓小平文选》第3卷, 人民出版社, 1993, 382쪽.

성된 것으로, 이론 발전의 논리적 차원에서 분석하면 네 가지 발전 단계로 나눌 수 있다.

1. 이론 준비와 초보적인 제기 단계: 당의 11기 3중전회부터 11기 6중전회까지 '하나의 중심, 두 개의 기본점(一個中心, 兩個基本點)' 사상의 초성(初成)

1979년 3월 30일 혼란과 반정(反正)에서 나타난 잘못된 사조에 대하여 중앙에서는 전문적으로 이론 업무 학습 토론회의를 소집했다. 덩샤오핑이 중국 공산당 중앙위원회를 대표하여《네 가지 기본 원칙을 견지한다》라는 주제로 연설을 하였다. 덩샤오핑은 정치적 입장을 선명하게 밝히며 다음과 같이 강조했다. 반드시 사회주의 길을 견지하고, 인민민주 독재를 견지하고 중국 공산당의 영도를 견지하며 마르크스-레닌주의와 마오쩌둥 사상을 견지해야 한다. 또한 '네 가지 기본 원칙'은 "네 가지 현대화를 실현하는 근본적인 전제"[91]라고 명확하게 지적했다. 이로써 경제건설을 중심으로 개혁개방을 견지하며, 네 가지 기본 원칙을 견지할 것을 지속적으로 제기함으로써 '하나의 중심, 두 개의 기본점(一個中心, 兩個基本點)' 사상이 형성되기 시작하였고, 새로운 시기 당의 기본 노선을 위한 기초를 마련했다.

사회주의 초급 단계 사상의 제기와 '중국 특색 사회주의' 건설 이론의 초기 형태가 완성되었다. 사회주의 초급 단계 사상의 맹아는 1979년 9월 29일 중화인민공화국 창건 30주년 기념대회에서 예젠잉(葉劍英)이 한 연설에서 처음으로 제시되었다. 그는 "사회주의 제도는 아직 유년기에 머물러 있다. … 그러나 이 제도는 아직 성숙하지 못하고 완벽하지 못하다", "중국에서 현대화를 실현하려면 반드시 초급 단계에서 고급 단계로 이르

91《邓小平文选》第2卷, 人民出版社, 1994, 164쪽.

는 과정을 필수적으로 거쳐야 한다"[92]라고 하였다. 1981년 6월 11기 6중 전회에서 통과한 《건국 이래 당의 몇 가지 역사문제에 관한 결의》에서 처음으로 중국의 사회주의 제도는 아직 초급 단계에 처해 있다고 명확히 지적했다. 《결의》는 건국 이래 32년 간의 정·반 양면의 경험을 체계적으로 종합하는 기초 위에서 중국 실정에 적합한, 사회주의 현대화 건설의 정확한 길의 10가지 경험을 제기했다. 10가지 경험의 총화는 사실상 덩샤오핑 이론의 모태였다.

2. 이론 형성의 기본 윤곽 단계: 12차 당대회부터 13차 당대회까지

1982년 9월 1일 덩샤오핑은 12차 당대회 개막사에서 처음으로 '중국 특색 사회주의 건설'이라는 과학적 개념을 제시하고 활용했다. 덩샤오핑 이론은 15차 당대회 전까지는 '덩샤오핑 동지의 중국 특색 사회주의 건설 이론'으로 불렸다. 12차 당대회 보고는 다음과 같은 몇 가지 이론적 성과를 이루었다. 첫째, 경제·정치와 사상문화 세 가지 면에서 사회주의 사회의 기본 특징을 개괄하고, 물질문명과 정신문명이 결합된 '2위일체(兩位一體)'의 사회주의 총체적 구도를 제기하여, 향후의 '3위일체(三位一體)', '4위일체(四位一體)'와 '5위일체(五位一體)'의 총체적 구도를 위한 기초를 마련하였다. 둘째, 계획과 시장 관계가 절대적으로 대립되는 관념의 속박에서 벗어나 '계획경제를 위주로 하고 시장 조절을 보조로 하는' 방침을 제기하여 경제체제의 진일보한 개혁을 위해 정치 공간의 유연성을 남겨두었다. 사회주의와 시장경제의 관계에서, 덩샤오핑은 1979년 11월 26일 외국 손님과의 담화에서 사회주의도 시장경제를 실시할 수 있다는 사상을 제시하면서 "우리는 계획경제를 위주로 하고 시장경제와도 결합하지만,

---

92 《叶剑英选集》, 人民出版社, 1996, 527-539쪽.

이는 사회주의 시장경제입니다"[93]라고 말했다. 셋째, 20세기 말까지의 전략 목표와 전략적 목표 달성을 위한 '2단계' 전략 단계를 설치하여 13차 당대회 보고에서 제기한 현대화의 '큰 3단계' 전략과 15차 당대회 보고에서 제기한 '작은 3단계로' 전략을 실현하기 위한 견실한 밑바탕을 마련했다. 넷째, "중국을 고도의 민주화 사회주의 국가로 건설"하는 것을 새로운 시기의 '총임무'로 승화시켰으며, 당이 10년의 내란을 겪은 후 "민주가 없으면 사회주의가 없다"는 결론에 공감대를 이뤘음을 밝혔으며, 이것은 13차 당대회 보고에서 정치체제 개혁을 계획하고, 16차 당대회 보고에서 정치문명 건설 제시를 위한 견실한 밑바탕을 마련했다.

일정한 의미에서 12차 당대회 보고는 중국 국정에 적합한 사회주의 건설의 길을 탐색하는 사고방식에 있어서 8대 노선에 대한 일종의 회귀(回歸)이다. 동시에 1957년 이래 20년 간의 경험 및 교훈과 마르크스주의와 사회실천의 새로운 결합에 의거하여 전통적인 사회주의에 대한 인식을 초월하였으며, 개혁개방 이래 당의 이론 혁신의 시작이자 가장 중요한 걸음을 내디뎠다. 그러나 당사자들의 인식 수준과 시대적 한계로 인해 12차 당대회 보고는 이론적 혁신에 있어서 단번에 목표에 도달할 수 없고, 일부 부족한 점이 존재하며 이것은 여전히 불가피한 것이다.

12차 당대회 후 덩샤오핑의 '중국 특색 사회주의 건설 이론'의 기본 구조가 점차 형성되었다. 1987년 13차 당대회에서 이론의 기본적 윤곽을 체계적으로 천명하고, 중국이 사회주의 초급 단계에 처해 있음을 명확히 제기했으며, 당의 '하나의 중심, 두 개의 기본점'의 기본 노선을 전면적으로 천명했으며, '중국 특색 사회주의'를 건설하는 6개의 장기적 의의가 있는 지도 방침을 확정함과 동시에, 중국이 '3단계' 현대화 전략 목표와 전

---

93 《邓小平文选》第2卷, 人民出版社, 1994, 236쪽.

략 배치를 명확히 제시했으며, 정치체제 개혁의 임무를 제기했다. 이로써 중국 공산당은 '중국 특색 사회주의 건설 이론'에 대한 비교적 풍부한 논술을 하게 되었으며, 이는 덩샤오핑 동지의 '중국 특색 사회주의' 건설 이론이 초보적으로 형성되었음을 상징한다.

3. 이론이 성숙되고 체계를 확립하는 단계: 13차 당대회부터 14차 당대회까지

1990년 당의 13기 7중전회에서 통과한 《중공중앙의 국민경제와 사회 발전 10년계획과 '8·5'계획에 관한 건의》에서 처음으로 덩샤오핑의 '중국 특색 사회주의' 건설 기본 이론과 기본적 실천을 12개의 원칙으로 개괄했다. 이 12개의 원칙은 사회주의에 대한 당의 인식이 새로운 단계로 들어섰다는 것을 의미한다. 1992년 초 덩샤오핑의 남방 시찰 담화(談話)는 11기 3중전회 이래의 당의 기본 실천경험을 과학적으로 총화하고 사람들의 사상을 속박하고 곤혹게 하는 중대한 사상이론 문제를 명확하게 해답함으로써 덩샤오핑 이론의 대강(大綱)과 윤곽이 더욱 뚜렷해졌다. 이 남방 시찰 담화는 사회주의 인식에 대한 새로운 비약이며, 과학적 사회주의 이론의 새로운 발전이다.

남방 시찰 담화정신의 지도 하에 당의 14차 대회 보고는 더욱 넓은 시야와 더욱 높은 이론적 차원에 입각하여 덩샤오핑의 '중국 특색 사회주의' 건설 이론을 9개 측면에서 과학적으로 개괄했다.

첫째, 사회주의 발전의 길 문제에서 자신의 길을 강조하고, 서적을 교조로 삼지 않으며, 외국 방식을 그대로 답습하지 않으며, 마르크스주의를 지침으로 하고, 실천을 진리를 검증하는 유일한 기준으로 하며, 사상을 해방하고 실사구시하며, 대중의 창조적 정신을 존중하며, '중국 특색 사회주의'를 건설한다.

둘째, 사회주의 발전 단계 문제에서 중국은 아직 사회주의 초급 단계에 처해 있다는 과학적 논단을 제시하고, 이는 적어도 백 년이 넘는 장기적인 역사 단계라고 강조했으며, 모든 방침 정책의 제정은 반드시 이 기본 국정에 의거하며, 실제를 벗어나지 않으며, 단계를 초월해서는 안 된다.

셋째, 사회주의의 근본 임무 문제에서 사회주의 본질은 생산력을 해방하고 생산력을 발전시키며, 양극 분화를 소멸하며 최종적으로 '공동부유'에 도달하는 것이라고 지적했다. 현 단계 중국 사회의 주요 모순은 지속적으로 성장하는 물질문화에 대한 대중들의 수요와 낙후한 사회 생산력의 모순임을 강조하고 반드시 생산력 발전을 우선적 위치에 놓고, 경제건설을 중심으로 사회의 전반적인 발전을 추진해야 한다. 각 방면 사업의 시비와 득실을 판단할 때 결국 사회주의 사회 생산력 발전에 유리한지, 사회주의 국가의 종합 국력의 증강에 유리한지, 국민의 생활수준의 제고에 유리한지를 기준으로 해야 한다. 과학기술은 제일의 생산력이고, 경제건설은 반드시 과학기술의 진보와 노동자의 자질 제고에 의지해야 한다.

넷째, 사회주의 발전의 원동력 문제에서 개혁 역시 한 차례의 혁명인바, 즉 생산력을 해방하는 것은 중국 현대화가 필연적으로 거쳐야 할 길이며, 경직되거나 침체되어서는 출로가 없다는 것을 강조했다. 경제체제 개혁의 목표는 공유제와 노동에 따른 배분을 주체로 하고, 기타의 경제성분과 배분방식이 보완하는 기초 위에서 사회주의 시장경제 체제를 수립하고 완벽하게 하는 것이다. 정치체제 개혁의 목표는 인민대표대회 제도와 공산당 영도 하의 다당 합작과 정치협상 제도의 완벽화를 주요 내용으로 사회주의 민주정치를 발전시키는 것이다. 경제, 정치의 개혁과 발전과 상응하게 "이상이 있고 도덕이 있으며 문화가 있고 규율이 있는" 것을 목표로 사회주의 정신문명을 건설한다.

다섯째, 사회주의 건설의 외부 조건 문제에서 평화와 발전은 오늘 세계의 두 가지 큰 주제이고, 반드시 독립자주의 평화외교 정책을 견지하며, 중국 현대화 건설을 위한 유리한 국제환경을 쟁취해야 한다고 지적했다. 대외 개방은 개혁과 건설에서 필수적이며 자본주의 선진국을 포함한 세계 각국이 창조한 모든 선진적 문명성과를 흡수하고 활용하여 사회주의를 발전시켜야 하며, 폐쇄는 낙후만을 초래한다고 강조했다.

여섯째, 사회주의 건설의 정치적 보증 문제에서 사회주의 길을 견지하고, 인민민주 독재를 견지하며, 중국 공산당의 영도를 견지하고, 마르크스-레닌주의와 마오쩌둥 사상을 견지해야 한다고 강조했다. 이 네 가지 기본 원칙은 입국(立國)의 근본이며, 개혁개방과 현대화 건설이 건강하게 발전할 수 있는 보증이다.

일곱째, 사회주의 건설의 전략적 단계 문제에서 현대화를 기본적으로 실현하는 '3단계' 전략을 제시했다. 현대화 건설의 장기적인 과정에서 시기를 포착하고 발전 속도가 비교적 빠르고 효과가 비교적 좋은 여러 개의 단계가 나타나도록 하여 몇 년에 한 단계씩 오르도록 한다. 빈곤은 사회주의가 아니며 동시에 부유해지는 것도 역시 불가능하며, 반드시 일부 지역과 일부 사람들이 먼저 부유하도록 허용하고 고무하여 많은 지역과 사람들을 이끌어 공동부유에 도달해야 한다.

여덟째, 사회주의의 지도 역량과 의지 역량 문제에서 노동자 계급의 선봉대인 공산당이 사회주의 사업의 지도 핵심이고, 공산당은 반드시 개혁개방과 현대화 건설의 수요에 따라 각 분야의 사업에 대한 지도를 부단히 개선하고 강화하며, 자체 건설을 개선하고 강화해야 한다고 강조했다. 집권당의 당풍, 당과 인민대중의 연계는 공산당의 생사존망과 관련되는 문제이다. 반드시 많은 노동자, 농민과 지식인들에 의지하고 각 민족 대중의 단결에 의지하며 반드시 전체 사회주의 노동자, 사회주의를 옹호하는 애국자와 조국의 통일을 옹호하는 애국자로 이루어진 가장 광범위한 통일전선에 의지해야 한다. 공산당이 영도하는 인민군대는 사회주의 조국의 보위자이며 사회주의 건설의 중요한 역량이다.

아홉째, 조국통일 문제에서 '한 국가, 두 가지 제도(一個國家, 兩種制度)'라는 창의적 구상을 제시했다. 하나의 중국이라는 전제 하에서 국가의 주체는 사회주의 제도를 견지하고 홍콩, 마카오와 타이완은 원래의 자본주의 제도를 장기간 그대로 유지하며 이 원칙에 따라 조국의 평화통일 대업의 달성을 추진한다.

4. 이론의 진일보 풍부한 발전과 정식 명명 단계: 14차 당대회부터 15차 당대회까지

15차 당대회는 덩샤오핑 이론의 과학적 개념을 명확하게 제기하고 사용했으며, 덩샤오핑 이론을 중국에서의 마르크스주의 발전의 새로운 단계라고 천명한 동시에, 덩샤오핑 이론을 공산당의 지도 사상으로 확립하고 당장(黨章)에 기재했다. 이는 덩샤오핑 이론이 정식으로 확립되고 명명되었음을 상징한다.

덩샤오핑 이론이 주로 해결한 것은 '무엇이 사회주의이고, 어떻게 사회주의를 건설할 것인가?'하는 문제이다. 덩샤오핑 이론의 핵심과 정수는 네 가지로 간단명료하게 요약할 수 있다. 첫째, 사회주의는 인민의 생활을 부유하게 하며, 모두 부유하게 하는 것이다. 둘째, 인민의 생활이 모두 부유해지려면 반드시 생산력을 크게 발전시켜야 한다. 셋째, 생산력을 발전시키려면 개혁개방을 해야 하며, 사회주의 시장경제를 실시해야 한다. 넷째, 개혁개방과 사회주의 시장경제를 실시하려면 반드시 네 가지 기본 원칙을 견지해야 한다는 것이다.

덩샤오핑을 핵심으로 하는 제2세대 중앙영도집단의 영도 하에, 덩샤오핑 이론의 지도 하에 중국의 각종 사업은 현저한 성과를 거두었다. 사회주의 현대화의 강대국을 실현하는 '3단계' 발전전략의 '첫 번째 단계'가 순조롭게 완성되었다. 즉 1981년부터 1990년까지 국민총생산량을 1980년에 비해 두 배로 늘려 인민들의 의식주 문제가 해결되었다. 이는 '두 번째 단계'의 실현을 위한 기초를 튼튼히 다졌다.

제2절 '세 가지 대표'의 중요한 사상과 '중국 특색 사회주의 길'의 발전

1989년 봄과 여름에 걸친 정치풍파가 가라앉은 후, 1989년 6월 23일부터 24일까지 소집된 중국 공산당 13기 4중전회에서는 쟝쩌민(江澤民)을 중앙위원회의 총서기로 선출했다. 쟝쩌민은 새로운 중앙영도집단을 이끌고 국내외의 어려운 시련을 이겨내고 정세를 안정시키고, 압력을 이겨내고, 어려운 환경에서 진지를 군건히 지켜냈으며, 개혁개방의 심화를 통해 '중국 특색 사회주의'의 위대한 사업을 수호하는 데 일조하였다.

Ⅰ. '위난 시기'에 '중국 특색 사회주의 길'을 '위험'에서 '안전'으로, '전진'으로 전환시켰다

1. 덩샤오핑의 남방 시찰 담화정신의 지도 하에 쟝쩌민은 사회주의 시장경제를 정식으로 중국 경제체제 개혁의 근본 목표로 설정

1992년 4월 30일 쟝쩌민은 중앙정치국 상무위원회 회의에서 다음과 같이 지적했다. 14차 당대표대회는 계획과 시장 간의 관계에서 한 걸음 나아가야 하는 바, 이는 개혁개방과 현대화 건설의 전반적 국면과 관계되는 중대한 문제이다.[94] 6월 9일 쟝쩌민은 중앙당교에서 개최한 성, 부장급 간부 연수반에서 발표한 연설에서 "덩샤오핑 동지의 중요한 담화 내용을 학습한 후, 계획과 시장, 새로운 경제체제의 건립에 대한 인식에서 또 새로운 방식이 있게 되었는데, 대체로 다음과 같은 몇 가지이다. 첫째는 계획과 시장이 결합된 사회주의 상품경제 체제를 세우는 것이며, 둘째는 사회주의 계획적인 시장경제 체제를 세우는 것이며, 셋째는 사회주의의 시장경제 체제를 세우는 것이다"[95]라고 말했다. 그는 개인적으로는 '사회주의 시장경제 체제'를 선호하는 경향이 있으며, 이 역시 중앙의 일부 동지들과 나눈 의견인데 그들도 기본적으로 찬성했다고 말했다. 6월 12일 쟝쩌민은 덩샤오핑에게 보고하였고, 덩샤오핑은 이에 찬성하면서 "사실상 우리는 이렇게 실시해 왔다. …… 썬전(深圳)이 바로 사회주의의 시장경제이다. 시장경제를 실시하지 않으면 경쟁이 없고 비교도 없으며 심지어 과학기술도 발전하지 못하게 된다. 제품은 언제나 낙후되어 소비에도 영향을 미치며 대외무역과 수출에도 영향을 미친다"라고 말하면서, 안정적으로 진행하기 위해서는 "우선 내부 문건을 발부하여 반응이 좋으면 얘기할 수 있다"[96]고 답했다. 후에 각 성, 시, 자치구의 당 위원회에서는 모두 이에 동의하였고, 14차 당대회는 공식적으로 중국 경제체제 개혁의 목표는 사회주의 시장경제 체제를 수립하는 것이라고 확정지었다.

1993년 11월 14일 14기 3중전회에서는 《중공중앙의 사회주의 시장경제 체제 확립에 관한 몇 가지 문제의 결정》을 통과했다. 《결정》은 사회주의 시장경제 체제 건설의 총체적 청사진을 그려냈다. 《결정》은 사회주의

94 《江澤民文選》第2卷, 人民出版社, 2006, 528쪽.
95 《江澤民文選》第1卷, 人民出版社, 2006, 201-202쪽.
96 《江澤民文選》第2卷, 人民出版社, 2006, 290쪽.

시장경제 체제는 사회주의 기본 제도와 결합된 것이며, 사회주의 시장경제 체제를 확립하는 것은 시장이 국가의 거시적 통제 하에 자원 배치에 대한 기초적 역할을 하도록 하는 것이다. 이 목표를 실현하려면 반드시 공유제를 주체로 하고 여러 가지 경제성분을 공동으로 발전하는 방침을 견지하는 동시에, 아래 다섯 개의 주요한 부분에서 사회주의 시장경제 체제의 기본틀을 구축해야 한다고 지적했다.

첫째, 시장경제의 요구에 부합되고 재산권을 분명히 하고, 권리와 책임을 명확히 하며, 정부와 기업을 분리하고, 과학적으로 관리하는 현대기업 제도를 세운다. 둘째, 전국적으로 통일적으로 개방된 시장체계를 세우고 자원의 최적화된 배치를 촉진한다. 셋째, 정부의 경제관리 기능을 전환하고 간접 수단을 위주로 하는 거시적 조절체계를 세운다. 넷째, 노동에 따른 배분을 주체로 하고 효율을 우선으로 고려하고 공평한 소득분배 제도를 세운다. 다섯째, 다원적 사회보장제도를 세우고 도시와 농촌의 주민을 위해 중국의 국정에 부합되는 사회보장을 제공한다. 동시에 농촌경제 체제와 대외경제 체제의 개혁을 심화하고 과학기술 체제와 교육체제 개혁을 실시하며, 대외 개방을 확대한다는 요지였다. 《결정》은 1990년대 중국이 경제체제 개혁을 실시하는 행동강령이며, 1984년 10월 20일 개최된 12기 3중전회에서 통과한 《중공중앙의 경제체제 개혁에 관한 결정》의 뒤를 이어 중국의 경제체제 개혁을 지도하는 두 번째 강령의 성격을 띤 문서이다.

2. 새로운 역사적 출발점에서 '3단계' 발전 전략 목표에 대한 새로운 분석을 하고, '새로운 3단계' 발전 전략을 형성하였다

1980년대의 역사조건과 개인 인식수준의 한계로 인해 덩샤오핑이 제기한 '3단계' 발전 전략은 단지 '세 번째 단계'에 대해 대체적인 구상만 제시했다. '첫 번째 단계'의 발전 목표는 1990년 이전에 이미 완성되었다. 1997년에 이르러 이미 이룬 발전 성과와 추세에 따르면 '두 번째 단계'의 발전 목표도 멀지 않아 20세기 말에는 실현할 수 있었다. 15차 당대회 보고에서는 "지금 확실하게 말할 수 있는 것은 우리 당이 개혁개방 초기에 제시한 20세기 말에 가서 달성할 샤오캉(小康) 사회의 목표는 기간내에 실현할 수 있다"[97]라고 하였다. 21세기를 앞두고 우리의 임무는 덩샤오핑의 사회주의 현대화의 '3단계' 발전 전략의 '세 번째 단계' 전략으로 전환해야 하면서, 즉 50년의 시간을 들여 기본적으로 현대화를 실현하여 여러 세대의 중국인들이 꾸준히 추구해 온 중국의 꿈을 완전히 현실로 만들어야 한다.

덩샤오핑의 '3단계' 발전전략을 전면적으로 계승하고 완성하며 미래 50년의 발전 청사진을 전면적이고 과학적으로 기획하여 부강하고 민주적이며 문명한 사회주의 현대화 국가로 나아가고, 중화민족의 위대한 부흥을 실현하기 위해 쟝쩌민을 핵심으로 하는 제3세대 중앙영도집단은 현실적 요구에 근거하여 15차 당대회에서 '세 번째 단계' 발전 목표와 배치를 보다 구체화하기 위한 전략기획을 세우고, '새로운 3단계' 발전전략을 제시했다. 쟝쩌민은 15차 당대회 보고에서 "다음 세기를 전망할 때 우리의 목표는 첫 10년 동안 국민총생산량을 2000년에 비해 2배로 늘림으로써 국민들의 샤오캉 생활을 보다 풍요롭게 하고, 비교적 완벽한 사회주의 시장경제 체제를 형성하며, 그리고 또 다시 10년의 노력을 거쳐 창당 100주년에 이르러서는 국민경제를 더욱 발전시키고 각종 제도를 한층 완벽하게 하는 것이며, 21세기 중기의 건국 100주년에 이르러서는 현대화를 실현하고, 부강하고 민주적이며 문명한 사회주의 국가를 건설하는 것이다"[98]라고 지적했다. '새로운 3단계' 발전전략은 2002년 16차 당대회 보

---

97 《江泽民文选》第2卷, 人民出版社, 2006, 47쪽.
98 《江泽民文选》第2卷, 人民出版社, 2006, 4쪽.

고에서 다시 한번 명확하게 천명되었다.

'새로운 3단계' 발전전략은 덩샤오핑의 '3단계' 발전전략 중의 '세 번째 단계' 발전 목표를 구체화한 것이다. 샤오캉 사회의 기준으로 분석하면, 덩샤오핑은 '3단계' 발전전략의 첫 번째, 두 번째 단계를 통합하여 하나의 총체적 목표, 즉 샤오캉 사회를 건설하는 것이며, 쟝쩌민은 이에 맞춰 '새로운 3단계' 중 첫 번째, 두 번째 단계의 발전전략 단계를 통합하여 하나의 큰 목표, 즉 전면적인 샤오캉 사회를 건설하는 것이었다.

당중앙은 15기 5중전회에서 "신세기(新世紀)부터 중국은 전면적으로 샤오캉 사회를 건설하고, 속도를 내어 사회주의 현대화를 추진하는 새로운 발전 단계에 진입할 것이다"[99]라고 명확하게 제기하였고, 이어 16차 당대회 보고에서는 "우리는 21세기 첫 20년에 역량을 집중하여 10여 억 인구에 혜택을 주는 더욱 높은 수준의 샤오캉 사회를 전면적으로 건설하여 경제를 더 발전시키고, 민주를 더 건전하게 하며, 과학과 교육을 더 진보시키고, 문화를 더 번영시키며, 사회를 더 조화롭게 하고, 국민 생활을 더 풍유하게 하는 것이다"[100]라고 명확하게 제기하였다.

3. 현대 기업제도 다양화의 가능성과 필요성: 공유제 실현 형식 이론과 실천상의 새로운 탐구와 새로운 총화

중국에서 국유기업은 사회 생산력의 가장 중요한 기업조직 형식이며, 공유제를 주체로 하는 현대 기업제도는 사회주의 시장경제 체제의 기초이다. 때문에 15차 당대회 보고는 "현대 기업제도를 수립하는 것은 국유 기업 개혁의 방향이다", "국유 기업의 개혁을 심화하는 것은 전 당의 중

---

99 《十五大以来重要文献选编》(中), 人民出版社, 2001, 1369쪽.
100 《江泽民文选》 第3卷, 人民出版社, 2006, 543쪽.

요하고 간고한 임무이다. 신념을 확고히 하고, 용감하게 탐색하며, 대담하게 실천하여 이번 세기 말 대다수 대중형 국유기업이 초보적으로 현대 기업제도를 세우도록 최선을 다해야 한다. …… 국유기업 개혁과 발전의 새로운 국면을 열어야 한다"라고 강조했다.

15차 당대회는 국유기업 개혁의 실천과 이론 발전의 성과를 종합하는 기초 위에서 공유제 및 그 실현 형식에 대한 일련의 새로운 논단을 제기하고 현대 기업제도 수립의 미시적 실현 형식의 다양화 가능성과 필요성을 명확히 지적했다. 이는 우리가 진일보로 사상을 해방하고 대담하게 탐색하며, 지금 실시하고 있는 국유기업의 개혁과 현대적 기업제도를 수립하는 위대한 실천에 지도와 추진 역할을 다할 것이다.

4. 과학기술과 교육으로 국가를 진흥시키는 전략은 '3단계' 발전전략 목표를 순조롭게 실현하는 정확한 선택이다

지나온 시기의 개혁개방 경험은 중국에 존재하는 불합리한 산업구조, 낙후한 기술수준, 노동생산율의 저하, 경제성장의 질이 높지 않은 등 문제를 해결하려면 반드시 과학기술의 진보에 의존해야 하고, 국민경제를 지속적이고 빠르고 건강하게 발전시키려면 반드시 과학기술의 진보에 의존해야 한다는 것을 알려주었다. 과학기술의 실력은 종합국력의 강약을 측정하는 하나의 중요한 표징이다.

당과 정부는 경제와 과학기술에서 우세를 차지하는 선진국들의 압력과 중국 경제와 사회 발전 과정에서 대두한 심각한 문제에 직면하여 개혁개방부터 곧 과학기술과 교육을 매우 중시하였다. 덩샤오핑은 과학기술은 제1의 생산력이라 규정하였고, 장쩌민은 이 기초 위에서 1995년 5월에 개최된 전국 과학기술대회에서 과학과 교육을 통하여 국가를 진흥시키는 전략을 제시하고 과학기술과 교육은 국가 번영의 수단과 기초라는 방침을 천명했다.

그는 "과학과 교육을 통하여 국가를 진흥시키는 것은 과학기술이 최고의 생산력이라는 사상을 전면적으로 구체화하는 것을 가리키며, 교육을 근본으로 삼고 과학기술과 교육을 경제사회 발전의 중요한 위치에 놓음으로써, 국가의 과학기술 및 현실의 생산력으로 전환시키는 능력을 강화하며, 전 민족의 과학기술 문화의 자질을 향상시키며, 경제건설을 과학기술의 진보에 의지하고, 노동자 자질의 향상에 의지하는 궤도로 전환시켜 국가의 번영과 강성의 실현을 가속화해야 한다"[101]고 강조했다.

1996년 제8기 전국인민대표대회 4차 회의에서 통과한 《국민경제와 사회발전 '9·5'계획과 2010년 전망 목표 강요(綱要)에 관한 보고》에서는 '과학기술과 교육으로 국가를 진흥시키는' 방침을 기본 국책으로 확정했다. '과학기술과 교육으로 국가를 진흥시키는 전략'을 전면적으로 수행하기 위하여 1996년에 국가 과학기술 영도소조를 구성했고 이에 따라 각 지방에서는 즉시 과학기술 영도소조 혹은 과학교육 흥성(科教興省, 區, 市) 소조를 설치하였다. 통계에 따르면, 1997년 말까지 전국적으로 20여 개의 성과 200여 도시에서 과학기술로 경제 발전을 촉진하는 계획을 제정하였다.

과학교육으로 국가를 진흥하는 전략이 추진되면서, 중국의 과학기술의 생산력은 새로운 해방과 더 큰 발전을 이루었으며, 사회주의 시장경제와 과학기술의 자율적 발전 법칙에 적합한 신흥 과학기술 체제와 과학기술 인재정책이 부단히 완벽해졌다. 아울러 과학적인 과학기술 투자체제가 점차 형성되었고, 과학기술의 자주적 창조력이 끊임없이 제고되었다.

---

101 《江澤民文选》 第1卷, 人民出版社, 2006, 428쪽.

5. 지속 가능한 발전전략으로 생산 발전, 생활 부유, 생태 양호라는 문명 발전의 길을 열었다

중국은 '세계의 공장'이 되는 과정에서 상당 부분에서 서방 산업화 과정의 '고생산, 고소비, 고오염'의 전통적 발전 모델을 반복하였다. 개혁개방을 실시한 지 20년도 안 되는 기간에 중국의 생태환경 문제가 심각하게 부각되면서 자원 고갈 속도가 부단히 증가하여 자원과 환경은 갈수록 발전의 장애물이 되었다. 그리하여 1994년 7월 4일 국무원은 중국의 첫 번째 국가급 지속가능한 발전전략 통지서 《중국 21세기 의정(議程): 중국의 21세기 인구, 환경 및 발전 백서》를 관철할 것을 하달하였다.

1996년 7월 16일 쟝쩌민은 제4차 전국환경보호회의에서 "경제발전은 반드시 인구, 자원과 환경을 총괄적으로 고려해야 하고, 당면한 발전을 잘 안배해야 할 뿐 아니라, 자손 후대도 생각하여 미래의 발전에 더욱 양호한 여건을 창조해야 하며, 자원을 낭비하고 오염된 뒤에 다스리는 길을 절대 걷지 말아야 하며, 더욱이 조상의 밥을 먹고 자손의 살 길을 끊지 말아야 한다", "인구증가를 통제하고 생태환경을 보호하는 것은 전 당, 전 국민이 반드시 견지해야 할 장기적인 기본 국책이다", "환경의식과 환경의 질이 어떤지는 한 나라와 민족의 문명 정도를 가늠하는 중요한 지표이다"[102]라고 지적했다.

2002년 3월 10일 쟝쩌민은 중앙인구자원환경사업 좌담회의에서 다시 한번 "우리는 중화민족의 자손 후대들이 항상 생존과 발전의 좋은 조건을 갖추기 위해서는 반드시 경제성장 방식의 전환 문제를 중시하고 확실하게 해결해야 하며, 지속가능한 발전의 요구에 따라 경제발전과 인구, 자원, 환경 간의 관계를 정확히 처리하여 인간과 자연의 협력과 조화를 추

---

102 《江泽民文选》第1卷, 人民出版社, 2006, 532-534쪽.

진하며, 생산이 발전되고 생활이 부유하며 생태가 양호한 문명적인 발전의 길을 창조하는 데 최선을 다해야 한다"103고 강조했다.

중앙은 지속가능한 발전전략의 중요성을 거듭 강조하고, 또 끊임없이 강력하게 실시하였지만 자원과 생태환경 문제는 발전 과정에서 여전히 부각되고 있으며 이는 13억 인구를 가진 개발도상 대국으로서 피할 수 없는 문제이고, 중국의 지혜를 모아 해결해야 할 문제이기도 하다.

6. 서부 대개발 전략, '두 개의 대국(兩個大局)' 전략의 '두 번째 대국'의 구체적인 실시이다

1992년 초 덩샤오핑은 남방담화에서 서부 대개발의 시간표를 설정하면서 "20세기 말 샤오캉(小康) 수준에 도달할 때, 곧 이 문제를 두드러지게 제기하고 해결할 것을 상상할 수 있다"104라고 말했다. 덩샤오핑의 이같은 사상에 따라 14차 당대회는 지역 간의 경제는 "각 지역의 구체적 실정에 맞게 적절한 대책을 세우고 합리적으로 분업하고 각자의 장점을 발휘하며 우세를 서로 보완하고 함께 발전한다"는 원칙을 세웠다. 1997년 중앙은 "동부, 서부지역의 협력전략을 적극적으로 실시해야 한다. 동부, 중부, 서부지역에서는 서로 우세를 보완하고 호혜호리(互惠互利)하며 진정으로 협력하는 원칙에 따라 연합과 협력을 강화하여 동부지역이 서부지역을 이끌고, 서부지역으로 동부지역을 밀어주며, 손잡고 함께 나아가는 발전의 길로 가야 하며, 점진적으로 지역 간의 경제발전 격차를 줄여야 한다"105고 결정했다.

---

103 《江泽民文选》第3卷, 人民出版社, 2006, 462쪽.
104 《邓小平文选》第3卷, 人民出版社, 1993, 374쪽.
105 《十四大以来重要文献选编》(下), 人民出版社, 1999, 2393-2394쪽.

동부 연해지역은 20여 년의 고속 발전을 거쳐 한편으로 전반 국가 경제력을 크게 증강시켰고, 인민들의 생활수준이 크게 향상되었으며, 덩샤오핑이 제기한 '두 번째 대국(第二個大局)'의 전략 사상을 실시하기 위한 건실한 물질기초와 소중한 경험을 마련했다. 다른 한편으로는 연해 경제 발전 전략을 실시하는 과정에서 동부, 서부의 발전 격차와 인민소득의 격차가 부단히 늘어나 지역간 모순이 뚜렷하게 나타났는 바, 이 역시 '두 번째 대국' 발전전략을 실시하기 위한 강력한 현실적 요구를 제기하였다. 게다가 2000년에 이르러 덩샤오핑이 제기한 '두 번째 단계' 발전전략이 완성되었고, 국민총생산이 1991년의 기초 위에서 한 배로 증가하여 인민의 생활이 기본적으로 샤오캉 수준에 도달하였다. 가능한 한 빨리 '두 번째 대국'을 실시하기 위한 조건을 마련했다. 건실한 물질적 기초, 이미 갖고 있는 경험, 현실적 요구와 가능한 조건과의 결합은 쟝쩌민을 핵심으로 하는 제3세대 중앙영도집단으로 하여금 21세기 초에 서부 대개발 전략을 실시하려는 결단을 내리게 하였다.

2000년 10월 중국 공산당 15기 5중전회에서 통과한 《중공중앙의 국민경제와 사회발전 제10차 5개년계획 제정에 관한 건의》는 서부 대개발의 실시, 지역간 협력발전의 추진을 하나의 전략적 임무로 지적하면서 "서부 대개발 전략을 실시하고, 중부, 서부지역의 발전을 가속화하는 것은 경제 발전, 민족단결, 사회안정과 관계되며, 지역간 협력 발전과 최종적 공동부유 실현과 관계되며, 세 번째 단계 전략목표를 실현하는 중대한 조치이다"106라고 강조하였다. 이어 10월 26일 국무원은 《서부 대개발의 몇 가지 정책조치 실시에 관한 국무원 통지》를 공포하여 공식적으로 전략적 의의가 있는 중대한 조치를 실시하였다. 《통지》가 규정한 모든 정책의 적용

---

106 《十五大以来重要文献选编》(中), 人民出版社, 2001, 1380쪽.

기간은 2001년부터 2010년까지이다.

서부 대개발의 전반 전략목표는 다음과 같다. 여러 세대의 노력을 거쳐 21세기 중엽에 이르러 전국이 기본적으로 현대화를 실현할 때, 서부지역의 상대적으로 낙후한 면모를 근본적으로 개변하여 강산이 아름답고 경제가 번영하고 사회가 진보하며 민족이 단결하며 인민생활이 부유한 새로운 서부지역으로 건설하는 것이다. 전반 전략목표에서 보면, 서부 대개발 전략은 10년의 임무가 아니라 중국 사회주의 현대화 전략에서 없어서는 안 되는 중요한 구성 부분이다. 이는 지역 발전을 해결하는 문제일 뿐 아니라 사회주의 원칙을 실현하는 문제이며, 나아가 전반적 국가안전과 안정 및 지속적 발전과 관련되는 문제이기도 하다.

중앙은 이러한 높은 차원에서 서부 대개발의 전체적 전략목표에 대해 원대한 계획, 즉 세 단계를 설계하였다. 첫째, 기초를 다지는 단계(2001~2010년)로 산업구조를 조정하고 기초건설을 잘하고 시장체제를 수립하고 완벽하게 하며 특색 산업의 성장점을 육성하는 것이 중점이다. 둘째, 가속발전 단계(2010~2030년)로 기초를 튼튼히 하고 특성 산업을 육성하고 경제 산업화, 시장화, 생태화와 전문성 구역 배치의 격상이 중점이다. 셋째, 전면적인 현대화 실시 단계(2031~2050년)이다.

7. '의법치국(依法治國)과 의덕치국(依德治國)을 결합하는' '중국 특색 사회주의' 치국방략

한 나라의 통치에는 유순한 도덕적 구속도 있어야 하고, 강한 법적 제재도 있어야 하고, 강인함과 부드러움이 병행해야 비로소 양치(良治)에 이를 수 있다. 이 강온양제(强穩兩制)의 치국 방략은 같은 맥락에서 제시된 것이 아니다. 순서는 먼저 '강(强)'이고, 후가 '유순(柔順)'으로 제시된 것이다. 첫 번째 단계에서는 사회주의 법제 건설을 꾸준히 강화하여 법에 따라 나라를 다스릴 것을 제기하였다. 신중국 특히 '문화대혁명' 10년의 역사적 경험에 대한 심각한 총화를 통하여, 그리고 중국 특색이 있는 사회주의 경제, 문화, 사회건설의 절박한 수요에 따라 쟝쩌민을 핵심으로 하는 3세대 영도집단은 역사의 조류에 순응하여 법에 의거하여 나라를 다스리는 방략을 제기했다.

1997년 9월 쟝쩌민은 15차 당대회 보고에서 의법치국(依法治國)의 기본 방략을 명확히 제기하면서, 기존의 '사회주의 법제국가 건설'의 제기 방식을 '사회주의 법치국가의 건설'로 바꿔 '법치(法治)'란 두 글자를 강조하였다. 그는 보고에서 의법치국 사상을 자세히 천명하면서 "법에 의거하여 나라를 다스리는 것은 광범한 인민대중이 공산당의 영도 하에 헌법과 법률 규정에 따라 여러 절차와 형식을 통해 국가사무, 경제문화사업 및 사회사무를 관리하여, 국가의 각 사업이 모두 법에 따라 실시되도록 보장함으로써 사회주의 민주의 제도화와 법률화를 점차 실현하여, 이러한 제도와 법률이 지도자의 변화에 따라 변하지 않고, 지도자의 견해와 주의력의 변경에 따라 바뀌지 않도록 하는 것이다. 의법치국은 공산당이 인민을 영도하여 나라를 다스리는 기본 방략이고, 사회주의 시장경제를 발전시키는 객관적 수요이며, 사회문명이 진보한 중요한 상징이고, 나라가 장기적 안정을 유지하는 중요한 보장이다"[107]라고 지적했다.

1999년 3월 제9기 제2차 전국인민대표대회에서 통과한 헌법 개정안은 "중화인민공화국은 법에 의거하여 나라를 다스리며 사회주의 법치국가를 건설한다"라는 조항을 헌법 제5조 제1항에 명시했는 바, 이는 중화인민공화국 치국방략의 중대한 전환을 상징한다. 이 역시 중앙의 장기적인 고민

---

107 《江泽民文选》 第2卷, 人民出版社, 2006, 28-29쪽.

의 결과이며, 역사적 경험에 대한 총화이다. 2002년 당의 16대는 논리적으로 앞으로 '의법치국(依法治國)'의 기본 방략을 전면적으로 실시할 것을 결의했다.

두 번째 단계에서는 꾸준히 사회주의 도덕 건설을 강화하여 덕(德)으로 나라를 다스릴 것을 강조하였다. 사회주의 시장경제를 실시하는 과정에서 시장의 결함과 소극적 요소들이 필연적으로 사람들의 의식과 사람과 사람 관계에 영향을 끼쳐 사회적으로 심각한 배금주의, 향락주의와 극단적 개인주의 사조가 생겨났다. 1996년 10월에 소집된 당의 14기 6중전회는 개방 이후 중국의 정신문명 건설의 경험과 교훈을 종합 정리하는 기초 위에서, 새로운 정세의 수요에 순응하여 《사회주의 정신문명 건설을 강화하기 위한 몇 가지 중요한 문제에 관한 중공중앙의 결의》를 통과시켰다. 《결의》는 정신문명 건설의 중대한 의의, 지도사상, 분투 목표, 핵심 내용과 주요한 수단에 대해 자세히 규정했다.

1997년 9월 쟝쩌민은 중국 공산당 제15기 대표대회 보고에서 "공산주의 사상도덕을 제창하는 동시에 선진적 요구와 광범위한 요구를 결합시켜 국가통일, 민족단결, 경제발전과 사회진보에 유익한 모든 사상도덕을 격려해야 한다"[108]고 강조했다. 2006년 6월 쟝쩌민은 중앙정치사업회의에서 국가관리에서의 법률과 도덕의 동등한 역할을 천명하였다. 그는 "상부구조의 구성 부분으로서의 법률과 도덕은 모두 사회질서를 유지하고 인간의 사상과 행위를 규범화하는 중요한 수단으로서, 법률과 도덕은 서로 연관되고 서로 보완한다. 법치(法治)는 자체의 권위성과 강제수단으로서 사회 구성원의 행위를 규범화하며, 덕치(德治)는 설득력과 권력으로서 사회 구성원의 사상인식과 도덕적 각오를 제고시킨다. 도덕규범과 법률규범

108 《江泽民文选》第2卷, 人民出版社, 2006, 34쪽.

은 반드시 서로 결합되어야 하며, 통일적으로 역할을 발휘해야 한다"[109]
고 지적했다.

'의덕치국(依德治國)' 사상은 중국의 사회 경제가 새로운 발전 단계로 진입하는 시기에 쟝쩌민을 핵심으로 하는 제3세대의 영도집단이 제기한 중요한 치국방략이며, 국내외의 치국 경험을 총정리하는 기초 위에서 제기한 과학적 논단이다.

세 번째 단계에서는 "의법치국과 도덕으로 나라를 다스리는 것을 긴밀하게 결합해야 한다"고 제기했다. 2001년 1월 쟝쩌민은 전국선전부장회의에서 "의법치국과 도덕으로 나라를 다스리는 것을 긴밀하게 결합한다"는 치국방략을 명확히 지시했다. 그는 "우리는 '중국 특색 사회주의'를 건설하고, 사회주의 시장경제를 발전시키는 과정에서 꾸준하게 사회주의 법제 건설을 강화하고, 법으로 나라를 다스려야 하는 동시에, 꾸준하게 사회주의 도덕 건설을 강화하며, 도덕으로 나라를 다스려야 한다. 한 나라의 통치와 관리에서 법치와 덕치는 서로 보완하고 도와서 일이 잘 되어 나가도록 하고 서로 추동하여 온 것으로서, 양자는 어느 하나도 없어서는 안 되며, 어느 한쪽도 소홀히 해서는 안 된다. 법치는 정치 건설에 속하고 정치 문명에 속하며, 덕치는 사상 건설에 속하고 정신문명에 속하는 것으로, 양자의 범주는 같지 않으나 그 지위와 기능은 매우 중요하다. 우리는 법제 건설과 도덕 건설을 긴밀히 결합하고 법에 따라 나라를 다스리는 것과 도덕으로 나라를 다스리는 것을 밀접히 결합시켜야 한다"[110]라고 지적했다.

중국 공산당 성립 80주년 기념대회에서 쟝쩌민은 "사회주의 민주를 더 확대하고, 법에 의거하여 나라를 다스리며 사회주의 법치국가를 건설하며", "의법치국과 도덕으로 나라를 다스리는 것을 밀접히 결합하여 사

109 《江澤民文選》 第3卷, 人民出版社, 2006, 91쪽.
110 《江澤民文選》 第3卷, 人民出版社, 2006, 200쪽.

회를 위해 양호한 질서를 유지하며 고상한 사상도덕의 기초를 마련해야 한다"[111]고 재차 강조했다.

8. 홍콩, 마카오 반환, '일국양제(一國兩制)'라는 중국 특색의 국가 평화 통일 방식의 성공적인 실천은 타이완 문제를 최종 해결하기 위한 심리적 예기(豫期)를 제공하였다

덩샤오핑이 제기한 '일국양제' 구상의 지도 하에 1997년 7월 1일 이른 아침에 중·영 양국 정부는 홍콩 정권 인수인계식을 거행하고 중국 정부는 홍콩에 대한 주권행사를 회복하게 되었다. 1999년 12월 20일 새벽에 중국과 포르투갈 정부는 마카오 정권 인수인계식을 거행하고 중국 정부는 마카오에 대한 주권행사를 회복하게 되었다. 홍콩과 마카오의 순조로운 반환은 '일국양제'의 국가통일 방식이 성공적으로 실현되었다는 것을 상징한다. 원래는 평화적으로 타이완을 통일하는데 이용하려던 구상이 결과적으로 홍콩과 마카오의 반환에 성공적으로 활용되었는 바, 이는 평화통일 방식으로 타이완 문제를 해결하기 위해 경험을 쌓았고, 심리적인 예기(豫期)를 제공하였다.

9. 세계무역기구(WTO)에 가입하고 전면적으로 세계화에 융합되어 선진 자본주의가 주도하는 세계질서에 진입하여 '늑대와 함께 춤을 춘다'

중국의 발전은 세계를 떠날 수 없고, 마찬가지로 세계의 발전도 중국을 떠날 수 없다. 세계화는 오늘날 세계 발전의 큰 추세이며, 세계화에

---

111 《江澤民文選》 第3卷, 人民出版社, 2006, 276·278쪽.

융합되는 과정에서 세계적인 협력과 경쟁에 참여하는 것은 중국이 발전 과정에서 반드시 거쳐야 할 길이며, 자국을 봉쇄해서는 출로가 없다. 그러므로 '문화대혁명'이 끝난 후부터 중국은 개방의 길을 적극적으로 주장하고 탐색하였으며, 문호를 열어 외국과의 접촉에 노력했다. 관세무역일반협정(GATT) 회원국의 지위 회복과 '세계무역기구(WTO) 가입'은 중국이 적극적으로 세계화에 융합하는 최대의 조치였고, 서방 국가들과의 가장 장기적이고 복잡한 이익의 경쟁 과정이었다. 'GATT 회복'으로 시작해서 기나긴 노정, 15년이란 어려운 협상을 거쳐 검은 머리가 백발이 될 때까지[중국 복관 및 입세 협상 수석대표 룽융투(龍永圖)의 표현]의 노력 끝에 2001년 9월 끝내 결실을 맺게 되었고, 37개의 WTO 회원국과의 양자 협상 작업도 모두 끝났고, 협의도 모두 달성되었다.

2001년 11월 10일 도하(Doha)에서 열린 WTO 제4차 장관급 회의에서 중국의 WTO 가입을 승인하였고, 12월 11일에 정식으로 WTO 회원국이 되었다. 'GATT 회복'에서 'WTO 가입'의 완성으로 중국의 국력이 사실상 국제적으로 인정받게 되었는 바, 이는 중국 외교의 중대한 승리로서 중국이 국제 경제사회의 중요한 역량으로 대국의 역할을 발휘하기 시작하였다. 15년의 힘든 담판 과정에서 서방 자본주의와 교제한 풍부한 경험과 기교(技巧)를 쌓았는 바, 이는 그후 사회주의 시장경제 발전을 추진하는 데도 중대한 의의가 있음은 의심할 바 없다.

중국은 후발국가로서 WTO에 가입하였으며, 기회와 도전이 병존하여 일부 사람들은 "늑대와 함께 춤을 춘다"고 비유했다. 늑대와 함께 춤을 추는 것은 나쁠 것이 없다. 속담에 "범의 굴에 들어가지 않고 어떻게 범 새끼를 잡겠는가?"라는 말이 있다. '늑대'와의 춤에서 '늑대'에게 먹혀서는 안 되며, 동화되어도 안 되는데 그러자면 중국의 '춤 솜씨'가 필요하다. 쟝쩌민을 핵심으로 하는 제3세대 영도집단은 다음 세대의 중앙영도집단이 중국을 인솔하여 이 '늑대'의 무대로 올라가기 위하여 충분한 기초를 닦고 준비를 하였다.

10. 당의 영도 강화와 개선을 견지하며, 당 건설의 새로운 위대한 사업을 전면적으로 추진하여 '중국 특색 사회주의 길'의 건전한 전진을 보증한다

고금중외(古今中外)를 막론하고 어느 왕조나 제국의 멸망과 붕괴, 어느 정당의 출범과 하야는 모두 민심의 지지 변화와 큰 관계가 있다. 그러므로 우리는 당과 국가의 생사존망 차원에서 당의 건설 문제를 충분히 인식해야 한다. 중국 공산당은 집권 이래 그 지위의 변화가 가져올 영향에 대한 경각심을 높였으며, 항상 당의 성격과 취지를 견지하면서 군중을 이탈하지 않았고, 항상 생기발랄한 활력과 왕성한 생명력을 보유하여 집권 과정에서 겪은 많은 시련을 이겨냈다.

그러나 '제2차 혁명'인 개혁개방은 집권정당으로서 중국 공산당에게는 완전히 새로운 신생 사물로서 끊임없이 인식하고 심화하는 과정을 겪어야 한다는 것은 부인할 수 없다. 이러한 과정에서 일부 문제가 나타나는 것을 면하기 어려우며, 어떤 문제는 비교적 심각할 수도 있다. 이는 공산당원 개인도 마찬가지이다. 공산당 내부의 일부 사람들은 진취심이 없고 안일만을 바라며 간고분투(艱苦奮鬪)를 싫어하고 향락을 누릴 것만 바라고 있다. 당내의 간부, 특히 고위급 간부들은 자신의 권력을 이용하여 사리사욕을 탐하는 부패 현상이 끊임없이 나타나고 있으며, 형식주의, 관료주의의 불량 기풍이 제멋대로 범람하고 있고, 심지어 당내에는 특권계층이 출현하였다. 만약 이러한 문제가 효과적인 처벌을 받지 않으면 공산당은 날이 갈수록 대중과 멀리 떨어지며, 망당망국(亡黨亡國)의 위험을 안게 된다.

덩샤오핑은 1992년 초 남방 담화에서 '중국에서 문제가 생긴다면 그래도 공산당 내부에서 생길 것이다.'[112]라고 귀청이 울리도록 경고하였다. 1994년 9월 당의 14기 4중전회에서 통과된《중공중앙의 당의 건설을 강화하는 몇 가지 중대한 문제에 관한 결정》에서 당의 건설을 '새로운 위대한 사업'으로 높이 내세웠으며, 당 건설의 목표와 임무를 온전하게 제기했다. 1997년 9월 쟝쩌민은 당의 15차 당대회에서 당 건설의 새로운 위대한 공정의 모든 목표를 덩샤오핑 이론으로 무장하고 성심성의로 인민을 위해 복무하며, 사상·정치·조직면에서 완전히 공고히 하고 각종 위험을 이겨낼 수 있으며, 언제나 시대의 앞장에 서서 전국 인민을 영도하여 '중국 특색 사회주의'를 건설하는 마르크스주의 정당이 되는 것이라고 정의했다. 이를 위해 쟝쩌민은 반드시 해결해야 할 '두 가지 대과제'를 제기하였다. 즉 끊임없이 당의 영도 수준과 집정 수준을 제고하고, 부패를 반대하고 변질을 방지하며 위험을 예방하는 능력을 높이며, 반드시 '3대 우세(三大優勢)', 즉 당의 사상정치적 우세, 조직적 우세, 대중과 밀접히 결합하는 우세를 충분히 발휘해야 한다고 강조했다.

《중공중앙의 당의 건설을 강화하는 몇 가지 중대한 문제에 관한 결정》을 관철하여 실행에 옮기기 위해 14기 6중전회에서는 현·처급(縣處級) 이상의 간부들을 대상으로 3년 주기로 학습을 중시하고, 정치를 강조하고, 정기(正氣)를 강조하는 것을 주요 내용으로 하는 당성(黨性), 당풍(黨風)에 관한 교육을 시행하기로 결정했다. 이 교육행사는 옌안(延安) 정풍운동(整風運動)의 정신을 발휘했으며, 위에서 아래로, 시기를 나누어서, 여러 조로 나누어서 진행하는 방식을 채택하였다. 당내 비평과 자아비평이 상호 결합된 방식은 전 당의 동지, 특히 지도급 간부들이 주관 세계의 개조, 당성

---

112 《邓小平文选》第3卷, 人民出版社, 1993, 380쪽.

수양과 당풍 건설에서 한 차례의 심각한 교육을 받았으며, 일정한 효과를 거두었다. 이 활동은 개혁개방과 사회주의 건설사업에 큰 추진 역할을 했음은 의심할 여지가 없다.

2002년 16차 당대회 보고에서 지난 13년 간의 10가지 기본 경험을 종합했는 바, 그중 제10조는 바로 "당의 영도를 강화하고 개선하는 것을 견지하며, 당 건설의 새로운 위대한 사업을 전면적으로 추진한다"는 것이었다. 10개 기본 경험을 종합하면 다음과 같다. 중국 공산당은 반드시 시종일관 중국 선진 생산력 발전의 요구를 대표하고, 중국 선진 문화의 전진 방향을 대표하며, 중국의 가장 광범위한 인민의 근본 이익을 대표해야 한다. 이는 사회주의를 견지하고 발전시키는 필연적 요구이며, 중국 공산당의 간난신고(艱難辛苦)한 모색과 위대한 실천의 필연적인 결론이다.113 당의 지도력을 강화하고 개선하며, 당 건설의 새로운 위대한 사업을 전면적으로 추진하는 것은 중국 공산당의 장기적이고 전면적인 체계 공사이다. '중국 특색 사회주의' 길에는 당의 건설이 항상 시종일관 따르고, 개혁개방이 심화될수록 당의 지도력을 강화하고 개선하여 당 건설의 새로운 위대한 사업을 전면적으로 추진해야 한다는 것이었다.

II. '세 가지 대표'의 중요한 사상의 형성: '중국 특색 사회주의' 이론체계의 계승과 발전

'세 가지 대표'의 중요한 사상은 쟝쩌민을 핵심으로 하는 제3세대 영도집단이 '중국 특색 사회주의' 건설 과정에서 장기적인 이론적 사고의 산물이고, '중국 특색 사회주의' 이론체계의 계승과 발전이다.

---

113 《江泽民文选》第3卷, 人民出版社, 2006, 536쪽.

1. '세 가지 대표'의 중요한 사상 제기에는 그에 상응한 국내외 역사적 배경이 있다

1980년대 개혁개방의 심화와 사회주의 시장경제 발전에 따라 중국의 사회생활에는 광범위하고도 심각한 변화가 나타났는 바, 사회 경제 성분, 조직 형식, 이익 분배와 취업 방식의 다양화는 더욱 발전하였다. 낡은 균형이 깨지고 새로운 균형이 정착하고 완성되는 과정에서 인민 내부의 갈등은 갈수록 복잡해지고 다양해졌다. 동시에 일부 당원 간부의 사상이 경직되고 신념이 흔들리고 조직이 이완되고 허풍을 떨며 특히 부패 문제가 갈수록 두드러지게 나타났다. 이러한 문제점과 갈등이 누적되면서 결국 1989년 봄과 여름 사이 정치풍파를 초래했다.

1990년대에 들어서면서 중국 공산당 지도부는 전체적으로 신·구 교체의 중요한 시기, 특히 2000년부터 2020년까지 상당수의 젊은 세대 간부들이 중·고급 영도급 자리에 올라섰다. 이러한 상황에서 엄격하게 당을 다스리고 전당적으로, 특히 영도 간부들의 자질을 향상시키는 것이 긴급한 과제가 되었다. 이러한 문제들은 반드시 실제와 밀접히 결합하여 사고와 연구를 거쳐 새로운 정세 하에서 당의 건설을 강화하는 효과적인 노선과 방법을 적극적으로 탐색해야 했다. 어떻게 당이 시종일관 시대의 앞장에 서며, 중화민족의 위대한 부흥의 위업을 영도하는 앞장에 서며, 중국 공산당이 사상적·정치적·조직적으로 모든 어려운 시련을 이겨낸다고 보장하는가 하는 문제는 쟝쩌민을 핵심으로 하는 제3세대 중앙영도집단의 앞에 놓인 중대한 과제였다.

국제적으로 정치풍파 이후 중국은 서방 자본주의 집단의 집단적인 경제봉쇄에 봉착했고, WTO 가입으로 직면한 국제환경은 더욱 복잡하였다. 세계 사회주의 운동에서 소련이 해체되고, 동유럽이 변이되었으며, 그 국가들은 기치를 바꾸어 자본주의 길로 나아가게 되었다. 소련과 동유럽 급변의 교훈을 받아들여, 반드시 시종일관 당 건설을 강화하고 자체 건설 강화를 통해 당의 선진성을 유지함으로써 당의 집권 능력과 영도력을 부단히 제고시켜야 한다.

2. 장기적인 사고, 필연적인 달성

2000년 2월 25일 쟝쩌민은 광둥성(廣東省)을 시찰하면서 당의 역사 경험을 전반적으로 뒤돌아보고, 어떻게 새로운 정세 하의 새로운 임무에 적응할 것인가에 대한 요구로부터 출발하여 처음으로 '세 가지 대표'의 중요한 사상에 대해 밝혔다. 그는 중국 공산당 70여 년의 역사를 살펴보면 한 가지 결론을 도출할 수 있는데, 즉 중국 공산당이 인민의 옹호를 얻을 수 있는 것은 중국 공산당이 사회주의 혁명, 건설, 개혁개방 각 단계의 역사 시기에 항상 중국 선진 생산력 발전의 요구를 대표하며, 중국 선진 문화의 발전 방향을 대표하며, 광범위한 인민의 근본적 이익을 대표하며, 올바른 노선, 방침, 정책을 제정함으로써 국가와 인민의 근본적 이익을 위해 지속적으로 분투했기 때문이라고 지적했다.

2001년 7월 1일 쟝쩌민은 중국 공산당 창립 80주년 기념대회 연설에서, 이를 중국 공산당의 지도 사상으로 개괄했다. 2002년 '5·31' 연설에서 쟝쩌민은 '세 가지 대표' 이론의 성격과 시행 요구에 대해 다음과 같이 지적했다. '세 가지 대표'는 마르크스-레닌주의와 마오쩌둥 사상 및 덩샤오핑 이론과 일맥상통하며, 현재 세계와 중국의 발전 변화가 당과 국가사업에 대한 새로운 요구를 반영했다. '세 가지 대표'는 당의 건설을 강화하고 개선하며, 중국 사회주의 제도의 자기 완성과 발전의 강력한 이론적 무기이다.

‘세 가지 대표’의 중요한 사상은 당의 건설에서만 아니라 하나의 완벽한 과학적 이론체계이며, 풍부한 과학적 의미를 담고 있다. 중국 공산당이 항상 중국 선진 생산력 발전의 요구를 대표하려면 당의 이론, 노선, 강령, 방침, 정책과 각 항목의 업무는 반드시 생산력 발전의 법칙에 부합되도록 노력해야 하며, 사회 생산력의 해방과 발전 요구에 대한 지속적 추진을 체현해야 하며, 특히 선진 생산력 발전을 추진하는 요구를 구현해야 하며, 생산력의 발전을 통해 인민대중의 생활수준을 끊임없이 높여야 한다.

중국 공산당이 항상 중국 선진 문화의 진로를 대표하려면 당의 이론, 노선, 강령, 방침, 정책과 각 항목의 업무는 반드시 현대화를 지향하고 세계를 지향해야 하며, 미래를 지향하는 민족적이고 과학적이며 대중적인 사회주의 문화를 발전시키는 요구를 구현해야 하며, 전 민족의 사상 도덕의 자질과 과학문화 자질의 부단한 제고를 추진해야 하며, 중국의 경제발전과 사회진보를 위해 정신적 원동력과 지적 지원을 제공해야 한다.

중국 공산당이 시종일관하게 중국에서 가장 광대한 인민의 근본 이익을 대표하려면 당의 이론, 노선, 강령, 방침, 정책과 각 항목의 업무는 반드시 인민의 근본 이익을 출발점과 귀착점으로 삼는 것을 견지해야 하며, 인민대중의 적극성, 주동성, 창조성을 충분히 발휘시켜야 하며, 사회가 끊임없이 발전하고 진보하는 기초 위에서 인민대중으로 하여금 끊임없이 실제적인 경제, 정치, 문화 이익을 얻게 해야 한다.

‘세 가지 대표’의 중요한 사상은 쟝쩌민이 장기적으로 사고해 온 이론적 성과로, 쟝쩌민을 핵심으로 하는 중국 공산당원들이 당의 80년 역사경험에 대한 고도의 총결이며, 당대 세계와 중국 발전 변화 추세와 특징에 대해 진지하게 분석하고 연구하였으며, 당이 새로운 역사적 조건에서 깊어진 역사적 사명감과 집권당의 성격과 취지에 대해 보다 절실하게 인식한 과학적 이론이다. 이 이론은 ‘어떠한 당을 건설할 것이며, 어떻게 당을 건설할 것인가'라는 과제에 대해 창조적으로 대답했으며, 당대 중국에서 마르크스주의 이론 발전의 새로운 국면을 열어 놓았다. 이 이론은 선명한 시대적 특징이 있을 뿐 아니라 이 역사 단계에서 짊어져야 할 역사적 임무를 체현했다. 이 이론은 중국 공산당의 자체 건설의 중대한 과제일 뿐 아니라, 개혁개방과 '중국 특색 사회주의 길'의 성패와 관련되며, 당과 국가와 민족의 앞길 및 운명과도 관련된다. 이 이론은 당 건설의 여러 방면에서 통일되고 당이 인민을 이끌어 개혁개방과 사회주의 현대화를 건설하는 전 과정에 통일되며, 중국 공산당의 생존의 근본이고, 집정의 기초이며, 힘의 원천이다.

'3단계' 발전전략의 시행 측면에서 보면, 쟝쩌민을 핵심으로 하는 제3세대 영도집단이 덩샤오핑 이론과 '세 가지 대표'의 중요한 사상의 지도 하에서 '3단계' 발전 전략의 '두 번째 단계' 목표를 성공적으로 달성한 것이다. 즉 1991년부터 20세기 말까지 국민총생산이 배로 증가했고, 국민생활이 샤오캉 수준에 도달했으며, '중국 특색 사회주의' 사업이 한 단계 발전하였다. 비록 이러한 샤오캉은 낮은 수준이고, 전면적이지 못하며, 불균형한 샤오캉이지만 '세 번째 단계' 전략의 실현을 위하여 튼실한 기초를 닦아 놓았다.

제3절 과학적 발전관과 '중국 특색 사회주의 길' 의 추진

21세기 들어 새로운 사고방식과 새로운 발전이 있었다. 2001년 연말까지 중국의 국내총생산은 95,933억 위안에 도달했는 바, 1989년에 비해 2배 가까이 증가했으며, 1979년에 비해 연평균 성장률이 9.4%에 달해 경제

성장이 가장 빠른 국가 중 하나가 되어 '중국 특색 사회주의'를 발전시키기 위한 물질적 기초를 마련했다. 발전된 중국에 존재하는 문제는 발전 전보다 적지 않았다. 발전 과정에서 나타난 문제에 대해서는 발전 과정 안에서 원인을 찾아내고 해결방법을 찾아야 했다.

Ⅰ. '중국 특색 사회주의 길' 심화의 새로운 사고와 새로운 조치

16차 당대회 보고서 초안 작성조의 조장인 후진타오(胡錦濤)는 향후 10년 간의 '치국이정(治國理政)'에 대한 자신의 새로운 이념, 새로운 사고방식, 새로운 조치를 충분히 반영시켰다. 주요 내용은 다음과 같았다.

1. 사회주의 조화 사회를 구축하여 '중국 특색 사회주의'의 총체적인 구도의 내포를 넓힌다

'조화로운 사회'는 인류가 꾸준히 추구해 온 아름답고 이상적인 사회로서, 고금중외의 역사에서 사회 조화에 관한 사상이 적지 않게 나타났었다. 20세기 중국은 경험도 많이 했고 어려움도 많이 겪었다. 20세기의 마지막 20년 동안 중국은 비록 경제 건설에서 큰 성과를 취득했지만 사회 건설에서 빚이 많아지면서 사회 갈등이 누적되고 집단적 사건들이 속출하고, 민원 안건은 해마다 급증해 안정화 경비가 계속 늘어났다. 새로운 세기에 접어들면서 중국은 한편으로는 '황금 발전기'를 맞았지만 다른 한편으로 '갈등 부각기'를 맞았다. '황금 발전기'를 이용하여 자기 자신을 발전시키는 과정에서 갈등이 다시는 '부각'되지 않도록 '사회를 더 조화롭게' 할 수 있겠는가? 하는 것이 새 정부에서 시급히 고려해야 할 의제

(議題)가 되었다.

이를 위해 16차 당대회는 '사회를 더 조화롭게' 하는 것을 중대한 목표로 내세우고, 이를 전 당과 전국 인민들에게 제시했다. 2004년 9월 16기 4중전회는 '사회주의 조화로운 사회를 구축한다'는 개념을 공식적으로 제기함과 동시에, 이를 중국 공산당의 집권 목표로 확정했다. 그리하여 '조화로운 사회'는 집집마다 다 아는 줄임말이 되었고, 사람마다 이를 위해 분투하는 꿈이 되었다.

이것은 당의 문서에서 조화로운 사회의 건설을 경제 건설, 정치 건설과 문화 건설과 병행하는 특별한 위치에 놓음으로써 '중국 특색 사회주의' 분투 목표인 사회주의 시장경제, 사회주의 정치민주와 사회주의 선진 문화라는 '3위일체'의 총체적 구도는 사회주의 조화 사회의 건설을 포함한 '4위일체'의 총체적 구도로 확대되었다. '3위일체'에서 '4위일체'로의 전환은 부강하고 민주적이며 문명하고 조화로운 사회주의 현대화 국가로 건설하는 내재적 요구를 구현했고, 전 당과 전국 각 민족 인민의 공통된 염원을 구현했으며, 인류사회 발전의 법칙, 사회주의 건설의 법칙과 공산당의 집권 규율에 대한 중국 공산당의 인식이 끊임없이 심화되고 있음을 반영했다.

2005년 2월 20일 후진타오는 중공 중앙당학교에서 소집한 성, 부 급 주요 영도 간부들의 사회주의 조화로운 사회를 구축하는 능력을 높이기 위한 세미나 개강식에서 "사회주의 조화로운 사회는 반드시 민주법치를 실시하고, 공평정의를 추구하며, 성실하고 우애적이며, 활력이 충만되고 안정된 질서가 있으며, 인간과 자연이 서로 조화롭게 어울리는 사회여야 한다. 이것이 '조화로운 사회'를 구축하는 여섯 가지 판단 기준이고 기본 특징이다"라고 지적하였다.

2006년 10월 당의 16기 6중전회에서는 《사회주의 조화로운 사회를 구축하는 몇 가지 중대한 문제에 관한 결정》을 심의 통과했다. 《결정》은 '중국 특색 사회주의' 조화로운 사회의 성격과 위치, 지도 사상, 목표 임무와 사무원칙과 중대한 배치를 전면적이고도 심각하게 천명했다.

조화로운 사회 목표를 실현하기 위해 중앙은 서부 대개발, 동북구 공업기지 진흥과 중부 굴기 등의 전략을 대대적으로 실시함으로써 중서부 지역의 발전을 가속화하고 지역 격차를 축소하며 '3농(三農)' 문제를 해결하는 일련의 정책과 조치를 출범시켰으며, 사회주의 새 농촌을 건설하고, 신형 공업화 건설에 박차를 가했다.

10년 동안 경제사회 발전이 더욱 조화로운 발전을 가져왔고, 국민의 생활수준이 새롭게 향상되었다. 기본 공공서비스 시스템이 더욱 완비되고, 민생이 가일층 보장 개선되었다. 사회관리 체제가 더욱 완벽해지고, 대중의 권익이 더욱 잘 유지되고 보호되었으며, 사회 국면이 항상 안정을 유지했다. 조화로운 사회주의 사회를 구축하는 각급 영도 간부들의 능력이 실천 속에서 크게 향상되었다.

2. 사회주의 새 농촌 건설, '중국 특색 사회주의' 현대화 기초를 다진다

농촌의 샤오캉(小康)이 없으면 전면적인 샤오캉이 있을 수 없다. 농촌의 현대화가 없으면 중국의 현대화도 있을 수 없으며, 조화로운 농촌 사회가 없으면 조화로운 중국 사회가 있을 수 없다. 농촌 문제 및 농촌 문제와 관련된 농민과 농업 문제는 '중국 특색 사회주의' 발전 과정에서 매우 중대한 문제이다. 만약 이 문제를 잘 해결하지 못한다면 중국 현대화의 '제3단계' 발전전략을 실현하기 어렵다.

'사회주의 새 농촌 건설'은 새로운 개념이 아니며, 이미 1950년대에 제기된 적이 있었다. 개혁개방 이후 1984년 중앙 제1호 문건, 1987년 중앙

제5호 문건과 1991년 중앙 제21호 문건(즉 당의 13기 8중전회에서 통과한 《중공중앙의 전면적으로 개혁을 심화하는 몇 가지 중대한 문제에 관한 결정》)에서 모두 나타난 바 있다. 그러나 개혁의 발전에 따라 농촌, 농민, 농업문제, 즉 '3농(三農)' 문제는 갈수록 심각해져 해결하지 않으면 안 될 상황에 이르렀다.

향진(鄕鎭)의 당 위원회 서기로 재직했던 리창핑(李昌平)은 총리에게 글을 올려 '농촌은 매우 가난하고 농민은 정말 고생하며 농업은 아주 위험하다'는 대중의 외침과 경고를 보냈다. 그리하여 2005년 16기 5중전회에서 다시 한번 '사회주의 새 농촌 건설'을 정중하게 제기하고, "사회주의 새 농촌을 건설하는 것은 중국 현대화 발전 과정에서의 중대한 역사적 임무이다"라고 제기했다. 중앙에서 지방까지, 전국 각 지역에서는 이를 중시하여 "생산을 발전시키고 생활을 풍요롭게 하며 향풍(鄕風)을 문명화하고 마을의 환경을 깨끗이 하며 민주적으로 관리한다"는 요구에 따라 각 지역의 실제 상황과 결부하여 농민의 염원을 존중하며 새 농촌 건설을 추진하며 '천방백계(千方百計)로 농민의 소득을 증가시키며' 농업에 대해 '많이 주고 적게 취하며 규제를 풀어 생기와 활력을 주입하는' 정책을 실시하고, 재정지원을 지속적으로 확대하며, 새로운 농업합작 의료제도와 새로운 농촌사회 양로보험제도의 개혁을 적극 추진했다.

2005년 12월 제10기 전국인민대표대회 상무위원회 제19차 회의에서는 2006년 1월 1일부터 《농업세 조례》를 폐지할 것을 결정하여 전국적으로 농업세가 전면 폐지되어 9억 농민들이 수천 년 동안 지속된 농업세를 납부해 온 역사와 완전히 고별하게 되었다. 이때부터 중국의 농촌 건설은 새로운 장을 열었다. 17기 3중전회에서는 《농촌 개혁을 추진하는 몇 가지 중대한 문제에 관한 결정》을 발표하여 '3농(三農)' 사업을 본격적으로 추진하고, 농업의 기초적 지위를 공고히 하고 강화했으며, 사회주의 새 농촌 건설을 추진했다.

10년의 노력을 거쳐 중국 농촌사회는 역사적 변화가 일어났으며, 농민 소득이 대폭 향상되었다. 통계에 따르면, 2010년 농촌 주민의 1인당 평균 순소득은 11.4% 증가했으며, 도시 주민의 실제수입 증가 속도보다 3.1% 빨랐으며, 2011년 농촌 주민의 1인당 평균 순수입은 6,977위안에 달했다. 농촌의 기초시설은 끊임없이 개선되었고, 도로 건설, 식수 안전, 위험 주택 개조가 급속히 발전되었고, 비교적 크게 개선되었다. 농촌 사회보장제도가 기본적으로 구축되었고 새로운 농촌합작 의료제도는 97%의 농민에게 적용되었으며, 농촌의 최저 생활보험제도는 5300여만 명에게 적용되었고, 새로운 농촌사회 양로보험 시범구역은 60%의 현(縣)에서 실시되었으며, 수천 년간 농민들의 '노년에 부양받고, 병들면 치료받으며, 곤란하면 구제받는' 염원이 이루어지고 있다.

3. 조화로운 세계를 건설하여 '중국 특색 사회주의 길'을 위한 양호한 국제환경을 조성하는 동시에, '중국 특색 사회주의 길'은 평화적 발전의 길임을 보여준다

현대 세계의 주류는 여전히 평화와 발전이다. 그러나 평화와 발전 두 가지 문제는 하나도 제대로 해결되지 않았다. 천하는 여전히 태평하지 못하고, 세계는 조화롭지 못하다. 평화 차원에서 보면, 세계 방방곡곡에는 여전히 불안정한 요소가 존재하고 불공정, 불합리한 낡은 국제 정치 경제의 질서는 아직 근본적으로 바뀌지 않았으며, 패권주의와 강권정치는 가끔씩 나타나고 지역적 이슈는 복잡하게 얽혀 있고, 국부적 충돌은 되풀이되고 있으며, 테러리즘 활동, 마약 밀수, 다국적 범죄, 환경 오염, 심각한 전염성 질병과 중대한 자연재해는 자주 발생하고 있다. 발전 차원에서 보면, 남북 격차는 계속 확대되고 있으며, 무역분쟁과 마찰이 증가하고 있고, 자원 및 에너지 문제가 두드러지고 있으며, 신식민주의가 횡포하고 있다. 그럼에도 평화를 요구하고 발전을 추진하고 협력을 도모하는 것은 시대의 주류가 되었다. 갈수록 많은 국가들이 국제관계의 민주화, 도전에 대한 상호협력, 발전 모델의 다양화를 주장하고 있다.

중국의 빠른 부상에 대해 경계심을 갖고 있는 서방 국가는 여러 가지 '중국 위협론'을 펼치고 있다. 일부 국가는 아직도 냉전적 사고를 고집하고 있으며, 심지어는 나쁜 동기를 품고 중국 주변 국가들을 사주하여 중국을 어렵게 하고, 중국 주변에 포위망을 구축하여 중국을 억제하고 중국을 서구화하고 분해하려 한다.

이러한 국제적 험악한 정세에 직면하여 '중국 특색 사회주의' 발전을 위해 새로운 국제환경을 조성하는 것은 피할 수 없는 추세이다. 2005년 4월 후진타오는 자카르타에서 열린 아시아·아프리카 정상회의에서 아시아·아프리카 국가는 "서로 다른 문명이 서로 우호적으로 대하고, 평등한 대화, 번영과 발전을 추구하고 조화로운 사회를 함께 건설해야 한다"고 제기했다. 그해 7월에는 후진타오가 러시아를 방문하면서 '조화로운 세계'를 《21세기 국제질서에 관한 중·러 공동성명》에 써 넣었다. '조화로운 세계'가 처음으로 국가 간의 공동 인식으로 확인됨으로써 이 새로운 이념이 점차 국제사회의 시야에 들어왔음을 의미한다.

같은 해 9월, 유엔 설립 60주년 정상회의에서 후진타오는 《장구한 평화, 공동 번영의 조화로운 세계를 노력하여 건설하자》라는 연설을 통해 '조화로운 세계'의 의미를 다음과 같이 밝혔다. 문명의 다양성은 인류사회의 기본적 특징이며, 인류문명 진보의 중요한 원동력이다. 인류 역사상 각종 문명은 모두 자신의 방식으로 인류문명의 진보를 위해 적극 공헌하였다. 차이가 있어야 각 문명은 비로소 서로 배우고 함께 진보할 수 있으며, 일률적인 것만 강요하면 인류문명은 원동력을 잃게 되고 경직되며 쇄락한다. 각 문명은 역사적인 장단의 구분이 있지만 우열의 차이는 없다. 역사문화, 사회제도와 발전 모델의 차이는 각국간 교류의 장애가 되지 말아야 하며, 더욱이 서로 대항하는 이유가 되지 말아야 한다. 우리는 반드시 각국이 자유롭게 자국의 사회제도와 발전의 길을 선택하는 권리를 존중해야 하며, 서로 참고해야 하고 의도적으로 배척하지 말아야 하며, 장점을 따라 배워 단점을 보완하고 최고의 권력자를 유일한 기준으로 삼지 말아야 하며, 각국은 자국의 국정과 결부하여 부강과 발전을 추진해야 한다. 또한 서로 다른 문명과의 대화와 교류를 강화하고, 경쟁과 비교 속에서 장점을 따라 배우고 단점을 보완하여 공통점을 찾아내고 차이점을 유보하면서 함께 발전하며, 서로 간의 의구심과 장벽을 해소하고, 인류를 더욱 화목하게 하고 세계를 더욱 풍요롭고 다채롭게 해야 한다. 반드시 평등하고 열린 마음으로 문명의 다양성을 유지하고 보호하여 국제관계의 민주화를 추진하며, 여러 문명이 공존하는 '조화로운 세계'를 구축해야 한다는 요지였다.

'조화로운 세계'를 구축하는 것은 중국과 국제사회가 함께 직면한 중대한 명제(命題)이며, 또한 중국과 국제사회가 모두 희망하는 목표이므로 많은 국가들의 적극적 호응을 받았다. 중국은 이렇게 말할 뿐 아니라 적극적으로 실천에 옮기고 있다. 예를 들어, 미국과의 관계를 개선하고 구축하기에 주력하고 조화로운 주변 건설을 적극적으로 추진하며 아시아, 아프리카, 라틴아메리카 국가들의 발전을 대폭 지원하며 경제력의 증가에 따라 상응한 국제적 의무를 부담하고 있다.

4. 동북 지역의 구공업기초를 진흥하고, 중부 부상 전략과 서부 대개발을 계속 추진하며, 지역발전 총체적 전략을 전면적으로 실현하고, 전국 경제사회 발전 전체 구조에 양에서 질로의 변화가 발생했다

2006년 12월 8일 국무원 상무회의는 《서부 대개발 '11·5'계획》을 심의 통과시켰다. 목표는 서부지역 경제의 빠른 발전을 실현하기에 주력하고, 인민들의 생활수준이 지속적이고 안정적으로 향상하며, 인프라와 생태환경 건설이 새로운 돌파를 가져오며, 중점 지역과 중점 산업의 발전을 새로운 수준에 도달시키며, 교육과 위생 등 기본 공공 서비스의 균등화가 새로운 성과를 거두며, 조화로운 사회 구축을 위한 견실한 발걸음을 내딛는 것이다.

개혁개방이 심화됨에 따라 1990년대 이전 중국에서 가장 중요한 공업기지이며 경제 발달 지역이었던 동북지역은 경제발전 속도가 점차 동부 연해지역보다 뒤떨어지게 되었다. 동북 3성의 국내총생산과 공업증가치는 개혁개방 초 전국의 15%, 20%에서 각각 20세기 말 10% 이하로 떨어졌다. 중국 정부는 지역 간의 협력적 발전을 위해 동북의 구공업기지를 진흥하는 전략을 세웠다. 2003년 10월 중국 공산당 중앙위원회와 국무원은 《동북지역 등 구공업기지 진흥전략을 실시하는 데 관한 몇 가지 의견》을 공포하여, 진흥전략을 실시하기 위한 명확한 지도 사상과 방침을 확정함과 동시에, 실제와 부합하는 임무를 제기하고 실행 가능한 정책과 조치를 제정했다. 구공업기지 진흥전략을 실시한 이래 동북지역의 경제사회는 빠르게 발전되었으며, 개혁개방 이래 커진 발전 격차는 해마다 줄어들었다. 2008년 동북 3성의 총생산 성장률은 13.4%로 전국 평균수준보다 1.7% 초과했다.

2004년 3월 5일 원쟈바오(溫家寶)는 정부사업 보고에서 처음으로 '중

부[114] 부상' 개념을 제시했고, 2005년 '중부 부상'은 국가전략으로 상승하였다. 2006년 2월 중순 국무원 상무회의에서 '중부 부상'의 강령 성격을 띤 문건인《중부 부상을 촉진하는 몇 가지 의견》을 본격적으로 논의했다. 2007년 1월 국무원 판공청은《동북지역 등 구공업기지 진흥과 서부지역 대개발에 관한 정책을 비교하여 실시하는 중부 6성의 범위에 관한 통지》를 발표하여 중부지역 6개 성에서 특혜 정책을 누릴 수 있는 지역, 시와 현의 범위를 확정했다. 2008년 초에는《중부지역 부상 촉진 계획》을 작성하여 국무원의 사업일정에 포함시켰고, 2009년 9월 23일에는《중부지역 부상 촉진 계획》을 통과시켰다.

중부지역 부상을 촉진하는 전략을 실시한 이래 중부지역에서는 앞다투어 기회를 놓치지 않고 진취적으로 개척해 나아가 경제의 신속한 성장을 실현했으며, 전체적 실력이 대폭 상승되어 전국적으로 차지하는 경제 총량의 비율이 점차 늘어났다. 양식 생산기지, 에너지 원자재기지, 현대 장비 제조 및 하이테크 산업기지와 종합 교통운수 중추('3기지, 1중추'라고 약칭)의 건설이 빨라졌고, 산업구조의 조정이 양호한 진전을 가져왔으며, 자원절약형과 친환경형 사회건설이 뚜렷한 성과를 거두었다.

중점 영역과 주요 부분의 개혁이 온당하게 추진되었고, 지역간 협력교류가 심화되었으며, 전방위적 개방 구도가 초보적으로 형성되었다. 도시와 농촌 주민의 수입이 지속적으로 증대되었고, 사회사업이 전면적으로 발전되었으며, 주민들의 생활이 뚜렷하게 개선되었다. 꾸준한 노력을 거쳐 중부지역은 이미 급속한 발전과 전면 굴기의 새로운 단계에 접어들었다. 발전 성과를 공고히 하고 중부지역의 더욱 좋고 더욱 빠른 발전을 추진하며, 지역발전 총체적 전략을 전면적으로 실현하기 위해 2012년 8월

---

114 중부지역은 장시(江西), 안후이(安徽), 후난(湖南), 후베이(湖北), 허난(河南)과 산시(山西)를 가리킨다.

27일 국무원은《대대적으로 중부지역 부상 촉진 전략을 실시하는데 관한 몇 가지 의견》을 정식으로 공포했다.

중앙이 기획한 서부 대개발 사업은 2000년부터 2010년까지의 제1단계 임무를 기본적으로 달성하였고, 2000년부터 2009년까지 서부지역의 국내 총생산은 연평균 11.9% 증가하여 같은 시기 전국 증가 속도보다 높았으며, 기초시설, 지역간 격차, 주민 생활수준, 녹화 환경보호 등의 면에서 양호한 성과를 이룩했다. 서부지역 경제사회의 신속한 발전은 이 지역의 빈곤하고 낙후한 면모를 대폭 바꿔 놓았고, 전국 경제발전의 공간을 넓혔으며 전국 경제발전의 뒷심을 강화하여 제2단계의 대개발을 위해 건실한 기초를 닦아 놓았다. 2010년 7월 당중앙과 국무원은 서부 대개발 사업회의를 소집하고 서부 대개발을 전국 지역간 협력발전 총체적 전략, 사회주의 조화로운 사회, 지속적 발전전략 속에 놓고 중점적으로 규칙을 계획하였으며, 2010년부터 2020년까지의 새로운 10년 동안 이것을 어떻게 심도 있게 실시하고 추진할 것인가에 대해 논의하였다.

지역발전을 위한 총체적 전략을 더욱 과학적이고 전면적으로 실현하기 위해 중앙은 전국 주체 기능구(機能區) 계획을 공포하였다. 2007년 국무원은《전국 주체 기능구 계획의 편성에 관한 의견》을 공포하였다.《의견》은 전국의 국토를 최적화 개발, 중점 개발, 제한 개발과 금지 개발 등 4개의 큰 유형으로 구분했다. 2011년 6월 초《전국 주체 기능구 계획》이 정식으로 공포되었다.《전국 주체 기능구 계획》은 국민경제와 사회발전 총체 기획, 구역 기획과 도시 기획을 위한 기본 근거를 제공함과 동시에 전략성과 기초성 및 제약적인 의의를 가지고 있다.

덩샤오핑의 '두 개의 대국' 사상은 단순하게 동서지역 공동 발전으로 이해할 수는 없는 바, 실질적으로 이 사상은 국가 차원에서의 지역발전 총체전략을 구현했다. 이 총체전략과 대응하는 것이 바로 현대화 '3단계'

발전 전략을 실현하는 것이다. 1970년대 말부터 2012년까지, 국가 지역발전 총체전략의 기본틀이 전면적으로 완성되었다. 지난 역사를 돌이켜보면 이 기본틀은 쉽게 이루어진 것이 아니다. 1970년대 말부터 경제특별구를 설립하고 동부 연해지역을 중점적으로 발전시키고 주장(珠江) 삼각주를 건설하기 시작했다. 1980년대 말부터 장강 삼각주를 건설하는데 주력했고, 1990년대 중반부터는 징진탕(京津唐) 및 보하이(渤海) 삼각지대를 건설하기 시작했으며, 1990년대 말부터는 서부 대개발을 실시하기 시작했다. 2003년에 동북 구공업기지 진흥을 계획했고, 2004년에는 '중부지역 부상' 안을 제시했으며, 2010년에는 새로운 10년의 서부 대개발의 시작을 알렸다. 이 시기에 이르러 동에서 서로, 북에서 남으로, 중부지역의 국가 지역발전 총체전략의 기본틀이 기본적으로 이루어졌고, 국가발전 전체의 전략적 배치가 완성되었다.

최종적으로 형성된 발전전략 구조와 이미 완성된 국가발전 전체 전략 배치는 경제 발전의 지역 법칙과 계단식 발전의 법칙에 따른 것이며, 객관적 사물에 대한 인간의 인식법칙에 부합되며, 중국의 구체적인 국정과 결부되었으며, 사상 해방, 실사구시, 시대와 함께 전진하는 사상 노선을 견지한 것이고, 과학적 발전관의 집중적인 구현이었다.

발전 수치로 보면, 중서부지역과 동부지역이 협력 발전의 양호한 추세가 나타났다. 통계에 따르면, 2010년 동부지역의 GDP는 전국의 53%를 차지하여 2005년보다 2.5% 하락했다. 중부지역과 서부지역의 GDP는 각각 전국의 19.7%, 18.7%를 차지하여 2005년보다 0.9%와 1.6% 상승했으며, 동북지역은 전국의 8.6%를 차지하여 2005년과 대등했다.

체제시스템의 통합으로 보면, 위의 각 구체적인 전략은 실시 과정에서 시장시스템, 협력시스템, 공조시스템, 지원시스템을 구축하여 남부, 중부, 북부지역과 동부, 중부, 서부지역 간의 상호 추진, 우세 상호 보완과 공동 발전의 새로운 국면이 형성됨과 동시에, 중화민족의 위대한 부흥과 중국의 꿈을 실현하기 위한 과학적이고도 견실한 발전 구도를 펼쳐갔다.

5. 사회주의 문화 대발전과 대번영을 추진하고, 사회주의 문화강국을 건설하며, '중국 특색 사회주의 길'의 문화적 기반을 다진다

국내외 저명인사 두 명이 문화에 대해 언급한 적이 있다. 한 명은 중국의 국학대사 난화이진(南懷瑾)인데 그는 "자신의 문화가 없으면 그 민족은 응집력이 없게 되며, 언제나 흩어진 모래와 같다. 자신의 문화가 없으면 그 민족은 곧 창조력이 없게 되며, 외국 사람의 뒤에서 모방만 할 뿐이다. 자신의 문화가 없으면 그 민족은 곧 자신감이 없게 되며, 타인의 존중을 받을 수 없다"고 말하였다.

다른 한 명은 영국 총리 마가렛 대처로, 중국이 '세계의 공장'이라 불릴 때 한 말이다. 그는 "중국은 세계의 초강대국이 될 수 없다. 왜냐하면 중국은 텔레비전을 수출하는 것이지 사상 관념을 수출하는 것이 아니기 때문이다. 중국의 지식체계는 세계 지식체계의 구축에 참여하지 못하며, 지식을 생산하는 대국이 될 수 없다. 가령 중국 경제가 신속히 발전한다 하여도 기껏해야 물질생산 대국이 될 뿐이지, 정신문화의 생산과 창조 그리고 수출에 이르기까지는 여전히 중시하지 않아도 될 소국일 뿐이다"라고 했다. 동방과 서방의 다른 문화적 환경에서 성장한 사람들은 모두 사상문화의 건설이 한 나라의 발전과 강성에 매우 중대한 역할을 한다는 것이다.

사실 마오쩌둥은 1940년대에 중국 공산당의 취지를 실현하고 당이 짊어진 역사적 임무를 완수하는 과정에서 문화의 중요성을 의식하였다. 그는 저명한 저작 《옌안(延安) 문예좌담회에서의 강화》의 머리말에서 "혁명문에는 기타 혁명사업에 대한 더욱 좋은 협력을 구하여, 그에 의해 우리 민족의 적들을 타도하고 민족해방의 위업을 달성해야 한다"[115]라고 지적했다.

문화가 차지하는 민족의 응집력과 창조력에서의 거대한 역할, 경제사회의 발전과 종합 국력에서 차지하는 중요한 지위, 사람들의 문화생활에서 갖는 중요성은 전 당과 전 국민의 공통된 인식으로 되고 있다. 모든 사람들은 물질적 빈곤은 사회주의가 아니며, 정신생활이 공허한 것도 사회주의가 아니며, 사회주의 문화의 번영 발전이 없으면 사회주의 현대화가 없다는 사실을 인식하고 있다.

개혁개방 이래, 중국 공산당은 사회주의 문화를 발전시키기 위해《중공중앙의 사회주의 정신문명 건설 지도방침에 관한 결의》(1986)와《중공중앙의 사회주의 정신문명 건설을 강화하는 몇 가지 중대한 문제에 관한 결의》(1996) 등 중요한 문서를 잇따라 내놓았다. 21세기에 접어 들면서 각종 사상문화 교류, 융합, 경쟁이 더욱 빈번해지면서 문화가 차지하는 종합국력 경쟁 속에서의 지위와 역할이 더욱 두드러졌으며, 국가의 문화 안전을 수호하는 과업이 더욱 어려워졌다. 국가의 문화소프트 실력과 중화문화의 국제 영향력을 강화해야 한다는 요구가 더욱 시급해졌다. 2003년 후진타오는 과학적 발전관을 제기하고, 발전 모델에 대한 반성을 시작으로 문화건설의 강화, 문화 자각성과 문화 자신감을 제고할 것을 요구함으로써 문화건설에 과학발전 성격을 부여했다.

전 당과 전국 인민 속에서 문화가치의 핵심 기준을 세워 응집력을 높이기 위해 2004년 1월 5일 중공중앙이 발표한《철학 사회과학을 진일보 번영 발전하는데 관한 의견》은 마르크스주의 이론 연구와 건설 사업을 실

---

115 《毛泽东选集》第3卷, 人民出版社, 1991, 847쪽.

시해야 하며, 이론 연구를 통해 마르크스주의에 대한 교조적인 이해를 타파하고, 마르크스주의의 명목 하에 부가된 착오적인 관점에 대해 해명해야 하며, 건설 사업을 통해 사람들이 과학적 자세로 마르크스주의를 대하며, 발전하고 있는 마르크스주의로 새로운 실천을 지도해야 한다고 강조했다. 2006년 10월 당의 16기 6중전회는 사회주의 핵심 가치체계를 구축해야 한다고 결정했다. 2007년 후진타오는 '6·25' 중요 연설에서 사회주의 핵심 가치체계를 대대적으로 구축해야 하고, 전 당과 전 국민의 화합과 분투의 사상 기초를 공고히 해야 한다고 강조했다.

2007년 말 17차 당대회는 처음으로 '사회주의 핵심 가치체계의 건설'을 전당대회의 보고문에 기입함과 동시에, '사회주의 문화의 대발전과 대번영을 추진해야 한다'고 제기했다. 또 보고문은 "사회주의 핵심가치는 사회주의 의식 형태의 본질적 구현으로서, 사회주의 핵심체계를 실제에 부합되게 국민교육과 정신문명 건설의 전반 과정에 융합하고, 대중의 자발적 추구로 전환하며, 사회주의 핵심 가치체계로 사회의 사조(思潮)를 이끌고 가는 효과적인 경로를 적극적으로 모색하며, 사회주의 의식 형태의 흡인력과 응집력을 증강해야 한다"고 지적했다. 2011년 10월, 17기 6중전회에서 통과된 《중공중앙의 문화체제 개혁을 심화하여 사회주의 문화 대발전 대번영을 추진하는 몇 가지 중대 문제에 관한 결정》에서는 '문화 강국'을 건설하는 장기적 전략을 수립했다.

16차 당대회 이래, 중국의 문화건설은 현저한 성과를 이룩했다. 이론 연구 사업에서 뛰어난 성과를 이룩했고, 마르크스주의 이론연구와 건설사업에서 풍부한 성과를 거두었다. 철학 사회과학 분야도 번영 발전했으며, 사상 도덕 교육사업이 탄탄하게 추진되었다. 대중의 정신문명 건설도 끊임없이 심화되고 있으며, 문화체제 개혁은 중대한 발전을 가져왔고, 도시와 농촌의 공공문화 서비스 체계의 기본 구조도 마련되었다. 공유제 문화

단체가 사업단체로의 체제 개혁 전환 사업도 뚜렷한 성과를 거두었으며, 문화산업의 규모와 실력이 지속적으로 강해졌다. 문화의 거시적 관리체제가 완벽해졌으며, 중화문화가 '밖으로 진출(走出去)'하는 모델에도 혁신을 가져왔다.

II. 과학적 발전관의 형성: '중국 특색 사회주의' 이론체계의 심화

과학적 발전관은 후진타오를 핵심으로 하는 중앙영도집단이 '중국 특색 사회주의'를 건설하는 실천 과정에서 24년 간의 개혁개방 발전성과 문제점에 대한 경험적 총화와 이론적 사고의 산물이다. 과학적 발전관은 당의 제3세대 중앙영도집단의 발전에 관한 중요 사상을 계승하고 발전시켰으며, 마르크스주의의 발전에 관한 세계관과 방법론의 집중적인 체현이다. 또 마르크스-레닌주의, 마오쩌둥 사상, 덩샤오핑 이론과 '세 가지 대표'의 중요한 사상이 서로 일맥상통하고, 또 시대와 함께 전진하는 과학적 이론이다.

과학적 발전관은 개혁개방 24년 동안 나타난 수많은 발전상의 문제점들에서 비롯됐다. 발전이 과학적인가 아닌가는 발전의 실천에 의해 검증되어야 한다. 개혁개방 이래 중국이 이룬 전 세계가 주목하는 발전 성과는 생산력에서 생산관계에 이르기까지, 경제 기초에서 상부 구조에 이르기까지 모두 중대한 변화를 일으켰다. 그러나 중국이 여전히 장기적으로 사회주의 초급 단계에 머물러 있을 것이라는 기본 국정은 바뀌지 않았고, 갈수록 증가하는 인민들의 물질문화에 대한 필요와 낙후한 사회생산 간의 모순은 변하지 않았다.

또한 장기간에 걸쳐 형성된 구조성 모순과 조방형(粗放型) 성장방식은 아직 근본적으로 바뀌지 않았으며, 발전에 영향을 끼치는 체제 시스템은 여전히 걸림돌이 되고 있으며, 소득과 분배의 격차가 커지는 추세가 여전히 근본적으로 전환되지 않았으며, 도시와 농촌간, 지역발전의 격차를 줄이고 경제사회의 협조적 발전을 추진하는 임무가 어렵고 힘들며, 이러한 모순들이 두드러져 중국 경제사회의 발전에 준엄한 시련과 도전이 나타나게 되었다.

개혁개방 이래 중국은 '경제 건설을 중심으로 한다'와 '발전은 확고한 도리이다'는 지휘봉 아래 과도하게 경제성장의 수량을 추구하고 성장속도를 추구하였으며, 경제성장의 양과 질 간의 관계, 속도와 효능 간의 관계를 정확하게 처리하지 못했다. 더욱이 발전과 안정 간의 관계를 잘 해결하지 못하였기에 일정한 차원에서 사람들과 사회 간의 관계가 균형을 잃게 되었고, 사람과 자연 간의 관계가 균형을 잃었으며, 심지어 사람과 사람 간의 관계도 심각하게 균형을 잃게 되어 도덕은 심각하게 타락하고, 신용은 심각하게 결여되었다. 사회주의 민주법제의 건설, 사회주의 정신문명의 건설, 각종 사회사업의 발전, 자원환경 보호와 생태문명의 건설 등의 면에서도 정도는 다르지만 이들을 홀시하는 현상이 나타났다.

이러한 문제점은 모두 발전 문제에 기인되는 바, 발전 과정에서 나타나는 문제는 당연히 발전 중에서 해결해야 한다. 이전의 발전관으로는 해결되지 않으며, 반드시 새로운 창의성이 있어야 비로소 역할을 발휘할 수 있다. 2003년 상반기에는 바야흐로 '사스(SARS)'가 전국적으로 기승을 부렸는데, '사스(SARS)'는 중국의 개혁개방 이후 발전과정에서 나타난 상술한 문제점들을 드러냈다. 같은 해 7월 28일 후진타오는 전국사스예방퇴치사업회의에서 "우리가 말하는 발전은 당의 집정흥국(執政興國)에서 제일 중요한 임무이며, 이 발전은 결코 경제성장만이 아니며, 경제건설 중심을 견지하면서 경제발전의 토대 위에서 사회의 전면적 발전을 실현하는 것이다. 우리는 한층 전면적 발전, 협조적 발전, 지속적 발전의 발전관을 견지하며, 보다 자발적으로 사회주의 물질문명, 정치문명과 정신문명의 협력적 발전을 이루어야 하며, 경제사회 발전의 기초 위에서 인간의 전면발전을 추진해야 하며, 사람과 자연의 조화를 추진해야 한다"[116]라고 지적했다.

이는 중앙 영도자들의 연설에서 처음으로 과학적 발전관의 의미를 개괄한 것이었다. 2003년 8월 28일부터 9월 1일까지 후진타오는 쟝시성(江西省) 지역을 시찰하면서, '과학적 발전관'이라는 이 중요한 개념을 제시했다. 2003년 10월 당의 16기 3중전회에서 통과시킨 《중공중앙의 사회주의 시장경제 체계를 완비하는 몇 가지 문제에 관한 결정》은 "여러 방면의 일을 통일적으로 계획하고 고루 돌보는 것을 견지하며, 개혁 과정 중의 각 이익관계를 잘 조정해야 한다. 사람을 근본으로 삼고, 전면적이고 협조적이며 지속적인 발전관을 견지하고, 경제사회와 인간의 전면적 발전을 추진해야 한다"[117]라고 제기했다.

2004년 3월 10일 후진타오는 중앙인구자원환경사업 좌담회에서 과학적 발전관의 내용에 대해 상세히 설명했다. 그는 "사람을 근본으로 삼는 것을 견지하는 것은 곧 사람의 전면적 발전을 실현하는 것을 목표로 인민군중의 근본적 이익으로부터 출발하여 발전을 도모하며, 날로 증가하는 물질문화에 대한 인민군중의 욕구를 만족시키며, 인민군중의 경제, 정치와 문화의 권익을 확실하게 보장하여, 발전의 성과를 전체 인민들이 향수할 수 있게 해야 한다. 전면적 발전이란 곧 경제건설을 중심으로 경제, 정치, 문화건설을 전면적으로 추진하고, 경제발전과 사회의 전반적 진보를 실현하는 것이다. 조화롭게 발전한다는 것은 곧 도시와 농촌 발전의

---

116 《十六大以来重要文献选编》(上), 中央文献出版社, 2005, 396쪽.
117 《十六大以来重要文献选编》(上), 中央文献出版社, 2005, 82쪽.

통일적 계획, 지역발전의 통일적 계획, 경제사회의 통일적 계획, 사람과 자연간 조화 발전의 통일적 계획, 국내의 발전과 대외 개방의 통일적 계획을 실시하여 생산력과 생산관계, 경제 기초와 상부 구조의 상호협력을 추진하며 경제, 정치, 문화 건설의 각 부분과 각 분야의 상호협력을 추진해야 한다. 지속적 발전이란 곧 사람과 자연과의 조화를 추진하고, 경제발전과 인구, 자원, 환경 상호협조를 추진해야 하며, 생산이 발전되고 생활이 부유하고 생태가 양호한 문명 발전의 길을 견지하는 것이며, 세대를 이어 가면서 지속적 발전을 확보하는 것이다"[118]라고 제시했다.

2007년 10월 후진타오는 17차 당대회 보고에서 다음과 같이 지적했다. 과학적 발전관의 첫째 요지는 발전이고, 핵심은 사람을 기본으로 삼는 것이며, 기본 요구는 전면적으로 지속적인 발전에 협력하며, 근본 방안은 여러 방면에서 통일적으로 계획하고 고루 돌보는 것인 바, 우리에게 경제 개혁과 발전을 추진할 수 있는 사고 맥락과 전략을 밝혀주었다. 과학적 발전관은 경제사회 발전을 지도하는 근본적 지도 사상이라는 것을 명확히 했다.

이는 중국 공산당이 사회주의 건설법칙, 사회발전 법칙, 공산당의 집권규칙에 대한 인식이 새로운 단계에 올랐다는 것을 의미하며, 아울러 마르크스주의와 새로운 중국 국정의 결합이 새로운 수준에 올랐음을 의미한다. 당의 18차 당대회에서 통과한 당장(黨章) 수정안은 과학적 발전관을 마르크스-레닌주의, 마오쩌둥 사상, 덩샤오핑 이론, '세 가지 대표'의 중요한 사상과 함께 당의 행동지침으로 확정했다.

과학적 발전관을 관철하고 실시하는 과정에서 당중앙은 사회주의 조화로운 사회, 조화로운 세계, 사회주의 영욕관(榮辱觀), 사회주의 핵심 가

---

118 《十六大以来重要文献选编》(上), 中央文献出版社, 2005, 850쪽.

치 체계 등 중대한 전략 사상을 제기했다. 과학적 발전관은 역사 발전 추세에 순응하여 "무엇이 발전이며, 무엇 때문에 발전하며, 어떻게 발전할 것인가"라는 과제에 대해 체계적으로 회답했다. 한편으로 과학적 발전관은 중국의 사회주의 발전 경험 교훈에 대해 정리했고, 다른 한편으로는 당대 국외발전 중의 경험과 교훈을 섭취하고 있으며, 일정한 의미에서는 이들을 초월했다. 또 과학적 발전관은 사회주의 내재적 요구를 구현했고, 다른 한편으로는 전면적으로 샤오캉 사회를 건설하기 위한 필수적 요구이기도 했다.

제4절 시진핑의 중요한 연설 사상과 '중국 특색 사회주의 길' 발전의 새로운 국면

18차 당대회 개최 직전, 국내외에서 '중국 특색 사회주의 길'은 어떻게 가는가에 대해 여러 추측이 있었다. 인심을 응집시키고 방향을 명확하게 하기 위해 18차 당대회 보고에서 '중국 특색 사회주의'를 건설함에 있어서 '세 가지 총'(三總)과 '세 가지 변함없음'(三沒有變)을 파악해야 한다고 제기했다. '세 가지 총' 중에서 총근거(總依據)는 사회주의 초급 단계이고, 총배치(總布局)는 5위일체(五位一體)이며, 총임무(總任務)는 사회주의 현대화와 중화민족의 위대한 부흥을 실현하는 것이다. '세 가지 변함없음'은, 즉 중국은 여전히 또 앞으로 장기적으로 사회주의 초급 단계의 기본 국정이 변하지 않으며, 날로 증대하는 대중들의 물질문화에 대한 필요와 낙후한 생산력과의 모순이 변하지 않으며, 중국은 세계에서 최대 개발도상국가라는 국제적 지위는 변하지 않는다는 것이다.

'세 가지 총'과 '세 가지 변함없음'의 요구에 따라 시진핑(習近平)은 중앙정치국 제1차 단체학습 시에 반드시 "'중국 특색 사회주의'를 확고부동하게 견지하고 시대와 함께 전진하면서 발전시켜야 하며, '중국 특색 사회주의'의 '실천 특색', '이론 특색', '민족 특색'과 '시대 특색'을 끊임없이 풍부히 해야 한다"고 강조했다. 또 새로운 역사 과정에서 어떻게 "'중국 특색 사회주의'를 확고부동하게 견지하고, 시대와 함께 전진하면서 발전시킬 것인가"에 대해 시진핑은 18차 당대회에서 제시한 '중국 특색 사회주의' 새로운 승리를 취득하는 여덟 가지 기본 요구를 깊이 이해할 것을 강조했다.[119] 여덟 가지 기본 요구는 중국 공산당이 새로운 역사 과정에서 어떻게 '중국 특색 사회주의'의 새로운 승리를 쟁취할 수 있는가 하는 기본 문제에 대한 해답이다.

한편 30여 년의 개혁개방의 성과로 '중국 특색 사회주의 길'은 가면 갈수록 넓어졌으며, 다른 한편으로는 개혁개방이 심화됨에 따라 '중국 특색 사회주의 길'에 놓인 곤란과 불확실한 요소는 그 성과에 비해 줄어들지 않았다. 때문에 '중국 특색 사회주의 길'을 풍부하게 발전하기 위해 시진핑 총서기를 수반으로 하는 새 영도집단은 성취에 기반을 두고 시대적 특징을 부유한 치국이정(治國理政)의 새로운 이념, 새로운 사상, 새로운 사고방식과 새로운 조치들을 제시하였다.

---

119 여덟 가지 기본 요구는 즉 인민들의 주체적 지위, 사회생산력 해방과 발전, 개혁개방의 추진, 사회 공평·정의 유지, 함께 부유해지는 길을 걷는 것, 사회조화의 추진, 평화 발전과 공산당의 영도를 견지하는 것을 가리킨다. 여덟 가지 기본 요구에 내포된 의미를 분석하면 일정한 의의에서 덩샤오핑이 제기한 '네 가지 기본 원칙'과 이곡농공(異曲同工)의 기능을 가지고 있기에, 새로운 역사 시기의 '여덟 가지 기본 원칙'이라 할 수 있다. 이 여덟 가지 기본 요구를 견지하고 관철한다면, 중국 특색 사회주의는 사로(邪路)에 들어서지 않을 것이며, 뒷걸음치지 않고 지속적으로 새로운 승리를 얻을 것이다.

Ⅰ. '중국 특색 사회주의 길'을 시대와 함께 발전시키고 풍부하게 하는 새로운 사고와 새로운 조치

18차 당대회 이래 특히 당의 18기 3중전회 이래 '중국 특색 사회주의'를 시대와 함께 전진시키면서 풍부하게 발전시키기 위해 당중앙은 일련의 새로운 사고와 새로운 조치를 제기했다.

1. 여덟 가지 규정을 구체적인 요소로 하고, 대중 노선 교육을 활동의 담체(載體)로 하며, 개혁 혁신의 정신으로 당 건설의 새롭고 위대한 사업을 추진하며, 당 건설의 과학화 수준을 전면적으로 높여 순결성이 가장 높은 세계 최대의 노동자 계급 정당을 만든다

21세기 초 중국 공산당은 새로운 정세 하에서 당이 직면한 '4대 시련(집정 시련, 개혁개방 시련, 시장경제 시련, 외부환경 시련)'과 '4대 위험(정신태만 위험, 능력부족 위험, 대중이탈 위험, 소극적 반부패 위험)'을 줄곧 강조함과 동시에, 이러한 현상의 장기성, 복잡성과 심각성을 지적했고, 지속적으로 '두 가지 능력(당의 영도수준과 집정수준, 부패방지 및 위험방지 능력 향상)'을 강화할 것을 강조하였다. 18차 당대회에서는 과거 수행해 온 사업의 기초 위에서 당의 순결성 확립을 특별히 내세우면서 당의 자아 정화, 자아 완벽화, 자아 혁신, 자아 능력의 제고를 강화했다. 이를 위해 18차 당대회에서는 여덟 가지 사고 맥락을 정리했다.

첫째, 이상과 신념을 확고히 하고 공산당원의 정신적 추구를 굳게 지킨다. 마르크스주의에 대한 신앙, 사회주의와 공산주의에 대한 신념은 공산당원의 정치 영혼이며, 공산당원이 그 어떠한 시련도 이겨내는 정신적 지주이다.

둘째, 사람을 근본으로 삼는 것과 인민을 위해 집정하는 것을 견지하고, 시종일관 당과 인민군중의 혈육 같은 관계를 유지한다. 인민을 위해 봉사하는 것은 당의 취지이며, 사람을 근본으로 삼는 것과 인민을 위해 집정하는 것은 당의 모든 집정사업을 검증하는 최고의 기준이다.

셋째, 당내 민주를 적극 발전시키고, 당의 창조적 활력을 증강시킨다. 당내 민주는 당의 생명이다.

넷째, 간부 인사제도의 개혁을 심화하고 자질이 높은 집권 중견대오를 양성한다. '중국 특색 사회주의'를 견지하고 발전함에 있어서, 핵심은 정치 관점이 확고하고 능력이 강하며 작풍이 우수하며 분발 노력하는 집권 중견대오를 육성하는 것이다.

다섯째, 당의 인재관리 원칙을 견지하고 각 분야의 우수한 인재를 당과 국가의 사업에 집중하여야 한다. 현명하고 능력 있는 사람을 선거하여 쓰는 길을 넓히고, 천하의 영재를 널리 받아들이는 것은 당과 인민의 사업이 발전할 수 있는 근본적 조치이다.

여섯째, 당의 기층조직의 건설사업을 혁신하고 당 집정의 조직 기초를 튼튼하게 다진다. 당의 기층조직은 대중을 인솔하여 당의 이론과 노선 방침 정책을 관철 집행하고, 당의 임무를 수행하는 전투적 보루이다.

일곱째, 확고부동하게 부패를 반대하고 정직하고 청렴한 공산당원의 정치적 본색을 영원히 확보한다. 부패를 반대하고 청렴한 정치를 실시하는 것은 당의 일관적이고 선명한 정치적 입장이며, 인민이 관심을 가지고 중시하는 중대한 정치문제이다.

여덟째, 당의 규율을 엄명히 하고, 자각적으로 당의 집중적인 통일을 수호한다. 당의 집중통일은 당의 역량의 근원이고 경제사회의 발전, 민족 단결의 진보와 국가의 장구한 안정을 실현하는 근본적 보증이다.

이 여덟 가지 사고 맥락에 의거하여 시진핑을 총서기로 하는 중앙영도

집단은 이와 상응한 새로운 조치를 제정하고 실행했다. 이러한 새로운 조치는 아래와 같은 몇 가지가 있다.

1. 2012년 12월 4일 시진핑은 중앙정치국회의를 주최하여 사업 작풍을 개선하고 대중과 밀접히 연계하는데 관한 중앙정치국의 여덟 가지 규정과 여섯 가지 금지령을 심의하고 통과시켰다.

2. 2013년 하반기부터 시작하여 전당적으로 전개한 인민을 위해 구체적인 사업 수행에 힘쓰고, 청렴하며 '4풍(형식주의, 관료주의, 향락주의, 사치풍조)'을 바로잡는 것을 주요 내용으로 하고, "거울에 비춰보고 옷 매무새를 바로 하고 목욕을 깨끗이 하고 병을 치료해야 한다"는 것을 내세우며, '자아 정화, 자아 완벽화, 자아 혁신, 자아 제고'를 착안점으로 하며, 정풍정신으로 비평과 자아비평의 당의 군중노선 교육실천 활동을 전개한다.

3. 중앙의 순시제도와 '호랑이'와 '파리'를 동시에 때려잡는 것을 서로 결합한 강력한 반부패운동을 실시한다. 이러한 새로운 조치는 좋은 성과를 거두었으며, 전 당과 전국 범위에서 공감이 높았다. 중국의 정계에 간부는 청렴하고 공정하며, 정부는 청렴하고 깨끗하며, 정치는 투명하고 깨끗해야 하는 청풍(淸風)을 가져왔다.

2. 18기 3중 전원회의에서 통과한 《중공중앙의 개혁을 전면적으로 심화하는 몇 가지 중대한 문제에 관한 결정》은 시대와 함께 전진하여 '중국 특색 사회주의'를 발전시키고 풍부하게 하였으며, 중국의 향후 10년 시정 강령을 뚜렷하게 나타냈다

세계를 인식하고 세계를 개조하는 과정에서 과거의 문제가 해결되면 새로운 문제가 또 나타나면서 사회제도는 끊임없는 완벽화를 요구하기에 개혁은 한 번에 이루어질 수도 없고, 또한 한번 개혁으로 영원히 달성될

수도 없다. 그러나 매번의 중대한 개혁정책과 조치의 추진은 개혁에 대한 인식이 반드시 전면적이고 심화되며, 중국의 개혁이 달성하려는 최종 목표에 더 가까워질 것이다.

개혁개방 30여 년의 역사를 보면 매번 새로운 중앙 정부가 출범된 후에 소집한 당의 3중전회의 내용은 모두 새로운 중앙영도집단이 제기한 시정방침이며, 또한 매번 통과한 《결정》은 자연스럽게 하나의 상징이 되어 역사의 전환점이 아니면 역사의 점진성이다. 11기 3중전회의 전환적 의의는 여기에서 더 언급할 필요가 없다. 덩샤오핑 시기, 1984년 12기 3중전회에서 통과한 《중공중앙의 시장경제 체제 개혁에 관한 결정》은 중국 경제체제 개혁의 첫 강령 성격의 문건으로서, 상품경제와 가치법칙 등 중대한 문제에서 '좌'적 사상의 속박을 깨뜨리고 사회주의 상품경제 체제의 목표를 확립했으며, 개혁의 중심을 농촌에서 도시로 이끌었다.

장쩌민 시대, 1993년 당의 14기 3중전회에서 통과한 《중공중앙의 사회주의 시장경제 체제를 확립하는 몇 가지 문제에 관한 결정》은 사회주의 시장경제의 대문을 정식으로 열어 놓았으며, 개혁개방 30여 년의 경제개혁 과정에서 실시한 가장 중요한 결정 중 하나였다. 후진타오 시대, 2003년 16기 3중전회에서 통과한 《중공중앙의 사회주의 시장경제 체제를 완비하는 몇 가지 문제에 관한 결정》에서는 국유기업의 개혁, 정부구조 전환, 시장의 완벽화 등 중대한 임무를 제기했다. 세 차례의 3중전회는 모두 중국 경제체제 개혁 문제를 논의한 것으로, 비록 키워드는 달라도 통과된 《결정》의 주요 내용은 앞의 《결정》을 계승하고 발전시키면서 '중국 특색 사회주의' 경제체제를 점진적으로 심화하고 완비하는 것이다.

2013년 18기 3중전회에서 통과한 《중공중앙의 전면적으로 개혁을 심화하는 몇 가지 중대한 문제에 관한 결정》은 당과 국가 사업발전의 새로운 요구에 적응하고 18차 당대회의 정신을 계승하고 18차 당대회에서 제기한 개혁개방의 전면적인 심화 발전의 전략 임무를 관철시키며, 16개 중요한 방면에서 향후 10년 동안 중국의 전면적으로 개혁을 심화시키는 로드맵에 대해 최상위층 설계와 전략적 배치를 하였으며, 60가지의 구체적인 새로운 사고맥락과 새로운 조치를 제기했다. 이 같은 조치는 새로운 당중앙의 '치국이정(治國理政)', '치당치군(治黨治軍)'의 기본 강령의 전면 전시이다.

첫째, 개혁의 전면적 심화의 총목표는 '중국 특색 사회주의' 제도를 완비하고 발전시키는 것이며, 나라를 다스리는 체계와 나라를 다스리는 능력의 현대화를 추진하는 것이라고 했다. 이는 완전히 새로운 제기 방식이었다. 이전의 중앙전원회의에서는 '다스린다(治理)'는 개념이 이처럼 선명하게 언급되지 않았다. '나라를 다스리는 능력의 현대화 추진'은 앞으로 개혁의 전면적 심화의 새로운 목표라 말할 수 있다. 이것은 단순한 경제개혁 목표를 초월한 사회치안과 정치체제 개혁을 포함한 전체적 목표이다. '다스린다(治理)'는 단어는 '관제(管制)', '관리 통제(管控)'보다는 더욱 평등, 상호작용, 협상, 경쟁을 강조함으로써 기존 체제에서의 대항성 구도를 뛰어넘었기에 더욱 현대적 의미를 띠었다.

둘째, 당중앙은 시기에 맞게 개혁심화 영도소조를 설치하였던 바, 이는 '중국 특색 사회주의' 발전에 필연적이었다. 현재 개혁이 직면하고 있는 어려움의 하나는 사회모순이 이미 격화되어 '피할 수 없는' 정도에 이른 것이고, 다른 하나는 이익이 응고된 울타리를 타파하기 어렵고, 부서 간의 이익 조정은 더욱 어렵게 되었으며, 개혁 자체의 장애가 갈수록 커지는 것이다. 또 하나는 사회 계층의 고착화가 갈수록 심해지고 있으며, 사회적으로 위에서 아래로 유통되는 통로도 갈수록 좁아지고 있으며, 마지막으로 생태환경 문제가 갈수록 경제발전의 병목(瓶頸)이 되고 있다. 이는 당중앙에게 더욱 높은 차원에서 개혁을 영도하고 기획할 것을 요구한다. 이러한 어려움을 극복하고 전면적 개혁을 심화하기 위한 조직상의 보장을 위하여 전면적 개혁심화 영도소조가 시대에 부응하여 설치되었다.

셋째, 당중앙은 시기에 맞게 국가안전위원회를 설립하였으며 강력한 플랫폼을 구축하여 국가안전사업을 통일적으로 관리하고 국가안전체계와 국가안전전략을 완비하는 것이다. 국가의 안전과 사회안정은 개혁 발전의 전제이다. 국가가 안전하고 사회가 안정되어야 개혁과 발전이 끊임없이 추진될 수 있다. 현재 중국은 대외적으로 국가의 주권, 안전, 발전 이익을 지키고, 대내적으로는 정치안전과 사회안정을 수호해야 하는 이중의 압력에 직면하고 있으며, 각종 예측이 가능하거나 예측하기 어려운 위험한 요소가 뚜렷하게 나타나고 있다. 때문에 국가안전위원회는 대외적으로 국가안전을 보호하고 대내적으로는 사회안정을 유지할 것을 강조한다.

넷째, 2020년에 이르러 중요한 영역과 관건적 부분의 개혁에서 결정적인 성과를 취득하여 완벽한 시스템, 과학적 규범화, 효과적인 운행의 제도체계를 형성함으로써 여러 제도가 더욱 성숙되고 더욱 정형화되게 하는 것이다. 여기에서는 주로 전체적인 제도화의 과정을 말하는 바, 다음과 같은 체제들이 포함된다. 국가 자연자원자산 관리체제의 건전화, 자연자원 감독관리 체제의 완벽화, 인터넷 관리 영도체제의 완벽화, 반부패 영도체제와 업무체계의 건전화, 사법체제 개혁과 운영체계의 완벽화, 협상민주의 광범위한 다차원적 제도화의 추진, 도시 농촌 발전의 일체화 체제 시스템의 완비, 재정과 세금 체제개혁의 심화, 문화사업과 문화산업 발전체제 시스템의 심화, 정부와 시장의 관계 심화 등이다. 전체적인 제도화 과정은 개혁을 전면적으로 심화하는 과정에서 필수적인 것이며, 그렇지 않디면 개혁은 파편화되어 머리가 아프면 머리를 치료하고, 발이 아프면 발을 치료하는 격이 된다.

다섯째, 헌법의 법률적 권위를 수호하고, 사법체제와 운영시스템을 개혁한다. 사법 개혁은 이번 전면 개혁 심화의 중점 중 하나이다. 18기 3중전회의《결정》은 서로 관련된 일련의 새로운 조치들을 제기했다. 그 조치들로는, 사법관리 체제의 개혁을 포함한 성급 이하의 지방법원과 검찰원의 인원, 재산, 재물의 통일 관리를 추진하고, 행정구역과 적절히 분리된 사법관할 제도의 모색과 구축, 사법 권력 운영시스템을 완비하고, 주심 법관과 합의 법정 사건 처리 책임제를 완벽하게 하며, 재판자가 재판하고 재판자가 책임을 진다. 감형, 가석방, 병보석 등의 절차를 엄격하게 규범화 한다. 오안(誤案) 방지, 시정, 책임 추궁 시스템을 완비하고 불법증거 배제 규칙을 엄격히 실시한다. 법과 관련되고 민원소송과 관련된 사건은 법에 따라 종결짓는 제도를 구축한다. 노동교양제도를 폐지하고 위법 범죄행위에 대한 처벌과 교정 법률을 완비하게 한다. 앞으로 이러한 개혁조치의 실시를 통해 법에 따라 독립적이고 공정하게 재판권, 검찰권의 행사가 보장되고, 사법 권력 운영시스템의 독립성이 보장되었다. 사법체계의 수직관리가 향후 큰 방향이 될 수 있을 것이다.

여섯째, 정부와 시장의 관계를 잘 처리하는 것을 핵심으로 하여 경제체제 개혁을 전면적으로 심화한다. 경제체제 개혁은 개혁을 전면적으로 심화하는 중점 사항이다. 18기 3중전회는 "시장은 자원 배치에서 기초적 역할을 한다"라는 표현을 "시장으로 하여금 자원 배치에서 결정적 역할을 하게 한다"로 수정했던 바, 이는 큰 진보이며, 중대한 이론적 혁신이다.

시장에 대한 결정적 역할을 하는 경계문제에 대해 적어도 전회(全會)의 《결정》에서 다음의 세 가지 내용을 알 수 있다. 먼저, 규정을 명확히 한 것인데 시장은 자원 배치에서 결정적 역할을 할 뿐이며, 또한 이 결정적 역할로서 경제체제 개혁을 심화하고 사회주의 기본경제 제도를 완성하며, 경제발전 방식을 빨리 전환시키며, 혁신적인 나라 건설을 빨리 추진하며, 경제로 하여금 더 효율적이고 더 공평하며 더 지속적으로 발전하도록 추진한다. 경제체제 개혁은 여전히 당면한 전면적 개혁을 심화시키는 중점 사항이며, 경제체제 개혁의 목표는 여전히 사회주의 시장경제 체제를 끊임없이 완비하는 것이다. 그리고 시장경제 조건 하에서의 경제발전은 자원, 특히 희소자원의 배치 효율을 높이는 것이고, 시장이 자원 배치를 결정한다는 것은 시장경제의 일반적 법칙이며, 시장경제는 본질적으로 시장이 자원 배치를 결정하는 경제이다. 그러므로 시장의 결정적 역할은 경제 영역의 자원 배치라고 하는 경계를 넘어서는 안 된다.

다음으로, 자원 배치에서 시장의 결정적 역할과 정부의 역할을 잘 발휘하는 것을 변증법적으로 통일할 것을 강조했다. 정부와 시장 간의 관계를 잘 처리하는 것은 줄곧 경제체제 개혁의 핵심 과제이며, 중앙도 줄곧 실천의 확장과 인식의 심화에 의거하여 이 양자의 관계를 인식하는 과정에서 새로운 과학적 위치를 찾았다.

18기 3중전회에서 자원 배치에서의 시장의 '기초적 역할'을 '결정적 역할'로 수정한 것은 정부와 시장과의 관계에 대한 인식이 심화되고 있음을 나타낸다. 이러한 수정은 한편으로 중국의 시장화 수준이 끊임없이 제고되고 있는 필연성을 밝혔고, 다른 한편으로 '시장에 대한 이해와 통제력이 끊임없이 향상되고, 시장에 대한 거시적 조정 체계가 부단히 건전하고 완전하며', '시장'이라는 '보이지 않는 손'을 통제할 수 있는 능력이 있음을 보여준다. 그럼에도 시장으로 하여금 자원 배치에서의 역할을 유지하는 동시에, 여전히 사회주의 제도의 우월성과 당과 정부의 적극적 역할을 발휘하는 것을 유지해야 한다. 자원 배치에서 시장의 결정적 역할은 어디에 의지하는가? 다시 말하면 그 기초는 어디에 있는가? 이는 바로 정부에 의해 통일된 개방적이고, 경쟁질서가 있는 시장체계를 건설하고 보호하는 것이다.

마지막으로, 자원 배치에서 시장은 결정적 역할을 하는 것이지 모든 역할을 다하는 것이 아니며, 경제 영역에서의 자원 배치에서도 시장이 모든 역할을 담당할 수는 없다. 만약 시장의 결정적 역할에 경계가 없다면 쉽게 '시장이 모든 것을 결정하도록 한다.' 시장이란 '보이지 않는 손'이 모든 것을 주도하게 되며, 경제의 경계를 벗어나 정치사상과 도덕 영역까지 침투되며, 정부의 감독관리를 배척하고 심지어 정부의 효과적인 관리를 거절하게 되며, 경제법칙을 절대화하고 시장의 역할을 만능화한다. 그 당시 현대 경제학의 아버지 아담 스미스(Adam Smith)는 이미 시장이 경계를 벗어나면 사회에 심각한 위해성을 가져온다는 것을 깨달았다. 그리하여 그는 《도덕적 정조론(道德情操論)》과 《국부론(國富論)》이라는 큰 영향을 미친 저작을 발표하여, 시장경제는 도덕의 경제이며 그렇지 않으면 시장경제는 사회에 대재앙을 일으킨다고 사람들에게 경종을 울렸다. 사실상 시장경제는 도덕을 지키는 경제일 뿐 아니라 더욱이 법제를 지키는 경제이다. 여기에서 말하는 도덕과 법제는 실질적으로 시장의 경계점이다. 이는 중국이 전면적으로 개혁을 심화하는 과정에서 반드시 주의해야 할 엄숙한 과제이며, 그렇지 않으면 곧 시장주의에 빠지게 되어 개혁개방이 나쁜 길에 들어서는 일이 초래될 것이다.

일곱째, 공유제 경제와 비공유제 경제 관계를 착안점으로 기본 경제제도를 고수하고 완비하는 데 새로운 돌파구가 마련됐다. 새로운 돌파구는 다음과 같은 몇 가지에서 나타난다. 먼저 여러 측면에서 비공유제 경제의 발전을 고무하고 지지하고 인도하며 비공유제 경제의 활력과 창조력을 북돋우는 개혁 조치를 주장했다. 기능적 위치 설정에 있어서 공유제 경제와 비공유제 경제는 모두 사회주의 시장경제의 주요한 구성 부분이며, 경제사회 발전의 중요한 기초임을 명확하게 했다. 재산권 보호 면에서 공유제 경제 재산권은 불가침이며, 비공유제 재산권도 마찬가지로 불가침임을 명확히 제기했다. 정책 우대 면에서 권리평등, 기회평등, 규칙평등의 유지를 강화하고 통일적인 시장참여 제도를 실시한다. 비공유제 기업이 국유기업 개혁에 참여할 것을 격려하고, 비공유 자본이 지배하고 있는 혼합 소유제 기업의 발전을 격려하고, 조건이 되는 사기업에서 현대 기업제도를 구축할 것을 격려했다. 이는 비공유제 기업의 건강한 발전을 도모할 것이다.

다음으로 공유제 경제를 조금도 흔들림 없이 공고히 하고 발전시키며, 공유제의 주체적 지위를 견지하고, 국유 경제의 주도적 역할을 발휘시키며 국유 경제의 활력, 통제력, 영향력을 끊임없이 강화한다. 국유기업의 지분 다변화의 실현을 제창하고 더욱 많은 국유기업이 기타 소유제 기업과 함께 혼합 소유제 경제로 발전할 것을 허용한다. 혼합 소유제 경제는 기본 경제제도의 중요한 실현 형식으로서 국유자본의 기능 확장, 가치의 보유와 증가, 경쟁력의 제고에도 유리하다. '국유자본의 수권경영 체제를 개혁하고', '조건부 국유기업이 국유자본 투자회사로 개편하는 것을 지지하며', '자본관리 위주로 하고 국유자산의 감독 관리를 강화한다.' '혼합 소유제 경제에서 기업 직원들의 주식 보유를 허용하며', '자본 소유자와 노동자의 이익공동체를 형성한다.'

그러나 국유기업의 개혁을 처리할 때 반드시 한계를 파악해야 한다. 첫째, 국가안전과 관련되는 국유기업과 국유자본 투자회사, 국유자본 운영회사에서는 국유 독자 형식을 취할 수 있다. 둘째, 국민경제의 명맥과 관련되는 중요한 업종과 주요 영역의 국유기업에서는 반드시 절대적인 국유지분을 유지해야 한다. 셋째, 중견 산업과 첨단산업 등 중요한 국유기업에서는 반드시 국유기업의 상대적 지분을 유지해야 한다. 넷째, 국유자본을 통제할 필요가 없고 사회자본의 지분을 가지고 있는 국유기업은 국유주식 참여 혹은 전부 퇴출 등 다양한 형식을 취할 수 있다.

《결정》의 전체적인 내용은 두 가지 직관적 느낌을 준다. 하나는 전면적 개혁을 심화하는 정치 입장을 선명하게 천명하고, 기치를 바꾸는 나쁜 길로 가지 않을 것임을 표명했다. 다른 하나는 전면적인 개혁 심화의 주요한 내용을 상세히 천명하고, 폐쇄적인 옛길로 되돌아가지 않을 것임을 명시했다.

18기 3중전회는 전면적 개혁의 심화를 위한 청사진을 만들고, 그 시간표와 로드맵을 계획했다. 2014년은 이를 실행하는 중요한 해이다. 만약 《결정》이 기획한 60조를 구체적인 조치와 정책으로 관철 집행하지 않는다면, 한 장의 빈 종이장에 지나지 않을 것이다. 그러므로 곧 시작해야 할 작업은 전 당과 전국이 위에서 아래로 아래에서 위로, 위아래가 연동되어 온 나라가 하나로 뭉쳐 '실행'이라는 큰 문장을 잘 엮어 나가야 한다. 전원회의가 끝나고 지금까지 당중앙은 구체적 실행 과정에서 한 조목 한 조항 적지 않은 조치와 정책을 내놓았다.

18차 당대회 이래의 각종 현상은 중화민족이 중국 공산당의 영도 하에 '중국 특색 사회주의' 길에서 전면적 개혁을 심화시키는 기치를 들고 위대한 부흥을 향해 나아갈 것임을 잘 보여주고 있다.

II. 시진핑의 중요한 연설 사상: '중국 특색 사회주의' 이론 체계의 새로운 이론 혁신

18차 당대회는 '중국 특색 사회주의' 위대한 사업의 새로운 노정을 열어 놓았다. 후진타오는 18차 당대회 보고에서 "실천의 기초 위에서 이론 창의성을 과감히 추진하며", "신 사상, 신 관점, 신 논단"을 받아들여야 한다고 제기했다. 시진핑 총서기는 18차 당대회 이래 중국 공산당이 어떤 깃발을 들고, 어떤 길을 가고, 또 새로운 정세 하에서 어떻게 '치국이정(治國理政)'을 하고, 외교 업무를 전개할 것인가에 대해 중요한 담화를 시리즈로 발표하여 새로운 사상, 새로운 관점, 새로운 논단, 새로운 요구들을 많이 제시했다.

1. '중국 특색 사회주의'는 과학적 사회주의이며 다른 어떤 주의가 아니다

18차 당대회 이래 시진핑은 '중국 특색 사회주의'를 견지하고 발전하는 데 대해 여러 차례 중요한 담화를 발표했다. 예를 들어, 2013년 1월 5일 새로 선출된 중앙위원회위원과 후보위원들을 대상으로 열린 제18기 대회의 정신을 학습하고 관철하는 연구토론반의 개강식에서는 '중국 특색 사회주의'는 과학적 사회주의이며 다른 어떤 주의가 아니며, 과학적 사회주의의 기본 원칙을 버릴 수 없으며, 만약 그 원칙을 버린다면 사회주의가 아니다. 한 나라가 어떤 주의를 실시하는가 하는 관건은 그것이 국가가 직면하고 있는 역사적 과제를 해결할 수 있는가 없는가를 분석해 보아야 한다고 지적하였다.

시진핑은 또 '중국 특색 사회주의'를 견지하고 발전함에 있어서 파악해야 할 일련의 중대한 이론 문제와 전략적 배치 등에 대해 전면적이고 체계적으로 심각하게 천명했다. 이러한 중요 논술은 '중국 특색 사회주의'를 더 깊이 이해하고 정확하게 파악하며 흔들림 없이 견지하고 발전함에 있어서 중대한 의의를 지니고 있다.

2. 중화민족의 위대한 부흥 '중국꿈'을 실현하고, 반드시 '중국의 길'을 걷고 중국정신을 발양하여 중국의 역량을 결집해야 한다

2012년 11월 29일 시진핑은 '부흥의 길' 전시를 관람할 때 중화민족의 위대한 부흥을 실현하는 '중국꿈'을 처음으로 제기했다. 또 2013년 전국

인민대표대회의 폐막식 등 여러 차례의 중요한 장소에서 중요한 담화를 발표하여 '중국꿈'에 대한 내포 실질, 실현 방안, 의지 역량, 역사적 의의 등에 대해 체계적으로 해석했다. '중국꿈'의 실질은 국가의 부흥, 민족의 진흥, 인민의 행복을 실현하는 것이며, 궁극적으로 인민의 꿈이다. '중국꿈'을 실현하자면 반드시 중국의 길을 걸어야 하고, 중국 정신을 발양하여 중국의 역량을 결집시켜야 한다.

'중국꿈'의 제기는 마르크스주의의 기본 원리와 중국의 실상과 시대적 특징이 결합된 모범이며, '중국 특색 사회주의'의 중대한 사상이론 성과로서 '중국 특색 사회주의'의 과학적 의미를 풍부하게 하고, '중국 특색 사회주의'의 위대한 사업의 추진 방향을 제시했으며, 오늘 중국의 발전과 진보의 사상적 리더, 정신적 기치가 되었다.

3. 개혁개방은 당대 중국의 발전과 진보의 활력의 원천이며, 중화민족의 위대한 부흥을 실현하는 관건적 조치이다

2012년 12월 9일 광저우(廣州)를 시찰할 때 시진핑은 다음과 같이 강조했다. 전 당과 전국의 각 민족 인민은 확고히 개혁개방의 강국의 길로 나아가야 하며, 개혁의 체계성, 정체성, 협동성을 더욱 중시하고 개혁이 정지되지 않고 개방이 멈추지 않게 해야 한다. 개혁개방은 당대 중국의 운명을 결정하고 '두 개 100년'의 분투 목표를 실현하고, 중화민족의 위대한 '중국꿈'을 실현하는 관건적 조치이며, 개혁개방은 진행형일 뿐 완성형일 때는 없다.

2012년 12월 31일 시진핑은 중공중앙정치국 제2차 집체학습을 주최하면서, 개혁개방은 장기적이고 간고하며 과중한 사업으로서 반드시 한 세대에서 또 한 세대로 이어가면서 실현해야 한다고 하면서, 이를 위한 다섯 가지 의견을 제시했다.

첫째, 개혁개방은 한 차례의 심각한 혁명으로 반드시 정확한 방향을 견지하고 정확한 길을 따라 추진해 나아가야 한다.

둘째, 개혁개방은 지금까지 그 누구도 해본 적이 없는 새로운 사업으로 반드시 정확한 방법론을 견지하고 끊임없이 실천하고 모색하는 과정에서 추진해야 한다. 돌을 더듬어 강을 건너는 것과 최상층 설계를 강화하는 것은 변증법적 통일이며, 국부적인 단계적 개혁개방은 최상층 설계를 강화하는 전제 하에서 진행해야 한다. 최상층 설계를 강화하는 것은 국부적인 단계적 개혁개방을 추진하는 기초 위에서 계획해야 한다.

셋째, 개혁개방은 하나의 계통적 공정이며, 반드시 전면적 개혁을 견지하고 각 항 개혁은 서로 협력하면서 추진해야 한다. 각 항 개혁의 상호 촉진, 양성 상호작용, 총체적인 추진, 중점 돌파를 더욱 중시하여 개혁개방을 추진하는 강력한 합력을 형성해야 한다.

넷째, 안정은 개혁 발전의 전제이며, 반드시 개혁 발전 안정의 통일을 견지해야 한다. 개혁의 역량, 발전의 속도와 사회가 감당할 수준을 통일시키며, 인민생활의 개선을 개혁 발전과 안정을 정확히 처리하는 결합점으로 삼아야 한다.

다섯째, 개혁개방은 인민 모두의 사업으로서 반드시 인민의 창조적 정신을 존중해야 하며, 당의 영도 하에서 추진해야 한다.

2013년 7월 24일 시진핑은 우한(武漢)을 시찰하면서 "개혁개방은 당대 중국 발전 진보의 활력 원천이고, 당과 인민의 사업이 대활보로 시대를 따라잡는 중요한 법보(法寶)이며, 대세의 흐름이고, 인심이 지향하는 바로서 멈춰 서거나 뒷걸음 쳐서는 출로가 없다"고 지적했다.

이러한 중요한 논단(論斷)은 개혁개방에 관한 중국 공산당의 이론적 총화를 풍부히 했으며, 중국이 어떠한 방향으로 개혁하고 어떻게 개혁을 추진할 것인지에 대한 공통의 인식과 역량을 집결시켰으며, 새로운 시기에 전면적인 개혁의 심화를 위한 기본준칙을 제공했다.

4. 이데올로기 작업은 당의 극히 중요한 작업으로서 이데올로기 작업의 영도권, 관리권, 발언권을 확고히 장악해야 한다

2013년 8월 19일 시진핑은 전국 선전사상업무회의의 중요 담화에서 "경제 건설은 당의 중심 사업이며 이데올로기 작업은 당의 극히 중요한 작업이다." "한 정권의 와해는 흔히 사상 영역에서 시작되고 정치 혼란, 정권 교체는 하루아침에 일어날 수 있지만 사상 진화는 장기적 과정이다. 사상의 방어선이 파괴되면 기타 방어선을 지키기도 매우 어렵게 된다. 우리는 반드시 이데올로기 작업의 영도권, 관리권, 발언권을 확고히 장악해야 하며 한시라도 늦추어서는 안 되며, 그렇지 않으면 만회할 수 없는 역사적 착오를 범하게 된다'라고 제기하였다. 이어 그는 "이데올로기 작업의 성공 여부는 당의 전도와 운명, 나라의 장구한 안정, 민족의 응집력과 구심력에 관계된다"고 강조했다. 그러므로 이데올로기 작업은 "대국면을 마음속에 지니고 대세(大勢)를 파악하며, 대사에 착안하며 작업의 출발점과 중점을 정확히 파악하여 시세에 따라 기획하고 시세에 부응하여 움직이며 시세에 순응하여 일을 해야 하며", "근본적인 시비와 관계되고 정치적 원칙과 관계되는 문제에서 반드시 주도성을 강화하고 주도권을 장악하며 주도적 싸움을 잘해야 한다." 확실하게 "이데올로기 영역에서 마르크스주의의 지도적 지위를 공고히 하며, 전 당과 전국의 인민이 단결하고 분투하는 공동의 사상 기반을 공고히 해야 한다'라고 강조하였다.

이러한 투철한 중요 논단들은 심각한 전략적 사유와 과학적 방법론을 내포하고 있고, 변증법으로 충만되었다. 아울러 이러한 논단은 이데올로기 작업의 중요성을 충분히 설명하고, 현재 중국의 이데올로기 작업의 지도권, 관리권, 발언권 강화에 시급한 현실적인 필요성에 강력히 대응하였으며, 어떻게 이데올로기 작업을 주동적으로 혁신하고 강화할 것인가에 대한 실천적 지향성을 적시적으로 제시했으며, 개혁의 전면적 심화를 더욱 추진하기 위해 사상을 통일하는 면에서 과학적 사상 선도 방법과 기본 준칙을 제공했다.

5. 당내 청렴정치 건설과 반부패 투쟁은 당과 국가의 생사존망에 관계된다

1. 돌을 밟아 낙인하고 쇠붙이를 잡아 흔적을 남기는 기세로 당을 엄하게 다스려야 한다. 2012년 11월 15일, 시진핑은 제18차 중공중앙정치국 상무위원들과 국내외 기자회견에서 당을 엄하게 다스리는데 대해 "쇠를 두드리려면 망치가 더 단단해야 한다"고 지적했다. 2012년 11월 17일 시진핑은 중앙정치국 제1차 집단학습을 주최하면서 다음과 같이 강조했다. "이상 신념(理想信念)을 확고히 하고, 공산당원의 정신적 추구를 군게 지키는 것은 공산당원의 안신입명(安身立命)의 근본이다. 마르크스주의에 대한 신앙과 사회주의와 공산주의에 대한 신념은 공산당원의 정치적 영혼이며 공산당원이 그 어떤 시련도 이겨낼 수 있는 정신적 지주이다. 이상을 향한 신념은 공산당원의 정신적 칼슘이며 이상을 향한 신념이 없거나 이상과 신념이 확고하지 못하면 정신적으로 칼슘이 부족하여 뼈연화증에 걸리게 된다. 당이 강력하고 대중과 혈육관계와 같은 연계를 확보해야만 국가가 번영과 안정을 유지할 수 있으며, 인민들이 행복하고 평안할 수 있다. 나라를 다스리려면 반드시 우선 당을 다스려야 하며, 당을 다스리려면 반드시 엄하게 다스려야 한다. 당이 당을 관리하고 당을 엄하게 다스리는

임무를 수행하는 것은 그 어느 때보다 막중하고 긴박하다."

2013년 1월 12일에 열린 중국 공산당 제18기 중앙기율검사위원회 제2차 회의에서 시진핑은 다음과 같이 지적했다. "당이 직면한 정세가 복잡하고 짊어진 임무가 간고할수록 기율 건설을 더욱 강화해야 하고 당의 단결과 통일을 수호해야 한다. 당의 기율을 엄하게 하는 것은 우선 정치 기율을 엄명하는 것이고 당 중앙과의 고도의 일치를 유지하며 중앙의 권위를 수호해야 한다. 그 어떠한 상황에서도 정치 신념이 변하지 않으며 정치 입장이 흔들리지 않으며, 정치 방향이 어느 한쪽으로 기울어지지 않도록 해야 한다. 반드시 지방과 부서의 보호주의, 집단 이기주의를 방지하고 극복해야 하며, '상급에서 정책을 세우면 하급에서 대책을 세우는 것'을 절대 허용하지 않으며 명령에 따르지 않고 금지령에 복종하지 않는 것을 절대 허용하지 않으며, 중앙의 정책 결정과 배치를 관철 집행하는 과정에서 건성으로 하거나 선택적으로 하고 변통적으로 하는 것을 절대 허용하지 않는다. 향락주의와 사치 풍기를 단호하게 저지하고 절약을 제창하고 낭비를 반대하며 각급 지도자들은 몸소 본보기를 보이며 솔선수범하며 말하면 말한 대로 해야 하며 약속하면 약속한 대로 실행해야 한다. 돌을 밟아 낙인하고 쇠붙이를 잡아 흔적을 남기는 기세로 일을 처리하고 처음부터 끝까지 한결같이 잘해야 하고 선하게 일을 하여 선하게 이루며 용두사미가 되지 말아야 하며 인민군중들로 하여금 실제적인 성과와 변화를 끊임없이 볼 수 있게 해야 한다."

8500여만 명의 당원을 보유한 공산당 대오의 질과 양의 문제에 대해서 2013년 1월 28일 열린 정치국회의에서 시진핑은 당원에 대한 관리를 강화하고 당내의 조직생활을 엄하게 하며, 당의 기율을 엄명하게 하며, 적시적으로 불합격 당원을 처분해야 한다고 지적했다.

이러한 논술적 관점과 요구는 강력하고 설득력이 있으며, 당이 당을 관리하며 당을 엄하게 다스리는 것을 시행하려는 중앙의 굳은 결심이 시대의 조류에 순응한 것이며, 당심과 민심에 부합한 것이었음을 충분히 나타냈다.

2. 부패를 반대하고 청렴을 제창하는 건설을 심화시키는 극단적 중요성에 대해 2012년 11월 17일 시진핑은 중앙정치국 제1차 집단학습을 주최하면서 부패를 반대하고 청렴한 정치를 건설하며 당조직의 건전성을 유지하는 것은 당이 변함없이 견지해 온 선명한 정치적 입장이라고 지적했다.

2013년 1월 12일에 열린 중국 공산당 제18기 중앙기율검사위원회 제2차 전체회의와 2013년 4월 19일에 열린 중앙정치국 제5차 집단학습에서 시진핑은 정치를 청렴하게 해야 인민의 신뢰를 얻을 수 있고, 공정하게 권력을 써야만 인심을 얻을 수 있다. "특권 사상과 특권 현상을 단호히 반대하고 극복하며 권력을 햇빛 아래에서 운용토록 해야 한다. 권력은 제도의 틀 안에 가두어 감히 부패할 수 없는 징계 시스템, 부패할 수 없는 방범 시스템, 쉽게 부패하지 않는 보장 시스템을 구축하여 지도자들이 권위는 높다 하더라도 권력을 독차지하지 않으며 권력이 커도 사리를 도모하지 않도록 보장해야 한다. 사건이 있으면 반드시 조사하고 부패가 나타나면 곧바로 징계하며, '호랑이'와 '파리'를 함께 때려잡아 인민의 합법적인 권익을 확실히 보호하고, 간부는 청렴하고 정직하고 정부는 청렴하며 정치는 투명하고 깨끗하도록 최선을 다해야 한다. 영도 간부의 규율 위반과 위법 사건을 단호히 조사하여 처리하는 동시에 군중들의 주변에서 발생하는 부정기풍과 부패문제를 확실하게 해결해야 한다. 그 누구를 불문히고 직위의 높고 낮음을 불문하고 당의 기율과 국가의 법을 위반하면 모두 엄숙한 추궁과 엄한 처벌을 받아야 한다. 부패를 반대하고 청렴을 제창하는 관건은 '상(常)'과 '장(長)'의 두 글자로서, 하나는 일상적으로 잡아야 하고 다른 하나는 장기적으로 잡아야 한다는 것이다. 당원 간부들이 청렴하게 정치를 하는 사상도덕 기반을 끊임없이 튼튼히 다지며 부패 변질을 방지하는 사상 도덕적 방어선을 견고하게 세워야 한다.”

이러한 중요한 논술과 요구는 부패 척결의 강도를 높이고 부패 현상을 일으키고 만연하는 토양을 제거하는 실제적 효과로서 인민의 신임을 얻는다는 중앙의 굳센 결심을 구현했다.

6. 평화적 발전은 '중국 특색 사회주의'의 필연적인 선택이다

시진핑은 '중국 특색 사회주의'를 발전시키려면 평화적 환경이 필수적이며, 평화적 발전은 '중국 특색 사회주의'의 필연적 선택이라고 여러 차례 강조했다.

2013년 1월 28일 그는 중앙정치국 제3차 단체학습에서 다음과 같이 강조했다. “국내 국제 두 가지 대국(兩個大局)을 더 잘 총괄하여 평화 발전의 길을 걷는 기초를 다져야 한다. 평화적 발전의 길을 걷는 것은 중화민족의 우수한 문화전통의 전승과 발전이고, 중국 인민이 근대 이래 간난신고 끝에 얻어낸 필연적 결론이다. 전략적 사고력을 강화하고 전략적 정력(定力)을 높이고 국내 국제 두 가지 대국(兩個大局)을 더 잘 총괄하여 개방의 발전, 합작의 발전, 모두가 이익을 얻는 발전을 견지해야 한다. 평화적 국제환경을 쟁취하여 자국을 발전시키며, 또한 자국의 발전으로서 세계평화를 수호하고 추진하며, 끊임없이 종합적 국력을 제고하고 광범위한 인민대중들이 평화적 발전으로 가져온 이익을 누리도록 하며, 평화적 발전 진로를 위한 물질적 기초와 사회적 기초를 지속적으로 튼튼히 다져 나아가야 한다. 평화가 없으면 중국과 세계는 순조롭게 발전할 수 없으며, 발전이 없으면 중국과 세계도 장구한 평화를 유지할 수 없다. 평화적 발전의 길로 갈 수 있는가 하는 것은 상당한 부분에서 우리가 세계의 기회를 중국의 기회로, 중국의 기회를 세계의 기회로 전환할 수 있는가, 중국과 세계 각국이 서로 선순환하고 상호 이익을 주고받는 가운데 개척해 나가는 것을 크게 보아야 한다. 평화적 길을 견지하되, 우리의 정당한 권익을 포기해서는 절대로 안 되며, 국가의 핵심 이익을 희생해서는 절대 안 된다. 어떤 나라도 우리가 자신의 핵심 이익을 가지고 거래할 것이라고 기대하지 말아야 하며, 우리가 중국의 주권, 안전, 발전 이익을 해치는 쓴 결과를 삼킬 것이라고 기대하지 말아야 한다. 중국의 발전은 절대로 다른 나라의 이익을 희생시키는 것을 대가로 삼지 않으며, 남에게 손해를 끼쳐가면서 이익을 도모하지 않으며, 확고부동하게 평화 발전의 실천자, 공동 발전의 추진자, 다양한 무역체제의 수호자, 전 세계 경제 관리의 참가자가 될 것이다.”

이러한 중요한 논단과 논술은 새로운 중앙영도집단에서 국제 환경, 대구도, 대추세에 대한 명석한 인식을 구현한 것으로 중국의 평화발전 외교정책과 전략 사상을 더욱 풍부하게 하고 보완하였다.

그리고 시진핑은 현재 국제·국내의 정세, 양안의 평화적 통일 추진, 국방과 군대 현대화 등 중대한 문제에 대해 많은 새로운 사상, 새로운 관점, 새로운 논단과 새로운 요구를 제시했다.

시진핑의 일련의 중요한 연설에는 이론적 계승과 혁신이 있고 또한 실천의 총화와 발전도 있으며, 전면적 발전에 입각한 거시적 인식도 있고, 조작 차원에 착안한 구체적 배치도 있으며, 두터운 역사적 저력도 있고, 풍부한 시대적 내포도 있으며, 고도의 정치성, 이론성, 체계성도 있고, 매우 강력한 대응성, 지도성과 근접성도 있다. 이런 중요한 연설은 당심을 모으고 민심에 따른 것이며, 사기를 북돋우며 이는 ‘중국 특색 사회주의’에 대한 신세대 중앙영도집단의 확고한 자신감과 국가, 민족과 국민에 대한 책임감을 구현했을 뿐 아니라 중화민족의 역사적 운명과 당대 중국의 발전전략을 명시했으며 중국 공산당의 집권 이념과 치국방략(治國方略)을 승화시켰으며 당과 국가의 미래 청사진을 그렸다.

또한 '중국 특색 사회주의'를 견지하고 발전시킴에 있어서 새로운 의미를 주입했으며, '중국 특색 사회주의'의 중대한 사상이론의 최신 진전을 충분히 구현했다. 이는 당과 국가의 사업 발전을 지도하고 '중국 특색 사회주의'의 새로운 국면을 개척하는 중대한 현실적 의의와 심원한 역사적 의의가 있다.

제5장
'중국의 길'의 '제도'의 발전과 보완

덩샤오핑(鄧小平)은 1992년 남방 순찰 담화에서 "아마 30년의 시간이 더 있어야 우리는 비로소 여러 면에서 더욱 성숙되고 더욱 정형화된 일련의 제도를 형성하게 될 것이다"[120]라고 말하였다. 20년 후 후진타오(胡錦濤)는 중국 공산당 성립 90주년 경축대회에서, 90년 동안의 분투와 창조, 경험을 통해 중국 공산당과 인민이 반드시 소중히 아끼고 장기적으로 유지하며 끊임없이 발전해온 성과는 바로 '중국 특색 사회주의 길'을 개척하여 '중국 특색 사회주의' 이론체계를 형성했으며, '중국 특색 사회주의' 제도를 확립한 것이다. 이것은 중국 공산당이 최초로 '중국 특색 사회주의' 제도라는 명제를 정식으로 제기한 것이라고 평가하였다.

'중국 특색 사회주의' 제도는 '중국 특색 사회주의' '도(道)'와 '로(路)'의 제도의 구현과 근본적 제도 보장이며, '중국 특색 사회주의' '도'와 '로'를 위하여 기본 의탁, 행동의 규범, 제도적 보장을 제공하였다.

'중국 특색 사회주의' 제도는 당대 중국의 발전과 진보의 근본적 제도 보장으로서 '중국 특색 사회주의' 특성과 우세를 집중적으로 구현하였다. '중국 특색 사회주의' 제도는 자기완성과 발전을 거쳐서 경제·정치·문화·사회 등 각 영역에서 일련의 상호 연결과 상호 연계를 형성하는 제도 체계이다.

'중국 특색 사회주의' 제도 체계는 세 가지 차원을 포함한다. 첫 번째

---

120 《邓小平文选》 第3卷, 人民出版社, 1993, 372쪽.

차원은 근본 제도, 즉 인민대표대회 제도라는 근본 정치 제도이다. 두 번째 차원은 기본 제도, 즉 중국 공산당 영도 하에서의 다당 합작, 정치협상 제도와 민족구역 자치제도 및 기층 군중 자치제도 등으로 구성된 기본 정치 제도이고 '중국 특색 사회주의' 법률체계이며, 공유제를 주체로 하고 여러 소유제 경제가 공동으로 발전하는 기본 경제제도이며, 노동에 따른 분배를 주체로 하고 여러 가지 분배 방식이 병존하는 기본 분배제도이다. 세 번째 차원은 구체적인 제도, 즉 근본 정치제도와 기본 정치제도 및 기본 경제제도 기초 위의 경제체제, 정치체제, 문화체제, 사회체제 등 각 항목의 구체적인 제도이다.

세 가지 차원은 변증법적 통일관계이다. 근본 제도는 기본 제도와 구체적인 제도의 원천이고, 근본 제도와 기본 제도는 구체적인 제도가 형성되는 토대이며, 근본 제도와 기본 제도는 구체적인 제도를 규정한다. 구체적인 제도는 근본 제도와 기본 제도의 구체적인 전개와 표현 형식이다. 근본 제도는 기본적으로 영구불변하며 국가 성격의 본질적 구현이다. 기본 제도는 상대적으로 안정적이지만 그것에는 분명한 단계적 특징을 가지고 있으며, 구체적인 제도는 변동하지만 이 변동은 끊임없이 '지양하는' 과정에서 완벽해진다.

전면적으로 개혁을 심화하는 과정에서 서로 다른 단계의 제도를 구별하여 대해야 한다. 우리는 확고부동하게 근본 제도를 유지하고 실천을 기반으로 기본 제도를 끊임없이 완전하게 만들어야 하며, 실천 과정에서 구체적인 제도를 적극적으로 개혁하고 혁신해야 한다.

'중국 특색 사회주의' 제도 체계의 성숙과 정형(定型)은 중국 국정에 부합되고 시대 조류에 순응한 것으로서, 당과 국가의 활력을 유지하고 광범위한 인민군중과 사회 각 분야에서의 적극성, 능동성과 창조성을 불러일으키는 데 유리하며, 사회생산력의 해방과 발전, 경제사회의 전면적 발전을 추진하는 데 유리하다. 사회 공평과 정의 수호와 추진에 유리하며, 전체 인민의 공동부유를 실현함에 유리하며, 역량을 집중하여 대사(大事)를 처리하고 나아가는 과정에서 부딪치는 각종 위험과 도전을 효과적으로 대응함에 유리하며, 민족 단결과 사회안정 및 국가 통일에 유리하다.

'중국 특색 사회주의' 제도 체계의 성숙과 정형은 한 번에 실현된 것이 아니며 피와 불의 세례, 옳음과 그름의 선택과정을 거쳤으며, 끊임없는 간난신고의 탐색 과정에서 이루어진 것이다. 이것은 "만들어진 것이 아니라 성장한 것이다."121 인류는 완전히 자신의 이성에 근거하여 아름다운 제도를 설계해낼 수 없다.

제1절 근본 정치제도의 발전 약술

인민대표대회 제도는 중국의 인민민주 독재에 부합되고, 중국 특색의 정권조직 형식이며, 중국의 근본 정치제도이다. 이 제도는 중국 국가 성격의 본질적 구현이고, 국가 활동의 기본 원칙을 결정하며, 각종 국가제도의 원천이다. 이 제도는 중국 공산당이 전국 인민을 영도하여 혁명과 건설 과정에서 직접 창조해낸 것이다.

인민대표대회 제도는 대혁명 시기에 싹트기 시작했고, 토지혁명 시기에 그 형태를 갖추기 시작했으며, 항일전쟁 시기에 혁신되었으며, 전국 해방전쟁 시기에 발전되었고, 사회주의혁명 시기에 형성되었으며, 사회주의의 전면 건설 시기에 성숙되고 정형화되었다.

모든 권력은 농민조합과 노동자 대표대회에 귀속되는 것은 일정한 의

---

121 密尔, 《代议制政府》, 商务印书馆, 1984, 6쪽.

미에서의 인민대표대회 제도의 맹아이다. 대혁명 시기에 설립된 농민협회와 파업노동자 대표대회는 중국 혁명의 발전을 위하여 조직적 보장의 역할을 하였다. 당시 마오쩌둥은 "지주정권이 무너지자 농회(農會, 농민조합)가 곧 유일한 권력기관이 되었고, 사람들이 소위 '모든 권력은 농민조합에 속한다'는 것을 진정으로 해냈다"[122]고 지적하였다.

노농병(勞農兵) 대표대회는 인민대표대회의 최초의 형식이다. 1931년 장시성(江西省) 루이진(瑞金)에서 중앙소비에트지역 제1차 전국대표대회를 소집하고, 중화소비에트공화국 헌법대강을 통과시키고, 중화소비에트공화국의 수립을 선포하였다. 1934년에 열린 제2차 전국노농병 대표대회는 헌법대강 개정안을 통과하여, 중화소비에트공화국의 최고정권은 전국노농병소비에트 대표대회이고, 폐회 기간에는 중앙집행위원회가 최고권력기관이며, 그 산하에 인민위원회를 설치하여 일상 사무를 처리한다고 규정하였다.

변구(邊區)의 각급 참의회(參議會)는 인민대표대회 제도가 항일전쟁 시기 혁명 근거지 정권에 대한 하나의 새로운 혁신이다. 항일전쟁이 폭발하자 민족 모순이 주된 모순으로 되었고, 각 혁명 근거지에서는 항일민족통일전선의 정권을 수립했는 바, 그 조직 형식은 각급 참의회이다. 《산간닝(陝甘寧)변구 각급 참의회 조직조례》의 규정에 따르면, "변구 각급 참의회는 변구의 각급 인민대표기관이다." 이것은 노농민주정권 조직 형식에 대한 하나의 새로운 혁신이다.

인민대표대회는 전국 해방전쟁 시기 해방구에서 창립한 하나의 새로운 정권조직 형식이다. 마오쩌둥은 인민대표대회에 대해 이것은 "하나의 극히 소중한 경험이다. … 이러한 인민대표대회가 설립되면 반드시 현지

---

122 《毛澤東選集》 第1卷, 人民出版社, 1991, 14쪽.

인민의 권력기관이 되어야 한다."[123] "이는 위에서 서술한 몇 가지 탐색형의 정권조직 형식에 대한 큰 발전이고 진보이다"라고 말하였다.

1949년 9월 중국인민정치협상회의 제1기 전체회의에서 통과한《중국인민정치협상회의 공동강령》은 국가 최고 권력기관은 전국인민대표대회라고 명확히 규정했다. 전국인민대표대회가 소집되기 전에는 중국인민정치협상회의 전체회의가 전국인민대표대회의 직권을 집행했다. 이 과도적인 규정은 신민주주의 정치체제의 요소와 사회주의 정치체제의 요소를 동시에 고려한 것이다. 3년 동안의 국민경제 회복과 각항 사회개혁의 완성을 거쳐 전국인민대표대회를 소집할 여건이 이미 성숙되었다.

1954년 9월 15일에 소집된 제1기 전국인민대표대회 제1차 회의에서 통과된《중국인민공화국 헌법》은 "중화인민공화국의 모든 권력은 인민에게 속하며 인민들이 권력을 행사하는 기관은 전국인민대표대회와 지방 각급 인민대표대회이다"라고 규정하였는데, 이로써 인민대표대회제도가 정식으로 확립됨과 동시에 중국의 근본 정치제도가 되었다. 전국인민대표대회는 최고입법권, 국내외 대정(大政) 방침에 대한 최고 결정권, 국가 최고영도자에 대한 선거권, 결정권과 파면권 등의 권력을 갖고 있다. '모든 권력은 농민조합에 속한다'라는 최초의 제기부터 '모든 권력은 인민에게 속한다'라는 인민대표대회 제도의 정식 확립은 중국 인민이 혁명과 건설 경험에 대한 총화이며, 그리고 소련과 일부 인민민주국가의 경험을 참조한 기초 위에서의 하나의 위대한 창조이다.

'좌'적 착오사상의 영향을 받아 특히 '문화대혁명' 기간 각급 인민대표대회는 중단되었다. 1979년 이후 각급 인민대표대회가 회복되고 점차 완벽해지기 시작했으며 인민대표대회의 일상 사업도 정상적 궤도에 오르기

---

123 《毛澤東選集》第4卷, 人民出版社, 1991, 1308쪽.

시작했다. 1982년 제5기 전국인민대표대회 제5차 회의에서 새 헌법을 통과하고 공포했다. 1982년의 헌법은 1954년 이후의 경험과 교훈을 정리하고, 인민대표대회 제도를 강화하고 완비하였다. 첫째, 전국인민대표대회 상무위원회의 직권을 적절히 확대하고, 기존 전국인민대표대회에 속하는 일부 직권을 전국인민대표대회 상무위원회에 맡겨 행사하도록 하였다. 둘째, 전국인민대표대회 및 상무위원회의 조직을 강화했다. 예를 들어 법률위원회, 재정경제위원회, 교육과학문화위생위원회, 외사위원회 등 전문위원회를 증설하여 전국인민대표대회 및 그 상무위원회의 정상적 사업을 보장하였다. 셋째, 국가 주석과 부주석의 설치를 회복하고 국가중앙군사위원회를 설립했고, 국가 영도자들이 2기 이상을 연임하지 못한다고 규정했으며, 국무원은 총리책임제를 실시하고 영도직무 종신제를 취소하였다. 넷째, 중앙과 지방의 국가기구 직권의 구분을 규정했고, 중앙의 통일적 지휘 하에 지방의 주도성과 적극성을 충분히 발휘하는 원칙을 따른다.

중국의 장기적인 혁명, 건설과 발전의 실천은 인민대표대회 제도는 중국만의 특색이 있고, 중국의 국정에 부합되며 중국의 인민민주독재와 사회주의 현대화 건설의 수요에 적합한 정권 조직 형식이라는 것을 증명하였다. 정형화된 인민대표대회 제도는 반드시 '중국 특색 사회주의' 위대한 사업의 발전에 따라 더욱 완벽해질 것이다.

제2절 기본 제도 발전의 약술

기본 제도는 근본 제도에 의거하여 제정한 것으로, 국가정치, 경제의 기본 활동과 사회의 기본 생활을 규범하고 제약한다. 이것은 근본 제도의 체현과 표현이며, 각종 구체적인 제도를 제정하는 근거와 출발점이다.

'중국 특색 사회주의' 기본 제도는 자신만의 작은 체계와 작은 시스템을 가지고 있다. 주로 중국 공산당이 영도하는 다당 합작과 정치협상 제도, 민족구역 자치제도 및 기층 군중 자치제도, '중국 특색 사회주의' 법률체계, 공유제를 주체로 하고 다양한 소유제 경제가 공동으로 발전하는 기본 경제제도, 노동에 따른 분배를 주체로 하고, 다양한 분배 방식이 병존하는 분배제도가 포함된다.

I. 중국 공산당이 영도하는 다당 합작과 정치협상 제도는 중국 특색의 정당제도이다

다당합작(多黨合作)과 정치협상(政治協商) 제도는 신민주주의 혁명 중에서 싹트고 형성되었으며, 신중국 수립 시기에 확립되어 11기 3중전원회의 후에 회복되고 발전되었으며, 신세기의 노정에서 제도화되고 규범화되었다.

중국 공산당과 기타 당파와의 합작은 "영원히 완전 독립의 입장에 서서 노동자 계급의 이익만 수호하고, 기타 당파와 어떠한 상호관계를 맺지 않는"[124] 비합작에서 "공산당은 마땅히 나서서 전국의 혁신 당파와 연합하여 민주연합전선을 조직함으로써 봉건군벌을 깨끗이 제거하고 제국주의 압박을 뒤집고 진정한 민주정권을 수립하는 것을 사명으로 하는"[125] (당의 2대 결의 내용) 유한 합작까지, 또 다시 비합작에서 합작까지 반복을 거듭하는 과정을 거쳤다.

1923년 6월 12일부터 20일까지 중국 공산당 제3차 전국대표대회에서는 '당내 합자'의 형식으로 국민당과 합작하여 중국 민주혁명의 대발전을

---

124 中央档案馆编:《中共中央文件选集》第1册, 中共中央党校出版社, 1989, 8쪽.

125 中央档案馆编:《中共中央文件选集》第1册, 中共中央党校出版社, 1989, 66쪽.

도모할 것을 결정했다. 이것은 국공합작(國共合作)을 기초로 하는 중국 공산당의 통일전선정책이 정식으로 형성된 것을 의미한다. 대혁명 실패 후 중국 공산당은 왕밍(王明)의 '좌'경 교조주의 지도 하에 "한번 뱀에게 물리고 나면 10년 동안 우물의 두레박 줄을 보고도 무서워한다"는 격으로 마음의 그늘에서 벗어나지 못하고, 계급전선의 변화와 타당파의 성격을 객관적으로 분석하지 못하고, 타당파와의 협력을 줄곧 거절했다. 일본이 중국 침략전쟁을 도발한 후 민족 모순이 1위로 상승했고, 중국 공산당은 국내의 모든 당파들과 단결하여 항일함과 아울러 항일민족통일전선을 형성하여 제2차 국공합작을 실현했다.

항일전쟁 승리 후 민족통일전선은 세 부분으로 갈라졌으며, 공산당은 민주연합정부 수립을 주장하고, 국민당은 독단적인 독재정권을 수립하는 데 뜻을 두었으며, 각 민주당파는 중국의 '두 가지 운명, 두 가지 전도'의 투쟁 중에서 '중간 노선'을 주장하면서 어느 쪽에도 의지하지 않았다. 마지막으로 국민당이 계획하고 조작한 '죠창커우 학살 사건(較場口慘案)', '샤관 학살 사건(下關慘案)'과 '리원 학살 사건(李聞慘案)' 등 일련의 학살사건은 피의 대가로 각 민주당파의 '중간 노선'의 환상을 종결시켰고, 최종적으로 중국 공산당과의 장기적 합작을 선택했다. 해방전쟁 시기의 공동분투를 거쳐 공산당과 민주당파들의 상호간의 이해와 신임은 더욱 깊어졌고, 선혈과 불길로 휩싸인 시련을 이겨냈으며, 단합과 합작은 더욱 심화되었다.

1949년 1월 22일 각 민주당파의 영도자와 무당파(無黨派) 민주인사들은 연명으로 《시국에 대한 우리의 의견》을 발표하여 "중국 공산당의 영도 하에 미력이나마 최선을 다하여 공동으로 기획함으로써 혁명이 조속히 승리할 것을 기대하고, 또한 중간 노선의 존재를 절대로 허용하지 않는다"라고 선언하였다. 그후 각 민주당파와 무당파 인사들은 지대한 정치 열정으로 새로운 정협(政協)의 설립 준비와 신중국 창건 사업에 몰두하였다. 이때에 이르러 중국 공산당이 영도하는 다당파 합작의 국면이 형성되었다.

1949년 9월 21일부터 30일까지 중국인민정치협상회의 제1기 전체회의가 소집되었다. 회의에서 통과한 《중국인민정치협상회의 공동강령》은 다당 합작과 정치협상 제도를 위해 정치적 기초를 닦아 놓았으며, 회의에서 통과된 《중국인민정치협상회의 조직법》은 인민정협을 통일전선과 다당 합작의 조직 형식으로 확정하고, 다당 합작과 정치협상 제도를 위한 조직 기초를 닦아 놓았다. 공산당이 영도하는 다당 합작과 정치협상 제도가 정식으로 확립되었으며, 각 민주당파와 무당파 민주인사들은 광범위하게 신중국의 정권 수립에 참여하게 되었다.126

정당 합작은 과거 통일전선의 성격으로부터 국가 기본 제도의 성격을 갖춘 신민주주의 정당합작 제도로 승화했다. 신중국 수립 후 공산당 내부와 민주당파 내부에서 모두 일종의 '취소주의' 사상이 나타났다. 이제 혁명이 승리했고 역사적 사명도 완수했기에 각 민주당파가 존재할 이유가 없다127고 여겼다. 당중앙은 이러한 경향을 중시하고 신속하게 이를 제지시켰다. 이 때문에 중앙에서는 민주당파의 성격,128 역할129과 조직 설

---

126 그 광범성은 주로 아래 내용에 나타났다. 첫째, 전국정치협상회의 제1기 위원회의 5명 부주석 중 민주당파와 무당파 민주 인사가 4명이고, 28명 정협상무위원 중 민주당파와 무당파 민주 인사가 17명, 180명 전국정협위원 중 민주당파와 무당파 민주 인사가 121명이었다. 둘째, 제1기 중앙인민정부 구성원인 중 6명 부주석으로는 민주 인사 쑹칭링(宋庆龄), 리치선(李济深), 장란(张澜) 등 3명이고, 궈머뤄(郭沫若), 황앤페이(黄炎培)가 국무원 부총리에 취임하고, 선췬루(沈钧儒)가 최고인민법원 원장에 취임하고, 뤄룽기(罗隆基), 장나이치(章乃器), 싸오리즈(邵力子) 등 9명이 정무(政务)위원에 당선되었다. 정무원의 34명의 장관급과 위원회의 주요 책임자 중 15명이 비중공 인사였다. 셋째, 지방에서 정권 수립에 참여한 민주당파와 무당파 민주 인사는 상당한 비율을 차지했다.
127 1949년 12월, 중국인민구국회는 명예로운 해산을 선포했고, 구삼학사(九三学社)와 중국민주촉진회도 해산을 적극 추진하고 있었다.

립130에 대해 상응한 정책 규정을 제정했다.

공산당과 각 민주당파와의 단결과 합작을 한층 강화하고 민주당파의 역할을 충분히 발휘토록 하기 위해 1956년 마오쩌둥은 저서 《10대 관계를 논함》에서 각 민주당파와의 단결 합작의 '장기공존(長期共存), 상호감독(互相監督)'이라는 8자 방침을 제기하여, 사회주의 조건 하에서의 노동자 계급 집권당이 기타 민주당파와의 관계를 어떻게 처리해야 할 것인가? 하는 문제를 근본적으로 해결하고, 사회주의 조건 하에서 다당 합작의 기본 구도를 진일보 확립함으로써 사회주의 조건 하에서 다당 합작 사업의 발전과 공고화에 필요한 현실적 기초를 마련하였다.

1957년 반우파투쟁이 확대될 때부터 '문화대혁명'이 끝날 때까지 20여 년 동안 중국 공산당과 각 민주당파와의 합작은 심각하게 파괴되어 거의 정지된 상황이었다. '문화대혁명'이 끝난 후, 1977년 예젠잉(葉劍英)은 당 중앙을 대표하여 중국 공산당은 각 민주당파와 '장기공존, 상호감독'의 방침을 실시할 것을 거듭 천명했다. 신중국 수립 후, 특히 '문화대혁명' 기간에 다당 합작사업이 엄중하게 파괴당한 경험과 교훈을 정리하는 기

---

128 그들은 기본적으로 신민주주의 성격의 정당이며, 단일 자산계급의 정당이 아니라 계급연맹의 성격을 갖추었다.

129 역할은 '참(參), 대(代), 감(監), 개(改)' 네 글자로 대표된다. '참'은 국가의 사무 관리에 참여하고 국가 정치생활 중의 중대 사건에 대한 협상과 집행에 참여하며, '대'는 그 성원과 대중과 연계하는 합법적 이익을 대표하며 그들의 의견과 요구를 반영하는 것이며, '감'은 공산당과 국가기관의 사업에 대한 감독 역할을 발휘한다는 것이며, '개'는 그 구성원과 연계한 대중에 대해 학습과 실천을 통해 자아교육과 자아개조를 실시하는 것이다.

130 그들을 도와 "조직을 공고히 하고 질과 양을 모두 중시한다"는 방침을 제정하고, 조직기구를 정리하고 각급 영도기구를 조직하고 건전하게 만드는 사업을 실시했다. 동시에 그들의 사회적 연계와 역사적 연계에 따라 각자의 활동 범위와 중점을 협상하여 확정했다.

초 위에서 중국 민주당파의 성격, 다당 합작제도의 위상 정립, 중국 공산당과 민주당파와의 관계, 민주당파의 역할 등에 대한 인식에서 질적인 발전을 가져왔다. 민주당파는 사회주의 노동자이자 사회주의를 옹호하는 애국자의 정치연맹이며 참여 정당이고, 다당 합작과 정치협상 제도는 중국 정치 제도의 구성 부분이라고 주장했다. 또한 공산당과 각 민주당파와의 합작인 '장기공존, 상호감독'이란 8자 방침을 '장기공존, 상호감독, 간담상조(肝膽相照), 영욕여공(榮辱與共)'이란 16자 방침으로 발전시켰다. 민주당파에 대한 사업의 주요 내용을 민주당파 구성원에 대한 사상 개조로부터 사회에 대한 봉사로 전환시켰고, 정치 영역에서 사회경제 영역으로 전환시킴과 동시에 민주당파 정치협상과 민주감독과 관련된 일련의 정책조치를 제정하고 출범시켰다.

1980년대 말에서 90년대 초, 서방 국가들이 소련과 동유럽에서 성공적으로 '평화적 변화'를 이룩한 후, 중점 목표를 중국으로 옮기기 시작하여 다당 합작과 정치협상 제도를 '평화적 변화'의 돌파구로 삼았다. 10여 년의 개혁개방을 경과하고 서방의 각종 정치사조의 영향 하에서 국내적으로 자산계급의 자유화 현상이 매우 심각한 상황에 이르렀고, 정치에서 일부 급진분자들은 공산당의 영도를 취소하고 양당제 혹은 다당제를 실시하자고 주장했다. 이러한 국내외 정세에 대응하여 중국 공산당이 영도하는 다당 합작과 정치협상 제도는 "계속 견지해 나갈 것인가?" "견지할 수 있겠는가?" "어떻게 견지해 나갈 것인가?"

중공중앙은 각 민주당파의 중앙과 무당파 대표인사들과의 반복적인 연구와 토론을 통해 광범위하게 의견을 수렴한 후 1989년 12월 31일에 《중국 공산당이 영도하는 다당 합작과 정치협상 제도를 견지하고 완비하는데 관한 의견》을 공포했다. 1990년 2월 8일 《인민일보》는 《의견》 전문(全文)을 공포함과 아울러 '국가의 장기적인 안정은 중국 공산당과 각 민주당파의 신성한 직책이다'라는 사설을 발표했다. 《의견》과 사설은 계속 견지해 나갈 것인가?, 견지할 수 있겠는가?, 어떻게 견지해 나갈 것인가? 라는 세 가지 과제를 상세하고 명확하게 해명했다.

실천이 끊임없이 풍부해지고 이론이 끊임없이 다듬어지고, 제도 건설이 지속적으로 건전해지고 역할 발휘가 충분한 인정을 받음에 따라 다당 합작과 정치협상 제도는 국가제도 체계 중에서 더욱 높은 지위를 부여해야 했다. 1993년 전국인민대표대회 제8기 제1차 회의에서 통과한 헌법 개정안은 "중국 공산당이 영도하는 다당 합작과 정치협상 제도는 장기간에 걸쳐 공존하고 발전할 것이다"라고 헌법에 기입했다. 이것은 다당 협력 역사상 하나의 이정표이다. 다당 합작과 정치협상 제도는 국가의 의지로 승격됨으로써 더욱 장기적 안정성을 확보하게 된다.

21세기에 접어들어 새로운 정세, 새로운 임무, 새로운 요구, 새로운 도전과 새로운 기회에 직면하여 어떻게 다당 협력과 정치협상 제도의 거대한 정치적 우세와 정치적 기능을 충분히 발휘하여 '중국 특색 사회주의' 사업의 발전을 추진할 것인가? 중공중앙은 반복적인 조사연구와 공동협상을 통해 2005년 2월, 《중국 공산당이 영도하는 다당 합작과 정치협상제도의 건설을 진일보 강화하는데 관한 의견》을 발표했다. 《의견》은 각종 방침 및 정책의 연속성과 안정성을 유지했을 뿐 아니라 새로운 정세에 의거하여 일련의 새로운 이론 관점과 정책사상을 제시했다.

II. 민족구역 자치제도는 마르크스-레닌주의 이론을 운용하여 중국의 민족문제를 해결한 '성공적 사례'의 전범(典範)이다

중국은 다민족국가로서 중국 공산당은 창건 이후 줄곧 마르크스주의 민족이론과 당시 중국의 실제 상황에 결부하여 민족지역과 민족문제를 해결하는 방법과 방식을 탐색하였다. 혁명과 건설 및 개혁개방 과정에서 다른 역사 단계에 직면한 임무에 대응하여 해결방법과 방식을 채택하는 과정에서, 초기에는 일부 유치한 방법이 나타났지만 전반적으로는 정확한 방법과 방식으로 나아갔다. 최종적으로 중국의 현실에 부합되는 중국 특색 민족구역 자치제도가 형성되었다. 민족구역 자치제도는 국가의 통일적인 영도 하에 각 소수민족이 집거(集居)하고 있는 지역에 구역자치를 실시하고, 자치기구를 설립하여 자치권을 행사하는 것을 말한다. 이 제도는 민족자치와 구역자치, 국가의 집중 통일과 소수민족 집거지역의 구역자치, 경제요소와 정치요소의 유기적 결합을 구현했으며, 중국이 각 민족의 평등, 단결, 합작과 공동 번영의 원칙을 실행, 견지한다는 것을 잘 보여주었다.

러시아 10월혁명 후, 연방제의 기초 위에서 실시한 민족구역 자치는 초기의 중국 공산당원들의 관심을 끌었다. 중국 공산당 2대에서는 각 소수민족을 동원, 인술하여 자신의 해방을 쟁취하기 위해 소련을 모방하여 연방제를 채택하자며 '민족자결'을 주장했다. 1922년 7월《중국 공산당 제2차 전국대표대회 선언》은 민족독립, 국가통일, 민족평등, 민족자결권과 연방제 등 민족문제에 관한 강령적인 주장을 명확히 밝혔다. 1928년 6월부터 7월까지 중국 공산당 제6차 전국대표대회에서 채택된 정치결의안에서는 "중국을 통일하고 민족자결권을 승인한다"를 중국 공산당의 10대 정치구호 중 하나로 채택하였다. 대회는 당의 역사상 첫 번째의《민족문제에 관한 결의안》을 통과시키고, 중국 경내 소수민족 문제가 중국 혁명에서 차지하는 중대한 의의를 명확히 하였다.

1931년, 중화소비에트 제1차 전국대표대회에서 채택된《중국 경내의 소수민족 문제에 관한 결의》는 통일국가 정치체제 하에서 국내 민족문제를 처리하는 중국 공산당의 일부 기본 원칙을 제시했다. 예를 들어 ① 각 민족은 소비에트 법률 앞에서 모두 평등하다, ② 국내 소수민족의 자결권을 승인한다, ③ 소수민족은 자체의 자치구역을 설립할 수 있다, ④ 소수민족의 혁명투쟁을 도와준다, ⑤ 소수민족의 문화와 언어를 발전시킨다는 것 등이었다.

장정(長征)과 항일전쟁 시기, 소수민족 지역과 소수민족에 대한 인식이 심화됨에 따라 중국 공산당은 민족문제를 해결하는 이론과 방법에 중대한 변화가 발생하여, 더이상 '민족자결'을 제기하지 않고 '민족자치(民族自治)'라는 구호를 주장하였다. 1936년 5월 25일《회족인민(回族人民)에 대한 중화소비에트 중앙정부의 선언》을 발표했다. 이 선언에서는 민족 구역자치의 사상을 비교적 명확히 제기했다. "우리는 자결의 원칙에 근거하여 회민(回民) 자신의 일을 완전히 회민 자신이 처리하고, 회족에 속하는 구역은 회민이 독립자주의 정권을 수립하여 정치, 경제, 종교, 습관, 도덕, 교육 및 기타의 모든 일을 해결하며, 회민이 소수민족으로 되어있는 구역, 또한 구(區), 향(鄕), 촌(村)을 단위로 민족평등의 원칙에서 회민이 자신의 일을 관리하며 회민 자치의 정부를 수립한다"고 하였다.

1938년에 소집된 중국 공산당 6기 6중전회에서 마오쩌둥은《새로운 단계를 논함》이란 정치보고에서 다음과 같이 지적했다.

"첫째, 몽(蒙), 회(回), 장(藏), 묘(苗), 요(瑤), 이(夷), 번(番) 등 각 민족이 한족(漢族)과 평등한 권리를 가질 수 있도록 하고, 공동 대일 원칙 하에 자신의 사무를 스스로 관리할 권리가 있으며, 동시에 한족과 연합하여 통일된 국가를 수립한다. 둘째, 각 소수민족과 한족이 잡거하는 지방에서 현지 정부는 반드시 현지 소수민족의 인원으로 구성된 위원회를 설치하여 성(省)·현(縣) 정부의 1개 부서로서 그들과 관련되는 사무를 관리하고, 각 민족 간의 관계를 조절하며 성·현 정부위원 중 반드시 그들의 자리가 있어야 한다. 셋째, 각 소수민족의 문화, 종교, 풍습을 존중하고 그들이 한문(漢文)과 한어(漢語)를 배우도록 강요하지 말아야할 뿐 아니라, 그들이 각 민족의 자기 언어문자의 문화교육을 발전시킬 수 있도록 지원해야 한다. 넷째, 존재하고 있는 대한족주의를 시정하고, 한인은 평등한 태도로 각 민족과 접촉하며 날이 갈수록 친선관계를 밀접히 하는 동시에, 그들에 대한 모욕적이고 경멸적인 언어와 문자, 그리고 행위를 절대적으로 금지해야 한다."131

1941년 11월에 발표한 《산간닝변구(陝甘寧邊區) 시정 강령》은 다음과 같이 제기했다. "민족평등의 원칙에 근거하여 몽골족, 회족과 한족은 정치·경제·문화적으로 평등한 권리를 가지며, 몽골족, 회족의 민족자치구를 세운다. 몽골족, 회족의 종교신앙과 풍습을 존중한다." 또 1945년 《중공중앙의 내몽골 사업에 관하여 진찰기(晉察冀) 중앙국에 내린 지시》에서는 "내몽골에 대한 기본 방침은 현재 구역자치를 실시하고 있다"132고 제기했으며, 1946년 2월 18일 중공중앙은 "평화 건국강령에 근거하여 민족평등 자치를 요구하되, 독립 자결 구호를 제기해서는 안 된다"133고 제기했다. 1946년 4월 23일 산간닝 변구 제3기 참의회(參議會) 제1차 회의에서 통과한 《산간닝 변구 헌법원칙》은 "변구의 각 소수민족은 집거 집중지역에서는 민족구역을 나누어 민족자치정권을 구성하고, 성헌(省憲)에 저촉되지 않는 원칙 하에서 자치법규를 제정해야 한다"134라고 규정했다.

이러한 정신에 근거하여 1947년 5월 1일, 내몽골자치구 인민정부가 정식으로 수립되었다. 내몽골자치구 정부의 수립은 민족구역 자치가 중국 민족문제를 해결하는 기본 방침으로 되었다는 것을 상징한다. 그것은 "우리 당이 민족구역 자치제도를 실시하는 하나의 범례(範例)이고, 마르크스

---

131 中央档案馆编, 《中共中央文件选集》 第11册, 中共中央党校出版社, 1991, 619-620쪽.

132 中央档案馆编, 《中共中央文件选集》 第15册, 中共中央党校出版社, 1991, 375쪽.

133 中共中央统战部编, 《民族问题文献汇编》, 中共中央党校出版社, 1991, 1000쪽.

134 王培英编, 《中国宪法文献通编》(修订版), 中国民主法制出版社, 2007, 296-297쪽.

주의의 기본 원리와 중국의 민족 실제와 결합한 독창적 제도이며, 중국 민족관계사의 하나의 위대한 공적이었다."[135] 동시에 민족구역 자치제도의 실시를 위한 소중한 경험을 제공하였다.

신중국의 성립은 민족 압박제도의 종료와 민족평등 새 시대의 시작을 상징하고 민족구역 자치제도가 새로운 발전 단계에 진입했음을 상징한다. 깊은 이론연구와 반복적 의견 청취에 근거하여 당중앙은 최후로 단일제의 국가구조 형식이 중국의 실제 상황에 더욱 부합되며, 통일된 국가에서 민족구역 자치의 실시는 민족평등 원칙의 실현에 더욱 유익하다는 것을 인정하였다.

1949년 9월 29일 중국인민정치협상회의 제1기 전체회의에서 통과한 임시헌법 역할을 하는 《중국인민정치협상회의 공동강령》은 "각 소수민족이 집중적으로 거주하는 지역에서는 반드시 민족의 구역자치를 실시해야 하고, 민족집거(民族集居) 인구의 다소와 구역의 크기에 따라 각종 민족 자치기관을 분별있게 설립해야 한다"고 법률로 확정하였다. 이어 1952년 2월 22일 정무원(政務院) 제125차 정무회의에서 통과하고, 1952년 8월 8일 중앙인민정부위원회의 제18차 회의에서 시행을 비준한 《민족구역자치 실시강요》는 《공동강령》이 확립한 원칙을 근거로 민족구역 자치 문제에 대해 상세히 규정했다. 1954년에 실시한 헌법은 국가의 '근본대법(根本大法)'의 형식으로 민족구역 자치제도를 확립했다. 이로써 민족구역 자치제도가 정식으로 확립되었다.

10년 동란 시기, 중국의 민족구역 자치제도는 심하게 파괴되었다. 1981년 6월, 11기 6중전회에서 통과한 《건국 이래 당의 몇 가지 역사문제에 관한 결의》는 "반드시 민족구역 자치 실시를 유지하고, 민족구역 자치

---

135 《十六大以来重要文献选编》(下), 中央文献出版社, 2008, 1121쪽.

의 법제 건설을 강화하며, 각 소수민족 지구에서 현지 실제 상황에 따라 당과 국가의 정책을 관철 실시하는 자주권을 보장해야 한다"[136]고 제기하였다. 1982년 헌법은 중국의 민족방침 정책을 다시 확립했을 뿐 아니라 또한 중국의 민족구역 자치제도를 실시한 이래의 경험과 교훈을 심층적으로 총결집한 기초에서 1954년 헌법의 민족구역 자치제도에 관한 원칙과 주요한 내용을 전면 회복하였으며, 국가 상황 변화에 따라 새로운 내용을 추가해, 민족구역 자치제도에 대해 새롭고 보다 완벽한 규정을 제정했다.

이를 기초로 1984년 5월 31일 제6기 전국인민대표대회 제2차 회의는 《민족구역 자치법》을 심의하여 통과시켰던 바, 이는 민족구역 자치에 관한 중국의 첫 번째 전문적 법률이다. 이 법률은 중국이 민족구역 자치제도를 실시한 30여 년 간의 경험과 교훈을 전면적으로 종합 반영함으로써 민족구역 자치와 관련된 헌법의 기본 원칙이 구체적으로 구현되었고, 중국이 사회주의 민족관계를 수호함에 있어서도 한층 법률화, 제도화되었다.

《민족구역 자치법》의 반포 시행은 민족지역 자치권리를 보장하고, 평등과 단결, 상호방조의 사회주의 민족관계를 공고히 발전하는 방면에서, 민족자치 지역의 개혁, 발전과 안정의 추진, 국가통일의 수호 등 방면에서 중요한 역할을 했다. 중국 경제사회의 발전에 따라《민족구역 자치법》의 일부 규정들은 이미 새로운 상황에 맞지 않으므로 상응하는 조정이 필요하였다. 그리하여 2001년 2월 28일 제9기 전국인민대표대회 상무위원회 제20차 회의는《민족구역 자치법》을 적절히 개정하고, 이 법이 공포 시행 이래의 성공 경험을 과학적으로 종합하여 민족지역의 정치, 경제, 문화 건설의 새로운 정세와 새로운 수요를 충분히 반영하였으며, 민주법제 건설

---

136 《十一届三中全会以来重要文献选读》(上), 人民出版社, 1987, 349쪽.

과 민족사업은 새로운 발전 단계로 접어들었다.

《민족구역 자치법》 서문의 첫 번째 자연단락을 "중화인민공화국은 전국 각 민족인민이 공동으로 창건한 통일된 다민족국가이다. 민족구역 자치는 중국 공산당이 마르크스-레닌주의를 운용하여 중국의 민족문제를 해결하는 기본 정책이고 국가의 하나의 기본 정치제도이다"라고 수정했다. 이는 법률 형식으로 민족구역 자치는 중국의 하나의 기본 정치제도라는 것을 한번 더 명확히 했다.

2003년 3월 후진타오는 "민족구역자치법 시행 세칙(細則)을 다그쳐서 제정해야 하고, 법률의 일부 원칙과 규정을 구체화해야 하며, 이러한 법률의 전면적 관철 집행을 확보해야 한다"[137]고 지적했다. 또 2005년 5월 "일련의 체계를 갖춘 법률 법규, 구체적 조치와 방법의 제정을 다그쳐야 하고, 자치조례와 단행조례(單行條例)를 제정 혹은 개정하여 비교적 완비된 중국 특색을 지닌 민족 법률 법규 체계를 점차적으로 세워야 한다"[138]고 다시 지적했다. 이어 2005년 5월 국무원이 제정한 《〈중화인민공화국 민족구역 자치법〉 실시에 관한 몇 가지 규정》은 상급 인민정부의 직책과 의무를 명확히 규정함과 동시에 위법 책임과 감독체제에 대해 명확한 규정을 제시했다. 이것은 국무원이 《민족구역 자치법》을 공포 시행한 이래 제정한 첫 번째 일련의 체계를 갖춘 행정법규이다.

개혁개방의 심화와 서부 대개발의 지속적인 전개에 따라 소수민족 구역과 소수민족의 발전은 질적으로 승화되었지만 발전 과정에서 나타나는 새로운 문제에 대해 경계심을 낮추어서는 안 되며, 시시각각 명석한 두뇌

---

137 胡錦濤, 《共同团结奋斗, 共同繁荣发展》, 载国家民族事务委员会, 中共中央文献研究室 编, 《民族工作文献选编》, 中央文献出版社, 2010, 6쪽.

138 胡錦濤, 《在中央民族工作会议暨国务院第四次全国民族团结进步表彰大会上的讲话》, 载国家民族事务委员会, 中共中央文献研究室编, 《民族工作文献选编》, 中央文献出版社, 2010, 82쪽.

와 정치적 민감성을 확보해야 한다. 동시에 정세 변화에 따라 민족구역 자치제도는 끊임없이 조정, 완비될 것이다.

Ⅲ. 기층 군중 자치제도는 '중국 특색 사회주의' 민주정치 건설의 기초적인 공정이다

17차 당대회의 보고는 처음으로 '기층 군중 자치제도'를 써넣었으며 인민대표대회 제도, 중국 공산당 영도 하의 다당 합작과 정치협상 제도, 민족구역 자치제도와 함께 '중국 특색 사회주의' 정치제도 범주에 포괄하였다. 기층 군중 자치제도는 신중국 성립 후의 민주정치 실천 과정에서 점차 형성된 것이다. 이 제도의 형성은 대체로 다음과 같은 과정을 거쳤다.

우선 도시에서 형성된 도시주민위원회이다. 신중국 수립 초기, 새롭게 탄생한 인민민주독재 정권을 공고히 하기 위하여 여러 도시에서 동일한 성격을 갖춘 다른 명칭의 군중성적인 조직을 잇따라 설립했다. 어떤 도시는 이 조직체를 군중성 자치조직으로 하고, 어떤 도시는 오히려 이 조직을 기층 정권조직으로 간주했다. 이 조직들을 더 규범화하기 위하여 1953년 6월 8일, 펑쩐(彭眞)은 《도시가도판사처(城市街道辦事處), 주민위원회 조직과 경비 문제에 관한 보고》에서 먼저 도시주민위원회 설립의 필요성을 강조한 후, 이 조직의 성격은 군중성 자치조직이며 기층 정권조직이 아니라고 지적하였다. 이 보고가 중앙의 승인을 받은 후 이러한 조직의 명칭을 '도시주민위원회'로 통일하고, 군중성 자치조직이라는 성격을 확정지었다. 1954년 12월에 열린 제1기 전국인민대표대회 상무위원회 제4차 회의에서는 《도시주민위원회 조직조례》를 제정하여 최초로 법률적 형식으로 주민위원회의 성격, 지위와 역할을 인정하였다. 1956년 말에 이르러 도시주민위원회는 전국 각 도시에서 보편적으로 설립되었을 뿐 아니라 한층 공고해지고 발전되었다.

1958년부터 1966년까지 '좌'적 사상이 갈수록 확산됨에 따라 도시주민위원회의 발전은 심각한 좌절에 부딪혔다. '대약진'과 인민공사를 크게 운영하는 '좌'경 사조의 영향 하에 어떤 도시에서는 도시거리판사처와 도시주민위원회를 합병시켜 '인민공사(人民公社)'로 개칭했다. 도시주민위원회의 중심 임무도 바뀌었는데 주요 내용은 바로 계급투쟁의 주도권을 잡는 것이었다. '문화대혁명' 과정에서 도시주민위원회의 조직 건설은 심하게 파괴되었다. 이 시기 전국 각 도시주민위원회는 해체되지 않고 '혁명주민위원회'로 바뀌었다.

'4인방'을 타도한 후, 특히 당의 11기 3중전회 이후 도시주민위원회의 조직이 회복, 발전하기 시작했다. 1980년 1월, 전국인민대표대회 상무위원회는 다시《도시주민위원회 조직조례》를 제정했다. 1982년 헌법은 도시주민위원회가 군중자치를 실시하는 경험을 종합하는 기초 위에서, '근본대법(根本大法)'의 형식으로 주민위원회의 성격, 임무와 역할을 규정하였다. 이후 다년간의 조사연구와《도시주민위원회 조직조례》를 시행한 경험과 교훈을 종합한 기초 위에서 1989년 12월 26일 전국인민대표대회 상무위원회 제11차 회의에서는《도시주민위원회 조직법》을 통과시켰다. 이 것은 중국의 도시주민위원회 조직이 전면적으로 발전하는 새로운 시기에 진입했음을 의미한다. 2012년 말까지 전국적으로 주민위원회가 91,153개, 주민소조가 133.5만 개, 주민위원회 구성원이 46.9만 명에 달했다.

도시주민위원회보다 늦게 설립된 촌민위원회는 농촌개혁 과정에서 자발적으로 나타난 신생 산물이다. 당의 11기 3중전회 이후, 농민 스스로가 생산량 도급책임제를 실행하는 과정에서 나타난 각종 문제를 해결하기 위해 촌민위원회라는 조직 형식을 생각해냈다. 이 조직은 처음에는 명칭도 다르고 형식도 서로 달랐지만 1981년 봄부터는 통일적으로 촌민위원회로 개칭하였다. 1982년 전국인민대표대회 상무위원회는 헌법개정 초안을 기초(起草)할 때 도시주민위원회의 경험과 많은 농민군중들이 창조한 신선한 경험을 총화하고 받아들여 촌민위원회와 주민위원회를 함께 헌법에 기재한 동시에 촌민위원회의 성격, 임무와 조직원칙을 구체적으로 규정했다. 이것은 중국의 제헌사상 한 가지 '창거(創擧)'일 뿐이다.

1987년 11월 24일 제6기 전국인민대표대회 상무위원회 제23차 회의에서는 《촌민위원회 조직법(시행)》을 통과시켰다. 1998년 11월 4일 제9기 전국대표대회 상무위원회 제5차 회의에서는 《촌민위원회 조직법》을 통과시켰다. 이어 2010년 10월 28일 제11기 전국인민대표대회 상무위원회에서는 개정된 《촌민위원회 조직법》을 통과시켰다. 이로써 농촌 기층 군중 자치조직은 강력한 생명력을 과시했고, 실천 속에서 끊임없이 발전하게 되었다. 2012년 말까지 촌민위원회는 58.8만 개, 촌민소조는 469.4만 개, 촌민위원회 구성원은 모두 232.3만 명에 달하였다.

기층 군중 자치제도의 실시는 인민이 민주선거, 민주적 정책 결정, 민주 관리와 민주 감독 등 권리의 직접 행사를 충분히 보장하였으며, 인민들의 자아 관리, 자아 봉사, 자아 교육, 자아 감독을 하는 데 유리하며 사회주의 국가 인민이 주인이 되는 제도의 본질을 한층 더 부각시키는데 유리하며 중국 특색 민주정치 건설을 진일보 추진하였다.

IV. '중국 특색 사회주의' 법률체계는 의법치국(依法治国)의 기본 방략을 전면 관철하는 전제와 기초이다

중화인민공화국 성립 60여 년 이래, 특히 개혁개방 30여 년 이래 중국 공산당은 중국 인민을 영도하여 각 방면에서 꾸준한 공동 노력을 통해 2010년 말에 이르러 중국 국정과 실제에 입각하고 개혁개방과 사회주의 현대화 건설의 수요에 순응하며 중국 공산당과 중국 인민의 의지를 집중적으로 구현하고 헌법을 핵심으로 하고 헌법 관련법, 민법, 상법 등 여러 법률을 주간(主幹)으로 하는 법률, 행정법규, 지방성법규(地方性法規) 등 여러 차원의 법률 규범으로 구성된 '중국 특색 사회주의' 법률체계가 형성되었다. 이로써 국가 경제건설, 정치건설, 문화건설, 사회건설 및 생태문명건설의 각 방면의 실현에 준거할 법이 마련되었다. 신중국이 걸어온 입법 노정은 전적으로 중국 특색의 입법 노정이고 '중국 특색 사회주의' 실천의 추진과 수요에 따라 끊임없이 제정, 조정, 완비되는 입법 노정이다. '중국 특색 사회주의' 법률체계는 역사적 탐색 과정에서 점차 이루어진 것이다.

1949년에 제정된 임시헌법의 성격을 띤《중국인민정치협상회의 공동강령》의 통솔 하에 중국은 중앙인민정부조직법 등 일련의 법률, 법령을 제정하고 중국 민주법제 건설의 역사적 발전의 길을 열어 놓았다. 1954년 신중국의 첫 번째 헌법이 제정됐고, 8차 당대회에서는 "국가는 반드시 수요에 따라 점진적으로 체계적으로 완벽한 법률을 제정해야 한다"는 입법 방침을 명확히 제시했다. 그후 1966년에 이르러 중국은 130여 개의 법률, 법령을 제정했다. '문화대혁명' 10년 동안 민주법제 건설은 심각하게 파괴되었고, 입법사업은 거의 정돈 상태에 빠졌다.

1978년 중국 민주법제 건설에서 발전의 봄날을 맞이했다. 1978년 12월 13일 덩샤오핑은 중앙사업회의 폐막식에서 "인민민주를 보장하기 위하여 반드시 법제를 강화해야 한다"고 강조했다. 중국 공산당 11기 3중전회에서는 "법이 있으면 의거할 수 있고, 법이 있으면 반드시 따라야 하며, 법 집행은 반드시 엄해야 하고, 법 위반은 반드시 추궁해야 한다"는 법제 건설의 '16자' 방침을 제시했으며, "지금부터 반드시 입법사업은 전국인민대표대회 및 그 상무위원회의 중요한 의사 일정에 올려 놓아야 한다"고 강조하였다. 1979년 전국인민대표대회 상무위원회 법제위원회(펑전[彭眞] 이 주임)를 설치하여 전국인민대표대회를 도와 입법사업을 전면적으로 추진할 것을 결정했다. 개혁개방을 수호하고 순조롭게 진행되도록 보호하기 위하여 사회질서를 다시 건설하기 위해 한 차례의 새로운 법제건설은 개혁개방이라는 이 신생 사물의 간난신고의 실천 속에서 아주 어렵게 탐색되었으며, 일부 법률이 집약되어 출범하여 입법의 길을 지속적으로 개척해 나아갔다.

1979년에는 중국의 첫 형법이 제정되었고, 1982년 헌법을 다시 제정하였고, 1988년에 헌법을 개정하였다. 아울러 형사, 민사, 행정소송법, 민족구역자치법 등 법제가 잇따라 제정되었고, 일련의 경제 관련 법률도 제정 작업에 들어섰고, 1986년에는 《민법통칙》을 제정하였다. 통계에 따르면 1978년부터 1990년대 초까지 100여 개의 법률을 제정하였는데, 그중에는 1982년 헌법, 1988년 헌법개정안 등 국가기구에 관련된 법률, 민법통칙, 형법, 민사, 형사, 행정소송법 등 기본 법률 및 개혁개방에 따른 법률, 공민의 권리를 보장하는 법률, 행정관리를 규범화하는 법률 등이 있었다. 이러한 법률의 대량 제정은 중국 법제 발전의 중요한 기초가 되었고, 경제, 정치, 문화 등의 영역에서 근거가 되는 법률이 있게 마련되었으며, 법체계가 기본적으로 갖추어지게 되었다.[139]

1992년 덩샤오핑의 남방담화는 당시 '어디로 가는지' 방황하던 중국에 새로운 사상 해방을 가져다주었고, 새로운 개혁개방의 고조를 일으켰다. 이 단계의 입법은 기본적으로 사회주의 시장경제의 수요와 탐색을 중심으로 진행되었다. 우선 1993년 헌법 개정을 통하여 '중국은 현재 사회주의 초급 단계에 처해 있다', '중국 특색이 있는 사회주의 이론을 건설한

---

139 张维炜, 《感受法治的脉动－－回顾中国特色社会主义法律体系形成历程》, 《全国人大》 2011年 第7期.

다'와 '개혁개방을 견지한다', '국가는 사회주의 시장경제를 실행한다'는 등의 내용을 헌법에 기재하였다. 예를 들어 회사법, 경매법 등 순수 경제 영역으로 사회주의 시장경제와 상응한 법률체계가 점차 구축되었다. 동시에 시장경제 발전을 보장해주는 기타 법률도 잇따라 제정되었는 바, 처음으로 공민과 국가가 평등한 지위에 놓인 국가배상법과 처음으로 행정행위 절차를 규범하는 행정처벌법 등이다.

1997년 9월 15차 당대회는 의법치국(依法治國)의 기본 방략을 명확히 제시함과 동시에, '2010년에 이르러 중국 특색 사회주의 법률체계'를 완비한다는 입법사업 목표를 정했다. 1998년에는 법률체계를 7개 법률 분야, 즉 헌법 및 관련법, 민법상법, 행정법, 경제법, 사회법, 형법, 소송과 비소송 절차법으로 구분했다. 1999년 3월 또 한 번 헌법을 개정하고 의법치국, 기본 경제제도, 분배제도 및 비공유제 경제의 중요한 역할 등을 헌법에 등재했다. 2001년 세계무역기구(WTO)에 가입 이후 국제 접속을 위해 이전의 일부 관련 법률에 대해 시의적절하게 수정하였다.

이 시기 중국은 124건의 법률, 법률 해석과 관련 법률 문제의 결정초안을 심의 통과하였고, '중국 특색 사회주의' 법률체계가 초보적으로 마련되었다.[140] 당의 16차 당대회 이래 과학적 발전관의 지도하에 사람을 근본으로 삼고, 인민을 위한 입법(立法爲民) 이념과 원칙을 견지하고 입법중점을 버팀대 역할을 하는 중요한 법률의 제정과 개정으로 전환했다. 2004년 헌법을 다시 개정하여 처음으로 인권을 존중하고 보장하며, 공민의 합법적 사유재산을 보호하며, 사회보장제도를 제정하는 등의 내용을 헌법에 추가하였다. 2007년 17차 당대회에서는 '중국 특색 사회주의' 법률체계를 완전하게 해야 한다고 결의했다. 잇따라 민생과 관련한 일련의

---

140 张维炜, 《感受法治的脉动――回顾中国特色社会主义法律体系形成历程》, 《全国人大》 2011年 第7期.

입법사업이 민의(民意)를 널리 구하는141 기초 위에서 폭 넓게 전개되었다. 예컨대 물권법(物權法)과 행정허가법의 제정, 선거법과 국가배상법의 개정 등이다. 입법의 질이 지속적으로 제고되고 인민들의 만족도가 갈수록 높아졌다. 법률 법규에 존재하는 부적응, 불일치, 부조화 등 문제를 해결하여 이를 더욱 체계화하고 시스템화하기 위하여 2009년 이래 전국인민대표대회 상무위원회, 국무원, 지방인민대표대회 및 상무위원회에서는 법률 법규에 대한 전면적인 정리 사업을 집중적으로 펼쳤다. 전국인민대표대회는 8부(部)의 법률과 관련 법률 문제에 대한 결정을 폐지하고, 59개의 법률을 개정했다. 국무원은 7개의 행정법규를 폐지하고, 107개의 행정법규를 개정했다. 지방인민대표대회 및 상무위원회는 지방법규 455개를 폐지하고 1,417개의 지방법규를 개정하였다.

《중국 특색 사회주의 법률체계》 백서에는 다음과 같이 기재되었다. 신중국이 성립된 이래, 특히 개혁개방 30여 년 이래, 중국의 입법사업은 세계의 주목을 끄는 성과를 이루었다. 2011년 8월 말까지 중국은 이미 현행 헌법과 유효 법률 총 240개, 행정법규 706개, 지방성 법규 8,600여 개를 제정했고, 사회관계의 각 면을 포괄하는 법률부서를 이미 전부 갖추었으며, 각 법률부서의 기본적이고 주요한 법률이 이미 제정되었다. 이와 상응한 행정법규와 지방성 법규가 비교적 완비되었으며, 법률체계 내부는 총체적으로 과학적이고 조화롭게 통일되었으며, '중국 특색 사회주의' 법률체계가 이미 형성되었다. 2011년 3월 10일 오전 전국인민대표대회 상무위원회 위원장 우방궈(吳邦國)는 제11기 전국인민대표대회 제4차 회의 제2차 전체회의에서 '중국 특색 사회주의' 법률체계가 완비되었다고 장엄하게 선포하였다.

---

141 예컨대 물권법(物权法)은 15년 동안 8차례 심의(审议), 노동계약법은 5년 동안 5차례 심의, 사회보험법은 3년 동안 4차례 심의를 거쳤다.

'중국 특색 사회주의' 법률체계의 형성은 중국 입법사업의 단계적 목표를 실현했을 뿐 입법 임무의 종료를 의미하는 것은 아니었다. 그러나 이것은 중국 사회주의 민주법제 건설사상에서 하나의 중대한 이정표이며, 현단계와 앞으로 '중국 특색 사회주의' 개혁개방 과정에서 중요한 역할을 발휘할 것이다.

V. 공유제를 주체로 하고, 다양한 소유제 경제가 공동 발전하는 기본 경제제도가 중국 사회주의 초급 단계 과제에서 마땅히 가져야 하는 의리이다

공유제를 주체로 하고 다양한 소유제 경제가 공동 발전하는 기본 경제제도는 중국 사회주의 초급 단계의 기본 경제제도이며, 전반 사회주의 시기의 기본 경제제도가 아니다. 기본 경제의 핵심 문제는 공유제와 비공유제 간의 관계 문제를 정확히 이해하고 처리하는 것이다. 개혁개방 전에는 공유제와 비공유제를 '대립'적으로 취급하고 '1대 2공 3순(一大二公三純)'이라는 논리를 제기했다. 사회주의 개조 시기의 경제제도는 신민주주의 경제 성격에 속하며 주로 전민소유제인 국영 경제, 개체 경제, 사영(私營) 자본주의 경제, 합작 사경제(私經濟)와 국가자본주의 경제 등 5개 경제 성분요소로 구성되었다. 생산수단의 자본주의로의 개조 과정에서 중국의 경제구조는 근본적 변화가 나타났다. 공유제 경제가 갈수록 주체적 지위를 차지하게 되었으며, 1956년 사회주의 개조가 완성되었을 때 공유제 경제가 절대적 우세를 차지하였다.

사회주의 제도가 설립된 후 소련 모델의 영향으로 경제성분이 단일하고 공유제 정도가 높을수록 사회주의 경제라고 인정하고, '1대 2공 3순'의 공유제를 추구하는 것이 당시의 지도 사상이 되었다. 하지만 실천 과정에서 '1대 2공 3순'의 공유제는 생산력이 낙후하고 인구가 많으며 경제사회 발전 수준이 낮은 중국의 기본 국정에 부합되지 않다는 것이 증명되었다. 이러한 실정 하에서 건국 초기와 같은 여러 가지 경제성분의 발전을 허용해야 하며, 사유제의 소멸은 하나의 역사적 과정이었다.

개혁개방 이후 공유제와 비공유제의 관계에서 '대립' 사상을 포기하고 '유익보충(有益補充)'의 과도기를 거쳐 최종적으로 '공동 발전'을 제시했다. 1978년 개혁개방이 시작된 후 생산력과 사회주의 경제를 더욱 빨리 발전시키기 위해 지난 30년의 경험에 기초하여 반드시 공유제 통일의 국면을 타개하고, 비공유제 경제의 존재와 발전을 허용해야 한다는 것을 의식했다. 그러나 이는 사상이 끊임없이 해방되고 인식이 끊임없이 심화되는 과정이었다. 논리적으로 보면 비공유제 경제를 발전시키려면 먼저 비공유제를 발전시켜야 하는 이유를 찾아야 한다. 즉 중국 사회주의 발전단계의 성격을 판단해야 한다. 시대의 요구에 따라 출범한 사회주의 초급단계의 이론은 비공유제 경제의 발전을 위해 이론적 지주를 제공했다. 이론의 지도 하에 지속적인 실천과 발전을 통해 공유제 경제와 비공유제 경제의 관계는 실천이나 이론은 물론하고 모두 정확한 인식과 해결을 가져온 동시에 점차 "공유제를 주체로 하고 여러 가지 소유제 경제가 공동발전한다"는 총체적인 제시 방법이 있게 되었다. 그 발전과 형성 과정은 대체로 다음과 같다.

첫째, 명확하게 공유제 주체를 사회주의의 기본 원칙으로 인정하고 사회주의 성격의 근본적 구현이라고 인정했다. 덩샤오핑은 반복적으로 "하나는 공유제를 주체로 하고, 하나는 공동부유하는 것은 우리가 반드시 견지해야 할 사회주의 근본 원칙이다. 우리는 개혁 과정에서 두 가지를 견지했는 바, 하나는 공유제 경제가 시종일관 주체적 지위를 차지하는 것이고, 다른 하나는 경제를 발전시켜 공동부유의 길로 나아가며 시종일관 양극 분화를 피하는 것이다"142라고 반복적으로 강조했다.

둘째, 다양한 경제요소의 공동 발전을 허용하는 사상을 제시했다. 사회주의 초급 단계는 중국의 기본 국정을 명확히 파악한 후, 이론과 실천의 상호 결합과정에서 단계적으로 일련의 비교적 체계적인 비공유제 경제정책을 제정하고 관철하기 시작했다. 1979년 중공중앙은 개체 공상업을 회복 발전시키고 여러 가지 경제 형식의 존재를 허용하는 정책을 제시했으며, 도시의 취업 대기 인력들이 스스로 직업을 구하는 것을 격려하고 지원했다. 1982년에 소집된 중국 공산당 제12차 전국대표대회의 보고에서는 사영경제(私營經濟)는 "공유제 경제의 필수적이고도 유익한 보충이다." "중외 합자기업, 합작경제와 외국 독자기업도 역시 중국 사회주의 경제의 필수적이고도 유익한 보충이다"143라고 지적하였다. 1982년 12월 제5기 전국인민대표대회 제5차 회의에서 통과한 헌법은 개체경제(個體經濟)의 합법적 지위를 확인했다.

1987년 13차 당대회의 보고에서는 지난 시기의 형식은 너무나 단일한 소유제 구조와 경직된 경제체제였기에 생산력과 상품경제의 발전을 엄중하게 구속했으며, 공유제 주체의 전제 하에서 사영경제를 포함한 다양한 소유제 경제를 지속적으로 발전시키는 것은 초급 단계에 있어서 생산력과 상품경제를 발전시키는 내적 요구라고 지적했다. 이것은 비공유제 경제의 존재와 발전의 이론 기초를 닦아 놓았다. 13차 당대회 보고에서는 초보적으로 비교적 체계적으로 비공유제 경제를 발전시키는 이론과 정책을 진술했던 바, 이는 당이 사영경제에 대한 인식에서의 한 차례 도약이었다.

셋째, 공유제를 주체로 하고 다양한 소유제 경제의 공동 발전은 중국

---

142 《邓小平文选》第3卷, 人民出版社, 1993, 111·149쪽.
143 《十二大以来重要文献选编》(上), 人民出版社, 1986, 21쪽.

사회주의 초급 단계의 하나의 기본 경제제도로 확립되었다고 인정했다. 덩샤오핑의 남방시찰 담화는 전통적인 공유제 관념을 타파하고, 시장경제와 계획경제 간의 문제를 철저히 해결하였다. 1992년 14차 당대회 보고는 사회주의 시장경제의 건설을 중국 경제체제 개혁의 목표라고 규정함과 동시에 "전민소유제와 집단소유제를 포함한 공유제를 주체로 하고, 개체경제, 사영경제, 외국자본경제를 보충으로 하는 다양한 소유제 경제 성분이 장기적으로 공동 발전한다"고 제시했다. 1993년에 열린 14기 3중전회는 반드시 공유제를 주체로 하고, 다양한 소유제 경제가 함께 발전하는 방침을 견지해야 한다고 결정했다.

1995년 9월 28일 쟝쩌민은 당의 14기 5중전회 폐막식에서 "공유제의 주체 지위를 견지하는 것은 사회주의의 기본 원칙이며, 중국 사회주의 시장경제의 기본 상징이기도 하다. … 개체, 사영(私營), 외국자본 등 비공유제 경제의 발전을 허용하고 격려하며, … 그들로 하여금 사회주의 경제의 필수적인 보충이 되게 해야 한다"고 말했다. 1997년 15차 당대회 보고에서는 "공유제를 주체로 한 다양한 소유제의 공동 발전은 중국 사회주의 초급단계의 하나의 기본 경제제도이다." "비공유제 경제는 중국 사회주의 시장경제의 중요한 구성 부분이다"라고 지적했다. 쟝쩌민은 "공유제를 주체로 하고 여러 가지 소유제 경제의 공동 발전을 견지하는 기본 경제제도는 15차 당대회의 이론적, 실천적 새로운 발전이며, 사회주의 기본원칙이 당대(當代) 중국에서 견지되고 운용되고 있는 것이다"[144]라고 지적했다.

넷째, 혼합소유제 경제를 적극 발전시키며 공유제를 주체로 하고 다양한 소유제 경제가 공동 발전하는 기본 경제제도를 진일보 발전시킨다. 혼합소유제 경제를 적극 발전시키는 것은 다양한 소유제 경제를 공동 발전

---

144 《十五大以来重要文献选编》(上), 人民出版社, 2000, 488쪽.

시키는 조건 하에서 공유자본의 지배 범위를 확대하고, 그 주체 지위를 실현하는 구체적인 경로를 찾는 것이다. 15차 당대회 보고와 15기 4중전회에서 통과된 결의는 '혼합소유제 경제'를 발전시킬 것을 결정했고, 다양한 성격의 소유제 성분이 기업 내부에서의 상호 융합을 제기함과 아울러 주식제와 현대 기업제도를 '혼합소유제 경제'에 도입시켰다. 18기 3중전회는 '혼합소유제 경제'를 적극 발전시켜야 한다고 특별히 강조하였다. 전회는 다음과 같이 의결했다.

국유자본, 집단자본, 비공유제자본 등 교차 주식 소유, 상호 융합되는 혼합소유제 경제는 기본 경제제도의 중요한 실현 형식으로서, 국유자본의 기능 확대, 가치보증 및 증가, 경쟁력의 제고에 유리하며 여러 소유제 자본의 장단점 보완, 상호추진과 공동 발전에 유리하다. 더 많은 국유경제와 기타 소유제 경제가 혼합소유제 경제로 발전되는 것을 허용해야 한다. 국유자본 투자 항목에서 비국유 자본의 주식 참여를 허락하고, 혼합소유제 경제에서 기업 종업원의 지분소유를 허용하며, 자본 소유자와 노동자 이익공동체를 형성한다. 혼합소유제를 적극 발전시키는 동시에 국유기업의 현대 기업제도의 완선화를 적극 추진해야 한다.

공유제를 주체로 하고 다양한 소유제 경제가 공동으로 발전하는 기본 경제제도는 한편으로 중국이 사유화를 실행하여 자본주의의 잘못된 길로 나아가지 않도록 보장했고, 다른 한편으로 중국이 다시는 더 순수한 공유제를 추구하여 전통적 사회주의 혹은 소련 모델의 옛길로 돌아서지 않도록 보장했다. 이 기본 경제제도는 이미 중국 사회주의 초급 단계에서 그 역할을 과시했고, 중국 사회주의의 성격과 국가의 경제 명맥의 주도를 확보했을 뿐 아니라 인민대중과 사회 각 분야에서의 '중국 특색 사회주의' 건설의 적극성을 충분히 고양시켰다. 나아가 '중국 특색 사회주의' 경제 기초와 상부 구조의 조화로운 발전을 보장한다.

Ⅵ. 노동에 따라 분배하는 것을 주체로 하고, 다양한 분배 방식이 병존하는 분배제도, '중국 특색 사회주의' 초급 단계의 기본 경제제도에 적합한 분배 방식

소득 분배제도는 경제사회 발전의 중대한 문제로서, 많은 인민대중의 절실한 이익과 사회의 장기적 안식과 관련된다. 분배제도와 기본 경제제도는 경제사회 발전과정의 쌍둥이 형제인데, 어떤 경제제도가 있으면 곧 그에 맞는 분배제도가 있게 된다. 개혁개방 전에는 경제제도 상에서 '1대 2공 3순(一大二公三純)'의 공유제를 강조했기에 실질적으로 실시된 분배는 노동에 따른 분배 형식 하에서의 형식주의와 극단적인 평균주의였다. 이로 인해 생산력의 발전을 심각히 제약한 동시에, 근로자들의 생산 적극성에 막대한 영향을 끼쳤다.

개혁개방 이후, 공유제를 주체로 하고 다양한 소유제 경제가 함께 발전하는 기본 경제제도를 구축하는 과정에서 사회주의 시장경제 체제에 상호 적응되는 노동에 따라 분배하는 것을 주체로 하고 다양한 분배방식이 병존하는 분배제도가 점차 형성되었다. 이 분배제도는 경제체제 개혁의 심화에 따라 점차적으로 형성된 것이다. 전반적 개혁의 역사를 살펴보면, 중국 분배제도의 개혁과 완선화는 점진적으로 심화되었는 바, 대체로 다음과 같은 몇 단계를 거쳤다.

첫째, 평균주의 수령에서 벗어나 '한 솥의 밥(大鍋飯: 평균주의 분배 방식)'을 깨뜨리고 많이 일하면 많이 얻는다는 원칙을 세웠다. 경제개혁이 시작되면서 분배제도 개혁도 시작되었다. 개혁은 먼저 농촌경제에서부터 시작되었고, 분배제도 역시 농촌개혁에서 시작되었다. 평균주의는 개혁개방 이전 분배제도의 가장 근본적 특징이었으므로, 11기 3중전회 공보(公報)는 당의 문헌 중에서 처음으로 명확하게 평균주의를 극복해야 한다고 주장했다. 즉 "인민공사의 각급 경제조직은 반드시 노동에 따라 분배하는 사회주의 원칙을 진지하게 실시해야 하며 노동의 수량과 질에 따라 보수를 계산하고 평균주의를 극복해야 한다"[145]는 것이었다. 평균주의 분배제도는 우선 농촌에서부터 타파되어, 이때부터 농민들의 생산경영 적극성을 크게 불러 일으켰고 농민들의 생활수준과 농업생산이 새로운 단계에 접어들게 되었다.

둘째, 동시에 부유해진다는 관념을 깨고 일부 사람들과 일부 지역을 먼저 부유하게 한다는 방침을 제시했다. 공동부유(共同富裕)로 나아가는 것은 사회주의 근본 원칙이다. 공동부유는 동시에 부유해지는 것이 아니라 선후가 있고 늦고 빠름이 있다. 그러나 선후와 빠르고 늦음은 극소수의 사람들이 착취자가 되고, 절대다수의 사람들이 빈곤에 빠지는 양극 분화는 절대 아니다. 1984년 10월 12기 3중전회에서 통과한《중공중앙의 경제체제 개혁에 관한 결정》은 처음으로 일부 지역과 일부 사람들이 성실한 노동과 합법적인 경영으로 먼저 부유해진 후에 더욱 많은 사람들을 인솔하여 한 단계 또 한 단계로 공동부유의 길로 나아가야 한다고 의결했다. 이것은 중국의 분배정책이 한 걸음 나아갔음을 의미한다.

셋째, 노동에 따른 분배를 주체로 하고, 기타 분배방식을 보충으로 하는 분배원칙을 정식으로 결정했다. 1987년 13차 당대회 보고는 처음으로 "노동에 따른 분배를 주체로 하는 전제 하에서 다양한 분배방식을 실시하며", 합법적인 비노동소득을 허락하며, 효율을 추진하는 전제 하에서 사회공평을 체현해야 한다고 제시했다. 1992년 14차 당대회에서는 노동에 따른 분배를 주체로 하고, 기타 분배방식을 보충으로 하며 효율과 공평을 고루 돌보아야 한다고 결정하였다. 이어 1993년 14기 3중전회에서는 개

145《十一届三中全会以来重要文献选读》(上), 人民出版社, 1987, 8쪽.

인소득 분배는 노동에 따른 분배를 주체로 하고 다양한 분배방식이 병존하는 제도를 견지해야 한다고 제시하고, 처음으로 기타의 분배방식을 보충이라는 부속적 지위에서 병존이라는 평등한 지위에로 승격시킨 동시에, "효율이 우선이고 공평함을 동시에 고려하는" 원칙을 제시했다. 나아가 1997년 15차 당대회는 노동에 따른 분배와 생산요소 분배를 결합하고, 자본 및 기술 등 생산요소의 수익 배분에 참여를 허용하고 격려해야 한다고 밝혔다.

1999년 15기 4중전회는 현대 기업제도에 상응한 소득 분배제도를 세우고, 이사회 사장 등 경영관리층은 각자의 직책과 공헌에 따라 보수를 받는다고 제기했다. 2002년 당의 16차 당대회 보고에서는 처음으로 노동, 자본, 기술과 관리 등 생산요소는 공헌에 따라 분배에 참여하는 원칙을 확립하고, 노동에 따른 분배를 주체로 하고 다양한 분배방식이 병존하는 분배제도를 완성했다. 최초의 분배는 효율을 중요시하고 시장의 역할을 발휘하며, 일부 사람들이 성실한 노동과 합법적 경영을 통해 부유해지도록 격려했다. 재분배는 공평에 중점을 두고, 소득분배에 대한 정부의 조정 기능을 강화하여 격차가 너무 큰 소득을 조정했다. 분배질서를 규범화하고 소수의 독점성 업체의 과분하게 높은 소득을 합리적으로 조정하며 불법 수입을 단속했다. 공동부유를 목표로 하며, 중등 소득자의 비중을 확대하고 저소득자의 소득수준을 향상시켰다.

2007년 당의 17차 당대회는 노동에 따른 분배를 주체로 하고, 다양한 분배방식이 병존하는 분배제도를 견지, 보완하고 노동, 자본, 기술과 관리 등 생산요소의 공헌에 따라 분배에 참여하는 제도를 갖춘 기초 위에서 최초 분배와 재분배는 모두 효율과 공평의 관계를 잘 처리하며, 재분배는 공평을 더욱 중요시해야 한다고 지적하였다. 국민소득 분배 중 주민소득의 비례를 점진적으로 제고시키며, 1차 분배 중에서의 노동보수의 비례를 높여야 한다고 결정했다.

2010년 10월에 열린 17기 5중전회는 소득분배제도의 개혁을 '제12차 5개년계획'의 핵심적 의제로 채택하고, 17차 당대회에서 제출한 소득분배제도 개혁 추진 목표를 재천명했다. 즉 소득분배 관계를 합리적으로 조정하고, 국민소득 분배에서 주민소득이 차지하는 비중을 높이고 초기 분배에서 노동보수의 비중을 높이는데 힘쓴다는 것이다. 2012년 18차 당대회는 초기 분배와 재분배에서 효율과 공평을 모두 돌보며, 재분배는 공평을 더 중요시한다. 노동, 자본, 기술과 관리 등 요소는 공헌에 따라 분배에 참여하는 초기 분배체제를 완비하며, 조세, 사회보장, 이전 지급을 주요 수단으로 하는 재분배 조정 시스템을 건전히 하는 것을 가속화한다고 의결했다.

분배제도가 점차 노동에 따른 분배를 주체로 하고 다양한 분배방식이 병존하는 분배제도로 정형화됨에 따라 국민소득과 생활수준이 끊임없이 향상되었다. 2012년 중국 도시주민의 1인당 평균지배 소득은 24,565위안에 달했던 바, 이는 1978년의 71배이고, 농촌주민의 1인당 평균 순소득은 7,917위안으로 1978년의 58배이다.

실천은 이 제도가 중국 사회주의 초급 단계의 기본 국정에 부합되며 많은 인민대중의 적극성을 불러 일으키고 동원하여 사회적 재부(財富)의 축적을 촉진하며, 각종 경제주체 간의 이익관계를 조정하고, 경제 사회 과학 발전을 추진하며, 인민 생활 개선과 사회 안정 유지 등의 방면에서 마땅히 해야 할 역할을 했음을 증명했다. 그러나 1차 분배 영역이든 재분배 영역이든 시급히 해결해야 할 과제가 적지 않게 존재하고 있는 바, 이것은 인민대중 모두가 공평하게 개혁 발전 성과를 향유하는 문제와 관련이 있다. 좀 무겁게 말하면, 국가의 안정과 사회질서와 생활의 장기간 안정과 관련된다. 또한 경제라는 케이크가 계속하여 커져가는 과정에서 어떻게 공평하게 케이크를 분배할 것인가는 갈수록 중요해 보인다. 이것은 이미 정부와 사회의 공통된 인식이 되었다.

이에 대해 18기 3중전회는 9개 방면에서 합리적이고 질서 있는 소득 분배 구도를 형성하고, 13개 방면에서 더욱 공평하고 지속적인 사회보장 제도를 설립해야 한다고 의결했다. 이는 분배제도의 개혁과 완성은 부족한 병력으로 돌격하는 방식이 아니라 종합적인 대공사이며, 종합정책과 조치를 실시함으로써 비로소 분배제도의 개혁이 실질적 효과를 거둘 수 있음을 충분히 설명하였다.

제3절 구체적인 제도의 발전 약술

구체적인 제도에는 근본 정치제도, 기본 정치제도, 기본 경제제도의 기초 위에 세워진 경제체제, 정치체제, 문화체제, 사회체제와 생태문명체제 등이 포함된다. 그러나 이러한 구체적인 제도 중에 구체적으로 어떤 것이 있는지 당의 문서에 개괄적 설명만 있을 뿐 상세하게 언급하지 않았다.

'중국 특색 사회주의'의 구체적인 제도는 '중국 특색 사회주의' 근본 제도, 기본 제도에서 파생되어 나온 것으로서 '중국 특색 사회주의' 근본 제도, 기본 제도의 지배를 받으며 '중국 특색 사회주의' 근본 제도, 기본 제도의 표현 형식이기도 하다. 근본 제도, 기본 제도는 구체적인 제도의 성격, 선택과 변혁을 결정하며, 한 나라가 어떠한 구체적인 제도를 선택하는가는 결국 근본 제도, 기본 제도에 따라 결정된다. 동시에 구체적인 제도는 근본 제도, 기본 제도 보호를 위해 봉사하며, 구체적인 제도의 개혁은 근본 제도, 기본 제도의 완비와 발전을 추진한다.

Ⅰ. 인류역사상 처음 성공적으로 사회주의와 시장경제를 유기적으로 결합시켜 사회주의 시장경제 체제를 형성 발전

경제체제 개혁의 핵심 문제는 어떻게 계획과 시장과의 관계를 정확히 인식하고 처리할 것인가 하는 것이다. 개혁개방 전, 인식상의 한계성으로 인해 사회주의 경제 토대는 '1대 2공 3순'이었으며, 다만 계획경제만 할 수 있을 뿐 상품경제는 할 수 없고 시장경제는 더욱 하지 못하며, 상품경제와 공유제는 서로 용납하지 않으며, 시장경제는 곧 자본주의라고 보편적으로 인식하였다. 소련 모델과 중국의 30년 간의 발전 모델은 계획경제는 중국과 같은 낙후된 나라의 사회주의 건설에는 적합하지 않다는 것을 증명했다. 이를 인식하고 개혁개방 이후 당은 계획과 시장과의 관계를 새롭게 인식하기 시작했다. 실천은 이론적 사고를 추진하고 이론은 실천의 검증을 지도한다. 양자는 상호작용하고 점차적으로 시장과 시장경제를 사회주의 제도에 접목시켰다.

지나온 30년과 개혁 이래 정·반 두 면의 경험과 교훈의 총화를 통해 사회주의 경제체제에 대한 인식과 사회주의 시장경제 체제의 설립과 완성은 세 개의 역사 단계를 거쳤다.

첫 번째 역사 단계(1978~1984년): 1984년 12기 3중전회는 계획경제와 상품경제를 대립시키는 전통 관념을 돌파하고, 중국 사회주의 경제는 공유제를 기초로 하는 계획적인 상품경제임을 확인했다. 개혁개방 전에, 이론상으로 사회주의는 상품과 시장이 있다는 것을 인정했지만, 상품경제와 시장경제는 언급하지 않았다. 그러나 실천과정에서 계획경제를 엄격히 실시하고 시장의 범위와 역할을 엄격히 제한했다. 1978년 어느 경제학자는 "계획경제와 시장경제가 결합한다"라는 개념을 제시했다. 같은 해 12월 11기 3중전회는 경제를 발전시키기 위해서는 "새로운 역사적 조건과 실천경험에 근거하여 일련의 새로운 경제조치를 채택하여 경제관리 체제와 경영관리 방법에 착안하여 진지하게 개혁해야 한다." "반드시 경제법칙에 따라 단호히 일을 처리해야 하며 가치법칙의 역할을 중요시해야 한다"[146]고 지적했다.

1979년 11월 26일, 덩샤오핑은 외국 손님을 접견하면서 "시장경제는 자본주의 사회에만 존재하고 자본주의 시장경제만 있다고 말하는 것은 분명 옳지 않다. 사회주의는 무엇 때문에 시장경제를 실시하지 못하는가? 이것을 자본주의라고 말할 수 없다. 우리는 계획경제를 위주로 하고 시장경제와도 결합한다. 그러나 이것은 사회주의 시장경제이다. 비록 방법상에서 자본주의 사회의 것과 비슷하지만, 같지 않은 부분도 있는데, 이는 전민소유제 사이의 관계이고, 집단소유제 사이와의 관계도 있으며 외국 자본주의와의 관계도 있다. 그러나 결국은 사회주의 것이며 사회주의 사회의 것이다. 시장경제는 오직 자본주의 것이라고만 말할 수 없다. 시장경제는 봉건사회 시기에 이미 맹아가 있었다. 사회주의도 시장경제를 할 수 있다"[147]고 명확하게 밝힌 바 있다.

이는 전통적 계획경제 체제와 관념에 대한 중대한 돌파이다. 경제이론계의 치열한 토론을 거친 후 1980년 덩샤오핑은 "계획경제 지도 하에 시장 조절의 보조 역할을 발휘해야 한다"고 제시했으며, 그 후에 또 계획경제와 시장 조절의 결합을 제시했다. 그는 사회주의 경제는 시장을 떠나 계획할 수 없을 뿐 아니라 계획이 없는 시장도 할 수 없으며, 계획경제와 시장 조절을 상호 결합하여 계획의 지도 하에 시장 조절의 역할을 발휘하고, 계획이 있고 비례에 따라 조화로운 발전의 거시적 조절, 통제 하에서 가치법칙의 역할을 발휘해야 한다고 강조했다.

---

146 《十一届三中全会以来重要文献选读》(上), 人民出版社, 1987, 5-6쪽.
147 《邓小平文选》第2卷, 人民出版社, 1994, 236쪽.

1981년 11기 6중전회에서 통과한《건국 이래 당의 몇 가지 역사문제에 관한 결의》는 "공유제의 기초 위에서 계획경제를 실시하는 동시에 시장 조절의 보조적 역할을 발휘해야 한다"[148]고 지적했다. 1982년 9월 12차 당대회는 덩샤오핑이 상술한 사상에 근거하여 계획경제를 위주로 하고 시장 조절을 보조로 하는 원칙과 방침을 확인함과 아울러, 이에 대해 체계적으로 명백히 논술했고, 같은 해 12월 제5기 전국인민대표대회 제5차 회의에서 통과한 헌법에 기재했다.《중화인민공화국 헌법》에서는 "국가는 사회주의 공유제의 기초 위에서 계획경제를 실시한다, 국가는 경제계획의 종합적 균형과 시장조절의 보조적 역할을 통하여 국민경제의 비례에 따른 조화로운 발전을 보장한다"[149]고 규정했다.

1984년 10월 12기 3중전회에서 통과한《중공중앙의 경제체제 개혁에 관한 결정》은 실천 경험을 총괄하는 기초 위에서, "계획체제를 개혁함에 있어서, 먼저 계획경제와 상품경제를 대립시키는 전통 관념을 타파하고, 사회주의 계획경제는 반드시 스스로 가치 법칙에 근거하고 운용해야 하며, 공유제를 기초로 하는 계획적인 상품경제라는 점을 명확하게 인식해야 한다. 상품경제의 충분한 발전은 사회경제 발전 단계에서 초월할 수 없는 단계이며, 중국 경제 현대화를 실현하는 필요 조건이다"[150]라고 제시했다. 이로써 사회주의 경제는 공유제 기반의 계획적인 상품경제의 명제(命題)가 정식으로 확립되었다.

이 같은 새로운 이론의 지도 하에 중국 경제 운영 과정에서 계획경제 체제가 점차 바뀌고 시장경제가 천천히 도입되기 시작했다. 국민경제는

148《十一届三中全会以来党的历次全国代表大会中央全会重要文件选编》(上), 中央文献出版社, 1997, 211쪽.

149《十一届三中全会以来重要文献选读》(上), 人民出版社, 1987, 584쪽.

150《十二大以来重要文献选编》(中), 人民出版社, 1986, 568쪽.

거시적인 계획성에서 전체적으로 굵은 선과 신축성 있는 방식으로 구현되었다. 국민경제는 미시적으로 더욱 많이 시장성을 체현하여, "가격이 비교적 유연하게 사회 노동 생산율과 시장 공급관계의 변화를 반영할 수 있다"는 효용을 충분히 발휘하였다. 동시에 '국가기구'는 더 이상 '직접 기업을 경영'하지 않으며, 정부와 기업의 직책이 분리되고, 기업은 융통성 있고 다양한 경영방식을 선택할 권리가 있게 된 동시에, 자주적으로 자체의 생산, 공급, 판매활동을 안배할 수 있고, 자체로 본 기업의 종업원을 임명, 파면, 초빙, 선거할 수 있으며, 자체로 고용방법과 임금과 장려 형식을 결정할 수 있으며, 자주적 경영, 자체 손익을 부담하는 사회주의 상품 생산자와 경영자가 되었다.

두 번째 역사 단계(1985~1992년): 《중공중앙의 경제체제 개혁에 관한 결정》에서 계획이 있는 상품경제라는 명제를 제기한 후, 경제이론계의 대논쟁을 불러 일으켰다. 1985년 10월 23일 덩샤오핑은 이론계의 서로 다른 논쟁에 대하여, 미국 기업가대표단 단장 그룬왈드(Gronwald)의 사회주의와 시장경제 관계에 관한 질문에 대답할 때 "사회주의와 시장경제 간에는 근본적인 모순이 존재하지 않는다", "문제는 바로 어떠한 방법으로 더 유력하게 사회생산력을 발전시킬 것인가이다", "지난 시기 우리는 줄곧 계획경제만 실시했지만 다년간의 실천 경험은 어떤 의미에서 말하면, 계획경제만 실시하면 생산력의 발전을 구속한다는 것을 증명했다. 계획경제와 시장경제를 결합시키면 생산력을 더 해방할 수 있고 경제발전을 가속화할 수 있다"[151]라고 지적했다.

어떻게 "계획경제와 시장경제를 결합시킬 것인가"는 실천과정에서 계획을 주체로 하는가, 아니면 시장을 주체로 하는가에 대해서는 아직 원만

---

151 《邓小平文选》第3卷, 人民出版社, 1993, 148-149쪽.

한 해결을 가져오지 못했으며, 정세 변화에 따라 때로는 시장의 주체성을 강조하고 때로는 집중적 계획을 강조했다. 이 문제를 더 잘 조종할 수 있도록 규정하기 위하여 1987년 13차 당대회는 "사회주의 계획이 있는 상품경제 체제는 반드시 계획과 시장이 내재적으로 통일된 체제여야 한다"[152]고 규정했으며, 계획조절과 시장조절은 경제 운영을 조절하는 두 가지 형식과 수단으로서 서로 다른 경제제도를 구분하는 표시가 아니며, "계획과 시장의 역할 범위는 사회를 포괄한다, 새로운 경제 운영체제는 전체적으로 '국가가 시장을 조절하고 시장이 기업을 이끄는' 구조이어야 하며", 계획과 시장은 이것이 나타나면 저것이 없어지는 관계가 아니며, 더욱이 서로 배척하는 관계가 아니라고 말했다.

이로 보아 계획과 시장 간의 관계에 대한 13차 당대회의 인식은 이미 새로운 단계로 올라섰다. 그러나 1988년 9월 13기 3중전회에서 "경제환경을 다스리고 경제질서를 정돈하며 개혁을 전면적으로 심화한다"는 방침을 제시한 후, 계획과 시장과의 관계 문제에서 또 다시 새로운 분기(分岐)가 나타났다. 실제적인 경제 업무에서는 경제관리와 정비를 다스리고 너무 강조하고, 집중과 통일을 너무 강조하는 현상이 나타났기에, 실천에서 계획의 비중이 커지고 시장의 비중이 축소되었다. 이러한 후진적 현상에 대해, 덩샤오핑은 베이징 계엄부대 간부를 접견할 때 특별히 13기 3중전회에서 제정한 노선방침과 정책은 정확하고 개혁개방의 기본점은 정확하며, "우리는 지속적으로 계획경제와 시장조절의 결합을 유지해야 하며 이것은 바뀔 수 없다"[153]고 지적했다.

그리하여 1989년 당의 13기 5중전회에서 통과한 《중공중앙의 진일보로 다스리고 정돈하고 개혁을 심화하는 데 관한 결정》은 "개혁의 핵심 문

152 《十三大以来重要文献选编》(上), 人民出版社, 1991, 26쪽.
153 《邓小平文选》 第3卷, 人民出版社, 1993, 306쪽.

제는 계획경제와 시장경제를 서로 결합한 경제운영 시스템을 설립하는데 있다, 계획경제와 시장경제의 서로 결합의 정도, 방식과 범위는 실제 상황에 근거하여 자주 조절하고 고쳐야 한다"[154]라고 강조했다.

1991년 7월 1일 쟝쩌민은 중국 공산당 성립 70주년 기념대회 연설에서 "계획과 시장은 경제를 조절하는 수단으로서 사회화 대생산의 기초 위에 형성된 상품경제 발전의 객관적 수요이기 때문에 일정한 범위 내에서 이러한 수단을 활용하는 것은 사회주의 경제와 자본주의 경제를 구분하는 지표가 아니다"[155]라고 지적했다. 이렇게 계획과 시장 관계에 대한 전통적인 잘못된 인식을 진일보 타파하였다. 그러나 소련이 해체된 후 국내에서는 서방의 '평화적 변화'를 방지하는 사조가 일어났는 바, 서방 선진 자본주의 국가들이 '시장경제', '사유화'를 이용하여 사회주의 국가에서 '평화적 변화'를 추진한다고 인정했다. 이러한 인식의 차이와 실천 중의 흔들림은 사람들로 하여금 시장 취향 개혁에 대해 의구심을 갖게 하여 개혁의 실천과정에서 큰 걸음을 떼지 못하게 하였다.

이 어려운 문제에 관하여 1992년 초 88세의 고령인 덩샤오핑은 남방을 시찰하면서 유명한 '남방담화'를 발표했다. 담화에서 덩샤오핑은 계획과 시장의 관계 문제에 대해 한 차례의 완벽한 논술을 제시하였다. 그는 "계획이 많은가 아니면 시장이 많은가는 사회주의와 자본주의의 본질적 구별이 아니다. 계획경제라 해서 사회주의가 아니며, 자본주의에도 계획이 있다. 시장경제라 해서 자본주의가 아니며, 사회주의에도 시장이 있다. 계획과 시장은 모두 경제수단이다"[156]라고 제시하였다. 이렇게 계획경제

---

154 《十一届三中全会以来党的历次全国代表大会中央全会重要文件选编》(下), 中央文献出版社, 1997, 32쪽.

155 《十三大以来重要文献选编》(上), 人民出版社, 1993, 1640쪽.

156 《邓小平文选》第3卷, 人民出版社, 1993, 373쪽.

와 시장경제를 사회 기본제도로 간주하는 전통적 관념을 근본적으로 타파하였으며, 사회주의 시장경제 체제의 개혁 방향을 위해 사상상의 장애를 제거했다.

1992년 6월 9일 쟝쩌민은 중앙당교 성, 부급(省部級) 간부 세미나에서의 연설에서 경제체제 개혁을 가속화하고, 사회주의 새로운 경제체제를 조속히 설립할 것을 제기함과 동시에 '사회주의 시장경제 체제'의 개념을 사용할 것을 제안했다. 1992년 14차 당대회는 "경제체제 개혁의 목표는 사회주의 시장경제 체제를 구축하는 것이다, 우리가 구축하려는 사회주의 시장경제 체제는 바로 시장으로 하여금 사회주의 국가의 거시적 조절, 통제 하에 자원배분에 대한 기초적 역할을 발휘하는 것이다"[157]라고 제시했다. 이는 1978년 이래 14년 동안 중국 경제체제 개혁에서 취득한 최대의 성과이다.

세 번째 역사 단계(1993~2013년): 1993년 14기 3중전회에서 통과한 《중공중앙의 사회주의 시장경제 체제를 확립하는 몇 가지 문제에 관한 결정》은 중국 사회주의 시장경제 체제의 기본 틀을 확정했다. 2002년 당의 16대 개최는 중국 사회주의 시장경제 체제가 초보적으로 형성되었음을 의미했다. 2003년 10월 16기 3중전회에서 통과한 《중공중앙의 사회주의 시장경제 체제를 완비하는 몇 가지 문제에 관한 결정》은 사회주의 시장경제 체제를 완성하는 각 항목의 임무를 전면적으로 배치했다. 2013년 11월 18기 3중전회에서 통과한 《중공중앙의 전면적으로 개혁을 심화하는 몇 가지 중대한 문제에 관한 결정》은 적극적으로 온당하게 시장화 개혁을 폭넓고도 심도있게 추진하고 시장으로 하여금 자원 배분 중에서 결정적 역할을 발휘하도록 하며, 정부 역할을 더욱 잘 발휘하여 사회주의 시장경제

---

157 《十一届三中全会以来党的历次全国代表大会中央全会重要文件选编》(下), 中央文献出版社, 1997, 170쪽.

체제를 건전히 해야 한다고 규정했다.

위의 논술은 개혁개방의 핵심 내용을 충분히 체현했는 바, 시장경제와 사회주의 제도를 어떻게 결합시킬 것인가에 대한 문제이고, 기타 관련된 모든 개혁은 모두 이 핵심을 중심으로 계속하여 전개되는 것이다. 실천과 정에서 사회주의 시장경제 체제를 체현하는 구체적 내포의 제도는 매우 풍부하다. 예를 들어, '중국 특색'을 형성하는 공유를 주체로 하는 복합형 재산권 제도, 중국 특색의 노동에 따른 분배를 주체로 하는 다양한 요소 의 분배제도, 중국 특색의 국유기업이 주도하는 다구조형 기업제도, 중국 특색의 독립 자주적인 전방위적 경제개방 제도 등이다.[158]

결합의 길을 탐색하는 과정에서 당은 사상을 해방하고 실사구시하며 시대와 함께 전진하는 사상 노선을 견지하여, 사람을 근본으로 하고 대담 히 혁신함으로써 인류역사상 처음으로 성공적으로 사회주의와 시장경제 를 유기적으로 결합시켜 사회주의 시장경제 체제를 형성, 발전시켜 사회 주의 제도의 우월성을 시장 메커니즘의 작용 하에 더욱 충분히 발휘되게 하였다. 사회주의와 시장경제의 결합은 마르크스주의 발전사에서의 빛나 는 실천이며, 인류 경제사회 발전사에서 위대한 창조물이다.

II. 사회주의 민주정치를 충분히 구현한 '중국 특색 사회주 의' 정치체제는 점차 완벽해지고 있다

근본 정치제도와 기본 정치제도를 발전하는 과정에서 일련의 구체적 정치제도가 파생되었고, 이러한 구체적인 정치제도들은 근본 정치제도와 기본 정치제도의 발전과 완비를 보호하고 서비스하는 방면에서 중요한

---

158 程恩富·侯为民,《不断完善中国特色社会主义制度体系》,《河北日报》 2012年 11月 7日.

역할을 하고 있다. 일련의 구체적인 정치제도에는 주로 다음 내용이 포함된다.

민주선거제도: 인민이 나라의 주인임을 잘 체현하고, 인민의 권익을 더욱 잘 보장하려면 반드시 민주선거 제도를 실시해야 한다. 1953년《중화인민공화국 전국인민대표대회와 지방 각급 인민대표대회 선거법》이 제정된 후 1979년의 개정과 1982년, 1986년, 1995년, 2004년의 4차례 개정을 거쳐 2009년에《선거법(개정안)》초안을 제정하고, 2010년 3월 15일, 제11기 전국인민대표대회 제3차 회의에서 표결을 거쳐 통과했다.《선거법》은 중국의 선거 경험과 교훈을 총화하고 외국의 많은 유익하고 선진적인 방법을 받아들여 선거 유권자와 후보자 자격 및 선거구의 획분, 선거 유권자의 등록, 후보자의 제출과 탄생, 선거의 기본 절차 등에 관하여 규정하였다.

권력 분리와 제약(制約)제도: 공산당이 장기 집정하는 조건 하에서 "권력이 부패를 초래하고 절대권력이 절대부패를 초래하는 것을" 예방하려면 정치활동에서 권력의 분리와 제약제도의 형성, 발전과 완선화를 떠날 수 없다. 우방궈(吳邦國)는 2011년 3월 10일 제11기 전국인민대표대회 제2차 전체회의에서 "우리는 여러 정당이 돌아가면서 집권하지 않고, 지도 사상을 다원화하지 않으며, '3권 정립'과 양원제(兩院制)를 하지 않고, 연방제를 하지 않으며, 사유화를 하지 않는다"라고 주장하였다. 중국은 서방의 3권 분립을 하지 않지만 중국 특색의 권력 분립과 제약 제도를 줄곧 탐색하고 발전시켜 왔으며, 기본적으로 자신의 권력 운행 제약과 감독체제를 체계적으로 형성하였다. 18차 당대회 보고에서 진일보하여 "권력 운행의 제약과 감독체계를 건전히 해야 하며", "정책 결정권, 집행권, 감독권의 상호 제약, 상호 조화를 확보하며 국가기관이 법정권한과 절차에 따라 권력을 행사함을 확보해야 한다"고 제시하였다. 어떻게 "권력 운행의 제약과 감독체계를 건전하게 할 것인가"에 대해서도 18차 당대회 보고는 진일보하여 "당무(黨務) 공개, 정무(政務) 공개, 사법 공개와 각 분야 실무 공개 제도를 완벽하게 해야 하며, 질문, 문책, 경제 책임 감사, 인책 사퇴, 파면 등 제도를 건전히 해야 한다"고 제시했다. 시진핑은 당정·국정·세정에 근거하여 "권력을 제도의 우리에 가두고 감히 부패할 수 없는 징계시스템, 부패할 수 없는 방범시스템, 쉽게 부패하지 않는 보장시스템(약칭 '3불 시스템')을 형성해야 한다"[159]고 특히 강조했다.

당내 민주제도. 혁명 시기 중국 공산당은 규율과 통일을 강조한 동시에 당내의 민주도 잃어버리지 않았다. 혁명이 승리한 후 집권당 지위에 오른 중국 공산당은 사회주의 건설과 발전 과정에서 한동안 적지 않은 시행착오를 겪었지만, 당내 민주적 제도의 발전과 보완을 항상 중시해 왔다. 개혁개방 30여 년 동안 당내의 민주제도는 갈수록 건전해졌던 바 이러한 민주제도는 민주집중제, 당원의 알 권리, 참여권, 선거권, 감독권 등 민주권리의 보장제도, 당대표대회의 대표 임기제, 당내 선거제도, 상임위 회의 의사규칙과 결정 절차, 지방 당위원회의 중대 문제 토론 결정과 주요 간부 임용에 대한 표결제도, 기층당 조직 지도부에 대한 당원의 정기평가 심사제도, 당원이 기층당위원회의에 대한 방청과 당대표대회 대표가 동급 당위원회 관련 회의에 참석하는 열석제도 등으로 이루어졌다.

민주적 의사결정 제도: 한 나라의 정치생활에서 정책 결정은 떠날 수 없지만 어떻게 결정을 내려야 그 효과를 보증할 수 있는가는 또 하나의 중요한 과제이다. 정책 결정은 반드시 민주화가 돼야 하고 민주화만이 과학화될 수 있으며, 과학화만이 비로소 능률화할 수 있다는 것을 경험을 통하여 알고 있다. 그러므로 민주적 의사결정 제도를 구축하는 것은 사회

---

159 习近平,《在中国共产党第十八届中央纪律检查委员会第二次全体会议上的重要讲话》,《人民日报》2013年 1月 23日.

주의 정치제도의 마땅한 의무이다. 개혁개방 전후의 경험과 교훈에서 공시(公示), 청문 등 형식이 끊임없이 정책 결정에 활용되는 과정에서 중국은 '과학적 결정', '민주적 결정', '법에 의한 결정'의 길을 걸을수록 순조로우며 의사결정 체제와 절차가 끊임없이 건전해지고 완벽해짐과 동시에 정책 결정의 책임과 잘못을 바로잡는 제도도 수립되고 건전해지고 있다.

민주감독제도: "권력을 햇빛 아래에서 운영되게 하라"는 것은 바로 인민이 권력을 감독하도록 하는 것이다. 권력은 반드시 감독을 받아야 하며 그렇지 않으면 반드시 부패가 많이 발생하게 된다. 60여 년 이래 중국은 감독의 '4대 체계', 즉 당내감독, 민주감독, 법률감독, 여론감독이 점차 형성되었다. 이 '4대 체계'는 중국 감독제도의 주체를 구성했다.《중국 공산당 당내감독 조례》의 규정에 의하면 당내감독 제도는 주로 10가지 면이 포함된다. ① 집단영도와 분업책임 제도, ② 중요 상황 통보와 보고제도, ③ 업무태도와 청렴보고 제도, ④ 민주생활회 제도, ⑤ 민원 처리 제도, ⑥ 순시 제도, ⑦ 담화와 경계, 면려 제도, ⑧ 여론감독 제도, ⑨ 문의와 질의 제도, ⑩ 파면과 철직 요구 및 처리 제도 등이다. 민주감독이란 주로 인민감독과 사회감독법을 말한다. 법률감독이란 곧 전문적인 감독이다. 예를 들어, 전국인민대표대회는 전문법의 형식으로 전국인민대표대회 및 지방 각급 인민대표대회의 동급 정부, 법원, 검찰원에 대한 감독권리를 보장한다. 즉 '일부양원(一府兩院)'에 대한 인민대표대회의 감독을 강화하며 정부의 전반 예산과 결산의 심사와 감독을 강화한다. 여론감독은 신문매체가 관련 규정과 절차에 따라 내부 반영과 공개보도를 통해 사회여론 감독의 중대한 역할을 수행한다.

햇빛정치제도: 햇빛정치제도의 핵심은 정부와 사법기관의 정무 정보를 공개하는 것이다. 중국의 《정부정보 공개 조례》(2007년 4일 제정)의 실시에 따라 무릇 법률과 법규가 권한을 부여한 공공사무를 관리할 기능

을 갖춘 조직기구는 모두 정무 정보 공개를 성실히 수행해야 한다. 예를 들어, 교육, 의료위생, 산아제한, 식수공급, 전기공급, 가스공급, 열공급, 환경보호, 공공교통 등 인민대중의 이익과 밀접히 관련되는 공공기업 사업부서는 사회에 공공서비스를 제공하는 과정에서 여러 경로를 통해 관련 정보를 사회와 대중에게 공개해야 한다. 사법기관도 마찬가지이다. 예를 들어, 법원의 입안공개, 법정심리공개, 집행공개, 청문공개, 문서공개, 심사업무 공개 등으로 적극적으로 사법 공개 제도를 구축해야 한다. 또 예를 들면, 법원은 법정 심문의 공개 관련 요구에 따라 뉴스매체 방청과 법정 심문 보도제도를 구축하고 건전히 했으며, 어떤 법원은 언론매체 방청석을 별도로 설치하고 최고인민법원 법정 심문 생중계에 대한 규정에 따라 법정 심문 생중계 작업을 적극적으로 하고 있다. 또 예를 들면, 각급 법원은 정보조회 시스템을 끊임없이 건전하게 집행하여 당사자의 집행사건 정보의 문의를 위해 편리를 제공하고 감정, 평가, 경매 등 기구의 선택과정과 결과를 전면적으로 당사자에게 공개하고 있다. 또 예를 들면, 심리업무 공개에 있어 각급 법원은 공식 홈페이지, '웨이보(微博)' 등의 매체를 활용하여 사회에 각 유형의 상황을 공포하고 있다. '법원 개방일' 활동을 개최하여 인민대중에게 사법행사에 참여하여 그 과정을 체험하게 했다. 뉴스 대변인을 세우고 매체를 적극 활용하여 법원사업을 홍보하는 동시에 인터넷 여론을 합리적으로 정리했다. 2013년 7월 최고인민법원은 법치 확립에 관한 시진핑의 일련의 중요한 논설을 관철 집행하고, 사회의 관심에 적극 부응하고 사회감독을 능동적으로 받아들이기 위해 제정 공포된 《최고인민법원 재판문서 인터넷 공개 잠행방법》이 시행되기 시작했다. 이는 사법기관 햇빛정책의 또 하나 새로운 조치이다.

　　기층협상 민주제도: 중국 정권조직의 형식은 인민민주독재이다. 인민민주의 '인민'은 광범위한 기층에 있고, 인민민주의 '민주'는 조화에 있다.

기층협상 민주는 마땅히 인민민주의 핵심 부분이어야 한다. 개혁개방 30년 동안, 기층협상 민주면에서 탐색도 있었고 실수도 있었으며, 정·반 두 개 방면의 경험과 교훈을 쌓았다. 개혁개방 이래, 사회주의 시장화 개혁이 끊임없이 추진됨에 따라 협상민주의 광범성, 단계성과 제도화는 급속한 발전을 가져왔으며, 협상민주제도와 업무시스템도 끊임없이 향상되었다. 협상민주제도는 중국 공산당이 사회주의 민주 형식을 발전시킨 하나의 새로운 창조이며, 중국 국정에 완벽하게 부합하는 중요한 민주적 실천이다. 기층협상 민주의 구체 실현 형식과 취득한 효과로부터 보면, 이 제도는 현재 중국 경제사회 전환기에 공민의 이익 청원과 질서정연하게 공공업무 관리에 절차적으로 참여하고자 하는 염원에 응답과 만족을 주었으며, 여러 가지 원인으로 조성된 사회갈등과 이익충돌 문제를 효과적으로 대응함과 아울러 일정한 정도의 해결을 가져왔다. 나아가 정치 안정, 사회의 조화를 추진했다. 예를 들어, 원링(溫嶺)의 '민주간담(民主懇談)'이라는 창조적 실천 형식은 바로 민주협상이 기층에서 성공적으로 활용된 사례이다.

공무원 재산공개제도: 부패는 국제적 현상인 이상, 중국은 반부패의 성공 경험과 효과적인 방법을 참고해야 한다. 예를 들어, 관원재산 공개제도이다. 국외에서는 관원에 대한 재산 공개신고를 부패척결과 청렴의 가장 근본적이고 가장 효과적인 제도로 간주하고 있다. 개혁개방 이래 중국의 반부패 사업은 한층 강화되었고, 드러나는 부패 사건은 갈수록 많아졌지만 효과적으로 부패의 만연을 억제하지 못했다. 현재 전국적으로 부패 척결의 목소리가 높아지고 있다. 18차 당대회에서는 "간부 청렴, 정부 청렴, 정치 청명을 이뤄야 한다"고 제시하였다. '3청(三淸)'의 '청'은 어디에 있는가, 재산의 '청'이 근본이다. 현재 집권당과 국가입법 부서는 관련 법률과 법규의 제정에 주력하고 있다. 예를 들어 2014년 1월《당, 정 영도간부 선발임용 사업 조례》가 공포되었다.《조례》는 배우자가 이미 국외로

이주했거나, 혹은 배우자가 없고 자녀가 모두 이미 국외로 이주한 '나관(裸官)'은 간부 고찰 대상자가 될 수 없다고 규정했다. 또 예를 들면 2014년 초 중앙조직부에서 발부한 《영도간부의 개인 관련 사항 보고사업을 진일보하는데 관한 통지》에서는 "발탁할 일부 검토 대상, 예비 간부 인선 대상은 주로 중점을 청급(廳級) 예비 인선 대상, 영도간부의 개인 보고사항에 관한 제보를 받았을 때 조사 확인해야 하는, 순시 업무 혹은 간부 고찰 중 군중들이 영도 간부가 개인 보고사항에 관련된 문제점이 두드러지거나, 기타 중점적으로 추출 검사와 조사 확인해야 할" 인원을 중점적으로 추출하여 조사해야 한다.

무릇 정당한 이유 없이 제때 보고하지 않거나 사실대로 보고하지 않거나 혹은 숨기고 보고하지 않는 경우에는 상황의 경중에 따라 비평교육, 기한 내 시정, 검사를 책임지고 하도록 명령, 훈계 독려 담화, 통보비평 혹은 직무소환, 면직 등 처리를 한다. 규율을 위반하면 관련 규정에 따라 규율 처분을 내리며, 사실대로 등록하지 않거나 숨기고 보고하지 않는 경우 일률적으로 발탁 임용해서는 안 되며, 예비 간부 명단에 기입하지 않는다고 규정했다.

III. 경제체제 개혁에 따라 문화체제 개혁도 끊임없이 추진되었다

개혁개방 전에, 중국 문화체제는 주로 계획경제에 적응했으며, '문화대혁명' 시기에는 계급투쟁을 중점으로 하는 문화 범례에 빠져 있었다. 시장화 개혁의 발전에 따라 문화발전이 경제건설을 중심으로 어떻게 적응할 것인가 하는 문제가 당 앞에 놓이게 되었다. 1980년 2월 전국문화국장회의는 "단호하게 단계적으로 문화사업 체제를 개혁하고 경영관리 제도를 개혁한다"라고 명확히 제시했다. 1988년 국무원이 비준 전달한 문화부의《예술공연단체 체제개혁을 가속화하고 심화하는데 관한 의견》과 1989년 중앙의《문예를 더욱 번영하는데 관한 몇 가지 의견》에서 '쌍궤제(雙軌制)'를 실시하는 구체적 개혁 의견을 제기하였다. 즉 하나는 국가에서 지원하는 소수 전민소유제의 원·단(院團)이고, 다른 하나는 다양한 소유제의 예술단체이다.

1988년 문화부와 국가공상행정관리국에서 발부한《문화시장 관리사업을 강화하는데 관한 통지》는 '문화시장'의 개념을 공식적으로 제기한 동시에, 문화시장의 관리범위, 임무, 원칙과 방침을 명확히 하였다. 이는 문화시장의 지위가 정식으로 인정받았음을 의미한다.

1989년 국무원은 문화부 산하에 문화시장관리국 설치를 승인했고, 전국적인 문화관리체제가 구축되기 시작했다. 1996년 14기 6중전회에서 통과한《중공중앙의 사회주의 정신문명 건설을 강화하는 몇 가지 중요 문제에 관한 결의》는 "문화체제의 개혁은 문화사업의 번영과 발전의 근본적 출로이며", "개혁의 목적은 문화사업의 활력을 증강하고 문화사업자의 적극성을 충분히 불러일으키며, 훌륭한 작품을 많이 창작하고 우수한 인재를 많이 배출하는 것이다"라고 제시했다.

2000년 10월 15기 5중전회에서 통과한《중공중앙의 국민경제와 사회발전 제10차 5개년계획의 제정에 관한 건의》는 처음으로 중앙의 공식문건에서 '문화산업'의 개념을 제기하고, 문화산업정책을 보완하며 문화시장의 건설과 관리를 강화하여 문화 관련 산업 발전을 추진할 것을 요구했다. '문화산업' 개념의 제기는 정부가 문화산업을 승인하고 그 지위를 인정했음을 의미했다는 중요한 의의를 가지고 있으며, 특히 문화체제 개혁에 대해 결정적 역할을 했다.

2001년 중공중앙은 중앙선전부, 방송총국, 신문출판총서의《신문 출판

방송, 영화산업 개혁의 심화에 관한 몇 가지 의견》을 비준하여 관련 부서에 전달했다.《의견》은 문화체제 개혁은 발전을 주제로 하고, 구조조정을 주선으로 하며, 그룹화 건설에 중점과 돌파구로 하고, 거시적 관리체제, 미시적 운행체제, 정책 법률체계, 시장 환경, 개방 구도 등 5개 방면에 중점을 두고 적극적으로 모색하고 혁신하여, 실력을 강화하고 활력을 증강하여 경쟁력을 제고한다고 규정했다.

2002년 16차 당대회는 처음으로 문화를 문화사업과 문화산업으로 구분하고, 문화사업과 문화산업을 적극적으로 발전시켜야 한다고 강조하였다. 이어 2003년 16기 3중전회에서 통과한《중공중앙의 사회주의 시장경제 체제를 완비하는 몇 가지 문제에 관한 결정》은 문화체제 개혁의 목표를 더욱 심화하고 명확히 했다.《결정》은 또한 문화체제 개혁의 목표는 사회주의 문명 건설의 특징과 법칙에 따라 사회주의 시장경제 발전의 요구에 적응하여 당위원회 영도, 정부관리, 업계 자율, 기업과 사업체가 법에 따라 운영하는 문화관리 체제를 점진적으로 수립할 것을 구체적으로 지시하였다.

2004년 16기 4중전회에서 통과한《중공중앙의 당의 집정 능력 건설을 강화하는데 관한 결정》은 "문화체제 개혁을 심화하고 문화생산력을 해방 발전시킨다"는 중대한 명제를 제시했다. 이 역시 중앙 공식문서에 처음으로 '문화생산력의 해방과 발전'이라는 표현이 나왔다. 이는 당이 문화체제 개혁을 더욱 깊이 인식하고 사물의 본질을 직시하였음을 보여주었다.《결정》은 "문화체제 개혁을 심화시키고 문화생산력을 해방하고 발전시키며, 사회주의 정신문명 건설의 특징과 법칙에 근거하여 사회주의 시장경제의 요구에 부응하여 문화 발전을 제약하는 체제성 장벽을 한층 제거한다", "사회적 효과와 경제적 효익을 최우선으로 하는 것을 견지하고 사회적 효과와 경제적 효익의 통일을 실현하고 문화 발전의 입각점을 인민대중의 정신문화에 대한 수요와 사람의 전면적 발전의 추진에 놓아야 한다"
고 지적했다. 문화체제 개혁은 체제 시스템의 혁신을 중점으로 해야 하며,
미시적 활력의 증강, 문화시장 체제의 건전화, 법에 따라 관리를 강화, 문
화사업의 전면적 번영과 문화산업의 빠른 발전의 촉진, 중국문화의 전반
실력 증강 등을 강조했다. 또한《결정》은 문화 발전 전략연구를 강화하고
문화 발전 강요와 문화체제 개혁의 전체적 방안을 신속히 제정하는 데 대
한 구체적인 필요성을 제시하였다.

2011년 17기 6중전회에서는《중공중앙의 문화체제 개혁을 심화하고
사회주의 문화 대발전·대번영을 촉진하는 몇 가지 중대한 문제에 관한
결정》을 통과시키고, 문화체제 개혁을 심화하고 사회주의 문화 발전의 대
번영을 추진하며, '중국 특색 사회주의' 문화노선 발전을 견지하고 사회
주의 문화강국을 건설해야 한다고 결정하였다.

2013년 18기 3중전회에서 통과한《중공중앙의 전면적으로 개혁을 심
화하는 몇 가지 중대한 문제에 관한 결정》은 문화관리 체제의 완화에 역
점을 두고, 새로운 역사 기점에서의 문화체제 개혁을 심화시키기 위한 방
향과 목표를 설정하였다.《결정》은 전 민족의 문화창조 활력을 불러일으
키는 것을 중심고리로 문화체제 개혁을 진일보 심화시키며, 현대 공공문
화 서비스 시스템을 구축해야 한다고 강조했다. 이것은 18기 3중전회에서
내놓은 완전히 새로운 개념이다.

다년간의 실천적 모색을 통하여 '중국 특색 사회주의' 문화체제의 최
초의 형식이 기본적으로 형성되었다. 즉 사회주의 핵심 가치 체계는 주체
의 다양성을 포용한 문화전파 체제, 공유제를 주체로 다양한 소유제가 공
동 발전하는 문화재산권 체제, 문화산업을 주체로 공익성 문화사업 발전
의 문화기업사업단체 체제, 민족문화를 주체로 외래의 유익한 문화를 흡
수하는 문화 개방 체제, 당정 책임을 주체로 시장의 적극적 역할을 발휘

하는 문화 통제체제가 기본적으로 형성되었다.[160]

IV. 개혁의 심화에 따라 '중국 특색 사회주의' 체제는 갈수록 완벽해지고 있다

개혁개방 이래 경제의 빠른 발전에 비해 사회건설은 줄곧 약한 부분으로 되었다. 사회안정은 모든 발전의 전제조건으로서 사회건설이 장기적으로 약한 위치에 놓여 있다면, 기필코 사회안정에 영향을 끼칠 것이며 나아가 나라의 안정과 안전에 영향을 끼칠 것이다. 이것이 한 측면이라면, 다른 한 측면은 경제의 급속한 발전에 따라 교육, 위생, 주택, 사회보장, 공공서비스, 생활환경 및 개인의 전면적 발전 등에 대한 인민군중의 수요도 증가되어 사회발전의 가속화가 필수적이었다. 또한 도시와 농촌 인구 유동의 가속화와 사회구조의 급격한 변화에 따라 사회관리의 어려운 정도와 위험성이 점점 높아졌다.

시간적으로 보면 1978년부터 중국 사회의 건설은 중대한 진전을 이루었고, 중앙정부는 경제발전이 가져온 사회 변화에 따라 사회관리체제의 개혁과 혁신을 추진함과 아울러 점진적인 이익조정 시스템, 청원제기 시스템, 갈등 조정 시스템, 권익보장 시스템을 점차 완비하고 있다.

동시에 중국이 직면하고 있는 돌출한 문제도 적지 않다는 것을 분명히 인식해야 한다. 도시와 농촌간, 지역간 경제사회 발전이 여전히 불균형하며, '3농(三農)' 문제도 역시 여전히 심각하며, 생태환경, 노동취업, 사회보장, 소득분배, 교육위생, 주민주택, 안전생산, 사법과 사회치안 등 대중의 밀접한 이익과 관련되는 문제가 여전히 많이 존재하고 있으며, 저소득 군

---

160 参见程恩富·侯为民,《不断完善中国特色社会主义制度体系》,《河北日报》2012年 11月 7日.

중의 생산, 생활이 여전히 어려운 등의 문제이다. "사회 활력을 최대한 분발시키고 최대한 조화로운 요소를 증가시키며, 최대한 조화롭지 않은 요소를 감소하기" 위해 2006년 10월 11일 당의 16기 3중전회는 결의안을 통과시키고 사회주의 '조화로운 사회'를 구축해야 한다고 제기했다.

이에 따라 '조화로운 사회'를 구축하는 급선무는 하루 빨리 '중국 특색 사회주의' 사회체제를 구축하는 것이다. 6년 동안의 탐구를 걸쳐 당위원회 주도, 정부 책임, 사회협동, 공중참여, 법치보장의 사회관리체제, 정부 주도, 도시와 농촌 복개, 지속가능한 기본 공공서비스 시스템, 정사(政社: 지방정부와 인민공사) 분리, 권리와 책임 명확, 의법자치(依法自治)의 현대사회 조직체제, 근원(源頭) 관리, 동태(動態) 관리, 응급조치가 결합된 사회 관리 메커니즘이 완벽해지고 있다.

18차 당대회 보고에서는 이를 '중국 특색 사회주의' 관리체제를 구축하는 주요한 내용으로 삼은 동시에, 이 관리체제를 빨리 구축 보완할 것을 명확히 했다. 사회관리 체제는 여러 사회 주체의 역할을 명확히 하는 데 치중하여 사회관계의 조화와 활력이 넘치고 질서있는 운영을 유지하며, 기본 공공서비스체계는 대중의 기본 수요를 충족시키는 데 치중하여 민생을 개선하고 보장하며, 현대사회 조직체제는 사회관리 방식의 혁신에 치중하여 사회를 다스리는 과정에서 사회조직의 역할을 충분히 발휘하는 것이다. 사회관리 체제는 사회 전반 과정의 중요한 부분의 조절과 다스리는 데 치중한다. 이 요소들이 '중국 특색 사회주의' 신형의 사회체제의 기본 구조와 주요한 지주를 구성했다.[161]

---

161 魏礼群,《加快构建中国特色社会主义社会体制》,《人民日报》2013年 7月 8日.

V. 생태문명 건설의 장기적 효과 체제를 구축하여 전면적인 개혁을 심화시키는 수요와 '중국 특색 사회주의' 건설의 새로운 구조를 위해 봉사한다

개혁개방 이래 중국의 경제 발전은 장기적으로는 '조방식(粗放式)' 발전 방식을 채택했다. 이는 자원 개발, 환경 소모에 의지한 경제의 급속한 발전을 이끌었기에 생태환경에 심한 파괴를 가져다주었다.

생태문명 건설의 관건은 발전방식의 전환과 과학적 제도의 형성에 있다. 30여 년 간의 급속한 발전으로 인해 환경이 악화된 현실에 직면한 중국은 경제사회의 지속적 발전을 위해 '반드시' 그리고 '더욱 빠르게' 생태문명체제 건설의 시각에서 더욱 과학적이고 효과적인 제도적 해결방안을 찾아내 경제를 발전시키고 환경을 다스리는 문제를 통일적으로 계획해야 한다.

18차 당대회 보고에서는 생태환경을 보호하려면 반드시 제도에 의거해야 한다고 지적했다. 자원소모, 환경손해, 생태효과와 이익성을 경제사회 발전 평가체계에 포함시키고, 생태문명 요구를 체현하는 목표체계, 평가방법, 상벌체제를 구축해야 한다는 내용이다.

18기 3중전회는 다음과 같이 지적했다. 생태문명을 건설하려면 반드시 시스템이 완벽한 생태문명 제도체계를 구축하고 이 제도로 생태환경을 보호해야 한다. 아름다운 중국을 건설하는 것을 중심에 놓고 생태문명체제 개혁을 심화하고 생태문명제도 구축을 가속화해야 한다. 자연자원 자산 소유권 제도와 용도관리 제도를 건전히 하고, 생태보호 최저 한계선을 확정하며 자원유상 사용제도(資源有償使用制度)와 생태보상 제도를 실시하고, 생태환경 보호관리 체제를 개혁해야 한다는 것으로, 이는 실제적으로 생태문명체제 구축의 신호를 알린 것이었다.

현재 중국은 생태문명 건설의 장기 효력 시스템을 구축할 수 있는 좋은 기회이다. 한편으로는 사회대중의 생태보호 의식이 점차 증대되고 참여의 주동성과 정도가 끊임없이 향상되고 있으며, 다른 한편으로는 생태자원 파괴와 악화에 따른 외부 구속력은 비교적 강한 압박 메커니즘을 형성하였다. 또한 전국 인민의 노력으로 개혁의 전면적 심화는 이미 공감으로 되었으며, 신뢰를 확고히 하고 장기적으로 노력하여 생태문명 체제를 포함한 일련의 개혁을 추진한다면, 사람과 자연 간의 조화롭게 발전하는 현대화 건설의 새로운 구도는 반드시 실현될 것이다.

제6장

소결(小結):

'중국의 길'에서 '탈바꿈'하고 '재탄생'한 중화민족

1840년부터 중국은 점차 반식민지 반봉건 사회로 전락하기 시작했다. 농민 인구가 80% 이상 차지하고, 자본주의 발전이 아직 원시적 단계에 있는 나라에서 정확한 이론을 찾아 중국사회 발전의 길을 지도한다는 것은 중요한 문제였다. 오직 정확한 이론의 지도 하에서만 정확한 발전의 길을 실현할 수 있는 것이다. 정확한 이론은 쉽게 이루어지지 않으며, 인민과 역사의 끊임없는 선택, 시행, 비교, 확립, 발전과 완비를 경험한다.

1840년 아편전쟁으로 중국에서 '천년 미증유의 대변국(大變局)'이 일어났던 바, 이 '대변국'은 중국이 근대 역사로 진입하는 길을 열었다. 이러한 '대변국'을 국가 독립과 민족해방의 방향으로 전환시키기 위해 "1840년 아편전쟁이 실패한 때부터 선진 중국인들은 온갖 간난신고를 무릅쓰고 서방 국가를 향해 진리를 찾기 시작했다. 홍슈취앤(洪秀全), 캉유웨이(康有爲), 옌푸(嚴復)와 손중산은 중국 공산당이 세상에 나오기 전에 서방을 향해 진리를 탐구한 대표적 선진 인물들이다."[162] 안타깝게도 그들이 탐구한 이론으로는 국가 독립과 민족해방의 역사적 임무를 완성할 수 없었다. 그들은 서방의 어느 한 부분의 지식을 찾지 않으며 전반적인 서방화를 추구했으며, 교조적으로 서방의 이론을 운용하지 않았으며 너무나 '중체(中體)'를 강조했다. 전체적으로 서방의 이론을 소화시켜 중국의 실

---

162 《毛泽东选集》第4卷, 人民出版社, 1991, 1469쪽.

제 상황과 결합하여 과학적으로 '본토화'를 이루지는 못했지만 그들이 시도한 사상적 개량은 중국을 현대 세계로 서서히 나아가게 했으며, 중국 전통문명은 서방의 사상이론을 수용하는 과정에서 점차 현대문명으로 전환함으로써 그들이 역사적으로 담당한 사상 발전의 맥락을 세웠다.

'피와 불의 탐색'을 거쳐 중국 인민, 중화민족은 마르크스-레닌주의를 지도 사상으로 선택하였다. 마르크스-레닌주의 지도 사상은 중국에서 교조적으로 운용된 것이 아니라, 중국의 실제 상황과 결부한 중화민족의 특징을 구현했으며, 두 차례의 비약을 실현하여 두 가지 이론 성과, 즉 마오쩌둥 사상과 '중국 특색 사회주의' 이론체계가 이루어졌다. 이 변화 발전 과정을 마르크스주의의 중국화라 한다.

중국 공산당의 당장(黨章) 총강(總綱)은 당의 지도 사상의 발전 맥락을 살펴보면, 옌안정풍(延安整風) 이전에는 마르크스-레닌주의, 7차 당대회에서 8차 당대회까지는 마르크스-레닌주의와 마오쩌둥 사상, 8차 당대회부터 9차 당대회까지는 마르크스-레닌주의, 9차 당대회에서 15차 당대회까지는 마르크스-레닌주의와 마오쩌둥 사상, 15차 당대회에서 16차 당대회까지는 마르크스-레닌주의, 마오쩌둥 사상, 덩샤오핑 이론, 16차 당대회부터 18차 당대회까지는 마르크스-레닌주의, 마오쩌둥 사상, 덩샤오핑 이론의 '세 가지 대표'의 중요한 사상, 18차 당대회부터 지금까지는 마르크스-레닌주의, 마오쩌둥 사상, 덩샤오핑 이론의 '세 가지 대표'의 중요한 사상과 과학적 발전관으로 사상 발전의 맥락을 구성하였다.

17차 당대회에서는 개혁개방 이래 '중국 특색 사회주의'를 건설하고 발전시키는 창조적 실천과정에서 잇따라 형성된 마르크스주의의 창조적 이론성과 덩샤오핑 이론, '세 가지 대표'의 중요한 사상과 과학적 발전관 등 중대한 전략 사상을 통칭하여 '중국 특색 사회주의' 이론체계라고 규정했다. 이론의 전체성을 보면, 이 명칭은 '중국 특색 사회주의 길'에 상응하는 것으로 '도(道)'와 '로(路)'의 관계를 더 잘 이해하는 데 유리하며, 또 '중국 특색 사회주의' 이론체계에 응당 있어야 할 통일된 이론 범주, 기본 원리, 이론 틀이 있어야 한다는 점을 명시했다. '중국 특색 사회주의' 이론체계는 마르크스-레닌주의, 마오쩌둥 사상을 계승하고 풍부히 발전시켰으며, 일련의 새로운 중대한 이론 관점과 중대한 전략 사상으로 그 이론 범주와 기본 원리를 구성한 동시에 완전한 이론의 기본 틀을 마련하였다.

'중국 특색 사회주의' 이론체계의 이론적 기본 구조는 곧 새 시대의 조건 하에서 나타난 두 가지 차원과 네 가지 방면의 중대한 이론과 실제 문제를 둘러싸고 체계적으로 전개한 것이다. 즉 첫 번째 차원은 "무엇이 마르크스주의이고 어떻게 마르크스주의를 발전시키며", "무엇이 사회주의이고 어떻게 사회주의를 발전시킬 것인가" 하는 것이며, 두 번째 차원은 "어떠한 당을 건설하고 어떻게 당을 건설할 것인가"와 "어떠한 발전을 실현하고 어떻게 발전시킬 것인가" 하는 것이다.

'중국 특색 사회주의' 이론체계의 이론 범주와 기본 원리는 주로 다음과 같은 16가지 방면에서 나타난다.

첫째, 사회주의 초급 단계 이론: 중국은 아직 사회주의 초급 단계에 처해 있다는 과학적 논단은 중국이 생산력이 낙후하고 상품경제가 발달되지 못한 여건 하에서 사회주의를 건설하는 과정 중 반드시 거쳐야 할 특정 단계라고 강조했다. 그것은 사회주의 발전 단계이론에 관한 마르크스주의를 풍부하게 발전시켰으며, 개혁개방 및 개혁개방 과정에서 제정하는 모든 방침과 정책에 기본적인 국정 근거를 제공하였다.

둘째, 사회주의 개혁개방의 이론: 개혁개방은 새로운 혁명이고 '제2차 혁명'이며, 중국 현대화 과정에서 필수적으로 거쳐야 할 길이다. 대외 개방은 개혁과 건설에서 반드시 필요한 것이며, 자본주의 선진국을 포함한 세계 각국에서 창조한 모든 문명성과를 섭취하고 활용하여 사회주의를 발전시키는 것은 사회주의 발전 과제에서 당연한 의무이다. 개혁개방은 중국의 운명을 결정짓는 하나의 수단이다. 그것은 마르크스주의의 사회주의 발전에 관한 이론을 풍부하게 발전시켰다.

셋째, 사회주의 본질 이론: 건국 이래 우리는 오랫동안 '무엇이 사회주의이고, 어떻게 사회주의를 건설할 것인가'에 대해 어떻게 해야 할지 몰랐다. 이러한 고민을 해결하는 핵심은 바로 무엇이 사회주의 본질인가를 분명하게 알아야 하는 것이다. 덩샤오핑이 10여 년의 개혁개방을 총정리하여 제시한 사상이론과 실천 경험, 사회주의 본질적 이론이 1992년에 본격 출범되었다. 덩샤오핑은 "사회주의 본질은 생산력을 해방하고 생산력을 발전시키며 착취를 소멸하고 양극 분화를 해소하며, 최종적으로 공동부유에 도달하는 것이다"[163]라고 말했다. 그것은 과학적 사회주의의 이론을 풍부하게 발전시켰다.

넷째, 과학기술은 제1의 생산력 이론: 중국의 발전은 과학을 떠날 수 없고 과학기술은 선진적 생산력의 집중적 구현과 주요 상징이며, 자주 창의신력을 증강하는 것이 과학기술을 발전시키는 전략 기점이다. 중국은 이 이론의 지도 하에서 일련의 전략 사상을 갖추었다. 예를 들어, 과학기술과 교육에 의한 국가 진흥 전략, 창조형 국가의 건설, 창조로 발전을 추동하는 전략 등이며, 경제건설이 과학기술의 진보에 의거하고 노동력 자질을 향상시키는 궤도로 전환시킬 것을 강조했다. 그것은 마르크스주의의 과학기술 이론을 풍부하게 발전시켰다.

다섯째, '중국 특색 사회주의' 과학 발전 이론: 경제 건설 중심에서 발전으로 가는 것은 확고한 도리이며, 다시 발전으로 가는 것은 당의 집권

---

163 《邓小平文选》第3卷, 人民出版社, 1993, 373쪽.

을 통한 국가 발전의 제일 중요한 일이다. 지속적 발전에서 생산 발전, 생활 부유, 생태 양호한 문명 발전의 길 유지까지, 자원 절약형, 환경 친화적 사회 건설에서 인간 중심적이고 전면적으로 조화되어 지속가능한 과학 발전 실현까지, 다시 사회주의 생태문명 제도 건설로 이는 중국의 사회주의 발전이 갈수록 과학적 궤도를 걷고 있다는 사실을 구현했다. 그것은 마르크스주의의 사회주의 발전에 관한 이론을 풍부하게 발전시켰다.

여섯째, 공유제를 주체로 하고 다양한 소유제 경제가 공동으로 발전하는 기본 경제제도 이론: 공유제를 주체로 하고 다양한 소유제 경제의 공동 발전은 중국 공산당이 개혁개방 과정에서 창조한 사회주의 초급 단계와 상응한 기본 경제제도이다. 이 제도에서 강조한 것은, 첫째는 아무런 동요 없이 공유제 경제를 공고하게 발전시키며, 둘째는 아무런 동요 없이 비공유제 경제의 발전을 격려하고 지지하며 인도하는 것이다. 이 기본 경제제도 하에서 이에 상응한 노동에 따른 분배를 주체로 하고, 다양한 분배방식이 병존하는 분배제도를 창조했다. 그것은 마르크스주의의 사회주의 소유제와 분배제도에 관한 이론을 풍부하게 발전시켰다.

일곱째, '중국 특색 사회주의' 시장경제 이론: 시장경제의 성(姓)이 '사(社)'인가 아니면 '자(資)'인가는 오랫동안 중국의 경제체제 개혁을 혼란스럽게 했다. 사회주의와 자본주의의 본질적 구별은 계획이나 시장에 있는 것이 아니며 계획과 시장은 오직 경제를 발전시키는 수단일 뿐이다. 자본주의가 주도하는 세계체계 속에서 사회주의 초급 단계 경제체제는 시장경제를 우회할 수 없다. 개혁개방 이후 경제체제 개혁의 목표는 사회주의 시장 경제체제를 세우는 것에 점점 더 뚜렷하게 자리매김하고 있다. 그것은 마르크스주의의 정치경제학 이론을 풍부하게 발전시켰다.

여덟째, '중국 특색 사회주의' 민주정치와 법치 이론: 인민민주 독재는 중국의 정체(政體)이고 사회주의의 생명이다. 중국이 걸어온 '중국 특색 사회주의' 민주정치의 발전 노선은 곧 당의 영도를 견지하고 인민이 나라의 주인이 되며 법으로 나라를 다스리는 유기적 통일이다. 법으로 나라를 다스리고 사회주의 법치국가를 건설하는 것은 사회주의 정치문명의 중요한 체현이다. 그것은 마르크스주의의 민주정치와 법치이론을 풍부하게 발전시켰다.

아홉째, 사회주의 정신문명 건설 이론: 물질문명 건설과 정신문명 건설은 원래 쌍둥이 형제이며, 사회주의 국가에서는 더욱 그렇다. 고도의 물질문명과 고도의 정신문명의 통일은 사회주의 제도의 우월성의 체현이다. 사회주의 핵심 가치관을 구축, 제창하고 사회주의 핵심 가치체계를 구축하고, 의법치국(依法治國)과 덕으로 나라를 다스리는 것을 결부하여 사회주의 선진문화의 전진 방향을 견지하고 사회주의 문화의 대발전과 대번영을 추진하며, 국가의 문화 소프트파워 실력을 향상시키고 문화 강국을 건설한다. 그것은 마르크스주의의 사회주의 이데올로기 건설에 관한 이론을 풍부하게 발전시켰다.

열 번째, 사회주의 조화사회 이론: 사회의 조화는 '중국 특색 사회주의'의 본질적 속성이다. 민주법치, 공평정의, 성실우애, 활력충만, 안정질서, 사람과 자연과의 조화로운 관계의 수요에 따라, 또 공동건설, 공동향유의 원칙에 따라 전국 인민 모두가 능력에 따라 일하고 그에 따른 이익을 취득하며 또한 조화로운 사회를 건설하는데 이는 사회주의 사회건설의 최종 목표이다. 이 이론은 마르크스주의의 사회주의 건설에 관한 이론을 풍부하게 발전시켰다.

열한 번째, '중국 특색 사회주의' 생태문명 건설 이론: 생태문명 건설은 중화민족의 장원하고 지속적인 발전과 관계된다. 18차 당대회는 생태문명 건설을 '중국 특색 사회주의' 사업에 포함시키고 국토공간 개발의 구도를 더 최적화하고, 자원 절약을 전면적으로 추진하며 자연생태계와 환경보호의 강도를 높여 생태문명 건설을 강화할 것을 결정했다. 생태문명 건설을 경제건설, 정치건설, 문화건설, 사회건설의 전반 과정과 각 분야에 융합시킴으로써 비로소 '중국 특색 사회주의' 위업을 더욱 잘 견지하고 발전시킬 수 있다. 생태문명 건설 이론은 창조적으로 경제발전과 자원환경의 문제에 해답을 주어 중국 공산당이 경제사회의 지속적인 발전법칙, 자연자원의 장원하고 지속적인 활용법칙, 생태환경 보호법칙과 집정법칙에 대한 인식이 새로운 경지에 들어섰으며, 또한 인류문명을 적극 추진하기 위해 더욱 전면적이고 더욱 깊은 이념과 방법론의 지도를 제공했음을 의미한다. 이 이론은 마르크스주의의 생태문명 건설에 관한 이론을 풍부하게 발전시켰다.

열두 번째, '중국 특색 사회주의' 평화발전 이론: 덩샤오핑은 평화와 발전은 당대 세계의 두 가지 주제라고 지적했다. 이러한 시대 특징의 판단에 따라 중국은 독립자주적 평화외교 정책을 견지하고, 시종일관 평화발전의 길을 걸으며 영구한 평화와 공동으로 번영하는 조화로운 세계의 건설을 추진하였으며, 상호호혜의 개방전략을 확고히 유지하고 국내외의 두 개 국면을 총괄적으로 기획하며 평화적인 국제환경을 마련하여 자국을 발전시키고, 또한 자국의 발전으로 세계평화를 추진한다. 중국은 평화적 발전 노선을 견지하지만 중국의 정당한 권익을 절대로 포기하지 않으며, 국가의 핵심적 이익을 희생해서는 절대 안 된다. 그 어떠한 나라도 중국이 자국의 핵심 이익을 가지고 거래할 것이라고 기대하지 말아야 하며, 중국이 자국의 주권, 안전, 발전 이익에 손해를 주는 쓴 열매를 삼킬 것이라 기대하지 말아야 한다. 중국이 평화적 발전의 길을 걷고 다른 나리도 역시 모두 평화적 발전의 길을 걸으며, 각국이 모두 평화적 발전의 길을 걸어야 각국도 비로소 함께 발전할 수 있고, 나라와 나라가 비로소 평화적으로 지낼 수 있다. 이 이론은 마르크스주의 국제관계 이론을 풍부하게 발전시켰다.

열세 번째, 중국 특색의 정병(精兵)의 길을 걷는 국방과 군대 건설 이론: 중국 공산당이 인민군대를 창건한 이래 시종일관 군대에 대한 당의 절대적 영도를 견지하여 왔다. 국가안전과 발전 성과의 보장은 군대와 국방 건설을 떠날 수 없다. 오늘의 국방과 군대 건설은 과거처럼 군대 수량에 의지하는 것이 아니라 주로 과학기술에 의지한다. 그러므로 국방과 군대의 현대화는 중국 현대화 건설의 중대한 전략적 임무의 하나이다. 반드시 정치적으로 합격되고 군사적으로 강력하며 기풍이 양호하고 규율이 엄격하며, 보장이 유력한데 대한 총체적 요구에 따라 군대건설을 강화해야 하며, 전면적으로 샤오캉(小康) 사회를 건설하는 과정에서 부국(富國)과 강군(強軍)의 통일을 실현해야 한다. 인민군대는 '세 가지 제공, 한 가지 발휘'[164]의 역사적 사명을 짊어지고 중국 특색 군사 변혁을 가속화해야 한다. 이 이론은 마르크스주의 군사이론을 풍부하게 발전시켰다.

열네 번째, '일국양제(一國兩制)'와 조국 평화통일 이론: 국가의 완전한 통일이 없으면 중화민족의 위대한 부흥이 없다. '일국양제'란 곧 하나의 중국이라는 전제 하에 국가의 주체는 사회주의 제도를 견지하고, 홍콩, 마카오, 타이완은 기존의 자본주의 제도를 유지하고 또 장기적으로 변하지 않으며, 이 원칙에 따라 조국 평화통일 대업의 완성을 추진해야 한다는 것을 말한다. 지금 홍콩, 마카오는 기한이 만료되면서 반환되었고, 특별행정구 형식으로 '일국양제'를 실시하고 있다. 이 '일국양제'는 생명력을 갖

---

164 '세 가지 제공, 한 가지 발휘'는 후진타오가 16기 5중전회 이후 난징(南京) 군구를 시찰하면서 지시한 것이다. 주요 내용은 군대는 당의 집정 지위를 공고히 하기 위한 중요한 역량보장을 제공하고, 국가발전의 중요한 전략적 기회 시기를 수호하기 위한 강력한 안전보장을 제공하며, 국가이익을 수호하기 위한 유력한 전략지원을 제공하며, 세계평화와 공동 발전의 추진을 수호하기 위해 중요한 역할을 발휘해야 한다는 것이다.

고 있으며, 국제사회의 인정도 받고 있음을 증명한다. 하나의 중국이라는 원칙 하에서 협상을 통해 양안의 적대 상태를 정식으로 종결짓고, 평화합의에 달성하여, 조국통일의 대업을 실현하는 것이 머지않다고 확신한다. 그것은 마르크스주의 국가 학설을 풍부하게 발전시켰다.

열다섯 번째, '중국 특색 사회주의' 외교 이론: 세계는 통일적이면서도 다양하다. 중국의 발전은 세계를 떠날 수 없고 세계의 발전도 역시 중국을 떠나 이루어질 수 없다. 중국에 평화 발전의 양호한 국제 환경을 마련하려면 반드시 자신의 일련의 외교 이론을 만들어야 한다. 중국은 1950년대에는 독립자주의 외교정책과 '평화공존 5항원칙'을 제기했고, 1970년대에 '세 개 세계(三個世界)' 이론을 제기했으며, 1980년대 초에는 시대의 주제가 이미 '혁명과 전쟁'에서 '평화와 발전'으로 전환되었다는 논리를 제시했으며, 1980년대 말과 90년대 초에는 "냉정하게 관찰하여 진지를 안정시키고, 침착하게 대처하고, 도광양회하며, 서투른 것을 잘 지키는 데 능숙하고, 절대로 앞장서지 않으며, 적극적으로 참여해서 성과를 낸다"라는 대외관계의 지도 방침을 제기했다. 1990년대에는 평화, 합작, 발전, 진보의 사상과 중요 전략의 과학적 판단을 견지했으며, 새로운 세기에 접어들면서 '조화로운 세계'의 이론을 제기했다. 18차 당대회 이래 새로운 중앙 영도집단은 새 역사의 출발점에서 일련의 새로운 외교 사상을 제기했다. 이 모든 것은 마르크스주의의 사회주의 외교에 관한 이론을 풍부하게 발전시켰다.

열여섯 번째, 마르크스주의 집권당 건설 이론: 혁명당에서 집권당으로의 전환, 혁명 사유(思惟)에서 건설 사유로의 전환은 중국 공산당에게 기회와 도전을 가져다주었다. 1956년부터 1976년까지, 당은 두 가지 전환에서 심각한 착오를 범했다. 당의 11기 3중전회 이래 장기적인 집정과 개혁개방의 새로운 요구에 부응하기 위해 중국 공산당은 개혁 창조의 정신으로 당건설의 새로운 위대한 사업을 추진하고, 당이 당을 관리하고 엄격히 당을 다스리는 것을 견지하며 과학적 집정, 민주정치, 의법집정(依法執政)을 실시하며 당을 세워 공익에 이바지하고, 인민을 위해 집정해야 하며 권력은 인민을 위해 행사하며 인민과 감정을 나누며 인민의 이익을 도모해야 하며, 당의 집정 능력 건설, 선진성 건설과 순결성 건설을 강화하여 공산당으로 하여금 항상 '세 가지 대표'를 실시해야 한다고 결정했다. 이것은 마르크스주의 건당(建黨) 학설을 풍부하게 발전시켰다.

이상의 16가지는 중국 공산당의 집권법칙, 사회주의 건설법칙, 인류사회 발전법칙의 새롭고 진리에 가까운 인식을 기본적으로 개괄했다. '중국 특색 사회주의' 이론이 이처럼 높은 수준에 오르게 된 근본 원인은 마르크스주의에 대한 교조적인 이해를 타파했을 뿐 아니라 또한 사회주의 기본 제도를 포기하는 착오적 주장을 막아냈으며, 과학적 사회주의 기본 원칙을 견지했을 뿐 아니라 또한 선명한 시대 특징과 중국만의 특색을 갖고 있으며, 앞 시대의 것을 계승했을 뿐 아니라 또한 낡은 규정을 타파했기 때문이다.

실천이라는 측면에서 살펴보면, '중국 특색 사회주의' 이론체계는 '중국 특색 사회주의 길'에서 생동하고도 구체적으로 마르크스주의를 견지하고 발전시켰으며 마르크스주의의 새로운 역량을 부여했다. '중국 특색 사회주의' 이론체계는 '중국 특색 사회주의' 사업에서 탁월한 성과를 이룸으로써 이론의 위력을 과시했다. 지금까지 중국 경제사회 발전의 여러 면에서 취득한 세계의 주목을 끄는 성취는 마르크스주의 기본원리 및 그를 중국의 실제, 시대 특징과 상호 결합시킨 중국화 마르크스주의가 여전히 중국 공산당원이 객관 세계와 주관 세계를 정확히 인식하고 개조하는 예리한 사상 무기임을 증명했다.

사회주의 초급 단계에 대응하는 '중국 특색 사회주의 길'은 '중국의 길'의 현재적 표현 형태이다. 이 형태를 구체적으로 두 개의 단계, 즉 '중국 특색 사회주의 길' 1.0단계(2020년 샤오캉 사회의 전면적 완성까지), '중국 특색 사회주의 길' 2.0단계(2020년부터 2050년까지)이다. 이는 2050년에 이르러 중화민족의 위대한 부흥과 사회주의 현대화가 실현될 때 역사적 사명을 완성함과 동시에 '중국의 길'의 또 다른 고급 형태로 진입하게 될 것이다.

中 国 道 路

중편
'중국의 길'의 해독(解讀)

상편에서 주로 역사 생활의 발전 논리에 따라 '중국의 길'의 발전이 자연과 역사가 통일된 필연적 과정이라는 것을 보여주었다. 이어 중편에서는 주로 '중국의 길(中國道路)'의 '로(路)'와 '도(道)'가 왜 자연과 역사의 통일된 필연적 과정인가를 연구한다. 이 필연적 과정에서 '로(路)'가 '도(道)'의 지도 하에서 순조롭게 나아가기 위해 어떠한 제도적 보장을 구축했는가? 여기에서 전면적으로 '중국의 길'의 역사적 필연성을 제시한다. 동시에 역사주의(歷史主義) 원칙에 따라 현재 국내외 학계의 주류가 '중국의 길'의 정위(定位)에 대한 두 가지 문제를 정리한다. 하나는 '중국의 길'을 단지 하나의 현재 개념으로 이해하는 것이고, 다른 하나는 '중국의 길'을 30여 년 개혁개방으로 형성된 '중국 특색 사회주의 길'과 동일시하는 경향이다.

제7장
'중국의 길'은 '소련의 길'과 다르다

비교해야만 우열(優劣)을 알 수 있다. 현대화의 차원에서 살펴보면 러시아 10월혁명은 러시아에서 현대화로 향한 하나의 새로운 길을 개척했으며, 10월혁명의 영향 하에 중국 공산당이 영도한 혁명은 경제 문화가 상대적으로 낙후한 중국에서 러시아와 다른 현대화의 길을 선택해야 함을 명시해주었다. 이 두 갈래 현대화의 실현 경로는 모두 사회주의 길을 선택했고, 또 모두 비서방적 현대화의 길로 나타났다. 레닌의 말에 따르면 "서유럽 등 기타 모든 나라와 다른 방법으로 문명발전을 창조하는 것을 전제로 한다."[1] 중국과 소련은 모두 마르크스와 사회주의 현대화의 길을 선택했지만 '소련의 길'과 '중국의 길'의 구체적 경로는 완전히 달랐고, 끝내 소련은 개혁 속에서 사회주의 궤도를 벗어나 서방 현대화 발전의 길로 복귀했다. 중국은 여전히 사회주의 길을 고수하여 '중국 특색 사회주의 길'이라는 하나의 새로운 천지를 개척하여 세상 사람들의 관심과 주목을 받고 있다.

제1절 소련 혁명의 길과 중국 혁명의 길

1861년 러시아 차르(tsar)의 개혁으로 러시아 사회 경제는 어느 정도의

---

1 《列宁选集》第4卷, 人民出版社, 1995, 777쪽.

발전을 가져왔으며, 10월혁명에 이르러서는 이미 반공업국의 특성을 구비하게 되었고, 노동자 계급대오도 이미 일정한 규모로 커졌다. 그러나 외국자본이 러시아 경제의 명맥을 통제하고 있었기에 제1차 세계대전은 러시아 경제를 또 다시 붕괴 직전까지 몰고 갔으며, 이로 인하여 러시아는 제국주의 체인에서 가장 약한 고리로 되어, 국내의 각종 모순은 전례 없이 격화되었다. 러시아 노동자계급은 비교적 강대하였으며, 러시아 자산계급은 강대한 노동자계급의 지지 하에 차르를 몰아내고 자산계급 임시정부를 세웠다.

러시아 무산계급의 역량강화와 볼셰비키당의 성숙으로 1917년 10월 러시아 혁명은 중심 도시인 페테르그라드(petergrad)에서 먼저 폭발해 전국으로 확산되었다. 임시정부는 10월혁명에 의해 뒤집어지고 소비에트정부가 성립되었으며, 사회주의 이상은 현실이 되어 세계 최초의 사회주의 국가가 탄생되었다. 러시아 10월혁명은 먼저 대도시에서 성공을 거두었으며, 이것은 당대 러시아 역사와 인민들에 적응한 최상의 선택이며, 마르크스주의를 러시아의 당시 실제와 시대 특성에 결합시킨 산물이었다.

러시아 10월혁명은 세계 사회주의 혁명운동을 시작했다. 이로 인하여 중국 민주주의 혁명은 방향을 바꾸게 되었으며, 중국 공산당이 영도한 혁명은 러시아 10월혁명의 적극적 영향 하에 사회주의 혁명에 속하는 신민주주의 혁명을 시작했다. 신민주주의 혁명 초기 중국 공산당은 경험 부족으로 두 차례나 '좌'적 사상의 지도 하에 러시아 혁명의 길을 그대로 중국에 복제하려 시도했지만 결국 중국 국정을 이탈했기에 혁명에 막대한 손실을 초래하였다. 중국혁명 시의 국정은 러시아의 국정과 분명히 달랐다. 러시아 10월혁명의 주력은 노동자와 군인이었지만 중국은 노동자계급이 영도하는 노동자-농민 연맹이었고, 그중에서 농민이 절대적 비중을 차지했다. 러시아 10월혁명이 뒤집은 것은 주로 국내의 봉건세력과 상대적으로 박약한 새로운 자산계급이었지만 중국이 뒤집어야 할 것은 완고한 봉건주의, 관료 자본주의와 제국주의였으며, 이 3자는 긴밀히 결탁되어 있었다.

두 나라의 다른 국정은 완전히 다른 형식의 무장투쟁을 결정하였다. 10월혁명 모델을 그대로 옮겨, 전반을 그대로 복사하면 반드시 실패하게 된다. 중국 공산당은 실패의 교훈에서 피의 대가로 중국 실제 정황에 맞는 무장투쟁 형식을 찾았다. 그것은 농촌에 혁명 근거지를 세우고, 농민계급을 연합하여 농촌에서 도시를 포위하고 무장으로 정권을 쟁취하는 혁명의 길이다.

주로 도시 노동자계급에 의지하여 무장투쟁으로 정권을 쟁취하는 러시아식 혁명의 길, 주로 광대한 농민계급에 의지하여 농촌에서 도시를 포위하고 무장투쟁으로 정권을 쟁취하는 중국식 혁명의 길은 모두 최종적으로 혁명의 승리를 거두었고 사회주의 국가를 건립하였다. 이는 무엇을 설명하는가? 그것은 각 국가의 혁명 방식은 반드시 자기 국가의 실제 정황과 결합되어야 한다는 것을 설명했다.

제2절 소련 건설의 길과 중국 건설의 길

1917년 10월혁명이 승리한 후 러시아는 사회주의 길로 나아갔으며, 사회주의는 이론에서 실천으로의 위대한 비약을 실현하였다. 세계에서 유일한 사회주의 국가로 된 소련은 국제적으로 제국주의의 포위에 둘러싸여 외국 무장세력의 간섭과 국내전쟁을 당했을 뿐 아니라 1930년대부터는 또 독일과 일본의 두 전쟁 발원지의 좌우(左右)의 위협에 직면하게 되었다. 이러한 국내·국제 환경 속에서 사회주의를 건설한다는 것은 인류역사에서 전례가 없는 일이고, 참고할 수 있는 성공 경험도 없을 뿐 아니라 외국의 원조와 지지도 없었다. 레닌은 사회주의 건설의 길을 탐색하는 과정에서 외국의 간섭과 국내전쟁에 대처하기 위해 전시(戰時) 공산주의 정책을 실시했다. 전시 공산주의 정책이 각종 문제가 발생했을 때 레닌은 새 경제정책을 제기했다. 그러나 새 경제정책은 레닌이 서거한 후 그의 후계자 스탈린에 의해 폐기되었다. 이때부터 소련 모델이 점차 형성되었다. 소련 모델이란 소련이 스탈린 시기의 사회주의 실천 중에서 형성된 제도와 체제 그리고 사회주의를 건설하는 방침과 정책을 가리킨다. 이 모델은 스탈린 시기에 형성되어 그 후 부단히 강화되고 확고해져 1980년대 중반까지 지속되었다. 객관적으로 말하면 이 모델은 존재의 합리성은 있었지만, 이 모델 중의 발전 변화에 적응하지 못한 것을 제때 개혁하지 않은 것은 유감이다.

이러한 의미에서 보면 소련 모델은 마르크스-레닌주의 기본 이론과 소련의 실천이 서로 결합된 산물이며, 소련 인민이 소련 공산당의 영도 하에 창조한 첫 번째 사회주의 모델이며, 사회주의 실천의 제1차 위대한 실험인 것이다. 첫 번째 사회주의 모델이고 제1차 사회주의 위대한 실험인 만큼 이 모델에 대해 역사적으로 이성적으로 평가해야 한다. 소련의 사회주의 건설 탐색 과정에서 나타난 착오는 불가피한 것이다. 이에 관하여 레닌은 일찍이 "이러한 참신하고 어렵고 또 위대한 사업 중에서 결점, 착오와 실수는 불가피한 것이다"[2]라고 말하였다. 소련 모델은 최소한 소련이 제2차 세계대전에서 국가보위 전쟁의 승리를 취득하게 보장하였으며, 따라서 파시즘을 송두리째 분쇄하는 전쟁에서 중추적 역할을 했다.

소련 사회주의 건설 모델은 두 가지 방면에서 나타났다. 하나는 사회

---

[2] 《列宁选集》第4卷, 人民出版社, 1995, 130쪽.

주의 기본 제도 방면에서 나타난 것이다. 경제 영역에서 전민 소유제와 집단 소유제의 두 가지 형식의 사회주의 공유제를 구축하여 그를 국민경제에서 지배적 지위를 차지하게 하고, 이 기초 위에서 노동에 따라 분배하는 원칙을 실시하였다. 정치 영역에서는 소련 사회에서의 소련 공산당 영도 지위를 확립 견지하고 노동계급이 영도하는 노동자-농민 연맹을 기초로 한 소비에트정권을 세워 무산계급과 기타 노동 인민에 대하여 광범위한 민주를 실시하고 무산계급 독재로 사회주의 제도를 보호하였다. 이데올로기 영역에서 소련 공산당은 무산계급 세계관, 즉 마르크스-레닌주의 소련 이데올로기에서의 지도적 지위를 견지하였다. 이는 소련 모델의 형성과 발전의 모든 과정에 일관되었고, 안정성, 근본성의 특징을 가졌으며 역사 발전의 필연적 추세를 반영하였다.

하나는 사회주의 체제 시스템 방면에서 나타난 것이다. 경제 영역에서 국가소유제는 절대적인 통치적 지위를 차지하고, 지령성(指令性), 법제화, 융통성이 없는 계획경제의 관리체제, 권력이 과도하게 집중된 부서관리 체제, 행정 수단을 과분하게 운용하는 경제관리 방법을 실시했다. 이러한 과도한 집권의 경제관리 체제는 소유제 구조를 단일하게 하고 공유제 경제가 절대적·통치적 지위를 차지했으며 다단계의 생산력 수준과 발전 수요에 적응되지 못했고, 비공유제 경제의 역할을 충분히 발휘하지 못하였다. 기업의 경영관리권이 중앙이나 지방에 지나치게 집중되었을 뿐 아니라 절대 다수의 기업은 중앙 혹은 지방정부에 의해 직접 관리되어 기업과 농장에서는 경영 자주권이 부족하게 되고, 직원들은 민주관리의 권리마저 부족하게 되어 '한 솥의 밥(大鍋飯: 평균주의 분배 방식)'과 같은 엄중한 폐단들이 존재히였다. 그리고 자원의 배치 방식에서도 계획경제의 장점만 보고, 시장경제의 역할을 배척하거나 심지어는 부정했다.

정치 영역에서 지나치게 집중된 당과 국가의 영도 체제, 위에서부터 아래까지의 간부 위임제, 연약하고 비효율적인 감독 체제, 지위가 특수한 국가안전기관에서 체현되었다. 그중 지나치게 집중된 당과 국가의 지도체제는 국가의 권력이 당에 집중되고 당의 권력은 중앙에 집중되며, 중앙의 권력은 중앙정치국과 서기처에 집중되고, 중앙정치국과 서기처의 권력은 소수인 혹은 개인에 집중된 것을 가리킨다. 이러한 지도체제는 당정(黨政)이 나뉘지 않고 당으로 정부를 대체하고 개인권력이 당과 국가를 능가하여 지나치게 집권화된 엄중한 국면을 초래했다. 그 결과는 당의 대표대회와 중앙위원회의 권력이 약화되고 당의 중앙위원회와 정치국회의를 정기적으로 소집할 수 없게 되었으며, 당내 민주주의가 제한받고 중앙검찰위원회의 직권(職權)이 약화되어 총서기 개인 혹은 소수 몇 사람이 권력을 독점하는 국면을 형성했다.

문화 영역에서 지나치게 집중된 사상문화 관리체제는 지도 사상의 일원화만 강조할 뿐, 일원화된 지도 하에 있는 각종 사상과 관점이 병존하는 다양성·포용성이 부족함과 동시에 지도자의 언론이 진리와 착오의 유일한 기준이 되었다. 이러한 여론의 일률적인 사상문화 관리체제는 문화 관리 기구의 집중화와 사회문화 단체의 행정화를 초래하고, 지도자의 사상과 언론이 절대화, 신성화(神聖化)로 되었으며, 행정과 억압수단으로 사상인식 문제와 학술 논쟁 문제를 해결하려 했다. 그 결과 정확한 의견 표현이 제한되었고, 창조적 사상, 혁신적 기풍의 형성에도 불리했다. 브레즈네프(Brezhnev) 시기에 형성된 사상이 경직되고 보수적이며 온 사회가 진취하려 하지 않는 악열한 국면은 바로 소련이 지나치게 사상문화 관리 체제를 집중시킨 폐단이 장기적으로 축적되어 야기시킨 심각한 결과이다.

이외에 민족문제에서 소련은 대(大)러시아주의와 극단적인 지방 민족주의가 병존했고, 대외관계 영역에서는 소련 공산당이 형제당을 평등하게 대할 수 없는 대국주의가 존재했으며, 사회주의 국가 및 기타 약소 국가들을 평등하게 대할 수 없는 대국주의와 패권주의가 존재했다. 체제 시스템에 구현된 이러한 특성은 발전과정에서 시의적절하게 개혁되지 않았을 뿐 아니라 오히려 발전과정에서 고착화, 강화되었다. 바로 이러한 특성이 소련 모델을 경직되게 했고, 소련 모델에 먹칠을 했다.

중국 공산당은 사회주의를 전면적으로 건설하는 시기에 소련 모델에 존재하는 병폐를 의식하고, '소련을 거울로 삼는다'와 '자신의 길을 걷는다'는 사상과 마르크스-레닌주의를 중국의 구체적인 실제에 결합시키는 '제2차 결합' 사상을 제기했으며, 어느 정도 적극적 실천을 진행했다. 그러나 이러한 사상과 실천은 '좌'적 경향의 교란으로 '대약진', 인민공사화, '문화대혁명' 등의 운동에서 서서히 좌초되었다. '소련을 거울로 삼는다'는 결국 자신의 길을 정확하게 걷지 못했고, '제2차 결합'은 역사적 비약의 성과를 내지 못했다.

제3절 소련 개혁의 길과 중국 개혁의 길

모순이 있지 않은 때가 없고, 있지 않은 곳이 없으며, 모순은 모든 사물의 발전 동력이다. 사회주의 사회에도 물론 모순이 존재하고 실천 속에서 실수와 병폐는 불가피하다. 사회주의는 사회제도로서 끊임없이 변화하고 발전하며, 발전 중에는 끊임없이 새로운 형세와 새로운 문제가 출현하며 발전을 방해하는 요인들이 나타난다. 그러므로 개혁을 통하여 끊임없이 구체적인 제도, 방침, 정책들에 대한 조정이 필요한 것이다.

사회주의 실천 속에서 존재하는 모순과 문제의 해결은 사회주의 제도를 포기하는 것으로 해결해서는 안 되며, 사회주의 내부에서 사회주의 제도를 자아 혁신하고 자아 보완해야 하며, 이러한 모순과 문제의 해결은 장기적인 역사 과정이다. 이러한 모순과 문제는 사회주의 건설 과정에서 처음부터 마지막까지 동반할 것이며, 과거의 모순과 문제가 해결되면 새로운 모순과 문제가 또 발생한다. 이는 역사 발전의 변증법이다. 사회주의 제도 역시 이러한 모순과 문제를 해결하는 과정에서 끊임없이 자아 신진 대사를 하고 끊임없이 발전하면서 전진한다. 모든 모순과 문제를 한번 고생으로 평생 편안해지려는 그런 바람, 혹은 사회주의는 하나의 선진적인 제도로서 모순과 문제가 있어서는 안 된다는 생각은 모두 실제와 어긋나는 환상인 것이다.

중국의 개혁은 덩샤오핑의 영도 하에 성공으로 나아갔고, 소련의 개혁은 고르바초프(Mikhail Gorbachev)의 영도 하에 실패로 끝났다. 덩샤오핑이 채택한 것은 점진적 개혁으로서 "몇 단계에 걸쳐 완성해야 할 일을 단번에 이루겠다"는 사고방식을 버린 것이었고, 고르바초프가 채택한 것은 급진적 개혁으로서 한 번에 목표에 도달하는 것이었다.

소련 모델의 형성과 경직은 사회주의 체제의 각종 폐해와 갈등들이 개혁을 통해 제때 근절되지 않아 오랫동안 누적되고 격화된 결과였다. 경직된 소련 모델과 관련하여 고르바초프를 포함한 소련 공산당 고위층 내부는 모두 근본적으로 소련 모델을 부정하는 견해를 가지고 있었다. 소련 공산당 총서기를 담당했던 고르바초프는 소련 모델을 '강권 관료 모델의 사회주의', 엄중하게 '변형된 사회주의', '곡해(曲解)된 사회주의', '독재의' 사회주의3라고 개괄했으며 소련이 과거 실행한 것은 진정한 과학적 사회주의가 아니며 "소련이 실현하고자 한 모델은 사회주의 사회의 모델이 아니고 강권주의 사회 모델이었다"4고 말했다. 그는 또 소련 모델을 소련

---

3 고르바초프의 1988년 6월 28일 소련 공산당 제19차 전국 대표대회에서의 강화 참고.

4 米·謝·戈尔巴乔夫, 《对过去和未来的思考》, 新华出版社, 2002, 19쪽.

경제와 사회 발전을 저해하는 근원이라고 보았다.

고르바초프가 소련 모델을 이렇게 정의(定義)한 이상 필연적으로 이 모델을 뒤엎고 나라를 구하려 할 것이다. 고르바초프는 취임 후 '신사유(新思維)'를 제기하고, 소련 모델을 전면 뒤집는 일련의 '인도'적 민주사회주의 개혁안을 추진했다. 정치에서 공산당 일당제 지도체제에 대하여, 소련 공산당 역사를 부정하고 다당제를 제기하여 의회 민주와 삼권분립을 실시했으며, 경제에서 공유제의 통치적 지위에 대하여 사유화를 제기하고 자본주의 시장경제를 구축했으며, 사상과 이데올로기에서 마르크스주의 지도 지위에 대하여, 다원화를 제기하여 자산계급 사상의 자유가 범람하도록 내버려 두었다. 이러한 방안은 사회주의 개혁이라기보다 자본주의 복벽이라 말할 수 있다. 고르바초프가 실시한 방안은 소련 모델을 완전히 부정하는 것이었으며, 실질적으로 사회주의 제도의 개혁을 반대하는 것이었다.

잘못된 경로가 재앙의 결과를 초래한다. 소련 정치에서의 서방식 민주화 개혁은 대통령의 권력이 아무런 제한도 받지 않는 결과를 초래하여 소련의 역사 문화 배경 하에서 실질상 또 다른 권력이 극도로 독점화되는 방향으로 바뀌었다. 러시아 공산당 지도자 주가노프(Gennady Zyuganov)는 일찍이 이러한 소련식 대통령제를 극력 비판한 적이 있다. 그는 "현재의 권력구조는 1917년 직전의 러시아와 똑같다. 우리의 대통령은 어느 누구의 감독도 받지 않고, 의회는 아무런 문제도 결정할 수 없고, 정부는 어느 누구에게도 보고하지 않아도 되며, 아울러 하나의 통일된 정부는 없다." "현 정권은 '한 배의 도둑'이다"[5]라고 말했다. 경제에서 사유화 개혁은 재부(財富)의 과도한 집중을 직접적으로 초래하여 양극 분화가 심해졌다.

사유화의 구체적 결과에 관해 1998년 10월 15일 러시아《논단보(論壇

---

5 根納季·久加诺夫,《十二个历史教训》, 载《社会主义论坛》 1999年 第2期.

報)》의 보도에 따르면 러시아 두마(Duma)가 전문 성립한 '사유화결과분석위원회' 위원인 불리시치킨(Frasichkin)은 사유화는 "러시아를 약탈하고 소련 인민을 국제금융 과두의 노예로 변모시키는 범죄 사실이 존재하고 있으며", 사유화는 "국가의 통일된 국민경제 체제를 파괴했으며", 집권자는 "대량의 재부를 자신의 소유로 만들고 경제를 엄중한 위기에 빠뜨렸다"고 평가하였다. 이러한 개혁은 엄중한 사회문제를 초래했다. 러시아에서 인민들의 생활 수준은 수십 년 전으로 퇴보되었고 많은 사람들이 상대적으로 빈곤에 빠졌으며, 인구출생률은 급격히 떨어지고 평균수명도 단축됐다. 1997년 러시아의 인구출생률은 1991년에 비해 30% 내려갔고, 남성 평균수명은 1991년의 63.5세에서 1996년의 59.6세로 내려갔다.[6]

소련 사회주의 개혁의 길 선택과 결과에 대해 다른 입장에 있는 사람들은 다른 견해와 관점을 가지고 있었다. 고르바초프의 말대로 소련의 개혁은 "준비가 잘 되지 않은 조건 하에서 소련 사회를 개방하였고, 소수 사람들이 하루아침에 벼락부자가 되었고, 가난한 사람 수가 과거의 규모를 훨씬 초과하였는데, 이는 재난 같은 착오였다." 그후 그는 당과 국가의 개혁 진척에 대한 리더십을 포기한 것이 모든 문제의 중대 요소라고 솔직하게 인정했다. 그후 러시아 대통령을 맡은 옐친(Yeltsin)은 사직할 때 TV 연설에서 그로 인해 추진된 자본주의화가 광대한 인민에게 실질적 혜택을 가져다주지 못하고 오히려 러시아를 재난으로 이끌었다고 참회하면서 "나는 사임할 때 러시아 인민에게 꼭 전해야 할 말이 있다. 나는 러시아 인민에게 미안하며, 나는 일찍 하룻밤 사이에 쉽게 러시아를 독재와 암울한 과거에서 벗어나 광명하고 부유한 미래로 진입할 수 있다고 여겼는데, 이러한 나의 생각은 물거품이 되어버렸고, 또 생각이 너무 천진하였으며

---

6 参见《独立报》 2001年 3月 22日, 转引自《国外理论动态》, 2001年 第5期.

사정은 내가 상상한 것보다 훨씬 더 복잡하였다"고 말했다.

필자가 보면, 고르바초프와 옐친의 견해는 하나의 표면 현상과 구실에 불과하다. 진정으로 소련의 개혁을 건드리고 실패로 이끈 핵심 문제는 사회주의 개혁 중에서 과학사회주의와 정반대되는 민주사회주의 개혁의 경로를 선택하여 자본주의 복벽의 길로 나간 것이다.

신중국이 성립된 후 중국은 관료자본을 몰수하고, 생산자료 소유제에 대한 사회주의 개조를 통하여 사회주의 제도를 세웠다. 당시 중국은 사회주의 건설의 경험이 부족하여 기본적으로 소련 모델을 모방하였다. 실천 과정에서 곧 소련 모델의 병폐를 발견하고, '소련을 거울로 삼는다'로 자신의 길을 갈 것을 가기로 제기했으며, '중국 특색 사회주의 길'을 탐색하였다. 그중에서 빛나는 사상 이론은 앞에서 말한 바와 같이 1956년에 집중적으로 탄생했으며, 특히 마오쩌둥의 《10대 관계를 논함》에서 체현되었다. 그러나 중국은 오히려 소련 모델의 그림자 아래에서 다른 한 갈래의 극좌적 길을 걸었으며, 중국의 사회주의 건설에 커다란 재난을 가져다주었다.

만약 역사적으로 축적된 문제의 차원에서 본다면 '문화대혁명'을 끝낸 중국은 고르바초프의 개혁 초기보다 그 문제가 조금도 뒤지지 않았고, 심지어 어떤 면에서는 그 정도가 더 심각하였다. 이러한 심각한 문제가 사회주의 제도를 변화시킬 잠재적 가능성으로 존재했다는 것은 말할 필요도 없다. 그 문제들이 최종적으로 자본주의로 변질하는 현실적 요소로 변화할 수 있는지는 또 주요하고 결정적인 요인에 달려 있다. 중국 공산당은 덩샤오핑 이론, '세 가지 대표'의 중요한 사상, 그리고 과학적 발전관의 지도 하에서 개혁을 통해 이러한 잠재적 가능성을 성공적으로 극복하고, 세계의 주목을 받는 커다란 성과를 거두었다.

개혁개방 이래 덩샤오핑을 핵심으로 하는 중국 공산당은 시종일관 사회주의 기본 제도에 속하는 것을 견지하는 동시에, 구체적인 체제, 운영시스템 면에서 폭넓고 심도있는 개혁을 진행하였다. 그리고 사회주의 방향으로의 개혁을 보장하기 위해 개혁개방 과정에서 반드시 네 가지 기본원칙을 견지해야 한다고 하였다. 즉 반드시 사회주의 길을 견지하고, 인민민주 독재를 견지하며, 공산당의 영도를 견지하고, 마르크스-레닌주의와 마오쩌둥 사상을 견지해야 한다. 이 네 가지 기본 원칙은 중국 개혁개방이 사회주의 방향으로 잘 나아가도록 보장해주는 방향판이 되었다. 네 가지 기본 원칙을 수호하는 것은 바로 사회주의를 견지하는 것이고, 네 가지 기본 원칙을 포기하는 것은 곧 사회주의를 부정하는 것이다. 덩샤오핑이 지적한 바와 같이 "만약 네 가지 기본 원칙 중 어느 하나를 흔들었다면, 그것은 전체 사회주의 사업을 흔들었을 것이다."[7]

소련이 해체되고 동유럽이 급변한 후 소련 개혁 모델의 실패는 중국 개혁에 더욱 많은 참고 가치를 부여했으며, '중국 특색 사회주의 길'을 개혁개방 속에서 더 평온하게, 더 원활하게, 더 성숙되게, 더 완벽하게 발전하게 하였다. 덩샤오핑은 반드시 공유제의 주체와 공동부유의 근본 원칙을 견지할 것을 강조하였으며, 사회주의 제도와 시장경제 결합의 명제를 정식으로 제시했다. 쟝쩌민은 두 가지 개혁개방관(開放觀)을 구분해야 하고, 사회주의 시장경제 체제를 경제체제 개혁의 목표로 제시했다. 18차 당대회에서 후진타오는 '중국 특색 사회주의' 발전의 총체적 구도를 '5위일체'로 정형(定型)할 것을 제시했다. 30여 년의 개혁개방을 거쳐 갈수록 시장경제와 사회주의 제도의 결합은 높아지고 사회주의 민주정치는 성숙되었으며, 사회주의 사회는 조화가 이루어졌고 사회주의 문화는 번영해지고, 사회주의 생태문명 이념은 더욱 전체 국민의 인정을 받고 있다.

---

7 《邓小平文选》第2卷, 人民出版社, 1994, 173쪽.

소련 개혁과 중국 개혁의 길과 결과는 정·반 양면으로 기타 사회주의 국가의 개혁에 풍부한 경험과 교훈을 주었다. 이것은 모두 국제공산주의 운동의 귀중한 재산인 것이다. 동시에 우리에게 하나의 도리를 제시해준다. 즉 인류사회의 발전과정에서 굽은 길을 걸을 수 있고 착오를 범할 수 있으므로 지금의 시선으로 역사 착오를 지나치게 요구해서는 안 되며, 제때에 경험을 정리하고 착오를 시정하면서 계속 전진해야 한다는 것이다. 그러므로 소련의 제1차 사회주의 개혁의 실험을 경솔하게 100% '실패'라고 비난하여 사회주의를 전반적으로 부정하지 말아야 한다. 이는 마르크스주의의 과학적인 태도가 아니다. 사회주의 운동에서 나타난 심한 곡절은 표면적으로는 "사회주의가 약화된 것처럼 보이지만 인민들이 시련을 이겨내고 교훈을 섭취하여 사회주의가 더욱 건강한 방향으로 발전하도록 촉진한다."[8] '중국 특색 사회주의 길'은 '더욱 건강한 방향으로 발전'하는 사회주의에 좋은 해답을 제공하였다.

제4절 두 가지 개혁관의 방법론에 대한 간명한 분석

소련과 중국의 두 가지 개혁관(改革觀)은 두 나라의 앞길과 운명을 결정했다. 두 가지 개혁관을 이성적이고 과학적으로 이해하려면 우선 방법론에서부터 착수해야 한다. 소련 개혁의 실패와 중국 개혁의 성공에 있어서 주요한 결정적 역할의 요인이 무엇인가를 밝혀야 한다. 그렇지 않으면 정확하게 이해할 수 없다. 마르크스주의는 사물 내부 및 사물 간의 인과

---

8 《邓小平文选》第3卷, 人民出版社, 1993, 383쪽.

관계는 보편적이면서도 복잡하다고 인정하고 있다. 인과론(因果論)에서는 어떤 인(因)은 응연성(應然性)에 의해 사람들의 의지로는 옮기지 않는 과(果)를 맺기도 하고, 어떤 인은 자연적으로 응연성의 과가 생기지 않고, 이런 혹은 저런 실연적인 과가 나올 수 있다. 때문에 번잡한 현상을 꿰뚫고 그 배후에 숨겨져 있는 본질을 파악해야지, 본질을 현상으로 잘못 봐서는 안 된다. 응연성에 의한 인간의 의지에 의해 달라지지 않은 결과가 생긴 원인 가운데 결정적 요인은 전체 결과의 산생(産生)과 본질적 관련이 있다. 즉 이 인이 아니면 그 과가 산생할 수 없으며, 또한 기타 요인을 촉발시켜 가능한 것을 현실로 전환시키고 동시에 상호 역할을 하여 공동으로 최종 결과의 산생에 작용한다. 이것이 바로 두 가지 개혁관을 이해하고 분석하는 방법론의 문제이다.

위의 방법론에 근거하여 간단하게 소련 모델이 소련 해체의 결정적 원인이라고 단정하기는 어렵다. 물론 소련 모델이 소련 해체 과정에서 일정한 역할을 했지만, 결정적 역할을 한 직접적 원인은 개혁의 성격과 방향에서 마르크스주의의 과학적 사회주의 기본 원칙을 근본적으로 위배했기 때문이다. 왜냐하면 고르바초프의 개혁은 본질 상 자본주의화의 개혁이었다. 비록 소련 모델에 이러저러한 문제가 존재했지만 사회주의 기본 제도의 내용은 견지했으며, 구체적인 체제와 운영시스템에서 문제가 많이 나타났다. 소련 공산당은 시대와 함께 발전하는 차원에서 국정에 의거하여 구체적인 체제와 운영시스템 개혁을 진행하지 않았기에 이러한 문제들이 고르바초프의 자본주의화의 개혁 요인의 주도 하에 발효되고, 결국 소련의 최종 해체를 공동으로 추진하였다. 때문에 소련 모델은 소련 해체의 결정적 요인이라 볼 수 없다.

만약 여전히 고르바초프의 개혁을 소련 해체 요인 중 비결정적 요소라고 본다면, 여전히 현상에 머물러 문제를 보는 것이 되어 본질을 심도있게 분석하지 않은 것이 된다. 반대로 중국의 개혁은 무엇 때문에 성공하게 되었으며, 이렇게 큰 성과를 거둘 수 있었는가? 그 내재적이고 결정적인 원인은 바로 중국의 개혁이 시종일관 공유제와 공동부유의 사회주의 방향을 견지하고, 공산당의 지도를 견지하며, 마르크스주의의 지도적 지위를 견지하고, 사상해방, 실사구시, 여시구진(與時俱進)과 구진무실(求眞務實)의 사상 노선을 견지했기 때문이다. 다시 말하면 중국의 개혁이 걸어온 '중국 특색 사회주의 길'은 예전과 다름없이 사회주의 본질과 특성을 구현하는 과학적 사회주의 기본 원칙을 유지하고, 동시에 성공적으로 초급단계라는 중국 국정과 결합하여 구체적인 체제와 운영시스템을 부단히 개혁하고 완벽하게 한 것이다. 후자의 역할은 당연히 전자를 견지하는 전제 하에서 나타난 것이다.

소련과 중국의 두 가지 개혁관의 실천은 사회주의 건설 과정에서 나타난 문제나 착오는 두렵지 않으며, 오직 문제를 대하는 정확한 태도와 방법, 그리고 정확한 개혁의 경로와 방법이 중요하다는 것을 증명해 주었다. 두려운 것은 일단 문제를 발견하면 곧 사회주의 제도는 안 된다고 간단하게 인정해버리고, 자본주의화 개혁으로 대체하려 하는 것이다. 이러한 개혁은 기필코 실패하게 되며 이러한 개혁은 역사의 퇴보이다. 2001년 4월 2일 쟝쩌민(江澤民)이 전국사회치안업무회의 연설에서 말한 바와 같이 "동유럽의 급변과 소련 해체의 제일 심각한 교훈은 사회주의 노선, 무산계급 독재정치, 공산당의 영도적 지위, 마르크스-레닌주의를 포기함으로써, 그결과 이미 상당히 심각한 경제, 정치, 사회, 민족 모순을 진일보 격화시켜 최종적으로 제도의 급변과 국가 해체의 역사적 비극을 초래한 것이다."[9] 변증법 차원에서 보면, 어떤 일이든 모두 양면성을 가지고 있다. 일정한

9 《江澤民文选》第3卷, 人民出版社, 2006, 230쪽.

조건 하에서 "좋은 일이 나쁜 일로 변할 수 있고, 나쁜 것이 좋은 결과를 끌어낼 수 있다."[10]

소련과 동유럽의 급변은 20세기 국제공산주의 운동사에서 최대의 역사적 비극이며 이는 물론 좋은 일은 아니지만 완전히 나쁜 일도 아니다. 이는 러시아 인민을 교육시켰고 중국 인민을 교육시켰으며 여전히 사회주의 길을 걷고 있는 모든 국가의 인민, 그리고 기타 개발도상국의 인민을 교육했다. 러시아 인민은 이러한 과정에서 단련되고, 반성 속에서 역량을 축적하고 있다. 중국 인민은 그중에서 교훈을 섭취하여 '중국 특색 사회주의 길'을 향해 더욱 건강한 방향으로 발전하고 있다. 그외 사회주의 국가의 인민들도 소련과 동유럽의 급변의 원인과 교훈을 진지하게 받아들이고, 역사를 거울로 삼는 동시에, '중국 특색 사회주의' 경험을 참고하고 있다. 이러한 교훈은 세계 사회주의 운동을 최저점에서 충분히 회복시킬 수 있다고 믿는다.

---

10 《毛澤東文集》第7卷, 人民出版社, 1999, 238쪽.

제8장
'중국의 길'은 '자본주의 길'과 다르다

　　인류사회는 하나의 동태(動態)적 시스템으로서 그 자체의 발전 법칙을 가지고 있다. 미시적으로 나라마다 사회구조가 다름에 따라 서로 다른 구체적 발전법칙을 나타내고 있으며 서방과 중국은 다르다. 서방에서는 미국과 영국이 다르고 영국과 유럽 대륙의 국가들이 다르다. 서방 국가의 사회구조는 대부분 분자식(分子式)이고 중국의 사회구조는 계통식(系統式)이다. 분자식 구조의 사회와 계통적 구조의 사회가 걸어가는 발전의 길은 전혀 다른 두 갈래의 길이다. 중국이 걸어온 사회주의 현대화 길은 평화발전 아래 세계 화합을 추구하는 길이고, 이 길은 밝은 전도를 가질 수밖에 없다.

제1절 서방 자본주의 현대화 길의 지속 불가능성 과 발전 방향

Ⅰ. 유럽 최초 자본주의 발전은 유럽 분자식 사회구조에 의해 결정된 것이다

　　유럽 문명사를 살펴보면 유럽문명은 소규모, 다원성, 독립성의 개체단위 상호 경쟁의 기초 위에 새워진 문명임을 발견할 수 있다. 좁은 의미의 서방문명은 최초로 지중해에서 기원하여 서유럽으로 전파되고, 나아가 유럽 전체로 널리 전파되었다. 한 사회판에는 여러 개의 분산된 독립적이고 자주적인 개체가 존재하는데, 이 개체는 언제나 자기의 지능을 다하여 자신의 이익을 최대한 추구한다. 그리고 언제나 자신이 독립적으로 지배할 수 있는 각종 자원과 잠재력을 운용하여 더 좋은 생존 기회와 조건을 쟁취하여 복잡하고 변화가 많은 환경에 도전한다.

계몽운동 이전 서유럽의 전통적인 사회가 바로 이러한 사회이며 신권(神權)의 통치 하에 무수한 크고 작은 자급자족의 봉건 장원(莊園), 성방(城邦: 고대의 도시국가), 공국(公國: 중세기 유럽에서 큰 나라로부터 '公'의 칭호를 받은 군주가 다스리던 작은 나라)을 합쳐 만든 소규모, 다원성, 자주성과 유동적인 봉건사회였다.

이렇게 유럽 대지에 흩어진 소규모, 독립성, 유동성을 가진 다원적이고 병존하는 성방(城邦)들은 한정된 자원에 직면하여 생존과 발전을 위하여 전력을 다해 경쟁해야 했다. 수십 세기의 발전을 거쳐 유럽의 이러한 개체성을 띤 경쟁은 점차 강렬한 경쟁 사유와 논리의 문화로 변화했다. 이러한 문화는 유럽 사람들의 혈액 속에 침투되어 영원불멸의 문화유전자가 되었고, 특히 자본주의 생산방식은 이러한 경쟁문화와 사고를 '정글의 법칙'으로 발전시켰다. 유럽 대지에서 독립된 공동체 간에 "서로 격려하고 승리를 자랑스럽게 여기고 패배를 치욕스럽게 여기는 것이"[11] 현대에 이르기까지 중단되지 않고 지속되었다. 유럽 내부에서 이러했을 뿐 아니라 세계적 범위에서도 이러했다. 1,018만 km²의 면적을 가진 유럽에는 44개 국가와 지역으로 가득 차 있고, 일부 국가의 인구와 면적은 중국의 한 개 성(省)에도 못 미친다.

유럽 내부에서는 통일된 국가 혹은 조직이 성장하기 어렵다. 한때 휘

---

11 《严夏集》 第1册, 中华书局, 1986, 66쪽.

황찬란했던 500년의 로마제국은 결국 여지없이 무너졌고, 동시에 유럽을 1000년이란 긴 암흑과 혼란의 중세기로 들어가게 했으며, 어렵게 발전해 온 유럽공동체에서 성장해 온 유럽연맹은 아직도 분열의 위기가 존재한다. 근대에 와서 유럽 국가는 자신이 갖고 있는 자본의 이익 추구성과 '정글의 법칙'을 높이 여기는 문화유전자를 바탕으로 칼과 검, 총과 대포로 세계 도처에서 정착하였고, 한편으로는 가는 곳마다 문명을 때려부수고, 다른 한편으로는 영토를 개척하고 확장시켜 원료산지와 상품 투매지를 찾았다.

이러한 '정글의 법칙'을 높이 여기는 경쟁적 문화유전자는 또 서방 사회생활의 여러 면에서도 표현된다. "그들이 쟁탈하는 것은 전쟁으로 강토를 빼앗는 것뿐 아니라 농업, 수공업, 상업 등 여러 업종, 더 나아가 문화영역에 이르기까지 심지어 하나의 기예마저 놓칠세라 모두 쟁취했다. 이러한 다툼은 각 나라 간의 겨룸과 경쟁이었지만 그 결과는 각국의 공동 발전을 가져왔고, 백 년의 거듭되는 축적을 거쳐 유럽 각국의 공동 부강과 진보의 효과를 이루었고, 이는 다른 어느 대륙과도 비교할 수 없는 일이었다. 서방 각국의 번영과 부강은 서방 각국 인민의 노력의 결과라 할 수 있지만, 상호간의 다툼과 경쟁이 서방문화의 번영, 경제발전, 국가 번영을 촉진했다는 사실을 말하지 않을 수 없다."[12] 개괄하여 말하면 이러한 '정글의 법칙'의 경쟁적 문화는 고금을 관통해서 유럽 생활의 각 분야에 광범위하게 존재하고, 아울러 전체 서방 세계로 뻗어갔다.

무엇 때문에 유럽문명은 이러한 경쟁적 문화 성격을 형성하였는가? 중국의 초기 사상학자 옌푸(嚴復)는 다음과 같이 통찰하였다. 즉 이는 유럽의 지리 환경의 다양성과 지세의 '지리멸렬'과 직접적 관계가 있다. 더 구

---

12 《严复集》第1册, 中华书局, 1986, 66쪽.

체적으로 말하면 유럽에는 산지, 구릉, 평원과 굴곡이 많은 해안구역이 있으며, 이러한 서로 다른 지리 환경에서 생활하는 사람들은 다양한 경제생활, 다양한 언어와 종교를 포함한 다양한 생활방식을 발전시켰고, 다원적 민족을 형성시켰다. 지리 환경의 차이점은 생활방식과 민족의 차이성을 형성시켰고, 이 지역에 사는 사람들은 동일한 민족으로 융합되기 어려웠고 경쟁 속에서만 생존하고 발전할 수 있었다. 그리하여 유럽에는 소규모성, 다원성, 자주와 독립성 그리고 유동성을 가진 각종 유럽 문명 형태가 자연적으로 형성되었다. 이러한 다양한 형태의 문명 형식은 장기적인 경쟁 상태로 존재하면서 일종의 분자식 구조로 나타났다. 바로 이 구조적 요소가 전체 도시국가 그리고 작은 나라들이 즐비한 유럽에 '정글의 법칙'을 높이 여기는 경쟁적 문화 성격이 보편적으로 존재하게 했다.

의심할 바 없이 이러한 문명의 형태는 수십 세기를 거쳐 '적자생존, 열등자 도태'되는 과정에서 내적 진화의 체제와 강대한 문명 생장 능력을 형성하여 유럽 중세기의 국가와 도시로 하여금 봉건주의를 대체한 자본주의로 발전되게 하였다.

자본주의 핵심은 자본이고, 자본주의는 곧 자본의 주의이다. 자본은 무엇인가? '자본'은 잉여가치를 가져올 수 있는 가치이다. '자본'은 천연적으로 경쟁성, 이기성과 모험성을 가지고 있으며 일체의 수단을 가리지 않고 이윤의 최대화를 취득한다. 자본 소유자는 자본의 인격화이고, 인격화된 자본은 자본의 경쟁성, 이기성과 모험성을 지니고 있다. 유럽의 독립된 작은 국가 혹은 작은 공동체에서 역사적으로 형성된 '정글의 법칙'을 높이 여기는 경쟁적 문화 성격은 자본의 천연적 경쟁성, 이기성, 그리고 모험성과 일치한다. 유럽 자본주의 발전은 어떠한 이성적 원칙에 따라 인위적으로 설계된 것이 아니라 유럽 사람들의 독특한 지리적 환경 속에서 수많은 경쟁, 그리고 역사의 큰 시련 속에서 시행착오와 환경에 적응하는 과정에서 변화 발전해왔다. '정글의 법칙'을 높이 여기는 경쟁성적 문화 성격과 자본의 천연적 경쟁성, 이기성, 그리고 모험성의 결합이 바로 자본주의의 비밀이다.

이러한 분자식 사회구조는 자본주의 출현을 분석하는 데 도움이 되고, 또 일본의 자본주의 현대화에서 예증(例證)을 얻을 수 있다. 동방에 위치해 있고 또 중국문화의 영향을 깊이 받은 일본이 어떻게 자본주의로 발전할 수 있었고, 또 발달한 자본주의 국가가 될 수 있었는가? 그 주요한 원인은 메이지 유신 전의 일본 사회구조가 중세기의 유럽과 많이 유사하고 다양성, 분산성, 경쟁적 특징을 가지고 있었기 때문이다. 메이지 유신 전, 일본은 2백여 개의 속국으로 분산되어 있었다. 일본의 이러한 봉건 속국 제도에서의 그 형태와 구조는 모두 유럽 중세기의 봉건제와 비슷했다. 이렇게 일본은 비서방 민족 중에서 최초로 자본주의 현대화를 실현한 나라가 되었다.

II. 서방 자본주의 역사는 피와 불의 역사이다

유럽의 각 도시국가 그리고 공국들은 분자식 경쟁 과정에서 끊임없이 전쟁이 발생되고, 최종적으로는 자본주의 생산방식의 발전 하에 방언의 장애를 극복하고 봉건 할거를 타파하면서 사회를 재통합하여 개별적으로 통일체를 이루었는데, 잇따라 스페인, 영국, 프랑스, 독일, 이탈리아 등 원생(原生)의 '민족국가'가 속속 형성되었다. 이때에 이르러 비로소 유럽 내부는 독립적 '민족국가'의 출현으로 잠시나마 평온하게 되었다.

중세기, 유럽의 경쟁은 주로 내부에서 진행되었다. 16세기 후 아메리카의 발견으로 신흥 자산계급은 신천지를 개척하였으며, 수증기와 기계는 공업생산의 혁명을 일으켰으며, 대공업은 아메리카의 발견으로 준비된 세계시장을 만들었다. 이는 자산계급의 발전을 크게 이끌었다. 중세기의 봉건사회 멸망에서 탄생한 자산계급 사회는 계급 대립을 소멸하지 않았으며, 단지 새로운 계급, 새로운 압박 조건, 새로운 투쟁 형식으로 낡은 것을 대체했다.[13] 자본은 자산계급으로 하여금 항상 존중을 받고 경외심을 느끼게 하는 직업의 모든 신성한 후광을 지워버렸다. 자본은 의사, 변호사, 전도사, 시인과 학자들을 돈으로 고용한 고용노동자로 전락시켰다. 자본은 또 "자산계급의 가족관계의 온정적인 면사포를 벗기고, 이러한 가정관계를 순수한 금전 관계로 변화시켰다."[14] 그러나 상대적으로 중세의 봉건사회에 비하면 자본주의는 역사적·진보적 의의를 가지고 있다.

자산계급은 본국의 노동인민을 참혹하게 착취하는 외에 자본주의 생산관계로 인해 필연적으로 생기는 민족국가 내부에서 해결할 수 없는 격렬한 내부모순을 해외 확장, 식민 통치, 약탈, 노예화로 전환시켰다. 과연 마르크스가 말한 바와 같이 "자본이 세상에 나와서 머리부터 발끝까지 모공(毛孔)마다 모두 피와 더러운 것이 떨어져 있다."[15]

16세기부터 유럽 자본주의는 해외에서 식민지를 확장했다. 서방 자본주의 역사는 바로 하나의 식민주의자의 '개척'의 역사이고, '피와 불의 문자'로 쓰여진 역사였다. 식민자들은 가는 곳마다 낙후한 부락, 민족에 대해 야만적 약탈과 착취를 실시했고 심지어는 그들로 하여금 생존 조건마저 잃어버리게 하고 거의 소멸되게 하였으며, 소멸시키지 못한 민족에 대해서는 식민통치를 실시했다. 서방 자산계급은 침략자 신분으로 자신의 모습대로 전 세계를 개조하여 서방 현대화를 이루고, 또 그 현대화에 봉사하는 제3세계를 만들었다.

---

13 参见 《马克思恩格斯选集》 第1卷, 人民出版社, 1995, 273쪽.
14 参见 《马克思恩格斯选集》 第1卷, 人民出版社, 1995, 275쪽.
15 《马克思恩格斯选集》 第2卷, 人民出版社, 1995, 266쪽.

Ⅲ. 서방 현대화의 길은 지속성이 없다

서방 자본주의 발전사를 돌이켜 보면, 다음과 같은 네 단계로 현대화의 '원죄(原罪)' 그리고 현대화의 곤경을 추적할 수 있다.

첫째, 자본주의 원시자본의 축적 단계: 앞에서 말한 바와 같이 '정글의 법칙'을 높이 여기는 경쟁적 문화의 성격과 자본의 천연적 경쟁성, 이기성, 그리고 모험성과의 결합이 자본주의의 모든 비밀이다. 때문에 15세기 말부터 16세기 초에 신항로의 개척, 상업혁명(商業革命)은 신흥 자산계급이 국내에서 폭력으로 원시자본을 축적한 후 해외로 진출하게 하였고, 세계 각지에서 일련의 적나라한 침략, 약탈하고 다른 나라를 식민지 또는 반식민지로 만들었고, 그곳의 민족과 인민을 자신들의 소비품의 소비 대상, 상품 원자재의 생산자로 만들었다. 하나의 세계시장은 자본의 탐욕에 의해 개척되고 모든 나라의 생산과 소비는 전 세계적인 것으로 되었으며, 그 뒤로 전 세계는 밀접한 연계를 가지기 시작했다.

세계시장의 형성과 세계의 밀접한 연계는 모두 자본주의를 위하여 자기들에게만 속하는 '세계', 즉 서방 현대화를 창조했다. 이러한 현대화는 소수 자본주의 국가가 대내적으로는 자산계급의 통치적 지위를 확립하고, 대외적으로는 미친듯이 경제 착취와 문화 수출을 했다. 이러한 현대화는 세계 인민이 그 발전의 대가를 지불한 현대화이다. 이처럼 세계 대다수 제3세계 국가를 본국의 현대화 발전의 '영동기(永動機)'로 삼는 현대화는 지속될 수 없고, 조만간에 또 다른 현대화에 의해 대체될 것이다.

둘째, 근대 자본주의 국가 건립 단계: 자산계급 통치 지위의 확립에 따라 유럽의 근대 자본주의 민족국가들이 세워지고 공고해졌다. 근대 민족국가의 건립은 자본 발전에 적응하고 자본의 의지에 따라 강대한 국가기구를 만들었다. 이로 인해 한편으로 국가기구를 이용하여 자본이 순조롭고 자유롭게 발전할 수 있는 공간적 여건과 물질적 여건을 마련하면서 외부 경쟁과 부딪칠 수 있는 가능성을 피할 수 있었고, 다른 한편으로는 민족국가는 자본을 대표하여 사회역량을 조직하여 자본을 위협할 수 있는 여러 제한을 타파할 수 있었다. 이로 인하여 영국을 위주로 하는 서방 자본주의 국가는 원시적 축적 단계에서 축적한 풍족한 원시자본, 풍족한 산업노동자의 예비군, 그리고 광활한 해외 식민지 시장을 이용하여 솔선해서 생산방식의 변혁을 진행하여 제1차 공업혁명을 시작했다.

제1차 공업혁명이 가져온 생산방식의 변혁은 전 세계를 크게 바꾸어 놓았다. 자본은 세계에서의 확장 범위가 더욱 넓어지고 침략과 압박의 정도는 더욱 심화되고 소수 자산계급은 소수로 많은 것을 통제하기 위해 연합하여 해외에서 경제적 착취와 문화적 패권의 통치적 지위를 확립했다. 그 결과 자본주의 제도는 전 세계에서 초보적으로나마 통치 기반을 다졌고, 자본주의 초보적인 식민지 체제를 구축하였으며 통일된 자본주의 세계시장을 형성하였고, 인위적으로 하나의 광활한 제3세계를 만들어냈다. 반대로 다수의 무산계급은 지리적 한계성으로 한 구역 한 지역에 국한되어 전 세계 자본의 참혹한 압박과 착취를 참고 있었다. 사회 생산력 발전의 측면에서 볼 때 제1차 산업혁명은 인류사회의 발전을 추진했지만 산업혁명 이후 자산계급의 본의(本意)는 인류사회 발전 방향과 전혀 다른 것이었다.

셋째, 자본주의 독점 단계: 더 많은 국가가 현대 자본주의 민족국가로 됨에 따라 자본의 본성으로 인해 그들 간의 경쟁은 날로 치열해졌다. 자본은 새로운 확장 중에서 그 경쟁이 더 가속화되고 경쟁 속에서 독점으로 나아갔다. 이러한 배경에서 진행된 제2차 산업혁명은 객관적으로는 인류사회의 발전을 촉진했고, 주관적으로는 자본의 독점식 경영과 제1차 세계적 확장을 완성했다. 그리고 몇 개 주요 자본주의 국가는 국내외 자원의 분할식 독점을 완성하고 세계적으로 최종적인 자본주의 식민지 체계를 구축하여 통일된 자본주의 세계시장을 형성했다. 이러한 자본주의 본성이 선도한 인류사회의 발전은 완전히 지속적으로 자본을 위해 봉사하는 주관적 목적에 종속되었다. 이로써 인류의 다수와 대자연은 서방 자본주의의 도구와 대상이 되었다.

넷째, 당대 다국적 자본의 발전 단계: 20세기 초 몇 개 주요 자본주의 국가는 세계에 대한 분할을 완성했다. 자본의 본성이 다른 자본주의 국가보다 진일보로 발전하게 한 것은 바로 세계를 쟁탈하고 주요 자본주의 세력의 범위에까지 다가가 '호랑이 입에서 이를 뽑는' 격으로 자원을 강탈하여 이익을 함께 나누도록 만들었다. 그리하여 전쟁의 발발을 피할 수 없었다. 유럽에서 폭발한 두 차례의 세계대전은 한편으로는 자본주의가 세계 전쟁을 발동해서라도, 심지어는 전반 지구를 적(敵)으로 하더라도 모든 역량을 아끼지 않고 자신의 이익을 보장하겠다는 욕심을 설명해 주었으며, 다른 한편으로는 물리적 자원의 제한으로 자본주의가 발전하려면 전쟁 외에 반드시 과학기술의 변혁을 한층 더 추진해야 한다는 사실을 뒷받침해주었다. 제2차 세계대전 후 제3차 과학기술 혁명이 활발히 추진됨에 따라 다국적 자본은 다국적기업을 적재체로 삼아 국경선을 넘어 더욱 심도있고 광범위하게 세계의 어디서나 유동하고 투기하였다. 자본은 세계화 발전과정의 속도와 심도를 크게 가속화하는 동시에 세계정치의 불평등, 경제의 양극화, 문화의 모습을 드러내지 않는 침투, 사람과 자연의 생태 불균형을 더욱 악화시켰다.

그렇다면 서방 자본주의 현대화 길은 결국 인류사회에 무엇을 남겼는가? 다음의 몇 가지로 귀납해 볼 수 있을 것이다. 첫째, 자본의 세계적 연합은 세계 산업노동자의 분화와 과도한 착취와 압박을 초래했으며, 둘째, 자본 연합 과정에서의 상호 경쟁으로 인한 전쟁은 사회 생태계 전반의 생존 능력을 파괴했으며, 셋째, 자본의 무한 확장과 이익만을 추구하는 본성은 인간과 자연의 형평을 끊임없이 파괴하고, 세계적인 환경오염과 생태 불균형을 초래했으며, 넷째, 자본주의 세계화는 자본과 자본 간의 대립을 초래한 동시에 대다수 제3세계 국가와 소수 발달한 자본주의 국가의 양극화, 그리고 모든 국가 내부의 양극화를 초래했다. 한마디로 정리하면 곧 글로벌 시스템 내의 노사대립과 자본 사이의 대립이다. "자본과 노동자 사이의 '수직적 관계'는 착취자와 피착취자 사이의 필연적인 적대관계이고, 자본과 자본 사이의 '수평적 관계'는 착취자가 그들이 연합하여 노동계급으로부터 탈취한 이윤을 분배하는 과정에서 형성된 경쟁성적 투쟁관계이다."16 자본주의의 이러한 "자기의 길을 걷고 다른 사람은 걸을 길이 없게 만드는" 발전 방식은 최종적으로는 사회 발전의 길을 가면 갈수록 좁게 만들고 결국은 걸을 길이 없어지게 만든다.

자본의 고유한 모순을 극복하기 위하여 현대 자본주의는 자본주의 근본 제도를 굳게 지키는 전제 하에 자아 조정을 여러 차례 진행했다. 그러나 이는 책략상의 조정과 변경이지 "제국주의의 기생성, 부패성과 사멸성의 특성은 고칠 수 없을 뿐 아니라 오히려 더욱 심해져 더욱 선명하고 첨예하게 표현된다."17 자본주의의 조정은 "자본주의의 부패성을 여지없이 증명하고 있다."18

제1차 대조정은 자본주의 경제대공황 시기에 발생했다. 생산자료의 자본가 개인 소유제를 기초로 하는 자본주의 사회는 야만적이고 참혹한 착취방식을 실행하여 사회생산이 무정부 상태로 되고 경제위기가 자주 폭발했다. 경제위기는 사회 생산력과 전 사회에 극심한 파괴를 가져다주었

---

16 阿列克斯·卡利尼克斯著, 罗汉译, 《反资本主义宣言》, 上海译文出版社, 2005, 13쪽.
17 靳辉明, 《国际垄断资本主义的本质特征和历史地位》, 《马克思主义研究》 2006年 第1期.
18 本刊课题组, 《资本主义的新变化及其本质上的腐朽》, 《求是》 2001年 第4期.

다. 1929년에 발생한 경제대공황은 자본주의 경제체제에 심각한 타격을 주었다. 대공황으로 인해 미국에서는 3,750개 은행이 파산되고, 140만 개의 공·상업 기업이 파산되고 1,700만 명이 실업하였고, 약 3,400만 명이 아무런 수입도 없게 되고, 18,569개 은행은 총재고 현금이 총 60억 달러에 불과했지만 오히려 410억 달러의 예금을 감당해야 했다.[19] 이는 자본주의의 생산자료 개인 소유제는 "이미 궁지에 빠지고", "이윤을 위해 생산하는 제도는 이미 멸망하였음을 보여준다."[20] 자본주의의 죽음을 피하기 위해 자본주의 사회의 정책 결정자들은 초기 자본주의의 전통 패러다임을 포기하고 자본주의에 대하여 근본적인 제도 틀 안에서 조정을 진행했다. 서유럽의 케인즈주의자들은 자본주의 사회에 '기사회생'할 수 있는 처방을 내놓았다. 케인즈주의와 상응하는 것이 미국 루스벨트의 뉴딜정책이다. 그 정책의 특징은 국가의 경제에 대한 개입이다. 루스벨트의 뉴딜정책과 케인즈주의는 1950~60년대에 자본주의의 '황금 발전기'를 가져왔다.

제2차 대조정은 1980년대에 발생했다. 뉴딜정책과 케인즈주의는 자본주의를 잠시 '죽음의 계곡'에서 벗어나게 했지만 자본의 본성과 자본주의 근본 제도로 인해 케인즈주의는 결코 자본주의를 악몽에서 벗어나게 못했고 오히려 자본주의에 새로운 '질병'을 가져왔다. 케인즈주의는 아주 빨리 효력을 잃고 새로운 '암(癌) 변화'를 빚어냈다. 경제침체와 통화팽창이 공존하는 경제위기가 폭발하였다. 1973~1975년의 경제위기 기간에 미국, 일본, 독일연방, 프랑스, 영국, 이탈리아의 공업생산지수는 위기 전의 최고점에 비해 각각 15.3%, 20.2%, 12.9%, 13.2%, 4.7%와 13.5% 하락했다. 1974~1979년, 미국의 경제 연간 평균성장률은 0.7%에 불과하고, 1980년에는 단지 0.2% 증가했나.[21] 경제의 감퇴에 따라 실업률은 급격히 상승

19 刘绪贻, 《当代美国总统与社会》, 湖北人民出版社, 1987, 68쪽.
20 威廉·里彻斯特, 《光荣与梦想》, 利特尔·布朗公司, 1974, 20쪽.

했다. 미국, 독일연방, 영국의 실업률은 위기 전의 4.6%, 1%와 2.2%에서 각각 9.1%, 5.2%와 4.9%로 상승했다.

그러면 어떻게 해야 하는가? 계속하여 케인즈주의를 실시해서는 안 된다는 것은 분명했다. 미국과 영국의 정책 결정권자들은 방침을 변경하여 잇따라 경제정책을 제정하는 이론 근거로 신자유주의를 삼고 제2차 정책 대조정을 시작했다. 신자유주의는 전면 사유화, 시장 자유화, 정부 최소화, 사회복지의 약화를 주장했다. 그러나 신자유주의도 무슨 만병통치약이 아니며, 신자유주의는 '스태그플레이션' 위기를 극복하는 면에서는 일정한 효과를 보고, 자본주의 세계를 1982~1990년에 비교적 장기적인 경제 확장과 그후 2000년과 2007년에 이어 두 개의 경제 주기 최고점이 있었지만, 2008년 월가 금융위기가 터지면서 전 세계를 경제위기에 빠지게 했다.22 분명한 점은 그 위기가 자본주의에 준 '부작용'은 더 심각했다는 사실이다.

신자유주의의 작동 하에 빈부격차는 줄어들지 않았을 뿐 아니라 오히려 확대되고 노사대립의 정도는 경감되지 않았을 뿐 아니라 오히려 심화되었다. 신자유주의 정책은 중, 하층 국민의 이익을 손실시켰기 때문에 미국과 유럽 각국의 민중은 신자유주의를 "현대 시장경제 중에서 부활된 야만적 사회다윈주의(Social Darwinism)로", "시장경제 경쟁의 강화와 우승열패의 구호 속에서 자본은 더 부유해지고 가난한 사람들은 더 빈곤해지는 시장 근본주의로",23 1%의 착취와 99%의 약탈이라고 이해하고 있다.

2003년 5월 프랑스에서 신자유주의 개혁정책에 반대하는 전국적 파업

21 段忠桥,《当代国外社会思潮》, 中国人民大学出版社, 2001, 61쪽.

22 大卫·科茨,《目前金融和经济危机: 新自由主义与资本主义的体制危机》,《当代经济研究》 2009年 第8期.

23 张世鹏,《二十世纪末西欧资本主义研究》, 中国国际广播出版社, 2003, 78쪽.

물결이 일어났다. 80개 도시의 교통이 영향을 받고 80%의 운항편이 취소되고 파리의 우편과 대중교통이 거의 마비되었다. 이 파업의 물결은 독일, 이탈리아, 오스트리아로 확산되었다. 시위대는 "우리는 퇴직제도, 사회보험과 같은 복지를 얻기 위해 싸워왔고, 또 이를 지키기 위해 싸울 것이다"[24]라고 외쳤다. 이와 유사한 시위행진과 파업은 프랑스에서 지속적으로 이어졌다. 2005년 10월 4일 프랑스에서 100만 명이 직접 참가한 전국적 대파업이 일어났고 2006년에는 300만 명이 참가한 휴업, 파업의 물결이 일어났다. 심사숙고해야 할 것은 77%의 프랑스 국민이 이 파업을 지지했다[25]는 사실이다.

독일 민중은 2003년에 관(棺)을 메고 시위를 했고, 2005년에는 항의 시위운동을 일으켰다. 수만 민중이 거리로 나가 정부를 향해 "사회적 약자에 대해 너무 강경하고 무정하다"고 항의했다. 영국에서도 민중들의 파업, 항의 운동이 끊임없었다. 2006년 3월 28일, 150만 명에 달하는 지방의 서비스업자들은 80년 이래 최대 규모의 전국 대파업을 단행하고, 정부의 '퇴직 권리의 침범과 양로금 삭감'에 대해 항의했다.

신자유주의가 초래한 제일 심각한 위기는 2008년 금융위기로부터 시작된 세계적인 경제위기이다. 그 위기는 1929년의 위기 못지않았다. 위기는 지금도 안정될 기미가 안 보인다. 어떤 학자는 심지어 2030년에 이르러서야 비로소 유럽의 채무 문제가 정상화될 것이라고 한다. 일본의 국채는 이미 본국 국내생산총액의 두 배 이상이다. 어떤 학자는 일본은 두 번의 10년을 잃은 후 또 세 번째 10년을 잃는 것이 아닌가 우려하고 있다. 2011년 미국 연방정부의 채무는 이미 15만 억 달러를 초과했는데, 이 역시 본국의 국내생산 총액을 초과했다. 일부 경제학자는 만약 미국 정부가

---

24 中国社会科学院欧洲研究所,《欧洲模式与欧美关系》, 中国社会科学出版社, 2004, 147쪽.
25 《重庆晨报》 2005年 10月 6日.

효과적인 대응 조치를 취하지 않으면 미국은 일본과 같이 '잃어버린 10년'을 겪을 것이라고 지적했다.

국제통화기금의 기관지《금융과 발전》이 발표한 수치에 의하면, 미국에서 제일 부유한 1%의 집단이 전국 재산에서 점하는 비율은 1970년대는 10%, 2007년 서브프라임모기지론 위기 발생 전에는 23.5%이던 것이 2009년에는 40%까지 높아졌고, 80%의 사회 중·하층 집단이 전국 재산에서 점하는 비율은 7% 밖에 되지 않았다. 2011년 9월, 미국에서 결국 월스트리트를 점령하는 대규모 운동이 일어났고, 워싱턴, 로스앤젤레스, 샌프란시스코, 덴버 등 50여 대도시로 파급되었다.

뉴딜정책과 케인즈주의, 신자유주의는 모두 자본주의 근본 제도를 움직이지 않는 상황 하에 자본주의에 대해 스스로의 조정을 시도했지만 결과적으로 자본주의의 '질병'을 '치료'하지 못했다. 그 원인은 진짜 병의 원인, 즉 자본주의 근본 제도를 찾지 못했거나 감히 건드리지 못했기 때문인데, 이 근본 제도의 핵심은 생산의 사회화와 생산자료의 개인 소유 사이의 모순이다.

그렇다면 오늘날 자본주의는 도대체 어느 정도로 병들었는가? 서방 학자들이 어떻게 진단하고 있는지를 살펴본다. 미국 학자 로런 골드너(Loren Goldener)는 자본주의는 이미 만성적인 쇠망 단계에 들어섰다고 하면서 "사회 전체로 보면 의미가 있는 개량은 존재하지 않는다, 이는 '개량'이라는 단어가 현재 반동적 구호로 된 원인"[26]이라고 말했다. 벨기에의 저명한 작가 반데르피는 자본주의는 이미 5대 위기, 즉 경제위기, 사회위기, 정치위기, 생태위기, 지연정치위기에 빠졌고, 그 위기의 실질은 전면적이고 체계적인 위기라고 말했다. 영국 경제학자 터너는 자본주의 위기

---

26 洛仁·戈尔纳德,《虚拟资本与资本主义终结》,《国外理论动态》 2008年 第6期.

의 근원은 자본주의 제도의 구조적 문제에 있기 때문에 지금의 반(反) 위기 조치는 일시적 대책에 불과하고, 자본주의 문제는 오직 정치적 수단으로 해결할 수밖에 없다고 지적했다.

영국 워릭대학 교수 로버트 스키델스키는 논리 도덕의 시각에서 자본주의가 멸망한 후 인류의 생활은 더욱 아름다워질 것인데, 그 아름다움은 물질적 재부의 축적이 아니라 도덕의 승화라고 지적했다. 그리스 공산당 중앙정치국 위원 지오고스 마리너는 미국, 유럽 등 자본주의 국가가 직면한 빈부 분화의 격화, 실업률의 상승과 날로 가중되는 위기는 자본주의 제도의 역사적인 국한성을 증명하였으며, 때문에 "현재 사회주의는 더욱 필요하고 중요한 것이다"라고 인정하였다. 미국의 경제학자 스티글리츠는 미국 사회는 시장 역할과 국가 간섭, 개인주의와 집체주의, 사람과 자연, 수단과 목적 등 4개 관계가 균형을 잃어 위기를 촉발시켰다고 말했다. 그는 나아가 "이번 위기는 자본주의 체계에 근본적 결함이 있고, 혹은 적어도 20세기 후반에 미국에서 나타난 이 특수한 '버전'의 자본주의 체계(미국식 자본주의)에 근본적인 결함이 있으며, 이는 결함이 있는 개체 혹은 개별적 오류일 뿐 아니라 일부 작은 문제를 수정하거나 일부 정책 문제를 조금 조정해서 되는 일도 아니다"[27]라고 주장하였다.

Ⅳ. 서방 자본주의 현대화의 발전 방향

자본주의가 이미 이렇게 병들어 있는데, 이제 어디로 갈 것인가? 역사는 일찍 자본주의 발전 방향을 미리 설정해 놓았다. 마르크스는 자유경쟁 시기의 자본주의의 전면적 고찰을 통하여 인류사회의 발전 규율을 제시

---

27 斯蒂格利茨著, 李俊青等译, 《自由市场的坠落》, 机械工业出版社, 2011.

하고, 자본주의를 대체하는 것은 사회주의이고, 인류사회의 최종 발전 목표는 공산주의이며, 사회주의는 먼저 발달한 자본주의 국가에서 실현된다고 말했다.

앞 절에서 분석한 것처럼 자본은 생산방식과 자산계급 상부 구조가 결합된 것으로 전 세계에서 제멋대로 전혀 거리낌 없이 이윤의 최대화를 추구하면서 어떤 결과도 고려하지 않는다. 500여 년의 발전을 거쳐 서방 자본주의 발전 정도는 매우 높아졌고, 아울러 빈번히 발생하는 경제위기를 응대하는 과정에서 끊임없이 사회주의 수단 혹은 조치를 정책으로 채택하여 자본주의에 대한 적응을 보완하였다. 이는 한편으로는 발달한 자본주의 사회 내부에 사회주의 요소가 많아져 사회주의와 점점 가까워지고, 다른 한편으로는 발달한 자본주의가 경제위기를 대처하는 수단이 갈수록 적어져 자본주의와 점점 멀어지고 있다는 사실을 말해준다. 이 '일다일근(一多一近), 일소일원(一少一遠)'의 합력으로 자본주의가 사회주의로 이행하는 것을 끊임없이 추진하고 있다.

사회주의는 정치민주, 경제부강, 문화다원, 사회조화, 생태문명과 사람들이 자유로이 발전하는 사회이고, 현대화를 실현하는 것은 그 주제 가운데 응당 있어야 할 의로운 일이다. 그러나 현실의 사회주의는 마르크스, 엥겔스가 가상한 것처럼 먼저 선진 자본주의 국가에서 실현되는 것이 아니며, 경제문화가 낙후한 국가에서 실현되었다. 때문에 정치민주, 경제부강, 문화다원, 사회조화, 생태문명과 사람들의 자유로운 발전은 필연코 사회주의 현대화를 실현한 후에야 진일보한 발전을 거둘 수 있을 것이다. 덩샤오핑은 사회주의 본질은 생산력을 해방하고 생산력을 발전시키는 것이고, 착취를 소멸하고 양극 분화를 해소하고 최종적으로 공동부유해지는 것이라고 말했다. 이 역시 현실적 사회주의의 실제로부터 출발해서 얻은 결론이고, 그 실현 과정은 반드시 현대화, 즉 사회주의의 현대화를 거칠 것이다. 물론 이러한 현대화는 자본주의 현대화와는 다르다.

자본주의 현대화가 오늘의 이러한 '일다일근, 일소일원'의 국면으로 발전하였는데, 엥겔스가 당시 말한 바와 같이, "자본주의 생산방식의 전체 메커니즘 그 자신이 창조한 생산력의 압력 하에 기능을 잃었다."[28] "한편으로 자본주의 생산방식은 이러한 생산력을 계속 통제할 수 없음을 폭로하였고, 다른 한편으로는 이러한 생산력은 갈수록 큰 위력으로 이러한 모순을 해소하도록 요구하고, 자본이 가진 속성에서 벗어나기를 요구하고, 사실상 사회생산력의 그러한 성격을 인정할 것을 요구했다."

자본주의 사회의 무계획 생산은 머지않아 다가오는 사회주의의 계획적 생산에 투항하게 되고, 사회의 생산은 무정부 상태가 되면 사회 총체와 매개 구성원의 요구에 따라 생산을 진행하는 사회의 계획적인 조절에 자리를 양보하게 된다.[29] 이는 "단지 하나의 사실을 표명해주고 있다. 즉 구사회 내부에서 이미 신사회적 요소가 형성된 것이다."[30] 이 모든 것들은 "인류를 신속하게 사회주의로 접근시키고", "최신 자본주의의 기초 하에 한 걸음씩 전진하는 중대한 조치 중에서 사회주의는 이미 직접적이고 실제적으로 나타났다."[31]

자본주의 고유의 생산 사회화와 생산자료 개인 소유 사이의 모순이라는 난치병을 치료하는 처방을 구하려고 한다면, 사회주의만이 유일한 병의 증상에 맞는 처방일 것이다.

28 《马克思恩格斯选集》第3卷, 人民出版社, 1995, 750쪽.
29 《马克思恩格斯文集》第3卷, 人民出版社, 2009, 557-558·561쪽.
30 《马克思恩格斯文集》第2卷, 人民出版社, 2009, 51쪽.
31 《列宁专题文集·论资本主义》, 人民出版社, 2009, 235쪽.

제2절 라틴아메리카 국가 자본주의 길의 함정

Ⅰ. 라틴아메리카가 함정에 빠짐

선진 자본주의 국가는 이미 병으로 앓고 있는 터에, 비선진 자본주의 국가는 또 어떤 몸 상태인가? 라틴아메리카 국가를 예로 들어본다. 미국의 국제전략에서 라틴아메리카를 줄곧 미국 현대화 발전의 '저수지'로 간주해 다양한 수단을 이용하여 하나의 거대한 '사이펀'을 끌어다 라틴아메리카 각국에 꽂았다. '저수지'인 만큼 먼저 물을 가득 모아야 하고 물이 가득 찬 후에야 물을 뽑을 수 있다. 어떤 학자는 이를 '양털 깎기'에 비유하면서, 먼저 양을 살찌게 키워야 더 많은 양털이 자란다고 했다.

광대한 제3세계에서 라틴아메리카 각국은 비교적 일찍 민족독립을 취득하고 자본주의 제도를 수립하여 자본주의 세계 체계에 포함시켰다. 라틴아메리카 국가들은 식민통치에서 벗어난 후 자본주의를 실시했고, 서방국가의 소위 발전경제학에 의거하여 식민지 경제에서 독립된 경제체계로, 전통적인 농업 위주의 경제에서 공업화의 현대경제로, 내향성 경제에서 외향성 경제로 점차 전환하였다. 이러한 전환 중에서 외국 자본을 대량 도입하여 항구, 철도와 도로 등 각종 기초 시설들을 건설하고, 초급 제품과 원재료를 대량 수출하여 경제사회 발전을 촉진시켰다. 이렇게 외국 직접투자의 추진 하에 라틴아메리카의 경제사회는 빠른 발전을 가져왔고, 빠르게 세계의 경제체계에 융합되었다.

라틴아메리카 국가들은 구식민제도의 문에서 뒷발을 빼내자, 앞발이 또 신식민제도의 함정에 빠질 줄은 생각지도 못했다. 1929년의 세계 경제 위기는 라틴아메리카 국가를 초급 제품 수출 위주의 경제발전 모델로 점차 변화시키고 국가의 경제 개입을 강화하고 민족공업을 보호하는 것을 특징으로 하는 '수입 대체'의 산업화 발전 모델로 전환했다. 1950년대 이래 라틴아메리카의 많은 나라들은 '수입 대체'의 산업화 과정을 전면적으로 추진하고 비교적 완전한 공업체제를 점차적으로 형성하였다. 이로 인하여 1950년대부터 1970년대까지 라틴아메리카는 세계경제 중에서 발전이 가장 빠른 지역의 하나로 되어 '라틴아메리카 경제 기적'이 나타났다. 1950~1980년, 라틴아메리카 각국의 국민총생산의 연평균 성장률은 약 5.3%로, 같은 시기 유럽연합(EU)의 성장속도를 초월했을 뿐 아니라 제3세계 국가인 아시아, 아프리카 회원국의 평균 속도의 약 3배에 달했으며, 공업 총생산액은 6배 증가했다. 80년대 초, 라틴아메리카 경제 실력은 이미 유럽연합의 60년대 수준에 도달했고,[32] 1인당 GDP는 1950년의 396달러에서 1980년에는 2,045달러로 증가했다.

이른바 '라틴아메리카 경제 기적'은 사실 허울 좋고, 외국 자본에 의해 지탱해 온 것이다. 관련 자료에 의하면, 라틴아메리카의 외채 총액은 1970년대의 270억 달러에서 1980년에는 2,310억 달러로 증가했다. 그중 브라질, 멕시코, 아르헨티나 등은 외채를 갖고 발전을 도모하는 새로운 빚으로 과거의 빚을 갚는 악순환에 빠지고 말았다. 외채는 언젠가는 갚아야 한다. 외채를 갚는 때가 바로 국제자본이 '물 빼기' 혹은 '양털 깎기'에 나설 때이다. 외채를 회수하는 시기가 바로 영미 국가들이 1970년대의 경제위기에서 벗어나고 신자유주의 정책을 대폭 실시할 때였다. 신자유주의는 무엇인가? 그것은 완전히 시장경제의 자유방임, 시장과 금융 및 무역의 자유화, 정부의 최소화와 사유화의 주장이다. 이로 인하여 국가의 국경이 유동자본에 대한 제한 역할을 크게 약화시켰다.

'물 빼기' 혹은 '양털 깎기'는 먼저 미국과 제일 가까운 멕시코에서 시

---

32 伯恩斯, 《拉丁美洲简史》, 高等教育出版社, 1999, 182-184쪽.

작되었다. 1982년 8월, 멕시코가 외채를 지불할 능력이 없다고 선언함에 따라 라틴아메리카의 채무위기가 터졌다. 채무위기에 따라서 경제위기가 유발되어 1980년대의 라틴아메리카 경제는 줄곧 '이중 위기'의 어두운 그림자 속에 있었다. 위기는 라틴아메리카 국가의 자금을 외부로 순유출시켜 자금이 보편적으로 부족하고 공업과 농업 생산은 하강하였다. 공업생산은 1960년대, 심지어는 1950년대 수준으로 후퇴했다.[33] 대외무역 적자는 급증하고, 통화 팽창은 3~4자리까지 높아지고, 노동자의 실제임금은 대폭 하락하고, 국민의 실제수요 수준은 심각하게 위축되었다. 국내 경제생활은 비정상적이고 대외채무 '대손'이 빈발했다.[34] 라틴아메리카 국가의 위기는 1970년대 후반과 1980년대 초반에 미국과 유럽이 태평양의 동서 양 방향에서 전 세계로 공동 추진한 신자유주의가 초래한 결과이다.

만약 이전에 라틴아메리카가 무심결에 신자유주의라는 속임수에 넘어갔다면, 이번의 경제위기 하에 라틴아메라카 국가는 신자유주의를 주도적으로 맞이하여 포용했다. 1980년대 후반에 라틴아메리카 지역에서는 채무위기와 경제위기가 보편적으로 폭발했고, 이는 1980년대의 라틴아메리카를 '잃어버린 10년'이 되게 했다. 보편적으로 서방의 발전경제학 이론에 근거하여 행동하던 라틴아메리카의 경제학자들은 경제 회복에 속수무책이었다. 이러한 상황 하에 신자유주의가 틈을 타서 라틴아메리카에 침투했다. 1985년 라틴아메리카의 국가들은 미국이 라틴아메리카의 채무위기를 해결한다는 명분으로 제기한 신자유주의를 기초로 한 '베이커플랜(Baker Plan)'을 능동적으로 받아들였다. 이 계획에 따르면, 라틴아메리카 국가는 반드시 국영기업의 민영화, 국내 시장의 진일보 개방, 외국인 투자에 대한 규제 완화, 가격자유화 등을 실현해야 했다.

---

33 转引自《拉丁美洲研究》1991年 第2期, 10쪽.
34 联合国拉美经委会:《1989年 拉美经济总结》, 21쪽.

1990년대 초반에는 미국 정부, IMF와 세계은행은 '베이커플랜'을 기초로 더 많고 더 어려운 추가 조건을 제기하여 라틴아메리카 국가에 신자유주의의 경제개혁을 강요하고, 이른바 '워싱턴 컨센서스(Washington consensus)'의 확대를 강행했다.

1990년대 라틴아메리카의 경제는 신자유주의 정책에 의해 단기적 성장을 이루었지만, 정부는 세계은행과 IMF 등 금융기관에 의해 제약을 받을 수밖에 없었다. 그리고 오직 개방된 시장, 풍부한 원자재와 자원, 값싼 노동력에 의거하여 국제자본의 투자를 유치할 수밖에 없었다. 이러한 '외자주도형' 경제성장의 길은 외국 자본에 의존하게 되고, 다국적기업과 국제 자본이 라틴아메리카 시장에 쉽게 들어오고 또 모든 분야에서 독점적 지위를 차지하도록 했다.

예컨대 1989년부터 1999년 사이, 아르헨티나의 국내 100개 대기업 중 아르헨티나 투자기업 또는 아르헨티나 자본 위주의 기업은 7개 밖에 남지 못했다. 2000년, 다국적기업은 아르헨티나 수출의 90.4%, 수입의 63.3%를 통제했다. 아르헨티나 90%의 석유 및 가스 생산은 8개 석유회사에 의해 통제되고, 10대 은행 중 7개가 외국은행이고, 외국은행은 아르헨티나 은행업 전체 자금의 62%를 통제했다. 신자유주의의 '개혁', 특히 전면적 민영화, 과도한 대외 개방과 시장화는 다국적기업이 금융, 자원, 시장과 경제의 명맥을 장악한 상황 하에 아르헨티나는 대부분 경제주권을 상실했으며 경제 안전이 심각한 위협을 받게 되었다.

1990년대 신자유주의 정책은 라틴아메리카에서 과거에 실시했던 발전 모델 및 경제정책을 전면적으로 부정하고, 일방적으로 시장체제의 기능과 역할을 강조하고, 경제와 사회발전 과정에서의 국가 개입, 관여의 중요성을 경시하여 라틴아메리카 국가들에 일련의 심각한 문제를 안겨주었다. 첫째, 국유기업의 민영화이다. 중요하고 심지어 국가경제와 국민생활에 관계되는 산업에 민간 자본과 외국 자본이 집중되고, 실업 문제가 더욱 심각해졌다. 둘째, 수입 분배의 심각한 불공정, 양극화와 빈곤화가 날로 심각해졌다. 예를 들어 멕시코는 개혁 전 2명의 억만장자가 있었지만 1990년대 후반에는 20여 명으로 증가했다. 1980년부터 2002년까지의 22년간, 라틴아메리카의 빈곤 인구는 1.35억에서 2.14억으로 늘어났는데, 이는 전체 인구의 43%를 차지하고 그중에서 극빈층은 18.6%였다. 전체 인구의 30%에 해당하는 제일 가난한 국민은 국민소득의 7.5% 밖에 차지하지 못하고, 반면 가장 부유한 10% 국민은 국민소득의 40%를 차지했다. 소득분배 차이를 지니계수로 따진다면, 라틴아메리카의 빈부격차는 너무 심해서 일부 유럽 국가의 지니계수가 0.25~0.3 사이인 반면 일부 라틴아메리카 국가는 0.6의 높은 수치까지 도달했다.

셋째, 민족기업이 곤경에 빠졌다. 넷째, 국가의 기능이 크게 약화되고 사회발전이 심각하게 무시되었다. 다섯째, 금융자유화는 끊임없는 금융위기를 발생시켰다. 1994년 멕시코의 금융위기, 1999년 브라질의 화폐위기와 2001년 아르헨티나의 채무위기는 모두 금융자유화와 관련 있다. 여섯째, 환경 파괴가 심각하다. 유엔환경계획(UNEP: United Nations Environment Programme)의 통계에 따르면, 20세기 초 라틴아메리카의 녹지 비율이 85% 이상이었다. 몇 년의 개발과 황무지 개간을 거쳐 라틴아메리카의 녹지비율은 1990년에 여전히 63%에 달했고, 산림으로 뒤덮인 면적이 12억 헥타르에 달하여 무성한 나무와 잔디를 곳곳에서 볼 수 있었다. 그러나 1990년대에 들어서 라틴아메리카의 삼림을 훼손하여 개간하는 현상이 가속화되었다. 통계에 의하면 1990년과 1995년 사이에 라틴아메리카의 산림 면적은 2,900만 헥타르 감소되었고, 매년 평균 590만 헥타르 감소되었다. 이 속도는 아시아와 아프리카 지역의 산림 감소 속도를 훨씬 초월했다.

1980~90년대의 라틴아메리카의 '잃어버린 20년'은 바로 구미 등 선진 자본주의 국가가 큰 발전을 가져온 20년이었다. '일선일득(一先一得)'이 바로 신자유주의의 비밀이라 할 수 있다. 신자유주의 중 일부 정책은 선진 국가에서는 경제성장을 추진하는 중요한 요인이지만 라틴아메리카에서는 경제침체를 초래하는 원인이 되었다. 그 주요한 원인은 다음과 같다.

　　라틴아메리카 국가는 "구미, 특히 미국의 오늘이 우리들의 내일이다"고 여기고, 고분고분 서방 국가가 이미 쓴 발전경제학을 운용하여 주견 없이 서방 국가의 자본주의 길을 따라갔다. 이로 인해 미숙한 민족경제를 너무 일찍이 자본주의 세계체제에 투입시키고, 자본주의 생산 국제 분업의 하류에 자발적으로 들어서, 선진 자본주의 공업국가의 부속물이 되고 영구적으로 체계 내부의 운영 규율의 제한을 받게 되었다. 라틴아메리카 국가 자체는 유럽과 미국 등 자본주의 국가와 다른 특수성을 갖고 있기 때문에 자신의 특수성을 기반으로 현대화 발전의 길을 모색해야 하고, 자본주의 현대화 길을 걷더라도 다른 모델을 찾아야 했다. 라틴아메리카가 독립한 19세기는 자본주의 세계 체계가 아직 완전하고 강대하지 못하여, 기타 '후발전' 민족의 자본주의를 '말살'할 충분한 역량과 수단이 없었고, 게다가 당시 라틴아메리카는 국제 분쟁의 중심에서 멀리 벗어나 있었다. 원래 이러한 조건에 의거하여 라틴아메리카는 아시아의 '네 마리 작은 용'처럼 자신만의 특색 있는 발전의 길을 걸을 수 있었지만 걷지 않았다. 구미 선진 자본주의 국가가 '중심·외곽'이라는 세계 자본주의 체계를 구축한 후 라틴아메리카 국가는 개혁을 시도했지만 너무 어려워졌고, 너무 많은 통제를 받아 실현이 어려워 거의 앉아서 죽음을 기다릴 수밖에 없었다.

　　신자유주의는 라틴아메리카에서 목적을 달성했을 뿐 아니라 소련과 동유럽 사회주의 국가에서도 목적을 달성했다. 1980년대 후반과 1990년대 초반에 동유럽이 급변되고 소련이 해체되었다. 1991년 12월 19일 옐친

(Yeltsin)은 대통령령을 선포하고,《1992년 국영 및 시유(市有)기업 사유화 요강 기본 원칙》을 승인하여 신자유주의를 주요 내용으로 하는 '쇼크 요법'식의 '개혁'이 러시아 전역에서 시작되었다. 일찍이 러시아의 '사유화의 아버지'로 알려진 러시아 부총리 겸 정부 사유화위원회 주석을 겸임했던 추바이스(Chubais)는 사유화를 "재산을 누구에게 주든지, 가령 강도에게 줄지언정 재산을 나라의 손에서 빼앗아 오기만 하면 된다." '쇼크 요법'은 러시아 경제를 정말 쇼크에 몰아넣었다. 러시아 경제는 심각한 혼란과 후퇴에 빠져 소수인들이 점점 더 부유해지고 광대한 대중은 점점 더 빈곤해졌다. 적은 것과 부유한 것, 많은 것과 가난한 것은 신자유주의의 또 하나의 논리이다. 소련의 해체와 신자유주의 '쇼크 요법'은 20세기 가장 심각한 정치적 재난이었고, 대다수 러시아 인민들에 대해 말하면 인간 사회의 비극이었다고 묘사하였다.

II. 라틴아메리카는 좌로, '사회주의'를 향해 전환

신자유주의가 라틴아메리카 국가와 사회에 가져다 준 재난에 대해 라틴아메리카 사람들은 신세기부터 울면서 반성하고, 반성 중에서 행동했다. 라틴아메리카의 반성과 행동을 하나의 단어로 요약하면 그것은 바로 전반적인 좌회전이다. 좌회전의 주요 표현은 라틴아메리카 주요 국가의 좌파 정당이 잇따라 집정권을 쟁취하고, 각각 자신의 '사회주의' 모델을 시행한 것이다.

2005년부터 베네수엘라 차베스(Chavez) 대통령의 말에서 가장 많이 언급된 단어가 '21세기 사회주의'였다. 차베스의 일련의 정치개혁 조치는 모두 뚜렷한 사회주의 색채를 띠었다. 그는 베네수엘라의 목표는 정치에서는 참여식 민주를 발전시키고, 경제에서는 집체소유제와 '인민경제'를 발전시키며, 빈부격차를 축소하고 공정한 사회를 건설하는 것이라고 말했다. 베네수엘라 정부는 이 목표를 실현하기 위하여 협동조합운동을 대대적으로 시행하고, 수천수만의 소규모 집체 성격의 협동조합, 지역사회 기업, 가족 기업, 소형 기업의 건립을 도와주고, 노동 능력이 있는 가난한 사람을 위해 고용 기회를 창출하고, 또 국가의 재정 지원으로 노동자들을 도와 기업의 주식을 구매하여 노동자들이 기업경영에서 더욱 많은 발언권을 얻도록 하였다. 그리고 지역 주민들을 위해 무료 의료서비스를 제공하는 '의료가 지역사회로 진입하는' 계획, 안질 환자를 위한 무료로 수술하는 '기적 계획(奇蹟計劃)', 노숙인을 전문적으로 수용하는 '네그라 이볼리다 계획(Negra ippolida plan)', 문맹 퇴치반부터 무료 대학교육까지 제공하는 계획, 에너지·전력 및 통신 산업에서는 부분적 또는 전면적 국유화 개혁을 실시했다.

2007년 새 대통령 라파엘 코레아(Rafael Correa)의 영도 하에 에콰도르는 '자신만의 특색이 있는 사회주의'를 모색하기 시작했다. 코레아는 "에콰도르는 1980년대 이후 라틴아메리카에서 보편적으로 채용하던 신자유주의 모델을 충실하게 실행하였지만 부패, 빈곤과 외채가 뒤따랐는데, 이는 워싱턴 컨센서스(Washington consensus)가 가져온 치욕이다"라고 주장했다. 그는 '21세기 사회주의' 이론을 제기하고 '21세기 사회주의' 건설에는 고정된 모델이 없으며, 에콰도르를 '21세기 사회주의' 이념과 자국의 현실을 결합하여 자국 상황에 맞는 경제발전의 길을 찾아야 하는 것이라고 생각했다. 코레아는 이 이론에 대해 과학적으로 논술하려 시도하면서 노동 가치가 자본 가치보다 높다는 논리를 핵심 내용으로 삼고, 또 집체 관념을 수립하고 집체 역할의 이념을 중시해야 한다고 강조했다. 그는 이 이론의 실천으로 '21세기 사회주의' 건설의 일련의 조치를 내놓았다. 정치에서는 새로운 정치체제의 설립을 주장하고 민중의 정치 참여 열정을 제고하고, 경제에서는 경제생활에서의 '국가의 중요한 지위를 회복할 것을 주장하고', 신자유주의 발전 모델과 '워싱턴 컨센서스'를 포기하고, 외교에서는 외국의 간섭을 반대하고 상호 존중하고, 평등을 기초로 한 상호이익, 상호 협력을 기반으로 한 국가 간의 관계 발전을 주장하였다. 또한 에너지 국유화를 주장하고 미국과의 자유무역협정에 반대했다.

브라질에서 역사상 최초로 일반 노동자 출신인 룰라(Lula)가 대통령으로 선출됐다. 룰라 대통령은 차베스, 코레아와 달리 급진적이지 않고, 많은 점진적 방식의 개혁을 채택했다. 2002년 그는 빈곤을 돕는 것을 돌파구로 교육과 건강 조치를 장려하는 것과 결합하여 '가족구조계획'을 내놓았고, 사회 분야에서의 공공투자의 확대 및 저소득층에 대한 지원을 증가하고, 동시에 국회에서 세금과 사회복지제도의 개혁 속도를 추진하여 사회보장 수익자의 사회면을 확대하기에 노력했다. 룰라의 이러한 사회주의적 성격을 지닌 조치는 중·하층 민중들의 광범한 지지를 받았다.

2006년 1월 볼리비아에서 집권한 에보 모랄레스(EvoMorales)는 볼리비아 역사상 최초의 인디언 원주민 대통령이다. 모랄레스는 자신이 지향하는 것을 '공동체 사회주의'라고 하였는데, 그가 말하는 '공동체'는 주로 인디언 공동체이기 때문에 '인디언 사회주의'라고 볼 수 있다. 모랄레스는 '공동체 사회주의'를 단결, 조화, 상호이익의 기초 위에서 건립된 경제 모델이라고 주장했다. 주요 내용은 사회의 공정을 실현하고 사람을 근본으로 삼고 인권을 존중하고, 인디언 문명을 기초로 '라틴아메리카의 대(大)조국'을 건립하고, 제국주의 시도를 반대하고 제3세계 국가와 인민의 단결을 주장하고 자유와 정의를 위해 투쟁하는 역량을 성원하고, 신자유주의 모델을 반대하고 국가주권 및 발전권을 수호하고 자원 국유화를 실현하고, 충족한 식량공급, 효과적인 의료와 양호한 교육을 보장하고, 끊임없이 인민들의 생활수준을 향상시키는 것이었다. 이러한 이념에 따라 모랄레스는 일련의 정치, 경제, 사회 개혁과 시도를 진행했다.

이 외에 2003년 5월 아르헨티나 승리전선 후보 키르치넬(Kirchner)이 대통령 선거에서 승리하고, 2004년 11월에는 우루과이 역사상 첫 번째로 좌파정당 지도자 타바레 바스케스(Tabar Vazquez)가 대통령에 당선되었고, 2006년 11월 니카라과에서는 좌파정당 산디니노 민족해방전선 총서기 사베드라(Jose Daniel Ortega Saavedra)가 대통령에 당선되고, 2004년 3월 엘살바도르의 집권당 민족주의공화동맹 후보 안토니오 사카(Antonio Saca)가 대통령에 당선되고, 2004년 5월에 파나마 야당인 민주혁명당과 인민당으로 구성된 선거연맹 '신조국(新祖國)'의 후보 마르틴 토리호스(MartinTorrijo)가 대통령에 선출되고, 2004년 5월 도미니카공화국의 도미니카해방당의 후보 레오넬 페르난데스(Lionel Fernandes)가 대통령에 당선되었다.

라틴아메리카의 이러한 대대적인 좌회전의 정치 현상은 신자유주의가 라틴아메리카 국가에 경제적·사회적 재난을 가져다주고, 더욱 실용적인 좌파 세력이 인민들, 특히 하층 인민들의 지지를 받았기 때문이다. 라틴아메리카는 정책에서 왼쪽으로 확고한 발을 내디뎠지만, 단지 한쪽 발일 뿐 사회주의 변혁을 향한 실질적 발걸음은 내딛지 못했다. 따라서 진정한 사회주의 국가는 라틴아메리카에서 아직 나타날 수 없었고, 내외 결합의 촉매가 필요한 것이다. 라틴아메리카가 어디로 가는가? 지켜볼 수밖에 없다.

제3절 중화민족의 전통문화: '중국의 길'의 근본

중국은 왜 자본주의 제도를 발전시키지 못하고, 자본주의만 발전하였는가? 왜 반봉건 반식민지 사회에서 직접 사회주의 제도로 발전하였는가?

물론 국제적 요인들도 있지만, 가장 기본적인 원인은 국내적 요인이 결정적 역할을 했다. 제1절에서 분석한 것처럼 유럽에서 자본주의 체제를 발전시키고 사회주의 체제를 발전시키지 못한 것과 같이, 어떠한 발전의 길도 모두 일정한 역사 문화 및 발전의 실천과 결합된 산물이다. 특히 중국과 같은 독특하고 유구한 문화 전통을 가지고 있는 대국은 더욱 그러하다. 아편전쟁 이후 중국이 여러 구국 방안의 실천 검증 속에서 선택한 사회주의 노선과 오늘의 '중국 특색 사회주의 길'은 5천 년의 중국 전통문명의 계승 속에서 걸어온 것이다.

세계에서 많은 나라들의 발전의 길은 일정한 차이가 있는데, 그 근본적 원인은 문화적 요인이다. 문화가 인간을 만들고 인간이 사회 발전을 추진한다. 문화가 한 민족, 한 나라의 발전에 미치는 영향은 일종의 선택할 수 없는 객관적인 계승물로서 사람의 뼈와 피에 스며들어 사회 발전에 지속적이고 광범위하고 깊은 영향을 준다. 중화 전통문화의 거대한 역사적 관성은 중국이 나아갈 길에, 즉 경제모델, 정치 형태, 사회제도를 포함해 선명한 개성적 특징을 부여했다.

중화민족의 전통문화는 '중국의 길'의 근본이다. 중화민족 전통문화의 뿌리가 없으면 '중국의 길'은 지속되기 어려워 오늘날까지 올 수 없고, 가령 오늘날까지 왔다 하더라도 선진 자본주의가 주도하는 세계 시스템에서 자리 잡기 어려웠을 것이다. 미국 문화철학자 화이트(White)가 말한 바와 같이, 어떤 민족 문화이든 모두 하나의 연속된 통일체로서 문화 발전의 매 단계가 더 이른 문화환경에서 생겨난다.[35] 중국 철학자 허린(賀麟)도 "사상과 문화 범위 내에서 현대는 절대 고대와 갈라지지 않는다. 어떠한 현대의 새 사상도 만약 과거의 문화와 아무런 관계가 없다면 원천이

---

35 怀特著, 曹锦清等译, 《文化科学》, 浙江人民出版社, 1988, 325-326쪽.

없는 물, 뿌리가 없는 나무가 되고, 결코 역사가 유구하고 뿌리 깊을 수 없다. 문화 또는 역사는 비록 외민족의 침입과 내부 와해로 붕괴를 면할 수 없지만, 또한 반드시 혹은 그 연속성이 있어야 한다"[36]라고 말했다.

어떠한 민족문화의 발전도 모두 하나의 지속적이고 끊임없는 과정이다. 어떤 의미에서 보면 전통문화는 현대문화의 과거이고, 현대문화는 전통문화의 발전이다. 여기에서 말하는 중화 전통문화가 '중국의 길'의 근본이라는 것은 일반적 의미에서 말하는 문화적 계승이 아니며, 5천 년의 전통문화 중에서 '중국의 길'의 탄생에 역할을 하는 중국 특색을 가진 문화인자를 중점적으로 강조하는 것이다.

중화문명이 세계에서 5천 년이나 길게 보존되고 중단되지 않았던 것은 독특한 장점과 특성이 있었기 때문이다. 중화민족의 제일 깊은 정신적 추구가 축적되고 역사가 유구한 중화문화는 끊임없이 발전한 중화민족과 '중국의 길'에 어떠한 독특한 문화적 인자(因子)를 제공해 주었는가? 본문의 분량을 감안하여 요점만 논술한다.

첫째, 애국주의를 핵심으로 하는 중화민족정신이 누적된 것이다. 길고 긴 5천 년의 화하(華夏) 문명의 역사에서 중화민족이 점진적으로 자기 고유의 전통문화를 형성했는데, 이는 중화민족의 사상적 기초와 정신적 기둥이다. 쟝쩌민이 16차 당대회 보고에서 지적한 바와 같이 "5천여 년의 발전 중에 중화민족은 애국주의를 핵심으로 하는 단결 통일, 평화 애호, 근면 용감, 자강불식의 위대한 민족정신을 형성하였다."[37] 중화민족정신은 심오하고 뿌리 깊으며, 중화민족의 생명체와 갈라놓을 수 없는 중요한 부분이며, 중국의 길의 170여 년간 지속된 '중국의 길'의 험난한 탐구에 강력한 정신적 동력을 제공했다.

---

36 賀麟, 《文化与人生》, 商务印书馆, 1988, 4쪽.
37 《江泽民文选》 第3卷, 人民出版社, 2006, 559쪽.

전승된 중화민족정신의 핵심은 다음의 몇 가지 내용으로 구체화된다.

1. 자강불식(自强不息)의 분투정신이다. 《주역(周易)·건(乾)》에서는 "하늘의 운행은 강건하니, 군자는 그로 말미암아 스스로 심신을 강건케 하기 위해 쉬지 않고 힘쓴다(天行健, 君子以自强不息)"는 것을 정신역량으로 한다고 말했다. 자강불식은 일종의 정신력으로 이미 중화민족의 정신 혈맥에 스며들어 중국문화에 없어서는 안 되는 정신적 인자가 되었고, 중화민족의 기본 신조 중 하나이다. 이러한 정신은 사회 발전에서는 적극적인 부정, 낡은 것을 버리고 새것을 창조하는 개혁정신으로 반영된다. 바로 이러한 정신에 의거하여 중화민족은 절대 굴하지 않는 투지를 오랫동안 유지하고, 민족의 독립과 국가의 영토 완성정을 보호하고 중국을 끊임없이 현대화시켰다.

2. 만물을 품는 관용정신이다. 《주역(周易)·건(乾)》에서는 "땅의 기세는 만물을 길러내니, 군자는 덕으로 만물을 품는다(地勢坤, 君子以厚德載物)"라고 말했다. 즉 땅은 만물에 영양을 공급하며 세계를 탑재하며, 마음을 돈독하고 두텁게 하며 복은 끝이 없다. 땅은 만물을 적재하니 넓게 되고 바다는 수많은 하천을 받아들이니 크게 된다. 사람들도 대지의 이러한 겸허하고 무엇이나 용납하고 만물을 수용하는 정신을 본받아 어떠한 사람이나 포용하고 부동한 의견을 용납하고 모든 사람이나 만물이 자기의 생각대로 살아나갈 수 있게 해야 한다. 이것이 바로 중국인의 관용정신이다.

3. 상선약수(上善若水)의 선을 추구하는 정신이다. 좋은 일이 날마다 조금씩 쌓여 고상한 품덕(品德)으로 승화하고 고상한 품덕을 가진 사람은 사람들에게 추대받고, 도덕 규칙을 지키는 사회는 시대의 발전과 함께 나아가고 건강하게 발전한다. 중화민족이 5천 년의 세상만사의 모든 변화를 다 경험할 수 있고 세계의 동방에 대대로 우뚝 설 수 있었던 것은 중국 사람들이 대대로 끊임없이 선을 선양하고 악을 포기한 필연적 결과이다.

공자의 "인, 의, 예, 지, 신, 온, 량, 공, 검, 양(仁義禮智信溫良恭儉讓)"으로부터 맹자의 "자기 어르신을 공경하는 마음으로 다른 어르신을 공경하고, 자기 자식을 사랑하는 마음으로 남의 자식을 보살핀다(老吾老以及老人之, 幼吾幼以及人之幼)"까지, 사람들이 선행을 제창하도록 권계(勸誡)하지 않는 것이 없다. 이러한 시각에서 볼 때 중화민족의 발전사는 하나의 '선(善)'을 추구하는 역사이다. 중화문화의 유전자에서 선은 완전히 주도적이고 지배적인 지위에 있고 모든 개인이 추구하는 미(美)와 진(眞)은 모두 도덕주의의 지배를 받는다.

4. 애국주의 정신이다. 애국주의는 줄곧 중화민족의 우수한 전통이었다. 중국 역사상 서로 다른 역사 시기에 청사에 길이 남을 애국 인사들이 쏟아져 나왔다. 예를 들면 전국 시기에 강물에 몸을 던진 취웬(屈原), 남송 '정충보국(精忠報國)'을 한 웨페이(岳飛), 명나라 말기의 항왜영웅 치지광(戚繼光)과 "나라의 흥망에는 필부도 책임이 있다(天下興亡, 匹夫有責)"는 구엔우(顧炎武) 등이다.

5. 진리를 추구하고 과감히 헌신하는 정신이다. 중화 전통문화는 비겁하고 은혜를 모르고 명리만을 추구하는 소인을 멸시한다. 옛 사람들은 진리를 추구하는 일을 의논할 때 "아침에 도를 깨우치면 저녁에 죽어도 좋다(朝聞道, 夕死可矣)"고 여겼고, "갈 길은 아주 멀지만 나는 줄곧 탐색해 나갈 것이다(路漫漫其修遠兮, 吾將上下而求索)"는 정신을 선양했다.

이러한 전통적 애국주의를 핵심으로 하는 민족정신은 중국 근대에 전수 계승되어 중국인이 국가를 멸망의 위기로부터 구하여 생존을 도모하는 길에서, 다른 역사 시기마다 그 시대성을 가진 구체적인 정신을 보여주었다. 예를 들어 '사이장기 제이(師夷長技以制夷)'의 자강정신, 5·4정신, 징강산(井岡山)정신, 장정(長征)정신, 옌안(延安)정신, 시빠포(西柏坡)정신, '2탄1성(兩彈一星: 원자폭탄, 수소폭탄, 인공위성)'정신, 홍수와 싸우는 정신,

사스(SARS)와 싸우는 정신, 유인 우주비행 정신 등이다. 이러한 정신은 중국 혁명의 길, 중국 건설의 길 및 중국 개혁개방의 길에 지속적인 정신적 동력을 제공해주었다.

둘째, 중국 특색 사유방식의 형성이다. 사유방식은 사물을 보는 각도, 방식과 방법을 말한다. 다양한 지리적, 문화적 배경을 가진 사람들의 사유방식은 다르다. 사유방식은 물질문화, 제도문화, 행위문화, 정신문화와 교제문화 등 민족문화의 모든 영역에서 반영된다. 여기에서 서방 사유방식과의 차이점을 비교하면서 중화민족의 사유방식의 고유성을 분석하고자 한다.

전체적으로 볼 때, 중국인의 사유방식은 변증법적 사유이고, 서방인은 논리적 분석의 사유방식이다. 중국인의 변증 사유의 독특성은 주로 다음과 같다.

1. '중용(中庸)', '화이부동(和而不同)' 사유, 즉 '중화론(中和論)'이다. '중용(中庸)'지도(之道)는 수천 년 역사의 축적을 거쳐 중화민족의 성격 특징으로 내재화되었다. '중용(中庸)'지도(之道)는 모든 사물은 모두 적당한 합리성을 가지고 있고, 모든 목표를 추구함에 있어 모두 조화되기를 희망하고, 일체 문제를 해결하기 위해 절충적 방법을 취하기를 좋아한다고 했다. 특정한 의미에서 말하면 '중국 특색 사회주의'가 개척한 길은 바로 '중용(中庸)'지도(之道)이다.

2. 체계적인 사유이다. 즉 사물에 대한 인식은 항상 전체적이고 체계적으로 파악하며 국부, 해부, 분석의 방법으로 인식하는 경우는 매우 적다. 이러한 전통적이고 체계적인 사유방식은 큰 것으로부터 작은 것으로 하는 것을 치중하고, 정체의식(整體意識)이 강하고 질서와 조화를 강조함으로써 강대한 포용력을 가지고 있고, 이로 인해 천인합일(天人合一)과 집체주의 사상이 쉽게 생긴다. 이것이 바로 오늘날 세계가 절실히 필요로 하

는 것이다. 이에 반하여 서방의 사유방식은 작은 것으로부터 큰 것으로 하는 것을 치중하고, 개체를 중시하고 개성과 경쟁을 강조하고, 표현을 치중하고 공격성이 강하다. 이러한 서방 사유방식은 이미 발전의 맹목성, 경쟁의 무질서성, 개인 이익을 과도하게 강조하는 등의 추세를 가져왔고 또 지구와 인류에 아주 큰 위해(危害)를 가져왔으며, 인류의 지속적 발전에 엄중한 영향을 주었다.

셋째, 일종의 전체적 가치관의 형성이다. 중화민족은 5천 년의 체계적인 사유의 실천 속에서 전체, 조화, 대통일 및 천인합일을 가치취향으로 하는 문화적 가치관을 형성하였다.

1. 전체적 가치를 추구한다. 예를 들어 유가(儒家)에서 이러한 전체적인 가치취향은 의리(義利) 관계를 처리하는 데에서 구현된다. 유가는 '의리지변(義利之辨)'을 강조하고, 개인의 사리와 사회 공익 사이에 모순이 충돌될 때 사리를 버리고 공익을 돌보며, '정의가 먼저이고 이익은 다음이다', '이익이 되는 일이 있어도 의리를 잊지 않는다'고 강조하고, '이익이 되는 일이 있으면 의리를 잊는 것'을 반대하고, '의리를 지킨 후에 이익을 가지는 것'을 주장한다. 여기에서 '의(義)'는 공익을 뜻하는데 집체, 국가, 민족의 전체적 이익을 말하고, '리(利)'는 주로 개인의 사리를 말한다. 유가의 전통적 의리관 사상은 의리가 상호 모순되고 상호 충돌될 때 응당 의를 중히 여기고, 심지어는 몸을 희생해서라도 인(仁)을 세우고, 생명을 바쳐서라도 의를 지킬 것을 강조한다. 묵가(墨家)에서는 '겸애(兼愛)', '애리국(愛利國)', '애리천하(愛利天下)', '애리만민(愛利萬民)'을 주장하고, 마찬가지로 전체적 이익을 인간의 행위를 평하는 하나의 중요한 도덕규칙으로 삼는다. 법가(法家)에서는 '공리(公利)'와 '사리(私利)'의 관계에 대해 '공리'를 절대적 우선순위에 두자고 주장하고 "사심을 버리고 공의를 행한다"고 하였다.

이는 마찬가지로 전체적 문화가치 취향을 반영한다. 이러한 전체적 가치관은 사회 전체의 발전에 촉진 역할을 한다. 전체적 가치취향은 집단, 사회와 국가를 기반으로 하고, 전체와 국가 이익을 강조하고, 전체와 국가 이익을 위해서라면 헌신할 것을 주장한다. 만약 전체적 가치관에서 봉건국가를 위하여 봉사하는 소극적 측면을 빼면 국가와 민족의 공익을 위해서라면 개인의 이익도 희생해야 한다는 강렬한 요구가 배어 있다는 것을 볼 수 있다. 이처럼 중화 전통문화의 강렬한 전체적 가치관은 사회주의 가치관과 어울릴 뿐 아니라 오늘날 중국의 사회주의 시장경제의 사리(私利)화 경향을 정돈하는데 중요한 의미를 가지고 있다.

2. 조화로운 정신을 숭상한다. '화위귀(和爲貴)'는 줄곧 중화민족의 중요한 준칙이다. 중국의 '대일통(大一統)'의 사회구조로 볼 때 어떠한 곡절과 투쟁이 있었다 할지라도 단결과 통일은 항상 지배적인 것이고, 이는 또 놀라운 민족의 향심력과 응집력으로 표현된다. 중국이 역대로 '가국천하(家國天下)'를 강조한 것은 바로 가정과 사회의 조화를 말하는 것이고, '예의천하(禮義天下)', '인의천하(仁義天下)'를 강조하는 것은 바로 우리가 추구하고 있는 대동사회를 말하는 것이다.

3. '대일통(大一統)'의 심리 상태이다. 진(秦)나라와 한(漢)나라 이후 당, 송, 원, 명과 청왕조의 발전을 거쳐 중국 사람들의 마음속에는 강한 '대일통'의 정신이 수립되었다. 이러한 대일통 정신은 매우 중요한 중화민족의 우수한 전통을 포함하고 있다. 그것은 국내에서의 포용과 겸용, 국외에서의 평화를 사랑하는 것으로 표현된다. 한족(漢族)이 소수민족 및 종속 국가를 대하는 태도는 비교적 온화하고 상대적으로 관대하며, 세계의 어느 민족보다 훨씬 좋다. 중국인은 끊임없는 포용 속에서 민족의 융합을 달성하고 새롭고 더욱 강대한 민족을 형성했고, 중국 역대 왕조의 변천 그리고 외족의 침공은 종종 큰 민족의 통합 과정이 동반되었다.

4. '천인합일(天人合一)' 사상이다. 중국의 고대 사상가는 '화(和)'를 우주만물이 존재하는 근본이라 인정하고, 대자연에 대해 존중하고 친화적인 태도로 대했다. 때문에 중국 고대 철학은 '천인합일'을 가장 높은 경지로 삼았다. 쉰쾅(荀況)은 자연을 대하는 태도에서 그 소행을 알아야 하고, 또 그 소행을 알아야 한다는 것이 얼마나 위대한 사상인가를 일찍이 지적하였다. 이러한 '화합'사상은 매력적이고 독특한 중화문명 가치의 부호를 형성하고 또 동아시아 국가에 영향을 미쳤다. 오늘날의 세계에서 인류는 다같이 복잡한 갈등의 위기, 사회 위기, 도덕의 위기, 신앙의 위기, 가치의 위기에 직면하고 있다. 중화문화의 정신과 상징인 '화합'사상은 이러한 갈등과 위기를 해결하는 데 유력한 문화적 자원, 유익한 방법과 계발을 줄 수 있다. 만약 '천인합일'의 문화 원형을 현대화 사유에 관통시킨다면 인간과 자연의 관계는 개선될 수 있고 최적화할 수 있을 것이다.

넷째, 독특한 정치문화의 형성이다. 중국은 독특한 민본주의, 문관체제와 가정 본위의 관념이 형성되었다. 중국 역사상 왕조가 끊임없이 바뀌었지만 혈연관계는 결코 경제적, 정치적 분화에 의해 붕괴되지 않았고, 설령 정치, 경제의 분화라 할지라도 종족(宗族), 가족과 가정을 기반으로 전개되었다. 이러한 가족문화를 기초로 한 정치문화는 정치적 지배와 사회 질서에 도움이 되었다. 중국의 종법(宗法) 사회가 바로 이러한 가족 혈연의 윤리를 사회 정치의 기반으로 하고 정치와 논리를 혼합한 사회이다. 이러한 사회는 막강한 안정성을 가지고 있다.

다섯째, 삶에 대한 세속적인 윤리가 주도적 지위를 차지하고 있는 인생관의 형성이다. 기타 중요한 문명의 문화가 종교에서 기원한 것과 달리 중국의 문화 유전자는 서주(西周) 왕조로부터 줄곧 세속적인 윤리를 주도로 해왔다. 서방에서는 중세에 형성된 종교 윤리가 줄곧 서방인들의 사상을 지배해왔다. 세속적 윤리는 구체성과 현실성을 강조하고 사회적 존재,

발전의 조화성과 유서성(有序性)을 강조한다. 이러한 중국의 항상 실용적인 태도로 사회문제를 해결하는 세속적인 정신과 인생관은 독특하고 위대한 발명이다. 러셀(Russell)이 말한 바와 같이 "중국 문화의 장점은 합리적인 인생관에 있다."

마지막으로, 정허(鄭和)와 콜롬버스(Columbus)의 비교로 줄곧 '중국의 길'을 추진하는 중국 전통문화의 독특한 문화 인자의 논술을 마치려 한다. 정허와 콜롬버스는 동서방을 대표하는 위대한 항해가였지만 동서방 문화 유전자가 다름으로 하여 두 항해가가 가져온 결과는 완전히 달랐다. 정허는 명나라 외교 사절의 신분으로 서양에 가서 연안 국가와 관계를 맺고, 문명을 전파하고 무역과 교류를 확대하는 것이 목적이었다. 정허가 도착하는 곳마다 연해 국가 인민들의 환영과 옹호를 받고 또 많은 외교 사절들이 정허와 함께 중국에 와서 중국과의 우호관계를 구축했다. 정허가 서양을 항해한 80년 후에 콜롬버스가 항해를 통해 큰 대륙을 발견한 후 잇따라 발생한 것이 바로 자본주의 국가의 대규모적인 식민지 약탈과 식민지 지배였고, 신대륙에 극심한 재난을 가져다주었다.

두 개의 분명히 다른 결과는 하나의 문제를 설명해주고 있다. 즉 중화 전통문화 유전자는 큰 것으로부터 작은 것으로, 내성적이고, 자신의 수양, 질서와 조화, 그리고 덕으로 천하를 다스리는 것에 치중하고, 무력방식을 이용하여 주동적으로 다른 나라를 진공하는 일이 아주 적으며, 이는 사회주의와 공산주의 가치의 취향과 자연스럽게 일정한 적합도를 가지고 있다. 이와 반대로 서방 문화 유전자는 작은 것으로부터 큰 것으로, 경쟁주의, 개인주의, 이기주의, 세계 지배를 중시하는데, 이는 자연스럽게 자본주의와 일정한 적합도를 가지고 있다.

중화민족은 모두 수용하고 '해납백천(海納百川)'하는 민족으로서 5천년의 길고 긴 역사의 흐름 속에서 부단히 다른 사람들의 좋은 점을 배우고, 다른 사람의 좋은 것을 자기의 것으로 만들어 중화민족의 특색을 형성했다. 이 때문에 세계역사에서 일찍 20여 개의 문명이 출현하여 거의 모든 문명이 중단되었으나 중국은 유일하게 역사 문명의 연속성을 유지한 국가로서 문화의 특수성을 장기적으로 유지해왔다. 이러한 연속성과 독특성은 중화문화의 창조력, 자아 갱신 능력을 가지고 있다는 것을 표현하고 이것이 바로 '중국의 길'의 뿌리이다.

중국의 우수한 전통문화는 '중국 특색 사회주의 길'에서 중국 외의 모든 선진적 문화를 융합해서 받아들이고 자아를 바탕으로 한 '집성창신(集成創新)'을 하여, 중국만의 풍격(風格)과, 기백을 갖춘 '중국 특색 사회주의' 선진 문화체계와 언어체계를 개척하여 중국 전통문화 유전자에 시대적인 현란한 꽃들이 끊임없이 피어나게 될 것이라 믿는다.

제4절 중국의 국정: '중국의 길'의 토양

Ⅰ. 중국의 전통 사회구조와 사회주의 가치의 결합

중국 사회는 5천 년의 오랜 발전 속에서 대부분 시간은 분열된 형태가 아니라 '대일통(大一統)' 형태로 존재했고, 풍부한 집단 생존 경험을 축적해왔다. 이러한 집단 생존 경험은 중화민족 자신에게 극히 중요할 뿐 아니라 온 인류의 미래의 출로도 내포하고 있어 사회주의 가치와 자연적으로 결합되어 있다.

중국 역사에서 분열의 국면이 나타나지 않았던 것은 아니다. 예를 들어 춘추전국 시기, 5대 16국 시기는 작은 나라로 할거하고 세력을 다투었으나 분열 후 신속하게 통일로 되돌아올 수 있었다. 제일 중요한 원인은 중국인의 잠재의식 속에 질서, 조화와 '대일통'을 추구하는 의식이 있어 분열될 때는 누군가가 선두에 서서 인민의 요구에 순응하여 인민들을 다시 통일로 이끌었기 때문이다.

선진(先秦) 시대, 먼 옛날부터 흩어져 있던 여러 부족들이 병존하여 서주(西周) 분봉제(分封制) 사회로 발전했고, 더 나아가서는 춘추전국(春秋戰國) 시기의 제후들이 공존하는 다원체제로 발전했으며, 중국 대지에는 소규모의 공동체가 다원적으로 경쟁하는 사회구조로 존재했다. 구조상으로 볼 때, 이러한 나라들은 소규모, 다원성, 자주성, 국경의 개방성, 인재의 유동성, 그리고 상호간의 경쟁성의 특징을 가지고 있고, 이러한 구조는 중세 이전과 중세 유럽의 소규모의 다원적 경쟁구조와 많이 흡사했다. 춘추전국은 결국 진(秦)왕조의 통일로 마감되었고, 중국은 최종적으로 진 이후의 중앙집권의 제국체제로 변천했다. 진한(秦漢)부터 중국은 '대일통'의 제국시대로 들어갔다.

선진(先秦) 시대에 사람들은 생산방식, 생활습관, 가치관념 그리고 사회조직 구조 등의 면에서 일정한 동질성을 나타냈다. 이러한 동질성은 각 부족, 각 제후국의 사람들이 언어상, 사상 관념상의 장애를 받지 않고 서로 자유롭게 소통하고 영향을 주었다. 당시 제후국의 문화, 종교, 언어, 풍속 등 여러 면에서 이미 '네 속에 내가 있고, 내 속에 네가 있다'는 비슷한 동질성이 형성되었다. 서주(西周) 초기의 8백여 개의 제후국이 전국칠웅(戰國七雄)에 이르러 마침내 진 왕조 '대일통'으로 변하였다. 이것은 동질공동체 상호작용(주로 전쟁을 통하여 합병한다)의 필연적 추세이다. 이는 유럽의 언어, 풍속, 종교 등이 서로 다른 민족과 국가의 이질성과는 완전히 다르다.

진한(秦漢) 시대 이후 '대일통'의 제국체제 하에서 사람들의 생산방식, 생활습관, 가치관념 그리고 사회조직 구조 등 많은 면에서 더욱 많은 동질성을 나타냈다. 더 많은 동질성이 각 민족간, 그리고 여러 문화 사이에 이미 네 속에 내가 있고, 내 속에 네가 있게 촉진시켰고, 동질성을 가진 중화문명의 큰 판과 중화제국을 형성시켰다. 이러한 문명공동체는 거대한 시스템 효과와 구조적 응집력을 가지고 있다.

알아야 할 것은 하나의 사회에서 각자 맡은 사회 역할이 다르고, 발휘하는 사회적 기능도 다르다. 어떻게 해야 희소자원, 즉 재부, 환경, 명예, 지위, 권력의 끊임없는 쟁탈을 피하여 사회질서를 안정시키고 조화롭게 할 수 있겠는가? 중국은 이러한 질서의 핵심가치로 '시스템'을 선택했고, '시스템'으로 개개인의 신분, 자격, 등급 같은 표준을 고정시키고, 질서있는 상하 좌우의 이동 통로를 통해 사회발전 과정에서 개개인이 각자의 위치를 가질 수 있도록 함으로써 사회질서의 안정과 조화를 이룩하고 보장한다. 어떻게 '시스템'을 유지하고 파괴되지 않게 하겠는가? 중국의 전통은 특히 '예(禮)'의 작용을 강조한다.

무엇이 예인가? 예의 원래 의미는 신을 섬기다가 질서에서 우러나오는 경건한 존중함과 경의를 표하기 위한 성대한 의식을 일컫는 말이다. 예의 실질은 바로 내심에서 우러나는 신기(神祇)와 같은 경외심으로 질서에 순종하는 것이다. '예'를 가지고 '시스템'의 질서를 보증하는 것을 '예치(禮治)'라 한다. 전통적 '예치'는 사회 구성원이 자기의 명분을 지키고 예제(禮制)를 준수하며, 자기의 지위를 벗어나지 못하게 한다. 이러한 계급사회의 '예치'는 고유의 역사적 한계성이 있다. 그러나 예는 기강(紀綱)을 통일하는 역할을 확실히 할 수 있다.

중국 전통사회의 이러한 상황에 의하여 중국의 왕조가 바뀌는 것은 쉽지만 사회구조를 변화시키는 것은 매우 어려웠다. 1840년 이래 외국에서 들어온 자유 자본주의나 관료체제에서 파생된 관료 자본주의 모두 중국에서 성공하지 못했다. 오직 마르크스주의만 중국에 전파되자 바로 뿌리를 내리고 싹이 터서 무럭무럭 자라 하늘로 치솟는 큰 나무가 되었다. 그 원인은 무엇인가? 그것은 바로 중국 전통화에 있는 전체주의, 대동사상, 이성(理性) 경향과 장기적인 '대일통'의 사회구조가 사회주의 가치와 맞아 떨어지기 때문이다.

Ⅱ. 중국에서 자본주의 제도가 자연적으로 발전하는 것은 불가능하다

중국은 사회주의 길로 들어섰고, 자본주의로 발전하지 않았다. 이는 중국의 실제 정황에 의해 결정된다. 마르크스의 다섯 개의 사회 형태 이론에 따르면, 봉건사회가 종료되면 자연스럽게 자본주의로 발전해야 한다. 비록 마르크스, 엥겔스가 자본주의 제도의 병폐와 발전 추세를 심각하게 드러내 보이면서, 사회주의, 공산주의는 자본주의를 대체하는 인류사회 발전의 목표라고 했지만 그들의 선량한 소망은 사회 발전의 흐름을 결정하지 못했고, 서유럽의 자본주의 제도는 그들의 희망과 달리 내부 모순에 의해 멸망하지 않았다. 그리고 사회주의도 서유럽에서 먼저 만들어지지 않고, 자본주의 서유럽에서 북미로, 호주에서 러시아로 하나의 세계를 주도하는 자본주의 체계가 형성되었다. 중국은 왜 자본주의를 발전시키지 못하고 결연히 사회주의 길로 나아갔는가 하는 문제는 사회주의 제도와 자본주의의 우열성(優劣性)을 추상적으로 비교해서는 안 되며, 중국의 구체적인 사회 역사 발전에서 대답을 찾아야 한다.

1840년 서방 국가가 중국에서 일으킨 아편전쟁과 1850년대에 일어난 14년이나 계속된 태평천국 농민혁명은 중국 봉건제도의 붕괴를 촉진시키기 시작했다. 이때부터 중국은 근대 시기로 들어갔다. 세계 근대사에서 자본주의 제도는 적지 않은 국가를 부강하게 했으며, 중국의 많은 어질고 뜻있는 사람도 자본주의 제도로 국가 발전과 진보를 촉진하려 시도했지만 모두 통하지 않았다. 여기에는 제3절에서 분석한 민족 전통문화의 근본적 원인 외에도 다음의 두 가지 원인이 작용하고 있다.

하나는 중국의 자산계급은 줄곧 독립적 역량으로 발전하지 못했다. 양무운동으로부터 바다와 강의 연안지역에 매우 적은 규모의 근대 공업, 봉건관료 통제 하에서의 군수공업, 그리고 아주 적은 개인자본의 근대식 기업이 출현하기 시작했다. 그럼 왜 이러한 자본주의 경제와 그를 대표하는 정치 역량이 봉건주의를 이겨내지 못했는가?

첫 번째, 중국은 제국주의의 침략 하에서 반식민지 반봉건 사회로 전락하였다. 자본의 논리는 최대 이익을 위해서라면 세계 어디에나 뛰어다니고, 칼과 검, 총과 대포로 원료 공급지 및 상품 판매시장을 개척하고, 제멋대로 자기의 모습에 따라 세계를 개조한다. 식민지에서 자본주의 침략자들은 이익을 추구하기 위해 새로운 생산방식을 도입하고, 식민지 그곳의 각종 이전 자본주의의 사회 관계를 보존하고 유지한다.

중국은 나라 덩치가 크기 때문에 한두 개 제국주의 국가가 중국을 완전히 식민지화할 수 없고, 만약 한 나라가 독점하고 몇 개 나라가 중국을 '분할'하려 하면 다른 열강들이 가만히 있지 않을 것이고, 열강들 간에 모순과 충돌도 반드시 일어날 것이다. 그래서 제국주의 국가들은 그대로 중국의 제도가 변하지 않기를 원했고, 각자의 역량으로 세력 범위를 나누고 이익을 함께 점하고 공동으로 중국의 운명을 지배했다. 이렇게 중국은 형식상 하나의 독립국가이지만, 사실상 이미 완전한 독립 주권을 잃은 국가였다. 실질적으로 중국은 반식민지 국가가 되었다. 일본 제국주의는 전쟁을 통하여 무력으로 독점하려 시도했지만 결국은 실패를 면치 못했는데, 이것도 하나의 원인이다. 이외에 태평천국운동과 의화단운동에서의 외국 침략에 대항하는 강대한 역량은 침략자로 하여금 인구가 많은 중국을 직접적으로 지배하는 것은 감당하기 어렵다는 것을 느끼게 하였다.

반식민지 중국에서 중국 민족자본주의는 기본적으로 제국주의의 강력한 세력의 배제와 억압 속에서 발전하였다. 이는 중국 민족자본주의가 성장하기 어려웠던 주요한 원인이다. 제국주의가 중국에서 기업을 경영하는 것은 중국을 자본주의 국가로 만들기 위한 것도 아니고, 중국에서 이익을 얻기 위해서였다. 마르크스가 영국이 인도를 침입한 결과에 관하여 지적한 바와 같이 "인도는 그들의 옛 세계를 잃어버렸지만 신세계를 얻지는 못하였다. 이로 인하여 인도가 겪은 재난은 특수한 비극적 색채를 띠게 되었고, 영국 통치 하에서의 인도는 그가 가지고 있던 모든 고대의 전통 및 과거의 모든 역사와 관계를 끊어야 했다."[38]

제국주의는 중국이 자본의 논리에서 비롯된 심중한 고난을 받게 하였고, 중국에 결코 '신세계'를 얻을 기회를 주지 않을 것이며 심지어 온갖 방법을 다하여 중국이 자본주의 길을 갈 기회를 끊으려 하였다. 제1차 세계대전 시기에 중국은 민족자본주의로 발전할 수 있는 기회를 얻었다. 그러나 전쟁이 끝나자 각 제국주의 세력은 또 다시 중국을 향해 세력을 확장하여 짧은 발전 기회조차 어쩔 수 없이 중단되었다. 이것은 민족이 독립되지 않고 독립주권을 상실한 기초 위에서 자본주의를 발전시킨다는 것은 자유롭지 못할 뿐 아니라 강대해질 수도 없음을 증명했다.

두 번째, 중국 봉건제도의 주요한 기초인 토지소유권이 줄곧 흔들리지 않았고 절대적인 통치 지위를 유지하였다. 19세기 후반의 중국은 자본주의가 있었지만 통치적 지위를 차지한 것은 여전히 봉건주의였으므로 반봉건 사회라고 한다. 반봉건 사회에 반식민지 사회가 함께 겹쳐진 중국에서 매판세력과 봉건 지주계급을 위주로 하는 군벌, 관료와 정당은 부득이

---

38 《马克思恩格斯文集》第2卷, 人民出版社, 2009, 679쪽.

제국주의에 의존해야 했다. 제국주의는 자기들의 이익을 위해 중국에서의 대리인이 필요했던 것이다. 이렇게 양자는 자연스럽게 결합되어 파괴하기 힘든 보루가 되었다. 하지만 봉건적 토지소유 제도를 개혁하지 않고는 자본주의의 발전은 있을 수 없었다. 이것이 바로 중국이 봉건제도에서 자본주의 제도로 발전하지 못한 기본 원인이다.

III. 반식민지 반봉건 성격이 반제국주의 반봉건주의의 이중 임무를 결정했다

오직 제국주의의 압박을 뒤엎어야 민족이 해방될 수 있고, 국가가 독립될 수 있다. 오직 봉건주의를 뒤엎어야 민족이 진보할 수 있고, 국가가 발전할 수 있다. 반제국주의의 임무를 완성하지 않으면 반봉건주의의 임무를 완성할 수 없다. 두 개의 임무를 동시에 완성해야만 중국은 자본주의를 독립적으로 발전시키는 길을 걸을 수 있다.

중국의 자산계급은 이러한 두 가지 역사적 임무를 담당할 수 있는가? 근대 중국 최초의 자산계급 성격의 정치적 파벌인 캉유웨이(康有爲)를 비롯한 유신파는 정치, 경제에서 자본주의화 강령을 제기하고 황제를 통한 위로부터 아래로의 개량을 시도했지만 곧 실패하고 말았다.

1911년 신해혁명이 승리함으로써 제국주의의 도구인 청나라를 뒤엎고 중화민국을 설립했다. 봉건왕조의 체구(體軀)는 소멸되었으나 반봉건사회 성격의 영혼은 그대로 남아있고, 중국에서의 제국주의 세력은 혁명에 의해 조금도 약화되지 않았다. 결국 신해혁명의 성과는 제국주의가 좋아하는 위안스카이(袁世凱) 및 기타 북양군벌에 의해 빼앗기고 말았다. 신해혁명은 두 가지 역사적 임무의 목표를 달성하지 못했다.

신해혁명 후 중국은 각 제국주의가 지지하는 군벌에 의해 나뉘어져 사분오열되었다. 이러한 정황 하에서 다양한 크고 작은 정치세력은 "너의 노래가 끝나면 내가 등장한다"는, '즉생(卽生)'아니면 '즉멸(卽滅)'이었다. 비교적 큰 영향력을 가지고 있는 정당으로 하나는 동맹회(同盟會)가 개조된 국민당(國民黨)이고, 또 하나는 반제국주의도 반봉건도 아닌 자본주의 발전의 성향을 가지고 있는 량치차오(梁啓超)를 정신적 지주로 하는 개량된 진보당(進步黨)이었다. 역사의 흐름은 개량 성격을 가지고 있는 진보당을 도태시키고 국민당도 위안스카이의 강한 압력 하에 내부 분열되었다. 손중산은 중국혁명당(中國革命黨)을 다시 설립했지만 역량이 너무 약해 해소되고 말았다.

1919년 10월 손중산은 다시 중국국민당(中國國民黨)을 설립하고 거듭되는 곡절을 겪어 광둥성(廣東省)에서 북방군벌 정권과 대치되는 정권을 겨우 성립했다. 자산계급 정치 세력을 대표하는 중국국민당은 국공합작(國共合作)과 북벌전쟁(北伐戰爭)을 거쳐 한동안 전국에서 위망과 영향력을 가지게 되었다. 중국국민당은 정치강령에서 제국주의 중국에서의 특권을 폐지하고 군벌을 타도하고 농민들로 하여금 자신의 땅을 있게 하고 자본을 절제해야 한다고 주장했다. 물론 이 강령을 실현하면 중국이 사회주의 국가로 되는 것이 아니라 민족자본주의의 발전을 위해 유리한 조건을 만들어주는 것이다.

손중산의 서거로 인하여 사회적 재앙이 잇따라 일어나고, 중국의 자본주의 발전은 끝이 났다. 1927년 봉건 지주계급과 관료 자산계급을 대표하는 장제스(蔣介石) 집단은 국공합작에 의거하였고, 또 그후에 공산주의자 및 기타 혁명가들을 학살하고 전국 정권을 취득했다. 국공합작이 실패하자 국민혁명은 막 성공하려는 순간 실패하였고, 중국은 자본주의 발전을 위해 유리한 조건을 만들 수 있는 기회를 잃었다. 난징(南京)국민정부 설립 초기에 민족자산계급은 국민당이 중국의 자본주의 경제를 발전시킬 수 있을 것이라 기대했지만, 국민당 통치 하에서의 각종 통계와 현상이 알려주는 바와 같이 중국의 민족자본은 여전히 쇠퇴 속에서 헤매고 반대로 흥망해진 것은 제국주의의 중국에서의 자본이었다. 기대는 실망으로 변하고, 항일전쟁과 해방전쟁을 거쳐 실망은 또 절망으로 변했다. 이러한 연이은 기회의 상실로 인해 국민당 정권은 자신이 제국주의의 지지에 의거해야 했기에 최종적으로는 역시 중국을 제국주의의 지배를 벗어나 독립하는 문제는 해결할 수 없었음을 증명하였다. 반식민지 반봉건 사회의 지위는 여전하고 중국의 자본주의화는 기약도 없이 아득해졌다.

IV. 자본주의의 비발전으로 고생하여 사회주의 건설의 어려움을 초래하였다

자산계급이 반제 반봉건의 이중 임무를 완성하지 못하면 자본주의 발전도 담당할 수 없다. 이 역사적 책임은 자연스럽게 중국 공산당에게 맡겨졌다. 중국 공산당은 작은 것으로부터 커지고, 약한 것으로부터 강해지면서 시종일관 제국주의에 반대하고 봉건주의를 반대하는 최저 강령과 사회주의와 공산주의를 실행하는 최고 강령을 결합할 것을 강조해왔다. 반봉건 반식민지 중국에서 공산당은 우선 해야 할 것이 봉건적 토지관계를 소멸시키는 것이었다. 토지개혁이 없으면 자본주의 발전은 있을 수 없고, 따라서 다음 단계의 사회주의도 불가능한 것이다. 그 다음으로 해야 할 일은 제국주의를 반대하는 것이다. 항일전쟁은 중국 공산당을 일본 제국주의에 반대하는 것을 최우선의 지위에 놓게 하였다. 중국 공산당은 8년의 항일전쟁을 거쳐 역량을 강화했으며, 국민의 지지를 획득하고 국민당과 같은 중국의 운명을 결정하는 다른 하나의 큰 당이 되었다.

항일전쟁 승리 후 공산당은 전국 인민의 염원에 부합되는 국내 평화와 국가의 민주, 진보를 실현하기 위해 민주연합정부를 설립할 것을 주장했다. 그러나 일련의 협상을 거친 후 민주연합정부는 결국 국민당의 약속 파기로 끝나고 말았다. 국민당이 민주연합정부를 완강하게 거부하면서 중국은 또 한번 자본주의 발전의 기회를 잃게 되었다. 자본주의의 발전에 관하여 마오쩌둥은 《연합정부를 논함》에서 "어떤 사람은 공산당이 왜 자본주의를 두려워하지 않고 오히려 일정한 조건 하에서 자본주의 발전을 제창하는지를 이해 못하고 있다. 우리의 대답은 매우 간단하다. 즉 자본주의의 일정한 정도의 발전으로 외국 제국주의와 국내의 봉건주의의 억압을 대체하는 것은 진보일 뿐 아니라 불가피한 과정이다. 이는 자산계급에 유리할 뿐 아니라 동시에 무산계급에게도 유리하고, 어쩌면 노동계급에게 더 유리한 것이다. 현재의 중국에는 외국 자본주의와 국내 봉건주의가 더 많은 것이지, 국내 자본주의가 더 많은 것은 아니고, 반대로 국내 자본주의는 너무 적다"[39]고 말했다.

이것이 바로 당시 공산당이 국민당과 연합하여 건국하기를 원했던 근거이다. 공산당원이 주장한 '자본주의 모종의 발전'은 공산당이 중국을 자본주의 국가로 이끌려는 것이 아니라, 자본주의가 일정한 정도로 발전한 후 무산계급을 더욱 강대해지게 하고 노동자-농민동맹을 더욱 밀접해지게 하며, 무산계급 독재를 더욱 유력하게 해서 사회주의를 더욱 좋게 발전시키는 것이다.

합작하여 건국하지 않은 국민당은 중국에 외국 제국주의가 하나 더 있다고 생각하지 않았을 뿐 아니라 오히려 주동적으로 미제국주의의 지지를 구하였으며, 중국에 봉건주의가 하나 더 있다고 생각하지 않았을 뿐 아니라 오히려 민주적 토지개혁과 민주정치로 봉건주의를 대체하는 것

---

39 《毛泽东选集》第3卷, 人民出版社, 1991, 1060쪽.

을 반대하였으며, 민족 자본주의 발전을 위해 어떠한 유리한 조건도 만들 수 없을 뿐 아니라 오히려 방대한 관료자본을 세워 수단을 가리지 않고 인민의 재산을 약탈하여 전쟁 후에 관료자본이 극단적으로 팽창하게 되었다.[40]

국민당 영도 집단은 군대 수량, 장비 및 전략 형세의 우세, 그리고 미국의 지지에 의거하여 중국을 계속 반식민지 반봉건 상태로 유지하려 하였다. 이러한 역사의 발전 추세와 어긋나는 역사를 역행하려는 행위는 국민당을 중국 인민, 그리고 역사와 스스로 단절하게 했다. 관료 자산계급과 봉건 지주계급을 대표하는 국민당은 중국의 전망과 운명을 지배할 수 없었고, 사회 각 계층의 강력한 반대를 받았다. 국민당은 안 되지만 공산당은 될 수 있었다. 내전에서 공산당은 마른 풀과 썩은 나무를 꺾듯이 국민당을 물리치고 제국주의 세력을 중국에서 물리치고 신중국을 건립했다. 이로써 반제국주의 임무는 완성했지만 반봉건의 임무는 절반 밖에 완성하지 못했다.

---

40 국내 사람들의 추정에 따르면 1947년 전후에 장숭쿵천(蔣宋孔陈) 4대가족이 소유한 개인재산은 100억에서 200억 달러에 달했고, 전국 산업자본의 80%가 이들의 손에 있었다. 그들의 재산은 모두 국내에 있는 것이 아니라 상당 부분 미국, 서유럽, 남미의 각 지역에 널려 있었다. 미국 작가 시그레브(西格雷夫, Seagrave)는 항일전쟁이 끝날 무렵 "쿵가(孔家)와 숭가(宋家)는 남미 곳곳에 각자의 재산이 있었다. 이는 모두가 알고 있는 카라카스(Caracas), 부에노스아이레스(Buenos Aires)와 상파울루(San Paolo) 은행에 대량의 예금을 포함한 것이다. 듣건대 그들의 재산은 석유, 광물, 선박 및 기타 운송 산업에 걸친 광범위한 기업의 주식도 포함되는데, 그 투자의 중점은 철도 및 항공회사였다." 그는 또 이렇게 덧붙였다. 쑹즈원(宋子文)의 한 친구의 말에 따르면, 1944년까지 숭(宋)의 미국 재산만 4,700만 달러를 초과했다. 1949년 미국 은행계는 국회의원들에게 숭가(宋家)와 쿵가(孔家)가 맨해튼(Manhattan)에 저축한 금액은 20억 달러에 달했다고 지적했다. 미국연방조사국이 이에 대해 조사했지만 조사 결과는 발표하지 않았다.

중국 근대역사의 모든 정치세력을 총체적으로 관찰해보면, 오직 중국 공산당만이 노동자와 농민의 역량을 충분히 발동할 수 있었고, 아울러 노동자와 농민의 역량을 발동할 수 있는 능력이 있었으며, 모든 단결할 수 있는 역량을 단결할 수 있었다. 다른 정치세력은 단지 봉건주의를 대표할 뿐이고 제국주의에 의탁하지 않으면 광대한 노동자와 농민, 소자산계급을 억압 착취할 뿐이다. 중국은 농민이 전국 인구의 절대다수를 차지하며, 혁명을 절실히 요구하는 가장 큰 힘이며, 중국 혁명의 가장 큰 힘이고 의지력이다. 이것을 보지 못하면 어떠한 정당이더라도 반제국주의와 반봉건주의의 이중 임무를 완성할 수 없다.

공산당이 노동자, 농민과 소자산계급을 영도하여 민주주의 혁명의 승리를 거두었는데 어떻게 자본주의를 처리할 것인가 하는 문제에 직면하게 되었다. 자산계급이 지배하는 나라를 건립하고 자산계급 지배 하에서의 자본주의를 발전시키는 것은 절대 불가능하다. 많은 노동자와 농민들은 극력 반대할 것이고, 국민당 세력은 권토중래(卷土重來)할 것이고, 제국주의 세력도 기회를 틈타 침입할 것이고, 중국은 또 다시 반식민지 반봉건 처지로 돌아갈 수밖에 없다.

방금 민주주의 혁명의 승리를 거두었다 해서 사회주의를 실행할 수도 없는데 그러면 어떻게 해야 하는가? 일정한 기간, 일정한 범위 내에서 자본주의 발전을 허용해야 한다. 이와 관련하여 마오쩌둥은 관료자본은 "신민주주의 혁명을 대신하여 충분한 물질적 조건을 준비했다. 중국 경제의 낙후로 인해 전국적으로 혁명이 승리를 거둔 후에도 광대한 상층 소자산계급과 중등 자산계급을 대표하는 자본주의 경제는 장기간 반드시 그 존재를 허용해야 하고, 국민경제의 분업에 따라 일체 국민경제에 도움이 되는 부분을 발전시켜야 한다. 그것들은 국민경제 전체에서 여전히 없어서는 안 될 일부분이다"[41]라고 말했다.

1952년 말 전국의 토지개혁은 기본적으로 완료되었고, 절반이 남았던 반봉건의 임무도 기본적으로 완성되었고, 인민민주 독재 하에서 민주자본의 발전도 구중국에는 없었던 유리한 조건을 가지게 되었다. 《중국 인민 정치협상회의 공동강령》에서는 "인민정부는 응당 국가경제와 국민의 생활에 유리한 민영경제 사업의 경영을 적극 격려하고 그 발전을 도와야 한다, 필요하고 가능한 조건 하에서 민간자본을 국가 자본주의 방향으로 발전하도록 고무 격려해야 한다"고 규정했다.

또 류사오치(劉少奇)는 신중국의 건설에 대하여 "국가 자본주의 경제를 조직하는데 있어서 신민주주의의 국가경제와 국민의 생계에 유리한 범위 내에서 민영 자본주의 경제의 발전을 허용하고 독점적 성격을 띤 경제에 대해서는 점차적으로 국가 경영에 귀속시키고, 그렇지 않으면 국가의 감독 하에 국가 자본주의의 방식으로 운영하게 해야 한다. 모든 투기조작 및 국가경제와 국민의 생계에 해로운 경영은 법적으로 금지한다. …… 가능한 조건 하에서 국민경제에서 사회주의 성분을 가진 부분을 점차 늘리고 국민경제의 계획성을 강화하여 점차 안정적으로 사회주의로 넘어 간다"[42]고 지적했다. 물론 이러한 과정은 반드시 장기적이고 치열하고 힘겨운 투쟁과정일 것이다. 결국 그중의 하나의 문제, 즉 '누가 누구를 이겨내는가' 하는 문제가 존재하고 있다.

그렇다면 어떻게 그 과정을 이겨낼 것인가? 이에 대해 중국 공산당은 창조적으로 3대 개조 방안을 제시했다. 1956년 농업, 수공업과 자본주의 공상업의 사회주의적 개조의 기본적인 완료로 신민주주의에서 사회주의로의 이행을 실현하였다. 이로써 '누가 누구를 이겨내는가' 하는 문제가 해결되었다.

---

41 《毛澤東选集》第4卷, 人民出版社, 1991, 1254-1255쪽.
42 《刘少奇选集》(上), 人民出版社, 1981, 428쪽.

중국은 독립적으로 발전하는 자본주의 단계를 경과하지 않고 단지 특수한 방식으로 자본주의의 현실을 경과했는데,[43] 이는 사회주의 건설에 영향을 주었다. 그렇다면 이러한 단계를 뛰어넘어 '농공업이 낙후하고 문화 과학 수준이 낮은' 상황에서 사회주의를 건설할 수밖에 없다. 마르크스는 일찍 동방 국가를 분석한 적이 있다. 그는 동방 국가를 분석하여 일정한 조건 하에서 '카푸틴 협곡(Caudine Forks)을 뛰어넘기'가 가능하고, 자본주의의 고난 없이 직접 사회주의로 진입할 수 있다고 인정했다. 여기에서 마르크스는 생산관계의 각도에서 말한 것이지 생산력을 돌아보지는 못했다. 생산력은 뛰어넘을 수 없었다.

1956년부터 중국은 전면적으로 사회주의를 건설하는 시기에 들어섰다. 그러나 사회주의 건설 중에서 오로지 생산관계만을 강조하여 많은 어려움에 부딪쳤고 많은 실수가 나타났다. 역사적 관점에서 볼 때 생산관계의 부작용에 의해 생산력도 급속한 발전을 이루었다. 앞의 30년 간의 경험과 교훈에서 중국 인민은 가능한 범위 내에서 제일 좋은 길을 찾게 되었다. 11기 3중전회가 열리고 개혁개방이 시작되었다. 이때부터 중국은 '중국 특색 사회주의' 발전의 길로 나아가게 되었다.

우리 앞에 놓여 있는 국내 생산력 발전 문제 및 국제 자본주의의 주도적인 문제를 어떻게 해결해야 하는 것은 '중국 특색 사회주의 길'의 성공 여부와 직접 관련된다. 다시 돌아가서 '자본주의 과목을 보충할 것인가', 아니면 다른 길을 개척할 것인가? 이것은 또 다시 사회주의와 자본주의의 관계를 어떻게 처리하는가 하는 문제로 돌아온 것이다. 마르크스주의 관

---

43 마르크스주의적 관점에 따르면 사회주의는 발달한 혹은 비교적 발달한 자본주의 국가에서만 건립할 수 있으나 중국은 구체적인 역사 조건 하에서 자본주의 단계를 겪을 수 없었다. 그러나 중국은 자본주의(외국 제국주의의 자본, 관료자본과 민족자본)가 있었고, 동시에 또 무산계급, 자산계급과 소자산계급이 산생되었다.

점은 사회주의 사회와 자본주의 사회는 계승관계가 있고 "역사는 각 세대의 연속적 교체에 불과하다. 각 세대는 모두 전 세대가 남겨놓은 재료, 자본과 생산력을 이용한다."[44] 중국에서 사회주의 사회를 건설하는데도 그러하다. 왜냐하면 자본주의 사회는 사회주의 사회를 위해 기성의 여러 가지 준비를 해놓았기 때문이다. 레닌이 말한 바와 같이 "자본주의는 은행, 신디케이트, 우체국, 소비 협동조합과 직원연합회 등 이러한 계산 기구를 세웠다. 큰 은행이 없으면 사회주의를 실현할 수 없다. 우리는 이러한 것들을 기성의 기구로 자본주의에서 가져온다. 여기에서 우리의 임무는 이러한 기구에서 자본주의의 기형적인 것을 잘라버리고, 더욱 거대하고 민주적이고 다양한 기구로 만드는 것이다."[45]

서방 자본주의 발전은 수백 년을 거쳐 생산력과 대규모 사회적 생산에서 풍부한 축적을 했다. 사회주의 사회는 반드시 서방 자본주의로부터 모든 현대화 생산법칙을 반영한 선진적 과학, 기술 및 관리 방법을 흡수하고 본보기로 삼아야 한다. 이것이 바로 개혁개방이고 사회주의 시장경제에서 걸어온 '중국 특색 사회주의 길'이다. 서방 자본주의를 학습하는 문제에서 레닌은 "자본주의의 문화유산이 없으면 우리는 사회주의를 건설할 수 없다. 자본주의가 우리에게 남겨놓은 물건을 이용하는 외에 공산주의를 구축하는데 사용할 수 있는 것은 아무것도 없다",[46] "공산주의를 구축하기 위해 우리는 반드시 기술과 과학을 장악해야 하고, 더욱 광대한 대중을 위하여 사용해야 한다. 이러한 기술과 과학은 자산계급에서만 얻을 수 있다"[47]고 말했다.

44 《马克思恩格斯文集》第1卷, 人民出版社, 2009, 540쪽.
45 《列宁专题文集·论社会主义》, 人民出版社, 2009, 44-45쪽.
46 《列宁全集》第36卷, 人民出版社, 1985, 129쪽.
47 《列宁选集》第4卷, 人民出版社, 1995, 124쪽.

레닌은 또 "지금 우리가 그들을 따라 배우는 것은 우리의 지식이 충분하지 않고 우리에게 이러한 지식이 없기 때문이다. 우리는 사회주의 지식이 있지만 수많은 사람들을 조직하는 지식은 없고, 제품을 생산하고 유통하는 지식도 없다. 옛 볼셰비키 영도자들은 우리에게 이런 것을 가르쳐주지 않았다. 이 점에서, 볼셰비키당의 역사는 자랑할 만한 것이 없다. 우리는 이 과목을 배운 적이 없다. 때문에 우리는 한 사람이 사기꾼이라 할지라도 트러스트(trust)를 조직한 적이 있다면, 그 상인이 수천 수백만 명의 생산과 분배를 해보았다면, 그가 경험이 있다면 우리는 그에게서 배워야 한다. 만약 우리가 그에게서 이러한 것을 배우지 않으면 사회주의를 얻을 수 없고, 혁명은 이미 달성한 단계에서 정체될 것이다"[48]라고 말했다.

물론 구중국에서 혁명 시기의 공산당은 우리에게 사회화 대생산의 지식을 가르쳐주지 않았고, 발전이 있었던 자본주의도 이에 관한 지식을 완전히 가르쳐주지 않았고, 제국주의는 더더욱 이런 것을 가르쳐주지 않았다. 마오쩌둥은 이와 유사한 말을 한 적이 있다. 그는 "심각한 경제건설의 임무가 우리 앞에 놓여 있다. 우리가 숙달한 것은 머지않아 무용지물이 되고 우리가 숙달하지 못한 것은 우리를 강박하게 하고 있다. 이것이 바로 어려움이다", "우리는 꼭 어려움을 극복하고 자기가 모르는 것을 배워야 한다. 우리는 반드시 모든 전문가들에게서 경제사업을 배워야 한다. 그들을 스승으로 모시고 공손하게 착실하게 배워야 한다. 모르면 모르는 것이지, 모르면서도 아는 척하지 말고 관료의 티를 내지 말아야 한다"[49]고 지적했다. 여기에서 말한 '스승으로 모신다'는 것은 서방의 선진 자본주의 국가를 따라 배우는 것을 의미한다.

안타깝게도 중국 구사회가 남긴 자본주의 유산은 매우 적다. 당시의

48《列宁全集》第34卷, 人民出版社, 1985, 238쪽.
49《毛泽东选集》第4卷, 人民出版社, 1991, 1480-1481쪽.

국제 환경도 서방에 '스승을 모시는 것'을 허락하지 않았고 소련을 '스승으로 모시는 것'만 가능했다. 개혁개방 이후 중국 공산당은 한편으로는 실사구시적으로 중국이 아직 사회주의의 초급 단계에 있다는 것을 인정하고, 다른 한편으로는 자본주의 '유산'이 결핍하고, 이는 필연코 사회주의 발전에 심각하게 영향을 끼칠 것이라는 사실을 충분히 예측했다. 따라서 사회주의의 초급 단계라는 사실에 입각하여 지난 30여 년 동안 사회주의 모델에 대한 경직된 관념을 깨고, 점차적으로 서방에서 수백 년 동안 실행된 시장경제를 도입하여 사회주의에 이용하였다.

1986년에 통과된 《중공중앙의 사회주의 정신문명 건설의 지도 방침에 관한 결의》에 의하면 "반드시 결심을 내려 많은 정력을 쏟아부어 현대 자본주의를 포함한 세계 각국의 선진적 과학기술, 실용성이 보편적인 경제와 행정관리 경험 및 기타 유익한 문화를 모두 습득하고 또 실천 중에서 검증하고 발전시켜야 한다"[50]고 했다. 글로벌 시대에서 시장경제의 수단을 이용하여 과감히 서방, 특히 발달한 자본주의 국가를 따라 배웠다. 이는 '지양'식 학습이지, 무슨 '자본주의 과목 보충'도 아니며 중국의 구체적인 국정에서 출발하여 사회주의 초급 단계에 적응하여 실시한 사회주의 정책과 조치이다.

중국의 개혁개방 중에서 개척한 '중국 특색 사회주의 길'의 의의는 다음과 같다. 중국 공산당의 영도 하에 중국 인민과 중화민족은 사회주의 초급 단계라는 최대의 기본 국정에 기초하여 중국의 전통문화 유전자에 충분히 입각하고 또 이용하고 창조적으로 인류사회, 특히 발달한 자본주의 국가의 선진적 문명을 흡수하여 '중국 특색 사회주의' 30년의 위대한 실천과 결합시킨 것이다. 변증법적 사유에 서방의 논리 분석의 사유를 결

---

50 《十二大以来重要文献选编》(下), 人民出版社, 1988, 1177쪽.

합시킨 것, 큰 것으로부터 작은 것으로의 전체적 사유방식에 작은 것으로부터 큰 것으로의 분자식 사유방식을 결합시킨 것, 전체적·조화적·'대일통(大一統)'적 및 친인합일(天人合一)의 가치관에 개인 가치의 존재와 추구 및 한계가 있는 경쟁을 결합시킨 것 등이다.

구체적인 운영면에서 보면, 예컨대 사회주의 시장경제 체제 하에서 사회 구성원, 기업, 사회단체, 각 성, 각 현, 각 향진, 각 촌과 개인에 이르기까지 질서있게 경쟁함으로써 '중국 특색 사회주의 길'의 발전에 강대한 활력을 주입했다. 이것이 바로 앞에서 분석한 소규모, 다양성, 자율성과 유동성이 결합되어 형성된 서방의 경쟁 시스템이 중화 대지에서 '중용'의 방법을 거쳐 변화하여 발전한 성과이다. 지방이 어떻게 중국의 전반적인 발전을 촉진하였는가를 예로 들면, 개혁개방 이후 중앙정부의 통제 하에 중앙은 거대한 경제개체를 수량이 많은 상대적으로 독립적인 의사결정권을 가지고 있는 지방경제로 분해하여 지방 간의 경제성장을 위한 질서있게 경쟁할 수 있는 구도를 창조했다. 이러한 구도 하에 상대적으로 자주적인 지방정부 간의 경쟁 속에서 상호 협력하고, 협력 속에서 상호 경쟁하고, 인프라, 국민의 생활, 문화 교육, 생태 환경 등 영역에서 건설과 개조 업그레이드에 적극 투자하여 '마태 효과', '메기 효과'와 '나비 효과'가 집결되어 일체(一體)를 형성한 일종의 경쟁우위성 체제이다.

이러한 의미에서 중국의 개혁개방의 역사는 천년 역사에서 구조 대전환의 이정표로서 의의를 가지고 있다.

제9장
'중국의 길'의 '길(路)'의 조리 분석

　　중국은 1840년 후발 국가로 서방 주도의 세계체제에 말려들었다. 중국은 5천 년의 풍부한 문화저력에 의지하여 나아갈 길에 대한 끊임없는 탐구와 시행착오를 거치면서, 중국 공산당의 영도 하에 혁명의 길, 건설의 길, 개혁개방의 길 등 역사적 발전 단계를 거쳐 최종적으로 '중국의 길'은 오늘날 '중국 특색 사회주의 길'로 초보적으로 정형화되었다. 이는 역사적인 우연으로 보이지만 사실상 역사의 필연적 결과이다.

　　많은 사람들은 자주 오늘날 중국의 현실 발전을 '중국의 길'의 동의어로 삼아 횡단면의 해부를 한다. 이러한 정태(靜態) 분석은 합리적인 점이 있다. 중국의 30여 년의 발전은 5천 년 간 없었던 거대한 변화이다. 개혁개방 후 30여 년 간의 발전에 대해 섬세하게 분석 해부하는 것은 필수적일 뿐 아니라 중요한 내용이다. 그러나 거시적 역사로 볼 때 최근 30여 년의 발전은 사실 100년 중국 발전의 한 결과이지, '중국의 길' 전체를 포괄할 수 없다.

　　서방 국가들이 주도한 체계가 전면적으로 확장하는 배경 하에서 비서방 민족국가의 발전은 내부의 봉건주의와 관료 자본주의가 결합된 부패한 통치의 장애를 받았을 뿐 아니라 외국 자본주의, 제국주의 열강들의 완강한 견제와 압박을 심각하게 받는 것도 필연적이라는 것을 세계 역사는 반복적으로 증명했다.

　　중국 인민은 마르크스-레닌주의를 선택하고, 공산당을 선택하고, 사회주의 혁명을 선택하였지만 이는 중국이 레닌의 러시아에서 혁명 방식을 따를 수 있다는 것을 의미하지 않고, 마르크스, 엥겔스의 '경전적 사회주의(經典社會主義)' 구상에 따라 중국의 사회주의 건설이 진행될 수 있다는 뜻이 아니며, 소련 사회주의 모델을 그대로 옮겨 중국의 산업화, 현대화를 실현할 수 있다는 것을 의미하지 않는다. 그 원인은 마르크스, 엥겔스가 구상한 사회주의는 현대문명이 이미 생성되고 발전된 선진 자본주의 사회에 세워진 것이기 때문이다.

파리코뮌의 실패로부터 소련 해체, 동유럽 급변을 통하여 역사는 마르크스, 엥겔스가 구상한 사회주의 제도는 후진 국가가 사회주의를 발전하는 구체적인 제도 모델이 아니라, 일종의 목표와 방향이라는 것을 알려주었다. 그러므로 현실에서의 사회주의 국가는 절대 마르크스, 엥겔스 사상을 교조적으로 집행해서는 안 되고, 그들의 사상을 발전, 보완하는 문제를 더 깊이 연구하고 해결하는 "출발점과 이러한 연구에 제공되는 방법"[51]으로 삼을 수밖에 없다. 중국에서 중국 공산당은 마르크스-레닌주의의 기본 원리와 중국의 실정을 결합하여 러시아 혁명, 건설과 다른 한 갈래의 길을 개척하였으며, 과학적 사회주의 기본 원칙과 중국 국정을 결합하여 자신의 길을 걷고 '중국 특색 사회주의'를 건설할 것을 제시하고 실천했다.[52]

제1절 '중국의 길' 개척 중의 변증법적 사상

1840년 아편전쟁으로부터 중국 공산당이 창립되기 전까지 중국 인민의 반제 반봉건 투쟁은 지속되었지만 다양한 형식의 투쟁은 연전연패하였다. 중국 공산당이 탄생한 후 수차례의 여러 가지 좌절 속에서 끊임없

---

51 《马克思恩格斯全集》第39卷, 人民出版社, 1974, 406쪽.
52 《邓小平文选》第3卷, 人民出版社, 1993, 3쪽.

이 경험을 정리하고 교훈을 섭취하면서, 점차 완벽하고 성숙하게 마르크스주의의 기본 입장, 기본 관점과 기본 방법을 중국 실제에 응용할 수 있게 되었다. 그리하여 최종적으로 중국 혁명, 중국 건설과 개혁개방의 정확한 길을 찾아냈고, 더 나아가 일련의 단계적인 승리를 거두었다. 즉 신중국의 성립, 사회주의 개조의 완성, 사회주의 건설의 탐구와 '중국 특색 사회주의 길'을 개척하였다. 그 속에 응집된 제일 기본적인 핵심을 마오쩌둥의 말로 하면 "마르크스-레닌주의의 위대한 힘은 바로 마르크스-레닌주의와 각국의 구체적인 혁명 실천과 연결시키는 것이다. 중국 공산당에 대해서 말하면, 마르크스-레닌주의의 이론을 중국의 구체적인 환경과 결합하는 것을 배워야 한다. 위대한 중화민족의 일부가 되고 그 민족과 혈연관계가 있는 공산당원이 중국의 특징을 떠나 마르크스주의를 논하는 것은 추상적이고 공허한 마르크스주의에 불과하다. 그러므로 마르크스주의가 중국에서 구체화되게 하고, 또 하나 하나의 실천이 반드시 중국적 특징을 갖게 해야 한다. 다시 말하면, 중국의 특징에 따라 응용해야 한다"[53]는 것이다. 철학적 언어로 말하면, 주관이 객관에 부합되게 하는 것이다. 주관과 객관의 관계를 정확히 처리하고 주관이 객관에 부합되게 하는 것은 당대 중국 혁명, 건설 그리고 개혁개방의 기본 문제이다.

요약하면 '중국의 길'은 중국 공산당원이 앞선 사람들이 다방면에서 탐색한 기초 위에 마르크스주의의 기본 원리를 중국의 구체적 실상과 시대적 특징에 결합시킨, 민족 독립과 진흥, 국가 해방과 부강, 인민 부유와 행복의 길로 이끈 중화민족의 하나의 위대한 부흥의 길이다. '중국의 길'은 중국 공산당 성립 전의 탐색과 중국 공산당 성립 후의 혁명, 건설, 개혁을 거쳐 변증법적 사상 속에서 어렵게 앞으로 나아갔다. 그러므로 레닌

---

53 《毛澤東選集》第2卷, 人民出版社, 1991, 534쪽.

의 "변증법은 혁명의 '대수학(代數學)'이다"라는 사상으로 '중국의 길'의 발전 궤적과 실천을 보면, 우리는 변증법도 '중국의 길'의 '대수학'이라고 말할 수 있다.

변증법은 스스로 끊임없이 운동하고 변화 발전하는 인류사회가 경쟁 우위 시스템을 획득하려면 인류가 자신의 '혁명', '건설', '개혁' 요소를 발휘하여 '능동'적으로 사회를 개조하는 것을 떠날 수 없음을 알려준다. 러시아에서 레닌은 변증법 중의 '혁명' 요소를 성공적으로 러시아 혁명운동에 운용하여 사회주의 혁명의 승리를 거두었다. 그리고 '건설' 요소를 러시아 사회주의 실천에 운용하여 당시 러시아 실제에 맞는 일련의 '신경제정책'을 탐색하였다. 하지만 스탈린은 국제 형세의 압박에 못 이겨 '신경제정책'을 너무 일찍 포기하고 정치, 경제, 문화가 고도로 집권화한 모델의 길을 걸었다. 그후 '개혁' 요소는 오랫동안 찾지 못하거나 아예 '쇼크요법'의 돌변적인 '개혁'을 하여 결국 소련 사회주의 사업의 큰 건물은 붕괴되고, 아울러 동유럽의 모든 사회주의 국가에까지 그 화가 미치고 말았다.

중국에서는 마오쩌둥, 덩샤오핑, 쟝쩌민, 후진타오, 시진핑 등을 대표로 하는 중국 공상당원이 거대한 이론적 용기와 정치적 지혜로 '자신의 길을 걷는' 것을 견지하고, 변증법의 '혁명', '건설'과 '개혁' 요소를 성공적으로 중국 혁명, 건설과 개혁개방의 실천에 운용하여 중국 특색 신민주주의와 사회주의 혁명의 길, 그리고 사회주의 건설의 길과 '중국 특색 사회주의 길'을 포함한 '중국의 길'을 걸어 나갔다. '중국의 길'이 성공적으로 개척한 변증법적 사유는 필연성과 우연성, 가능성과 현실성, 보편성과 특수성 등 여러 범주와 그 상호관계에서 집중적으로 체현된다.

다음에서는 몇 가지의 관계를 대응적으로 선택하여 '중국의 길'의 개척 과정에서 필연적으로 포함된 변증법적 사상을 논한다.

Ⅰ. '중국의 길'은 점진성에 따르며, 도약성을 구현한다

점진적 발전은 인류사회 발전의 정상적인 상태이고, 도약적 발전은 비정상적인 상태이다. 점진성은 사회 형태가 역사 발전 속에서 필연적 규율에 따라 점차적으로 변화하는 것을 의미하고, 이는 하나의 객관적 추세이다. 도약성은 특정 조건 하에서 일부 국가와 민족이 각종 역사 조건과 요인의 작용 하에 전통적인 것을 돌파하고 도약식 발전으로 나타나며, 역사 발전 과정에서 특정 사회 형태를 뛰어넘는 것을 실현하는 것이다. 점진성과 도약성은 통일되는 것이고, 도약한 후 점진성의 궤도로 돌아가야 하는 것이다.

'중국의 길'은 점진성과 도약성의 통일을 체현하고 있다. '중국의 길'의 점진적인 발전은 '규칙성에 부합되고', 인류사회 발전의 규칙, 공산당 혁명과 집정의 규칙 및 사회주의 건설의 규칙에 부합된다. '중국의 길'의 점진적 발전은 지양하는 과정이다. 하나의 발전 단계는 모두 전 단계에서 축적된 성과를 흡수한 기초 위에서 점차적으로 전진해 온 것이고, 낮은 단계로부터 높은 단계로 올라가는 특징으로 나타난다. 중국 공산당 성립 이전에 탐색한 길, 중국 공산당이 영도한 혁명의 길, 건설의 길, '중국 특색 사회주의 길'은 전자가 후자를 위해 기반을 마련하고, 후자는 전자의 기초 위에 발전하여, 중화민족의 위대한 부흥의 '중국꿈'과 사회주의 현대화 목표의 실현에 지속적으로 가까워지고 있다.

그러나 '중국의 길'의 점진적 발전은 마르크스, 엥겔스의 사회주의 발전의 기존 설정 그대로 단계적으로 중국이 자본주의 대발전이 있을 때까지 기다렸다가 진행한 것이 아니다. 이러한 발전방식은 역사 변증법에 부합되지 않는다. 반대로 '중국의 길'은 러시아 10월혁명의 영향 하에 시대 발전이 만들어낸 유리한 조건을 이용하여 대체로 전반적 혹은 국부적으로 자본주의의 특정 사회 형태를 뛰어넘고 직접 사회주의 사회 형태에 들어갔다. 이 도약적인 발전은 성공을 거두었다.

그러나 사회역사 발전 단계의 도약은 무한한 것도, 무조건적인 것도 아니다. 이는 사회 발전의 일반규칙 내에서 실행되고, 역사 발전의 기본 추세에 어긋나서는 안 된다. 건국 후 중국 공산당은 '제2차 결합'을 탐색할 때 사회주의 초급 단계인 기본 국정을 뛰어넘어 직접 발달한 사회주의로 들어가려 시도했고, 심지어 '달리기를 해서 공산주의에 들어간다'는 환상까지 제기했다. 조건을 고려하지 않는 이러한 도약식 발전은 중국 사회주의 발전에 막대한 재난을 가져다주었다.

한편으로 우리는 "세계 역사 발전의 일반적 규율은 개별 발전 단계가 발전의 형식 또는 순서상에서 특수성을 나타낸다는 것을 전혀 배척하지 않았을 뿐 아니라 오히려 이를 전제로 해야 한다"[54]는 것을 인정해야 한다. 다른 한편으로는 역사 발전 과정에서 도약이 나타났다 해서 역사의 점진적 발전을 부정해서는 안 되고, 역사 발전 과정에서 착오적인 도약이 나타났다 하여 사회발전의 도약성을 부정해서도 안 된다. 도약적인 발전은 다만 일정한 역사 조건 하에서의 점진적 발전에 대한 하나의 보충일 뿐이다. 앞으로의 발전 중에서 도약적 발전의 기회는 꼭 다시 나타날 것이다. 이는 우리가 조건을 창조하고 기회를 잡아 훌륭한 도약을 실현할 수 있는가에 달려 있다.

II. '중국의 길'은 객관적 법칙성을 존중하고, 역사적 선택성을 구현한다

마르크스주의 원리에 따르면 일반적인 상황에서 하나의 국가 또는 민

---

54 《列宁专题文集－论社会主义》, 人民出版社, 2009, 357-358쪽.

족은 역사 발전 속에서 원시사회, 노예사회, 봉건사회, 자본주의사회와 사
회주의사회의 순차를 따라 점차 진화 발전하고, 최종적으로 공산주의 사
회로 들어선다. 이것은 인류사회 발전의 자연 역사 과정이고, 이 긴 시간
의 과정에서는 한 가지 기본적인 객관 법칙을 존중해야 한다. 바로 물질
생산력은 인류사회 발전의 최종적 동기이고, 인간은 기정 역사 조건 하에
서만 역사를 창조할 수 있다. 객관 법칙은 인간의 의지에 따라 전환되지
않는다. 그러나 사회는 인간으로 구성되었고 역사는 인간이 창조한다. 인
간은 가치 판단 능력이 있고 인류사회 발전은 인간의 주관적 능동성의 발
휘를 떠날 수 없다. 인간이 자신의 가치 판단에 따라 주관적 능동성을 발
휘하는 과정은 사실상 하나의 역사 선택과정이다. 때문에 객관 법칙성과
역사적 선택성은 역사의 진화 발전 속에서 통일되는 것이다.

생산력에서 중국 공산당은 자신의 생산력을 자주적으로 선택할 권리
는 없고 과거의 생산력을 '일종 기득의 힘'으로 계승하여 활용하고 개조
하였다. 생산관계에서 중국 공산당은 오히려 질적인 혁명을 진행하여 폭
력적 수단으로 국가기구를 부수고 생산관계를 다시 세워 생산력 발전을
해방하고 추진시켰다. 그러므로 어떤 의미에서 보면, 생산력을 계승하는
면에서는 객관적 법칙성을 존중해야 하며, 생산관계 면에서는 역사적인
선택성이 있을 수 있다.

'중국의 길'의 진전은 객관적 법칙성과 역사적 선택성의 통일을 충분
히 구현했다. 신해혁명, 신민주주의 혁명과 사회주의 혁명은 폭력으로 예
전의 생산력 발전을 저해하는 구생산관계를 뒤엎는 것을 선택하였고, 개
혁개방도 역사적 선택성의 구현으로서 개혁 수단으로 생산력 발전에 적
합하지 않는 생산관계를 조절하는 것을 선택하였다. 그 목적은 모두 해방
과 생산력 발전에 유리한 새로운 생산관계를 구축하기 위한 것이었다. 중
국 혁명과 개혁개방을 영도한 것은 모두 "의식을 가지고 사려(思慮)를 하

거나 격정에 의해 행동하는, 어떤 목적을 추구하는" 공산당원이고, 실현된 혁명행동은 고도의 "자각적 의도"와 위대한 "예기한 목적"을 가지고 있었기 때문이다.[55] 즉 중화민족의 위대한 부흥과 사회주의 현대화를 실현하는 것이다.

"역사의 진행 과정은 내재된 일반 법칙의 지배를 받는다."[56] 그러나 금후의 실제 탐색 중에서 '중국의 길'은 반드시 목적으로부터 출발하여 역사 발전의 객관적 법칙을 탐구해야 하고, 법칙성으로부터 출발하여 역사 발전의 선택성을 인식해야 하며 양자를 유기적으로 결합시켜 '중국 특색 사회주의'를 더욱 고급 단계로 이끌어가야 한다.

III. 중국 혁명의 길은 우연성 속에서 전진하여, 필연성 형식으로 나타난다

'중국의 길'의 역사 궤적은 수많은 우연적 요소들이 함께 작용한 합력 때문에 생긴 것이다. 만년의 엥겔스는 역사 발전에 관하여 합력론(合力論)을 제기하였다. 그는 "역사는 이렇게 창조된 것이다. 최종의 결과는 늘 많은 개별적 의지들의 상호 충돌 속에서 생긴 것이다. 그중 개개의 의지는 또 많은 특수한 생활 조건에 의하여 그가 상상한 것처럼 된다. 이렇게 무수히 서로 얽힌 힘들이 있고, 무수히 많은 힘의 평행사변형(平行四邊形)이 있으며 이로 인하여 하나의 합력(合力), 즉 역사적 결과가 나오게 된다"[57] 라고 하였다.

마찬가지로 '중국의 길'이란 이 '역사적 결과'의 합력 속에는 "전체적

---

55 《马克思恩格斯文集》第4卷, 人民出版社, 2009, 302쪽.
56 《马克思恩格斯文集》第4卷, 人民出版社, 2009, 302쪽.
57 《马克思恩格斯文集》第10卷, 人民出版社, 2009, 592쪽.

이고, 자신도 모르게, 그리고 자주적이지 않게 작용하는 힘이 존재한다.”
이 힘이 바로 생산관계와 생산력의 모순, 상부 구조와 경제기초의 모순
및 이로 인해 초래된 계급모순의 변화 발전과 격화의 정도, 국제 계급모
순이 국내에서 체현된 민족모순 등이다. 이외에도 매우 많은 우연적 힘의
요소도 존재한다.

역사가 앞으로 발전하는 것은 일종의 “필연성으로 단정된” 운동이고,
동시에 또 파편화된 역사 사건이 “순전히 우연으로 구성된 것이며”, 이러
한 “우연적인 것은 필연성을 갖고 그 안에 숨어있는 형식이다.”[58] 중국
혁명의 길은 바로 이처럼 많은 우연성으로 표현돼 왔고, 궁극적으로는 필
연성에 다가간 올바른 길이었다.

물론 우연성이 저절로 필연성에 다가갈 수는 없으며 이 과정은 역사의
주체인 인간의 역할을 떠날 수 없다. 중국 혁명의 길을 개척하는 과정에
서 마오쩌둥을 대표로 하는 중국 공산당원은 그 누구도 대체할 수 없는
역사적 작용을 하였다. 중국 공산당원은 마르크스주의가 제시한 두 개의
필연적 원리를 항상 견지하고, 제1차 세계대전, 파리평화회의, 5·4운동,
러시아 10월혁명 등 국제·국내 사건의 영향을 파악하여 중국 공산당을
창립하고, 각 제국주의의 중국에서의 갈등 및 지지한 국내 군벌 할거 혼
전의 기회를 잡고 국민당과 제휴하여 북벌전쟁을 진행하였다. ‘4·12’와
‘7·15’ 혁명정변을 마무리하고 난창(南昌)에서 무장봉기의 첫 총소리를 울
렸다. 그리고 추수봉기, 광주봉기, 첫 농촌혁명 근거지인 징강산(井岡山)
혁명 근거지의 개척을 거쳐 농촌에서 도시를 포위하고, 무장으로 정권을
빼앗는 러시아 혁명의 길과는 다른 중국식 혁명의 길, 즉 징강산 혁명의
길을 걷기 시작하였다. 이러한 길에서 행진하던 중국 공산당은 국민당의

---

58 《马克思恩格斯文集》第4卷, 人民出版社, 2009, 299쪽.

네 차례의 강력한 '포위 토벌' 세례를 받은 후 광대한 민중에서의 영향력이 점점 커지고, 근거지 면적도 갈수록 커지면서 중앙혁명근거지와 중화소비에트정부를 세웠다. 제5차 반'포위 토벌'이 실패한 후 포위망을 뚫고 북쪽으로 향해 위대한 장정의 길을 시작하여 혁명의 불씨를 보존하고 불씨를 동쪽에서 서쪽으로, 또 남쪽에서 북쪽으로 태워 섬감녕변구(陝甘寧邊區)를 개척하고, 혁명의 새로운 국면을 열었다. 옌안(延安)에서 책략을 세우고 전국에서 승리하고, 민족의 생사존망의 시각에 즈음하여 당쟁을 포기하고 국민당과 재합작하여 통일전선 아래에 8년 동안 항일분투로 승리하여 독창적이고 특색있는 '옌안 혁명의 길'을 개척하였다. 충칭(重慶)에서 민주협상 건국의 결과를 이루지 못하자 해방구가 국민당의 전면 공격을 받아 해방전쟁이 폭발함으로써 국민당 세력이 타이완으로 쫓겨나고 중화인민공화국이 성립되었다. 대륙에 있는 국민당 반동파의 잔여 군사세력과 토비(土匪)를 숙청하고, 관료자본과 민족자본 기업을 몰수하고, 이러한 기업을 사회주의 성격의 기업으로 개조하고, '3반(反)' '5반(反)' 운동을 전개하고 국민경제를 3년 내에 신속히 회복시켰다. '3화1개(三化一改)'의 사회주의 개조가 완성되고 사회주의 기본 제도가 건립되었다.

나누어서 보면, 이것들은 모두 하나 하나, 한 건의 우연적 사건이다. 계통을 보면, 이 산산조각으로 보이는 우연적 사건들은 신민주주의와 사회주의 혁명의 발전체인과 발전 필연성을 유기적으로 그려냈다.

Ⅳ. 중국 건설의 길은 가능성 중에서 선택하여, 현실적으로 전개한다

사회주의 정권을 획득하고 사회주의 기본 제도를 수립했다 해서 사회주의를 건설한 것은 아니다. 정권을 쟁탈한 것은 단지 사회주의 건설의 현실적 가능성을 제공한 것이다. 이러한 가능성을 현실로 변화시키는 것은 여전히 변증법을 떠날 수 없다. 그러나 이러한 가능성을 현실로 전환할 수 있는지 여부, 사회주의를 건설할 수 있는지 여부는 매우 어렵고 막중한 임무이고 엄청난 노력이 필요하다.

러시아는 인식상의 문제와 특수한 전쟁 환경으로 인해 10월혁명 후 '전시(戰時) 공산주의 정책'의 실시로 1921년 봄에 러시아 국내의 정치, 경제 위기를 초래하였다. 가혹한 현실에 직면하여 레닌은 만년에 후진국이 어떻게 사회주의의 길을 건설할 것인가에 대해 탁월한 효과를 모색했으며, '신경제 정책'을 실시하여 국가 자본주의와 상품경제를 발전시켰다. 그러나 후계자는 사회주의 건설에서 변증법을 효과적으로 운용하지 못하고, 레닌이 여겼던 "마지막이 역시 가장 중요하고, 가장 어려운" "파괴된 봉건 기지와 반 파괴된 자본주의 기지에서 새로운 사회주의 건물을 위한 경제기초를 다진다"[59]는 경제건설을 아직 근본적으로 완성하지 못했다. 소련이 이미 사회주의를 건설했다고 일찌감치 선언한 것은 그 후 소련의 해체 복선(伏線)을 깔아 놓았다.

중국 사회주의 건설의 탐색 과정에서의 경험과 교훈을 돌이켜보면 가능성이 현실성으로 되는 것은 자연스럽게 되거나, 단번에 성공할 수 있는 것이 아니라는 것을 다시 증명해준다. 1956년 4월 마오쩌둥이 발표한 《10대 관계를 논함》에서는 중국 사회주의 건설의 경험을 초보적으로 총화하고, 중국 국정에 맞는 사회주의 건설의 길의 임무를 탐색할 것을 강조하였다. 8차 당대회에서 확립한 정확한 노선, 방침과 정책은 국정에 부합할 뿐 아니라 어느 정도 소련 경험과 모델의 속박에서 벗어났다. 그러나 '좌'적 사상의 영향 아래 사회주의 건설을 위한 방향을 제시한 당의 정신이

---

59 《列宁专题文集·论社会主义》, 人民出版社, 2009, 246쪽.

방치되고, 이어 바로 반우파운동, 사회주의 건설의 총노선, '대약진', 인민 공사화 운동, 3년 자연재해, 중소전쟁, 10년이라는 긴 세월에 걸친 사회 전반의 내란인 '문화대혁명'을 일으킬 때까지이다.

1981년에 통과된 《건국 이래 당의 몇 가지 역사문제에 관한 결의》에서는 1956년부터 1976년까지의 20년의 역사를 "우리 당은 사회주의 사업을 영도한 경험이 부족하고, 당의 영도가 형세 분석과 국정의 인식에서 주관적 편차가 있어 문화대혁명 전에 벌써 계급투쟁을 확대화하고 경제 건설에 성급하게 돌진하는 착오가 있었다. 그후 문화대혁명과 같은 전반적이고 장기적인 엄중한 착오도 범하였다. 이로 인해 우리가 이룩해야 할 더 큰 성과를 거두지 못한 것이다"[60]라고 평가하였다.

소련의 사회주의 건설과 비교하고, 중국의 1949년부터 '문화대혁명'이 끝나기까지 27년의 경험과 교훈을 종합 정리하여 하나의 원리를 깨우치게 되었다. 사회주의 정권을 취득해서부터 사회주의를 건설하는 가능성이 현실로 되기까지의 길은 매우 길고, 때론 심지어 우회하며 전진하고, 필요한 후퇴를 한 후 또 더 좋은 전진을 한다. 사회주의는 어떻게 건설해야 하는가? 덩샤오핑은 개혁개방 초기에 "사회주의는 도대체 어떤 모습인가? 소련은 오랫동안 탐색했지만 명확하게 알지 못했다. 레닌의 사고 맥락이 비교적 좋아 신경제정책을 실행했지만 나중에 소련 모델이 경직되고 말았다"[61]고 말하였다. 바로 이러한 판단에 의하여 덩샤오핑은 거대한 이론적 용기와 정치적 지혜로 과감하게 "계급투쟁을 중점으로 삼는다"는 것을 "경제 건설을 중심으로 한다"로 바꾸고 개혁개방을 시작하고, 1956년부터 '문화대혁명'이 끝날 때까지의 경험과 교훈을 받아들인 기초 위에서 "자신의 길을 걷고, '중국 특색 사회주의' 건설"을 계속 탐색하였다.

60 《十一届三中全会以来重要文献选读》(上), 人民出版社, 1987, 303-304쪽.
61 《邓小平文选》第3卷, 人民出版社, 1993, 139쪽.

Ⅴ. 중국 개혁의 길은 보편성을 굳게 지키고 있으며, 특수성의 형식으로 구현되고 있다

유물변증법은 보편성과 특수성, 공성과 개성은 변증법적 통일의 관계이고, 보편성은 특수성에 포함되고, 특수성을 통해 표현되며, 특수성은 항상 보편성과의 연계 속에서 존재한다고 여긴다. 여기에서 보편성은 동일한 사회 형태가 다른 국가와 민족 사이에서 체현되는 공통성이고, 특수성은 개체의 차이성과 특징을 말한다. 인류역사에서 추상적인 사회 형태는 존재하지 않고 항상 구체적이다.

다양한 지구, 국가와 민족의 서로 다른 역사문화 조건 등 여러 요소에 의해 사회 형태의 구체성과 차이점이 결정된다. 사회 형태가 다른 국가, 지역과 민족에서 구현된 구체성과 차이성을 감안하여 마르크스는 "동일한 경제적 토대 ―주요 조건에 따라 말하면 동일하다― 수많은 다른 경험으로 인해 자연조건, 종족관계, 각종 외부에서 발생한 작용에 의한 역사적 영향 등은 또한 현상으로 무진장한 변이(變異)와 색상의 차이점을 나타냈고, 또 이러한 변이와 차이는 오직 이러한 경험에서 이미 존재하는 경우를 분석해야만 이해할 수 있다"[62]라고 말했다.

보편성과 특수성의 통일은 일반 규율로서 중국 혁명과 건설, 그리고 개혁노선의 전반 과정에 관통되고 있다는 것은 의심할 바 없다. 하지만 개혁 과정에서 형성된 '중국 특색 사회주의 길'은 중국 공산당원이 과학적 사회주의의 기본 원칙과 중국의 실제 및 시대 특징을 결합한 본보기라는 점에서 제일 잘 구현된다.

마르크스주의 혁명 지도자는 줄곧 그들의 "학설은 교조적인 것이 아니

---

62 《马克思恩格斯文集》第7卷, 人民出版社, 2009, 894-895쪽.

며 행동의 지침이라고 강조해왔다."[63] 그리고 또 마르크스주의자들에게 각 역사적 고비와 역사적 단계에서 모두 기본 원리에 근거하여 각 관계와 구체적 특징에 따라 객관적 검증을 이겨낼 수 있는 제일 확실한 분석, 판단과 의사결정을 할 것을 요구한다.

레닌은 누군가가 10월혁명의 길에 대해 비난한 것에 대해 "그들은 지금까지 자본주의와 자산계급 민주가 서구에서 발전하는 고정적인 길밖에 보지 못했다. 그래서 그들은 이 길이 반드시 상응한 변화, 즉 특정 수정(세계역사의 전반 발전 과정에서 보면 이러한 수정은 보잘 것 없다)을 거쳐야만 본보기가 될 수 있다는 것을 상상하지 못했다"고 준엄하게 비판했다. 그후 레닌은 또 "모든 민족은 모두 사회주의로 갈 것이고 이는 불가피한 것이다. 하지만 모든 민족의 걷는 법은 똑같지 않을 것이고, 민주의 이런저런 형식에서, 무산계급 독재의 이런저런 형태에서, 사회생활 각 면의 사회주의 개조의 속도에서, 각 민족은 모두 자신만의 특징이 있을 것이다"[64]라고 강조했다.

레닌의 이 말의 뜻은 아주 분명하다. 우리는 마르크스, 엥겔스의 인류사회 발전의 법칙성과 보편성에 대해 교조화하고 응고화하는 것이 아니라 시간, 장소, 조건의 변화에 따라 적절히 수정해야 한다. 만약 그러지 않으면 법칙성과 보편성으로 사회의 발전을 한정시키고, 인간의 주관의지로 역사운동을 지배하는 것과 다름없게 된다. 이것은 보편성과 특수성의 변증법적 관계를 완전히 말살하는 것이고 엄중한 자는 역사의 숙명론의 수렁에 빠져 변증법과 역행하게 된다.

마오쩌둥은 중국 특색 언어로 "구체적인 상황을 구체적으로 분석한다"는 것을 "마르크스주의의 가장 본질적인 것", "마르크스주의의 살아있

63 《列宁专题文集·论马克思主义》, 人民出版社, 2009, 300쪽.
64 《列宁专题文集·论社会主义》, 人民出版社, 2009, 357·398쪽.

는 영혼"[65]으로 요약하였다. 구체적인 상황을 구체적으로 분석한다는 것을 어떻게 실행하는가에 대하여 그는 중국 공산당원이 "마르크스-레닌주의의 입장, 관점과 방법을 잘 응용하고 레닌, 스탈린의 중국 혁명에 관한 학설을 잘 응용하고, 더 나아가 중국의 역사적 실제와 혁명의 실제를 연구하면서 여러 방면에서 중국이 필요로 하는 이론적 창조를 해낼"[66] 것을 강조하였다. 그 결과 중국 특색 혁명의 길과 건설의 길을 성공적으로 개척하였다.

《건국 이래 당의 몇 가지 역사문제에 관한 결의》는 "마르크스, 엥겔스, 레닌, 스탈린의 과학적 저서는 우리 행동의 지침이지만, 중국 사회주의 사업 중의 각종 문제에 기성의 답안을 제공할 수는 없는 것이다"[67]라고 지적했다. 덩샤오핑은 1989년 고르바초프를 만나면서 비슷한 말을 했다. 그는 "마르크스가 세상을 떠난 후 100여 년간 어떠한 변화가 일어났고, 이러한 변화 하에서 마르크스주의를 어떻게 인식하고 발전시켜야 하는지를 분명히 알지 못했다. 마르크스가 세상을 떠난 후 그에게 수백 년 후에 일어난 문제에 대해 기성 답안을 제공하라고 요구해서는 절대 안 된다. 레닌도 마찬가지로 그가 세상을 떠난 후의 50년, 100년 동안에 일어날 문제에 대해 준비된 답안을 내놓을 책임을 질 수는 없다. 진정한 마르크스주의자는 반드시 현재의 상황에 따라 마르크스-레닌주의를 인식하고, 계승 발전시켜야 한다"[68]라고 말했다.

'문화대혁명'이 끝난 후 덩샤오핑은 보편성과 특수성이 서로 통일되는 변증법적 사상을 계승하고, 또 그것을 "무엇이 사회주의인가, 어떻게 사

---

65 《毛澤東選集》第1卷, 人民出版社, 1991, 187쪽.
66 《毛澤東選集》第3卷, 人民出版社, 1991, 820쪽.
67 《十一屆三中全會以來重要文獻選讀》(上), 人民出版社, 1987, 323쪽.
68 《鄧小平文選》第3卷, 人民出版社, 1993, 291쪽.

회주의를 건설할 것인가” 하는 주제에 운용하여 ‘중국 특색 사회주의’의 새 국면을 건설하는 것을 개척했다. 우선 덩샤오핑은 시대의 높이에 서서 중국의 특수한 국정을 분석하고 파악하였다. 한편 덩샤오핑은 새로운 역사시대를 파악하는 것을 고도로 중시하고, 세계의 시대적인 주제는 전쟁과 혁명으로부터 평화와 발전으로 변화했다는 과학적 논단을 제기하였다. 덩샤오핑은 “현재 세계에서 제일 크고 전 세계적인 전략문제의 하나는 평화문제이고, 다른 하나는 경제문제 또는 발전문제이다. 평화문제는 동서문제이고, 발전문제는 남북문제이다”69라고 지적하였다.

다른 한편으로 덩샤오핑은 중국의 특수 국정에 대한 분석을 중요시하였다. 그는 중국은 “기초가 약하고 인구가 많고, 경작지가 적고, 생산력이 낙후하고, 상품경제가 발달하지 못하고”, “사회주의 자체는 공산주의의 초급 단계이고, 중국은 또 사회주의 초급 단계에 처해 있고 바로 발달하지 않은 단계이다”70라고 하였다. 이러한 국정은 중국의 사회주의 발전의 길이 마르크스, 엥겔스의 생각과 다르고 자신만의 독특함이 있다는 것을 결정한다. 이는 레닌이 말한 바와 같이 “세계 역사 발전의 일반적인 법칙은 개별적 발전 단계가 발전의 형식이나 순서에 특수성을 나타내는 것을 조금도 배척하지 않을 뿐 아니라 오히려 그것을 전제로 한 것이다.”71 이러한 특수성의 전제 하에 중국 공산당원들은 국제 공산주의 운동에서 후진국에 어떻게 사회주의를 건설할 것인가 하는 탄탄대로를 성공적으로 걸어 나왔다.

일을 겪지 않으면 힘든 것을 모른다. 지금에 와서 30여 년 개혁개방의 여정을 되돌아보면 사회주의 초급 단계 이론, 사회주의 본질론, 사회주의

69 《邓小平文选》第3卷, 人民出版社, 1993, 105쪽.
70 《邓小平文选》第3卷, 人民出版社, 1993, 252쪽.
71 《列宁选集》第4卷, 人民出版社, 1995, 776쪽.

시장경제, '중국 특색 사회주의' 민주정치, 사회주의 핵심 가치체계, '중국 특색 사회주의' 법률체계 등 '중국 특색 사회주의 길'과 동행하여 온 '중국 특색 사회주의' 이론체계, '중국 특색 사회주의' 제도는 과학적 사회주의 보편성과 중국 특색 특수성의 과학적 통일을 체현하지 않은 것이 없다.

물론 우연성과 필연성의 통일은 중국 혁명의 길에만 구현되는 것이 아니라 건설과 개혁의 길에서도 충분히 체현되고 있다. 예를 들어 개혁개방에서 '사스(SARS)'라는 우연한 사건을 겪으면서 '과학적 발전관'을 도출해낸 것은 절대로 우연이 아니라 몇 년의 실천 경험의 기초 하에 이루어졌고, 20여 년의 개혁개방 경험에 대한 총정리이다. 가능성과 현실성의 통일도 중국 건설의 길에만 구현되는 것이 아니라 혁명과 개혁의 길에도 마찬가지로 존재한다. 예컨대 개혁개방의 진행 중에서 사회주의와 시장경제의 결합 문제는 가능성과 현실성의 통일을 충분히 나타내고 있다. 보편성과 특수성의 통일은 중국 혁명, 건설과 개혁에서 더욱 관통되고 있다. 예컨대 혁명 시기의 농촌에서 도시를 포위하고, 무장으로 정권을 빼앗는 방법과 사회주의 개조, 그리고 건설 시기의 사회주의에 대한 중국식 탐색이다.

'중국의 길'에 내포된 체계성과 역사적 진화 발전의 필요성을 정리하는 것은 '중국 특색 사회주의 길'은 국내외 학자들이 말하는 '중국 특색 자본주의 길', '중국식 민주사회주의 길'과 다르다는 것을 명확히 밝히는 데 유리하고, 중화민족의 굴기는 중국 인민의 자각 과정과 역사의 자연 과정의 통일을 파악하는데 유리하다. 그중에 체현된 '중국의 길'은 중국 인민의 자발적 분투 과정의 반영이고, 또 중국 역사가 전 세계 역사 중에서의 자연적인 변화 발전의 필연적 결과이고, 더 나아가 전 당, 전국 인민이 이러한 길에 자신감을 확고히 하는 데 도움이 된다.

1840년부터 지금까지의 중국 근현대화의 역사를 종합하여 살펴보면, '중국의 길'은 역사 속에서 걸어와 어려움과 곤란을 극복하고 위대한 성과를 이루었고, 또 역사 속으로 가서 위험을 무릅쓰고 용감하게 나아가 눈부신 성과를 거두었다. 오늘 우리는 역사상 어느 시기보다도 중화민족 의 위대한 부흥이라는 목표에 더 가까이 다가가고 있으며, "역사상 어느 시기보다도 더 자신감 있고 능력있게 이 목표를 실현하고 있다."[72] 이것 이 바로 '중국의 길'에 대한 자신감이다.

제2절 '중국의 길' 발전의 변증법적 지향

마르크스는 "사람들은 자신의 생산력을 자유롭게 선택할 수 없으며 이 는 그들의 전부 역사의 기초이다. 어떤 생산력이라도 모두 기득의 힘이고 이전 활동의 산물이기 때문이다"[73]라고 지적했다.

유물변증법은 우리에게 어떠한 신생사물(新生事物)도 모두 작은 것으로 부터 큰 것으로, 약한 것으로부터 강한 것으로 점차적으로 발전하고 강대 해지는 과정이라고 알려준다. 인류역사상 새로운 제도로서의 사회주의 제 도는 경제문화가 비교적 낙후한 중국에서 건립됐다는 그 자체가 하나의 신생사물이며 "고정불변한 것이 아니고", "기타 사회제도처럼 경상적으로 변화되고 개혁되는 사회로 보아야 하고",[74] 끊임없는 자신 보완과 발전이 필요하다. 이러한 자기 보완과 발전이 바로 변증법적 과정인 동시에 자연 적 역사 과정이기도 하다.

사실 변증법 자체가 "제일 완벽하고 심각하며 제일 편면성(片面性)이

---

72 习近平,《中华民族伟大复兴是最伟大中国梦, 我们比任何时期都更接近这个目标》,《解放日报》2012年 11月 30日.

73《马克思恩格斯选集》第4卷, 人民出版社, 1995, 532쪽.

74《马克思恩格斯全集》第37卷, 人民出版社, 1971, 443쪽.

없는 발전에 관한 학설이다."[75] 덩샤오핑, 쟝쩌민, 후진타오를 대표로 하는 중앙영도집단은 '중국 특색 사회주의' 사업의 실천 속에서 능숙하게 유물주의 역사관과 변증법을 운용하여 중국의 사회구조와 국제정세의 분석을 통해 중국 경제사회의 발전전략, 전략 시행의 책략적 문제를 논증하였다. 전략성은 주로 '두 개의 100년' 목표를 실현하는 것을 가리키고, 책략성은 이 위대한 전략적 목표를 실현하기 위해 채택한 '5위일체(五位一體)'의 총체적 구도를 의미한다.

'5위일체'의 총체적 구도는 '중국 특색 사회주의 길'의 내용을 풍부하게 만들었고, 시야 면에서 '중국 특색 사회주의 길'의 전망을 넓히고, '중국 특색 사회주의' 건설 법칙과 인류 사회 발전 법칙에 대한 인식도 한 걸음 심화시켰을 뿐 아니라, 또한 가치목표 방향 면에서도 중화민족의 위대한 부흥의 높이를 넘어 인류의 이상적 사회를 지향하고 있다.

변증법 사상은 중국 공산당이 신민주주의와 사회주의 혁명, 건설과 개혁 속에서 형성된 '중국의 길'을 관통한다. 우여곡절 속에서 전진하는 '중국의 길' 창조는 역사운동의 변증법으로 충만하였다. 이러한 의미에서 변증법은 중국 혁명의 길의 대수학(代數學)일 뿐 아니라 중국 건설의 길의 대수학과 중국 개혁 길의 대수학이다.

중국 공산당원들은 90여 년의 혁명, 건설과 개혁 속에서 이러한 규율을 점차적으로 장악하고 성공적으로 운용하였기에 중국은 오늘날의 '근본적인 성과'를 거둘 수 있었다. 당의 새 영도집단은 계속 이러한 규율을 '중국 특색 사회주의' 사업의 위대한 실천에 적용하고 있으며, 역사의 우연성, 가능성, 특수성이 가져다 준 모든 기회를 포착하여 '두 개의 100년'이라는 목표를 실현하기 위해 노력하고 있다.

---

75 《列宁选集》第2卷, 人民出版社, 1995, 310쪽.

역사와 현실은 모두 사회주의만이 중국을 구할 수 있고 '중국 특색 사회주의'만이 중국을 발전시킬 수 있으며, 이것은 역사적 결론이고 인민이 선택한 것이라는 사실을 알려주고 있다. '중국 특색 사회주의'가 끊임없이 발전함에 따라 제도는 더욱더 성숙해질 것이고, 중국 사회주의 제도의 우월성은 진일보 나타날 것이며 중국의 길은 더욱 넓어질 것이다. 우리는 이러한 길의 자신감, 이론의 자신감, 그리고 제도의 자신감을 가지고 진정으로 "천마만격(千磨萬擊)에도 꿋꿋이, 동서남북풍(東西南北風)을 견뎌내"야 한다.

　　그러나 "길은 당(黨)의 명맥에 관계되고, 나라의 앞날, 민족의 운명, 인민의 행복과 관계됨으로 중국과 같은 이러한 경제문화가 매우 낙후한 나라에서 민족부흥의 길을 탐색한다는 것은 매우 힘든 임무이다." 비록 앞에서의 탐색에서 많은 대가를 치르고 많은 수확을 얻었다 할지라도 임무의 간고함과 국제환경의 복잡함은 금후의 발전에서 결국은 또 방황하고 우여곡절하며 심지어는 실수를 초래할 것이라는 점을 알려주기 때문에 반드시 우환의식(憂患意識)을 가져야 한다.

　　현재 사상 이론 시장에는 '과거 해소'와 '현재 부정'이라는 '괴상'한 현상이 존재한다. 예를 들면 개혁개방 후의 역사 시기로 개혁개방 전의 역사 시기를 부정한다든가 혹은 개혁개방 전의 역사 시기로 개혁개방 후의 역사 시기를 부정한다거나, 혹은 '중국 특색 사회주의'를 '신민주주의의 회귀'로 보는 등의 현상이다. 이렇게 '과거 해소'와 '현재 부정'은 무엇을 의미하는 것인가? 모두 다 알고 있듯이 하나의 민족, 하나의 국가에 대해 말하면 객관적 이성(理性)으로 또한 체계적으로 역사를 보는 것이 부족하거나, 심지어 역사를 임의적으로 나누거나 혹은 필요에 따라 역사 단계를 대립시킨다면 사상과 이론적으로 막대한 영향을 초래할 수 있다.

제3절 '중국 특색 사회주의 길' 발전의 기본 특징

1978년의 11기 3중전회는 '중국 특색 사회주의 길'의 역사적 기점이다. 그러나 '중국 특색 사회주의 길'의 탐색은 마오쩌둥이 30년 전에 이미 시작하였다. 개혁개방 전 30년의 우여곡절 탐색과 개혁개방 후 30여 년간 쌓아온 경험 및 남겨놓은 교훈을 거슬러 올라가 살펴본다면 '중국 특색 사회주의' 발전 과정에서 단계적으로 반드시 가져야 할 기본 특징을 나타냈다. 이러한 특징은 선명한 단계성을 가지고 있지만 형성된 후부터 시종 일관 관철되고 있고, 줄곧 역할을 발휘하고 있다.

I. '사상 해방과 실사구시' 사상 노선의 확립은 '중국 특색 사회주의 길' 형성의 사상적 특징이다

'문화대혁명' 및 극좌사상은 국민경제를 붕괴 위기로 몰았을 뿐 아니라 사람들의 사상을 아주 혼란하게 만들었다. 일찍이 중국 공산당의 명맥이었던 실사구시의 사상 노선은 역사의 먼지 속에 묻혀버렸다. 중국을 '문화대혁명'의 재난 속에서 나오게 하려면 우선 실사구시의 사상 노선을 다시 확립하고 사람들의 뇌리에 남아있는 전통적 사회주의의 낭만주의 사상을 벗어나고 제거해야 한다. 덩샤오핑을 핵심으로 하는 실사구시파는 먼저 전국적으로 '진리 표준의 대토론'을 통해 '두 개의 무릇(兩個凡是)'을 비판했으며, 11기 3중전회에서 중국 개혁개방의 우렁찬 나팔 소리를 울렸다. 3중전회에서 당과 국가의 사업 중점은 사회주의 현대화 건설로 이전하는 일련의 중대한 결정을 내렸다. 이 결정은 당의 과거 사회주의 발전의 길 탐색에 대한 반성을 반영했을 뿐 아니라 당의 중국 사회주의 발전의 길 문제에 관하여 다시 사고했음을 알려준다. 이로써 중국은 성공적으로 '중국 특색 사회주의' 발전의 길의 새로운 시기를 개척하게 되었다.

이어 쟝쩌민, 후진타오, 시진핑을 총서기로 하는 중앙영도집단은 전국 각 민족 인민을 인솔하여 실사구시적으로 세정, 국정, 당정을 근거로 시대와 같이 전진하고 진리를 추구하고 실효성을 강조하면서 '중국 특색 사회주의'의 위대한 실천을 추진하였다. 그들은 실천 속에서 끊임없이 자신의 경험과 기타 선진 자본주의를 국가를 포함한 경험과 교훈을 총결산하고, 섭취하고, 발전하는 눈길과 우리가 하고 있는 일을 중심으로 역사의 안목, 열린 의식, 평화로운 마음가짐, 관용의 정신으로 '중국 특색 사회주의' 발전에 이로운 모든 사상이론을 끊임없이 흡수함으로써 중국화의 마르크스주의를 창조하고 풍부하게 하였다.

이렇게 중국 공산당은 일관적으로 자신의 발전의 길을 탐색하였다. 중국은 라틴아메리카 개발도상 국가처럼 1990년대의 '워싱턴 컨센서스(Washington consensus)'가 주도하는 신자유주의의 구렁텅이에 빠져 사회혼란과 경제붕괴를 초래하는 일이 없었고, 소련, 동유럽 국가들처럼 20세기 80년대 말에 맹목적으로 서방 선진 자본주의 국가가 제기한 '쇼크식' 개혁방안을 채용하여 나라가 해체되고 사회가 급변하는 국면을 초래하는 일도 없었다. 이렇게 중국은 개혁개방에서 성공적으로 서방 '워싱턴 컨센서스'와 다른 '중국 특색 사회주의 길'을 걸어 나갔다. 이로써 전통적 사회주의의 정치적 낭만주의와 경제적 낭만주의를 피하게 되었고, 서방 선진 자본주의의 정치적 낭만주의와 경제적 낭만주의도 피하게 되었다.

II. '하나의 중심, 두 개의 기본점'은 '중국 특색 사회주의 길'의 노선 특징이다

13차 당대회에서 중국은 여전히 사회주의 초급 단계에 처해 있다고 판단을 내리고, 또 이러한 판단에 근거하여 당의 사회주의 초급 단계의 기본 노선에 대해 비교적 완전하게 개괄하고 자세히 밝혔다. 즉 "전국 각 민족 인민을 영도하고 단결하여 경제건설을 중심으로 하고 네 가지 기본 원칙을 견지하고 개혁개방, 자력갱생, 간고창업(艱苦創業)하는 것을 견지하며, 중국을 부강하고 민주적이고 문명한 사회주의 현대화 국가로 건설하기 위해 분투해야 한다." 14차 당대회에서 이 기본 노선을 다시 천명하고 당장에 넣었으며, 15차 당대회에서는 경제, 정치, 문화 등 방면에서 이 기본 노선을 기본 강령으로 구체화하고, 17차 당대회에서는 '중국 특색 사회주의 길'에 대해 이론적으로 총개괄하고, 18차 당대회에서는 17차 당대회의 기초에서 심화, 보완을 진행했다.

'중국 특색 사회주의 길'이 구현한 이 노선의 핵심적 특징은 '하나의 중심, 두 개의 기본점'으로 요약되는데 즉 '하나의 중심'은 곧 경제 건설을 중심으로 하고, '두 개의 기본점'은 곧 반드시 네 가지 기본 원칙과 개혁개방을 견지해야 한다는 것이다. 이는 '중국 특색 사회주의'의 위대한 실천 속에서 유기적으로 통일되고 잠시도 갈라놓아서는 안 된다. 그렇지 않으면 전진의 방향을 잃거나, 전통 사회주의의 옛길로 다시 돌아가거나, 또는 자본주의의 '사로(邪路)'로 쉽게 갈 수 있다.

Ⅲ. '5위일체(五位壹體)'는 '중국 특색 사회주의 길'의 구도의 특징이다

중국 공산당의 사회주의 발전의 길에 대한 총체적인 구도의 탐구는 사물의 발전법칙과 인간의 인식법칙에 부합되는 것으로, 끊임없이 인식과 심화의 과정을 거쳤다.

1. 경제 건설을 중심으로 사회주의 물질문명을 건설하자고 제기하였다. 1978년 12월 11기 3중전회에서는 당과 국가의 사업 중심을 경제건설로 옮기고 개혁개방의 역사적 결정을 실행하였다.

2. 사회주의 정신문명의 개념을 제기하였다. 1981년 6월 11기 6중전회에서 통과된《건국 이래 당의 몇 가지 역사문제에 관한 결의》에서 사회주의 정신문명의 개념을 제시하였다.

3. 사회주의 물질문명과 정신문명 건설에 함께 역점을 둘 것을 제기하였다. 1982년 9월 12차 당대회 보고에서는 물질문명 건설은 정신문명 건설을 실현하는데 없어서는 안 될 기초이고, 정신문명은 물질문명 건설에 거대한 추진체 역할을 할 뿐 아니라 정확한 발전 방향을 보장해준다고 하였다. 두 가지 문명 건설은 서로 조건으로 하고 서로 목적으로 한다. 여기에는 실제로 두 개의 문명 건설에 함께 역점을 두는 전략방침을 제기한 것이다.

4. '3위일체'의 초기 형태를 제기하였다. 1986년 9월 당의 12기 6중전회에서 통과된《사회주의 정신문명 건설의 지도방침에 관한 결의》에서는 중국 사회주의 현대화 건설의 총체적인 구도를 이렇게 서술하였다. "경제 건설을 중심으로 하고 확고부동하게 경제체제 개혁을 진행하고, 확고부동하게 정치체제 개혁을 진행하며, 확고부동하게 정신문명 건설을 강화하며, 그리고 이 몇 가지는 서로 협력하여 추진하도록 한다." 여기에서 경제 건설, 정치건설, 문화건설을 동시에 추진한다는 사고의 맥락이 명확해졌다.

5. '3위일체'의 내용을 명확히 하였다. 1987년 10월 13차 당대회에서는 사회주의 초급 단계의 기본 노선을 '하나의 중심, 두 개의 기본점'으로 개괄하고, 부강하고, 민주적이고, 문명한 사회주의 현대화 국가로 건설하기 위해 분투해야 한다고 호소하였다. 부강, 민주, 문명은 '중국 특색 사회주의' 사업 발전의 목표에 대한 위치 설정이다. 총체적인 구도에서 보면

이에 대응되는 것은 바로 경제건설, 정치건설, 문화건설이다. 이러한 3위일체의 총체적인 구도는 13차 당대회부터 16차 당대회까지 줄곧 이어져 왔다. 2002년 11월 16차 당대회 보고에서는 경제건설, 정치건설, 문화건설이 물질문명, 정치문명, 정신문명과 결합되어 3위일체의 총체적인 구도를 더욱 명확히 하였다.

6. '4위일체'의 내실을 확립하였다. 16차 당대회 보고에서 '사회는 더욱 조화롭다'는 것을 전면적으로 샤오캉(小康) 사회를 건설하는 전략 목표에 포함시키고, '중국 특색 사회주의' 사업의 총체적인 구도 속에서 사회적 건설의 전략적 위상을 더욱 명확히 하였다. 2005년 2월 후진타오는 성, 부(省部)급 주요 간부의 사회주의 조화사회 구축 능력 향상 주제 세미나에서 "중국 경제사회의 끊임없는 발전에 따라 '중국 특색 사회주의' 사업의 총체적인 구도는 사회주의 경제건설, 정치건설, 문화건설의 3위일체로부터 사회주의 경제건설, 정치건설, 문화건설, 사회건설의 '4위일체'로 발전되었음이 더 명확해졌다"고 제시하였다. 2007년 10월 17차 당대회 보고를 통해 처음으로 '4위일체'의 총체적인 구도에서 '중국 특색 사회주의' 노선과 기본 강령을 논술하고, 경제건설, 정치건설, 문화건설, 사회건설에 대한 전면 배치를 통해 '4위일체'의 총체적인 구도가 정식으로 확립되었다.

7. '5위일체'의 개념을 제기하였다. 18차 당대회 보고는 생태문명 건설을 특수한 지위에 놓았을 뿐 아니라 '중국 특색 사회주의' 사업의 총체적인 구도에 포함시키고, 경제건설, 정치건설, 문화건설, 사회건설을 추진하는 동시에 생태문명 건설을 강화할 것을 강조하고, '중국 특색 사회주의' 사업의 총체적인 구도를 '4위일체'로부터 '5위일체'로 넓히고 그 내용을 더욱 전면적이고 완정하게 한다. 경제, 정치, 문화, 사회와 생태문명 건설의 다섯 개 측면은 서로 영향을 미치고 상호 침투한다.

'5위일체'의 총체적인 구도는 '중국 특색 사회주의' 길의 내용을 풍부하게 하였다. 18차 당대회 보고는 세정, 국정과 당정의 새로운 변화에 따라 17차 당대회 보고를 개괄한 기초 위에서 "'중국 특색 사회주의' 길은 중국 공산당의 영도 하에 기본 국정에 입각하여 경제 건설을 중심으로 하고, 네 가지 기본 원칙을 견지하고 개혁개방을 견지하며 사회 생산력을 해방, 발전시키고 사회주의 시장경제, 사회주의 민주정치, 사회주의 선진 문화, 사회주의 조화로운 사회, 사회주의 생태문명을 건설하여 인류의 전면적 발전을 촉진하고 점차적으로 전체 인민이 함께 부유함을 실현하며 부강 민주 문명이 조화로운 사회주의 현대화 국가를 건설한다"[76]고 하였다. 이것은 '중국 특색 사회주의' 길의 전망의 시야를 넓혔고, '중국 특색 사회주의' 건설 법칙과 인류사회의 발전 법칙의 인식도 심화시켰을 뿐 아니라 또 가치 목표 취향에서 중화민족의 위대한 부흥의 높이를 넘어 인류의 이상사회를 지향하였다.

중국 특색 사회주의 현대화 길은 인류의 현대화 발전의 일반 법칙을 따르는 기초에서 중국 자신의 현실 조건과 시대 특징에 근거하여 개척한 길에 대한 혁신이다. 이는 외국의 현대화 발전의 이로운 경험을 충분히 거울로 삼고, 또 타국의 발전 모델을 직접 옮겨온 것이 아니라 인류사회 발전의 일반 법칙, 타국의 경험과 교훈을 중국의 국정과 긴밀히 결합시킨 것이다. 이는 사회주의 성격을 띤 발전 중의 대국이 자본주의가 주도하는 세계체제 속에서 포위를 뚫고 추월형 발전의 현대화 길을 실행했을 뿐 아니라 또한 중국 인민들이 자력갱생과 간고분투로 인류문명 발전사에 개척한 전례 없는 제도 혁신의 과정이다. 이 길에서 중국은 소련을 스승으로 삼았으나 소련처럼 자신의 길을 신화화하거나 경직화하지 않았고, 또 동유럽처럼 소련에 머리 숙이고 굴복하지도 않았다. 중국은 서방을 따라

---

76 胡錦濤, 《堅定不移沿着中国特色社会主义道路前进为全面建成小康社会而奋斗－－在中国共产党第十八次全国代表大会上的报告》, 2012年 11月 8日.

배웠으나 라틴아메리카처럼 '워싱턴 컨센서스'와 신자유주의를 맹목적으로 숭배하지 않고, 시종 자신의 조건 하에 탐색하고 창조하는 것을 견지하면서 꾸준히 자신의 길을 걸어왔다. 그 결과 소련은 자아를 부정하고 방법을 바꾸었지만 해체되었고, 동유럽은 소련을 그대로 모방하다가 무너졌고, 라틴아메리카는 '중위 소득의 함정'에 빠져 스스로 헤어나지 못하고, 오히려 중국이 거대한 성과로 세계 동방에 우뚝 섰다. 이것이 바로 역사적 변증법의 효과이다.

제10장
'중국의 길'의 '도(道)'의 조리 분석

마르크스주의는 인민의 이론이고, 과학적 이론이며, 역사의 검증을 받은 과학적 이론이다. 역사의 검증을 견디어 낼 수 있고, 이미 역사의 검증을 겪었던 과학적 이론이다. 중국의 역사와 인민은 최종적으로 마르크스주의를 선택하였다. 중국 공산당은 "자신의 실천 속에서 직접"[77] 마르크스주의를 운용하고 발전시킨 전문가가 되었다. 마오쩌둥 사상, 덩샤오핑 이론, '세 가지 대표'의 중요한 사상과 과학 발전관은 모두 중국 공상당인이 마르크스주의에 대한 중국화의 일련의 창조성적 성과이다. 마르크스주의 중국화 과정은 실제적으로 마르크스-레닌주의의 기본 원리와 중국의 구체적 실제, 시대적 특징이 결합된 과정이다.

제1절 마르크스-레닌주의의 보편적 진리와 중국의
구체적 실제의 결합은 보편적인 진리이다

마르크스-레닌주의의 기본 원리와 러시아 혁명의 구체적 실천이 결합되어 레닌주의가 탄생하였고, 10월혁명의 승리를 거두었으며 사회주의가 이상(理想)으로부터 현실로 되어 첫 번째 사회주의 국가가 건립되었다. 마르크스-레닌주의의 기본 원리와 중국 혁명의 구체적 실천이 결합되어 마

77《马克思恩格斯文集》第1卷, 人民出版社, 2009, 190쪽.

오쩌둥 사상이 탄생되었고, 중국 혁명의 승리와 신중국의 사회주의 건설을 지도하였다. 마오쩌둥과 중국 공산당원들은 예로부터 이러한 '결합'을 중시하였다. 그것은 "보편적 진리와 구체적 실제의 결합은 쉽지 않기"[78] 때문이다. '결합'하는 이 문제에서 당은 과거에 많은 손해를 보았고, 많은 잘못을 저질렀으며, 또 여러 차례 교조주의, 서책주의 또는 경험주의의 길로 나아가 중국의 혁명과 건설은 실패와 좌절을 겪게 되었다. 그러나 이 '결합'의 원칙은 당과 마오쩌둥 동지가 과거 혁명의 실패와 성공했던 경험에 근거하여 종합한 것이며, 또한 제7차, 제8차의 두 차례 당대표대회에서 동의한 것이다.

덩샤오핑은 1956년에 철학적 차원에서 "마르크스-레닌주의의 보편적 진리와 중국의 구체적 실제를 결합한다는 그 자체가 곧 보편적 진리이다"라고 요약하였다. "물론 이것은 하나의 원칙일 뿐이고, 원칙의 운용은 많은 구체적인 문제에 부닥칠 수 있다." "마르크스-레닌주의를 어떻게 각 시기의 구체적 상황과 결합시킬지는 끊임없이 해결해야 할 문제이다."[79]

I. 마르크스-레닌주의에서 어떤 원칙을 중국에 적용할 수 있는가?

긍정적인 것은 마르크스-레닌주의의 문구가 아니라 마르크스-레닌주의 중에서 인류사회 발전의 일반 법칙을 제시할 수 있는 보편적 진리 및 입장의 관점과 방법이다. 이러한 보편적 진리의 주요 내용은 다음과 같다. 마르크스, 엥겔스는 변증유물론과 유물사관을 창립하고 운용하여 인류사회의 발전 법칙에 대한 보편적 진리를 관찰하고 분석하였다. 레닌은 제국

---

78 《邓小平文选》第1卷, 人民出版社, 1994, 260쪽.
79 《邓小平文选》第1卷, 人民出版社, 1994, 258-259쪽.

주의 이론을 창립하고 운용하여 자본주의가 독점 단계로 발전한 이후 세계 경제정치가 새로운 상황에 직면한 사회주의 혁명과 건설의 보편적 진리를 관찰하고 분석하였다.

전자에는 주로 다음과 같은 내용이 포함된다. 인류 사회생활, 정치생활과 정신생활의 토대는 결국은 물질 생산의 상황에 의해 결정되고, 생산력과 생산관계의 모순은 역사발전의 진정한 원동력이며, 계급투쟁이 인류 역사발전 속에서의 역할 및 그 탄생, 발전, 소멸의 요건이며, 자본주의 멸망의 필연성과 사회주의 승리의 필연성의 '두 가지 필연성' 원리이며, 무산계급과 전 인류 해방의 경로를 제시했다. 첫째는 정권을 쟁탈하여 통치계급으로 상승하고 민주를 쟁취하는 것, 둘째는 박탈자를 박탈하고 생산수단 공유제와 각자가 능력을 다하여 일하고 노동의 양과 질에 따라 분배하는 사회주의 사회를 건립하는 것, 셋째는 생산력의 발전과 사상, 정치, 문화의 진보를 실현하여 근본적으로 계급차별을 소멸하고, 이러한 차별을 유발한 모든 생산관계를 소멸하며, 이러한 생산관계와 상응한 사회관계를 소멸하고, 이러한 사회관계가 초래한 낡은 관념을 변화시킴으로써 인류로 하여금 최종적으로는 각자 능력에 따라 일하고, 수요에 따라 분배받는 사회에 진입하게 하며, 사람을 최종적으로 자기 사회의 주인, 자신의 주인, 자유가 전면적으로 발전하는 사람으로 되게 하는 것 등이다.

후자에는 주로 다음과 같은 내용이 포함된다. 자본주의 발전의 불균형 법칙을 제시하고, 사회주의 혁명은 제국주의 통치 체인의 빈약한 고리에서 한 국가가 먼저 승리할 수 있다는 이론을 제기하였으며, 마르크스, 엥겔스의 무산계급 독재와 무산계급 정당에 대한 이론을 발전시켰으며, 민주혁명이 사회주의 혁명으로 전환하며, 식민지 문제의 새로운 사상을 제기하였다. 사회주의 건설 법칙의 탐색과정에서 가치법칙을 이용하여 상품경제를 발전시키고 합작제를 실시하며, 생산력 발전을 사회주의의 근본적 임무와 가장 중요한 임무로 삼았고, 사회주의 사회의 발전은 점진적이고 단계적인 것이다 등의 사상이다.

Ⅱ. 중국 공산당의 마르크스-레닌주의에 대한 계승과 발전

중국 공산당원은 중국 혁명, 건설과 개혁개방의 서로 다른 시기에 성공적으로 마르크스-레닌주의의 기본 원리를 중국 혁명, 건설과 개혁개방의 구체적 실천과 결합시켰고, 시대와 함께 전진하면서 어떤 것이 반드시 장기적으로 견지해야 할 마르크스주의 기본 원리이고, 어떤 것이 새로운 실제를 결합하여 풍부하게 발전시켜야 하는 이론적 판단이며, 어떤 것이 반드시 타파해야 할 마르크스주의에 대한 교조주의적 이해이고, 어떤 것이 반드시 분명해야 할 마르크스주의 이름 아래 붙여진 잘못된 관점인지를 명확히 하였다. 그리고 변화하는 실천에 맞추어 마르크스주의를 심도 있게 배우고, 발전시키고 혁신할 것을 제창함으로써 "자각적으로 사상인식을 시대적으로 맞지 않는 관념, 방법과 체제에서 해방시키고, 마르크스주의에 대한 잘못되고 교조적인 이해에서 해방시키고, 주관주의와 형이상학의 질곡에서 해방시키는" 이론 창신(創新)의 경지에 도달했다.

중국 공산당원의 마르크스-레닌주의에 대한 발전은 마오쩌둥 사상과 덩샤오핑 이론, '세 가지 대표'의 중요한 사상과 과학적 발전관을 포함한 '중국 특색 사회주의' 이론체계에서 구현된다. 마오쩌둥 사상과 '중국 특색 사회주의' 이론체계와 같은 중국화된 마르크스주의의 지도 하에 중국 공산당은 전국 각 민족과 인민을 이끌고 민족 독립과 부흥, 국가 해방과 부강, 인민 부유와 행복의 발전의 길로 걸어 나갔다.

무엇 때문에 네 개의 단계적 이론 성과가 탄생할 수 있었는가? 첫째, 마르크스주의는 과학적 이론체계로서 절대적인 것이 아니라 상대적인 것이고, 침체되고 폐쇄적인 것이 아니며 개방되고 발전된 것이기 때문이다. 그러나 그중의 기본적 관점과 방법은 항구 불변한 것이고 변하는 것을 용납하지 않는다. 둘째, 마르크스주의는 실천적 이론으로서 반드시 객관적 실제와 실천을 밀접히 연결시켜야 하고 항상 실천 속에서 끊임없이 발전한다. 이것이 마르크스주의의 본질이자 강대한 생명력의 원천이다. 셋째, 마르크스주의의 구체적 원리는 모두 어느 역사 단계의 어느 또는 어떤 종류의 구체적 문제를 관찰하고 해결하는 과정에서 제기된 것이고, 이는 언제나 일정한 역사적 조건과 연계된다.

중국 공산당의 역대 중앙영도집단은 성공적으로 마르크스주의의 기본 입장, 관점과 방법을 운용하여 중국의 서로 다른 역사 시기의 중심 문제를 해결하였다. 구체적 원리를 운용할 때, 이 원리가 탄생된 구체적인 역사 조건, 시간과 공간 조건 및 중국의 발전 변화를 연결시켰고, 교조적이고 임의적으로 옮긴 것이 아니라 중국의 각 역사 단계에 나타난 문제를 둘러싸고 완전하고 정확한 마르크스주의의 과학체계로 중국의 혁명, 건설과 개혁개방 실천을 지도하였으며 중국 특색이 있고 더욱 구체화된 중국화 마르크스주의로 발전시켰다.

중국 공산당은 혁명 시기에 세 차례의 '좌'경적 착오로 인하여 전면적으로 사회주의를 건설하는 시기에도 장기적인 '좌'경적 착오로 혁명과 건설이 크게 실패와 좌절을 겪었다. 그러나 개혁개방 과정에서 동유럽과 소련 사회주의 국가처럼 급변되지 않고 해체되지 않은 것은 중국 공산당이 마르크스-레닌주의의 기본 원리와 중국의 구체적 실제를 결합시켜 역사 단계별로 역사적 문제와 임무를 해결하는 덩샤오핑 이론, '세 가지 대표'의 중요한 사상과 과학적 발전관을 시의적절하게 창조해냈기 때문이다. 중국이 사회주의 건설 시기에 범한 엄중한 착오, 그리고 소련과 동유럽이 1980년대 말 1990년대 초에 발생한 급변은 마르크스주의와 과학적 사회주의의 실패를 증명할 수 없다. 반대로 전통적 사회주의 모델이 사회주의 현실에 이미 적응하지 않는다는 것을 마침 증명했고, 교조주의의 경직된 모델의 실패이고 사회주의 발전 과정에서 나타난 새로운 정황과 새로운 문제에 대해 신속하고 창조성 있게 개혁하지 못하여 경직된 사회주의 체제의 실패를 초래한 것이다.

마오쩌둥의 '중국의 길'에 대한 이론적 공헌은 주로 징강산(井岡山)의 길과 옌안(延安)의 길을 포함한 신민주주의 혁명의 길, 사회주의 개조의 길, 나아가 '중국 특색 사회주의 길'에 대한 요지 탐색을 개척한 데 있다. 구체적으로는 다음과 같다.

1. 혁명의 절차와 전도에서 반식민지 반봉건사회 성격이 중국 혁명이 반드시 두 단계로 나누어 가야 할 것을 결정했으며, 첫 번째 단계는 민주 혁명이고, 두 번째 단계는 사회주의 혁명이다. 이것은 성격이 서로 다른 두 혁명이고, 또 서로 연관되어서 그리고 이 두 혁명은 "한꺼번에 다 완성할 수도 없고", "두 혁명 사이에 자산계급의 독재 단계를 끼워 넣을 수도 없으며",[80] 그 앞날은 사회주의라고 지적하였다.

2. 혁명의 영도력에서 신민주주의 혁명의 영도권은 무산계급에 속하며, "중국 공산당의 영도를 떠나면 어떠한 혁명도 성공할 수 없다"[81]는 것을 강조하였다.

3. 어떤 사람을 위하는가 하는 문제에서 인민이 역사와 미래를 창조하며 모든 것은 인민의 이익으로부터 출발하고 인민을 위해 봉사하는 인민관을 제기하였다.

4. 혁명의 의지와 힘에서 "중국 무산계급, 농민, 지식인과 기타 소자산계급은 곧 국가 운명을 결정하는 기본 세력이다"라고 지적하고, 무산계급

---

80 《毛泽东选集》第2卷, 人民出版社, 1991, 685쪽.
81 《毛泽东选集》第2卷, 人民出版社, 1991, 651쪽.

이 영도하는 노동자, 농민 동맹을 기초로 민족자산계급을 연합하고, 특별한 조건 하에 또 일부 자산계급과도 연합하여 광범한 통일전선을 결성하여야 하며, 통일전선 중에서 중국 공산당은 반드시 독립자주의 원칙과 연합하고 투쟁하는 책략을 견지할 것을 제시했다.

5. 작업 방법에서 모든 것은 군중에 의지하고, "모든 것은 군중을 위한 것이며, 군중 속에서 나와 군중 속으로 가는" 군중 노선을 지적하였다.

6. 혁명 지도 사상에서 신민주주의 혁명은 마르크스주의 사상을 지도로 하고, 그렇지 않으면 반제 반봉건 정치혁명과 문화혁명의 승리를 보장할 수 없다고 강조하였다.

7. 중국 혁명과 국제 무산계급의 관계에서 중국 혁명은 국제 무산계급과 각국 인민의 지원이 필요하지만 "중국 혁명투쟁의 승리는 중국 동지들을 통해 중국의 상황을 파악해야 하며"[82] 중국 인민 자신의 실천에 의해야 한다고 지적하였다.

8. 신민주주의 혁명이론을 제기하고 신민주주의 혁명의 정치, 경제와 문화강령을 제정하였다. 그리고 처음으로 체계적으로 중국이라는 경제문화가 낙후한 반식민지 반봉건 동방대국에서, 무산계급은 어떻게 혁명을 진행해야 하는지의 일련의 문제에 대답하고 새로운 사상과 관점으로 마르크스-레닌주의를 계승하고 발전시켰다. 신중국이 성립된 후 마오쩌둥은 국가학설에서 노동자계급을 영도로 하고 노동자농민동맹에 기초한 인민민주독재를 수립하는 이론을 제기하였다.

9. 사회주의 혁명에서 생산수단의 사유제에 대한 사회주의 개조와 사회주의 공업화를 동시에 추진하는 방침을 제기하고, 나아가 여러 형식의 국가자본주의를 통해 자본주의 공상업과 자산계급에 대한 평화적 개조

---

82 《毛泽东选集》第1卷, 人民出版社, 1991, 115쪽.

사상, 그리고 상호 합작으로 개체 농민과 개체 수공업을 집단화의 길로 인도하고 중국 특색이 있는 사회주의 개조의 길을 개척하였다.

10. 사회발전의 단계에 대한 인식에서 사회주의는 '발달하지 못한'과 '비교적 발달한'의 두 단계로 나뉜다는 사상을 제시하였다.

11. 사회주의 모순에 대한 인식에서 사회주의 기본 모순과 운영시스템 사상과 인민 내부의 모순을 정확히 처리하는 이론을 제시하였다.

12. 사회주의 건설 문제에서 정부, 지방, 개인 3자의 적극성을 발휘해야 한다는 이론과 중앙이 지방에 권리를 분리하고 기업의 자주권을 확대하는 이론을 제시했다. 자본주의를 소멸시키면서 다양한 경제 성분이 병존하는 것을 허용하고, 사회주의 시기의 상품생산, 상품교환은 존재해야 할 뿐 아니라 더욱 발전시켜야 한다고 제시하였다. "상품생산이 어떤 경제제도와 연결되는가를 보아야 하는데 자본주의 제도와 연결되면 자본주의의 상품생산이고, 사회주의 제도와 연결되면 사회주의 상품생산이다."[83] 맹목적으로 계획을 숭배하지 말고 자본주의 국가의 선진적 과학기술과 기업관리 중에서 과학적인 것을 배워야 한다.

13. 공산당은 민주당파와 장기적으로 공존하고 서로 감독해야 함을 제시하였다. 마오쩌둥의 사회주의 건설 과정에서 탐색한 독창적 이론 성과는 새로운 시기에 개척한 '중국 특색 사회주의 길'을 위해 소중한 경험, 이론 준비, 물질적 기초를 제공하였다.

덩샤오핑의 '중국 특색 사회주의 길'에 대한 이론 공헌은 주로 덩샤오핑 이론을 이론적 형태로 하고 '무엇이 사회주의이고, 어떻게 사회주의를 건설할 것인가' 하는 기본 문제를 둘러싸고 점진적으로 전개되었다. 구체적으로는 다음과 같다.

---

83 《毛澤東文集》第7卷, 人民出版社, 1999, 439쪽.

1. 사상해방, 실사구시, 사회적 실천을, 진리를 검증하는 유일한 기준으로 삼는다는 관점.

2. 사회주의 건설은 반드시 본국의 국정에 근거하여 자신의 길을 걸어야 한다는 관점.

3. 경제문화가 낙후한 조건 하에 사회주의 건설은 반드시 아주 긴 초급 단계가 있어야 한다는 관점.

4. 기본 노선은 백 년 동안 관철되어야 하고 흔들려서는 안 된다는 관점.

5. 사회주의 근본 임무는 생산력을 발전하는 것이고, 반드시 역량을 집중시켜 현대화를 실현해야 한다는 관점.

6. 사회주의 본질은 생산력을 해방하고 "생산력을 발전시키고 착취를 소멸하며 양극화를 해소하여 최종적으로 공동부유에 도달한다"[84]는 관점.

7. 사회주의 경제는 공유제를 토대로 하는 시장경제라는 관점.

8. 개혁은 사회주의 사회가 발전하는 중요한 동력이고 대외 개방은 사회주의 현대화를 실현하는 필요한 조건이라는 관점.

9. 개혁개방을 판단하는 '세 가지 유익성의 여부(三個有利於)'(사회주의 사회의 생산력 발전에 유익한가, 사회주의 국가의 종합 국력의 중강에 유익한가, 인민의 생활수준을 제고하는데 유익한가)에 관한 관점.

10. 사회주의 현대화 건설의 '3단계' 전략 절차에 관한 관점.

11. 사회주의 민주정치와 사회주의 정신문명 건설은 사회주의의 중요한 특징이라는 관점.

12. 네 가지 기본 원칙을 견지하는 것과 개혁개방의 총방침을 견지하는 두 가지 기본점을 서로 결합하고 어느 하나라도 없어서는 안 된다는 관점.

84《邓小平文选》第3卷, 人民出版社, 1993, 373쪽.

13. '하나의 국가, 두 가지 제도'로 국가 통일을 실현한다는 관점.

14. 집정당의 당풍은 당의 생사존망과 관계된다는 관점.

15. 독립자주, 완전평등, 상호존중, 서로 내부 사무를 간섭하지 않는 원칙에 따라 외국 공산당과 기타 정당 간의 관계를 발전시킨다는 관점.

16. 사회주의는 반드시 대담하게 인류사회가 창조한 모든 문명 성과를 흡수하고 참고하며, 현재 세계 각국의 자본주의 선진 국가를 포함한 현대화 생산법칙을 반영한 선진적 경영방식과 관리방법을 흡수하고 참고해야 한다는 관점.

17. 우(右)를 경계하되 주로 '좌(左)'를 방지해야 한다는 관점.

18. 두 손으로 잡되 두 손이 모두 단단해야 한다는 관점.

19. 무산계급 독재정치에 의거하여 사회주의 제도를 보호한다는 관점.

20. 젊은 지도자를 양성하고, 덕과 재능을 겸비한 인재를 선발한다는 관점.

21. 사회주의가 긴 과정을 거쳐 발전하면 자본주의를 대체하게 된다는 것은 사회 역사를 되돌릴 수 없는 총 추세라는 관점.

22. 평화와 발전은 현재 세계의 두 가지 큰 주제이고, 중국은 패권주의와 강권정치를 반대하고 세계평화를 수호한다는 관점.

이러한 관점들은 처음으로 비교적 체계적으로, 초보적으로 중국처럼 경제문화가 낙후한 국가가 어떻게 사회주의를 건설하고, 어떻게 사회주의를 공고히 하고 발전시킬 것인가에 관한 기본 문제에 대답하여 마르크스-레닌주의와 마오쩌둥 사상을 계승 발전시켰다.

쟝쩌민의 '중국 특색 사회주의 길'에 대한 이론 공헌은 주로 '무엇이 사회주의이고, 어떻게 사회주의를 건설할 것인가'에 대한 문제를 계속하여 대답하는 기초 위에서 '세 가지 대표'의 중요한 사상을 이론 형태로 하여 "어떤 당을 건설하고, 어떻게 당을 잘 건설할 것인가" 하는 중대한 과제에 창조적으로 대답했다. 쟝쩌민은 왜 당의 건설을 집정 시기의 핵심 임무와 돌파구로 여겼는가? 이는 중국 문제의 핵심은 당에 달렸기 때문이었다. 1989년 6월 16일, 덩샤오핑은 중앙영도와의 담화에서 이렇게 지적하였다. "상무위원회는 정신을 집중하여 당의 건설을 잡아야 한다. 이 당을 마땅히 잡아야 하며 잡지 않으면 안 된다."[85] 1992년 남방시찰 시 덩샤오핑은 "중국이 문제가 생긴다면, 그래도 공산당 내부에서 문제가 생긴다"[86]고 재차 강조하였다.

위난(危難)에 수임한 쟝쩌민은 진지하게 "정신을 집중하여 당의 건설을 잡는다"는 것을 중심으로 하고, 일련의 '중국 특색 사회주의' 건설 과정에서 당건설의 사상 및 당의 건설을 둘러싼 사상이론 등을 잇따라 제기하였다. 구체적으로 다음과 같이 체현된다.

1. 우리 당은 중국 선진 생산력의 발전 요구를 대표하고, 중국 선진문화의 전진 방향을 대표하고, 중국의 광대한 인민의 근본 이익을 대표하는 것을 반드시 견지해야 하는 것을 제시하였다.

2. 당은 언제나 '세 가지 대표'를 우리 당의 입당(立黨)의 근본, 집권의 기초, 힘의 근원으로 해야 하는 것을 제시하였다.

3. '새로운 3단계' 발전 전략을 확정하였다.

4. 중국 공산당은 "중국 노동자계급의 선봉대, 동시에 중국 인민과 중화민족의 선봉대"임을 제시하였다.

5. 당의 집정 능력 건설을 강화하고 당의 영도 수준과 집정 능력을 제고할 것을 제시하였다.

6. "한 가지를 중심으로 하고, 세 가지에 착안하는"[87] 이론과 실제를

---

85 《邓小平文选》第3卷, 人民出版社, 1993, 314쪽.
86 《邓小平文选》第3卷, 人民出版社, 1993, 380쪽.
87 "한 가지를 중심으로 하고, 세 가지에 착안하는" 것이란, 쟝쩌민이 제15차 전당

연결시키는 마르크스주의 학풍을 견지할 것을 제시하였다.

7. 새로운 형세에 적응하여 각 계층 각 분야의 우수한 사람들을 받아들여 입당시켜야 한다는 것을 제시하였다.

8. '네 가지를 어떻게 인식할 것인가'라는 사회주의 기본 이론 문제를 깊이 연구할 것을 제시하였다. 즉 "어떻게 사회주의 발전의 역사 과정을 인식하고, 어떻게 자본주의 발전의 역사 과정을 인식하며, 어떻게 중국 사회주의 개혁 실천이 사람들의 사상에 대한 영향을 인식하고, 어떻게 현재 국제 환경과 국제 정치투쟁이 가져다 준 영향을 인식할 것인가이다."

9. 1980년대 후기 당의 건설 역량이 감소되는 문제에 초점을 맞추어 새로운 시기의 당 건설의 새롭고 위대한 사업을 강화할 것을 제기하였다. 즉 "당을 '중국 특색 사회주의' 이론으로 무장시키고, 전심전의로 인민을 위해 봉사하고, 사상적으로, 정치적으로, 조직적으로 완전히 공고하여, 각종 위험을 이겨낼 수 있고, 시종 시대에 앞서가는 마르크스주의 정당으로 건설하는 것이다."

10. 당의 역사적 방위(方位)를 잘 파악하고, 개혁의 정신으로 당의 건설을 강화함으로써 당의 영도 수준과 집정 수준을 제고하는 것을 확실히 해결하며, 부패를 거부하고 변절을 방지하며, 위험에 저항할 수 있는 능력을 제고시키는 두 가지 역사적 과제를 제시하였다.

11. 공산당의 영도(領導)를 견지하고, 당의 영도제도, 영도 기풍과 영도 방법을 끊임없이 개선하고, 당의 정치사상, 이론과 조직건설을 강화하여 당이 사회주의 사업의 강한 영도 핵심으로 될 것을 제시하였다.

대표대회 보고에서 제기한 반드시 중국의 개혁개방과 현대화 건설의 실제 문제, 우리가 지금 하고 있는 일을 중심으로 하고, 마르크스주의 이론의 운용에 초점을 맞추고, 실제 문제의 이론적 사고에 초점을 맞추고, 새로운 실천과 새로운 발전에 초점을 맞추어야 하는 것이다.

후진타오의 '중국 특색 사회주의 길'에 대한 이론적 공헌은 주로 '과학적 발전관'을 이론 형태로 하여 새로운 시기에 '어떤 발전을 실현하고, 어떻게 발전하는가'에 관한 새로운 과제를 진일보 사고하고 탐색한 것에 있다. 당의 16차 당대회 이후, 후진타오를 총서기로 하는 당 중앙은 덩샤오핑 이론과 '세 가지 대표'의 중요한 사상의 위대한 기치를 높이 들고, 당과 국가의 사업 발전의 전체 국면에 착안하고, 국내외 형세의 발전 변화에 근거하여 실천 기초에서의 이론적 혁신을 끊임없이 추진하고, 일련의 중대한 전략사상을 제기하였다. 구체적으로 다음과 같이 구현된다.

1. 과학적 발전관이다.

2. 사회주의 조화로운 사회를 건설한다.

3. 사회주의 신농촌을 건설한다.

4. 혁신적인 국가를 건설한다.

5. 자원절약형, 환경우호형 사회를 건설한다.

6. 당의 집정 능력 건설을 강화한다.

7. 평화적 발전의 길을 걷고, 조화로운 세계를 건설하는 것을 견지한다.

8. 공산당원의 선진적 건설을 강화한다.

9. 사회주의 핵심적 가치체계를 건설한다.

10. 사회주의 영욕관(榮辱觀)을 수립한다.

11. '5위일체(五位壹體)'의 총체적 구도를 추진한다.

12. 샤오캉(小康) 사회를 전면적으로 건설하는 것과 신형 공업화의 길을 걷는다.

시진핑은 중국이 전면적인 샤오캉 사회 건설에 진입하는 결정적 단계에서 중국 정치무대의 중앙에서 전 중국, 전 세계 인민의 주목 하에 역사의 바통을 받아 쥐고 세계무대의 선두에 섰다. 시진핑은 이 새로운 역사적 기점에 서서 치국(治國)과 집정(執政) 이념에서 일련의 사상을 제기하여

'중국 특색 사회주의' 이론체계를 풍부화하고 발전시켰다. 구체적으로 다음과 같이 구현된다.

1. "국가부강, 민족진흥, 인민행복"의 '중국꿈' 사상을 제시하였다. 즉 "'중국꿈'은 결국 인민의 꿈이며, 반드시 인민에 의하여 실현되어야 하며, 반드시 끊임없이 인민을 행복하게 해주어야 한다", '중국꿈'을 실현하는 경로는 반드시 중국의 길을 걸어야 하고, 반드시 중국 정신을 발휘해야 하며, 반드시 중국의 힘을 응집시켜야 한다고 주장하였다.

2. "쇠를 두드리려면 망치가 더 단단해야 한다"고 제시하였다.

3. "의법치국(依法治國)은 우선적으로 헌법에 따라 나라를 다스리는 것이고, 의법집정(依法執政)의 관건은 헌법에 따라 집정하는 것이다"라고 강조하였다.

4. 농업생산 경영체계의 혁신을 진행하고 적당한 방식으로 통일적으로 분배하는 것을 결합하는 가정도급책임제의 통일적 면을 강화할 것을 제시하였다.

5. 국가를 다스리는 체계와 다스리는 능력의 현대화를 추진할 것을 제시하였다.

6. 시장으로 하여금 자원 배치에서 결정적 작용을 발휘하는 것과 정부의 작용을 더욱 잘 발휘할 것을 지시하였다.

7. 부패를 반대하는 면에서 각급 규율검사위원회의 감독권의 상대적인 독립성과 권위성을 확보할 것을 지시하였다.

8. 물질생산은 사회역사 발전의 결정적 요소이지만 상부 구조도 경제적 기반에 반작용을 하고 생산력과 생산관계, 경제적 기반과 상부구조 간 사이에 작용과 반작용이 있는 현실적 과정은 일방적이고 단순한 결정과 결정되는 논리가 아니라는 것을 지적하였다.

9. 당의 건설에서 당을 엄하게 다스리고 '호랑이', '파리'를 동시에 일

망타진하고, 돌을 밟으면 발자국을 남기고, 철을 잡으면 손자국을 남기는 끈기로 당의 작풍건설을 틀어쥐는 것을 견지해야 하며 공산당은 민주 협상을 충분히 발휘하고 날카로운 비평도 받아들일 수 있고 관(官)은 성품이 있어야 하고 "관(官)과 상(商)은 어깨동무해서는 안 되고" 공산당원은 이상(理想) 신념이 없으면 정신적으로 '칼슘이 부족'해진다는 것을 지적하였다.

10. 국가전략 방면에서 근본적 문제에서 전체를 전복시키는 착오가 절대로 발생해서는 안 된다는 것을 역설하였다.

11. 간부 심사 방면에서 간단히 국내총생산 증가율로 영웅을 논해서는 안 된다는 것을 제시하였다.

12. "인민을 위해 봉사하고, 담당해야 할 책임을 담당하는" 집정 이념을 제시하였다.

13. 개혁개방은 오직 진행형만 있지 완성형은 없다는 것을 강조하였다.

14. 이데올로기 작업은 당의 극히 중요한 작업이라는 것을 지적하였다.

마오쩌둥 사상과 덩샤오핑 이론, '세 가지 대표'의 중요한 사상, 과학적 발전관을 포함한 '중국 특색 사회주의' 이론체계는 중국 공산당이 마르크스주의 기본 원리를 중국의 구체적 실제와 시대 특징을 결합시켜 '중국의 길'을 개척하는 과정에서 실현한 마르크스주의 중국화의 두 번째 역사적 비약 속에서 만들어진 두 개의 중대한 이론 성과이다. 이 이론들은 중국 공산당과 중국 인민이 '중국의 길', 특히 오늘의 '중국 특색 사회주의 길'을 따라 중화민족의 위대한 부흥의 실현을 지도하는 정확한 이론이다. 이 이론들은 또한 마르크스-레닌주의와 일맥상통할 뿐 아니라 동시에 시대의 발전과 함께 하는 것이다.

제2절 1956년의 마오쩌둥 '사상이론 유산'과 '중국 특색 사회주의'

마오쩌둥은 사회주의 건설을 탐색하는 20년(1956~1976) 동안 거대한 성과를 거두었고, 우여곡절을 겪었으며, 동시에 국정과 '소련을 거울로 삼는다'에 근거하여 독창적 사상이론을 적지 않게 제기하였고, 새로운 역사 시기에 '중국 특색 사회주의' 길을 열 수 있도록 물질적 토대와 귀중한 경험, 이론적 준비를 제공하였다. 덩샤오핑은 1981년에 "지금 우리는 마오쩌둥 동지께서 이미 제기했으나 하지 않은 일을 하고, 그가 반대한 틀린 것을 고치고, 그가 잘하지 못한 일을 잘하는 것이다. 앞으로 상당 기간 우리는 이 일을 할 것이다. 물론 우리도 발전이 있을 뿐 아니라 지속적으로 발전해야 한다"[88]고 지적하였다.

이 절에서는 주로 개혁개방 전후 두 개 역사 시기의 계승성 측면에서 마오쩌둥이 1956년에 남긴 사상이론이 '중국 특색 사회주의 길'에 대한 영향과 역할을 사고한다. 하나는 "이미 제기했지만, 하지 않았던 것"인데, 개혁개방 중에서 회복해서 하고 있는 아울러 어느 정도 발전된 사상이론이며, 또 하나는 했지만 "잘하지 못한 것"인데, 개혁개방 과정에서 계속 견지하고 아울러 어느 정도 발전된 사상이론이다. 물론 마오쩌둥은 1956년에 많은 가치있는 사상이론을 제시하였다. 그중 일부 사회주의 건설과 개혁개방에 일관된 사상이론, 그리고 일부 실천을 거쳐 증명된 잘못된 사상이론은 여기에서 다루지 않는다.

1956년에 제시한 적지 않은 독창적 사상이론은 국내·국제 환경과 조건의 급변과 영도사 인식이라는 역사적 한계 때문에 소중한 '유산'이 되

---

[88] 《邓小平文选》第2卷, 人民出版社, 1994, 300쪽.

었고, 20여 년이 지나서야 잘 계승되고 발전되었다. 시진핑 총서기는 2013년 '1·5'강화에서 개혁개방 전후의 두 개 역사 시기는 "절대 서로 나누어진 것이 아니고 근본적으로 대립되는 것은 더 아니며 개혁개방의 역사 시기로 개혁개방 전의 역사 시기를 부정해서는 안 되며 개혁개방의 역사 시기로 개혁개방 후의 역사 시기를 부정해서도 안 된다"[89]고 제시하여 이론의 계승과 발전을 위한 좋은 해석이 되었다. 개혁개방 전과 개혁개방 후 두 개의 역사 시기는 본질적으로 모두 당이 인민을 영도하여 '중국 특색 사회주의 길'에 대한 실천적 탐색이다.

I. 1956년 국내·국제 환경의 심각한 변화는 마오쩌둥 '사상이론 유산'의 발생에 풍요한 토양을 제공했다

마오쩌둥의 사회주의 건설에 관한 '사상이론 유산'은 주로《무산계급 독재정치에 관한 역사적 경험》(1956년 4월 5일),《10대 관계를 논함》(1956년 4월 45일),《당의 8대 정치보고 결의》(마오쩌둥이 친히 서류 작성 작업을 주최했고 많은 문서 작성 원칙과 구체적인 수정 의견을 제출하였다. 1956년 9월 27일),《무산계급 독재의 역사 경험을 다시 논함》과《인민 내부 모순을 정확하게 처리하는데 관한 문제》[90](1957년 2월 27일) 등 일련의 문헌에서 구체화되었다.

---

89 2013년 1월 5일 시진핑이 중앙위원회의 위원, 후보위원이 당의 제18차 전체대표대회 대정신을 학습하는 세미나 개강식에서의 연설:《毫不动摇坚持和发展中国特色社会主义, 在实践中不断有所发现有所创造有所前进》,《人民日报》2013년 1월 6日.
90 무엇 때문에《인민 내부 모순을 정확히 처리할데 관한 문제》를 중요한 문헌 중의 하나로 지정하는가? 이 글의 주요 사상 관점은 1956년에 이미 형성되고 성숙되었다. 단지 글은 1957년 2월에 완성되었고, 1957년 6월 19일자《인민일보》에 공개적으로 발표였다.

1956년 마오쩌둥의 '사상이론 유산'을 주목하고 연구하는 이유 중의 하나는 이 소중한 '사상이론 유산'을 지속적으로 더 잘 계승하기 위해서 이고 또 다른 하나는 '중국 특색 사회주의' 길이 개혁개방 전후 두 개 시기의 사상이론에서의 접속관계를 분명히 하기 위해서이다. 사회주의 건설의 사상이론과 실천에서 당은 많은 작업을 하였고 성과를 거두었으며 유감과 교훈도 남겼다. 마오쩌둥이 1956년에 제시한 사회주의 건설의 '사상이론 유산'을 어떻게 비교적 완전하게 이해하고 '중국 특색 사회주의'의 앞으로의 실천 과정에서 계승할 것인가?

덩샤오핑의 두 마디가 그 답을 주었다. 한마디는 "3중전회 이후 우리는 마오쩌둥 동지의 정확한 것을 회복하였다"는 것이고, 다른 한마디는 "앞에서 언급한 것과 같이 지금 우리는 마오쩌둥 동지가 이미 제기하였지만 하지 않은 일을 하기 시작했고, 그가 반대한 틀린 것을 고치고, 그가 잘하지 못한 것을 잘하는 것이다." 그러나 마오쩌둥의 구체적인 사상 관점을 연구할 때 마오쩌둥이 당시에 처한 특정 사회경제적 전제와 여건의 한계성을 이탈해서는 안 될 뿐 아니라 이탈할 수 없으며, 마오쩌둥을 포함한 지도자들이 사회주의 건설에 대한 인식의 역사적 국한성을 이탈해서도 안 된다. 혁명전쟁 시기든 사회주의 건설 시기든 마오쩌둥도 단지 하나의 의지로 이러한 창조에 참여하였을 뿐이며, 마지막 '역사적 결과'는 여러 개로 심지어 무수한 '의지' '합력'으로 이루어졌다.

그렇다면 1956년은 어떠한 국내·국제 환경이었는가? 국내에서는 사회주의 개조가 완성되고 사회주의 기본 제도가 건립되고 첫 번째 5개년계획 임무도 앞당겨 완성되고, 전국 각지 각 계층에서는 경제, 정치, 문화사상 면에서 적극적으로 향상하는 형세였으며, 동시에 전국성적인 노동자 파업, 학생의 휴교 시위, 농민의 퇴사 등 문제가 나타났다. 국제 방면에서는 1956년 2월 후루시초프가 소련 공산당 제20차 대표대회 기간에 스탈린

개인 숭배의 비밀을 폭로한 사건 이후, 잇따라 1956년 6월과 10월에 '폴란드 사건'과 '헝가리 사건'이 일어났다.

1956년 국내·국제 형세의 이러한 심각한 변화는 마오쩌둥과 기타 지도자들이 중국의 사회주의 건설의 길을 어떻게 걷는가에 관한 문제를 적극 사고하게 하였고 일련의 사상이론을 제기하게 하였다. 이러한 사상이론은 대부분 1957년에 시작된 '좌'의 잘못으로 실천에 잘 옮겨지지 않아서 '사상이론의 유산'이 된 경우가 많다.

문헌 중에 방치된 '이미 제기는 했는데 하지 않은 것'과 '잘하지 못한 것'의 정확한 사상이론은 11기 3중전회 이래 개혁개방 과정에서 회복되고 발전되었으며, '중국 특색 사회주의 길'의 성공적 개척에 중대한 이론적 공헌을 하였다.

Ⅱ. '이미 제기했는데, 하지 않은 것'의 정확한 사상이론은 개혁개방 중에서 '하기 시작'되고 발전되었다

1956년, 국내·국제 형세의 심각한 변화와 마오쩌둥 개인의 사회주의 건설법칙에 대한 인식에서의 한계성으로 이미 제기되었지만 실천할 시간이 없어 하지 못한 채 문헌에 방치된 사상이론은 11기 3중전회 이래의 개혁개방 속에서 회복되고 발양되었다.

1. 당의 상임대표제도의 실행을 제기했다

당대표대회는 당과 국가 발전에서 중요한 역할을 한다. 어떻게 당의 각급 대표대회의 역할을 발휘하고 당의 대표대회로 하여금 정상화, 제도화되는가는 마오쩌둥이 8차 당대회 전후에 사고한 하나의 중요한 문제였다.

중국 공산당의 역사를 보면, 7대부터 8대까지 11년 동안 당대회를 소집하지 않았다. 마오쩌둥이 1955년 3월에 개최한 중국 공산당 전국대표회의에서 이 문제를 언급하였다. 그는 "당대표대회는 10년 동안 열리지 않았다. 물론 첫 5년은 열지 말아야 했다. 전란으로 어수선하고 또 '7대'를 열었기 때문이다. 그러나 후의 5년은 열 수 있었는데 열지 않았다. 열지 않은 것도 좋은 점이 있었다. 왜냐하면 '가오강 요우슈서(高崗: 饒漱石 事件) 문제'를 정확히 해결한 후에 열어야 했기 때문이다. 그렇지 않으면 그들은 또 '8대'를 이용하여 크게 문제를 만들 것이기 때문이다."[91]

소련 공산당의 역사를 보면, 스탈린은 1925년부터 점차적으로 레닌이 창도한 당대표대회 년(年)회의제를 취소하고, 레닌이 창립한 당대표대회 년회의제를 3년, 5년 심지어 13년만에 한번 개최하는 것으로 수정하고 당의 권력 중심을 당대회로부터 중앙정치국 심지어 개인 독단 수행으로 이전시켰다.[92]

중, 소 양당의 경험과 교훈에 근거하여 1956년 4월 28일, 마오쩌둥은 《중공중앙정치국 확대회의에서의 총결 강화(講話)》에서 《당장(黨章)》을 수정함을 논할 때, 당의 상임대표제도를 건립할 것을 제시하였다. 그는 "인민대표대회의 방법대로 당의 상임(常任)대표를 두는 것이 가능하지 않을까"라고 말하였다. 상임대표를 세우는 것은 어떠한 좋은 점이 있는가? 마오쩌둥은 "1년에 대표대회를 한번 열어도 된다. 우리는 이미 10년 동안 당대표대회를 열지 않았는데, 상임대표 제도가 있으면 매년 개회하지 않으면 안 된다. 이 방법을 채용하는 것을 고려해도 되지 않는가. 예를 들어 임기를 5년으로 하는 것이다"[93]라고 생각했다.

91 《毛澤東文集》第6卷, 人民出版社, 1996, 406쪽.
92 高放, 《从十个要点看苏联兴亡》, 《中共杭州市委党校学报》 2012, 5期.
93 《毛澤東文集》第7卷, 人民出版社, 1999, 54쪽.

그리고 덩샤오핑은 "대표 대회 상임제의 가장 큰 장점은 대표대회를 당의 최고 의사결정기관과 최고 감독기관으로 충분히 기능하게 하는 것이다. 그 효과는 몇 년에 한번 회의하고 매번 대표를 재선거하는 기존 제도로는 달성하기 어려운 것이며", "이러한 개혁은 필연적으로 당내 민주로 하여금 중대한 발전을 얻게 할 것이다"[94]라고 평가했다.

마오쩌둥의 건의는 중앙영도집단의 일치된 찬성을 얻었다. 1956년 9월 16일, 덩샤오핑은 당의 8차 당대회의《당의 장정(章程) 개정에 관한 보고》에서 이렇게 지적했다. "장기적으로 당 대표대회를 소집하지 않는 결점을 철저히 극복하기 위해서는 당의 민주생활을 더욱 높은 수준으로 제고하고 당 중앙위원회가 당장 초안(黨章草案)에서 근본적인 개혁을 결정했다. 즉 당의 전국, 성급과 현급 대표대회를 상임제로 개조하는데, 이는 각급 인민대표대회와 다소 유사하다."[95] 즉 전국 대표대회의 매회 임기는 5년이고, 성급 대표대회의 매회 임기는 3년이고, 현급 대표대회의 매회 임기는 2년이다. 이 3급 당대표대회는 매년 한 번씩 회의를 한다. 즉 년회의제를 실시하는 것이다. 매 5년, 3년, 2년마다 교체 시기에 대표를 재선거한다. 즉 대표상임제를 실시하는 것이다.

당대표대회 상임제 실시는 마오쩌둥을 핵심으로 하는 제1세대 중앙영도집단이 집권당 건설과 당내 민주발전을 강화하는 이론적 혁신과 제도적 혁신이고 마르크스주의 건당 학설에 대한 중대한 발전이다. 아쉽게도 당시의 역사 조건과 전당의 인식 수준의 한계로 이러한 제도적 설계를 실천 속에서 제대로 관철시키지 못했다.

개혁개방 이래 덩샤오핑을 핵심으로 하는 당의 제2세대 지도집단은 마오쩌둥의 의사에 따라 당대표대회 상임제의 탐색과 실천을 계속 심화

---

94 《邓小平文选》第1卷, 人民出版社, 1994, 233쪽.
95 《邓小平文选》第1卷, 人民出版社, 1994, 233쪽.

시켰다. 20세기 1980년대 말부터 중앙의 각 부서는 시, 현, 구에서 당대표대회 상임제의 시범 작업을 통해 좋은 성과를 거두었다. 이를 기초로 16차 당대회에서는 "시, 현에서 당의 대표대회 상임제의 시범 사업을 확대할 것을 결정하였다. 대표대회가 폐회 기간에 적극적으로 대표 역할을 발휘하는 경로와 형식을 적극 탐색하였다."[96]

17차 당대회에서는 계속하여 "당대표대회 제도를 완비하고 대표 임기제를 실시하고 일부 현(시, 구)을 선택하여 당대표대회 상임제를 시범적으로 시행할 것을 결정하였다."[97] 18차 당대회에서 다시 "당대표대회 제도를 완비하고 공인, 농민대표 비례를 높이고 대표 임기제를 실행하고 완비하며, 향, 진(鄕鎭) 당대표대회 년회제(年會制)를 실행하고 현(시, 구)의 당대표대회 상임제의 시범을 심화시키고 당대표대회 제안제(提案制)를 실행한다고 의결하였다."[98] 당내 민주 발전과 더불어 당대표대회 상임제는 점차 심화되고 점점 정상화, 제도화되었다.

2. 영도직무 종신제 폐지를 미리 준비, 중앙집단영도 체제를 탐색, 설계

1. 영도직무 종신제 폐지를 미리 준비: 중앙집단영도 체제를 구축하려면 우선 영도직무 종신제를 폐지해야 한다. 당의 최고지도자에 대해 임기제를 하느냐 아니면 종신제를 하느냐의 문제는 국제공산주의 운동사에서 잘 해결되지 못한 중대한 과제이고 사회주의 국가 집정당의 건설을 곤혹

---

96 江澤民, 《全面建设小康社会, 开创中国特色社会主义事业新局面－－在中国共产党第十六次全国代表大会上的报告》, 《人民日报》 2002年 11月 18日.

97 胡锦涛, 《高举中国特色社会主义伟大旗帜 为夺取全面建设小康社会新胜利而奋斗－－在中国共产党第十七次全国代表大会上的报告》, 《人民日报》 2007年 10月 25日.

98 胡锦涛, 《坚定不移沿着中国特色社会主义道路前进, 为全面建成小康社会而奋斗－－在中国共产党第十八次全国代表大会上的报告》, 《人民日报》 2012年 11月 18日.

케 하는 문제였다. 첫 번째 사회주의 국가인 소련에서 레닌과 스탈린은 종신제를 실시하였다. 이러한 방법은 기타 사회주의 국가의 공산당이 자연스럽게 그대로 본받게 되는 제도가 되었다. 이 어려운 문제를 해결하기 위하여 마오쩌둥은 영도직무 종신제를 폐지하고 영도직무 임기제를 실시하는 것을 적극적으로 검토하였다.

1953년 하반기, 마오쩌둥은 중앙영도층 내에서 중앙영도를 1선(線)과 2선으로 나누고 자신이 2선으로 물러날 것을 희망하였다. 1956년 여름 베이다이허(北戴河)에서 8차 당대회를 준비하는 과정에서 마오쩌둥은 자신이 국가 주석과 당의 주석을 하지 않을 구상을 중앙에 제기하였다. 회의 참가자들은 국가 주석을 하지 않는 구상은 가능하지만 당의 주석을 하지 않는다는 구상은 아직 불가능하고, 미래의 적절한 시기에 가능하다고 하였다. 그리하여 8대 '당장(黨章)'에는 필요한 경우 명예주석을 설치하는 표현이 있었다.[99] 9월 13일, 마오쩌둥은 7기 7중전회 제3차 회의에서 명예주석 직무를 설치할 것을 강력히 건의하였다. 그는 "나는 벌써 준비되었습니다. 적절한 시기에 주석을 담당하지 않을 것입니다. 동지들이 나에게 명예주석을 위임할 것을 부탁합니다. 명예주석은 일을 하지 않나요? 여전히 일을 합니다. 할 수 있는 것은 다 합니다"[100]라고 하였다. 이러한 마오쩌둥의 거듭 제의 하에 8차 당대회에서 통과한 《중국 공산당 장정(中國共産黨章程)》에 "중앙위원회가 인정하는 필요한 시기에 명예주석 1명을 설치할 수 있다는 규정"[101]이 들어가게 되었다.

어떤 의미에서 보면, 마오쩌둥은 당시 실제로 존재하는 영도직무 종신제를 폐지할 준비가 되어 있었다. 마오쩌둥의 이 구상은 비교적 긴 시기

99 龔育之, 《党史札记二集》, 浙江人民出版社, 2004, 317쪽.
100 《毛澤东文集》第7卷, 人民出版社, 1999, 111쪽.
101 中共中央办公厅编, 《中国共产党第八次代表大会文献》, 人民出版社, 1957, 834쪽.

의 준비와 검토를 거쳤다. 1959년 4월에 개최한 제2기 전국인민대표대회 회의에서 그는 국가 주석을 그만두고, 류샤오치(劉少奇)가 직무를 이어받아 자신이 국가 주석을 담당하지 않겠다는 구상을 실현하였다. 하지만 국내외 형세의 급격한 변화에 마오쩌둥은 당의 주석을 그만두겠다는 당초 구상을 다시 언급하지 않았다. 동시에 자신의 영도 지위와 영향력을 끊임없이 강화하고 있었다.

1980년, 덩샤오핑은 중앙정치국 확대회의에서 《당과 국가 영도제도의 개혁》이라는 연설을 했다. 연설 중 중요한 내용이 바로 원로간부 정년퇴직 제도를 실시하고 영도직무 종신제를 폐지하며 중앙고문위원회를 설립하여 영도 간부의 젊음화(年輕化)를 보증하자[102]고 제안하였다. 중앙고문위원회의 설치는 기존 중앙과 국무원의 상당수 노동지(老同志)가 '중앙위원회의 정치상의 조수와 참모'로서 "계속 일정한 역할을 발휘"하는 과도적 상황에서,[103] 당간부의 정년퇴직 제도와 신·로(新老) 간부의 합작과 교체 제도가 순조롭게 시행하는 것을 보장하는 것이다.[104] 개혁개방 이래 정치체제 개혁의 심화에 따라 당과 국가는 점차적으로 영도직무 종신제를 폐지하고 영도 간부가 정상적으로 퇴직하는 제도를 구축하여 마오쩌둥이 제기한 영도직무 종신제를 폐지하는 구상을 실현하였으며 사회주의 국가의 집권당 건설을 장기적으로 곤혹케 했던 역사적 난제를 해결하였다.

---

102 《邓小平文选》 第2卷, 人民出版社, 1993, 339쪽.
103 1982년 7월 30일, 덩샤오핑 동지는 또 중앙정치국 확대회의에서 "고문위원회를 설치하는 것은 과도적인 성격이다. 우리 당의 상황을 고려하면 우리 간부가 노화되고 있지만 오랜 간부는 당의 골간이기 때문에 이 문제를 너무 급히 처리해서는 안 되고, 급하다고 해결되는 것도 아니다"라고 제기하였다.
104 1989년 11월 9일, 13기 5중전회에서 덩샤오핑의 중앙군위주석 직위 사임 요청을 비준하고 덩샤오핑은 정치 중심에서 완전히 떠났다. 1992년 당의 14대에서 중앙고문위원회를 설치하지 않을 것을 결의하였다. 2기의 10년을 거쳐 중앙고문위원회는 역사적 사명을 영예롭게 완성하고 역사 무대에서 퇴장하였다.

2. 중앙집체 영도체제에 대한 탐색과 설계: 이러한 탐색과 설계는 주로 중공중앙정치국 상무위원회의 회복 및 관련 기구 개혁에서 구현된다. 1927년, 중앙은 중앙정치국 상무위원회를 설립했었고, 1934년에 중공중앙서기처로 개명하였으며, 1956년에는 또 중공중앙 정치국 상무위원회로 회복하였다. 1956년 중공중앙 정치국 상무위원회 회복은 마오쩌둥이 중앙집체(中央集體) 영도 방안을 설치하려고 검토할 때 제기한 것이다.

상무위원회를 설립하고 집체영도 체제를 형성하기 위해서는 반드시 부주석, 당의 총서기와 중앙서기처 등 관련 중앙기구의 잇따른 일련의 개혁이 필요하다. 1956년 4월 28일 마오쩌둥은 중앙정치국 확대회의에서 정부기구 개혁 문제를 제기하였다. 그는 "중앙에 한 명의 부주석을 설치할 것인가 아니면 몇 명의 부주석을 설치할 것인가에 대해 여러분들께 토론을 부탁한다. 류사오치(劉少奇) 동지는 몇 명의 부주석을 설치할 것을 제안하였으며, 지금의 이 당장 초안은 한 명의 부주석을 설치할 것을 규정하였다고 말했다."105 마오쩌둥의 이 의견은 재빨리 당장 개정 초안에 수록되었다. 5월 말 덩샤오핑이 기초한 중공중앙의《당장 개정 초안 토론에 관한 통지》에서 몇 명의 중앙 부주석을 증설하고 다른 성격의 서기처를 증설하는106 등 문제를 제안하고 각 지방당위원회의 주요 책임자들의 토론을 요청하였다.

8월 22일 중국 공산당 7기 7중전회의 제1차 회의가 베이징에서 개최되었다. 마오쩌둥은 중앙 영도기구의 구성에 대한 설명을 하였는데 주로 "나라의 안전과 사업의 편리를 위하여 장벽을 몇 겹으로 준비했는데 총서

---

105 《毛泽东文集》第7卷, 人民出版社, 1999, 54쪽.
106 중국 공산당 제7기 중앙위원회를 설립한 중앙서기처는 후에 설립한 중앙정치국 상무위원회와 같다. 중국 공산당 제8차 대표대회 후 설립한 중앙서기처는 중앙 정치국과 정치국상무위원회 영도 하에 중앙의 일상 업무를 처리하는 기관이다.

기가 있다. 중앙정치국은 새 중앙위원회에 덩샤오핑을 총서기로 추천할 것을 준비하였다. 서기처를 조직하는데 이 서기처는 하나의 기관으로서 일상적 업무를 주관한다. 정치국에 상무위원회를 설치하는데 이 상무위원회는 과거의 서기처에 해당한다. 그리고 주석, 부주석도 있다." 이어 그는 이렇게 조정하는 이유를 "우리 대국에는 6억 인구, 1,100만 당원이 있는데 한 명의 주석과 한 명의 부주석은 외로울 것 같다. '하늘에는 뜻밖의 풍운이 있고, 사람은 화와 복이 언제 올지 알 수 없다.' 만약 비행기에서 떨어지고, 혹은 폭탄이 떨어져 주석을 죽여도 부주석이 살아 있으며 한 명의 부주석이 죽으면 또 3명의 부주석이 있다. … 모두를 죽여도 총서기가 있다. 한마디로 유비무환(有備無患)이다"[107]라고 설명하였다.

그의 연설을 통해 중앙영도체제 개혁의 목적은 당의 집단영도와 국가의 장기적 안정을 도모하고 환난을 미연에 방지하기 위한 것임을 알 수 있다. 동시에 마오쩌둥이 개혁을 진행할 것을 제안한 것도 당중앙의 고도로 집중된 권력으로 하여금 적당히 분산되어 (결정권과 집행권이 적당히 분리되어) 상호 감독을 하기 위해서이다.

9월 13일 마오쩌둥은 7기 7중전회 제3차 회의를 주최하였다. 선거 문제를 토론할 때 마오쩌둥은 다시 몇 명의 중앙부주석과 당의 총서기를 증설하는 문제에 대해 "전에 말한 바와 같이 중앙은 부주석 4명을 임명하려는 데 그들은 샤오치(少奇) 동지, 언라이(恩來) 동지, 주더(朱德) 동지, 천윈(陳雲) 동지이다. 이외에 서기처를 설치하려는 데 서기처의 명단은 아직 확정하지 않았지만 덩샤오핑 동지를 총서기로 추천하려 한다. 4명의 부주석과 총서기의 인선(人選)은 적절한 것 아닌가? 물론 이것은 중앙위원회의 책임이고 중앙위원회에서 선거해야 한다. 하지만 대표들로 하여금 함께

---

107 转引自石仲泉, 沈正乐等主编,《中共八大史》, 人民出版社, 1998, 124-125쪽.

참여하여 의논하고 당신들이 의견을 구하는 것이 좋지 않겠는가? 우리와 같은 이렇게 큰 당, 이런 나라에는 국가의 안전, 당의 안전을 위해 아마 몇 사람이 더 있는 게 좋은 것 같다"고 한 다음, 또 "당장(黨章)에 '부주석 몇 사람'이라는 명칭으로 수정을 준비하고 있다"고 말했다.

중앙영도기구의 지도팀을 설치하는 데 관하여 마오쩌둥도 중점적으로 설명을 하였다. 그는 "당신들이 대표들과 함께 미리 준비해야 한다. 왜냐 하면 정치국 위원, 서기처 서기, 주석, 부주석은 전체 명단을 함께 제시하고 함께 선거해야 하기 때문이다. 상무위원에 관해서는 주석, 부주석과 총서기로 구성하려고 준비하고 있다. 이는 그 외 사람이 상무위원으로 될 수 없다는 것은 아니고 그 외 사람도 될 수 있다. 왜냐하면 한 명이 있으면 두 번째 사람이 있을 수 있고 또 세 번째 사람도 있을 수 있으니 잠시 이런 방법을 사용한다. 이것은 바로 과거의 서기처를 상무위원으로 변화시키는 것이고 과거보다 총서기가 한 명이 더 많아진 것뿐이다. 또 서기처를 설치하는데 서기처의 인원수는 몇 명 더 많을 것이고 서기, 후보 서기는 십 몇 명이 될 것이다. 많은 일은 그곳에서 처리하고 그곳에서 의안을 제출한다. 정치국 위원의 인원도 확대해야 하는데 13명이 아니라 20명 정도로 확대해야 한다"[108]고 했다.

1966년 8월 8기 11중전회에서 중앙영도기구를 개조[109]하여 시행 시도

---

108 《毛澤東文集》第7卷, 人民出版社, 1999, 112-113쪽.

109 이번의 영도기구 개편은 중앙영도 구성원을 조정하였다. 중앙위원회 주석은 여전히 마오쩌둥, 부주석은 린뱌오(林彪) 1인을 남기고, 류(刘), 저우(周), 주(朱), 천(陈)의 부주석 직무는 언급하지 않았다. 정치국 상무위원은 타오주(陶铸), 천버다(陈伯达), 캉성(康生), 리부춘(李富春) 4명을 증가하였다. 새로운 배열 순서는 마오쩌둥, 린뱌오, 저우언라이(周恩来), 타오주, 천버다, 덩샤오핑, 캉성, 류사오치(刘少奇), 주더(朱德), 리부춘, 천윈(陈云)이다. 새로운 상무위원의 제일 선명한 특징은 다음과 같다. 첫째, '부원수'인 린뱌오의 지위가 급격히 상승하였는데 원래의 제6위로부터 제2위로 상승하였다. 둘째, 국가의 영도자였던 류사오

중인 집단영도 체제는 여기서부터 변하기 시작하여 작동이 멈출 때까지 계속되었다. 사실 1958년부터 개인권력이 과도하게 집중된 현상이 나타났는데, 집단영도가 개인영도로 되고, 집단 의사결정이 개인 의사결정으로 되었다. 이러한 현상은 1976년까지 계속되었는데 집단영도 체제가 심하게 파손되었다. 특히 후계자 문제에서 당에 깊은 역사적 교훈을 남겼다. 1966년 8월 린뱌오(林彪)가 중앙 제2호 인물이 되고 부주석에 위치하고 정치국 당위 제2위에 올랐다. 9차 당대회에서 마오쩌둥의 후계자로 지명된 린뱌오가 '당과 국가의 영도권 탈취'에 실패하여 비행기를 타고 배반 도망가다가 1971년 9월 13일에 몽골 원두얼한(溫都爾汗)에서 추락하여 사망하였다. 1971년 '린뱌오 사건'으로부터 1976년 마오쩌둥 서거까지 5년 동안 마오쩌둥은 후계자를 세 번 바꿨는데 매번 더 급하였다.

3. 중앙집단영도 제도의 수립: '문화대혁명'이 끝난 후 마오쩌둥이 '이미 제기했는데' '하지 못한 것'을 잘하기 위하여 덩샤오핑과 천윈(陳雲)은 개인이 후계자를 지정하는 방법을 돌이켜보고 집단교대 근무제도를 탐색하고(집단선택, 집단고찰, 집단교대) 중앙집단영도 체제를 구축하고 규범화, 절차화하였다. 집단영도의 좋은 점에 관하여 천윈은 이렇게 말했다. 한 사람이 계승하면 안 되고 집단계승을 해야 한다. 예컨대 10명으로 하면 절반이 무너져도 5명이 남는다.[110] 1981년 《건국 이래 당의 몇 가지 중대한 역사 문제에 관한 결의》에서는 당은 반드시 군중투쟁 속에서 산생된 덕과 재능을 겸비한 영도인들이 집단영도를 실시한 마르크스주의 관점을 수립해야 하고 어떤 형식의 개인 숭배도 금지해야 한다[111]고 명확히

치(국가주석), 주더(인대상무위원회 위원장)의 순위는 대폭으로 하강하였는데 원래의 제2위, 제4위로부터 제8위, 제9위로 내려갔다. 셋째, 상무위원의 인원수가 두 자릿수인 11인으로 증가하였다. 이것은 중공당사에서 중앙정치국상위(常委) 인원수가 제일 많은 한 차례이다.

110 杨明伟, 《陈云晚年岁月》, 人民出版社, 2005, 67쪽.

제기하였다. 덩샤오핑은 1989년 정치풍파 후 한 국가의 운명이 한두 사람의 성망(聲望) 위에 설립된다면 그것은 건강하지 못하고 위험한 것이고 일이 발생하지 않으면 문제가 없는데 일단 일이 발생하면 수습할 수 없다고 특별히 강조하였다. 1990년 7월 중국을 방문한 캐나다 전총리 피에르 트뤼도(Pierre Trudeau)에게 10년 전 나는 근무를 교대하는 문제를 고려하고 있었는데 작년(1989년)에야 비로소 세대교체를 완성하였다[112]고 말했다. 30여 년의 탐색, 발전과 보완을 거쳐 이 정치개혁은 마침내 18차 당대회와 18기 1중전회에서 후진타오(胡錦濤)가 중공중앙 총서기, 중앙군위 주석 직무를 더 이상 맡지 않고 중앙영도집단의 세대교체를 전면적으로 완성하는데 동의하였다. 이로써 중앙집단영도 체제가 최종적으로 완성되었다.

III. '잘하지 못한 것'이 실천에 의해 정확한 사상이론으로 증명되었고, 개혁개방 중에서 '잘했고' 또 어느 정도 발전되었다

1. 사회주의 사회 두 개 단계의 사상을 제기

경제문화가 낙후한 나라에서 사회주의 기본 제도를 수립한 후 사회주의가 어떤 역사발전 단계에 처해 있는가를 정확히 인식하는 것은 사회주의의 실천과 이론을 전면적으로 건설하는 데 있어서 중대한 문제이다. 발전 단계를 초월하고 과소평가하는 어떠한 사상도 사회주의 실천에 해를 끼친다. 이것을 개혁개방 전의 30년 역사가 이미 증명하였다.

---

111 《十一届三中全会以来重要文献选读》(上), 人民出版社, 1987, 350쪽.
112 参见中共中央文献研究室编,《邓小平年谱(1975-1997)》下册, 中央文献出版社, 2004, 1318쪽.

그러나 마오쩌둥은 유물론 역사관의 시각으로 사회주의 발전 단계에 관해 진지하게 이론적 사고를 하였고, 중국 사회주의에 두 개 단계가 존재한다는 사상을 제시하였다. 1956년, 마오쩌둥은 중공중앙에서 소집한 지식인 문제에 관한 회의에서 처음으로 중국은 사회주의 사회에 진입하였으나 아직 완성하지 못하였다는 관점을 제시하였다. 1957년 마오쩌둥은 한 걸음 나아가 "중국의 사회주의 제도는 아직 막 세워졌고 완전히 건설되지 않았으며 아직 완전히 공고해진 것도 아니라고 지적하면서"113 처음으로 '사회주의 제도 수립'과 '사회주의 사회 건설'이라는 두 개의 서로 다른 발전 단계를 구분하였다. 마오쩌둥이 중국이 사회주의 사회를 건설하지 못했다고 말한 것은 중국 사회주의 제도의 '물질적 기초가 아직 충분하지 않기' 때문이었다. 이를 위해 마오쩌둥은 "사회생산력이 비교적 충분히 발전해야 사회주의 경제제도와 정치제도가 충분히 자신의 물질적 기초를 얻었다고 할 수 있고(지금 이 물질적 기초는 아주 충분하지 않으며) 우리의 국가(상부 구조)가 충분히 공고해졌다고 할 수 있으며 사회주의 사회가 근본적으로 건설되었다고 할 수 있다"114고 강조하였다. 여기에서 생산력 발전과 경제건설은 사회주의 발전의 길에서 기초성적인 역할과 지위를 차지하고 있다는 것을 알 수 있다.

1959년 말부터 1960년 초까지 마오쩌둥은 소련의 《정치경제학 교과서》를 읽으면서 "사회주의 단계는 또 두 개 단계로 나눌 수 있는데 첫 번째 단계는 발달하지 않은 사회주의이고, 두 번째 단계는 비교적 발달한 사회주의이다. 두 번째 단계는 첫 번째 단계보다 더욱 긴 시간이 필요할 것이다"115라고 지적하였다. 이로써 마오쩌둥의 중국 사회주의 두 개 발

113 《毛泽东文集》第7卷, 人民出版社, 1999, 214쪽.
114 《建国以来毛泽东文稿》第6册, 中央文献出版社, 1994, 549-550쪽.
115 《毛泽东文集》第8卷, 人民出版社, 1999, 116쪽.

전 단계의 사상이 정식으로 형성되었다. 그가 중국 사회주의 발전의 단계성을 인식함으로 하여, 그 후에도 중국과 같은 후진국에서 사회주의 건설을 완성하는 것은 어려운 임무이고 사회주의를 건설하고 특히 강대한 사회주의를 건설하는 데는 100년이 걸리며 혹은 더 긴 시간이 걸린다고 거듭 강조했다.

이상의 논리는 마오쩌둥의 사회주의 사회의 두 개 단계 발전에 관한 사상을 구성하며 개혁개방 이후 사회주의 초급 단계의 형성을 위해 중요한 이론적 근거를 제공하였다.

사상해방과 실사구시의 마르크스주의 사상 노선의 재확립은 덩샤오핑을 핵심으로 하는 영도집단으로 하여금 건국 이래의 역사 경험을 정확히 총화하는 과정에서 사회주의와 중국 국정에 대한 재인식을 심화하여, 사회주의 초급 단계 이론을 점차적으로 형성하고 제시하게 하였다. 1979년 9월 예젠잉(葉劍英)은《중화인민공화국 성립 30주년을 경축하는 연설》에서 사회주의 초급 단계 사상을 초보적으로 제기하였다. 그는 연설에서 "중국이 현대화를 실현하는 데는 초급으로부터 고급으로의 과정이 필요하다"[116]고 지적하였다.

1981년 6월, 11기 6중전회에서 통과된《건국 이래 당의 몇 가지 역사 문제에 관한 결의》에서 처음으로 중국의 사회주의 제도가 아직 초급 단계에 처해 있다는 논리를 제시하였다.《결의》는 "비록 중국의 사회주의 제도가 아직 초급 단계에 처해 있지만 확실한 것은 중국이 이미 사회주의 제도를 세워 사회주의 사회에 진입한 것이다"[117]라고 지적하였다. 1982년 9월 12차 당대회 보고에서는 "중국 사회주의 사회는 지금 초급 발전 단계에 처해있고 물질문명이 아직 발달하지 않았다"[118]고 재차 천명하였다.

---

116 《三中全会以来重要文献选编》(上), 人民出版社, 1982, 233쪽.
117 《三中全会以来重要文献选编》(下), 人民出版社, 1982, 838쪽.

1986년 9월 중공중앙은 《사회주의 정신문명 건설 지도방침에 관한 결의》에서 중국은 아직 사회주의 초급 단계에 처해 있다고 재차 천명하였다.

1987년 10월, 13차 당대회 보고에서는 사회주의 초급 단계의 이론에 대하여 전면적으로 논술했으며, 사회주의 초급 단계의 이론으로 중국의 국정을 정확하게 개괄하였으며 이를 13차 당대회 보고의 전반적 입론(立論) 근거로 삼았다. 13차 당대회 보고는 "중국은 사회주의 초급 단계에 처해있다. 이 논단은 두 가지 의미가 포함되어 있다. 첫째, 중국 사회는 이미 사회주의 사회이다. 우리는 반드시 사회주의를 견지해야 하며 떠나서는 안 된다. 둘째, 중국 사회주의는 아직 초급 단계에 처해있다. 우리는 반드시 이런 실제로부터 출발해야 하고 이 단계를 초월해서는 안 된다"[119]고 지적했다. 또 사회주의 초급 단계의 특수 본질을 개괄하여 "총체적으로 보면, 중국 사회주의 초급 단계는 점차 빈곤을 벗어나고 낙후한 단계를 벗어나는 단계이고, 농업인구가 대다수를 차지하는 수공업노동을 기초로 하는 농업국이 점차적으로 비농업인구가 대다수를 차지하는 현대화 공업국으로 변화하는 단계이며, 자연경제 반(半) 자연경제가 상당한 비중을 차지하는 것으로부터 상품경제가 고도로 발달한 단계로 바뀌는 단계이고, 개혁과 탐색을 통하여 활력이 넘치는 사회주의 경제, 정치, 문화 체제를 구축하고 발전하는 단계이며 전 국민이 힘차게 일어나 간고하게 창업하는 중화민족의 위대한 부흥을 실현하는 단계이다"[120]라고 하였다.

덩샤오핑을 핵심으로 하는 제2대 중앙영도집단은 13차 당대회 보고에서 사회주의 초급 단계의 의미, 이론 근거, 주요 모순, 역사 임무와 역사 지위 등에 대해 전면적이고 체계적으로 논술하고 처음으로 경제문화가

---

118 《十二大以来重要文献选编》(上), 人民出版社, 1986, 26쪽.
119 《十三大以来重要文献选编》(上), 人民出版社, 1991, 9쪽.
120 《十三大以来重要文献选编》(上), 人民出版社, 1991, 12-13쪽.

낙후한 중국이 사회주의 제도가 확립된 후 반드시 기나긴 초급 단계를 경험해야 한다는 관점을 제시하였으며 우리가 자신이 처한 발전 단계, 기본 국정을 정확히 인식할 수 있는 이론적 근거를 제공하였고, 이는 사회주의 초급 단계 이론의 형성을 상징한다.

사회주의 초급 단계 이론은 사회주의 발전 단계 사상에 대한 마르크스주의의 혁신과 발전이며 중국의 사회주의 발전 단계를 정확하게 정립하고 '중국 특색 사회주의' 이론체계의 초석이 되었다. '중국 특색 사회주의'의 이론 토대로서, 사회주의 초급 단계 이론은 당의 노선, 강령, 방침, 정책을 제정하는 근본적 출발점이 되었다. 예를 들어, 13차 당대회는 사회주의 초급 단계에서의 당의 기본 노선을 제정하였고, 이 기본 노선은 '중국 특색 사회주의' 발전의 길의 주체이다. 15차 당대회에서는 당의 사회주의 초급 단계에서의 기본 노선을 구체화하여 기본 강령으로 하였다.

사회주의 초급 단계 이론은 그후의 매번 중앙전회와 당의 전국대표대회의 중요한 내용으로 되었다. 예를 들어, 13기 4중전회 이후 쟝쩌민은 무엇이 초급 단계의 사회주의이며 초급 단계의 사회주의를 어떻게 건설할 것인가를 분명히 한 기초 위에서 중국의 사회주의 초급 단계는 발달하지 않는 상태에서 점차적으로 벗어나 사회주의 현대화의 역사 단계를 기본적으로 실현하는 것이고 전반적으로 '중국 특색 사회주의'를 건설하는 긴 역사 과정에서의 초기 단계라고 강조하였다.

1997년 9월 15차 당대회는 9개 측면으로 전면적으로 사회주의 초급 단계 이론의 기본점을 논술하였고 이를 기초로 "11기 3중전회 이래 당은 국정을 정확히 분석하고, 중국이 아직 사회주의 초급 단계에 처해 있다는 과학적 결론을 내렸다. 우리는 모두 실제로부터 출발해야 한다고 하는데 최대의 실제는 바로 중국이 현재 사회주의 초급 단계에 처해있고 또 장기간 사회주의 초급 단계에 처해 있을 것이다"[121]라고 지적하였다.

2003년 11월 16기 3중전회에서 통과된《중공중앙의 사회주의 시장경제체제를 완비하는 몇 가지 문제에 관한 결정》에서는 현재 중국 사회는 "경제구조의 불합리, 분배관계가 아직 합리적이지 않는 것, 농민수입의 증가가 느린 것, 취업 모순이 돌출한 것, 자원환경의 압력이 커진 것, 전체 경제 경쟁력이 강하지 못한 것 등의 문제에 직면해 있다. 그 주요 원인은 중국이 사회주의 초급 단계에 처해있고 경제체제가 완벽하지 못하고 생산력 발전이 많은 체제성적인 장애에 직면하고 있기 때문이다"122라고 지적하였다. 2007년 10월 당의 17차 당대회 보고에서는 "경제실력, 경제체제, 생활수준, 발전방식, 정치건설, 문화건설, 사회건설, 대외개방 등 8개 면으로 신세기 새 단계에서 중국의 새로운 단계적 특징을 밝혔고, 이러한 단계적 특징은 사회주의 초급 단계의 기본 국정이 신세기 새 단계에서의 구체적 표현이다"123라고 강조하였다.

2012년 18차 당대회에서 "우리는 반드시 중국이 아직 사회주의 초급 단계에 처해있다는 기본 국정은 변하지 않았다는 것을 명확히 인식해야 한다. 어떠한 상황에서도 사회주의 초급 단계라는 국정을 굳게 잡고 어떠한 개혁발전을 추진하든 사회주의 초급 단계라는 최대 실제에 입각해야 한다"124고 제시하였다. 2013년 11월 18기 3중전회에서 결정된 경제, 정치, 문화, 사회, 생태문명과 당의 건설 등을 포함한 15개 분야, 330여 개의 비교적 큰 개혁의 조치는 모두 사회주의 초급 단계라는 최대 국정과 최대 실제에 입각한 것이다.

121 《十五大以来重要文献选编》(上), 人民出版社, 2000, 14쪽.
122 《十六大以来重要文献选编》(上), 中央文献出版社, 2005, 464-465쪽.
123 《中国共产党第十七次全国代表大会文件汇编》, 人民出版社, 2007, 14쪽.
124 胡锦涛, 《坚定不移沿着中国特色社会主义道路前进 为全面建成小康社会而奋斗》, 《人民日报》 2012年 11月 18日.

2. 사회주의 현대화 건설을 목표한 사상을 제기

목적이 행동을 결정하며 어떠한 목표가 있으면 어떠한 행동을 취한다. 목표는 전략적이고 행동은 전술성적이다. 전략적 목표는 최종, 중기(中期)와 단기(短期)로 나누어지고 단기 목표는 가장 대표적으로 통제 가능성과 조작성을 가지고 있다. 중국과 같은 후진 농업국이 사회주의를 건설하려면 자신의 전략적 목표가 있어야 하고 그 최종 전략 목표는 당연히 공산주의를 실현하는 것이다. 중기 전략 목표는 사회주의 현대화 국가를 건설하는 것이고 중기와 최종 전략 목표를 실현하기 위해서는 단계별 목표를 세울 수 있다.

1956년 9월 8차 당대회는 "현대화 공업, 농업, 교통운수업과 국방 건설의 임무를《중국공산당 장정(章程)》에 기재했으며, 이는 사회주의 현대화 목표의 추형이다. 1957년, 마오쩌둥은 중공 8기 3중전회에서 중국을 현대 공업, 현대 농업과 현대 과학문화가 구비된 사회주의 국가로 건설할 것이다"[125]라는 세 가지 현대화 목표를 제시하였다. 1959년 말 그는《소련의 '정치경제학 교과서'를 읽는 연설》에서 "사회주의 건설의 본래 요구는 공업 현대화, 농업 현대화, 과학문화 현대화인데 지금은 국방 현대화를 추가해야 한다"[126]고 진일보한 노선을 제시하였다. 이는 사회주의의 네 가지 현대화 목표를 처음으로 완전하게 표현한 것이다.

네 가지 현대화 전략 목표의 제시는 중국 사회주의 발전을 위해 구체적이고 명확한 중기 전략 목표를 수립했고 사회주의 경제사회 발전을 진일보하여 추진하고 통제가 가능하고 조작이 가능한 목표를 세우는 데 기초를 마련하였다. 1963년 9월 당중앙과 마오쩌둥은 중공중앙회의에서 두

125《毛澤東文集》第7卷, 人民出版社, 1999, 207쪽.
126《毛澤東文集》第8卷, 人民出版社, 1999, 116쪽.

단계로 네 가지 현대화를 실현할 것을 제시하였다. 즉 첫 단계는 독립적이고 비교적 완전한 공업체계와 국민경제 체계를 구축하여 중국의 공업을 세계의 선진 수준에 도달하게 하며, 두 번째 단계는 중국의 공업을 세계의 앞자리에 서게 하고 농업, 공업, 국방과 과학기술의 현대화를 전면적으로 실현하는 것이다.

당시 중앙과 마오쩌둥이 '무엇이 사회주의이고 어떻게 사회주의를 건설할 것인가'에 대한 기본 문제를 정확하게 파악하지 못했고, 중국의 기본 국정에 대해 정확하게 파악하지 못했으며, 사회주의 현대화 건설의 어려움에 대한 인식도 부족하였기에, 1964년 12월 마오쩌둥의 건의에 따라 저우언라이(周恩來)는 전국인민대표대회 3기 1차 회의의《정부 사업보고》에서 "너무 길지 않은 역사 시기 내에 중국을 현대 농업, 현대 공업, 현대 국방과 현대 과학기술을 구비한 사회주의 강국으로 건설한다"[127]고 제시하였다. 1975년 1월 저우언라이는 4기 전국인민대표대회 1차 회의의《정부 사업보고》에서 '그 길지 않은 역사 시기'를 20세기 내로 규정하고, "이 세기 내에 농업, 공업, 국방과 과학기술의 현대화를 전면적으로 실현함으로서 중국 국민경제가 세계의 앞자리에 서야 한다"[128]고 명확히 제기하였다. 지금 와서 보면, 시간 설정에서 심각하게 현실을 이탈한 '좌'의 조급 정서가 나타났지만 사회주의 현대화를 실현하는 공동의 분투 목표는 틀리지 않았고 변하지도 않았다.

개혁개방 전 많은 시기에 중앙정책이 '좌'로 기울어졌고 특히 '문화대혁명'에 의해 이러한 정확한 사상이 실행 중에 중국의 기본 국정을 심각하게 이탈하여 중국 경제와 사회발전이 심하게 파괴되었다.

개혁개방 후 덩샤오핑은 당의 제2세대 영도 집단의 핵심과 개혁개방

---

127 《周恩来经济文选》, 中央文献出版社, 1993, 563쪽.
128 《周恩来选集》(下), 人民出版社, 1984, 479쪽.

의 총 설계사로서, 당의 제1세대 영도 집단의 '2단계' 사회주의 현대화를 실현하는 목표의 사상을 계승하고 발전시켰다. 그는 "네 가지 현대화의 목표는 마오 주석, 저우언라이 총리가 살아계실 때 확정한 것이며 소위 네 가지 현대화는 바로 중국의 빈곤하고 낙후한 면모를 개변하는 것이다" 라고 하였다. 덩샤오핑은 실제 상황에 근거하여 20세기 말에 실현해야 할 네 가지 현대화를 실용적으로 "중국식의 네 가지 현대화, 중국은 그때에 도 여전히 샤오캉(小康)의 상태였다"129라고 객관적으로 수정하였다.

이 목표를 실현하기 위하여 덩샤오핑은 1980년 1월의 한 차례 담화에 서 금후의 20년을 두 개의 10년으로 나누고, 마오쩌둥의 '2단계'와 구별 되는 새로운 '2단계'로 샤오캉 수준에 도달하는 전략적 절차로 제시하였 다. 덩샤오핑의 '2단계' 발전 사상은 과거의 간단한 반복이 아니라 성적을 총화하고 실수의 교훈을 수용한 기초 위에서 실제에 더욱 부합하는 발전 목표였다.

목표는 점진적인 것으로서 20세기 말 샤오캉을 실현한 후 다음의 발전 목표는 무엇인가? 1985년 4월, 덩샤오핑은 만약 샤오캉 사회의 목표를 실 현할 수 있다면 "다시 30년에서 50년의 시간을 소비하면 선진국 수준에 근접할 것이다"130라고 말하였다. 즉 "다음 세기 중엽까지 우리는 중등 발 달 수준의 사회주의 국가를 건설하는 것이다."131 어떻게 이 목표를 실현 할 것인가? 덩샤오핑은 '2단계' 전략의 기초 위에서 '3단계' 발전전략을 제기하였다. 즉 첫 번째 단계에는 국민생산총액을 1980년의 2배로 더 성 장시켜 인민의 의식주 문제를 해결한다. 이 임무는 이미 기본적으로 실현 하였다. 두 번째 단계에는 20세기 말에는 국민생산총액을 한 배 더 성장

---

129 《邓小平文选》第2卷, 人民出版社, 1994, 237쪽.
130 《邓小平文选》第3卷, 人民出版社, 1993, 117쪽.
131 《邓小平文选》第3卷, 人民出版社, 1993, 204쪽.

시켜 인민생활이 샤오캉 수준에 이르게 한다. 세 번째 단계에는 21세기 중엽에는 1인당 국민생산총액이 중진국 수준에 이르러 인민생활이 비교적 부유하고, 기본적으로 현대화를 실현한다. 그 다음은 이 기초 위에서 계속 전진한다. '3단계' 발전전략은 덩샤오핑이 현대화 전략 사상의 점차적인 보완을 체현하고 최종적으로 당과 인민이 중국을 부강, 민주, 문명의 사회주의 현대화 국가로 건설하는 위대한 목표의 지도 사상으로 되었다. 실제로 1995년 중국은 이미 두 번째 단계의 GDP가 두 배 증가하는 발전 목표를 앞당겨 실현하였다.

두 번째 단계의 발전 목표를 앞당겨 실현한 것은 덩샤오핑의 '3단계' 발전 전략의 정확성과 실행 가능성을 어느 정도 증명하였다. 하지만 21세기 중엽에 중진국 수준에 도달하고 현대화를 기본적으로 실현하는 데는 아직 "두 세대, 세 세대, 심지어는 네 세대"[132]가 필요하다. 쟝쩌민은 이를 바탕으로 '새로운 3단계' 전략사상을 제시하여 덩샤오핑의 '3단계' 전략 사상을 심화시키고 세분화하였다. 그는 "다음 세기를 전망해보면 우리의 목표는 첫 번째 10년은 국민생산총액을 2000년의 두 배로 되게 하고, 인민의 샤오캉 생활이 더욱 풍요롭고 비교적 완벽한 사회주의 시장경제 체제를 형성하며, 다시 10년의 노력을 거쳐 창당 100주년 때에는 국민경제를 더욱 발전시켜 각 제도를 더욱 완선화 한다. 21세기 중엽의 건국 100주년 때에는 현대화를 기본적으로 실현하고 부강, 민주, 문명의 사회주의 국가를 건설한다"[133]고 하였다. 쟝쩌민의 '새로운 3단계' 전략사상은 '두 개의 100년'을 제시하였는 바, 즉 건당 100주년과 건국 100주년이다. 뒤의 100년은 중국 전반 사회주의 초급 단계의 종결점이고, 100년의 분투를 거쳐 사회주의 현대화 목표를 기본적으로 실현한 때이다. 이는 당의 영도

---

132 《邓小平文选》 第3卷, 人民出版社, 1993, 256쪽.
133 《江泽民文选》 第2卷, 人民出版社, 2006, 4쪽.

집단이 기본 노선을 견지하는 자각성과 확고성을 충분히 보여주었고 당의 사상이론의 연속성과 창조성을 충분히 체현하였다.

21세기 첫 20년의 중요한 전략적 시기를 잡기 위하여 쟝쩌민은 16차 당대회 보고에서 "우리는 이 세기의 첫 20년에 힘을 모아 10여 억 인구에게 혜택을 주는 더 높은 수준의 샤오캉 사회를 전면적으로 건설하여 경제가 더욱 발전하고, 민주가 더욱 건전하고, 과학교육이 더욱 진보하고, 문명이 더욱 번영하고, 사회가 더욱 화목하고, 인민생활을 더욱 풍족하게 해야 한다. 이것은 현대화 건설을 실현하는 세 번째 단계 전략목표에서 반드시 거쳐야 하는 계승 발전하는 단계이고 사회주의 시장경제 체제를 완성시키며 대외개방을 확대하는 관건적인 단계이다"[134]라고 평가했다. 전면적으로 샤오캉 사회를 건설하려는 것은 쟝쩌민이 덩샤오핑의 샤오캉 사상에 대한 새로운 발전이다. 전면적으로 샤오캉 사회를 실현하기 위하여 산업화는 현대화의 기초와 전제이기 때문에 반드시 전통 산업화의 길을 버리고 신형 산업화의 길로 나아가야 한다.

신형 산업화의 길과 전면적 샤오캉 사회의 건설을 제시한 것은 일정한 의미에서 중국이 경제 발전과 환경, 자원, 인구 등의 관계에 대한 새로운 인식과 과학기술 발전에 대한 호응이다. 중국의 공업화는 반드시 중국의 국정, 지속적 발전의 신형 공업화에 부합되어야 하고 샤오캉 사회는 전면적인 샤오캉 사회어야 한다. 이를 위해 후진타오는 지속가능한 발전의 길을 걷고 전면적인 샤오캉 사회의 건설과 현대화 실현을 위하여 반드시 과학적 발전관을 수립하여야 한다고 주장하였다. 그는 2004년 보아오(博鰲) 아시아포럼 년회에서 "이 세기 첫 20년의 전면적인 샤오캉 사회를 건설하는 분투 목표를 실현하기 위하여 덩샤오핑 이론과 '세 가지 대표'의 중요

---

134 《江澤民文選》 第3卷, 人民出版社, 2006, 543쪽.

한 사상을 지도로 하는 것을 견지해야 하고 사람을 근본으로 하고 전면적이고, 조화롭고, 지속가능한 발전관을 진지하게 관철해야 한다"135고 지적하였다. 2004년 5월, 후진타오가 장수성(江蘇省)에서 사업을 고찰할 때 "중국의 발전 문제를 해결하려면 반드시 과학적 발전관을 확고하게 수립하고 진지하게 관철하여야 한다. 지속가능한 발전 전략은 중화민족의 장기적 발전과 관계되고 자손 후대의 복지와 관계되며 전반성, 근본성, 장기성을 가진다"136라고 강조하였다. 2012년 11월 8일 후진타오는 18차 당대회 보고에서 전면적으로 샤오캉 사회를 건설하는 것을 전면적으로 샤오캉 사회를 건성(建成)하는 것으로 수정하였다. 건설(建設)과 건성(建成)은 비록 한 글자 차이지만 그 의의는 비범하다고 강조하였다.

한 방면으로 16차 당대회 이래의 10년 동안 중국이 취득한 일련의 새로운 역사적 성과를 긍정하고 전면적 샤오캉 사회를 확립하기 위하여 튼튼한 기반을 닦았다. 중국 경제총량은 세계 6위에서 2위로 상승하였으며 사회 생산력, 경제실력, 과학실력에서 한 단계 크게 상승하였고, 인민 생활수준, 주민 수입수준, 사회보장 수준은 한 단계 상승하였으며, 종합국력, 과학경쟁력, 국제영향력은 한 단계 크게 상승하였다. 다른 한 방면으로는 다가올 10년을 위하여 명확한 발전 목표를 제시하였고, 당중앙이 전국 인민을 향하여 장엄한 약속을 하였으며 이것은 당과 정부가 자신의 사업에 스스로 압력을 가한 것이다. 이러한 스스로에 대한 압력은 당이 발전은 인민을 위하고 발전은 인민에 의거하고 발전성과는 인민과 함께 누리는 집정 이념의 체현이고 당이 전국 각 민족을 영도하여 사회주의 현대화를 건설하는 자신감과 결심을 보여준 것이다. 또 다른 한 방면으로 이

---

135 胡錦濤在博鰲亞洲論壇2004年年会开幕会上的重要演讲,《人民日报》 2004年 4月 25日.
136 胡錦濤在江苏考察工作时的讲话,《把科学发展观贯穿于发展全过程, 坚持深化改革优化结构提高效益》,《人民日报》 2004年 5月 7日.

것은 현실 경제사회적 갈등의 한 종류일 가능성도 배제할 수 없다.

마오쩌둥은 중국 산업화와 현대화의 길을 사고하고 탐색하여 '2단계' 발전 목표를 제시한 것으로부터 덩샤오핑의 '3단계' 발전전략 목표가 형성되기까지, 그리고 쟝쩌민의 첫 번째, 두 번째 단계의 목표를 완성한 기초 위에서 전면적으로 샤오캉 사회를 건설하고 신형 산업화의 길로 나갈 것을 제기하고 현 세기 중엽까지 현대화를 기본적으로 실현하는 '새로운 3단계'를 제시하기까지, 그리고 후진타오가 현대화를 실현하려면 반드시 "사람을 근본으로 삼고, 전면적이고, 조화롭고, 지속적인 과학적 발전의 길"과 '전면적 샤오캉 사회 건설'을 제기하기까지, 이것은 하나의 지속적인 과정이다. 이 과정은 사회주의 현대화를 추구하는 외에 중화민족의 위대한 부흥을 실현하는 과정이다.

이 목표를 추구하면서 이미 거둔 성과는 시진핑이 말한 것처럼 우리는 오늘 "역사상 어느 시기보다도 중화민족의 위대한 부흥이라는 목표에 더 가까이 다가가고 있으며", 동시에 우리는 오늘 "역사상 어느 시기보다도 더 자신감 있고 능력 있게 이 목표를 실현하고 있다."[137]

21세기 중엽까지, 사회주의 현대화 목표의 실현은 이전 100년 정도의 시간이 필요하고 전반 사회주의 초급 단계를 일관하고 있다. 이는 몇 세대의 중국 공산당인이 끈기 있게 추구하고, 전국 인민이 이를 위하여 끊임없이 노력하고 분투하여, 실천으로 증명한 바와 같이 최종적으로 실현할 수 있는 목표이다. 이 목표에서 볼 수 있듯이 마오쩌둥 사상, 덩샤오핑 이론, '세 가지 대표'의 중요한 사상과 과학적 발전관은 일맥상통하는 내적 연계가 있는 것이다.

---

137 习近平,《中华民族伟大复兴是最伟大中国梦, 我们比任何时期都更接近这个目标》,《解放日报》2012年 11月 30日.

3. 사회주의 모순에 관한 판단과 대책

1. 사회주의 사회 주요 모순에 관한 판단과 주요 임무의 확립: 이는 주로 마오쩌둥이 직접 주최한 《중국 공산당 제8차 대표대회의 정치보고에 관한 결의》에서 구체화된다. 《결의》는 "사회주의 개조는 이미 결정적 승리를 거두었다. 이는 중국의 무산계급과 자산계급 간의 모순은 이미 기본적으로 해결되었음을 의미한다"[138]고 지적하였다. 마오쩌둥이 결의 초안에서 제기한 "모순을 좀 부각시켜야 한다. 현재는 주로 선진과 낙후이다"라는 수정 의견은[139] 곧 사회주의 개조가 기본적으로 완성된 후 현단계의 국내 주요 모순에 대해 과학적 판단과 개괄을 하였다. 이어 "우리 국내의 주요 모순은 이미 인민의 선진적인 공업국을 건립하려는 수요와 낙후한 농업국의 현실 간의 모순이고, 인민의 경제문화의 신속한 발전의 수요와 현재 경제문화가 인민의 수요를 만족시키지 못하는 상황 간의 모순이다"라고 한 다음, 이 기초 위에서 "당과 전국 인민의 현재의 주요 임무는 힘을 모아 이러한 모순을 해결하고 중국을 될수록 빨리 후진 농업국으로부터 선진 공업국으로 변화시키는 것이다"[140]라고 규정하였다.

이는 사회생산력의 발전과 경제건설을 중심 위치에 놓은 것이다. 이것은 8차 당대회의 하나의 가장 중요한 공헌이다. 사실 마오쩌둥이 사회주

---

138 1956년 9월 24일, 화북대표단 결의초안의 토론회에서 버이버(博一波)가 마오쩌둥의 결의초안에 대한 의견을 전달했다. 그중 제일 중요한 한 조항은 "모순을 돌출히 해야 한다. 현재 주로 선진과 낙후이다." 원문은 중앙기록관 9월 24일의 화북대표단결의초안 토론 서류 참조, 문서번호: 1956:49:2.

139 转引自程中原,《"八大政治报告决议"与中国社会主义道路探索》,《马克思主义研究》2011, 12期. 原文见中央档案馆存9月24日华北代表团讨论决议草案的记录, 档案号: 1956:49:2.

140 转引自程中原,《"八大政治报告决议"与中国社会主义道路探索》,《马克思主义研究》2011, 12期. 原文见中央档案馆文件, 档案号: 1956:47:5.

의 개조가 기본적으로 완성되고 사회주의 제도가 기본적으로 설립되었을 때 20세기 상반기에 혁명을 하고, 하반기에 건설을 하는 사상을 제시하였고 1956년부터 당과 국가의 중심 임무는 건설을 하는 것이라고 선포하고 자연계와 투쟁하여 중국을 흥성시키고 공업국으로 변화시켜야 한다고 하였다. 그렇다면 어떻게 되도록 빨리 생산력을 제고시켜 후진 농업국을 선진 공업국으로 변화시킬 것인가?

《결의》는 마오쩌둥이 제시한 중점적으로 경제를 건설하는 사상[141]을 받아들인 기초 위에서 제2차 5개년계획 보고와 대회 발언의 관련 의견을 광범위하게 흡수하였으며, 중국이 사회주의 건설을 전면적으로 시작하는 경제방침과 정책을 체계적으로 논술하였다. 첫째, 《결의》는 저우언라이(周恩來)가 9월 16일에 《국민경제 발전의 제2차 5개년계획 건의에 관한 보고》에서 결론내린 제1차 5개년계획 과정에서 거둔 경험 교훈과 최근 경제사업을 영도하는 과정에서의 비교적 선명한 문제에 대해 제기한 네 가지 지도적 의견[142]을 흡수하여 당의 임무는 바로 "수시로 우경 보수 혹은 '좌'경 모험의 경향을 방지, 시정하는 데 주의해야 하며 국민경제 발전을 적극적으로 온당하게 추진하여야 한다고 제시하였으며 우리가 해방된 생

---

141 1956년 8월 22일, 마오쩌둥이 7기 7중전회에서 제8차 대표대회 정치보고 초안을 작성할 때 특별히 이렇게 지적했다. 당의 제8차 대표대회의의 중점은 건설이다. 국내외 형세, 사회주의 개조, 건설, 인민민주 독재정치, 당, 보고에 이런 몇 가지 큰 제목이 있는데 다 말할 수 있다. 하지만 중점은 두 개이다. 하나는 사회주의 개조이고, 하나는 경제건설이다.

142 네 가지 지도적 의견이란, 첫째, 수요와 가능성에 근거하여 합리적으로 국민경제의 발전속도를 규정하고 계획을 적극적이고 온당하고 믿음직스럽게 한 기초에서 국민경제를 비교적 균형하게 발전하는 것을 보장한다. 둘째, 중점적인 건설과 전면적인 안배를 서로 결합하여 국민경제의 각 부문이 비례에 따라 발전하도록 한다. 셋째, 예비역량을 증가하고 물질비축제도를 완벽하게 해야 한다. 넷째, 경제와 재정의 관계를 정확히 처리해야 한다.

산력, 풍부한 인력자원, 가장 광활한 국내시장과 위대한 소련을 대표로 하는 사회주의 각국의 지원 등 유리한 요소를 충분히 이용하여 전국 인민의 적극성을 발휘한다면 중국의 생산력을 고속으로 발전시킬 수 있다"[143]고 지적하였다.

둘째, 마오쩌둥의 제안에 따라 《결의》는 보이보(薄一波)가 9월 18일에 경제 건설에서 전체적 의의를 지닌 축적과 소비의 관계 문제를 정확히 처리하자는 대회 발언 중의 가장 빛나는 사상을 수록하고 《결의》의 '10개 경제정책 문제' 중 하나로 포함시켰다.

1957년 하반기부터 마오쩌둥의 주요 모순과 주요 임무에 대한 견해가 변화하기 시작하였다. '좌'적인 것이 점점 주도적 위치를 점하고 이어 반우파운동의 확대화, '대약진', 인민공사, 그 뒤의 '문화대혁명'으로 인해 경제 건설의 임무는 완전히 '계급투쟁을 중점'으로 삼는 것에 양보하였다. 당의 11기 3중전회의가 개최되면서부터 덩샤오핑을 핵심으로 하는 제2세대 영도 집단이 '계급투쟁을 중점으로 삼는다'를 '경제 건설을 중심으로 한다'로 바꾸었다.

2. 사회주의 기본 모순에 관한 기본 견해: 1957년 2월, 마오쩌둥은 《인민 내부의 모순을 정확하게 처리하는 문제에 관하여》라는 논문을 발표했다. 이 논문에서 그는 모순을 긍정하고 분석하는 것으로부터 착수하여, 무엇이 사회주의이고 어떻게 사회주의를 건설하는가의 역사적 과제에 대해 최초의 이론적 탐색을 진행하였다. 스탈린이 너무 이르게 사회주의 확립을 선언하고 사회주의는 기본 모순이 존재하지 않는다고 평가했으며, 그후 또 모든 모순을 제국주의 도발에 귀결시켜 적아(敵我) 모순이 헛갈리는 잘못을 초래한 데 근거하여 마오쩌둥은 중국 사회주의 건설의 실천 경험

---

143 《建国以来重要文献选编》第9册, 中央文献出版社, 1994, 347쪽.

에 결합하여 사회주의 제도 건립 후 사회운동의 본질과 특징에 대하여 깊은 사고와 연구를 시작하였다.

그는 처음으로 마르크스주의의 대표적 작가가 발견한 생산력과 생산관계, 경제 토대와 상부 구조 이 두 개의 모순을 사회 기본 모순으로 규정하고 이 기본 모순은 인류사회 발전의 전반 과정에 관철된다고 주장하였다. 그리고 구체적으로 사회주의 사회의 각종 특수 모순 및 상호관계를 구체적으로 분석하고, 이러한 모순은 이전의 사회와 같이 모두 사회 기본 모순의 규정과 제약을 받는다고 지적하였다. 그는 이로부터 중요한 결론을 내렸다. "사회주의 사회에서의 기본 모순은 여전히 생산관계와 생산력 간의 모순이고 상부 구조와 경제 토대 사이의 모순이다. 바로 이러한 모순들이 우리의 사회를 앞으로 발전하도록 추진한다"[144]는 요지이다.

마오쩌둥이 제시한 사회주의 사회 기본 모순 이론은 유물론적 역사관의 기본 원리를 풍부하게 하고 발전시켰다. 사실이 증명하다시피 사회주의 사회는 여전히 모순이 존재한다는 것을 인정하고 이러한 모순은 사회주의 제도 자신에 의거하여 끊임없이 해결할 수 있다는 것을 알아야 비로소 사회모순의 운동 속에서 주동적 지위에 설 수 있다. 이는 중국 국정에 맞는 사회주의 건설의 길을 탐색하는데 특별히 중요한 이론적 지도 의의가 있다. 덩샤오핑이 새로운 시기에서 마오쩌둥의 사회주의 기본 모순에 관한 이론에 대해 언급할 때 말한 것처럼 "20여 년의 실천으로부터 보면 이 논법은 기타 다른 논법보다 타당하며, 물론 이러한 기본 모순은 완전히 문제를 해결하였다고는 할 수 없다. 이에 대한 심도있고 구체적인 연구가 필요하다"[145]고 하였다. 이러한 인식의 기초 위에서 덩샤오핑은 새로운 시기 사회주의의 근본 임무는 생산력을 발전시키는 것이라고 반복적

---

144 《毛泽东文集》第7卷, 人民出版社, 1999, 213-214쪽.
145 《邓小平文选》第2卷, 人民出版社, 1994, 182쪽.

으로 강조하고, '하나의 중심, 두 가지 기본점'의 기본 노선과 두 가지 문명건설을 함께 추진하는 방침을 형성시켰으며 중국의 생산력과 생산관계, 경제 토대와 상부 구조의 관계를 정확히 처리하고 경제건설과 사회진보사업 중에서 사회주의 기본 모순의 이론적 위력을 갈수록 발휘하게 하였다.

3. 사회주의 기본 모순의 특수한 표현 및 그 처리에 관하여: 마오쩌둥은 사회주의 기본 모순은 사람과 사람 간의 관계 문제에서 두 개의 서로 다른 성격의 사회 모순, 즉 적대적 모순과 인민 내부 모순으로 표현된다고 생각하였다. 무슨 이유가 그를 그런 결론을 내리게 했는가? 하나는 1956년 사회주의 개조가 기본으로 완성되었고, 중국의 계급관계에 심각한 변화가 발생하여 자산계급은 이미 완전한 계급으로 존재하지 않으며 계급투쟁도 단지 일정한 범위 내에서 계속 존재하며 인민 내부 모순은 국내 정치생활의 주제가 되었다. 마오쩌둥은 "현재의 상황은 혁명 시기의 대규모적인 폭풍우식 군중 계급투쟁은 기본적으로 끝났으며, 공인계급 및 기타 노동계급과 지주, 자산계급 사이의 대항적 모순과 투쟁은 이미 전 사회의 주요 모순이 아니고 인민 내부 모순은 갈수록 부각되어 전 사회는 계급투쟁으로부터 자연계와의 투쟁으로, 혁명으로부터 건설로, 과거의 혁명으로부터 기술혁명과 문화혁명으로"[146] 전환되는 중대한 역사적 전환기에 처해있다고 지적했다.

다른 하나는 1956년 국제공산주의 운동에서 일련의 심사숙고해야 할 문제가 나타났다. 흐루시초프가 정권을 잡고 스탈린을 전반적으로 부정하는 비밀보고를 하였다. 폴란드, 헝가리에서는 대규모 인민군중이 거리에 나가서 공산당과 인민정부를 반대하는 정치사건이 발생하고, 중국 일부 지역에서는 노동자 파업, 학생 휴학, 농민의 퇴사 등 소수인들이 소란을

---

146 《毛泽东文集》 第7卷, 人民出版社, 1999, 289쪽.

피우는 상황이 나타났다. 이러한 사건들은 마오쩌둥의 높은 관심을 불러 일으켰으며 그는 흐루시초프가 제20차 대표대회에서 스탈린을 부정한 주요 원인은 두 종류의 서로 다른 성격의 모순이 흐루시초프로 하여금 구설수에 오르게 했고, 폴란드, 헝가리와 국내의 소란 현상도 두 종류의 서로 다른 성격의 모순을 잘 처리하지 못했기 때문이라고 평가했다. 이러한 사건 및 원인에서 마오쩌둥은 공산당 집권 후 인민 내부 모순을 정확히 처리하는 것이 극히 중요함을 느꼈다.

마오쩌둥은《인민 내부의 모순을 정확하게 처리하는 문제에 관하여》라는 보고에서 "현재 우리 앞에는 두 종류의 사회 모순이 있는데, 이는 바로 적대적 모순과 인민 내부 모순이다. 이는 완전히 성격이 다른 두 종류의 모순이다", "적대적 모순은 대항적 모순이고 인민 내부 모순은 노동 인민 사이의 비대항적 모순이다. 피착취계급과 착취계급 사이의 모순은 대항적인 측면 외에 비대항적 측면도 있다"[147]라고 주장했다. 마오쩌둥은 또 사회주의 조건 하에 두 종류의 서로 다른 성격의 모순을 정확히 인식하고 구분하는 것은 이러한 모순을 정확히 처리하는 전제조건이고, 인민 내부 모순은 대량적이고 돌출적이며 사회 모순 중에서 주요한 지위를 점하고 있고, 적대적 모순은 소량이고 사회 모순 중에서 부차적 지위에 처해 있으며, 두 종류의 모순은 명확하고 엄격한 한계가 있으며 일정한 조건 하에서 서로 전환할 수 있다. 조건을 창조하여 적대적 모순을 인민 내부 모순으로 전환하고 민주적 방법, 설득하는 방법으로 인민 내부 모순을 처리하여 모순이 인민에게 불리한 방향으로 전환하는 것을 방지해야 한다고 지적했다.

사실 1956년 말 마오쩌둥은 인민 내부 모순 및 그를 어떻게 정확히

147《毛澤東文集》第7卷, 人民出版社, 1999, 204·205쪽.

처리할 것인가 하는 문제를 제기하였다. 1956년 11월 13일 그는 《국가예산은 중대한 건설을 보장해야 하고 인민의 생활도 돌보아야 한다》는 논문에서 "국내의 계급 모순은 이미 기본적으로 해결되었다. 그러나 여전히 존재하고 있는 일부 반혁명자들의 활동을 주의해야 하며……인민 내부의 문제와 당내 문제의 해결 방법은 대민주를 채용하는 것이 아니라 소민주를 채용하는 것이다"[148]라고 지적하였다. 이는 신중국이 성립된 후 처음으로 적아와 인민 내부의 두 종류 서로 다른 성격의 모순을 명확히 구분한 것이다. 11월 15일, 그는 당의 8기 2중전회 담화에서 "세계는 모순으로 충만되어 있다. 민주혁명은 제국주의, 봉건주의, 관료자본주의 등 일련의 모순을 해결하였다. 현재 소유제 방면에서 민족자본주의와 소생산 간의 모순도 기본적으로 해결되었고, 다른 모순이 또 돌출되었으며, 새로운 모순이 또 발생하였다"라고 했는데, 여기서 말한 '다른 모순'과 '새로운 모순'은 주로 인민 내부의 모순이다. 같은 해 12월 4일, 마오쩌둥은 황옌페이(黃炎培)에게 쓴 편지에서 처음으로 비교적 완전하게 두 종류의 모순에 관한 학설을 명백히 논술하였다. 즉 "사회에는 언제나 모순이 충만되어 있다. 사회주의와 공산주의 사회도 마찬가지다. 하지만 모순의 성격이 계급사회와 다를 뿐이다. 모순이 있으니 폭로하고 해결해야 한다. 폭로하고 해결하는 방법은 두 가지가 있다. 하나는 적(敵: 특무 파괴분자를 말한다) 아(我)에 대한 것이고 다른 하나는 인민 내부(당파 내부와 당파와 당파 간을 포함)에 대한 것이다. 전자는 진압하는 방법을 쓰고, 후자는 설복하는 방법, 즉 비평의 방법을 쓴다. 중국 내부의 계급 모순은 이미 기본적으로 해결(즉 완전히 해결하지 못하더라도 이데올로기 면에서 표현되고 또 장시긴 존재할 것이다. 이외에 소수의 특무 파괴분자도 장시간 존재할 것이

---

148 《毛澤東文集》 第7卷, 人民出版社, 1999, 160쪽.

다)되었으니 전체 인민은 단결해야 한다. 하지만 인민 내부의 문제는 여전히 끊임없이 나타날 것인데 그 해결 방법은 단결로부터 출발하여 비평과 자아비평을 거쳐 단결이라는 하나의 방법에 도달하는 것이다"[149]라고 하였다. 같은 해 12월 8일 그는 공상업계 인사와의 담화 중에서 처음으로 중국 '인민 내부'의 함의를 개괄하였다. 그는 "공산당, 정부, 민주당파, 노동자, 농민, 공상업계, 선거권을 회복한 지주를 포함해 모두 인민 내부이다. 인민 내부에는 결점이 있고, 문제가 있으며, 단결로부터 출발하여 비평과 자아비평의 방법으로 의견을 제기하고, 요구를 제기하고, 문제를 해결하여 단결을 도모해야 한다"[150]라고 하였다.

마오쩌둥의 사회주의 모순에 관한 학설은 사회주의 국가의 경제, 정치, 사회생활의 주체이고 사회주의 경제, 정치, 문화, 사회, 생태와 당의 건설에 중요한 의의를 가지고 있다. 개혁개방 이래, 몇 세대의 중앙영도집단은 마오쩌둥의 사회주의 모순에 관한 학설에 입각하여 공동의 노력을 거쳐 각 영영에서 일련의 서로 밀접히 연결되고, 하나하나가 연결되어 있는 '중국 특색 사회주의' 이론과 실천을 성공적으로 제기하고 전개하였다. 예를 들어 초급 단계 이론, 본질 이론, 시장경제 이론, 민주법치 이론, 조화로운 사회이론, 사회주의 핵심가치 체계, 생태문명 이념, 당 건설의 새로운 위대한 사업 등이다.

4. 대외개방의 사상

신중국 성립 초기 중국은 정치에서 '일변도(一邊倒)'의 방침을 제기하고 동시에 대외 경제교류의 중점을 소련과 동유럽 국가에 두었다. 신중국

149《毛澤東文集》第7卷, 人民出版社, 1999, 164쪽.
150《毛澤東文集》第7卷, 人民出版社, 1999, 174-175쪽.

이 성립된 지 얼마 되지 않아 마오쩌둥은 대표단을 이끌고 소련 정부와 《중·소 우호동맹 호조조약》을 체결하고 소련이 중국에 3억 달러의 대출을 해주는 협정을 체결하였고, 중·소 민용항공회사, 중·소 대련 조선정비회사 등 경제협정을 체결하였다. 동시에 동유럽 국가와 평등호혜의 원칙하에 무역교류를 진행하고 합영회사 설립 등 경제합작과 교류를 진행하였다.

문헌을 보면 마오쩌둥은 당시에 '대외개방'이라는 개념을 명확하게 제기하지는 않았으나 이와 관련된 사상은 매우 풍부하였다. 이러한 풍부한 사상의 형성은 건국 이래의 장기적인 사고로부터 온 것이다. 이는 주로 아래와 같은 몇 개 면에서 표현된다.

1. 외국을 따라 배우자는 구호를 제기하였다. 1953년 2월, 마오쩌둥은 전국정치협상회의 1기 4차 회의에서 소련을 따라 배우자고 호소하였다. 그는 "소련 공산당은 우리의 제일 좋은 선생이며 우리는 반드시 그들을 따라 배워야 한다"[151]고 하였다. 또 《인민일보》는 "소련을 따라 배우는 고조를 일으켜 중국을 건설하자"는 사설을 발표하였다. 사설은 전국이 소련을 따라 배우는 고조를 불러 일으켰다.

1954년 8월, 마오쩌둥은 영국 노동당대표단을 접견할 때 손님을 향하여 이렇게 호소하였다. 우리가 걷고 있는 길은 두 갈래입니다. 우리는 서로 친구가 됩시다. 경제의 협력뿐 아니라 정치에서도 협력합시다. 그는 중·영 양국 사이에 '첫째는 평화, 둘째는 통상(通商)'을 제의하였다. 같은 해 10월, 마오쩌둥은 인도 총리 네루(Nehru)를 접견할 때 같은 원칙을 다시 강조하였다. 마오쩌둥은 《10대 관계를 논함》의 논문에서 한 절(節)을 힐애하여, 즉 제10절에서 '중국과 외국의 관계'를 논술하고 비교적 전면

---

151 《毛澤東選集》第4卷, 人民出版社, 1991, 1480-1481쪽.

적인 대외개방의 객관적 근거, 대상, 내용, 방침과 원칙을 논술하였다.

1964년 1월, 마오쩌둥은 일정한 시기에 만약 필요하다면 일본인들을 중국에 오게 하여 광산을 개발하고 공장을 세우게 하며, 또 화교가 투자하여 공장을 건설할 수 있게 해야 한다고 제안하였다. 1965년 9월 30일, 마오쩌둥이 인도네시아 방문객과 현대 과학기술은 이미 제국주의만이 독점하는 것이 아니라고 이야기할 때 "그렇습니다. 전면 개방하고, 전면 교류하고 독점하지 말아야 합니다"라고 흥분하여 말하였다. 여기에서 마오쩌둥은 '전면 개방'이라는 표현법을 사용하였는데, 비록 과학기술에 대해 말했지만 경제면의 '전면 개방'이라 이해할 수 있다. 분명한 것은 '전면 개방'은 지금 우리가 말하고 있는 '대외개방'의 용어와 근사하다. 1966년에 이르러 중국은 세계의 49개 국가와 외교관계를 맺었고, 더욱 많은 나라와 경제문화교류와 합작관계를 발전시켰다.

신중국 성립 초기 외국을 따라 배우는 면에서 일정한 편면성이 존재하였다. 하나는 소련의 장점을 강조하고 소련의 결점을 언급하지 않았다. 둘째는 소련 및 동유럽 사회주의를 따라 배우는 것을 강조하고, 그외 나라 특히 서방 선진 자본주의 국가를 따라 배우는 것을 소홀히 하였다. 1956년에 이르러 마오쩌둥은 배우는 것은 전방위적이어야 하는데 좋은 경험도 배우고 잘못된 교훈도 배워야 하고, 소련 및 기타 사회주의 것도 배우고 자본주의 것도 배워야 함을 의식하였다. 그는 "우리의 방침은 모든 민족, 모든 국가의 장점을 모두 배우고, 정치, 경제, 과학기술, 문학, 예술의 모든 진정으로 좋은 것을 배워야 한다. 그러나 반드시 분석하고 비판하면서 배워야 하고 맹목적으로 배워서는 안 되며 그대로 기계적으로 옮겨서도 안 된다. 그들의 단점, 결점은 당연히 배울 수 없다"[152]라고 하였다.

---

152 《毛澤東文集》第7卷, 人民出版社, 1999, 41쪽.

이 방침은 모든 민족과 모든 국가를 대상으로 한 것이기에, 그렇다면 우리는 소련과 기타 사회주의 국가를 따라 배우는 동시에 외국 자산계급도 따라 배워야 한다. "자본주의 나라의 선진적 과학기술과 기업관리 방법 중 과학적인 면을 따라 배워야 한다"[153]고 하였는데, 이것이 바로 마르크스주의의 태도이다.

2. 대외무역, 학습교류와 기술도입 등의 방식으로 외국을 따라 배운다. 1956년 마오쩌둥은 34개 부서의 보고를 청취할 때 저우언라이(周恩來)가 제안한 인력을 자본주의 국가에 파견하여 기술을 배우는 방안에 찬성하였다. 그는 미국, 독일, 스위스, 노르웨이를 불문하고 그들이 우리의 학생을 받아준다면 우리는 학생을 보내겠다고 하였다. 1956년 5월 28일, 마오쩌둥은 광동성위의 보고를 청취하며 한 담화에서 "영미와 장사하려면 홍콩을 안 받는 것이 좋다"고 말하였다. 마오쩌둥은 8차 당대회 정치보고의 '상업(商業)'이라는 한 부분을 수정할 때 '대외무역'이 없는 것을 발견하고 특별히 중요한 말 한마디를 써넣었다. "가능하면 세계의 어느 국가든 우리와 왕래를 원한다면 통상무역 관계를 발전시켜야 한다"[154]라고 지적했다. 여기에서 강조한 것은 어느 국가든지 원한다면, 중국은 그들과 통상무역을 발전시킨다는 것이다.

1956년 9월 29일, 그는 벨기에 국회대표단 손님들에게 "우리는 모든 나라와 외교관계를 맺고 교류한다. 현재 우리는 아직 벨기에, 프랑스 등과 수교하지 않았는데 주로 미국과의 관계 때문이다. 중국은 경제가 낙후한 나라이고 현재 건설 중이기 때문에 벨기에의 기술장비 수출은 중국에서 광대한 활동의 여지를 찾을 수 있다"[155]고 하였다. 1956년 10월 1일, 그는

---

153 《毛澤東文集》第7卷, 人民出版社, 1999, 43쪽.
154 转引自逄先知, 《毛澤東关于建设社会主义的一些思路和构想》, 《党的文献》 2009, 6期.
155 转引自逄先知, 《毛澤東关于建设社会主义的一些思路和构想》, 《党的文献》 2009, 6期.

프랑스 공산당 총서기 뒤클로(Duclos)와의 회담에서 명확하게 이러한 의도를 표현하였다. 그는 "당신이 보기에 프랑스 정부가 미국의 간섭에서 벗어나 중국과 외교관계를 수립하고 무역에서 산업설비를 우리에게 판매할 날이 오래 걸리겠는가? 아니면 오래 걸리지 않겠는가? 기술설비 수출의 가능성은 어떠한가? 일반적인 장사가 아니고 중국을 대신하여 공장을 기획하고 장비를 공급하며 장비를 설치한 후 중국의 노동자에게 기계가동을 가르쳐주는 것이다"[156]라고 하였다.

3. 외국을 따라 배우는 방법은 자신과 결합해야 하고 배우는 목적은 '오늘의 중국 사람을 위한' 것이다. 마오쩌둥은 1956년 8월 24일, 중국 음악가협회 책임자와의 담화에서 "우리가 외국의 장점을 받아들이는 것은 우리 자신의 것으로 하여금 한 차례의 비약적 발전이 있게 할 것이다. 중국의 것과 외국의 것을 유기적으로 결합시키는 것이며, 외국의 것을 그대로 옮겨오는 것이 아니다. 외국의 모자를 만드는 방법을 배워 중국의 모자를 만드는 것이다. 외국의 유용한 것을 모두 배워 중국의 것을 개진하고 발양하여 중국의 독특한 새로운 것을 창조하는 것이다"[157]라고 하였던 것이다.

중·소 관계의 파열로 중국과 사회주의 대국 소련 사이의 대외 교류가 기본적으로 중단되었다. 미·소 대립상의 필요로 인해 미국은 중국에 '평화의 손길'을 내밀었고, 양국 관계는 파빙식(破氷式)의 호의를 표출하게 되었다. 그러나 이데올로기와 냉전으로 인하여 중국과 서방 국가의 관계는 시종 좋게 개선되지 못했으나, 중국과 제3세계는 계속 좋은 관계를 유지하고 있었다. 이러한 것들은 당시 중국의 경제 발전을 심각하게 제약하고 있었으며 경제, 문화뿐 아니라 정치나 대외교류도 매우 초보적이었다.

156 转引自逢先知,《毛泽东关于建设社会主义的一些思路和构想》,《党的文献》2009, 第6期.
157 《毛泽东文集》第7卷, 人民出版社, 1999, 82쪽.

개혁개방 이후 특히 WTO에 가입한 이래, "오늘날 자본주의 선진국을 포함한 세계 각국의 모든 현대사회화 생산법칙의 선진적 경영방식, 관리방식" 등을 반영한 "인류사회가 창조한 모든 문명 성과들은 모두 우리에 의하여 "대담하게 흡수되고 거울로 삼게 되어[158] 사회주의와 시장경제의 결합이 갈수록 과학적이고 완벽하게 되어 '중국 특색 사회주의'는 갈수록 자본주의와 비교할 만한 우위점을 많이 얻었다.

2001년 중국은 WTO에 성공적으로 가입하였다. WTO라는 플랫폼을 통하여 주동적으로 외국의 선진적인 것을 배우는 동시에 세계 영향력도 끊임없이 증강, 확산되고 있으며 '중국 특색 사회주의 길'의 세계에 대한 의의도 더더욱 중대하다. 예를 들어, 경제적으로 중국은 세계 경제성장의 중요한 엔진이 되었고, 문화적으로 중국의 문화도 적극적으로 국외로 나갔으며, 예컨대 공자아카데미의 건립이다. 2010년 10월까지 세계 각국에 이미 322개의 공자학원과 369개의 공자학당을 설립하여 모두 691개, 96개 국가(지구)에 분포되어 있다. 공자학원은 중국 문화가 세계로 나아가는 하나의 훌륭한 플랫폼이 되어 세계 각국이 중국의 언어와 문화를 배우고, 당대 중국을 이해하는 하나의 중요한 장소가 되었고, 현지 사회 각계의 열렬한 환영을 받고 있다.

5. 국정에 입각하여 '소련을 거울로 삼고' 중국 자신의 건설의 길을 제시

건국 초기 "우리는 경험이 없었기 때문에 경제 건설에서 소련을 그대로 답습할 수밖에 없었다. 이것이 당시에는 완전히 필요했던 것이며 동시에 또한 결점이며 창조성이 부족하고 독립자주의 능력이 부족했다. 이는 물론 장기적 계획이 아니다."[159] 1956년에 이러한 장기적 계획이 아닌 소

---

158 《邓小平文选》第3卷, 人民出版社, 1993, 373쪽.

련을 그대로 답습하는 방법이 변화할 때가 되었다. 마오쩌둥은 1956년 중국의 사회주의 개조가 기본적으로 완성된 후 전 당에 마르크스주의와 중국 실제의 '제2차 결합'을 탐색하여 중국 자신의 사회주의 건설의 길을 걸을 것을 제기하였다.

1956년 4월 초, 마오쩌둥은 중공중앙 서기처 회의에서 "내가 가장 중요하게 생각하는 교훈은 독립자주, 조사연구, 중국의 국정을 정확히 파악하는 것이다. 민주혁명 시기, 우리는 큰 손해를 본 뒤 성공적으로 마르크스-레닌주의와 중국의 실제를 결합하는 것을 실현하고 신민주주의 혁명의 승리를 거두었다. 지금은 사회주의 혁명과 건설 시기이며, 우리는 두 번째 결합을 진행하여 중국이 어떻게 사회주의 길을 건설할 것인가를 찾아내야 한다. 과거 우리는 완전한 맹목적 숭배도 아니었고 우리의 창조가 있었으며, 지금은 자신의 사회주의 길의 건설을 더욱 열심히 찾아야 한다. 현재 우리는 자신의 초보적 실천이 있고 또 소련의 경험과 교훈도 있으니 응당 더 중국의 국정으로부터 출발해야 하고 머리를 써야 하며 창조성을 강조해야 하며 결합에 힘써야 한다"160라고 말하였다.

여기에서 마오쩌둥은 중국 대지에서 사회주의를 건설하는 구체적인 길을 열심히 찾아내는 것을 마르크스와 중국 실제의 '제2차 결합'의 주제로 설정하였는데, 이는 매우 심각하고 중요한 사상이다. 이는 소련 공산당 20차 당대회의 비밀보고와 직접 관련이 있다. 마오쩌둥과 기타 영도자는 모두 이를 일종의 '사상 해방'이라 여겼다. 마오쩌둥은 이것은 신비주의를 타파하고 뚜껑을 열었으며, 이것은 하나의 해방이고, 한 차례의 해방전쟁이며 여러분들이 모두 용기를 내 말하고 문제를 생각하게 하여 자유로이 사고하고 독립적으로 사고할 수 있게 했다고 하였다. 저우언라이도 개

---

159 《毛泽东文集》第8卷, 人民出版社, 1999, 305쪽.

160 吴冷西,《十年论战》, 中央文献出版社, 1999, 23-24쪽.

인숭배를 타파하고 여러분들의 사상도 해방되었다고 인정하였다. 이는 각국 당에게도 큰 진보가 되고 공산당의 사상해방이다.[161] 이러한 '사상 해방'은 마오쩌둥을 핵심으로 하는 제1세대 영도 집단으로 하여금 '마음 편하게 하였다.' 마오쩌둥은 건국 초기 소련의 방법을 그대로 따르는 것에 만족하지 않았고 마음도 편하지 않았다. "3대 개조가 완성된 후 너무 과도하게 통제한다고 느끼고 이렇게 하면 안 되고 빨리 체제를 개선하는데 착수해야 한다"[162]고 말한 적이 있다. 하지만 지금은 시름 놓고 '소련을 거울로 삼아' 중국 국정에 맞는 사회주의 건설의 길을 탐색할 수 있다.

'소련을 거울로 삼는다'는 것이 최초로 마오쩌둥이 중국 사회주의 길을 탐색하는 지도 사상으로 되었고 그 구체적 사상은 주로 《10대 관계를 논함》에서 볼 수 있다. 마오쩌둥은 "최근 소련이 사회주의를 건설하는 과정에서의 결점과 착오를 폭로하였다. 그들이 걸은 굽은 길을 당신이 또 걷고 싶은가? 과거에 우리는 그들의 경험과 교훈을 섭취하여 굽은 길을 적게 걸었고 지금 물론 더 거울로 삼아야 한다"[163]고 지적하였다.

마오쩌둥은 《10대 관계를 논함》과 중국 자신의 건설의 길을 탐색하는 것과의 관계 문제에 관하여 1958년 3월에 청두(成都)회의에서 "10대 관계에서 우리 자신의 건설의 길을 제기하기 시작하였고 원칙은 소련과 일치하지만 방법이 다소 다르며, 우리 자신의 일련의 내용이 있다"[164]라고 말하였다. 여기에서 '원칙은 소련과 일치'한다는 것은 주로 소련과 같이 과학적 사회주의 근본 원칙을 견지한다는 것이지 일부 사람들이 생각하는 "여전히 스탈린이 창조한 경제모델, 즉 고도로 집중된 계획체제와 공업

161 参阅石仲泉, 《第二次历史性飞跃的前奏曲》, 《党的文献》 1988, 第6期.
162 薄一波, 《若干重大决策与事件的回顾》(上卷), 中共中央党校出版社, 1993, 464쪽.
163 《毛泽东文集》 第7卷, 人民出版社, 1999, 23쪽.
164 《毛泽东文集》 第7卷, 人民出版社, 1999, 369쪽.

화, 특히는 중공업을 추구하여 경제의 앞자리에 놓는 것을 답습하는 것은 아니다."[165] '방법이 다르다는 것'은 소련과 다른 길을 걸어야 한다는 것이고, 중국 국정에 맞는 중국 특색이 있다는 것을 가리킨다.

마오쩌둥은 '중국 특색'을 제시하지는 않았지만 중국의 사회주의는 필연적으로 중국 특징을 가지고 있다는 사상을 논증한 바 있다. 그는 "중국은 하나의 동방국가이면서 하나의 대국이다. 그러므로 중국은 민주혁명 과정에서 자신의 많은 특징이 있었을 뿐 아니라 사회주의 개조와 사회주의 건설 과정에서도 자신의 많은 특징을 가지고 있다"[166]고 지적하였다. 조금 다른 방법과 우리 자신의 일련의 내용은 주로 경제 건설, 정치 건설, 사상문화 건설 등의 면에서 나타난다.

1. 경제 건설의 길: 경제 건설은 마오쩌둥이 제일 먼저 탐색한 영역이다. 국정을 이해하기 위하여 마오쩌둥은 1955년 말부터 조사연구를 시작하였다. 징한선(京漢: 베이징-우한), 웨한선(粤漢: 광저우-우한)으로부터 남하하여, 후항선(滬杭: 상하이-항저우), 후닝선(滬宁: 상하이-난징), 진푸선[津浦: 천진-남경(浦口)]을 거쳐 베이징으로 돌아와서 주로 농업문제에 관하여 한 차례 대규모의 조사연구 활동을 전개하였다. 그는 베이징으로 돌아온 후 약 2개월의 시간을 들여(1956년 2월 14일부터 4월 24일까지) 공업문제에 관하여 조사연구를 진행하고 이어 국무원의 34개 부(部) 위원회의 보고를 청취하였다.

마오쩌둥은 4월 하순까지 초보적으로 경제문제에서 '소련을 거울로 삼는' 사상을 마련하였다. 첫째, 중공업을 우선으로 발전시키는 전제 하에서 공업과 농업을 동시에 추진한다. 둘째, 연해 공업기지를 충분히 이용하는 기초 위에서 내륙공업을 대대적으로 발전시켜 공업구조를 잘 구축하

---

165 李锐, 《"大跃进"失败的教训何在?》, 《马克思主义与现实》 1997, 第8期.
166 《建国以来毛泽东文稿》 第6册, 中央文献出版社, 1992, 143쪽.

는 것이다. 셋째, 경제를 대대적으로 발전시켜야 국방건설을 잘 할 수 있다. "경제건설의 발전이 더 빨라야 국방건설이 더 큰 진보를 가져올 수 있다."[167] 넷째, 중앙과 지방의 적극성을 발휘하여 중앙의 통일 영도를 공고하는 전제 하에서 지방의 권력을 조금 확대시키고 지방에 더욱 많은 독립성을 부여한다. 다섯째, 국가, 집체와 농민, 노동자 등 개인관계에서 여러 일을 통일적으로 계획하여 고루 돌보고 농민, 노동자의 이익을 손상시켜서는 안 되고 한쪽만 돌봐서도 안 된다. "어느 한쪽을 생각하는가를 막론하고 모두 사회주의에 불리하다."[168] 여섯째, 대기업의 자주권을 확대하여 기업에 일정한 독립성을 부여하며 생산자 개인에게 일정한 이익을 준다. 일곱째, 소유제에서 마오쩌둥은 레닌의 '신경제 정책'을 참고하여 사회가 필요로 하기만 하면 중국 사회주의 현단계의 사회주의 경제가 공유제를 주체로 하는 전제 하에 민영경제를 발전시킬 수 있다고 제시하였다.

1956년 12월, 마오쩌둥은 공상업계 인사와의 담화에서 이렇게 지적했다. 지하공장, 자유시장은 "사회가 필요하기 때문에 발전시켜야 하고 지상화, 합법화되게 하여야 하며 노동자를 고용할 수 있게 한다", "제일 좋기는 사영(私營) 공장을 열고 지상에서의 공장, 자유시장과 경쟁할 수 있고 부부가게도 열어 노동자도 모집할 수 있다", "사회가 필요하면 지하공장을 늘리는 것도 고려할 수 있다. 사영공장을 설립할 수 있는데, 계약을 체결하여 10년, 20년 몰수하지 않는다. 화교가 투자한 것은 20년, 100년 동안 몰수하지 않는다. 투자회사를 차려 원금과 이자를 갚을 수 있다. 국영으로 할 수도 있고 민영으로도 할 수 있다. 자본주의를 없앨 수도 있고 또 자본주의를 할 수도 있다"[169]고 하였다. "오늘날 사회의 부족한 상품을

---

167 《毛澤東文集》 第7卷, 人民出版社, 1999, 27쪽.
168 《毛澤東文集》 第7卷, 人民出版社, 1999, 31쪽.
169 《毛澤東文集》 第7卷, 人民出版社, 1999, 170쪽.

자본주의 것으로 사회주의를 보충하는 것은 나쁜 점이 없다. 국가가 영도하는 자유시장이 있으면 국가가 영도하는 민영기업도 있을 수 있다."[170] 마오쩌둥은 또 "자본주의를 멸종하게 하고 소생산을 멸종하게 하는 것은 장래의 일이며, 현재 한꺼번에 완전히 해낼 수 있는 일은 아니라고 하였다." 마오쩌둥의 소유제 구성에 관한 사상은 "'중국 특색 사회주의' 경제에 관한 한 다발의 소중한 사상적 불꽃을 보여주었다."[171]

2. 정치 건설의 길: 정치 건설 방면에서의 마오쩌둥의 주요 사상을 체현하였다. 첫째, 민족관계 문제에서 중국은 대한족주의(大漢族主義)를 반대하는 동시에 지방 민족주의도 반대하며 각 민족 단결을 공고히 해야 한다. 둘째, 혁명과 반혁명의 관계에서 스탈린의 대학살 시기의 잘못의 교훈을 주의하여 받아들여야 하며, 반혁명의 존재와 수량을 정확히 예측하고 사회에서 적게 잡고 적게 죽이고, 기관, 학교, 부대에서는 하나도 죽이지 않고 대부분 잡지 않으며, 진짜 반혁명자에 대해서도 생활 출로를 열어주고 그들로 하여금 스스로 잘못을 뉘우치는 기회를 주고 소극적 요소를 적극적 요소로 만들어야 한다. 셋째, 시비 관계에서 여전히 옌안(延安) 시기에 잘못을 저지른 동지에게 "과거를 징계하여 훗날을 삼가하게 하고, 병을 치료하여 사람을 구하는" 방침을 취하는 것을 강조하고 살펴보고 잘못을 고치도록 도와주어 그들이 계속 혁명하는 것을 허락해야 한다. 넷째, 당과 비당(非黨)의 관계를 처리하는 면에서 소련 정치체제의 폐단과 중국 혁명투쟁의 역사 및 끊임없이 확대되는 사회주의의 요구에 따라 '장기 공존, 서로 감독'이라는 중국 공산당과 각 민주당파의 관계를 처리하는 지도방침을 제시하고 중국 공산당은 다양한 의견을 받아들이는 것이 필요하며, 민주당파의 감독을 받는 것이 필요하다고 명확히 강조하였다. 이는

170 薄一波,《若干重大決策与事件的回顧》(上卷), 中共中央党校出版社, 1993, 436쪽.
171 薄一波,《若干重大決策与事件的回顧》(上卷), 中共中央党校出版社, 1993, 434쪽.

중국 공산당의 영도 하에 다당합작제의 설립을 위한 튼튼한 기초를 닦았다. 다섯째, 집권당의 건설을 강화하는 면에서 영도직무 종신제 사상을 폐지하는 것을 잉태하고 중앙집단 영도체제를 탐색하여 설립할 것을 제기하고 집단 영도를 강화할 것을 강조하였다. 여섯째, 민주제도의 건설에서 개인숭배에 반대하고 관료주의를 반대하고 극복할 것을 제시하였다.

1956년 4월《무산계급 독재에 관한 역사 경험》원고를 수정할 때, 마오쩌둥은 "혁명이 승리한 후, 노동자계급과 공산당이 이미 전국 정권을 영도하는 계급과 정당으로 되었을 때 우리 당과 국가의 영도자는 관료주의의 여러 방면으로부터 공격을 받아 가능하게 국가기관을 이용하여 멋대로 결정하고 멋대로 행동하며 군중을 이탈하고 집체영도를 벗어나 명령주의를 실행하고 당과 국가의 민주제도를 파괴하는 하나의 큰 위험에 직면하게 될 것이다"172라고 지적하였다.

1956년 9월에 개최된 8차 당대회에서의 보고와 결의에서 사회주의 민주정치 건설 문제에 대하여 전문적인 관점에서 논술하였다. 예를 들어 관료주의는 국가 민주생활의 발전을 엄중히 저해하고, 광대한 군중의 적극성의 발전을 방해하고, 사회주의 사업의 발전을 방해한다. 때문에 우리는 반드시 관료주의를 반대하는 투쟁을 전개해야 하고 당의 감독, 인민대표대회의 감독, 위에서 아래로, 아래에서 위로의 감독, 군중의 감독 등 방법으로 관료주의를 반대해야 한다. 중앙과 상급 국가기관의 관료주의를 극복하기 위하여, 지방과 하급 국가기관의 적극성, 기동성을 광범위하게 발휘하기 위하여, 중국 사회주의 건설의 보편적인 고조를 촉진하기 위하여 반드시 국가가 이미 건립한 통일 집중의 기초에서 중앙과 지방, 상급 지방과 하급 지방의 행정관리 직권을 적절하게 조정해야 한다. 반드시 장기

---

172 《建国以来重要文献选编》第8册, 中央文献出版社, 1994, 234쪽.

적으로 공존하고 서로 감독하는 방침에 따라 각 민주당파와 무당파 인사와의 합작을 강화하고 인민정치협상회의와 각급 협상기구의 역할을 충분히 발휘해야 한다고 말했다.

인민의 민주권리로 하여금 국가의 보호를 충분히 받기 위하여 점진적이고 체계적으로 완비된 법률을 제정하고, 인민민주의 법제를 가일층 강화해야 한다. 마오쩌둥은 헌법과 법률의 제정과 실행을 특히 주목하였다. 건국 후 얼마 되지 않아 그는 직접 중화인민공화국 헌법의 제정을 지도하였고 "전국 인민 개개인마다 모두 실행해야 하고 특히 국가기관원들이 앞장서서 실행해야 하며", "실행하지 않으면 헌법을 위반하는 것이다"[173]라고 요구하였다. 그는 또 헌법을 수호하는 차원에서 민주집중제를 파괴하는 열악한 행위를 신랄하게 비판하면서 "민주집중제는 우리의 당장(黨章)에 있고 우리의 헌법에도 기재되어 있다"[174]고 민주집중제를 파괴하는 사람들에게 경고하였다. 스탈린이 법제를 파괴하는 행위에 대해 그는 불만을 표시하였으며, 덩샤오핑이 말한 것처럼 "스탈린은 사회주의 법제를 심각하게 파괴하였으며, 마오쩌둥 동지는 이러한 사건은 영국, 프랑스와 미국과 같은 서방 국가에서는 발생할 수 없다"[175]고 하였다.

3. 사상문화 건설의 길: 마오쩌둥의 사상문화 건설에 대한 탐색은 주로 '예술 문제에서 백화제방, 학술 문제에서 백가쟁명'의 '쌍백(雙百)' 방침을 제기한 데에서 구현되었다. 중공중앙 선전부가 1956년 2월 1일에 소련 공산당에 소련 학자가 중국을 참관할 때 했던 말들을 반영할 것인가에 대해 중앙에 올린 보고에 내린 지시에서 마오쩌둥은 학술 문제에서의 서로 다른 의견에 대한 의논을 금지하지 말아야 한다[176]고 하였다. 4월 28일의

---

173 《毛澤東文集》第6卷, 人民出版社, 1999, 328쪽.
174 《毛澤東文集》第8卷, 人民出版社, 1999, 292쪽.
175 《邓小平文选》第2卷, 人民出版社, 1994, 333쪽.

정치국 확대회의에서 정식으로 "예술 문제에서의 백화제방, 학술 문제에서의 백가쟁명은 마땅히 우리의 방침이 되어야 한다"[177]고 지시하였다. 하지만 이 방침은 실행 과정에서 오히려 포기 아니면 잘 집행되지 않은 운명에 부딪쳤다. 이 방침은 1956년부터 제기되어 1957년 상반기에 마오쩌둥에게 "하나의 기본적이고 장기적인 방침이다"[178]라고 강조하였지만 1957년 하반기 이후 사실상 장기적으로 유명무실하였다.

마오쩌둥은 1956년 '소련을 거울로 삼아' 중국식 사회주의 건설의 길에서 거둔 성과를 탐색하여 어떻게 사회주의를 인식하고 어떻게 사회주의를 건설하는가의 중대한 문제에서 사상적 선도적 역할을 하였다. 그리고 11기 3중전회 이후 형성된 '중국 특색 사회주의' 이론에 어느 정도 사상적 토대를 마련하였고 그 선구자가 되었다.

1978년 이래 덩샤오핑을 핵심으로 하는 제2대 중앙영도집단은 경제 건설에서 국정에 대한 인식을 심화하고 사회주의 초급 단계를 제기하였다. 공업 분포에서 경제개방 특구, 연해 연강 연변(沿海沿江沿邊) 개방도시, 서부 대개발, 중부의 굴기, 동북 노공업기지의 진흥을 겪었고, 경제체제 면에서 사회주의 시장경제를 실행하였으며, 기업 자주권 면에서 국유기업을 개조하고 현대 기업제도를 구축하였으며, 소유제 면에서 공유제를 주체로 하고 여러 가지 소유제가 공동으로 발전하는 경제제도를 구축하였다. 경제의 대발전에 따라 정치 건설도 새로운 돌파구가 생겼다. 민족관계 방면에서《민족구역 자치법》을 제정하여 민족구역 자치제도를 법제화하고 소수민족 지원과 소수민족 지역에 대한 일련의 우대정책을 시행하였다. 민주당파와의 관계에서 '장기 공존, 서로 감독'하는 기초 위에서 '서

---

176 《毛澤東文集》 第7卷, 人民出版社, 1999, 9쪽.
177 《毛澤東文集》 第7卷, 人民出版社, 1999, 54쪽.
178 《毛澤東文集》 第7卷, 人民出版社, 1999, 278쪽.

로의 마음을 터놓고(肝膽相照), 영욕을 함께 한다(榮辱與共)'라는 문구를 추가하여, 기존의 8글자로부터 16글자로 확장하였다.

집권당 건설에서 당내 민주를 심화하고 부패를 반대하고 청렴을 제창하는 일을 더 제도화하고 법제화하며 중앙집단 영도제도가 더 성숙되게 하였다. 사상문화는 경제정치의 표현이다. '쌍백' 방침 방면에서 덩샤오핑은 1975년과 1977년에 다시 복귀할 때, 여러 번 이를 회복할 것을 강조하였다. 1979년 10월, 그는 중국 문학예술인 제4차 대표대회에서의 축사에서 "우리는 계속 마오쩌둥 동지가 제기한 문예는 제일 광대한 인민군중, 우선은 노동자와 농민, 병사를 위하여 봉사하는 방향을 견지해야 하고, 백화제방을 견지하고, 낡고 오래된 것을 밀어내고 새로운 것을 내놓으며, 서양의 우수한 문물을 도입하여 중국의 발전에 이용하고 옛날의 문화유산을 오늘의 현실에 맞게 받아들이는 방침을 견지하고, 예술 창작에서 다양한 형식과 풍격의 자유 발전을 제창하고, 예술이론에서 서로 다른 관점과 학파의 자유 토론을 제창한다"[179]고 지적하였다.

개혁이 오늘날에 이르기까지 지도 사상 면에서 끊임없이 창조적인 마오쩌둥 사상과 일맥상통한 새로운 이론적 성과가 있게 되었다. 그것은 덩샤오핑 이론, '세 가지 대표'의 중요 사상, 과학적 발전관이다. 문화발전은 하나의 대번영, 대발전 단계에 들어가 문화사업과 문화산업이 함께 발전하게 되었다.

위에서 서술한 내용으로 판단할 수 있듯이 마오쩌둥은 '중국 특색 사회주의 길'에 대한 문제를 제기하고 해결하였다. 마오쩌둥은 7년 간의 집권 경험을 총정리하고, 소련이 사회주의 건설에서 드러낸 문제점, 그리고 소련 공산당 제20대 비밀보고의 경험을 섭취하여 건국 이래 소련을 맹목

---

179 《邓小平文选》第2卷, 人民出版社, 1994, 210쪽.

적으로 숭배하는 데에서 벗어나 중국이 '자신의 길을 걸어야 한다'는 사상을 제시하였다. 1956년 마오쩌둥은 이미 다른 나라의 모델을 그대로 따라 하는 것은 매우 위험하다는 것을 감지했다. 《10대 관계를 논함》에서 마오쩌둥은 소련의 경험을 거울로 삼아 중국의 경험을 총화하고, 중국 사회주의 건설에서 반드시 주의해야 할 10대 관계를 전면적으로 논술하고, 모든 적극적 요소를 동원하여 사회주의 건설사업을 위해 봉사해야 한다는 기본 방침을 제시하였으며, 중국의 상황에 맞는 사회주의 건설의 길을 초보적으로 탐색하였다. 그는 "그대로 옮기는 것은 위험하다. 성공의 경험은 이 나라에서는 성공한 것이지만 다른 나라에서 자국의 상황과 결합하지 않고 그대로 옮긴다면 실패를 면치 못할 것이다. 다른 나라의 경험을 그대로 옮기면 손해를 보고 옮기면 무조건 속임수에 걸릴 것이다. 이 것은 하나의 중요한 국제 경험이다"[180]라고 지적하였다.

마오쩌둥의 '중국 특색 사회주의' 길에 관한 문제의 제기와 문제의 해결은 몇 개의 중요한 특징을 구현한다. 첫째, 자주성이다. 중국은 독립 자주해야 하고 자신의 길을 종속적으로 탐색해서는 안 된다. 둘째, 자각성이다. 중국은 자각적이어야 하지 맹목적으로 다른 나라의 길을 옮겨와서는 안된다. 셋째, 자신감이다. 중국은 시종 자신만만해야 하지 자비(自卑)의 태도로 자신의 길을 개척해서는 안 된다.[181] 마오쩌둥은 생전에 중국 특색이 있는 중국의 길을 진정으로 탐색할 수 없었지만 이러한 사상은 후세들

---

180 《毛泽东文集》第7卷, 人民出版社, 1999, 64쪽.
181 마오쩌둥은 《10대 관계를 논함》에서 "어떤 사람은 노예를 오래해서인지 매사 다른 사람보다 못한 것 같고 외국인 앞에서 허리도 펴지 못한다. 이는 마치 '법문사'의 쟈꾸이(贾桂)처럼 남들이 앉으라면 그는 서있는 것이 습관되어 앉고 싶지 않는 것과 같다. 이면에서 용기를 내어 민족의 자신감을 제고하여 항미원조에서 제창한 것처럼 '미제국주의를 멸시'하는 정신을 발양해야 한다"라고 지적하였다.

에게 심각한 역사적 기억을 남겨놓았고 향후 계속 탐색하는 중요한 사상적 재부(財富)가 되었다.

덩샤오핑은 '중국 특색 사회주의'의 명제를 정식으로 제시하였다. 1979년 3월, 그는 《네 가지 기본 원칙을 견지하자》는 연설에서 "과거 민주혁명은 중국 상황에 어울려 마오쩌둥 동지가 개척한 농촌으로 도시를 포위하는 길을 걸었으며 지금은 건설하고 있기에 중국 상황에 어울려야 하고 중국식의 현대화 길을 걸어야 한다"[182]고 제기하였다. 여기에서 언급한 '중국식 현대화의 길'은 사실상 중국 특색이 있는 사회주의를 건설하는 사상이다. 1981년 6월, 당의 11기 6중전회에서 통과된 《중국 공산당 중앙위원회의 건국 이래 당의 몇 가지 역사 문제에 관한 결의》에서 "3중전회 이래 당은 중국 상황과 어울리는 사회주의 현대화 건설의 정확한 길을 이미 점차 확립하였다"[183]고 지적하였다.

1982년 12차 당대회 개막식에서 덩샤오핑은 중국이 어떻게 사회주의 길을 걷는가에 대해 "우리의 현대화 건설은 반드시 중국의 실제로부터 출발해야 한다. 혁명이든 건설이든 모두 배우고 경험을 거울로 삼아야 한다. 그러나 타국의 경험과 타국의 모델을 그대로 옮겨서는 언제나 성공할 수 없다. 이러한 면에서 우리는 적지 않은 교훈을 얻었다. 마르크스주의의 보편적 진리와 중국의 구체적 실제를 결합시켜 자신의 길을 걷고 중국 특색이 있는 사회주의를 건설하는 것이 바로 우리가 오랜 역사 경험을 토대로 하여 얻은 기본적 결론이다"[184]라고 말하였다.

역대 전국대표대회의 주제를 보면, 12차 대회와 13차 대회에서 모두 '중국 특색이 있는 사회주의'로 언급하였고, 14차 대회와 15차 대회에서

---

182 《邓小平文选》第2卷, 人民出版社, 1994, 163쪽.
183 《十一届三中全会以来重要文献选读》(上), 人民出版社, 1987, 345쪽.
184 《邓小平文选》第3卷, 人民出版社, 1993, 2-3쪽.

는 모두 '중국 특색의 사회주의'로 언급하였고, 16, 17, 18차 대회에서는 모두 '중국 특색 사회주의'로 언급하였다. 이러한 표현의 변화에서 보다시피 우리 당이 '중국 특색 사회주의 길'의 개척은 끊임없는 인식과 총화 속에서 부단히 승화되고 혁신된다는 것을 체현하였다. 17차 당대회 보고에서는 '중국 특색 사회주의 길'의 의미에 대해 개괄하였고, 18차 당대회 보고는 세계 정세, 국가 정세와 당의 정황의 새로운 변화에 근거하여 17차 당대회 보고의 개괄을 심화시키고 승화시켰다. 즉 "'중국 특색 사회주의 길'은 중국 공산당의 영도 하에 기본 국정에 입각하여 경제건설을 중심으로 하고 네 가지 기본 원칙을 견지하며 개혁개방을 견지하고 사회생산력을 해방하고 발전시키며 사회주의 시장경제, 사회주의 민주정치, 사회주의 선진문화, 사회주의 조화로운 사회, **사회주의 생태문명을 건설하고 사람들의 전면적 발전을 촉진하며 점차적으로 전체 인민의 공동부유를 실현하고** 부강한 민주문명의 조화로운 사회주의 현대화국가를 건설하는 것이다."[185] (짙은 글씨는 18차 당대회 보고에 새로 추가된 내용이다)

앞의 분석에 의하면, 마오쩌둥이 1956년에 제기한 사회주의 건설에 관한 사상이론은 '중국 특색 사회주의' 길을 위해 탐색의 기본 이론을 제공한 것은 틀림없다. 비록 체계적이지 못한 분산된 관점이지만 '중국 특색 사회주의' 발전을 위해 이론 토대를 마련했다는 점은 명확하다.

개혁개방 이래 덩샤오핑, 쟝쩌민, 후진타오, 시진핑 등 후계자들은 중국 공산당원의 우수한 품성을 계승하였다. 첫째, 마오쩌둥의 1956년의 사상이론을 보귀한 유산으로 삼고 성공적으로 '중국 특색 사회주의' 건설에 운용하여 '중국 특색 사회주의' 사업을 끊임없이 앞으로 나아가게 했다. 둘째, 1956년 이후 마오쩌둥의 잘못된 이론과 실천을 '교원'으로, '가치를

---

185 胡錦濤,《堅定不移沿着中國特色社會主義道路前進, 為全面建成小康社會而奮斗－－在中國共産黨第十八次全國代表大會上的報告》, 2012年 11月 8日.

헤아릴 수 없는 보물'로 삼았다. 왜냐하면 이것은 전 당, 전국 인민에게 '옛 길'을 걸어서는 안 되고 '새로운 길'을 개척해야 한다는 것을 가르쳐 주었기 때문이다. '유산'을 남기고 '유산'을 계승하고 '옛 길'을 개혁하고 '새로운 길'을 개척하고 개혁개방 전후의 두 개의 역사 시기를 유기적으로 연결시킨 것은 당이 인민을 영도하여 '중국 특색 사회주의' 건설의 실천과 탐색의 역사를 한 폭의 완전한 그림처럼 보여준 것이다.

"마오쩌둥 동지를 핵심으로 하는 제1세대 중앙영도집단은 새로운 시기에 '중국 특색 사회주의'를 개척하는데 소중한 경험, 이론 준비, 물질 기초를 제공하였다. 덩샤오핑 동지를 핵심으로 하는 당의 제2세대 중앙영도집단은 성공적으로 '중국 특색 사회주의'를 개척하였다. 장쩌민 동지를 핵심으로 하는 당의 제3세대 중앙영도집단은 성공적으로 '중국 특색 사회주의'를 21세기로 진입시켰다. 새로운 세기, 새로운 단계에 후진타오 동지를 총서기로 하는 당중앙은 성공적으로 새로운 역사 기점에서 '중국 특색 사회주의'를 견지하고 발전시켰다."[186]

제3절 덩샤오핑의 발전 사상과 '중국 특색 사회주의'

발전은 '중국 특색 사회주의'의 첫 번째 요의(要義)이다. 발전이 무엇인가? 무엇을 발전시키는가? 어떻게 발전하는가? 누구를 위해 발전하는가? 누구에 의지하여 발전하는가?는 '중국 특색 사회주의' 길에서 반드시 해결해야 할 기본 문제이다. 이 문제를 잘 해결해야 '중국 특색 사회주의'는

---

186 习近平,《紧紧围绕坚持和发展中国特色社会主义, 学习宣传贯彻党的十八大精神－－在十八届中共中央政治局第一次集体学习时的讲话》, 2012年 11月 17日.

더 멀리 갈 수 있다. 개혁개방 이래 발전에 관한 사상은 계속 발전하였다. 그중 덩샤오핑의 발전사상은 '중국 특색 사회주의' 발전사상을 위한 기초를 다졌고 이론의 틀을 제공하였다.

덩샤오핑의 발전사상은 아주 입체적이다. 횡단면으로부터 보면 하나의 빨간 선으로 일관되는 바, 즉 반식민지 반봉건 사회에서 벗어난 중국 사회주의는 어떻게 낙후한 상태에서 진보적인 상태로 변화하고, 어떻게 발달 단계에서 발달한 단계로 변화하여 중국식 현대화를 실현하는가 하는 것이다. 이에 입각하여 일생을 독서로 살아온 덩샤오핑은 중국 혁명, 건설과 개혁개방에서 이론을 위한 사상이 아니라 서로 다른 역사 발전 단계에서 직접적으로 직면한 현실적 문제들과 과제들을 해결하기 위한 사상이었다. 그의 사상은 늘 사회 실천의 선봉에 서 있었고 실천 속에서 제일 어려운 시기의 불꽃의 집결이었다. 연보와 문헌을 보면서, 필자에게 준 가장 깊은 인상은 그의 발전사상은 "단순히 논리의 사변(思辨), 범주의 전개와 체계의 완비를 추구하는 것이 아니라 이론의 실제 운용과 조작에 착안하였으며, 실천 중에서 이론의 제고, 이론의 검증과 이론의 발전에 착안하였다."[187]

그의 사상은 담화, 연설, 서문, 지시에 분산되어 있고 편폭이 큰 저작은 없었다. 그 언어는 쉽고 통속적이고 알아듣기 쉽지만 이론의 관통력과 현실적 해설력이 강하다. 왜냐하면 이는 객관적 현실과 사물에 내재된 발전 법칙을 반영하고 중국식 현대화 발전의 필연적 법칙을 반영하였으며 무엇이 '중국 특색 사회주의'이고, 어떻게 '중국 특색 사회주의'를 건설하는가의 기본 문제에 대답하였기 때문이다. 그러나 덩샤오핑의 발전사상이 도대체 어떤 내용을 포함하는가에 대하여 학계에서는 아직 명확한 정론

---

187 刘建武, 《邓小平的读书生涯及其特点》, 《毛泽东邓小平理论研究》 2011, 第5期.

(定論)이 없고 각자가 자기 의견을 말하고 있다.

이 절에서는 덩샤오핑 문헌에 대한 이해와 인식에 근거하고 개혁개방과 지금의 '중국 특색 사회주의' 실천을 결합하여 회고하고 탐구식으로 그의 발전사상을 체계적으로 분석하여, 현재 전면적으로 개혁을 심화하는 데 사상적 양분을 제공하기 위해서이다.

Ⅰ. 덩샤오핑의 발전사상은 '중국 특색 사회주의' 건설의 대수학(代數學)이다

경제문화가 비교적 낙후한 중국이 사회주의 제도를 확립한 후 사회주의를 어떻게 건설하고 공고히 하고 발전시키는가 하는 것에 대해 마르크스주의의 대표적 작가는 우리에게 답안을 주지 않았다. 덩샤오핑은 중국의 사회주의 건설 시기 특히 1958년부터 1978년의 20년 간의 경험과 교훈을 진지하게 총화, 섭취하고, 구소련, 동유럽 사회주의 국가, 그외 개발도상 국가 및 서방 자본주의 국가발전의 성공 경험과 교훈의 기초에서 진정한 마르크스주의인의 용기로 실제로부터 출발하여 끊임없이 사상을 해방하고 실사구시적으로 개혁개방의 실천에서 점차 중국 국정에 부합되는 사회주의 발전의 길과 발전사상을 찾고 형성시켰다.

물론 덩샤오핑 발전사상의 탄생은 그의 역사적 필연성이 있다. 이는 원천이 없는 물이 아니며 또한 장원한 가치지향이 있는 것이다. 첫째, 이는 마르크스주의 기본 원리, 특히 발전이론에 대해 예지(叡智)로운 파악이며 마르크스주의 대표 저작 중 개별적인 문구나 개별적인 결론에 얽매이지 않았다. 둘째, 이는 직접 군중의 위대한 실천과 군중의 실천 경험에 대한 긍정과 총화에서 온 것이다. 덩샤오핑은 11기 3중전회 이래 거둔 성과를 말하면서 "사실 많은 일들은 다른 사람이 발명한 것이고 군중이 발명한 것이다. 나는 그것을 개괄하여 방침 정책을 제기한 것뿐이다"[188]라고 하였다. 예를 들어, "농촌에서 가족단위 생산량 도급제를 실행하였는데 이 발명권은 농민의 것이다."[189] 셋째, 그 발전사상은 '중국 특색 사회주의' 형식의 끊임없는 보완과 공산주의 사회를 향해 점진적으로 가는 운동모델을 탐색하는 것을 기본으로 하여 당대 중국 사회 발전의 법칙에 대한 파악과 인류역사 발전의 필연성에 대한 과학적 투시(透視)에서 벗어나지 않았다. 30여 년의 개혁개방의 실천은 이미 덩샤오핑 발전사상의 과학성을 완전히 검증하였다.

1. 발전은 반드시 유물사관을 견지해야 한다

덩샤오핑은 유물사관에 근거하고 전 인류발전의 차원에서 그리고 "역사는 세계 역사로 전환한다"는 발전법칙의 대좌표에 입각해서 중국 실제, 중국 문제와 결합하여 중국이 처해 있어야 하고 장기적으로 처해 있게 될 사회주의 초급 단계를 심각하게 제시하였다. 그리고 이 초급 단계의 중국 국정에 맞추어 중국 사회주의 발전의 역사적 방위와 역사적 위치를 정확하게 찾았다. 즉 우리의 현대화 건설은 "중국식 현대화이다."[190] "우리가 건설하는 사회주의는 반드시 중국의 실제로부터 출발하여 …… 마르크스주의의 보편적 원리를 중국의 구체적 실천과 결합하여 자신의 길을 걷고 '중국 특색 사회주의'를 건설하는 것이다."[191]

다시 말하면, 덩샤오핑의 발전사상은 과학적 사회주의 원칙을 견지하

188 《邓小平文选》 第3卷, 人民出版社, 1993, 272쪽.
189 《邓小平文选》 第3卷, 人民出版社, 1993, 382쪽.
190 《邓小平文选》 第3卷, 人民出版社, 1993, 29쪽.
191 《邓小平文选》 第3卷, 人民出版社, 1993, 2-3쪽.

는 전제 하에 중국과 세계의 실질적 연계 속에서 어떻게 중국식의 현대화 길을 걷겠는가에 대해 중국의 구체적인 실제와 단계적 임무에 근거하여 일련의 중국이 어떻게 발전할지, 어떻게 발전해 나가겠는가에 관한 총체적 사상을 제시하였다.

이를 위해 덩샤오핑은 내재적으로 통일되고 종횡으로 교차되고 거시적이고 미시적인 입체적 발전사상 체계를 구축하였다. 그 외부적인 연장(外延)은 정치, 경제, 문화, 사회, 교육, 과학기술, 농림, 문예, 금융, 여행, 환경보호, 민족발전 등의 분야를 포함한다. 덩샤오핑의 발전사상 체계에 관한 명칭에 관하여 현재 학계에는 주로 세 가지가 있다. '덩샤오핑 발전관', '덩샤오핑 발전이론'과 '덩샤오핑 발전사상'이다. 필자는 '덩샤오핑 발전사상'이라는 명칭을 선호한다. 그 원인은 주로 발전관, 발전이론과 발전사상은 세 개의 다른 차원이기 때문이다.

일반적으로 말하면 사상은 객관적 존재가 사람의 의식에 반영되어 사고활동을 거쳐 산생된 결과이며 사상은 정확한 것과 틀린 것의 구분이 있다. 하지만 이론은 객관 사물의 본질 및 그 법칙에 관한 상대적으로 정확한 인식이고 논리 논증과 실천 검증을 거친 일련의 개념, 판단과 추리로부터 표현한 지식체계이다. 발전관은 발전사상에 관한 추상적인 철학적 개념이고 발전의 본질, 목적, 내용과 요구에 관한 총체적인 견해와 근본적인 관점이며 발전사상이 철학 상에서의 승화이다. 때문에 발전관, 발전이론에 비교하면 발전사상은 가장 구체적이고 발전사상 발생에 관한 덩샤오핑의 실상에도 가장 부합한다. 덩샤오핑 자신은 일관되게 추상적 개념에서 실천을 해석하는 것을 반대하며 실천적 견지에서 관념을 해석하여 문제를 제기하고 문제를 해결할 것을 주장하였다.

2. 변증법도 발전의 대수학(代數學)이다

레닌은, 변증법은 혁명의 대수학이라고 말하였다. 사실 변증법은 발전의 대수학이기도 하다. 중국 혁명과 건설로부터 보면 매번 중국 혁명의 전환 시기에 당은 변증법을 응용하여 당시의 모순을 분석하고 해결할 수 있었고 혁명을 인도하여 승리로 나갈 수 있었다. 문화대혁명이 끝난 후 덩샤오핑은 더욱 이 훌륭한 전통에 의거하여 사회주의를 어떻게 건설하는가를 주제로 나타난 많은 새로운 모순, 새로운 문제에 대하여 변증법을 운용하는 것을 견지하고 중국 특색이 있는 사회주의 건설의 새로운 국면을 개척하였다.

일은 겪어보지 않으면 어려운 것을 모른다. 오늘에 와서 30여 년의 개혁개방 실천이 이룬 전 세계가 주목할 만한 성과와 존재하는 문제를 보면 덩샤오핑 동지의 발전사상의 심오성과 위대함을 알 수 있다. 세기(世紀)를 뛰어넘는 심원한 전략 및 목표를 실현하기 위하여 설계한 밀접하게 연결된 원활한 책략에서 구체적으로 구현된다.

덩샤오핑은 유물사관과 변증법을 숙련되게 활용하고, 중국 사회구조와 국제 형세에 대한 분석을 통해 중국 경제사회 발전전략, 전략 실시의 책략 문제를 논증하였다. 여기에서의 전략성은 덩샤오핑이 중화민족의 위대한 부흥과 중국식 현대화를 위하여 하나의 역사 시기(2050년까지)에 전반적 방침 임무를 내놓은 것을 가리키고, 책략성은 그가 이 세기를 뛰어넘는 위대한 전략 임무를 실현하기 위하여 일련의 방법과 수단을 취한 것을 가리킨다. 덩샤오핑의 발전사상 체계에 충만된 변증법은 전략 차원에서 구현될 뿐 아니라 책략 차원에서도 구현된다.

덩샤오핑은 발전사상의 완전성을 일부러 추구하지 않았지만 총체적으로 체계적인 특징을 나타내고 있다. 그의 일부 보기에 마치 논단식(論斷式)

의 표현은 세련되고 풍부한 중국 언어 풍격으로 발전사상을 체현하였으며 이러한 표현을 논리적으로 조합하면 체계적 사상체계가 된다.

마르크스가 말한 것처럼 "모든 획기적인 시대의 체계의 진정한 내용은 그 체계가 탄생한 그 시기의 수요에 의해 형성된 것이다."192 덩샤오핑의 발전사상은 유물 변증법이라는 주춧돌 위에 세워져 중화민족의 위대한 부흥과 중국식 현대화 현실을 이끌어낸 역사적 시대의 산물이다. 덩샤오핑의 발전사상은 다차원의 발전 전략의 틀과 이 틀 안에서의 발전 책략 체계로 개괄할 수 있다.

II. 덩샤오핑의 발전사상은 '중국식 현대화'와 중화민족의 위대한 부흥을 실현하기 위해 발전 전략의 기틀을 구축하였다

발전은 사회주의 제도가 공고해질 수 있는가의 보장이다. 발전 면에서 문화대혁명이 가져다준 반면교육에 대해 덩샤오핑은 예리하게 지적했다. 만약 우리가 발전을 향상시키지 않으면 국가 실력은 강화될 수 없고 인민의 물질문화 생활은 개선될 수 없다. "그러면 우리의 사회주의 정치제도와 경제제도는 충분히 공고히 할 수 없고 중국의 안전은 믿을 만한 보장이 없다."193 "우리가 사회주의를 수십 년 동안 실행했지만 아직 초급 단계에 처해 있다. 사회주의 제도를 공고히 하고 발전시키는 것은 아직 기나긴 역사 단계가 필요하고 우리의 몇 세대인, 십 몇 대인, 심지어는 몇십 대인의 끊임없는 노력과 분투가 필요하며 절대로 대수롭게 여겨서는 안 된다."194 이것은 우리에게 항상 발전에 주의를 돌릴 것을 요구한다.

---

192 《马克思恩格斯全集》第3卷, 人民出版社, 1960, 544쪽.
193 《邓小平文选》第2卷, 人民出版社, 1994, 86쪽.

어떻게 발전을 운영할 것인가? 그는 우선 "발전을 말하자면 첫째로 장기적인 전략적 구상이 있어야 하고, 둘째는 걸음마다 신중해야 한다"[195]고 지적하였다. 어떻게 장기적인 전략적 구상을 세울 것인가? 이어 그는 "우리의 국정과 경제활동 중의 각 요소의 상호관계를 진정으로 분명하게 파악하고 이에 근거하여 우리의 장원한 계획 원칙을 정확하게 결정해야 한다"[196]고 제기하였다. 그가 전략 상에서 중국의 발전 문제를 고민하고 기획했음을 충분히 알 수 있다.

그는 또한 전략 상으로 중국의 발전 문제를 잘 설계하였으며 중국의 "기초가 약하고 인구가 많고 토지가 적고 생산력이 낙후하고 상품경제가 발달하지 못한" 등 특징에 근거하여 우선 사회주의 발전 단계를 과학적으로 구분하였다. 사회주의 자체는 공산주의의 초급 단계이고, 또한 중국은 사회주의 초급 단계에 처해 있으며 발달하지 않은 단계라고 지적하면서 "모든 것은 실제로부터 출발하고 이 실제에 근거하여 계획해야 한다"[197]고 강조하였다.

이러한 입론을 초석으로 덩샤오핑은 발전 전략 설계에서 국내와 국제 요소, 정치와 경제, 국부적인 발전과 전체적인 발전을 결합시키고 경제발전과 사회발전을 조화롭게 하고 단기적 발전과 장기적 발전을 일치하게 하고 인민들의 눈앞의 이익과 장원한 이익을 통일시켜 하나의 다차원적인 발전전략의 틀을 형성하였다. 이 틀은 전략적 설계의 과학성, 구실성(求實性: 실제적인 것을 추구함)과 대중성을 충분히 구현하였다.

---

194 《邓小平文选》第3卷, 人民出版社, 1993, 379-380쪽.
195 《邓小平年谱》(1975-1997年)(下), 中央文献出版社, 2004, 1253쪽.
196 《邓小平文选》第2卷, 人民出版社, 1994, 356쪽.
197 《邓小平文选》第3卷, 人民出版社, 1993, 252쪽.

1. '하나의 중심, 두 개의 기본점'의 발전전략

'하나의 중심, 두 개의 기본점'은 당의 기본 노선이자 우리의 발전전략의 배치로서 경제발전을 중심으로 하는 사회발전관을 구현하였다. 당의 기본 노선으로, 덩샤오핑은 중국은 경제문화가 비교적 낙후하고 생산력 수준이 비교적 낮고 인구가 많은 대국으로서 어떻게 사회주의를 건설하고 어떻게 사회주의를 공고히 하고 발전시키는가라는 일련의 문제를 비교적 체계적으로 대답하고, 사회주의 초급 단계에서 '중국 특색 사회주의' 건설의 기본 노선을 형성하였다. 이 기본 노선의 핵심 내용은 경제 건설을 중심으로 하고 네 가지 기본 원칙을 견지하고 개혁개방을 견지하는 것인데, '하나의 중심, 두 개의 기본점'으로 약칭할 수 있다. 이 기본 노선이 확정한 분투 목표는 중국을 부강, 민주, 문명의 사회주의 현대화 국가로 건설하는 것이다.

이는 사회주의의 본질적 요구의 기본 노선을 구현하였고 중국 경제와 사회가 전면적으로 발전하는 전략적 배치를 규정하였다. 1989년 11월, 덩샤오핑은 "13차 당대회에서 '하나의 중심, 두 개의 기본점'의 전략적 배치를 확립하였다. 우리는 10년 전에 이렇게 제시하였고 13차 당대회에서 위의 문구로 개괄하였다. 이 전략적 배치는 꼭 견지해야 하고 영원히 개변해서는 안 된다"[198]고 명확히 지적하였다. 1992년 남방 시찰에서는 "기본 노선은 100년 유지해야 하고 흔들려서는 안 된다"[199]고 재차 강조하였다.

198 《邓小平文选》第3卷, 人民出版社, 1993, 345쪽.
199 《邓小平年谱》(1975-1997年)(下), 中央文献出版社, 2004, 1341쪽.

2. '세 가지 지향'의 발전전략

덩샤오핑은 1983년 징산학교(景山學校)에 '교육은 현대화, 세계화, 미래화를 지향해야 한다'라는 제사(題詞)를 써주었는데, 이는 중국의 발전에도 마찬가지로 적합하고 중국의 발전은 '세 가지 지향'이 필요하다. 이는 또 덩샤오핑의 중국 발전의 전체적 사고의 맥락이라고 말해야 한다.

덩샤오핑은 2050년까지 현대화 전략 목표를 세웠을 뿐 아니라 더욱 먼 미래도 지향하였다. 발전 측면에서 볼 때, '현대화 지향'은 중국 발전의 중기 목표이고, '미래 지향'은 중국 발전의 최종 가치 지향, 즉 공산주의의 실현이다. 미래의 방향에는 현대화 목표가 포함되어 있다. 덩샤오핑은 "공산주의를 실현하려면 반드시 사회주의 단계의 임무를 완성해야 한다. 사회주의 임무는 많지만 근본적인 것은 생산력을 발전시키는 것이다. 생산력이 발전한 기초에서 자본주의보다 우월하다는 것을 나타낼 수 있고 공산주의 실현을 위해 물질적 기초를 창조할 수 있다"[200]고 지적하였다.

'세계 지향'은 양면을 띤다. 하나는 중국의 발전은 세계를 떠날 수 없다. "하나의 국가를 건설하려면 자신을 봉쇄 상태와 고립적 지위에 처해 있게 해서는 안 되고 광범위한 국제 왕래를 중시하여야 한다."[201] "어느 나라든지 발전하려면 고립시키고 쇄국하는 것은 불가능하며 국제적 왕래를 강화하지 않고 선진국의 선진 경험, 선진 과학기술과 자금을 도입하지 않으면 불가능하다."[202] 중국은 자본주의 선진 국가의 선진적인 과학, 기술, 경영관리방법 및 기타 모든 유익한 지식과 문화를 배워야 한다. 다른 하나는 세계의 발전도 중국을 떠날 수 없다. "세계의 입장에서 보면, 중국

---

200 《邓小平文选》第3卷, 人民出版社, 1993, 137쪽.
201 《邓小平文选》第3卷, 人民出版社, 1993, 260쪽.
202 《邓小平文选》第3卷, 人民出版社, 1993, 117쪽.

의 발전은 세계평화와 세계경제의 발전에 유리하다.'[203] 그는 "정치적으로 나는 하나의 관점을 명확하고 확실하게 말할 수 있는데, 중국은 지금 세계평화와 안전을 보호하는 힘이지 파괴의 힘이 아니라는 점이다. 중국의 발전이 강대해질수록 세계평화는 더욱 신뢰할 수 있다", "경제적으로⋯⋯발전 문제는 남북문제이다", "남방이 적당한 발전을 하지 못하면 북방의 자본과 상품의 출로는 제한되어 있고, 만약 남방이 계속 가난해지면 북방은 출로가 없을 것이다"[204]라고 지적하였다. 최대 개발 도상국가인 중국의 발전은 세계의 장래와 중대한 관계가 있음을 알 수 있다.

3. '3단계' 발전전략

덩샤오핑은 시대적 조류의 앞에 용감히 서서 역사 발전의 대추세와 전 인류적 발전 높이에서 중국 사회주의의 미래의 발전을 고민하였다. 그는 2050년까지, 즉 중화인민공화국의 성립 100주년일 때 '중국 특색 사회주의 길'을 따라 중국식 현대화와 중화민족의 위대한 부흥은 실현된다고 전망하였다. 이것은 세기를 뛰어넘는 발전전략이다.

어떻게 단계적으로 이 전략적 목표를 실현하는가? 덩샤오핑은 창조적으로 '3단계' 발전전략을 제기하였다. 13차 당대회가 개최되기 직전 덩샤오핑은 12차 당대회에서 명확히 규정한 '2단계' 발전전략의 기초에서 한 걸음 나아가 "현 세기에 두 단계로 나누어 의식이 풍족한 사회, 샤오캉 사회에 도달하며, 다음 세기에 30년 또는 50년의 시간을 이용하여 다시 한 걸음 더 나아가 중등 선진 국가의 수준에 도달한다"[205]라고 제시하였

---

203 《邓小平文选》第3卷, 人民出版社, 1993, 79쪽.
204 《邓小平文选》第3卷, 人民出版社, 1993, 104-106쪽.
205 《邓小平文选》第3卷, 人民出版社, 1993, 251쪽.

다. 첫 번째 단계는 1981년부터 1990년까지 국민총생산을 배로 늘려 인민들의 의식주 문제를 해결하는 것이다. 두 번째 단계는 1991년부터 20세기 말까지 국민총생산을 두 배로 늘려 중국 1인당 평균 국민총생산을 800으로부터 1000달러에 도달하고 인민생활이 샤오캉 수준에 도달하는 것이다. 세 번째 단계는 21세기 중엽까지 1인당 평균 국민총생산이 중등 선진 국가의 수준에 도달하여 인민생활이 비교적 부유하고 기본적으로 현대화를 실현하는 것이다. 그리고 이 기초에서 계속 앞으로 나아간다.

의식이 풍족하고 샤오캉, 중등 발달의 '3단계' 발전은 중국식 현대화의 발전전략으로서 완전히 중국의 국정에 부합된다. '3단계' 발전전략은 부강, 민주, 문명한 사회주의 현대화 국가에 도달하는 것이다. 이는 경제발전뿐 아니라 규모가 큰 경제 건설을 중심으로 하는 전체 사회가 전면적으로 발전 진보하는 체계적인 공정이고 경제사회의 조화로운 발전과 전면적 진보를 강조하는 것이다.

완전한 자주소유권을 구비한 '3단계'의 발전전략은 "자신의 길을 걷고, 중국 특색이 있는 사회주의 건설"의 논리적 사고에 순응하며 '중국식 현대화'와 중화민족의 위대한 부흥을 위해 실제로 실행할 수 있는 웅대한 전략적 설계도이다. 1989년 6월의 정치 풍파가 해결된 후 덩샤오핑은 '3단계'로 나누어 현대화 전략 목표와 전략적 절차를 기본적으로 실현하는 것은 틀림없고 변해서도 안 되고, 이로 인하여 우리의 발전전략을 부정해서도 안 된다. "우리가 내린 것은 '좌'적 판단이 아니고, 제정한 것도 너무 서두른 목표가 아니다"라고 특별히 강조하였다. 그는 또 "이러한 목표의 실현은 반드시 해낼 수 있을 것이다." "61년 후 하나의 15억 인구의 국가가 중등 선진 국가의 수준에 도달한다는 것은 대단한 일이다"[206]라고 지

206 《邓小平文选》第3卷, 人民出版社, 1993, 305쪽.

적했다. 이 전략에 따라 14차 당대회의 두 번째 전략 목표를 실현할 것을 제기하고 세 번째 전략 목표의 실현에 대한 초보적 구상을 제기하였다. 또 15, 16, 17차 당대회는 이에 상응하여 세 번째 전략 목표에 대한 구체적인 배치를 끊임없이 내놓았는데, 이는 뒤에서 서술할 내용이다.

4. '먼저 부유한 자가 나중에 부유해지는 자를 이끄는 것과 공동부유'의 발전전략

공동부유를 실현하는 것은 사회주의 길을 견지하는 근본 목표이다. 사회주의가 이론으로부터 실천까지 혁신을 해야 할 수준에 이르렀을 때 덩샤오핑은 국제사회주의 운동의 역사적 반성과 사회 실천을 통하여 그리고 중국 국정에 근거하여 적시적으로 사회주의 초급단계론을 제시하였고 이 기초에서 또 사회주의 본질을 과학적으로 개괄했다. 그는 "사회주의 본질은 생산력을 해방하고 생산력을 발전시키는 것이고 착취를 소멸하고 양극화를 없애며 최종적으로 공동부유에 도달하는 것이다"[207]라고 강조하였다.

'사회주의 본질' 개념의 제시는 덩샤오핑이 이 문제에 대한 사상 발전 과정을 반영한다. 사실 덩샤오핑은 문화대혁명 시기에 하나의 중대한 문제를 계속 사고하고 있었다. 즉 우리는 수십 년 동안 사회주의를 건설했는데 사회주의는 도대체 무엇인가? 장기적인 시간의 사고를 거쳐 그는 1986년 9월 2일 미국 기자 마이크 월리스(Mike Wallace)의 TV 인터뷰에서 "사회주의 원칙은 첫째는 생산력을 발전시키는 것이고 둘째는 함께 부유해지는 것이다. 우리는 일부가 먼저 좋아지는 것을 허락하고 일부 지역이 먼저 좋아지는 것도 허락하는데 그 목적은 더욱 빨리 공동부유를 실현

---

207 《邓小平文选》 第3卷, 人民出版社, 1993, 373쪽.

하는 것이다"[208]라고 하였다. 1989년의 정치적 풍파를 겪은 후 그는 1992년의 남방담화 중에서 사회주의의 본질을 정확히 정의하였다.

‘사회주의 본질’의 개념으로 분석하면, ‘최종적으로 공동부유에 도달하는’ 것은 하나의 긴 역사적 단계이다. 이 기간에 반드시 ‘먼저 부유한 자가 후에 부유해지는 자를 이끄’는 과정을 거친다. 이를 위하여 덩샤오핑은 "일부 사람, 일부 지역이 먼저 부유해지는 것"은 "발전을 가속화하고, 공동부유에 도달하는 지름길"의 사상[209]이라고 제기하였다. 개혁개방 초기 평균주의와 ‘한 솥의 밥(大鍋飯: 평균주의 분배 방식)’을 타파하기 위하여 인민군중의 적극성을 잘 인도하고, 잘 발휘하기 위하여 그는 "경제정책에서 일부 지역, 일부 기업, 일부 공인 농민이 근면하게 노력하여 먼저 큰 성적을 거두고 수입을 많이 올려 생활이 먼저 좋아지게 한다. 그러면 필연적으로 극대한 시범적 역량이 생겨 주위에 영향을 주게 되고 기타 지역, 기타 직장의 사람들이 그들을 따라 배우게 된다. 그러면 전체 국민경제가 끊임없이 파도식 발전을 할 수 있고 전국 각 민족 인민이 모두 비교적 빨리 부유해질 수 있다고 인정한다"[210]고 제기하였다.

이것은 전체 국민경제 발전에 영향을 줄 수 있고 선도할 수 있는 하나의 ‘대정책’이다. 이 ‘대정책’은 사물 존재의 차별을 인정하고 발전 불균형을 전제로 성실하게 노동하고 합법경영을 조건으로 최종적으로 공동부유에 도달하는 것을 목표로 한 것이다.

덩샤오핑은 또 지역 간에 어떻게 "먼저 부유한 지역이 후에 부유해지는 지역을 이끌고 최종적으로 공동부유에 도달하겠는가"에 관하여 ‘두 개의 대국(兩個大局)’ 사상을 제기하였다. 그는 "연해지구는 대외개방을 가속

208 《邓小平文选》 第3卷, 人民出版社, 1993, 172쪽.
209 《邓小平文选》 第3卷, 人民出版社, 1993, 166쪽.
210 《邓小平文选》 第2卷, 人民出版社, 1994, 152쪽.

화하여 2억 인구를 가지고 있는 광대한 지역을 비교적 빠르게 먼저 발전시켜 내륙이 더욱 잘 발전하게끔 이끄는 것은 전반적 대국(大局)에 관한 문제이다. 내륙은 이 전체 대국(大局)을 고려하여야 한다. 반대로 어느 정도 발전되었을 때 다시 연해가 더욱 많은 힘으로 내륙의 발전을 도와줄 것을 요구한다. 이것도 또한 대국(大局)이다. 그때 연해지역은 이러한 대국(大局)에 복종해야 한다"[211]라고 하였다. 어느 때에 이르러 첫 번째 대국(大局)으로부터 두 번째 대국(大局)으로 들어갈 것인가에 대하여 덩샤오핑은 대체적인 시간표를 제시하였다. "본 세기 말에 샤오캉 수준에 도달할 때, 이 문제를 특별히 제출하고 해결할 것을 구상할 수 있다"[212]라고 하였다. 연해지역은 내륙을 어떻게 도와주는가에 대해 "해결방법 중 하나는 먼저 부유해진 지역이 세금을 많이 내 빈곤한 지역의 발전을 지원하고", "발달한 지역은 계속 발전하고 세금을 더 많이 내고 기술을 양도하는 등의 방식으로 발달하지 못한 지역을 지원한다"[213]고 주장하였다.

덩샤오핑은 '먼저 부유한 지역이 후에 부유해지는 지역을 이끄는 것을' 강조할 때, 개인과 지역 간의 빈부 분화를 단호히 반대하였다. 그는 만약 개인과 지역 간에 빈부 분화가 생기면 개혁은 잘못된 길을 걷게 되고 사회는 안정될 수 없다고 여겼다. 그는 "만약 양극 분화를 초래한다면 개혁은 곧 실패한 것이다."[214] "경제가 일정한 수준까지 발전하면 반드시 공동부유를 추구해야 한다. …… 현재 연해지역이 먼저 발전하기 시작하여 일정한 정도로 발전하면, 내륙의 발전에 주의해야 한다. 그렇지 않으면 사회가 안정될 수 없다. 중국의 상황은 매우 특수하다. 51%의 사람이 먼

211 《邓小平文选》第3卷, 人民出版社, 1993, 277-278쪽.
212 《邓小平文选》第3卷, 人民出版社, 1993, 374쪽.
213 《邓小平文选》第3卷, 人民出版社, 1993, 374, 111쪽.
214 《邓小平文选》第3卷, 人民出版社, 1993, 139쪽.

저 부유해지더라도 49% 즉 6억의 인구가 아직 빈곤에 처해있는 것이니 안정될 수 없다"[215]고 말하였다. 그후 그는 또 세금의 징수, 기술의 양도, 빈곤 구제 등 정책 조치를 통하여 먼저 부유해진 지역이 후에 부유해진 지역을 지원하고 도와주며 "일부 먼저 부유해진 개인에 대하여서는 일정한 제한이 있어야 한다. 예를 들어, 소득세를 징수하는 것이다. 또한 어떤 사람들이 부유해진 후 자원적으로 돈을 내서 교육을 발전시키고 도로를 건설하는 등 일을 하도록 제창해야 한다"[216]고 강조하였다. 덩샤오핑의 발전 논리에 따르면 "사회주의 제도는 반드시 양극 분화를 피해야 하고, 또 피할 수 있다"[217]고 했다.

III. 덩샤오핑의 발전사상은 '중국식 현대화'와 중화민족의 위대한 부흥을 실현하기 위하여 발전책략 체계를 제정하였다

덩샤오핑의 발전전략 사상은 중국 현대화 발전의 총방향, 총노선, 총임무를 그려냈으며 그가 잇따라 제기한 전략 임무를 실현하기 위하여 취한 일련의 연관성, 보완성을 가진 발전책략들은 덩샤오핑의 마르크스주의 사회발전 이론과 중국의 실제가 결합되는 법칙성의 포착, 시대성의 체현과 창조성의 발휘를 한층 더 확연히 드러냈다.

1. 개혁개방을 발전의 동력으로 한다

전략 목표가 확정된 후 어떻게 해야 하는가? 덩샤오핑은 사회경제 발

215 《邓小平年谱》(1975-1997年)(下), 中央文献出版社, 2004, 1312쪽.
216 《邓小平文选》第3卷, 人民出版社, 1993, 111쪽.
217 《邓小平文选》第3卷, 人民出版社, 1993, 374쪽.

전법칙을 존중하고 두 가지 개방을 할 것을 제시하였다. 즉 하나는 대외 개방이고 다른 하나는 대내 개방이다. 대내 개방은 개혁이고 합치면 개혁 개방이다. 개혁개방은 1958년부터 1978년까지 20년간 경제와 사회 발전의 법칙을 위반한 체제, 정책과 조치를 바로잡고 경제사회 발전의 객관적 법칙을 중국의 구체적인 실천과 결합하여 중국 사회주의가 더 빠르고 더 잘 발전하게 하는 것이다. 덩샤오핑은 개혁은 심각한 체제 혁명을 진행하는 것이고, "사회주의 제도의 자기 완벽이고 일정한 범위 내에서 어느 정도의 혁명적 변혁이 일어났다"[218]고 지적했다. 이는 생산력 발전을 구속하는 낡은 체제를 근본적으로 개변하고 생기와 활력이 충만된 사회주의 신체제를 건립하여 중국으로 하여금 빈곤하고 낙후한 상태에서 벗어나게 하는 것이다. 때문에 개혁의 본질은 중국 사회생산력의 새로운 해방운동이고, "중국의 제2차 혁명"[219]이기도 하다. 그리하여 개혁은 중국 사회 변혁과 발전의 직접적 동력이라고 명확히 지적하였다.

개혁은 생산력의 발전을 돌파구로 한다. "생산력을 발전시키려면 개혁과 개방정책을 실시해야 하며 개혁을 하지 않으면 안 되고 개방하지 않아도 안 된다. …… 개혁개방은 전체 발전과정에 일관되고 있다."[220] "우선 생산력을 발전시키려면 경제체제 개혁은 반드시 해야 하고", 경제체제 개혁의 목표는 사회주의 시장경제를 건립하는 것이다. 덩샤오핑은 계획과 시장은 모두 생산력 발전의 경제수단이며, 사회주의와 자본주의의 본질적 구별이 아니라고 지적하였다. 동시에, 그는 또 개혁은 경제 영역에서만 국한된 것이 아니라 "반드시 다방면으로 생산관계를 개변하고, 상부 구조, 공농업기업의 관리방식과 국가가 공농업기업에 대한 관리방식을 개변하

218 《邓小平文选》第3卷, 人民出版社, 1993, 142쪽.
219 《邓小平文选》第3卷, 人民出版社, 1993, 113쪽.
220 《邓小平文选》第3卷, 人民出版社, 1993, 265쪽.

여 현대화 대경제의 수요에 적응되게 하여야 한다"[221]고 특별히 지적하였다. 그가 보았을 때 개혁은 전면적 개혁이고 경제, 정치, 문화와 사회를 포함한 것이다.

개혁의 심원한 의의에 관해 그는 "개혁의 의의는 다음 10년과 다음 세기의 첫 50년을 위해 양호한 지속발전의 기초를 닦는 것이다. 개혁이 없으면 금후의 지속적 발전이 없다"[222]고 지적하였다. "만약 개혁을 하지 않으면 현대화 사업과 사회주의 사업을 말아먹게 된다."[223] 1989년 정치 풍파와 같은 곤란한 상황에서도 그는 조금도 동요 없이 전진의 방향을 명확히 밝혀주었다. 계속 개혁을 심화하고 개방을 확대하여 사실을 인민에게 보여주어야 인민들의 마음이 안정될 것이다.

만약 더욱 깊은 차원에서 이 문제를 고려하지 않는다면 1개월, 2개월, 3개월의 평온함은 믿을 수 없다. 이러한 대국(大局)을 보아야 한다. "개혁개방을 하지 않으면 계속 발전할 수 없고 경제는 내리막길로 갈 것이며 왔던 길을 되돌아가면 인민의 생활수준은 떨어질 것이다." "개방은 해야 하며 거두어 들여서는 안 되고 과거보다 더 개방해야 하며 개방하지 않으면 발전할 수 없다." 그는 1992년 남방담화에 이르기까지 '정치 교대(交代)'의 형식으로 전 당원에게 "근본의 하나는 개혁개방을 버려서는 안 된다. 개혁개방을 견지하는 것은 중국 운명을 결정하는 하나의 책략이다"[224]라고 간곡하게 가르쳤다.

---

221 《邓小平文选》第2卷, 人民出版社, 1994, 135-136쪽.
222 《邓小平文选》第3卷, 人民出版社, 1993, 131쪽.
223 《邓小平文选》第2卷, 人民出版社, 1994, 150쪽.
224 《邓小平文选》第3卷, 人民出版社, 1993, 297-298·332·368쪽.

2. 경제 건설을 발전의 중심으로 한다

발전, 특히 생산력의 발전은 사회주의의 본질적 요구를 구현하고 사회주의 주요 모순을 해결하는 중심 고리이다. "마르크스주의의 기본 원리는 생산력의 발전이다. 마르크스주의의 최고 목표는 공산주의의 실현이다. 공산주의는 생산력의 고도 발전의 기초에서 건립되는 것이고, 사회주의는 공산주의의 제1단계이고 기나긴 역사적 단계이다. 사회주의의 우선적 과제는 생산력의 발전이고 점차적으로 인민의 물질과 문화생활 수준을 제고하는 것이다. …… 가난은 사회주의가 아니고 사회주의는 가난을 소멸해야 한다. 생산력을 발전시키지 않고 인민의 생활수준을 제고하지 않으면 사회주의의 요구에 부합된다고 할 수 없다."[225] 이것은 생산력의 발전은 사회 전환의 결정적 요소이고 경제 건설을 핵심으로 해야 하며, "경제 건설의 중심을 떠나면 물질적 토대를 상실할 위험이 있다"[226]는 것을 설명한다.

중국이 사회주의 초급 단계에 처해 있는 실제와 사회 주요 모순도 경제건설을 중심 지위에 놓아야 한다는 것을 결정하게 됐고, 아울러 발전을 인민군중의 생활 개선에 체현하였다. 덩샤오핑은 "자신을 발전시키는 관건은 경제발전이며",[227] "경제를 발전시키지 못하면 인민생활을 개선할 수 없고 죽는 길밖에 없다"[228]고 말했다. 이를 위해 특별히 두 가지를 강조하였다. 하나는 객관적으로 우리가 힘을 모아 경제 건설을 할 수 있는 평화로운 환경이 있으니 쟁취하고 이용하여야 한다. 그는 "우리가 경제

---

225 《邓小平文选》第3卷, 人民出版社, 1993, 116쪽.
226 《邓小平文选》第2卷, 人民出版社, 1994, 250쪽.
227 《邓小平文选》第3卷, 人民出版社, 1993, 375쪽.
228 《邓小平年谱》(1975-1997年)(下), 中央文献出版社, 2004, 1341쪽.

건설을 중심으로 하는 방침을 확정한 것은 바로 이 평화적 시기를 쟁취할 수 있다고 인정하기 때문이며 응당 이용해야 한다"[229]고 말하였다. 또 하나는 광대한 간부 특히 고급간부는 앞장서서 경제건설을 틀어쥐어야 한다.

그는 "현재 대다수 간부는 경제학, 과학기술과 관리를 중점적으로 배워야 한다. 수백 명의 중앙위원, 수천 명의 중앙과 지방의 고급간부는 앞장서서 현대화 경제건설에 몰두해야 한다"[230]라고 말하였다. 가장 중요한 관건은 경제 건설 중심을 당의 기본 노선의 핵심 내용으로 삼는 것이다.

3. 전면적 조화를 발전의 요구로 한다

사회는 유기적 체계이기에 전체를 추진하고, 조화롭게 하여 전면적으로 발전시켜야만 서로 촉진하고 공동으로 진보할 수 있다. 그렇지 않으면 필연적으로 기형적 발전을 초래하게 된다.

발전은 전면적인 발전이다. 전면적 발전에 관하여 덩샤오핑은 많은 치밀하고 훌륭한 논술을 하였다. 예를 들어, "현대화의 사회주의 강국을 건립하기 위하여 임무가 막중하고 해야 할 일도 많다. 여러 임무 사이에는 또한 서로 의존하는 관계가 있다. 예를 들어 경제와 교육, 과학, 경제와 정치, 법률 등과 같이 서로 의존하는 관계가 있기에 이것을 돌볼 때 저것을 놓쳐서는 안 된다." "각 분야에서 종합적인 평형이 필요하고 한쪽으로만 전념해서는 안 된다"[231]는 것 등이다. 1992년 덩샤오핑은 남방시찰 당시 "개혁개방 이래 우리가 세운 규정은 결코 적지 않고, 명확한 방침과 정책을 가지고 있고, 또 전방위적이다. 경제, 정치, 과학기술, 교육, 문화, 군

229 《邓小平年谱》(1975-1997年)(下), 中央文献出版社, 2004, 1228-1229쪽.
230 《邓小平年谱》(1975-1997年)(上), 中央文献出版社, 2004, 452쪽.
231 《邓小平文选》第2卷, 人民出版社, 1994, 249-250쪽.

사, 외교 등 각 방면에 모두 정확한 표현 언어가 있다." "경제만 올라가야 할 뿐 아니라 사회 질서와 사회 기풍도 잘 건설해야 한다"[232]고 하였다.

발전은 조화로운 발전이다. 1979년 덩샤오핑은 "중국은 이미 사회주의 현대화 건설의 새로운 시기에 들어섰다. 우리는 사회 생산력을 대폭 제고 하는 동시에, 사회주의 경제제도와 사회제도를 개혁하고 보완하고 고도의 사회주의 민주와 완비된 사회주의 법제를 발전시켜야 한다. 우리는 고도 의 물질문명을 건설하는 동시에 전 민족의 과학문화 수준을 제고하고, 고 상하고 풍부하고 다채로운 문화생활을 발전시키며, 고도의 사회주의 정신 문명을 건설해야 한다"[233]고 말하였다. 이 두 개의 '동시(同時)'는 그가 거 듭 강조한 "두 손으로 잡는 것을 견지하고, 두 손은 다 강해야 한다"는 저명한 논리의 최초의 표현이다.

그후 그는 "과거 오랜 기간 우리는 생산력 발전을 소홀히 하였기에 지 금 특별히 물질문명 건설에 주의하고 있다. 이와 동시에 사회주의 정신문 명을 건설해야 하고 제일 근본적인 것은 광대한 인민으로 하여금 공산주 의 이상, 도덕, 문화가 있고 규율을 지키게 하며", "정신문명 건설을 강화 하지 않으면 물질문명의 건설도 파괴되고 굽은 길을 걷게 된다. 물질 조 건에만 의거하면 혁명과 건설은 승리할 수 없다"고 제기하였다.

우리는 지금 두 가지의 문명 건설을 하고 있다. 즉 물질문명 건설과 정신문명 건설이다. 개방정책의 실행은 필연적으로 일부 나쁜 것을 초래 하여 인민에게 영향을 준다. 모험이 있다면 이것이 제일 큰 모험이다. 우 리는 법률과 교육의 수단으로 이 문제를 해결하여야 한다. "네 가지 현대 화는 반드시 두 손으로 잡아야 하고 한 손으로만 잡아서는 안 된다. 이른 바 '두 손'이라는 것은 한 손으로 건설을 잡고 한 손으로 법제를 잡는 것

232《邓小平文选》第3卷, 人民出版社, 1993, 371·378-379쪽.
233《邓小平文选》第2卷, 人民出版社, 1994, 208쪽.

이다." "경제 건설이라는 한 손은 상당한 성적을 거두었고 형세도 좋다. 이는 중국의 성공이다. 하지만 기풍이 나빠지면 경제 건설의 성공은 또 무슨 의미가 있는가? 다른 면이 변질하면 반대로 전체의 경제가 변질되고 더욱 발전하면 탐오, 절도, 뇌물을 주고받는 세상이 된다."[234] 여기에서는 경제와 사회의 조화로운 발전, 경제와 정치의 조화로운 발전, 경제 정치와 과학기술 교육의 조화로운 발전, 그리고 사회 발전과 인간의 관념 변혁의 상호 조화가 구현된다.

농촌 문제는 혁명의 주요 문제이자 중국 발전의 주요 문제로서 덩샤오 핑은 도시와 농촌의 조화로운 발전을 특히 중시하였다. 1984년 6월 30일 외빈을 만났을 때, "중국의 실제로부터 출발하여 우리는 우선 농촌문제를 해결하여야 한다. 중국의 80%의 인구는 농촌에 거주한다. 중국의 안정 여부는 우선 이 80%가 안정되는지를 보아야 한다. 도시를 아무리 아름답게 건설해도 농촌이라는 안정된 기초 없이는 안 된다"[235]고 말하였다. 10월 6일, 그는 또 "대내적으로 경제를 살리려면 우선 농촌으로부터 시작해야 한다. 중국의 80%의 인구는 농촌에 있다. 중국 사회의 안정 여부와 중국 경제의 발전 여부는 우선 농촌의 발전 여부를 보아야 하고 농촌생활이 좋아지는가를 보아야 한다. 4배로 늘어나게 한다는 것의 제일 중요한 것은 80%의 인구가 도달할 수 있는가 없는가에 달려 있다"[236]고 말하였다. 1985년 4월 15일, 덩샤오핑은 "공업의 발전, 상업 그리고 기타 경제활동은 80% 인구의 빈곤의 기초에서 건립해서는 안 된다"[237]고 지적하였다.

또 1987년 3월 27일, 그는 또 "중국 80%의 인구는 농민이다. 농민의

234 《邓小平文选》第3卷, 人民出版社, 1993, 28·144·154·156쪽.
235 《邓小平文选》第3卷, 人民出版社, 1993, 65쪽.
236 《邓小平文选》第3卷, 人民出版社, 1993, 77-78쪽.
237 《邓小平文选》第3卷, 人民出版社, 1993, 117쪽.

적극성이 없으면 나라는 발전하지 못한다"[238]고 말하였다. 6월 12일, 그는 "농촌 인구가 중국 인구의 80%를 차지하기 때문에 농촌이 안정하지 않으면 전체의 정치 상황이 불안정해지고, 농민이 빈곤에서 벗어나지 못하면 중국도 빈곤에서 벗어나지 못한다." "농업 문제는 시종 잘 잡아야 한다. 농촌은 부유해지기 쉽고 빈곤해지는 것도 쉽다"[239]라고 지적하였다. 농촌이 발전되어야 도시가 더 좋게 발전할 수 있다. 그는 "농업상품의 증가, 농촌시장의 확대, 농촌 잉여노동력의 이전은 공업의 발전을 더욱 강력하게 추진하였으며, 농업과 공업, 농촌과 도시는 이렇게 서로 영향을 주고 서로 촉진한다"[240]고 말하였다.

4. 지속가능한 것을 발전 전제로 한다

덩샤오핑은 비록 직접적으로 지속가능하다는 발전의 개념을 제기하지 않았지만 그 발전사상에는 풍부한 지속가능 발전사상이 빛나고 있었다. 그는 반드시 "유력한 절차를 취하여 우리의 발전이 지속적으로 뒷심이 될 수 있도록 해야 한다"[241]고 지적하였다. 자원의 지속적 이용과 인류의 진보적 발전을 실현해야 하지만 또 환경을 희생하면서 발전해서도 안 된다.

현재 '지속가능한 발전'의 개념에 포함된 경제, 인구, 자원, 환경 등의 요소가 발전 과정에서 조화로워야 한다는 원칙에 따라 분석하면, 첫째 덩샤오핑은 인구와 발전의 관계에 대해 비교적 체계적 인식이 있었다. 우선, 그는 당과 국가 영도자들 중 가장 일찍 산아제한을 제기한 한 사람이다.

---

238 《邓小平文选》第3卷, 人民出版社, 1993, 213쪽.
239 《邓小平文选》第3卷, 人民出版社, 1993, 237·355쪽.
240 《邓小平文选》第3卷, 人民出版社, 1993, 376쪽.
241 《邓小平文选》第2卷, 人民出版社, 1994, 312쪽.

1953년 8월, 정무원(政務院) 부총리로 일할 때 덩샤오핑은 산아제한을 장려하고 도와야 한다고 주장하였다. 그는 산아제한 문제는 작은 문제가 아니라 중국 인민의 장원한 생활의 개선과 관련되어 있다고 생각하였다. 1980년대에 들어서면서, 그는 이미 가족계획 문제를 전략적 문제로 보았고, "짧은 시기 내에 인구증가율을 0.5~0.6%를 초과하지 않게 한다. 일부 지역의 경험은 이 목표에 도달할 수 있음을 증명하였다. 우리는 반드시 이 목표를 정해야 한다"[242]고 지시하였다. 덩샤오핑과 여타 영도자들의 추진 하에 12차 당대회 보고는 정식으로 산아제한 정책의 실행을 중국의 기본 국책으로 확정하였다.

다음으로 그는 인구의 과도한 증가는 경제, 사회와 자원에 심각한 부정적 영향을 가져온다고 여겼다. 경제 방면에서, 신중국이 성립된 후 수십 년의 분투를 거쳐 경제적으로 세계의 주목을 받을 만한 거대한 성과를 거두었다. 하지만 인구의 대량 증가로 인하여 1인당 수준이 낮다. "한 사람이 1원의 수입을 증가하려면 10억 원이 있어야 한다. 중국의 경제지표가 모든 국가를 초과하더라도 1인당의 수입은 여전히 높지 않다."[243] 사회관리 방면에서, 인구가 많으면 취업 곤란, 취학 긴장 등 사회문제를 초래한다. 덩샤오핑은 "지금 중국은 10억 가까운 인구가 있다. 아이들이 성장하면 취업해야 하고 그 숫자는 1년에 7, 8백만이 된다. 세상에서 모두 취업 문제를 논하고 있는데 우리에게는 더욱 복잡하다."[244] 자원 방면에서, 중국의 많은 자원의 총량은 세계의 앞자리에 있지만 방대한 인구로 인하여 1인당 차지하는 양은 매우 낮다. 1인당 자원이 너무 적은 문제는 중국 경제의 지속가능한 발전을 제약하는 거대한 장애가 되었다고 평가하였다.

242 《邓小平年谱》(1975-1997年)(下), 中央文献出版社, 2004, 747쪽.
243 《邓小平年谱》(1975-1997年)(上), 中央文献出版社, 2004, 586쪽.
244 《邓小平年谱》(1975-1997年)(下), 中央文献出版社, 2004, 747쪽.

마지막으로 그는 인구 우세를 중시하고 이용해야 한다고 하였다. 지속 가능한 발전 과정에서 인구 자질의 차이도 소홀히 해서는 안 되는 중요한 요인이다. 이에 대하여 덩샤오핑은 매우 정확하게 알고 있었다. 때문에 그는 "10억 인구가 있는 대국이 교육이 따라가면 인적자원의 거대한 우위는 어떤 나라도 비할 수 없다. 인재의 우위가 있고 선진적 사회주의 제도를 더하면 우리의 목표는 달성할 가망이 있다. 중국 국력의 강약과 경제발전의 뒷심의 크고 작음은 노동자의 자질에 달려 있고 지식인의 양과 질에 달려 있다"[245]고 지적했다.

둘째, 덩샤오핑은 자연환경의 역할에 대해 깊은 인식을 가지고 있었고 일련의 보호조치를 제시하였다.

1. 식생(植生)에 대한 인식과 보호이다. 일찍이 1960년대, 그는 동북지역 시찰 시 삼림을 보호하고, 삼림보호를 위해 법을 세워야 한다고 몇 차례나 말하였다. 1982년 11월 15일, 덩샤오핑은 미국 전 주중대사 우드코크(Woodcock)에게 "우리는 식수(植樹)와 조림(造林) 정책을 20년, 50년을 견지할 것이다. 우리는 서북지구에 먼저 풀을 심고난 후에 나무를 심어 황토 고원을 초원과 방목지로 변화시켜 인민들이 부유해지고 생태환경도 좋은 변화를 가져올 것이다"[246]라고 말하였다. 1982년 11월, 그는 전군(全軍) 식수조림 총결 경험표창 선진대회를 위해 "식수조림을 통해 조국을 녹화하는 일은 후세 사람들을 행복하게 한다"라는 제사(題詞)를 썼다. 12월 임업부(林業部)의 전민 의무 식수(植樹)운동 상황을 보고받고는 이 일은 20년 동안 견지해야 하고, 해마다 더 잘해야 하고 해마다 더 착실히 해야 한다. 실효를 보증하기 위하여 실행 가능한 검사와 상벌제도가 있어야 한다"[247]고 지시하였다. 그는 1982년 식수절에 베이징 위췐산(玉泉

---

245 《邓小平文选》 第3卷, 人民出版社, 1993, 120쪽.
246 《邓小平思想年谱》(1975-1997年), 中央文献出版社, 1998, 239-240쪽.

山)에서 솔선수범하여 의무 식수운동의 첫 나무를 심어 중국 전민 의무 식수운동의 막을 열었다. 이로부터 매년 봄철이 되면 의무 식수운동은 그 특유한 전민성, 공익성, 법제성으로 전국 도시와 농촌에서 보편적으로 전개되었다.

2. 덩샤오핑은 경제 발전이 자원을 파괴 낭비한데 대해 이미 경각심을 가지고, 또한 상응하는 대책을 제시했다. 1973년 덩샤오핑은 캐나다 총리 트뤼도(Trudeau)를 동반하여 리장(漓江)에서 유람할 때, 그 지방의 경제발전이 환경에 주는 파괴에 대해 엄숙한 비평을 하였다. 그는 이렇게 경제 발전을 하면 조국의 아름다운 강산을 파괴하게 되고 공로보다 잘못이 더 많다고 말했다.

1975년 5월 18일, 국무원 환경보호 영도소조가 제출한 《환경보호 10년계획에 관한 의견》에서는 환경을 보호하고 개선하는 문제는 노선 문제라고 규정하였다. 8월, 덩샤오핑의 지도 하에 국가계획위원회가 작성한 《공업발전을 가속화시키는 데 관한 약간의 문제》에서는 "노동 보호를 잘하고 안전 생산을 하며 '3폐(三廢: 공업 생산 과정에서 생기는 폐수, 폐기가스, 폐기물)' 오염을 해소하고 환경을 보호하고 직원 신체건강을 보호한다"고 규정하였다. 1978년 9월, 덩샤오핑은 헤이룽장(黑龍江)을 시찰할 때 따칭(大慶)의 석유, 가스, 화공 오염이 엄중한 상황에 대비해 화학공업의 '3폐' 문제는 아직 잘 해결되지 않고 있다고 지적하면서 따칭에서 반드시 '3폐' 문제를 잘 처리할 것을 요구하였다.

1978년 12월 13일, 그는 중앙사업회의에서 삼림법, 초원법과 환경보호법을 제정해야 한다고 말하였다. 1979년 9월 5기 인민대표대회 11차 상무위원회는 신중국의 첫 번째 환경보호 기본법인 《중화인민공화국 환경보

---

247 《邓小平文选》第3卷, 人民出版社, 1993, 21쪽.

호법(시행)》을 통과시켜 중국의 환경보호 사업이 법제화 궤도에 들어서기 시작하였다. 이어 1983년 12월, 국무원이 개최한 제2차 전국 환경보호회의에서 환경보호는 중국의 한 가지 기본 국책이라고 명확히 제시하고 또 환경보호 사업의 전략방침을 제정하였다.

이것은 중국 환경보호 사업이 새로운 발전 단계에 들어섰음을 상징한다. 덩샤오핑은 경제발전이 자원에 대한 파괴와 낭비에 대해 이미 경각하고 또 상응한 대책을 제기하였다. 덩샤오핑은 과도한 개발로 인하여 중국은 이미 토지자원이 파괴된 상황이 발생했고, "특히 서북에는 수십만 평방킬로미터의 황토고원이 있는데 풀조차 자라지 않아 수토(水土)의 유실이 심하다"[248]고 지적하였다. 그는 수력 전문가의 의견을 인용하여 헤이룽장 등 지역의 영도들에게 세상에서 어떤 나라와 지구는 개황으로 하여 얻는 것보다 잃는 것이 더 많고 또 기후변화로 강한 모래폭풍, 풍사(風沙)를 초래하여 토지자원을 파괴하였는데, 우리는 반드시 이를 거울로 삼아야 한다고 했다.

이를 위하여 그는 수력자원은 원가가 낮고 재생가능한 자원이니 물자원을 대대적으로 개발하고 이용하여 대형의 수력발전소를 건설하고 석탄, 화력발전을 대체해야 하고,[249] "핵발전소도 계속 발전시켜야 하며 석유가스 개발, 철도 도로 건설, 자연환경 보호 등은 모두 중요하며",[250] "석탄과 기름의 가격을 올려 사용 직장으로 하여금 절약하게 해야 하며 실제로 이것이 바로 에너지 보호정책이다"[251]라고 지적하였다.

248 《邓小平年谱》(1975-1997年)(下), 中央文献出版社, 2004, 868쪽.
249 《邓小平思想年谱》(1975-1997年), 中央文献出版社, 1998, 157쪽.
250 《邓小平文选》第3卷, 人民出版社, 1993, 363쪽.
251 《邓小平年谱》(1975-1997年)(上), 中央文献出版社, 2004, 637쪽.

5. 속도로 발전 효익(效益)을 촉진한다

덩샤오핑은 중국 경제사회 발전전략을 고민하고 세우는 과정에서 발전속도를 중시하고 발전 효익도 소홀히 하지 않았으며 속도로 효익을 촉진하고 효익으로 속도를 보장하는 원칙을 견지했다.

덩샤오핑은 "중국 대역사의 고도에 서서 중국에 대발전의 기회는 많지 않았다."[252] "명나라 중기부터 계산하면 아편전쟁까지 300여 년 쇄국정책을 실시했고, 강희(康熙) 때로부터 계산하면 거의 200년 동안 쇄국정책을 실시했다고 지적했다. 장기적인 쇄국정책 실시는 중국을 빈곤하고 낙후하게 무지몽매하게 만들었다. 중화인민공화국 성립 이후 첫 5개년계획 시기는 대외개방이었지만, 그때는 소련에 개방할 수밖에 없었다. 그후 문을 닫아 일부 성과도 있었지만 전체적으로 말하면 큰 발전은 없었다"[253]고 지적했다. 때문에 그는 시기를 놓치지 말고 자신을 발전시키자고 제기하였다.

첫째, 덩샤오핑은 국가안전의 시각에서 사회주의 현대화 경제건설은 반드시 비교적 빠른 발전속도를 유지해야 하고 빠른 발전은 사회주의의 내재적 요구라고 지적하였다. 그는 또 "경제가 장기적으로 침체 상태에 있으면 사회주의라 할 수 없고, 인민생활이 장기적으로 낮은 수준에 머물러 있으면 사회주의라 할 수 없으며",[254] "빈곤은 사회주의가 아니며 발전이 너무 느려도 사회주의가 아니다"[255]라고 강조하였다. 덩샤오핑은 발전이 느리면 사회주의 제도와 안전에 영향을 줄 수 있다고 지적하면서, "사회주의 제도는 자본주의 제도보다 우월하다. 이는 많은 면에서 표현되는

---

252 《邓小平年谱》(1975-1997年)(下), 中央文献出版, 2004, 1359쪽.
253 《邓小平文选》第3卷, 人民出版社, 1993, 90쪽.
254 《邓小平文选》第2卷, 人民出版社, 1982, 312쪽.
255 《邓小平文选》第3卷, 人民出版社, 1993, 255쪽.

데, 우선 경제발전의 속도와 효과 방면에서 표현된다. 이 조항이 없으면 아무리 허풍을 떨어도 쓸모가 없으며,"²⁵⁶ "중국이 패권주의와 강권정치의 압력을 버틸 수 있고 중국의 사회주의 제도를 견지할 수 있는가의 관건은 비교적 빠른 증가 속도로 발전전략을 실현할 수 있는가를 보아야 한다. 지금 주변의 일부 국가와 지역의 경제발전은 중국보다 빠르다. 만약 우리가 발전하지 않거나 발전이 늦다면 백성들을 비교해보면 문제를 알 수 있을 것이다"²⁵⁷라고 지적하였다. 1989년 봄과 여름 사이 환절기 정치 풍파 후 덩샤오핑은 "경제가 내리막길로 가서는 안 된다. 적극적으로 발전속도를 쟁취할 수 있으면 적극적으로 쟁취하여야 한다. 물론 과거에 생각한 것처럼 그렇게 높아서는 안 된다 …… 금후의 11년 반의 시간에 비교적 만족스러운 경제발전 속도를 쟁취하여야 한다." "인민은 지금 왜 우리를 옹호하는가? 10년 동안 발전이 있고 발전이 선명했기 때문이다. 만약 우리가 5년 동안 발전하지 않거나 발전속도가 늦으면 예를 들어 4%, 5% 심지어 2%, 3%라면 어떤 영향이 생길 것인가? 이는 경제문제일 뿐 아니라 실제로는 정치문제이다"²⁵⁸라고 더 강조하였다.

둘째, 덩샤오핑은 발전을 가속화하면서 유물론을 따라야 하고 실제에 맞지 않는 고속도를 내서는 안 되며 고속도도 조건이 있고, 효과를 논하고, 질을 논해야 한다고 강조하였다. 덩샤오핑은 우리의 발전은 "실제에 부합되지 않는 고속도를 격려하는 것이 아니라 빈틈없이 착실하게 효익을 강구해야 한다"²⁵⁹고 말하였다.

셋째, 빠른 속도로 발전하려면 과학기술의 진보와 교육발전에 의거해

256 《邓小平文选》 第2卷, 人民出版社, 1994, 251쪽.
257 《邓小平文选》 第3卷, 人民出版社, 1993, 356·375쪽.
258 《邓小平文选》 第3卷, 人民出版社, 1993, 312·354쪽.
259 《邓小平文选》 第3卷, 人民出版社, 1993, 375쪽.

야 한다. 1977년, 덩샤오핑은 세 번째로 복귀할 때 주동적으로 교육과 과학기술을 주관하겠다고 한 것은 바로 이러한 원인에서였다. 당시 그는 "경제발전을 빨리하려면 반드시 과학기술과 교육에 의거하여야 한다"고 하였다. 그는 또 발전이 취득한 성과와 결합하여 사람들에게 "이 몇 년간에 우리 자신이 만약 과학기술을 떠난다면 이렇게 빨리 발전할 수 있겠는가?"[260]라고 반문하였다. "과학기술과 교육이 따라가지 못하면 발전속도를 지속적으로 유지하지 못한다. 덩샤오핑은 이를 정확하게 의식하고 있었다. 그는 과학기술의 중요성에 대해 충분히 인식해야 한다. 과학기술 방면의 투자, 농업 방면의 투자를 유의해야 하고 또 하나는 교육 방면이다. 우리는 다른 방면에서 좀 인내하고 심지어 속도에서 좀 희생하더라도 온갖 방법을 동원하여 교육문제를 잘 해결하여야 한다"[261]고 말하였다.

넷째, 덩샤오핑은 발전속도를 빨리해야 하는데 '빨리'는 적절해야 하고 과학적이어야 한다고 하면서, 또 '단계식'의 '빨리'의 경로를 제시하였다. 그는 발전은 '착실하게 일보일보 나아가는 것', '평온하게 낮은 속도로 발전'하는 것이 아니라 비약적이고 도약적으로 발전하는 것이고 한 단계로부터 다른 한 단계로의 비약적 발전이고, 고속도 혹은 가속도의 형식으로 발전하는 것이라고 말하였다. 그는 "현재 국내 조건이 구비되었고 국방 환경이 유리하며 또 사회주의 제도를 이용하여 힘을 집중해 큰일을 할 수 있는 우세를 발휘할 수 있기에 금후의 현대화 건설의 기나긴 과정에서 여러 개의 발전속도가 비교적 빠르고, 효익이 비교적 좋은 단계가 나타날 수 있는데, 이는 필요하고 능히 할 수 있는 것이다"[262]라고 정확하게 예측하였다.

---

260 《邓小平文选》第3卷, 人民出版社, 1993, 377쪽.
261 《邓小平文选》第3卷, 人民出版社, 1993, 275쪽.
262 《邓小平文选》第3卷, 人民出版社, 1993, 377쪽.

이렇게 중국은 1984~1988년의 5년 동안 속도가 빠른 발전 단계를 맞이하였고 국민총생산이 평균 매년 11.5%로 증가하였다. 하지만 1989년의 사건을 겪은 후 그는 또 "우리의 경제발전 법칙은 파도식으로 전진하는 것일 수도 있다. 몇 년을 지나면 하나의 비약으로 한 단계를 뛰어넘고 또 뛰어넘은 후 문제를 발견하고 곧바로 조정하여 계속 전진한다. 경험을 총화하는 데 '온(穩)'이라는 글자는 필수이다", "만약 그 몇 년의 비약으로 전체 경제가 한 단계 오르지 못했다면 뒤의 3년간 정리정돈은 순조롭게 진행할 수 없었을 것이다. 여기에서 볼 수 있듯이 우리의 발전은 언제나 어느 한 단계에서 시기를 잡고 몇 년은 가속도를 내고 또 문제를 발견하고 제때에 다스리고 이어 계속 전진해야 한다"263고 말했다. 덩샤오핑의 '계단식' 가속화 발전사상은 '안정'을 풍부하게 포함하고, '효익(效益)'을 추구하며, 질양상변(質量相變)의 변증법 법칙을 구현하고 있다.

6. 농업, 에너지, 교통과 교육, 과학 등을 발전 중점으로 한다

발전은 "일의 경중을 가리지 않고 한꺼번에" 하는 것이 아니라 경제건설을 중심으로 하는 전제 하에 주된 것과 부차적인 것의 구분이 있어야 한다. 덩샤오핑은 1980년대 초부터 시작하여 '3단계' 발전 전략 목표를 실현하기 위하여 당대 중국 경제사회의 발전 중점을 예리하게 잡았다. 1982년 그는 사회주의 현대화 건설의 "전략 중심은 첫째는 농업이고, 둘째는 에너지와 교통이고, 셋째는 교육과 과학이다"264라고 강조하였다.

농업은 국민경제 발전의 기초이고 농업의 현대화가 없으면 중국의 현대화도 없다. 덩샤오핑은 농업의 발전전략 중심을 특별히 중시하였고 "농

263 《邓小平文选》第3卷, 人民出版社, 1993, 368·377쪽.
264 《邓小平文选》第3卷, 人民出版社, 1993, 9쪽.

업 문제는 항상 단단히 틀어잡아야 한다"[265]고 강조하였다. 그는 중국 농업의 실제에 대해, 어떻게 농업의 현대화를 실현할 것인가에 대해 중국 농업 현대화가 두 차례의 비약을 거쳐야 한다고 말했다. 그는 "중국 사회주의 농업의 개혁과 발전은 장원한 관점에서 보았을 때 두 차례의 비약이 있어야 한다. 첫 번째 비약은 인민공사를 폐지하고 가족 단위 생산량 도급을 위주로 하는 책임제를 실행하는 것이다. 이것은 하나의 큰 발전이고 장기적으로 유지하여 변하지 말아야 한다. 두 번째 비약은 과학적 영농과 생산의 사회화 수요에 적응하여 적절한 규모의 경영을 발전시키고 집단경제를 발전시키는 것이다. 이것은 또 하나의 매우 큰 진보이며 당연히 상당히 긴 과정이다"[266]라고 말하였다.

에너지와 교통은 중국 국민경제 발전의 박약한 고리이기에 역량을 집중하여 높은 질, 높은 효율로 일군(一群)의 골간 공사를 건설해야 한다. 이 전략 중심을 우선으로 발전시키기 위하여 덩샤오핑은 1989년 6월 "이 방면의 투자를 강화하고 10년 내지 20년을 견지해야 하며 빚을 지더라도 강화해야 한다"[267]라고 강조하였다. 그는 전문 지도부를 조직하여 21세기 전 50년의 중국 발전전략 계획을 연구할 것을 지시하였는데, 주로 공업과 교통운수에 관한 발전 계획이며, "유력한 절차를 쟁취하여 발전이 지속적이고 최후의 버팀이 있게 할 것"[268]을 주장하였다.

'3단계' 발전전략 목표를 실현하려면 과학기술과 교육에 의거해야 한다. 덩샤오핑은 "과학기술의 발전과 역할은 무궁무진하다"[269]고 인정하였

265 《邓小平文选》第3卷, 人民出版社, 1993, 355쪽.
266 《邓小平文选》第3卷, 人民出版社, 1993, 355쪽.
267 《邓小平文选》第3卷, 人民出版社, 1993, 307쪽.
268 《邓小平文选》第3卷, 人民出版社, 1993, 312쪽.
269 《邓小平文选》第3卷, 人民出版社, 1993, 17쪽.

다. 과학기술을 발전시키려면 교육을 잡지 않으면 안 되며 "교육은 민족의 근본적인 사업이다."[270] "우리는 다른 면에서 좀 인내하고 심지어 속도를 희생하더라도 모든 방법을 다하여 교육문제를 잘 해결해야 한다"[271]고 했다. 이러한 덩샤오핑의 지당한 명언은 중국 경제사회 발전을 위한 전략적 중심과 주요 방향을 명확히 하였다.

7. '세 가지 유리함'을 발전 표준으로 한다

어떻게 발전을 사회주의 정치 방향에서 벗어나지 않게 보장하겠는가? 덩샤오핑은 실천 속에서 '세 가지 유리함'의 기준을 정리하였다. 즉 "사회주의 사회의 생산력 발전에 유리한가? 사회주의 국가의 종합적 국력 증강에 유리한가? 인민의 생활수준 향상에 유리한가?의 여부이다."[272] 1992년에야 제시된 이 기준은 덩샤오핑의 한때의 성적을 가리킨 표현이 아니라 여러 해 동안 사고를 거친 결과이다. 그는 일찍이 1978년에 "역사 유물주의의 관점에 의거하여 말하면 정확한 정치 영도의 성과는 결국은 사회생산력의 발전에서 표현되고 인민의 물질문화의 개선에서 표현된다"[273]고 말하였다. 1983년, 그는 다시 "총괄하여 말하면, 각 사업은 모두 '중국 특색 사회주의'를 건설하는데 도움이 되어야 하며, 모두 인민의 풍요와 행복에 도움이 되는지, 국가의 번영과 발달에 도움이 되는지, 이것을 옳고 그름을 따지는 기준으로 삼아야 한다"[274]고 하였다.

270 《邓小平文选》第3卷, 人民出版社, 1993, 275쪽.
271 《邓小平文选》第3卷, 人民出版社, 1993, 275쪽.
272 《邓小平文选》第3卷, 人民出版社, 1993, 372쪽.
273 《邓小平文选》第2卷, 人民出版社, 1994, 128쪽.
274 《邓小平文选》第3卷, 人民出版社, 1993, 23쪽.

8. 개혁, 발전, 안정이 통일되는 것을 발전 방침으로 한다

덩샤오핑은 중국 발전전략을 구상하는 과정에서 개혁, 발전, 안정 3자 사이의 변증법적 통일관계를 주의하여 처리하였다. 중국의 발전전략 목표를 순조롭게 실현하기 위하여 그는 이 문제에 대해 일련의 논술을 제시하였다. 발전에 관하여 그는 "발전만이 확고한 도리이다"[275]라고 하였다. 개혁에 관하여서는 개혁하지 않으면 출로가 없고 개혁개방하지 않으면 "우리의 전략적 목표에 도달할 수 없을 것이다"[276]라고 말했다. 안정에 관하여서는 "우리가 네 가지 현대화를 실현하고 개혁개방을 하는 관건은 안정이다"[277]라고 하였다. 국가와 사회가 안정되어야 발전할 수 있다는 뜻이다.

덩샤오핑의 이러한 훌륭한 논술은 발전은 목적이고 개혁은 동력이며 안정은 전제라는 사실을 설명한다. 발전은 개혁이 필요하며 발전과 개혁은 안정된 정치, 사회 환경이 필요하다. 정치와 사회 환경의 장기적 안정은 또 개혁의 심화와 발전의 촉진을 통하여 실현한다.

총체적으로 말하면, 11기 3중전회 이래 중국 발전은 덩샤오핑 발전사상에 따라 전진한 것이다. 어떤 사람은 발전 과정에서 발생한 문제와 모순으로 덩샤오핑 발전사상 및 그 과학성을 의심하는 데 이는 틀린 것이다. 발전 과정에서 문제가 없거나 모순이 발생하지 않는 것은 마르크스주의에 부합되지 않는다. 덩샤오핑 자신도 "마르크스에게 그가 세상을 떠난 후의 백 년, 몇 백 년에 발생한 문제에 관하여 현실적인 답안을 제공할 것을 요구해서는 절대 안 된다. 레닌 동지도 마찬가지로 그가 세상을 떠

---

275 《邓小平文选》第3卷, 人民出版社, 1993, 377쪽.
276 《邓小平文选》第3卷, 人民出版社, 1993, 318쪽.
277 《邓小平文选》第3卷, 人民出版社, 1993, 286쪽.

난 후 50년, 100년이 지난 후에 나타난 문제에 관하여 답안을 제공할 임무는 없다. 진정한 마르크스-레닌주의는 반드시 지금의 상황에 근거하여 마르크스주의를 인식, 계승하고 발전시켜야 한다"[278]고 하였다. 마찬가지로 우리도 덩샤오핑에게 그가 세상을 떠난 10년, 20년, 50년 후에 발생될 구체 문제의 답안을 제공할 것을 요구하면 안 된다. 그는 "과거에 우리는 먼저 발전할 것을 말하였다. 지금 보면 발전 후의 문제가 발전하지 않을 때보다 적지 않다." "12억 인구가 어떻게 부유를 실현하며, 부유해지면 어떻게 재부(財富)를 분배할 것인가는 큰 문제이다. 제목은 이미 나왔고 이 문제를 해결하는 것은 발전의 문제를 해결하는 것보다 더 어렵다. 분배의 문제는 매우 크다. 우리는 양극화를 방지할 것을 말하고 있지만 실제 양극화는 자연적으로 나타난다. 각종 수단, 각종 방법, 각종 방안을 이용하여 이 문제를 해결하여야 한다"[279]고 말하였다.

덩샤오핑이 말한 것처럼 "제목은 이미 나왔다." 우리가 어떻게 "각종 수단, 각종 방법, 각종 방안을 이용해서 문제를 해결하느냐"에 달려 있다. 덩샤오핑이 요지를 제기하고 쟝쩌민과 후진타오를 총서기로 하는 영도집단이 계속 문제를 해결하였으며 문제를 해결하는 과정에서 덩샤오핑의 발전사상에 대해 발전과 혁신을 더 하였으며 '세 가지 대표'의 중요한 사상과 과학적 발전관을 제시하였다.

이 과제는 계속 풀어나가야 하고, 이 문제가 해결될 때가 '중국식 현대화'와 중화민족의 위대한 부흥이 실현되는 시기이며, 바로 사회주의가 초급 단계로부터 고급 단계로 발전하는 시작이다. 이 과정에서 덩샤오핑은 예리한 사상과 안목으로 충분히 과정의 어려움을 예측하였다. 그리하여 그는 재차 "경제발전이 이렇게 빠른데 '네 가지 견지(堅持)'가 없으면 도

278 《邓小平文选》 第3卷, 人民出版社, 1993, 291쪽.
279 《邓小平年谱》(1975-1997年)(下), 中央文献出版社, 2004, 1364쪽.

대체 어떤 국면이었겠는가? '네 가지 견지'를 제기하고, 앞으로 어떻게 하며, 문장(文章)도 많고, 또 많은 일들이 있으며 아직 잘 정리되지 않은 것도 있다. '네 가지 견지'는 플랜트(plant)이다. 개혁개방과 동시에 '네 가지 견지'를 잘하는 면에서 나는 기초를 닦았으니 이는 빈말이 아니다"[280]라고 강조하였다. 중국의 발전은 반드시 당의 기본 노선을 견지해야 하고, "이 노선을 바꿀 수 없고 특히 자기도 모르게 흔들려서 사실로 변해서도 안 된다"[281]라고 엄숙하게 지적하였다.

18차 당대회에서는 새로운 형세, 새로운 요구에 근거하여 '중국 특색 사회주의' 길에서 반드시 인민의 주체 지위를 견지하고, 반드시 사회생산력을 해방하고 발전시키는 것을 견지하고, 반드시 개혁개방의 추진을 견지하고, 반드시 사회의 공평 정의를 옹호하는 것을 견지하고, 반드시 공동 부유의 길을 견지하고, 반드시 조화로운 사회를 촉진하는 것을 견지하고, 반드시 평화적 발전을 견지하고, 반드시 당의 영도를 견지할 것을 채택하였다. 승리를 이룩할 수 있다. 18기 3중전회는 덩샤오핑 발전사상의 기초에서 15개 분야 330여 항목의 개혁과 발전 조치를 제기하여 전면적으로 개혁을 심화하였다. 그 목적은 나라를 다스리는 시스템과 다스리는 능력의 현대화를 추진하기 위한 데 있다. 국가 통치체계와 통치 능력 현대화의 형성은 '중국 특색 사회주의' 제도를 완벽히 발전시키는 필연적 요구로 사회주의 현대화를 실현하는 데 마땅히 필요한 것이다.

280 《邓小平年谱》(1975-1997年)(下), 中央文献出版社, 2004, 1363-1364쪽.

281 《邓小平年谱》(1975-1997年)(下), 中央文献出版社, 2004, 1365쪽.

제11장
'중국의 갈 발전의 몇 가지 재 사고(再思考)와 계시(啓示)

제1절 '중국의 길'에 대한 몇 가지 재 사고

'중국의 길'이 걸어온 170여 년 동안, 서방문명 토템(totem)에 대한 숭배는 서로 다른 면과 정도에서 끊임없이 존재하였다. 이러한 숭배의 정도와 높은 관심은 '중국의 길' 발전의 빠르고 늦음, 순조로움과 우여곡절에 영향을 주었다. 이는 또 국가의 독립과 부강, 민족의 해방과 진흥, 인민의 부유와 행복을 실현하는 과정에서 어떻게 중국과 서방의 관계 문제를 정확히 처리하고, 즉 어떻게 사회주의와 자본주의 관계의 문제를 정확히 처리할 것인가에 영향을 미쳤다.

사실 중국 근대사에서 연이어 발생한 태평천국 운동, 유신변법과 신해혁명의 세 차례 위대한 애국 구국 실천운동의 비극적 실패는 각각 중국 농민혁명, 자산계급 개량파, 자산계급 혁명파의 세 가지 구국의 길이 전혀 통하지 않음을 의미한다. 건국 이후 30년 동안, 중국 공산당원은 '러시아를 스승으로 삼고', 전면적으로 '소련 모델'을 도입하는 것으로부터 '소련을 거울로 삼는 것'까지, 자신만의 길을 걸어가려 시도했고, "중국을 사회주의 현대화의 강국으로 건설하기"282 위하여 최종적으로는 '소련 모델'에 가까운 사회주의 길을 걸었다. 이 사회주의 길은 신속하게 중국이 독자적인 공업 체계와 국민경제 체계를 세우도록 도와주었으며, 국가의 평

---

282 《毛澤東著作選讀》(下册), 人民出版社, 1986, 849쪽.

화와 영토의 완정을 효과적으로 유지하게 하였으나 중국 사회주의 건설과 중국 인민에게 심각한 재난을 가져 오기도 하였다. 이는 우리에게 서방을 따라 배우고 외국을 따라 배우는 각종 구국 건국 방안은 반드시 중국 국정과 결합해야 한다는 것을 가르쳐주었다.

중국과 서방의 두 가지 문화, 두 가지 세계 체계가 강자와 약자로서 '만남'은 서방의 강렬한 침략성과 중국의 피동적인 반항성과의 잔혹한 '만남'이었다. 이러한 '만남'은 만청(滿淸) 제국의 폐관자수(閉關自守)의 대문을 열게 하였으며 중국의 유지 인사들로 하여금 민족과 국가가 생사존망에 이르렀을 때 자력갱생의 길을 확인하고, 이어 민족진흥의 대업에 투신하며, 민족해방, 국가독립과 국가 존엄 유지를 쟁취하여 백여 년의 노력을 거쳐 성공적으로 '중국의 길'을 걸어가도록 하였다. 이 '길'은 오늘날 '중국 특색 사회주의 길'로 정형화되었다. 세계는 이 '길'의 진화를 함께 증명하였고 특히 '중국 특색 사회주의 길'이 가져다 준 위대한 성과를 함께 증명하고 또 누리고 있다.

Ⅰ. '중국의 길'은 인간의 자각 과정과 역사의 자연적인 과정의 통일을 구현하였으며 이는 역사적 필연성이다

인류사회 발전의 객관적 법칙은 우리에게 사회 발전은 총체적으로 진보하는 것이고 더욱 고급스런 단계를 향하여 발전하고 사회주의는 최종적으로 자본주의를 대체하는 자연적 과정이라고 알려주었다. 하지만 이러한 자연적 과정에는 굴곡이 존재하는데 이는 주관적 능동성의 발휘가 요구되고, 인간의 자각적 행동이 필요하다. '중국의 길'은 자발적인 것으로부터 자각적인 과정을 겪었고 인식 과정도 더 심각하고 끊임없이 객관 법칙에 접근하는 과정이었다. 세계 현대화 역사를 보면 '중국의 길'은 종래에 없었던 역사적 실천의 문제이고, 참조할 수 있는 경험은 전혀 없었다. 기존의 중국 전통 경험, 선인(先人)들의 탐색 경험, 서방의 현대화 경험 및 원리주의의 마르크스주의 등 어느 쪽도 중국 문제를 해결하기에 부족하다.[283] 이러한 역사환경 하에서 '중국의 길'은 정말로 어렵게 걸어왔다. 다행히도 위대한 정당인 중국 공산당이 있었고, 과학적 이론인 마르크스주의가 있었고, 그리고 다행히 중국 공산당이 시종일관 마르크스주의 기본 이론과 중국의 실제를 결합시켜 자신의 길을 걸은 것이다. 중국 공산당과 마르크스주의를 찾아낸 후 '중국의 길'은 중국 인민의 자각적인 분투를 더 많이 나타냈다.

II. '중국의 길'은 반드시 강대한 중국을 가져올 것이다

서방 열강들이 이미 새로운 세계를 강제로 야만적으로 중국 앞에 밀어 놓은 현실적 배경 하에서 중국은 줄곧 새로운 세계에서 생존하고 발전하는 한 갈래의 길을 탐색하였다. 170여 년 동안 중국 인민은 탐색한 매 단계에서 힘들고, 성공하고, 실패했지만, 이들을 세로로 겹쳐 쌓아 '중국의 길'을 구축하였다. 중국이 모든 고초를 당하고, 중국이 부상하고, 중국이 부흥하는 것은 세상이 다 알고 있는 사실이다. 그러기에 1998년 6월 17일 미국 전 대통령 3명과 전직 고위 관리 24명이 국회에 전하는 편지에서 "중국은 21세기에 위대한 경제 정치강국이 될 운명이다"[284]라고 하였다. 최근 많은 국내외의 저명한 학자들은 모두 2025년쯤 중국의 경제 총생산량이 미국을 초월하여 세계 1위를 차지할 것이라고 예측하였다.

그러나 우리는 '중국의 길', 특히 '중국 특색 사회주의 길'은 중화민족

---

283 参见邹诗鹏,《中国道路与中国实践哲学》,《马克思主义与现实》2012年 第6期.

284 自徐中约,《中国近代史》, 中文出版社, 2002, 第六版序(英文版), 6쪽.

위대한 부흥의 중국꿈 실현의 경로로서 또한 앞으로는 마땅히 더욱 진일보하게 세정(世情), 국정(國情), 당정(黨情)에 결부시켜 동서고금에 대한 각종 현대화된 자원의 종합, 전환, 창조, 혁신을 이룰 필요가 있다.

Ⅲ. '중국의 길'은 역사의 '공통성(共通性)'을 구현하였다

어떠한 사물의 발전도 아무런 이유가 없는 것이 아니다. 우리는 민주혁명 전후의 두 개 탐색 단계를 분리하여 신구 두 개의 민주혁명을 완전히 갈라 놓아서는 안 될 뿐 아니라 개혁개방 전후의 두 개 사회주의 건설 시기를 확연히 대립시켜도 안 된다. 우리는 '중국의 길'이 발전하는 역사의 원천과 흐름을 단절시켜서는 안 되고, 그 발전 역사의 '완형(完形)'을 훼손시켜서도 안 된다. 근대 중국 역사의 발전은 중국과 중국 인민으로 하여금 최종적으로 사회주의를 선택하게 하였다.

사회주의 초급 단계의 기본 국정은 중국과 중국 인민으로 하여금 '중국 특색 사회주의'를 선택하게 하였다. '중국 특색 사회주의'만이 진정으로 중국으로 하여금 현대화를 실현하게 할 수 있고 중화민족으로 하여금 위대한 부흥을 실현하게 할 수 있다. 이것이 바로 170여 년 동안 중국이 걸어오고 또 계속 걸어 나갈 현대화의 길이다.

Ⅳ. '중국의 길'의 성공은 주로 인민을 장악한 데 있다

역사는 인민이 창조한 것이다. 인민의 실천으로부터 온 '사물 근본'을 구현하는 이론은 인민을 장악해야만 위대한 물질적 역량으로 변할 수 있다. 인민은 일정한 민족, 국가에 의존해야만 존재할 수 있고, 국가, 민족, 인민 이 삼자는 서로 규정하고 서로 추진하는 유기체이다. 이 유기체가 중국 근대 역사에서의 추진 궤도가 바로 '중국의 길'이다. 국가, 민족과 인민의 핵심은 인민이다. '중국의 길'이 성공할 수 있는 제일 큰 자본과 신용은 인민의 지지와 신뢰이다. 이는 혁명 시기도 그러하고 건설과 개혁 시기에도 그러하다. 새로운 역사 기점(起点)에서, 18차 당대회는 새로운 역사 조건 하에서 '중국 특색 사회주의'의 새로운 승리를 거두려면 반드시 견고하게 인민의 주체적 지위를 장악하고 견지해야 한다고 재차 명확히 제기하였다. 왜냐하면 '중국 특색 사회주의'는 억만 인민 자신의 사업이기 때문이다. 법에 따라 나라를 다스린다는 당의 영도 하에서 나라를 다스리는 이 기본적 방침을 계속 견지하는 전제 하에서만이 인민의 권익을 보장할 수 있고, 인민들이 주인이 되는 것을 보장할 수 있으며, 인민의 주인공적 정신을 더욱 좋게 계속 발휘할 수 있으며, 또 광범위하게 인민을 동원하고 조직하여 법에 따라 국가사무를 관리하고, 경제와 문화 사업을 관리하고 적극적으로 사회주의 현대화 건설에 투신하여 '중국 특색 사회주의'의 새로운 승리를 거둘 수 있다.

V. '중국 특색 사회주의 길'에 대한 자신감이 충만한 것은 전적으로 세계 역사와 중국 역사 발전의 실천과 발전 법칙의 체인(體認)에 기초한 것이다

18차 당대회는 '중국 특색 사회주의 길'에 대해 자신감을 가져야 한다고 확인하였다. 이는 일시적이고 전혀 근거가 없는 것은 아니며 '중국의 길'이 지금에 이르기까지 체현된 강력한 법칙성, 필연성, 현실성에 근거한 것이다. 중국이 세계 역사의 진전에서 개척한 '중국 특색 사회주의 길'은 세계의 선진적이고 적극적인 현대 요소를 섭취하여 이 진전 과정에서 없어서는 안 되는 유기적 구성 부분을 형성하여 인류 발전을 위해 자신이

져야 할 책임과 공헌을 했을 뿐 아니라 또한 중국의 우수한 전통문명에 뿌리를 깊이 내리고 중국 자신만의 확신의 도장을 찍었다. 다시 말하면, 중국은 세계 역사와의 상호 역할 속에서 특히 중국 공산당원의 "민족독립과 진흥, 국가 해방과 부강, 인민의 부유와 행복"을 추구하는 탐색을 세계 발전과 중국 발전의 시대적 좌표 속에 두고 '중국 특색 사회주의 길'('중국의 길'의 현재형)을 걸어, 인류사회 발전의 법칙을 구현했을 뿐 아니라 사회주의 건설 법칙도 구현하였다.

'중국의 길'에 대한 자신감은 물론 위대한 실천에서 오는 것이다. '중국의 길'의 발전 역사는 간고한 투쟁과 탐색의 분투사이고, 풍부하고 생동적인 교과서이며, 전국 각 민족 인민과 세계 인민이 중국 공산당을 이해하고 중국 혁명, 중국 건설과 개혁의 발전사를 이해하는 발전사이다. 이러한 역사에서 중국 인민이 마르크스주의와 사회주의를 선택하고 중국 공산당을 선택한 필연성 및 '중국의 길' 개척의 필연성을 이해할 수 있을 뿐 아니라 그중에서 유익한 점을 얻고 깨우침을 얻고 힘을 얻어 '중국 특색 사회주의 길'에 대한 자신감을 끊임없이 확고히 하여 '중국 특색 사회주의 길'에 대한 자각을 갖게 하는 것이다.

제2절 '중국의 길' 발전의 몇 가지 계시

'중국의 길'은 중국 인민이 역사 활동의 실천과 비교 중에서 간고한 탐색을 거쳐온 것이고 중국 국정에 부합되는 역사의 선택이고 인민의 선택이다. 이미 걸어온 '중국의 길' 형태는 개혁개방의 끊임없는 심화 속에서 '중국 특색 사회주의 길'을 더 높은 고급 형태로 더 좋게 개척하는 데 중대한 시사점을 제시해 줄 것이다.

I. '중국의 길'은 반드시 마르크스주의를 견지하고 발전시켜야 한다

창당 이전 '중국의 길'의 탐색을 주도한 사상이론은 마르크스주의가 아니었다. 창당 90여 년 동안, 당이 중국 혁명의 길, 건설의 길과 '중국 특색 사회주의' 발전의 길을 끊임없이 탐색하고 형성하고 확장할 수 있었던 것은 중국 인민이 마르크스주의를 찾았고 또한 시종일관 과학적 태도로 마르크스주의를 대했기 때문이다. 이러한 과학적 태도가 바로 견지(堅持)와 발전의 동력이다. 견지는 마르크스주의가 과학적 진리이기 때문이고, 마르크스주의의 입장, 관점과 방법이 문제를 분석하고 해결하는데 효과적이기 때문이다.

발전은 중국 공산당이 마르크스주의에 대해 교조주의와 교과서주의의 태도를 취하지 않고, 실사구시, 사상해방, 시대와 같이 전진하고 진리를 추구하고 실효를 강조하는 과학적 태도를 취하였고 발전하고 변화하는 중국 실제로부터 출발하는 것을 견지하고, 마르크스주의를 끊임없이 실천의 발전에 따라 발전하는 과학으로 보았기 때문이다. 발전은 견지 중에서의 발전이고, 견지는 발전 중에서의 견지이며, 양자는 어느 한쪽을 소홀히 해서도 안 된다. 이러한 견지와 발전 속에서 마오쩌둥 사상과 덩샤오핑 이론, '세 가지 대표'의 중요한 사상과 과학적 발전관을 포함한 '중국 특색 사회주의' 이론체계를 형성하였다. 이러한 마르크스주의 중국화의 단계성 이론 성과가 중국화의 마르크스주의이다.

II. '중국의 길'은 반드시 마르크스주의와 중국 국정을 결합하는 것을 견지해야 한다

역사와 현실의 경험이 증명하듯이 마르크스주의가 역할을 발휘하려면 반드시 각 나라와 민족 혁명, 건설과 발전의 실제에 의거해야 한다. 다시 말하면, 마르크스주의의 기본 원리를 구체적 국정과 결합시켜야 마르크스주의가 거대한 지도력과 추진력으로 변할 수 있다. 중국 공산당은 마르크스주의 기본 원리와 중국 국정을 서로 결합하는 노력을 일관되게 견지하였다. 중국 혁명, 건설과 개혁의 구체적 실천은 이를 충분히 증명하였다. 동시에 또 마르크스주의 기본 원리와 중국 국정이 잘 결합하였을 때 당의 사업은 승리하고 발전했고, 그렇지 않으면 당의 사업은 좌절을 겪고 실패에 부딪쳤다. 농촌이 도시를 포위하고 무장으로 정권을 빼앗는 혁명의 길, 중국 사회주의 개조, '중국 특색 사회주의 길'은 모두 마르크스주의 기본 원리와 중국 기본 국정을 결합한 산물이다.

하지만 중국 공산당은 혁명의 길에서 범한 세 차례의 큰 '좌'경 착오와 두 차례의 우경 착오는 하마터면 중국 혁명을 망칠 뻔하였다. 중국 공산당은 사회주의 개조를 기본적으로 완성한 후 전면적으로 사회주의를 건설하는 과정에서 마르크스주의와 중국 실제의 '제2차 결합'을 탐색하였다. 하지만 중국 사회주의가 진정으로 처해 있는 발전 단계가 사회주의 초급 단계라는 제일 큰 국정을 인식하지 못하고 '결합'의 심각한 편차를 초래하였고 사회주의 건설에 엄중한 실수를 낳았다. 이러한 착오와 실수는 모두 마르크스주의 기본 원리와 중국 실정을 결합하는 보편적 원리를 잘 견지하지 않은 결과이다.

마르크스주의 기본 원리를 중국 혁명, 건설 혁명, 시대 특징과 결합시키는 것은 중국 공산당이 오랫동안 견지해 온 보편적 원리이다. 이러한 원리를 관철시키고 끊임없이 마르크스주의의 중국화와 마르크스주의 이론을 시대와 함께 전진하는 것을 추진하는 것은 중국이 개혁개방을 전면적으로 심화하고 중화민족의 위대한 부흥의 '중국꿈'을 실현하는 근본이다.

III. '중국의 길'은 반드시 마르크스주의와 민생문제를 결합하는 것을 견지해야 한다

마르크스주의의 요지는 바로 인간의 자유를 촉진하고 전면적으로 발전시키는 것이다. 마르크스주의 유물론적 역사관은 인민 군중이 역사의 주인이라 여긴다. 마오쩌둥은 재차 인민은 역사의 진정한 창조자라고 강조하였다. 중국 공산당의 유일한 취지는 전심전의(專心專意)로 인민을 위해 봉사하고 당을 세워 공익에 이바지하고 집정은 인민을 위한 것이다. 어떻게 인민을 위하는가? 항상 인민의 이익을 지상으로 하는 원칙을 견지하는 것이며 광대한 인민군중의 근본 이익을 잘 유지하고 잘 실현하고 잘 발전시키는 것이며 끊임없이 인민군중의 생활수준을 제고하는 것이다. 이것은 당의 모든 업무의 출발점이자 귀착점이다. 중국 공산당은 '중국의 길'을 개척하는 과정에서 혁명 시기, 건설 시기, 개혁개방 시기는 물론이고 모두 민생을 중요시하고 민생을 보장하고 민생을 개선하였는데 건국 이후에도 마찬가지였다. 이것이 바로 '중국의 길'이 성공할 수 있는 비결이다.

소련과 동유럽의 급변은 민심의 향배가 정당(政黨)의 흥망을 결정하는 근본적 요소라는 것을 재차 증명해준다. 금후의 전면적으로 개혁개방을 심화시키는 과정에서 어떻게 인민을 행복하게 할 것인가? 그 관건은 인민 군중으로 하여금 공평 공정하게 개혁 발전의 성과를 향수하게 하고, 끊임없이 인민 군중의 경제, 정치, 문화권익을 옹호하고 발전하며 끊임없이 인민 생활수준을 개선하고 제고하여 사람의 자유와 전면적인 발전을 촉진하는 데 있다.

IV. '중국 특색 사회주의 길'을 걸으면서 반드시 시종 개혁개방을 견지해야 한다

1890년 엥겔스는 독일의 일부 인사들이 사회주의에 대한 통일적 인식이 결핍한 상황에 대비하여 "소위 '사회주의 사회'는 고정불변한 것이 아니라 어떠한 기타 사회제도와 같이 자주 변화하고 개혁되는 사회로 보아야 한다"[285]고 지적하였다. 엥겔스가 발달한 자본주의에서 오랫동안 발전해 온 사회주의를 항상 변화하고 개혁하는 사회로 인정한 이상, 사회주의 초급 단계의 '중국 특색 사회주의'는 더 항상 변화하고 개혁하는 사회이다. 물론 여기에서의 개혁은 다시 뒤엎는 폭력혁명이 아니라 '중국 특색 사회주의' 제도의 자아완성과 발전이다. 사회주의는 좋은 제도이고 뛰어난 우월성을 가지고 있다. 이는 나무랄 바가 없다.

하지만 사회주의 발전 과정에서 경제 토대와 상부 구조, 생산력과 생산관계는 영원히 자연적으로 평등하고 상호 적응은 불가능하다. 균형은 상대적이고 불균형은 절대적이다. 절대적인 불균형과 상대적인 균형은 끊임없이 그 역할을 전환한다. 역할 전환은 자동으로 발생하는 것이 아니라 동력이 필요하며 이러한 동력은 바로 개혁개방이지, 30년 전 시행한 것이 잘못됐음을 입증하는 '대약진'이나 '문화대혁명' 같은 형식이 아니다.

개혁개방 과정에서 형성된 '중국 특색 사회주의 길'은 30여 년의 개혁개방의 공로임을 검증하였다. 개혁개방은 중국 생산력의 지속적이고 빠른

---

285 《马克思恩格斯文集》第10卷, 人民出版社, 2009, 588쪽.

발전의 기적을 창조하여 1978년부터 GDP 연평균 성장률은 9%를 초과하였다. 개혁개방은 또 사회주의 제도로 하여금 전례 없는 생기와 활력을 가져오게 하였고 개혁개방은 중국 공산당이 영도한 전국 인민으로 하여금 새로운 모습으로 다시 시대와 세계의 선두에 서게 하였다.

중국과 같은 13억 인구의 개발도상 대국에서 '중국 특색 사회주의'를 건설하는 것은 전대미문의 위대한 사업이고 또 전례 없이 거대하고, 전례 없이 복잡한 사회체계로서의 공정(工程)이기에 새로운 상황과 새로운 문제는 끊임없이 나타날 것이다. 개혁개방이 심도있게 발전하면서 심층적인 모순과 문제가 한층 부각되었다. 예를 들어, 소득격차, 지역격차, 도시와 농촌 간의 차이가 늘어나고, 교육, 의료, 사회보장 등 공공사업 발전이 상대적으로 정체되고 자원환경 압력은 더욱 커지고 당내 부패 현상이 여전히 쉽게 많이 일어나는 등의 문제점이다. 이러한 모순과 문제는 물론 '중국 특색 사회주의'가 전진하는 길에서의 모순과 문제이다. 우리가 변증유물주의와 역사 유물주의의 세계관과 방법론으로 이러한 모순과 문제를 직시(直視)하고 합리적으로 처리하면 이해할 수 있다. 해결의 과정은 개혁의 과정인 것이다.

'중국 특색 사회주의'로 말하면 개혁개방은 하나의 거스를 수 없는 과정이고 역사 발전의 전반 추세이다. 중국으로 하여금 옛길을 걷지 않고 새로운 길을 걷게 하고, 그릇된 길을 걷지 않고 정확한 길을 걷게 하려면 반드시 지난날과 다름없이 사회주의 성격과 방향의 개혁개방을 견지해야 한다. 개혁개방은 중국을 부강하게 하고 중화민족을 진흥시키고 중국 인민을 행복하게 하는 필연적으로 거쳐야 할 길이며 당대 중국 운명을 결정하는 관건적 조치이다.

제12장

소결(小結): '중국의 길'은 중화민족의 위대한 부흥을 일관한다

역사는 엄숙하게 우리에게 알려주었다. 각 나라, 각 사회는 모두 전 세대로부터 이어받은 생산 조건(특히 생산력과 문화)의 기초에서 '한 단계씩 위로 올라가며' 발전하고, 세상에는 이유 없는 혁명이 없고, 이유 없는 발전도 없다. 역사적으로 변증법적으로 발전적으로 해야지 고립적이고 편면적이며 정체적으로 문제를 보아서는 안 된다. 이것이 바로 마르크스주의 태도이다.

'중국 특색 사회주의 길'의 개척과 발전은 '일관된 릴레이 탐색' 과정이다. "1956년, 우리 당이 소련 모델의 폐단을 발견하고 중국 국정에 맞지 않음을 발견한 후, 만약 다른 길을 탐색하여 자신의 길을 건설하지 않고 소련을 맹목적으로 따라 하였다면 그것은 중국이 그다지 건강하지 않는 사회주의 길을 걷게 됨을 의미할 뿐 아니라 중국이 소련의 지휘 하에 하나의 큰 '위성국'이 됨을 의미했다. 1990년대 초 소련과 동유럽 격변의 도미노 현상이 나타났을 때 중국도 피하기 어려웠을 것이라고 상상할 수 있다."[286] 이 말에서 1956년 후 사회주의 건설의 탐색과 개혁개방 이래 걸어온 '중국 특색 사회주의 길'은 긴밀한 역사적 연속성이 존재함을 의미한다. 덩샤오핑은 12차 당대회 개막사에서 "마르크스주의의 보편적인 진리를 중국의 구체적인 실제와 결합시키고 자신의 길을 걷고 중국 특색

---

286 胡绳,《毛泽东一生所做的两件大事》,《人民日报》1993年 12月 17日.

의 사회주의를 건설하는 것이 장기적인 역사 경험에서 얻어낸 기본적 결론이다"[287]라고 말하였다.

이러한 기본적 결론은 마오쩌둥이 1956년에 제기한 마르크스주의를 중국 실제와 '제2차 결합'을 실행한 중요 사상에 대한 계승과 발전임을 볼 수 있다. 이어 덩샤오핑은 무엇이 사회주의이고 어떻게 사회주의를 건설하는가의 기본 문제를 둘러싸고 이론적으로 몇 가지 중요한 관점을 제시하여 덩샤오핑 이론을 구축하였다. 덩샤오핑 이론의 형성은 '중국 특색 사회주의' 길이 성공적으로 개척된 표징이다. 덩샤오핑은 어려운 시기에 바통을 이어받아 "무엇이 사회주의이고, 어떻게 사회주의를 건설할 것인가"에 대답하였고, 창조적으로 "어떤 당을 건설하고, 어떻게 당을 건설할 것인가"의 중대한 역사 과제에 해답하였으며, 성공적으로 '중국 특색 사회주의'를 21세기로 밀고 나갔다.

16차 당대회에서 쟝쩌민은 바통을 성공적으로 후진타오에게 전달하였다. 후진타오는 "어떤 발전을 이루고 어떻게 발전할 것인가"의 중대한 문제를 둘러싸고 과학적 발전관 등 일련의 중대한 전략사상을 제시하였다. '중국 특색 사회주의'는 30년 발전을 거치며 드디어 구비되었다. 후진타오는 17차 당대회 보고에서 처음으로 '중국 특색 사회주의 길'의 의미에 대하여 과학적으로 개괄하였다. 또 5년의 발전과 개선을 걸쳐 후진타오는 당의 18차 당대회 보고에서 17차 당대회의 '중국 특색 사회주의 길'에 대한 개괄적 이론이 내포된 의미를 더욱 넓히고 이론적 견지에서 더욱 승화시켰다.

현재 국내외에서 여러 사회사조가 발생하면서 '중국 특색 사회주의'에 대해 의문이 제기되었다. 일부 사람들은 '중국 특색 사회주의'는 중국 특

---

[287] 《邓小平文选》第3卷, 人民出版社, 1993, 3쪽.

색 자본주의이며 혹은 국가 자본주의라고 여기고, 또 어떤 사람들은 '중국 특색 사회주의'는 수정된 사회주의라고 여긴다. 또 일부 사람은 고의적으로 혹은 목적성 있게 개혁개방 후의 역사 시기로 개혁개방 전의 역사 시기를 부정하고, 개혁개방 전의 역사 시기로 개혁개방 후의 역사 시기를 부정하며, 마오쩌둥으로 덩샤오핑을 부정하고 덩샤오핑으로 마오쩌둥을 부정하고 있다. 이는 사람들로 하여금 의심하게 하지 않을 수 없다. 그들은 '중국의 길'을 인위적으로 분리하고 대립시킨다. 그 배후의 목적은 바로 중국 공산당을 서로 다른 시기의 이런 당과 저런 당으로 분리시키고, 더 나아가 당의 영도를 부정하고 당의 분열을 조작하려는 것이다.

'중국의 길' 문제는 당 사업의 흥성과 패배에 관계되는 제1위의 문제이고, 길은 당의 생명이다. 당중앙은 사상이론계의 이러한 현상의 심각성과 위험성을 의식하였다. 시진핑은 집중적이고 명확하게 이러한 현상에 대하여 적극적으로 응답하였다. 그는 '중국 특색 사회주의'는 과학적 사회주의이고 기타 주의가 아니며 18차 당대회 정신을 천번만번 이야기해도 하나로 귀결하면 바로 '중국 특색 사회주의'를 견지하고 발전시키는 것이고, '중국 특색 사회주의'는 과학적 사회주의 이론 논리와 중국 사회 발전 역사 논리의 변증통일이며, 중국 대지에 뿌리를 내리고 중국 인민의 염원을 반영하고 중국과 시대발전 진보 요구에 적응하는 과학적 사회주의이며, 전면적으로 샤오캉(小康) 사회를 건설하고 사회주의 현대화를 빠르게 추진하고 중화민족의 위대한 부흥을 실현하는데 있어서 반드시 거쳐 가야 할 길이라고 강조하였다.

중국 공산당은 인민을 영도하여 사회주의 건설을 진행하였으며 그 단계를 개혁개방 전과 개혁개방 후의 두 개 역사 시기로 나눌 수 있는데, 이는 서로 연관되고 또 중대한 구별이 있는 시기이다. 그러나 본질석으로 보면 모두 당이 인민을 영도하여 사회주의 건설을 진행하는 실천적 탐색이다. '중국 특색 사회주의'는 개혁개방의 새로운 역사적 시기에 개척한 것이지만, 신중국이 이미 건립한 사회주의 기본 제도와 20여 년간 진행한 건설의 기초에서 개척한 것이다. 비록 두 개의 역사 시기는 사회주의 건설을 진행한 지도사상, 방침정책, 실제 업무에서 큰 차이가 있지만 양자는 절대로 서로 분리된 것이 아니며 근본적인 대립은 더더욱 아니다. 개혁개방 후의 역사 시기로 개혁개방 전의 역사 시기를 부정할 수 없고, 개혁개방 전의 역사 시기로 개혁개방 후의 역사 시기를 부정할 수도 없다. 실사구시의 사상노선을 견지하고 주류와 지류를 잘 구분하고 진리를 견지하고 잘못을 수정하며 경험을 발양하고 교훈을 받아들이며 이 기초에서 당과 인민의 사업을 계속 앞으로 추진해야 한다.[288]

물론 이론 창조는 실천 창조에서 기원하고 실천 창조는 이론 창조를 지도한다. 30여 년의 개혁개방은 비록 실천 중에서 경험을 탐색하더라도 시종 위대한 이론의 지도를 이탈하지 않았다. 실천과 이론의 이중 상호작용으로의 창조는 '중국 특색 사회주의 길'과 '중국 특색 사회주의' 이론체계를 개척하고 진일보한 '중국 특색 사회주의' 제도를 형성하였다. 이러한 제도는 중국의 사회주의 정치, 경제, 군사, 외교, 민족, 문화, 사회·국제관계 등 각 방면에서 일련의 근본 제도와 기본 제도, 구체적인 체제를 포괄하고 있다. 총괄적으로 말하면, 중국 사회주의 길, 이론체계와 제도는 아직 발전하고 완벽해지는 과정에 있고 아직 적지 않은 문제와 난제가 존재한다. 예를 들어 발전 방식의 전환과 경제구조의 전환, 정치체제 개혁의 심화, 사회주의 핵심 가치관의 추출과 개괄 등이다. 현재 이러한 문제와 난제에 직면하여 18차 당대회에서 제시한 목표와 계획에 근거하여 새로운 이론 창신(創新)이 절박하게 요구되고, 이상(理想) 신념의 인도가 절박하

---

288 習近平, 《毫不动摇坚持和发展中国特色社会主义, 在实践中不断有所发现有所创造有所前进》, 《人民日报》 2013年 1月 6日.

게 필요하며 '중국 정신'과 '중국 역량'의 응집이 절실히 요구된다.

'중국의 길'은 개혁개방 30여 년의 위대한 실천 과정에서 나왔으며, 중화인민공화국이 성립된 60여 년의 지속적인 탐색 속에서 나왔으며, 근대이래 170여 년의 중화민족 발전 과정을 깊이 되뇌이면서 나왔으며, 중화민족 5천여 년의 유구한 문명의 전승 속에서 나온 것으로, 심오한 역사적 연원(淵源)과 폭넓은 현실적 기초를 갖추고 있다.

'중국 특색 사회주의' 길은 '중국의 길'의 역사 발전 궤적의 한 단계일 뿐 아니라 '중국의 길'의 역사 발전 논리의 필연적 결과이다. 이는 국가의 부강, 민족의 진흥, 인민 행복의 길이고 중화민족의 위대한 부흥의 길이며 중국 사회주의 현대화의 길이라는 것을 그간의 실천이 이미 증명했다.

中 国 道 路

하편
'중국의 길'의 문명적 의의

중화민족은 유구한 역사를 가진 오래된 민족으로서 휘황찬란한 중화문명을 창조하였다. 1840년은 중화문명 발전사에서 매우 중요한 분수령이다. 아편전쟁으로 인해 중국은 '3천 년 동안 없었던 비상사태'가 발생했으며 아편전쟁은 중화문명의 쇠락의 모습을 철저히 폭로하였고 또한 중화 전통문명이 현대문명으로 전환하는 역사적 기점이기도 하다. 중화민족이 위대한 부흥을 실현하려면 반드시 현대화와 현대문명의 전환을 실현해야 한다. 민족의 부흥, 현대화의 실현, 현대문명으로의 전환, 이 삼자는 '중국의 길' 속에 통일되어 있다.

앞에서 분석한 바, 1840년 아편전쟁 이후 중화민족은 농민혁명, 양무운동(洋務運動), 유신입헌(維新立憲), 삼민주의(三民主義)를 거쳐 사회주의로 나아가 지금은 중국 특색의 사회주의 길을 형성하였다. 이 과정은 암흑과 광명, 후퇴와 전진, 실패와 성공이 교차된 하나의 치열하고 고통스러운 과정이었다. 이 과정이 바로 '중국의 길'이다.

'중국의 길'은 중국 발전의 경험 문제일 뿐 아니라 또 하나의 더욱 중요한 것은 가치 문제이며 일종의 문명관의 문제이다. '중국의 길'은 하나의 새로운 문명을 반영하는 바, 이러한 문명은 일정한 시간과 공간 내에서 발생하고 발전하며 그 내부에는 시간 개념과 공간 개념이 교차되면서 시간의 변천과 공간의 조정이 구현되고 있다.

'중국의 길'은 5천 년의 중화문명의 토양 속에 깊이 뿌리를 내렸고 이는 중국 인민의 백 년 분투의 역사 과정이며, 현시기 나타나는 '중국 특색 사회주의' 길의 형태는 5천 년 중화 전통문명 발전 전환 과정의 가장 새로운 결정체이다. 이는 필연코 현대사회에서의 중화문명의 특수한 생명력을 지속적으로 체현하고 피어나게 할 것이다.

세계문명 발전사로 보면, '중국의 길'의 현재형인 '중국 특색 사회주의 길'은 몇 세대 중국인들이 모색하고 창조한 문명 전환의 역사적 필연성이며, 중국 본토에서 공산주의와 자본주의를 포함한 모든 인류사회가 창조한 문명 성과를 융합한 역사적 결론이다.

세계 현대화 운동의 발전 과정으로 보면, '중국의 길'의 현재형인 '중국 특색 사회주의' 길은 몇 세대 중국인들이 세계 유지 인사들의 자본주의 현대화 운동에 대한 비판을 끊임없이 섭취하고 거울로 삼는 이성적 사고 과정에서 탐구한 '중국 특색'과 "사회주의 내포"1를 지닌 현대화의 공통된 염원이다.

국제 공산주의 운동의 발전 추세로 보면, '중국의 길'의 현재형인 '중국 특색 사회주의 길'은 세계 사회주의 실천의 정·반 양면의 경험의 총화이며 현실 사회주의 운동의 다양성을 상징한다.

그러기 때문에 '중국 특색 사회주의 길'은 세계 발전에 큰 영향을 미칠 것이고, 이는 한 나라의 부강이 가져온 영향일 뿐 아니라, 중국의 부상 이후 중화 문명이 사방으로 미친 영향이다. '중국 특색 사회주의 길'은 세계에 중국의 전통과 중국 당대의 특색이 당대의 세계 문명과 어우러진 문명질서를 가져오게 할 것이다.

---

1 이러한 내용에는 공평, 정의, 평등, 조화, 공동부유가 포함된다.

제13장
'중국의 길': 중화문명의 현대화로의 전환

'중국의 길'은 중화문명의 새로운 형태의 형성과 발전을 반영한다. 아편전쟁 이전의 중화문명의 형태는 중화 전통문명에 속하였으며 어떤 학자들은 이러한 '중화 전통문명'은 순수한 농업문명이라고 했다. 아편전쟁 이후 중화 전통문명은 서방 근현대 문명의 충격으로 스스로 업종을 전환하고 산업화를 핵심으로 하는 현대문명으로 전환하였다. 현대문명으로 가는 것은 모든 문명의 지향이다.

'중국의 길'은 수천 년의 중화문명의 역사전통과 독특한 사회구조 속에 깊이 뿌리내리고 또 마르크스주의의 영향을 받아 서방문명 중의 선진적이고 인류발전 방향에 부합되는 적극적 요소를 대량으로 흡수함으로써 세상에 새로운 현대화 발전의 길을 펼쳐 놓았다. 이 발전의 길은 로켓식 동력처럼 중화 전통문명을 현대문명으로 추진하고 있다. 현재에 이르기까지 이 발전의 길은 서방 사회와 충분히 어깨를 겨룰 수 있을 정도로 물질문명, 정치문명, 사회문명, 정신문명과 생태문명에서 성과를 거두었으며, 이는 이미 논쟁할 필요가 없는 사실이 되었다.

이에 대해 외국에서는 부러워서 배우고자 하거나, 혹은 위기감으로 '먹칠'을 하는 학자, 정치인들이 적지 않았다. 이들은 논문이나 책에서 중국의 성과를 찬양하기도 하고 문제점을 지적하기도 했는데, 이 글들의 배후에서는 매우 복잡하고 뒤섞인 심정을 드러냈다. 하지만 이 모든 글들은 중국이 발전하고 있고, 중화문명이 부상하고 있다는 사실을 증명해준다. 일찍이 1988년 1월, 75명의 노벨상 수상자들은 파리에서 연합선언을 발표하여 21세기에 인류가 생존하려면 반드시 2천 년 전의 공자의 지혜를 터득해야 하고 동아시아 문명을 새롭게 인식해야 한다고 전 세계에 호소했다. 중화 전통문명은 무엇 때문에 지금까지 유지될 수 있었는가? 중국의 우수한 전통문화는 '중국의 길'의 문화적 유전자이다.

제1절 중국 전통문명은 어떻게 전환할 수 있었는가

옛날부터 중국은 문명국가였고 중화 전통문명은 5천 년의 기나긴 세월에도 중단되지 않았으며 실제로 세계문명의 도보(圖譜)에 속하는 유일한 존재이다. 즉 중화 한자(漢字)는 예전과 다름없고, 또한 황인종 중국인역시 변함이 없다. 그러나 고대 이집트문명, 고대 인도문명, 고대 바빌론(Babylon) 문명은 단절되었을 뿐 아니라 오래전에 이미 사라졌다.

아편전쟁 이전 중화 전통문명의 신진대사는 내부에서 끊임없이 진행되었으며, 그것은 '중화 대제국' 내부의 각 민족문화(특히 농업문명과 유목문명) 간의 신진대사와 세대교체였다. 물론 이러한 신진대사와 세대교체를 중화 전통문명의 전환이라 할 수는 없다. 그러나 이로 인하여 중화문명은 마치 눈덩이를 굴리듯 굴리면 굴릴수록 더 커지고 커져 갈수록 더견고해져서 크기로 '포용만상(包容万象)', '해납백천(海納百川)'할 수 있게되었고, 또한 점차 더 견고해져 스스로 하나의 체계를 이루어 분리하기어렵게 되었다. 중화 전통문명이 전환할 수 있었던 것은 중화문명의 이러한 신진대사와 세대교체의 능력 덕분이다.

인도불교가 중국화된 것은 중화 전통문명의 이러한 능력의 가장 좋은체현이기도 하다. 인도불교는 그 정신적 우위로 중국에 들어온 후 짧은시간 내에 많은 중국인의 마음을 사로잡고 유학을 대표로 하는 중화 전통문명에 도전을 하였다. 알다시피 그 결과는 인도불교가 강대한 생명력과 세대교체의 능력을 가지고 있는 중화문명에 융합되고, 개조되어 중국문화에 흡수된 것이다. 이것이 바로 인도불교 정신의 중국화이다.

문명은 문화를 떠날 수 없다. 중화 전통문명이 전환될 수 있었던 것은 그 문명 속의 문화 유전자 때문이다. 뿌리 깊은 중국 전통과 넓고도 심오한 중화문화는 사회 변화와 발전을 위해 두둑하고 무거운 역사적 유산을 제공해 주었다. 중화문화 유전자는 한편으로는 그 구조가 안정되어 쉽게 바뀔 수 없기에 중화문명을 5천 년간 끊임없이 유지해 나가게 했고, 또 다른 한편으로는 더 발전할 수 있는 잠재력을 가지고 있어 중화 전통문명의 발전과 진보를 보장해주었다.

중화문명이 가지고 있는 이러한 능력에 대해 마오쩌둥은 1919년《상강평론(湘江評論)》에 발표한《민중의 대연합(3)》에서도 "우리 중화민족은 원래 위대한 능력을 가지고 있다! …… 훗날 중화민족의 개혁은 다른 어떤 민족보다 철저할 것이고, 중화민족의 사회는 다른 어떤 민족보다 더욱 광명할 것이다. 중화민족의 대연합은 어떤 지역의 어느 민족보다 먼저 그 성공을 알릴 것이다. …… 우리의 황금 세계 그리고 휘황하고 찬란한 세계는 바로 우리 앞에 있다"[2]고 언급하였다.

중화 전통문화 중에서 사회 발전을 추진하는 지구성을 가진 독특한 문화 유전자에 대해서는 앞에서 이미 비교적 자세하게 논의하였다. 중화문화 유전자에는 이처럼 독특한 창조물들이 많이 존재하고, 대부분 일정한 의미에서 인간의 가치를 나타내고 있으며, 이 모든 것이 중화 전통문명의 전환이 성공할 수 있는 보장이다. 그러나 중국의 수천 년 문명 속에 이러한 정화된 문화 유전자도 있지만 적지 않은 쓸모없는 것도 있기에 전환

2 《毛泽东早期文稿》, 湖南人民出版社, 2008, 393-394쪽.

중에서 가치 없는 것은 버려야 한다.

1840년의 아편전쟁과 더불어 서방 현대화 문명이 급격히 전해져 들어왔고 중화문명은 몰락 속에서 전환하기 시작하였다. 바뀌어야만 새롭게 살아남을 수 있었기 때문이다. 전환은 생산력과 경제 기반에서만 나타나는 것이 아니라 이를테면 정치구조, 정신문화 등과 같은 상부 구조에서도 드러난다. 당시 중화문명이 직면한 서양문명과의 도전은 과거 인도불교문명의 도전보다 훨씬 강렬했고 심각하였다. 그러나 170여 년간 중국은 문명 전환에서 커다란 진보를 거두었다. 서구에서 탄생한 마르크스주의는 중화문명의 작용에 의해 중국화되었고, 두 개의 중국화된 마르크스주의의 이론적 성과, 즉 마오쩌둥 사상과 '중국 특색 사회주의' 이론체계를 형성하였다. 두 개의 이론체계 지도 하에서 국가는 독립되고 민족은 해방되었으며, 나라는 부강하고 민족은 진흥하고 인민은 부유해졌다.

문명 전환은 생동감이 있는 생명 현상이다. 이는 각종 문명이 단순하게 중화문명에 동시에 흡수되는 것이 아니라 다른 문명, 특히 서방문명을 외면하여 자폐하는 것도 아니다. 서방 산업문명은 확실히 어떤 면에서, 특히 물질문명과 과학기술 면에서 중국 전통문명보다 선진적인 것은 사실이다. 그러나 서방문명을 흡수하고 이용할 때 '전면적인 서구화'는 안 된다. 특히 서방의 제도문명에서 더 그러하다. 인류문명 중 어떤 것은 엄격한 '지역성과 사회성'을 가졌다. 마치 "귤나무가 회하(淮河)의 남쪽에서 자라면 귤나무이고, 회하의 북쪽에서 자라면 탱자나무가 되는 것처럼, 그 잎은 같지만 사실 그 맛은 다르다. 이것은 어떤 이유 때문일까? 물과 토양의 조건이 다르기 때문이다"라는 것과 같다. 문명의 이식(移植)도 귤나무나 탱자나무의 재배와 같이 물과 토양의 조건 차이가 존재한다.

개혁개방의 30여 년 이래, 중국은 개혁개방 속에서 이미 광범위한 영역에서 서방 현대문명의 일부 정신을 접수하였다. 예를 들어 발전의 관념,

법치의 관념, 시장경제의 관념 등이다. 그러나 이는 절대로 단순한 접수는 아니며 교조적인 '나래주의(拿來主義)'도 아닌 '마혼, 중체, 서용(馬魂, 中體, 西用)'[3]의 운용 방식을 채용하여 서구 발전의 관념, 법치의 관념, 시장경제의 관념을 완전히 중국화로 전환시켜 중국 특색과 중국 풍격을 구현한 것이다. 그러나 성공적 전환에 이르기까지는 아직 멀고 멀기에 우리는 계속하여 전면적인 개혁개방 과정에서 전 인류가 창조한 모든 선진적 문명의 긍정적 요소를 흡수 소화해야 하고 또한 중국의 문명 전환에 활용해야 한다.

문명 전환의 시각으로 현재 중국을 관찰하면, 과거 백 년의 노력은 중화문명의 창조성적인 전환 과정에서의 역사 단계에 불과하고 완전한 전환까지는 아직 멀고도 멀다. 그리하여 중화문명의 전환이 맡은 바 책임은 무겁고 그 갈 길 또한 아직도 멀다.

제2절 '중국의 길': 중화문명 전환의 경로 선택

현대문명은 역사 발전의 추세이다. 중화 전통문명이 현대문명으로의 전환은 중국이 1840년부터 지금까지 백여 년 이래 선택한 길이다. 문명은 주로 물질, 정신, 정치 그리고 가치 측면을 포함한다. 중화민족의 위대한 부흥은 물질적 측면의 부흥일 뿐 아니라 더욱 중요한 것은 정신, 정치 그리고 가치적 측면의 부흥으로서 민주, 문명과 조화로움에 있다. 이로 인하여 중화 전통문명은 역사의 기로에서 많은 선택을 하였으며, 최종적으로

---

3 '마혼, 중체, 서용'(马魂, 中体, 西用)은 方克立 선생이 당대 중국문화 건설, 특히 중국, 서방, 마르크스주의의 3대 학술자원 간의 관계를 연구하는 과정에서 2006년에 제기한 학술사상과 문화 주장으로서 그 기본 표현은 '마학위혼(马学为魂), 중학위체(中学为体), 서학위용(西学为用), 삼육합일(三流合壹), 종합창신(综合创新)'이다.

중화 전통문명을 담을 수 있는 마르크스주의와 사회주의를 전환의 지도 사상과 기본 제도로 삼았다. 실천이 증명하는 바와 같이 '중국의 길'은 중국 전통문명 전환의 대통로이다. 이 대통로에서 중화문명의 전환은 꼭 성공할 것이다.

중국이 현대문명으로 전환하는 것은 결코 전통문화를 부정하는 것이 아니며, 전통문명 질서를 해체시키는 것도 아니며, 중화문명의 유전자를 바탕으로 대담하게 인류문명의 모든 성과를 흡수, 이용하여 전통문명을 창조적으로 재구성하는 것이다. 아편전쟁 이후 중국은 서방문명에 잠재해 있는 인류보편적인 내용을 배척하지 않았고, 또한 중화 전통문명에 내포한 장점을 버리지도 않았으며, 현대문명을 재구성하는 과정에서 부단히 '중국 특색', '민족적 특성'과 '시대적 특징'을 구현하였다.

중국 전통문명 질서는 1840년부터 전대미문의 도전에 부닥쳤으며 이로부터 중국은 수천 년간 없던 큰 비상 시기에 들어섰다. 이 비상 시기에 너무나 많은 사건들이 중국 현대화 진전을 막거나 왜곡시켰다. 그중 특히 중대한 사건으로는 두 차례의 아편전쟁, 태평천국운동, 청불전쟁, 의화단(義和團)운동, 갑오전쟁, 8국 연합군의 침략전쟁, 일본의 침략전쟁, 국공내전(國共內戰), '문화대혁명' 등이 있다. 서방 현대화에 대한 중국 인민들의 인식도 이러한 재난적인 사건 속에서 점차 심화되었다. 이렇게 탄생한 '중국의 길'은 중국이 서방 현대화에 대한 일종의 반격과 초월일 뿐 아니라 중화문명 질서의 새로운 격상과 발전이기도 하다. 문명 전환으로부터 중국의 길을 역사적 단계로 나누고, 그 다음으로는 '개량입국(改良立國)'의 실패, '혁명입국(革命立國)'의 승리, '경제입국(經濟立國)'의 성공, '문명입국(文明立國)'의 구축이 뒤를 이었다.

1. '개량입국(改良立國)': 중화문명 전환의 길에서 겪은 좌절

신해혁명 이전의 양무운동(洋務運動), 유신변법(維新變法), 청말신정(淸末新政)과 군주입헌(君主立憲) 등은 봉건독재와 황제권을 건드리지 않고 봉건주의를 부정하지 않는 전제 하에서 정치체제에 존재하는 일부 약점에 대해 개량적 수정을 하는 것이었다. 결국은 모두 실패를 면치 못했다. 이는 무엇 때문인가? 경제적 요소로 볼 때, 개량파는 비록 자본주의 진보적 생산력의 영향을 받았지만, 당시의 자본주의 맹아는 연해지역에 국한되었는데, 이 극소수 비교적 선진적 생산력은 근본적으로 수천 년의 봉건 경제력에 대항할 수도 없고 맞설 수 없었다. 다시 말하면 봉건주의의 경제 기초─봉건 토지소유제를 건드리지 않고 자본주의를 발전시키겠다는 환상은 근본적으로 불가능한 것이었다. 정치적 요소로 볼 때, 극소수 선진적 생산력의 대표적 인물들의 세력은 너무 미약하였으며, 제국주의의 도움으로 독재적인 통치자와 타협하여 개량을 실현하겠다는 목적은 헛된 꿈에 지나지 않았다. 그리고 개량자들은 심한 '근시안'에 걸렸는데, 최고의 혁명적 역량인 인민군중을 배제하고 그들을 이탈했을 뿐 아니라 그들을 두려워했다. 때문에 기필코 실패할 운명이었던 것이다. 개량이 통하지 않으면 유일한 방법은 혁명이다. 완고한 봉건독재 세력을 제거하지 않고서는, 제국주의 세력을 쫓아내지 않고서는 국가는 세워지지 않는다. 나라가 세워지지 않으면 문명의 전환은 어디에서 오겠는가?

2. '혁명입국(革命立國)': 중화문명 전환의 길의 제도적 기초

혁명을 통하여 입국의 수단은 찾았지만 혁명은 두 단계를 거쳤다. 첫번째 단계는 손중산(孫中山)이 주도한 자산계급 민주혁명으로 봉건독재

제도를 뒤엎고 중화민국(中華民國)을 건립한 것이다. 이로써 민주공화의 사상은 사람들의 가슴에 깊이 새겨졌지만 민주공화의 나라는 소원대로 세우지 못한 채 중국은 군벌 할거와 혼란의 국면에 빠지고 말았다. 자본주의의 민주주의 혁명은 중국에서 통하지 않는다는 점이 더 명확해졌다. 러시아의 10월혁명의 총소리는 중국에 마르크스-레닌주의를 전해주었고, 이로써 중국 공산당이 탄생되고 중국 혁명은 새로운 기원을 맞이하여 신민주주의 혁명이 시작되었다.

중국 공산당의 영도 하에 공농연맹(工農聯盟)을 기초로 28년 간의 통일전선과 무장투쟁을 거쳐 1949년에 중화인민공화국(中華人民共和國)이 성립되었다. 마오쩌둥이 말한 바와 같이 이로부터 '중국 인민은 일어섰다.' 3년 간의 경제 회복과 3년 간의 사회주의 개조로 1956년에 사회주의 기본제도가 구축되었으며, 중국 혁명은 완성되었다. 사회주의 제도의 건립은 중화문명의 전환에 제도적 기초를 마련하였다.

3. '경제입국(經濟立國)': 중화문명 전환의 길의 물질적 기초

1956년부터 중국은 전면적인 사회주의 건설 시기에 들어섰다. 사회주의 혁명의 승리가 먼저 가져다 준 것은 사회주의 생산관계의 구축이다. 생산관계는 생산력이 결정하는 것으로 높은 생산관계는 높은 생산력의 토대가 없으면 언젠가는 문제가 생긴다. 중국은 앞의 30년 동안 생산력과 생산관계의 발전에서 적지 않은 시행착오를 범하여 생산력과 생산관계, 경제기초와 상부 구조 사이의 균형이 무너지는 심각한 문제가 야기되었다. '문화대혁명'이 끝난 후 덩샤오핑을 핵심으로 하는 제2세대 중앙영도 집단은 과감하게 '계급투쟁을 중점으로 삼는다', '무산계급 독재 하에서 혁명을 계속한다'는 이론을 과감히 포기하고, 다시 사상을 해방하고 실사구시의 사상노선에 의거하여 '경제건설을 중심으로 한다'는 개혁개방의 길을 걸었다. 30여 년의 끊임없는 노력으로 중국의 경제발전은 세계가 주목할 만한 위대한 성과를 거두었다. 2010년에 국내총생산은 일본을 초과하여 세계 2위에 올랐다. 종합국력이 크게 강화되었고, 국제적 지위가 현저하게 높아졌다. 중국의 제도적 우월성과 발전 추세에 근거하여 국내외 적지 않은 인사들은 2025년에 중국의 경제총생산량이 미국을 초과하여 세계 1위에 오를 것이라고 예측하고 있다.

4. '문명입국(文明立國)': 중화문명 전환의 길의 문화적 기초와 심리적 기초

중화민족의 위대한 부흥은 경제부흥뿐 아니라 더 중요한 것은 경제 부흥을 통한 문명 전환으로 전반적인 부흥을 실현하는 것이다. 전반적인 부흥의 핵심적 상징은 정신과 문화, 즉 문명이다. 만약 중국이 문명 전환을 실현하지 못하면 현대화를 통해 세계 강국으로 되었다 하더라도 경제강국에 불과할 뿐 굴기한 문명강국이라 할 수 없다. 중화민족의 위대한 부흥, '중국꿈(中國夢)'으로 말하자면 경제강국, 경제입국은 반드시 거쳐야 하는 길이다. 그러나 부강은 한 나라의 체구(軀體)에 불과하고 그 체구는 늙어가고 죽어버리는 것으로, 문명만이 그 영혼으로서 생생불식(生生不息)하는 것이다. 만약 우리의 미래가 강대한 국력만 있고 내세울 만한 정신과 가치적으로 호평 받을 만한 것이 없다면 중화민족의 자손들은 이러한 결과를 원치 않을 것이다. 중국은 국력 증강과 더불어 경제 영역에서 발언권이 있어야 할 뿐 아니라 정신, 사상 영역에서도 대국에 어울리는 영향력을 행사해야 한다. 때문에 국가의 부강은 중화문명의 전환의 길에 강대한 물질적 기반을 마련하는 것에 지나지 않는다.

중화민족의 위대한 부흥은 '문명입국'의 길을 걸어야 하고, 문명입국만이 중화민족의 위대한 부흥을 실현시킬 수 있다. 총과 대포 그리고 자본을 무기로 개척해낸 서방 현대화 길은 전 세계에 그 모델을 전파하는 과정에서 비서방 국가, 특히 중국과 같은 유구한 문명을 지닌 동방대국에서 서방 현대화의 길을 본받는 길은 필연적으로 막혀 있게 마련이다. 게다가 중국 전통문화는 서방의 현대화 경로를 근본적으로 지지하지 않으며, 더구나 중국이 선택한 마르크스주의와 사회주의가 걸어야 할 현대화 길은 서방 자본주의 현대화를 비판하고 추월하는 길이다. 이러한 이중성은 '중국의 길'이 서방 현대화 과정에서 형성된 역사적 논리를 '이어서' 또는 '따라서', '내려갈 수 없다'는 것을 결정하였다.4

'문명입국'은 중국에 이미 존재하는 전통이다. 중국에서 수천 년에 걸쳐 군주제가 지속될 수 있었던 것은 문화와 덕으로 사람을 다스리고 예의로 천하를 다스렸기 때문이지, 절대 성(城)을 공격하고 토지를 빼앗고 무력으로 천하를 정복하여 제국을 세운 것은 아니다. 1840년 이후, 중국 전통의 '문화입국'은 완전히 절단되고 반식민지 반봉건 국가로 전락하였다. 중화민족은 서방문명 침략의 강행 하에서 온갖 간난신고(艱難辛苦)를 겪고 혁명수단으로 사회주의 국가를 세우고, 개혁개방으로 전통적 '문명입국'의 길을 새롭게 개척하면서 문명 전환을 재촉했다. 30여 년의 개혁개방의 성과가 보여주는 바와 같이 중화문명의 전환을 가속화할 수 있는 '문명입국'의 길은 이미 결정되었다. 그것은 바로 17차 당대회 보고에서 제시한 '중국 특색 사회주의' 길이다. 17차 당대회 보고에서 명확히 제시한 바와 같이 개혁개방 이래 중국이 거대한 성과와 진보를 취득할 수 있었던 것은 바로 중국이 '중국 특색 사회주의 길'을 개척했기 때문이다.

---

4 参见邹诗鹏,《中国道路与中国实践哲学》,《马克思主义与现实》 2012, 第6期.

제3절 '중국 특색 사회주의 길': 진정한 '문명입국'의 길

'중국 특색 사회주의 길'은 중국 공산당과 중국 인민이 90여 년 동안 분투하고 창조하여 누적한 근본적인 성과이다. 중국은 폐쇄적이고 경직된 낡은 길을 걷지 않았을 뿐 아니라 가치를 바꾸는 그릇된 길을 걷지도 않은 것은 새로운 길인 '중국 특색 사회주의 길'을 걷는데 있다. 18차 당대회 보고는 이러한 길이 포함하고 있는 과학적 의미를 "'중국 특색 사회주의 길'은 중국 공산당의 영도 하에 기본적인 국가 실정에 입각하여 경제 건설을 중심으로 네 가지 기본 원칙을 견지하고 개혁개방을 견지하여 사회 생산력을 해방하고 발전시키며, 사회주의 시장경제, 사회주의 민주정치, 사회주의 선진문화, 사회주의 조화로운 사회, 사회주의 생태문명을 건설하고, 사람의 전면적인 발전을 추진함으로써 전체 인민이 공동으로 부유해지고 부강, 민주, 문명, 조화로운 사회주의 현대화 국가를 건설하는 것이다"라고 규정하였다.

'중국 특색 사회주의'를 건설하는 총체적인 임무는 사회주의 현대화와 중화민족의 위대한 부흥을 실현하는 것인 바, 그 구체적 실현 방법은 '중국 특색 사회주의 길'을 견지하는 것이다. '중국 특색 사회주의 길'은 문명 전환의 중임을 짊어지고 있다. 문명의 기초는 문화에 있다. '중국 특색 사회주의 길'은 어떻게 "중화민족 5천여 년의 유구한 문명의 전승 속에서 걸어나올 것인가?" 이는 주로 문화의 개조와 전환에 있다. '중국의 길'은 줄곧 중국의 각성, 혁명, 건설과 개혁개방의 실천 및 중국 5천여 년의 문화 속에서 전진하고 있고, 실천과 문화를 떠나면 분명히 길이 막힐 것이다. 마찬가지로 인류사회가 창조한 선진문명도 떠날 수 없다. '중국의 길'은 서방 자본주의 문화와 유가문화를 핵심으로 하는 중국 전통문화와의 조우(遭遇), 유럽 마르크스주의, 소련 레닌주의와 중화민족의 해방과 독립, 국가 부강과 인민 부유의 염원이 교차되는 과정에서 어렵게 걸어나온 길이다. 그중에는 중국과 서방, 중국과 제3세계, 사회주의와 자본주의, 중국 전통과 현대화 등 몇 가지 중대한 관계와 관련되어 있다.

1840년부터 중국 전통문화는 서방 자본주의 문화와의 조우전(遭遇戰)에서 줄곧 밀려나 약세에 처해 있었다. 어떻게 중화문화의 진흥을 이루어낼 것인가는 지식인들이 탐구하는 문제로 되었다. 신해혁명 실패 이후, 특히 신문화운동 기간에 중국의 우수한 지식인들은 서방 과학과 민주사상에 힘입어, 중국 전통문화에 대해 '지양식' 개조를 진행하여 소극적 측면을 버리고 적극적 측면을 발양하였다. 과학과 민주와 저촉되는 일부 봉건주의 문화는 비판을 받았고, 과학과 민주에 부합되는 문화는 개조되고 새롭게 태어났다. 신문화운동이 이룬 성과는 10월혁명 이후 마르크스주의 중국에서의 전파를 가속화시켰다.

중국 인민은 바로 서방의 여러 가지 사회정치 사조에 대한 선별과 섭취 속에서 세계적 차원의 선진 방향을 대표하는 마르크스-레닌주의를 선택하였다. 마르크스-레닌주의의 광범위한 전파와 5·4운동을 통하여 노동자계급의 정치무대로의 진출은 중국 공산당의 창건을 추진하였다. 그로부터 중국 공산당은 자발적으로 중화문화의 개조와 전환의 역사적 중임을 짊어졌다. 중국 공산당은 창건된 때부터 문화건설을 중요시하였고 마오쩌둥은 옌안에 있을 때 신민주주의 문화에 대해 논술하였다. 그는 《신민주주의론》에서 반제 반봉건 문화를 건설하고, 민족적, 과학적, 대중적인 문화를 건설할 것을 제안하였다.

신민주주의 문화는 주로 마르크스-레닌주의 지도 하의 혁명문화인 바, 이러한 문화환경 속에서 중국은 신민주주의 혁명과 사회주의 혁명의 승리를 거두었다. 따라서 중국은 사회주의를 전면적으로 건설하는 시기에 진입하였고, 자신만의 독특한 사회주의 건설의 문화를 형성하였다. 개혁개방 시기에 중국문화는 '중국 특색 사회주의' 선진문화로 발전하였는데, 중국 공산당은 중화 전통문화의 계승자와 발양자로부터 '중국 특색 사회주의' 선진문화의 대표자, 선구자, 발전자로 부상하였다.

그렇다면 개혁개방 과정에서 중국 공산당은 정치 선봉대와 문화 선봉대로서 어떻게 중화 전통문화와 세계 현대문화 사이의 변증관계를 정확하게 인식하고 처리하였는가?

첫째, 마르크스주의를 어떻게 대하는가? 마르크스주의는 서유럽에서 유래되었고, 외래 문화사상이다. 그러나 마르크스주의는 세계 문명성과를 흡수한 결정체로서 세계적 의의를 가지고 있다. 레닌은 "마르크스주의는 종파주의와 완전히 다르고, 절대로 세계 문명발전을 이탈하여 탄생된 폐쇄적이고 경직 불변의 학설이 아니다. 이와 반대로 마르크스의 천재적인 부분은 바로 그가 인류의 선진 사상이 제기한 여러 문제의 해답을 찾았다는 데 있다"[5]고 지적하였다. 엥겔스는 《가정, 사유제와 국가의 기원》에서 "자유, 평등, 박애에 대하여 자유, 평등, 박애는 자산계급의 구호이지만 자본주의의 특허는 아니다. 인류사회 역사 발전의 초기, 즉 씨족공동체 시기에 이미 소박한 자유, 평등, 박애의 맹아가 생겨났다. 사유제 사회, 특히 자본주의 사회에 들어선 후 자유, 평등, 박애는 자산계급에 의해 허구적인 면사포가 씌워졌다. 이는 자유, 평등, 박애의 잘못이 아니라 자본주의 제도가 야기한 것이다. 미래 사회, 즉 공산주의 사회에 들어서야만 인류사회 초기에 이미 나타난 자유, 평등, 박애는 더욱 고급스런 형식으로 부활할 수 있다"[6]고 논술하였다.

이것이 바로 마르크스주의의 개방성이다. 마르크스주의의 개방성 때

---

5 《列宁选集》第2卷, 人民出版社, 1995, 309쪽.
6 《马克思恩格斯文集》第4卷, 人民出版社, 2009, 198쪽.

문에 서유럽 자본주의 사회의 토양에서 기원한 마르크스주의는 서유럽 외의 국가, 특히 중국과 같은 동양의 여러 나라에서 꽃이 피고 열매를 맺게 되었다. 중국 공산당은 마르크스주의를 견지하는 동시에 "중국의 특징에 따라 이를 활용하고", "마르크스주의를 중국에서 한층 구체화시켰고, 이로 하여금 하나 하나의 실천 과정에서 모두 가져야 할 중국의 특성을 띠게 하였다."[7] 또한 중국의 혁명, 건설, 개혁개방에서 크게 두 가지의 중국화한 마르크스주의, 즉 마오쩌둥 사상과 '중국 특색 사회주의' 이론체계를 형성하였다. '중국의 길'의 실천이 증명하는 바와 같이 마르크스주의가 최고의 제일 진리성을 띠고 있는 것은 인류 역사 발전의 보편적 법칙을 제시하였을 뿐 아니라 중국인으로 하여금 "스스로 길을 찾고 자신의 길을 걸을 것"을 알게 하였기 때문이다. 마르크스주의를 선택한 후부터 중국인의 창조성이 늘어났고, '중국의 길'은 갈수록 넓어졌다.[8]

둘째, 서방문화를 어떻게 대하는가? 1840년 이후 "천하의 대세는 서방의 기세가 한층 당당해질 터인데, 이에 순응하는 자는 흥하고, 어긋나는 자는 망하리(天下大勢, 浩浩蕩蕩, 順之者昌, 逆之者亡)"라는 세계대세 하에 중국도 그 속에서 벗어나는 것은 불가능하였고, 이미 서방 열강들과 긴밀히 연관되어 있고, 중국의 발전은 반드시 서방문명으로부터 온 도전을 정면적으로 다루고, 역사적이고 세계적인 현대화 전환 속에서 서방의 경험을 찾고, 섭취하고 비판적으로 성찰함으로써 독립 자주적인 중국식 현대화 길을 걸어야 했다. 당시 중국 전통 속에서 충분한 정신자원을 발굴하고, 이를 원동력으로 중국을 구제할 수 있는 가능성은 작을 뿐 아니라 거의 없다고 할 수 있었다.[9]

---

7 《毛泽东选集》第2卷, 人民出版社, 1991, 534쪽.
8 参见陈振凯, 《辛亥百年: 思想大解放 "中国道路" 赢得世界尊重》, 《人民日报海外版》 2011年 9月 30日.

역사 현실에서 중화 전통문명은 이미 중국의 현대화 문명으로의 전환을 완성하는 유일한 역량으로 될 수 없다는 것을 보여줬다. 이러한 배경하에 사람들은 어쩔 수 없이 안목을 서방의 여러 사조, 예컨대 자유주의, 공상적 사회주의, 민족주의, 과학주의, 실용주의, 실증주의, 무정부주의 등으로 옮겼다. 이러한 사조는 상대방이 끝나면 새로 등장하는 식으로 줄줄이 이어졌고, 떠들썩함 속에서 모두 금방 사라져 버렸다.

그러나 이러한 사조가 포함하고 있는 적극적 요소와 이성적 사상은 다소 흡수되었다. 예컨대 당시 지식계나 정치 엘리트들은 자신에게 '나쁜 짓을 하는' 서방 현대적 모델을 본받았으나, 서방문화를 대함에 있어서는 "중국의 가치를 본체로 삼고, 서양의 기술을 이용하자(中學爲體, 西學爲用)"는 주장을 제기하였다. 중국 전통 우수 문화인 '체(體)'의 핵심은 '중국의 것은 중국을 위하고', 서학을 응용하는 데에서 '용(用)'의 핵심은 중국의 부강을 추구하는 것이었다. 170여 년 동안 중국은 '체'와 '용'의 관계에서 여러 곡절과 탐색을 거쳐 진정으로 '체'와 '용'은 모두 변화할 수 있고 변화는 계승 속에서 창조하고, 경험을 거울로 삼는 과정에서 창조할 수 있다는 사실을 알게 되었다. '중국 특색 사회주의'가 개척한 현대화 길은 중국 전통 우수 문명과 사회주의 문명이라는 '신체(新體)' 및 서방의 시장경제라는 '신용(新用)'을 서로 결합하는 것이다. 이러한 결합은 중국 현대화는 서방 현대화의 발걸음을 쫓아갈 수 없거나, 실제로 쫓아가지도 않았음을 반영한다. 그러나 장기적으로 볼 때 중국은 현대화 과정에서 어느 정도, 자기도 모르게 서방 현대 모델을 참조하여 사회주의 현대화의 목표를 끊임없이 교정해 왔음은 부정할 수 없다.

셋째, 중국 전통문화를 어떻게 대하는가? 중국 전통문화는 반드시 현

---

9 杜維明,《現代精神与儒家传统》, 三联书店, 1997, 317쪽.

대화해야 한다는 것은 말할 필요도 없다. 그렇지만 어떻게 현대화를 할 것인가는 대단히 어려운 일이다. 앞에서 일부 학자가 주장한 '마혼(馬魂), 중체(中體), 서용(西用)'의 처리 방식은 중국 전통문화를 대하는 이성적이고 효과적인 방법일 것이다. 그러나 '중체(中體)'를 유지하는 동시에 세 가지 원칙, 즉 중국 전통문화 속의 봉건성 고질을 제거하고 현대화를 건설하는 것, 전통문화 속의 고유의 보수성을 제거하고 창조성을 키우는 것, 전통문화 속의 내재적 허황됨을 버리고 실용성을 키우는 것을 견지하여야 한다. 실제로 개혁개방 이후 중국 공산당은 전통문화 문제에서 기본적으로 세 가지 원칙을 견지하고 있다. 예컨대 덩샤오핑이 제기한 '샤오캉 사상(小康思想)', 쟝쩌민이 제기한 '이덕치국(以德治國)', 후진타오가 제기한 '조화로운 사회(和諧社會)'와 '조화로운 세계(和諧世界)', 시진핑이 18차 당대회 이후에 제기한 '중국꿈(中國夢)' 등이다. 동시에 이러한 창의적 논법은 마르크스주의의 혼을 구현하여 인류 발전에 유익한 서방의 적극적인 요소들을 흡수하였으며 나아가 중화문명이 전환 과정에서 지역성에서 전 세계를 향해 나란히 하는 추세를 나타냈다. 예컨대 사회주의 핵심 가치체계와 핵심 가치관의 제기가 바로 그것이다.

사회주의 핵심 가치는 네 개 측면에서 '마혼, 중체, 서용'을 완벽하게 나타냈다. 특히 18차 당대회 보고에서 제시한 선도해야 할 핵심 가치관은 중화지역적 문명이 세계적 문명으로의 전환을 구현하고 있다. 즉 개인적인 측면에서 제시한 '애국, 경업, 성신, 우선(愛國, 敬業, 誠信, 友善)', 사회 측면에서 제시한 '자유, 평등, 공정, 법치(自由, 平等, 公正, 法治)', 국가 측면에서 제시한 '부강, 민주, 문명, 조화(富强, 民主, 文明, 和諧)'는 중화 전통문화의 '수신, 제가, 치국(修身, 齊家, 治國)'의 개인·가정·국가 측면을 인류의 보편적 가치를 지닌 '평천하(平天下)'의 국제적 측면으로 발전시켰다. 이 24개 글자는 인류 공동가치 체계에 성공적으로 '전통 중국', '현대 중

국’, ‘세계 중국’을 ‘3위일체’시켜 ‘중국 특색, 민족적 특성, 시대적 특징’
이 있는 문명가치관을 수립, 재구성하였다.

이는 바로 시진핑이 2014년 2월 17일 성, 부급(省部級) 주요 영도간부
가 참여한 18기 3중전회 정신을 학습, 관철하고 전면적인 심화개혁 연구
토론반 개강식에서의 발언에서 그는 “국가 관리체계와 관리능력의 현대
화를 추진하여 사회주의 핵심 가치체계와 핵심 가치관을 대대적으로 육
성하고 발양시켜야 하며 중국 특색, 민족 특성, 시대 특징을 충분히 반영
한 가치체계 구축을 가속화하여야 한다. 중화의 우수한 전통문화의 발굴
과 규명을 강화하여 중화 전통 미덕의 창의적 전환과 창조적 발전을 실현
하기 위해 노력하며, 시공을 초월하고 국가를 초월하며, 영원한 매력과 당
대 가치를 지닌 문화정신을 발양시켜야 하고, 우수한 전통문화를 계승하
고 시대적 정신을 발양하며 자국에 입각해 세계로 향해 나아가는 당대 중
국문화 혁신 성과를 전파하여야 한다”[10]고 강조하였다.

2월 24일 시진핑은 중공중앙정치국 제13차 단체학습에서 다시 한번
사회주의 핵심 가치관은 반드시 중화 우수 전통문화를 기반으로 하여야
한다고 강조하였다. 왜냐하면 “박대하고 심오한 중화의 우수한 전통문화
는 세계문화의 격동 속에서 입지를 굳히는 기초이다. 중화문화는 역사가
유구하고 중화민족의 가장 깊은 정신적 추구를 축적하고 있으며, 중화민
족의 독특한 정신적 표식을 대표하고 있으며 중화민족이 끊임없이 성장
하고 발전하는 데 풍부한 자양분을 제공한다. 중화 전통 미덕은 중화문화
의 정수로 풍부한 사상적 도덕자원을 내포하고 있기” 때문이다.

시진핑은 또 “근본을 잊지 말아야 미래를 개척할 수 있고, 계승하는데
능해야 더 잘 개혁할 수 있다. 전통을 버리고 근본을 버리는 것은 자신의

---

10 习近平,《完善和发展中国特色社会主义制度, 推进国家治理体系和治理能力现代化》,《人
民日报》2014年 2月 18日.

정신적 명맥을 끊는 것과 같다. 역사문화 특히 선조들이 계승해 온 가치 이념과 도덕 규범에 대해서는 옛것을 오늘에 맞게 쓰고 옛것을 밀어내고 새것을 만들어 감별하여 대우하며 지양하고 계승하며, 중화민족이 창조한 모든 정신적 재부로 문화로 사람을 교화하고 문화로 사람을 육성하기에 노력해야 한다"고 제기하였다. 중화 전통문화의 수천 년 동안의 독특한 창조, 가치 이념, 선명한 특징은 중국의 문명 전환과 '문명입국'의 문화 자신감과 가치관, 자신감의 근본과 정신적 명맥이라는 것이다.

'중국 특색 사회주의 길'은 한편으로는 '보편 문명(普世文明)'은 존재하지 않고 문명은 다양하다는 것을 나타내고, 다른 한편으로는 중국 공산당이 성공적으로 중국 특색의 '혁명입국(革命立國)'의 길을 완성하였고 또 다른 특색의 '경제입국(經濟立國)'의 길로 접근하고 있음을 나타낸다. 현재의 추세로 보면, '경제입국'은 문제없이 순탄하게 걸어갈 수 있으며, '문명입국(文明立國)'이 더 어렵고 힘들어 가일층의 노력과 분투가 필요할 것이다. 부강을 추구하는 30여 년의 개혁개방 과정에서 중국의 문명건설은 확실히 뒤떨어졌다. GDP가 상승하였지만 도덕 수준은 오히려 떨어졌고, 신앙을 잃어버렸으며 가치관을 상실하였고 생태환경이 파괴되었다. '문명'을 잃고 '부강'해진 나라는 진정으로 우뚝 설 수 있을까? 중앙에서 지방까지, 고위층에서부터 아래층까지, 당원 간부에서 일반 군중까지 모두 이 문제에 대해 일치된 답이 있을 것이다. 즉 진정으로 우뚝 설 수 없고, 우뚝 섰다 하더라도 오래 버티지 못할 것이다.

중국 공산당원은 실제 문제에 부딪치면 과감하게 이를 이겨내고 군중 노선을 걷고 전면적으로 경험 교훈을 총화하고 상응한 정책을 실행하여 해결함으로써 좋은 성과를 이루었다. 적어도 '도덕, 신앙, 가치관, 생태환경'의 기본적인 부분은 유지하였다. 새로운 중앙영도집단은 '중국 특색 사회주의' 길을 밀고 나가면서 끊임없이 새로운 역사 형세와 직면한 역사 난제에 따라 치국전략을 상황에 따라 변경함으로써 끊임없이 새롭게 변화하는 세정(世情), 국정(國情), 당정(黨情)에 적응한다. 18차 당대회 이후, 특히 18기 3중전회에서 제시한 '국가 관리체계와 관리능력 현대화'의 명제를 다시 18차 당대회 보고의 내용, 18기 3중전회 내용 및 시진핑의 일련의 발언의 정신과 묶어 살펴보면 중국 공산당의 치국방략이 '경제입국(經濟立國)'에서 '문명입국(文明立國)'으로 이전되었음이 어느 정도 드러나 있다. 이는 문명적 발전의 시각에서 중국의 발전 목표를 재정립하고, 중국과 세계 관계를 재정립한 결과이다.

"100리 길을 가려는 사람은 90리를 반으로 잡는다"는 말처럼 중국 개혁개방의 전면적인 난관을 돌파하는 단계에 이르렀다. 18기 3중전회에서 의결한 15개 분야의 330여 개의 개혁 조치에 존재하는 급류, 암초 및 험탄(險灘)을 넘어서면 '중국 특색 사회주의 길'은 탄탄대로를 맞이하게 될 것이다.

제4절 또 다른 현대화는 가능하면서도 현실적이다

아편전쟁 이래 중화민족의 위대한 부흥은 중국 발전의 주요 선율이 되었다. 부흥의 목표는 주로 두 가지가 있는데, 하나는 부강(富强)이고 다른 하나는 문명이다. 부강은 문명의 기초와 운반체이다. 부강이 없으면 무슨 문명이 있겠는가? 문명은 부강의 근본과 귀착이며, 문명이 없으면 아무리 부강해도 결코 멀리 갈 수 없다. 문명 부흥은 결코 간단한 문화적 복고를 의미하는 것이 아니라 중화문명의 전환 및 갱신 그리고 그것을 격상시키는 것이다. 서방 선진 자본주의 국가들이 주도하는 세계 체제 속에서 중국이 서방의 발자국을 밟고 선진국으로 되려는 길은 이미 역사적으로 막혀 있다. 게다가 이 길은 중국 인민들이 찬성하지 않을 것이며, 170여 년의 중국 발전사가 이미 이를 증명하였다. 또한 제국주의도 찬성하지 않을 것인데, 혹시 이에 대해 의문이 든다면, 미국 대통령 오바마(Obama)가 중국 부상에 대해 어떻게 생각하는지를 보라.

그는 2010년 호주 방문 때 한 강연에서 "만약 중국이 미국이나 호주와 같은 생활방식을 갖게 되면, 그것은 세계적인 재난이 될 것이고, 이 지구가 지탱할 수 없으니, 중국은 반드시 더욱 지속적으로 발전하는 다른 모델을 가지고 있어야 한다"라고 언급하였다.[11] 2013년 7월, 오바마는 아프리카를 언급하면서 "아프리카에서 만약 개개인의 생활수준이 사람들마다 차를 몰고, 에어컨 바람을 맞으며, 큰 집에서 사는 정도로 향상되면, 이 지구는 들끓을 것이다"라고 말했다. 오바마가 전달하려는 메시지는, 바로 당신들의 이 개발도상국들은 반드시 적어도 우리 서방의 생활품질이 떨어지지 않도록 보장할 수 있는 다른 생활방식을 선택해야 하며, 그렇지 않으면 우리는 당신들에게 무례하게 대하겠다는 것이었다.

서방 현대화 길은 어떤 길인가? 엥겔스가 《영국 노동자 계급의 상황》이라는 책에서 이에 대해 본질을 폭로하였다. 서방식의 현대화 길은 국내에서 "양이 사람을 잡아 먹는다"는 인클로저(enclosure) 운동을 하여, 농민들을 의지할 곳을 잃고 떠돌아 다니게 했으며, 해외에서는 적극적으로 식민지 확장을 통해 다른 나라를 대규모로 침략하고 약탈하였다. 자료에 따르면 1876~1900년 사이 영국의 식민지는 2247.6만 km²에서 3271.3만 km²로 증가하였으며, 순증가한 면적이 1023.7만 km²에 이르렀다. 제1차 세계대전 발발까지 영국은 전 세계의 1/5에 해당하는 육지 면적과 1/4의 인구를 통제하고 있었다.

---

11 杨莹、王小强:《邓英淘:为了多数人的现代化》,《香港传真》2012年 第1期.

영국뿐 아니라 서방 선진 자본주의 국가들의 문명은 모두 착취와 약탈을 바탕으로 이루어진 것이라 할 수 있다. 이들의 자본주의 현대화는 예외 없이 대내적으로 본국의 농민 노동자를 착취하고, 대외적으로 해외 식민지를 약탈, 확장 심지어 침략전쟁을 일으킨 것을 통해 실현된 것이었다. 서방의 현대화 길은 피비린내와 죄악으로 가득 찬 것이었다.

중국 신민주주의 혁명의 승리는 중국이 1840년의 아편전쟁을 시작으로 하는 '치욕의 세기'가 종료되었음을 의미한다. 중국 사회주의 제도의 확립은 중국식 현대화를 실현하는 토대를 마련하였다. 중국 특색 사회주의 길은 '현대화를 추구하지만 서방화를 거부하는' 길이고, 이는 경제, 문화가 낙후한 국가가 반드시 거쳐야 하는 길이다. 이는 중국 공산당과 중국 인민들이 중국의 현실에 맞추어 모색해 온 독립 자주적인 발전의 길이다. 다시 말하면, "중국 특색 사회주의 길은 '소련 모델'을 계승하지 않았을 뿐 아니라, 또한 '의부론(依附論)', '중심-외위론(中心-外圍論)', '서화론(西化論)' 등 자본주의 모델을 중심으로 하는 이론의 영향도 성공적으로 피하게 되었다. 더구나 자신의 현실에 입각하여 세계와 미래로 향함으로써 점차 중국의 현실에 적합하고, 세계 역사 발전의 조류에 순응하는 중국만의 특색 있는 사회주의 현대화의 길을 찾아냈다. 이로써 근대 이래 중국의 현대화가 한 세기 반 동안 겪었던 각종 좌절과 실수를 창조적으로 극복하였고, 현재 많은 발전 도상국들이 당면하고 있는 각종 발전의 곤경도 성공적으로 뛰어넘었다."[12]

덩샤오핑은 "우리 당의 11기 3중전회의 기본 정신은 사상을 해방하여 독립적으로 사고하는 것이고, 자기의 현실에 알맞은 것으로부터 정책을 제정하는 것"이라고 지적하였다. "중국이 사회주의를 건설하는 것은 마르

---

[12] 沈云锁, 《中国模式论》, 人民出版社, 2007, 418쪽.

크스의 서적에서 찾을 수 없고, 레닌의 서적에서도 찾을 수 없었으며, 나라마다 모두가 자신의 사정이 있고 각자의 경력도 다르기 때문에 독립적으로 사고해야 한다"[13]라고 하였다. 물론 우리가 강조하고 있는 독립, 자주적으로 중국 나름의 발전의 길을 모색하려는 것은 '폐관쇄국(閉關鎖國)'적으로 현대화 건설을 진행하는 것이 아니라 다른 국가의 발전 모델과 경험을 그대로 답습하면 안 된다는 뜻이다.

'중국 특색 사회주의 길'은 중국 사회의 현실과 사회 발전의 객관적 법칙에 적합할 뿐 아니라 세계 역사 발전이 제공해주는 선택 공간을 충분히 활용하기도 하였으며, 동시에 인류 역사가 제기한 새로운 발전 방향에 대해 정확한 선택이었다. 이 정확한 선택은 끊임없이 탐색하고 인식을 심화시키는 과정에서 도출해낸 것이다. 1954년 제1차 전국인민대표대회에서 '네 가지 현대화'라는 구상을 제시하였는데, 1958년의 '대약진'으로 인해 중국의 경제가 '약이부진(躍而不進)'에 빠졌다. 1964년 제3차 전국인민대표대회에서는 20세기 내에 '네 가지 현대화'를 실현할 것을 요구하였으나 1966년부터 시작된 '문화대혁명'은 이를 물거품으로 만들어 버렸다. 1975년 제4차 전국인민대표대회에서 다시 20세기 말까지 '네 가지 현대화'를 실현할 것을 제기하였으나 1976년 '덩샤오핑을 비판하고, 우경번안(右傾翻案) 풍조를 반격'하는 것으로 인해 무산되었다.

그러나 마침내 1978년 11기 3중전회에서는 전 당의 업무 핵심을 '사회주의 현대화 건설'로 바꾸게 되었다. 이때부터 중국만의 특색 있는 사회주의 현대화의 길에 오르게 되었다. 개혁개방 첫 30년에 누적된 경험과 교훈이 없었으면 중국 공산당의 사회주의 현대화 건설의 법칙에 대한 인식에도 더 긴 시간이 필요하였을 것으로 생각된다. "왜냐하면 사회주의

---

13 《邓小平文选》第3卷, 人民出版社, 1993, 260쪽.

건설의 법칙을 인식하는 것은 반드시 한동안의 과정을 걸어야 하기 때문이다. 실천으로부터 출발하여 경험이 없었던 것으로부터 경험이 쌓일 때까지, 경험이 적을 때로부터 경험이 많을 때까지, 사회주의 건설이라는 아무도 인식하지 못한 필연의 왕국에서부터, 점차 맹목성을 극복하고, 객관적 법칙을 인식하며, 자유를 얻는 것을 통해 인식을 한 계단 비약시킴으로써 '자유의 왕국'에 도달할 수 있을 것이다."[14] 덩샤오핑이 개척한 '중국 특색 사회주의 길'은 이렇게 한걸음 한걸음씩 나아간 것이다. 오늘까지 중국 공산당이 '중국의 상황에 적합'한 '중국식 현대화 길'[15]에 대한 인식은 과연 "자유의 왕국에 이르렀을까?" 꼭 그렇다고 할 수는 없지만 점점 가까워지고 있다는 것은 조금도 의심할 여지가 없다.

현대화의 경로를 보면, 중국 사회주의 길은 개혁개방을 통해 시장경제를 선택하는 것을 중국 변혁의 핵심적 손잡이로 삼아, 사회주의 제도의 우월성과 시장경제 체제의 효율적 우세를 서로 결합시킴으로써 제도적 창조에 착수하였다. 이로써 부강, 민주, 문명, 조화의 현대화 국가라는 목표에 날로 가까워지고 있다. 어떤 학자는 '중국 특색 사회주의' 현대화 길을 "인류가 신자유주의 사상의 질곡에서 벗어나 다른 세계를 다시 상상해보는 실천적 지침"[16]으로 여기고 있다. 이 말은 조금도 틀리지 않는다.

라틴아메리카 국가들의 경험과 교훈을 분석해 보면, 신자유주의가 지향하는 현대화 길은 서방 국가들이 정상에서 아시아, 아프리카, 라틴아메리카 국가들을 위해 설계한 서방 현대화를 위한 또다른 현대화 길인데, 이는 일종의 허황된 현대화의 길이다. 중국 공산당이 신자유주의의 질곡에서 벗어날 수 있었던 것은 중국 인민들이 역사적으로 마르크스주의를

14 《毛泽东文集》第8卷, 人民出版社, 1999, 300쪽.
15 《邓小平文选》第2卷, 人民出版社, 1993, 163쪽.
16 王健君, 《十八届三中全会开创中国道路新境界》, 《了望》新闻周刊 2013年 11月 11日.

중국 현대화로의 전환과 중화민족 부흥의 지도 이론으로 삼아 선택한 역사의 필연이다.

서유럽 자본주의 국가에서 탄생한 마르크스주의, 그의 이론적 본질은 바로 실천 속에서 서방과 같지 않고 또 서방보다 더 우수한 사회주의 현대화 발전의 길을 개척하는 것이었다. 마르크스주의 지도 하의 실천 속에서 개척된 '중국 특색 사회주의 길'은 세계에 서방의 현대성 문제를 극복할 수 있고, 또 서방보다 더 고급스런 현대화, 그리고 마르크스주의 현대화 문제를 혁신하여 중국 특색 최선의 방안을 제시한 것이었다. 현재의 실행 상황을 분석해보면, 이 방안은 가능할 뿐 아니라 현실적인 것이다. 왜냐하면 중국이 20세기에 내내 걸어온 길은 자본주의에 대한 일종의 반응과 초월이었기 때문이다.

중국은 열강들이 엿보고 있는 상황에서 혁명수단으로 제국주의를 중국에서 쫓아냈고, 관료 자본주의 집단을 '편우일각(偏隅一角)' 타이완(臺灣)으로 몰아냈으며, 사회주의 신중국을 건립하였다. 세계 자본주의 체제 속에서 개혁개방을 통하여 세계화의 환경의 힘을 빌어 인류 사회가 창조한 모든 문명 성과를 섭취하여 자아 갱신을 이루어 중국을 경제대국으로 건설하고, 나아가 세계 구도 속에서 더 많은 발언권을 갖게 되었다.

중국 현대화 길의 발전 과정을 자세히 고찰해 보면, 중국 현대화 발전의 길은 어떤 면에서 다른 현대화 국가의 유익한 경험과 유효한 방법을 참고하였지만, 주로 중국 실정에 입각하여 현대화의 내재적인 초월을 추구하였음을 발견할 수 있다. 따라서 자신의 길의 독특성을 구현하고 있는데, 하나는 서방의 현대화와 다른 독특한 구체적인 실현 방식이며, 다른 하나는 서방 현대화 과정에서 겪었던 모든 어려움을 피한 것이다.

중국의 개혁개방은 이미 30여 년이 진행되었으며, 전 세계의 주목을 받을 만한 성과를 거두었다. 지금 중국의 개혁은 심수구(深水區)에 들어가 개혁의 폭과 깊이와 난이도는 모두 크게 확장되었다. 2014년 2월 7일에 시진핑은 러시아 소치(Sochi)에서 러시아 TV방송국 인터뷰에서 "중국의 개혁은 30여 년을 거쳐 이미 심수구(深水區)에 들어갔다. 쉽고 모두가 기뻐하는 개혁은 이미 완성되었는데, 맛있는 고기는 다 먹어버렸고, 남은 것은 먹기 힘든 뼈다귀라 말할 수 있다. 이것은 바로 우리에게 담력이 커야 하고, 발걸음이 안정될 것을 요구한다. 담력이 커야 한다는 것은 개혁이 아무리 어려워도 앞으로 밀고 나가야 하며 과감히 책임을 맡고, 과감히 곤란을 해결하며, 과감하게 위험을 헤쳐 나가야 한다는 것이며, 발걸음이 안정되어야 한다는 것은 방향이 반드시 정확해야 하고, 주행은 반드시 안정적이어야 하며, 특히 전복적인 오류를 범해서는 안 된다"[17]라고 말했다. 담력이 크고 걸음걸이가 안정된 것은 우리가 자신감이 있기 때문이다. 즉 오랜 기간을 거쳐 찾아낸 중국 국정(國情)에 맞는 '중국 특색 사회주의 길'에 대해 자신이 있다는 것이다. 중국 공산당이 전체 중국 인민에게 굳게 의지하여 확고부동하게 자신의 길을 걸을 수만 있다면, 모든 위험과 어려움을 물리치고 부단히 새로운 성적을 거둘 수 있으며, 종국적으로는 중화민족의 위대한 부흥과 사회주의 현대화를 실현할 수 있다.

18차 당대회 보고에서 '5위일체(五位一體)'라는 총체적 목표를 제기하였는데, '생태문명 건설'을 인민의 복지, 민족의 미래와 관련된 장기적인 계획으로 총체적 목표에 포함시켰다. 생태문명 건설을 두드러진 위치에 놓고 이로 하여금 경제 건설, 정치 건설, 문화 건설, 사회 건설의 각 방면과 전 과정에 융합될 수 있도록 제시하였다. 아울러 생태문명을 어떻게 건설할 것인가에 대해 전반적인 배치를 하였으며, "노력하여 사회주의 생태문명의 새로운 시대로 나아가야 한다"고 제기하였다.

---

17 《人民日报》 2014年 2月 9日.

생태문명은 중국이 최초로 공업문명이 초래한 발전 곤혹에 맞서 제기된 발전 방식의 전환이다. 생태문명은 '천인합일(天人合一)', '조화공생(和諧共生)', '겸애만물(兼愛萬物)' 등 중국의 우수한 전통 생태문화 사상과 자연스럽게 일치되고 극히 부합되며, 또한 중국 전통문화 중의 체계 통합, 변증관리의 철학사상과도 일맥상통한다. 생태문명은 중국에서 처음으로 제기된 것인데, 이는 중국이 이러한 문명의 유전자가 있기 때문이다. 이러한 전환은 현재 서방이 주도하고 있는 약육강식(弱肉强食)적인 세계 발전 규칙에 근본적 변화를 일으킬 것이고, 조화로운 세계의 방향으로 발전할 것이다.

중국은 이미 중위 소득국가 대열에 올라섰는데, 어떻게 하면 '중위 소득의 함정'을 피하고 해결할 수 있을까? 지속적으로 서방식의 고비용, 에너지 고소비식의 산업화의 길은 통하지 않을 것이다. 중국이 평화적으로 일어서려면 서방의 산업화의 길을 다시 걸어서는 안 되고 다른 길을 개척해야 한다. 물론 아직은 산업문명의 중·후기 단계에 처해 있는 중국에게 앞의 도전이 아주 크지만 기회도 많을 것이다. 오늘날의 중국은 스스로 새로운 문명시대를 개척해야 될 시기를 맞이하였는데, 이러한 문명시대가 바로 생태문명의 새 시대이다.

개혁개방 30여 년 동안, 중국은 세계화 플랫폼에서 시장경제라는 '양날의 칼'을 활용함으로써 공업화 수준에서 서방 선진국들과의 격차를 크게 줄일 수 있었다. 첫째, 경제총량은 이미 세계 2위에 올랐다. 둘째, 중국은 공업화 발전 과정에서 지속적인 발전에 영향을 주는 문제와 모순이 적지 않게 누적되었으며, 고도의 공업화 발전으로 초래된 밀집한 오염, 에너지 과소비, 예를 들어 수질오염, 광범위한 도시 미세먼지, 자원의 고갈 등이 이미 중화민족의 생존을 위협하고 있다. 셋째, 중국은 발전 방식을 시급히 전환할 필요가 있는 관건적인 시기에 들어섰다. 그러므로 생태문명의 새 시대의 시작은 중화민족의 위대한 부흥에 새로운 역사적 기회를 제공해 주었다.

새로운 중앙 영도자들은 중국을 이끌고 "사회주의 생태문명의 새 시대로 나아가고 있다." 18차 당대회에서 제시한 '5위일체'를 추진하는 제도 건설은 바로 '생태문명의 새 시대'가 왔다는 발전 이념 차원의 일종의 반응이다. 이러한 반응은 "중국의 개혁개방은 돌도 두드리며 강을 건너는 탐색시대, 과학적인 발전을 거쳐 현대문명의 제도 시대로의 전면적 발전으로 전환되었다는 징표이며, 또한 18차 당대회의 획기적인 의의이기도 하다."[18] 18차 당대회 이후 중앙에서는 이미 이러한 분야에 대해 통합적으로 계획하고 실행하기 시작하였다. 민생 개선, 경제구조 조정, 과거에 GDP로 간부를 평가하던 제도 수정, 공장 오염에 대한 치리 및 감독과 처벌 강화, 생태환경 보호 강화 등 일련의 생태문명과 관련된 법률, 법규와 정책을 실시하였다.

사회주의 생태문명의 새로운 시대로 인도하는 '중국 특색 사회주의 길'은 인류사회 발전의 공통된 난제를 해결하여 중국과 세계의 지속가능한 발전을 실현하는 문명의 새로운 길로서, 새로운 중앙영도집단의 과학적 발전관에 대한 계승과 발전이다. 최근 400년 동안 전통 공업문명은 인류사회에 미증유의 물질 대풍요와 경제 대번영을 실현하였다. 하지만 인류의 머리 위에 공기 오염, 환경 악화, 자원 고갈이라는 한 자루의 다모클레스의 검(Sword of Damokles)을 걸어 주었다. 인류사회는 발전하지 않을 수 없으나, 이렇게 후환을 돌보지 않고 극약 처방으로 급한 문제를 해결하면서 발전해서는 안 되며, 결국 우리에겐 오직 하나의 지구밖에 없다. '중국 특색 사회주의 길'의 중요한 부분 중의 하나로서 사회주의 생태문

---

18 王健君,《十八届三中全会开创中国道路新境界》,《了望》新闻周刊 2013年 11月 11日.

명은 중화문명 중의 생태 사상과 서방 공업문명을 유기적으로 결합하여 창의적으로 형성된 새로운 문명 형태이며, 공업 발전과 생태 보호를 유기적으로 결합하여, 좋고 빠른 신공업화의 길을 걸어 '푸른 하늘, 초록색 땅, 맑은 물'의 아름다운 중국을 건설하여 인류사회의 지속가능한 발전을 위한 문명의 새로운 길을 걸어가야 한다.[19] 그런 의미에서 '중국 특색 사회주의 길'은 세계를 위해 새로운 발전 모델뿐 아니라 새로운 문명 형태도 공헌한다.

---

19 参见中央党校中国特色社会主义理论体系研究中心：《中国道路的时代必然性》,《求是》2013
年 第20期.

제14장
'중국의 길'의 국제적 의의

인류 농업문명이 발전하는 단계에서 중국의 농업 생산율은 세계 최고 수준에 도달하고 장기적으로 유지하였으며 과학기술 방면의 많은 창조와 발명도 오랫동안 세계 선두에 섰고, 중화민족은 인류문명의 진보를 위해 불멸의 공헌을 했으며 세계에 영향을 끼쳤다. 1975년, 영국의 역사학자 토인비(Toynbee)와 일본의 이케다 다이사쿠(Ikeda Daisaku)는 한 차례의 역사적 대화에서 약속이나 한 듯 고도의 공통된 인식을 가져오면서 21세기에 인류가 지속적으로 생존해 나아가며 세계적 혼란을 피하려면 반드시 중화문화를 고양시켜야 한다고 일치하게 인정하였다. 이미 별세한 국학 대가 지셴린(季羨林)도 21세기는 중국의 세기라고 주장하였다. 비록 이 모든 것은 국내외 몇몇 권위 학자들의 주장이지만 중화민족의 세계적 영향력이 객관적으로 존재하는 것은 사실이다.

중국이 부강에서 문명에로의 전환을 추구하는 백 년 동안의 역사 과정에서 자유자재로 자발적으로 세계문명의 창조에 적극 참여하였다. 중국은 1921년 공산당이 성립된 이래 혁명과 건설 및 개혁개방의 과제를 정확히 해결하였고, 국가의 독립과 부강, 민족의 해방과 진흥, 인민의 부유와 행복 등 문제를 해결하였던 바, 한마디로 말하면 부강과 문명의 문제를 해결한 것이다. 중국이 개혁개방 과정에서 개척한 '중국 특색 사회주의 길'은 우수한 성과와 중국의 부상으로 점점 더 많은 나라들을 끌어들여 자기 발전의 길을 모색하도록 고무하고 있다. 중국의 길의 국제적 의의는 바로 여기에 있다.

제1절 중국 혁명의 국제적 영향력

여기에서 중국 혁명은 중국 공산당이 성립되기 전의 농민 혁명과 구민주주의 혁명, 그리고 공산당 영도 하의 신민주주의와 사회주의 혁명으로 구분된다. 1840년부터 중국 공산당이 성립되기 전까지의 중국 혁명의 국제 영향력에 대해서는 마르크스, 엥겔스와 레닌도 이와 관련된 논술이 있다. 1995년 발행한 《마르크스·엥겔스선집》 제1권에서는 중국을 주제로 논술한 글 10편을 수록하였다. 그중 마르크스의 글이 8편, 엥겔스의 글이 2편이다. 1853년부터 1859년에 걸친 글의 주요 내용은 아편전쟁과 태평천국 혁명을 둘러싸고 논술한 것이다.

마르크스는 《중국혁명과 유럽혁명》이란 글에서 중국 태평천국 혁명이 문명세계에 영향을 미칠 것이라고 주장하였다. 즉 "유럽 인민의 다음 봉기, 그들의 다음 단계의 공화와 민주를 쟁취하고 청렴한 정부를 수립하는 투쟁은 더욱 큰 정도에서 감안할 경우, 아마도 천조제국(天朝帝國: 유럽의 직접 대립면)의 현재 일어난 사건에 의하여 결정될 것이며, 지금 존재하는 기타의 그 어떠한 정치적 원인으로 결정되는 것이 아니며, 심지어 러시아의 위협 및 이로 인한 유럽 전역의 전쟁 가능성의 결과로 결정되는 것도 아니다"[20]라고 하고는 스스로 "답하기 어렵지 않다"고 여기는 문제를 제기했다. 즉 "영국이 중국 혁명을 일으켰을 때, 이 혁명이 장차 영국과 영국을 통해 유럽에 어떠한 영향을 미칠 것인가?"[21] 하는 문제가 발생하는데, 어떤 영향을 미치겠는가? 이에 대해 마르크스는 "중국 혁명은 불꽃을 현재 공업 시스템이라는 화약으로 가득 채워진 지뢰에 던져 오랫동안 준비되어 온 보편적 위기를 폭발시켜 이 보편적 위기가 국외로 확대되

---

20 《马克思恩格斯选集》第1卷, 人民出版社, 1995, 690쪽.
21 《马克思恩格斯选集》第1卷, 人民出版社, 1995, 692-693쪽.

면 잇따라 유럽 대륙의 정치혁명이 뒤따를 것이다." "서방 열강들이 영국, 프랑스, 미국 등 나라의 군함으로 상하이, 난징, 운하구(運河口)에 '질서(秩序)'를 보내자 중국은 오히려 동란을 서방세계로 보냈다"[22]라고 대답했다. 그리고 엥겔스는 《페르시아와 중국》이란 글에서 "우리는 곧 세계적으로 가장 오랜 제국의 최후의 저항을 보게 될 것이고, 전 아시아의 신기원의 서광을 직접 보게 될 것이라고 마무리 지었다."[23]

당시의 역사 환경에서 마르크스, 엥겔스는 제국주의에 반항하는 중국 혁명은 자본주의 위기를 폭발시킬 것이며 나아가 유럽 사회주의 혁명에 기회를 가져다줄 것이라고 주장하였다. 중국 혁명은 여전히 지속되었지만 전 유럽의 사회주의 혁명은 일어나지 않았다. 최초의 사회주의 운동이라 간주되는 프랑스 파리코뮌도 미처 실현하지 못한 상당한 원칙을 남겨두고 72일만에 실패하고 말았다. 이것은 무엇 때문일까? 그 답은 여전히 마르크스의 사상에서 찾아야 한다. 마르크스는 1859년에 집필한 《〈정치경제학 비판〉 서언》에서 "어떠한 사회 형태를 막론하고 그 사회가 용납할 수 있는 전부의 생산력을 발휘하기 전에는 결코 멸망되지 않는다. 또한 새롭고 더욱 높은 차원의 생산관계도 그의 물질 존재 여건이 낡은 사회의 태내에서 성숙되기 전에는 결코 나타나지 않는다"[24]라고 제기했다.

레닌은 주로 손중산이 영도한 민주혁명의 국제적 영향력을 둘러싸고 논평과 서술을 하였다. 레닌은 중국의 사회운동과 민주주의 고조는 기세 드높이 발전하고 있으며, 심지어는 전 아시아가 민주혁명에 휩쓸리고 있다. 아시아의 이러한 각성은 20세기 초엽에 개척한 전 세계 역사의 새로운 단계를 의미하고 있다[25]라고 평가했다. 레닌은 역사유물주의를 활용하

22 《马克思恩格斯选集》第1卷, 人民出版社, 1995, 695쪽.
23 《马克思恩格斯选集》第1卷, 人民出版社, 1995, 712쪽.
24 《马克思恩格斯选集》第2卷, 人民出版社, 1995, 33쪽.

여 당시의 유럽과 아시아에 대해 '낙후와 선진'으로 대조했다. 이 대조는 보기에는 불합리한 것 같지만 여기에는 신랄한 진리가 내포되고 있다. 즉 유럽의 '낙후'라고 함은 권력을 행사하는 계층이 모든 낙후한 것을 지지하는 자본가 계급이기 때문이며, 아시아를 '선진'이라고 함은 선진적 생산력의 발전 방향을 대표할 수 있는 노동자 계급이 존재하기 때문이다. 유럽은 이른바 '문명', '질서', '문화' 따위의 구호를 이용하면서 무력을 휘둘러 중국 및 기타 아시아 국가의 반동세력과 결탁하여 함께 이러한 국가들의 발전을 압살하고 있다. 이러한 결탁행위는 최종적으로 전체 아시아의 젊은 노동자계급을 연합하게 함으로써 아시아 각국의 인민을 모두 해방하는 동시에 유럽을 지원하여 유럽의 각국 인민을 해방하는 결과를 초래하였다[26]는 것이다. 레닌의 사고 맥락은 마르크스, 엥겔스의 사고 맥락과 매우 비슷하며 통한다. 레닌의 구상이 실현되지 않은 원인은 아마도 마르크스가 1859년에 쓴 《〈정치경제학 비판〉 서언》에서 총화한 "두 개는 절대 안 된다"는 사상일 것이다.

중국 공산당은 중국의 신민주주의와 사회주의 혁명 시기에 러시아가 도시 봉기를 통해 직접 자산계급으로부터 정권을 쟁취하여 사회주의 사회를 건립하는 길을 걷지 않았다. 중국 공산당은 중국의 반식민지 반봉건 사회의 성격에 근거하여 신민주주의와 사회주의 혁명의 두 단계를 거쳐야 하는 동시에 농촌으로서 도시를 포위하고 무장으로 정권을 쟁취하는 신민주주의 혁명의 길을 거치고 소련 방식과 다른 무혈의 평화적으로 과도하는 공업화와 개조를 병행하는 신민주주의에서 사회주의에로 넘어가는 사회주의 개조의 길을 선택하였다. 중국 특색 혁명의 길의 성공은 우리에게 사회주의 혁명의 승리는 능히 '카프틴 협곡(Caudine Forks)'을 뛰

25 《列宁选集》第2卷, 人民出版社, 1995, 315-316쪽.
26 《列宁选集》第2卷, 人民出版社, 1995, 317-318쪽.

어넘어 자본주의 발전의 진통을 경과하지 않을 수 있고, 책을 그대로 답습하면 안 되고 외국을 그대로 답습해서도 안 되며, 반드시 자국의 국정에 따라 마르크스의 기본 원리와 자국의 실제와 결부해야 하며, 혁명하려면 시종 절대다수의 인민대중의 근본 이익을 대표하는 확고한 노동자계급의 정당이 있어야 한다는 점을 알려주었다.

그렇다면 중국 혁명의 길의 세계적 영향은 도대체 어떠한 것인가? 중국 혁명의 위대한 승리와 새 중국의 성립은 세계 정치역량의 대비를 변화시켰고 세계의 피압박 민족과 인민의 해방투쟁을 힘차게 추동시켰다. 1960, 70년대, 동남아시아, 남아시아의 일부 국가의 공산당은 무장투쟁을 고조시켰으며 일부는 자체의 무장역량 근거지를 창설했으며 서아시아, 북아프리카와 라틴아메리카의 일부 국가의 공산당도 무장투쟁을 일으켰지만 네팔(Nepal) 공산당과 같은 극소수를 제외하고 대부분 실패로 끝났다. 이것이 곧 현실이었으며 매우 잔혹한 현실이었다!

무엇 때문에 실패했는가? 1988년 10월, 덩샤오핑은 외국 손님을 회견하는 자리에서 "지금의 상황은 과거와 크게 달라졌습니다. 우리는 10월혁명의 길을 걸었습니다. 다른 나라에서 재차 10월혁명의 길을 걸으려면 어려울 것입니다. 왜냐하면 조건이 달라졌기 때문입니다"[27]라고 평가하였다. 무슨 조건이 같지 않은가? 덩샤오핑의 사고 맥락에 따르면, 제일 크게 달라진 조건은 시대의 주제가 이미 변하였고, 전쟁과 혁명이 평화와 발전으로 전환되었기 때문이다. 시대 주제의 변화는 개발도상 국가의 공산당이 재차 10월혁명의 길을 걷기에는 어려울 것이며, 다른 새로운 길을 찾아야 한다는 것이다.

그렇다면 사회혁명을 거치지 않은 국가에서는 어떻게 원래의 폐쇄적

---

27 《邓小平年谱(1975-1997)》(下), 中央文献出版社, 2004, 1254쪽.

인 사회계급 제도를 소멸하고 현대 국가에로의 전환을 완성할 수 있는가? '중국 특색 사회주의' 평화 발전의 길은 이 측면에서 이러한 국가들을 위해 참조할 수 있는 발전 경로를 가르쳐주었다.

제2절 중·소·미·영은 개혁을 '약속했고', 중국 개혁은 국제적 의의를 충분히 나타냈다

자본주의는 14세기 말에 배태되어 공장 수공업 시기, 자유 자본주의 시기, 독점 자본주의와 국가독점 자본주의 시기를 경과하여 오늘에까지 발전되어왔다. 한 가지 분명한 사실은 당대 자본주의는 새로운 과학기술 혁명의 추진 하에 생산력이 비교적 빨리 발전되었을 뿐 아니라 경제위기를 방지하고 사회모순을 완화하는 능력도 끊임없이 증가되었다는 것이다. 그러나 우리는 인간의 의지에 의해 이전되지 않는 또 하나의 사실, 즉 생산력의 발전과 경제위기의 방지 그리고 사회모순을 완화하는 능력이 증가됨에 따라 자본주의 제도를 조정하는 자본주의의 수단도 갈수록 적어진다는 사실을 직시하여야 한다.

이것은 한편으로는 자산계급은 자신의 통치를 수호하려는 목적으로 끊임없이 새로운 정세에 적응하여 국내외 정책을 조정하여 생산력 발전을 포용하기 위한 더 많고 더 큰 공간을 제공하고, 다른 한편으로는 자본주의 제도의 고유한 기본 모순은 여전히 소멸되지 않았고 정치, 경제, 사회 영역에서의 각종 문제와 모순이 형식적으로만 다를 뿐이지 질적 차별이 없다는 데서 드러나는데, 이는 모두 자본주의 기본 모순의 결과이다. 자본주의는 생산력이 발전될수록 자체 멸망을 촉진하는 물질적 요소를 축적하게 된다. 자본주의가 "능히 용납할 수 있는 전부의 생산력을 모두

다 발휘했을 때" 비로소 자본주의는 곧 멸망하고 새로운 사회제도가 탄생하게 된다. 미국의 금융위기가 유발한 세계 경제위기는 이 사실을 충분히 증명한다. 이 문제에 대해 자본주의 국가의 학자들까지도 의식하고 있다. 예를 들어 독일의 유명한 사상가 막스 셸러(Max Scheler)는 '자본주의 미래'를 논하면서 우리의 "안목이 조금만 예민하다면, 우리는 이미 배의 돛을 활짝 펴고 사회주의 체제 국가의 최초 단계에로 진입했으며, 우리는 부득이 목표로 향하는 길에서 계속 앞으로 나아갈 수밖에 없다는 사실을 볼 수 있다"[28]고 명확하게 말했다.

제2차 세계대전 후 20년 동안 서방 자본주의 국가들은 자체의 역사적 우세를 활용하고 케인즈주의(Keynesianism)와 새로운 과학기술 혁명에 의거하여 확실히 비교적 빠른 발전을 가져왔다. 1970년대에 이르러 전 세계적 석유위기의 발발로 자본주의 국가는 경제 정치에서 일련의 문제점이 나타나기 시작하였다. 1980년대 초, 하락 추세를 돌려세우기 위해 세계경제 정치 스펙트럼(spectrum)은 급격히 우회전하기 시작하였다. 대서양 양안의 미, 영 양국에서 새로 올라온 신흥 정치 스타인 레이건 대통령과 대처 총리는 신자유주의 개혁의 추진을 약속하고 새롭게 시장 근본주의를 내세우는 동시에 이를 '워싱턴 컨센서스(Washington consensus)'[29]로 포장하고 세계화의 운반체를 빌려 세계로 뻗어나아가고, 특히 라틴아메리카 국가로 널리 확산시켰다. 동시에 중, 소 양국 사회주의 대국도 전통 사회주의에 대한 내부 개혁을 시작하였다. 중국에서 덩샤오핑은 위대한 개혁 개방의 실천 시대를 열었던 바, 그 핵심적 줄거리는 사회주의와 시장경제

---

28 马克斯·舍勒:《资本主义的未来》, 生活·读书·新知三联书店, 1997, 64-65쪽.
29 세계은행은 대처와 레이건이 추진한 신자유주의를 '워싱턴 컨센서스'로 총화하였다. '워싱턴 컨센서스'의 주요 내용은 국가가 전면적으로 공공 영역에서 퇴출, 전면적 사유화, 구조조정, 노동자 임금과 권리압축, 복지국가 해체이고, 핵심적 관점은 '3화', 즉 자유화, 시장화, 사유화이다.

를 결합하는 과제였다. 고르바초프는 소련에서 정치체제 개혁에 착수하여 급진적 방식으로 서방의 정치모델을 전반적으로 이식했다.

신자유주의 하에서 1980~90년대 미, 영 양국은 20여 년의 경제발전의 낭만기를 넘어서면서 지식경제 시대를 열어놓았다. 그러나 미, 영 양국이 이 경제 낭만을 향유하는 기간에 한편으로 아시아, 아프리카와 라틴아메리카의 개발도상 국가들을 새로운 식민화로 이끌어 갔으며, 허리에 '칼과 검'을 차고 자본에는 '피와 불'이 찍혀 있고, 다른 한편으로 경제 낭만을 향유하는 중 자기도 모르게 가혹한 대가를 치르게 되었다. 모든 사물은 이렇게 양면성을 갖게 되는데 이것이 바로 역사의 변증법이다. 신자유주의 지도 하에서 민족자본과 국가자본은 전례 없이 국외로 이전되었고 '세계화'의 추세 하에서 본국의 제조업 자본은 급격히 생산과 노동가격 요소가 최적화한 지역으로 이전되었다.

미, 영 양국은 동시에 '산업의 공심화(産業空心化)' 물결을 겪으면서 실체 경제의 축적이 허공에 빠지게 되었고, 국가의 실체 산업이 심각하게 위축되는 동시에, 지식경제의 기치를 높이 추켜들고 가상자본을 절제없이 강화하고 확대하였다. 각종 금융 파생상품이 속출하고 있으며 '세계화'라는 이 화려한 운반체를 빌려 일종의 영, 미식 '가상 자본주의' 모델이 형성되었고, 실물경제 지탱에 부족한 미국, 영국 경제는 날이 갈수록 공중누각(空中樓閣)이 되었다. 자본이 절대적으로 자유롭게 유출입할 수 있기 때문에 영, 미의 국가정치는 자본에 의해 통제되었고, 국가의 장기적인 전체 이익도 종종 사적 단기 이익에 의해 좌우되었다.

이러한 종합적 요소로 인해 2008년 전 세계적인 자본주의 금융경제 위기가 폭발했으며, 오늘에 이르기까지 여전히 경제 쇠퇴기에 머물러 있다. 2008년부터 시작된 금융위기는 한 차례의 자본주의의 구조적 위기일 뿐 아니라 또한 한 차례의 문명위기이며, 한 차례의 전방위적인 서방의 문명위기이다. 전방위적 표현은 미국《뉴스위크(Newsweek)》국제판 편집장 파리드 자카리아(Fareed Zakaria)가 말한 바와 같이 금융위기, 민주위기, 글로벌 위기, 도덕적 위기이다. 이러한 위기가 초래한 영향에 대해 스탠퍼드대학의 고급 연구원 프랜시스 후쿠야마(Francis Fukuyama)와 글로벌발전센터 대표 낸시 보데시오(Nancy bodeseo)가 책임 편집한《금융위기 종식 후 발전 방면의 새로운 사상》이라는 책에서 "이번 위기는 자본주의 제도 ―심지어 미국과 같은 선진적인 제도― 내재의 불안정성을 두드러지게 나타냈다. 때문에 자본주의의 미국 판본은 신용을 완전히 잃지는 않았더라도 최소한 지배적 위치를 더는 차지하지 않는다", "미국식 자본주의는 이미 신단(神壇) 위에서 떨어졌다", "만약 이번 세계 금융위기로 어떤 발전 모델을 재판받게 한다면 자유시장이나 신자유주의 모델이다"라고 객관적으로 지적했다.

신자유주의의 '워싱턴 컨센서스'는 무자비하게 전 세계로 뻗어나갔고, 가장 많은 피해를 받은 국가는 광범위한 개발도상의 국가들이다. 아프리카의 경우, 서방의 독점자본은 그들이 조종하는 세계은행, 국제통화기금 등 국제경제 조직을 이용하여 극히 황당한 사유화와 시장화 방안을 시행함으로써 많은 아프리카 국가의 물자원, 교통, 사회보장, 위생, 법원, 감옥, 공공 인프라시설 등 기본 국가 공산품들은 모조리 국제자본의 수중에 들어갔다. 이익은 모두 국제자본과 관련된 국가의 이익집단에 의해 통제되었고, 이러한 국가들에 남겨놓은 것은 공업 기반이 역방향으로 분해되고 국민의 빈곤과 기황이 급격히 상승하였으며 생태환경도 극도로 파괴당한 것이다. 라틴아메리카의 경우, 신자유주의 개혁을 거친 국가들은 아주 짧은 시기의 급속한 번영을 누린 후 커다란 국가의 재난으로 바뀌어 나라 전체가 '중위 소득 함정'에 빠져 한번 넘어진 후 다시 일어나지 못하고 있다.

첫 번째 사회주의 대국인 소련은 자본주의화의 개혁을 채택하였기에 1991년에 붕괴되었다. 그후의 러시아는 신자유주의가 내놓은 '쇼크 요법'을 채택했기에 사실상 국가부도 사태에 처하였다. 러시아는 역사상 최대 규모의 민족자본의 약탈과 잔혹한 경제적·사회적 퇴보에 직면하였고 국력은 지금까지 1990년 이전 수준으로 회복되지 못하고 있다.

세계 최대의 개발도상 국가이자 사회주의 국가로서의 중국은 세정과 국정에 부합된 사회주의 방향의 개혁의 길을 선택하여 시장경제를 접목하여 서방 자본주의가 주도하는 세계 시스템에 맞췄기 때문에 성공적으로 포위망을 뚫고 간난신고 끝에 가난하고 낙후한 개발도상 국가에서 세계의 주목을 끄는 '스타 국가'로 일어섰다. 얼마되지 않는 30여 년이란 시간에 세계 최대 규모의 빈곤에서 벗어나는 임무를 완성하고 서방의 선진 자본주의 국가에서 백 년이 넘는 산업화 축적의 수준을 따라잡았다.

소련 개혁의 실패와 '중국 특색 사회주의' 홍기는 20세기 후반 국제공산주의 운동사상에서 나타난 두 가지 대사건이다. 세계적 범위에서 보면, '중국 특색 사회주의' 홍기는 사회주의가 새로운 발전 단계에로 진입했음을 의미하며 인류문명 발전과 사회주의 운동의 진흥에 심각한 영향을 끼칠 것이다. 그래서 덩샤오핑은 중국의 개혁을 언급하면서, "이번 개혁은 중국에 영향을 끼칠 뿐 아니라 세계에도 영향력을 끼칠 것이다." "우리의 개혁은 중국에서 뿐 아니라 국제 범위 내에서도 한 차례의 실험이며 우리는 꼭 성공하리라고 확신한다. 만약 성공한다면 세계의 사회주의 사업과 개발도상국의 발전에 일부 경험을 제공할 것이다." "이는 세계 인구의 3/4을 차지하는 제3세계에 하나의 길을 열어 준 것일 뿐 아니라 더 중요한 것은 사회주의는 필수적인 길이며 자본주의보다 사회주의가 우월하다는 것을 인류에게 보여준 것이다"[30]라고 지적했던 것이다.

신자유주의의 '세계화'는 아시아, 아프리카, 라틴아메리카의 개발도상 국가와 전 동유럽 국가 및 러시아에 피해를 주었고, 역시 미·영 양국의 국가 이익에도 피해를 가져다주었지만 도리어 중국의 부상과 '중국 특색 사회주의' 현대화 길을 이루었다. 그 비밀은 어디에 있는가?

첫째, 중국 공산당은 개혁개방 과정에서 사회주의 제도의 우세를 충분히 잘 활용하였고, 구체적인 체제 시스템에 존재하는 폐단에 대한 개혁, 발전, 완비화를 진행하였다. 시장경제 법칙을 도입하는 기초 위에서 시장이 재부(財富)를 창조하는 우세를 충분히 발휘하도록 하는 동시에, 시종 자본 절제를 강화하고, 자본을 사회주의를 위해 봉사하게 하고, 자본이 역으로 국가 권력을 통제하는 것을 방지하였다.

둘째, 시장경제를 성공적으로 사회주의 제도에 접목시켰다. 덩샤오핑은 계획경제와 시장경제는 하나의 수단일 뿐이지 종국적 목적은 아니며 이데올로기도 아니라고 지적하였다. 모두 수단인 이상, 중국은 개혁개방 중에서 세계화라는 환경과 조건을 충분히 활용하여 자본주의가 시장경제에서 축적한 생산의 사회화와 생산력의 향상을 촉진하는 모든 적극적 요소를 흡수하여 사회주의 제도와 상호 결부시켰다. 이와 같이 사회주의 국가의 강대한 거시적 조정 능력을 확보하는 상황 하에서 시장경제 수단의 장점을 발휘하고 시장경제의 단점을 규범화하고 규제하였으며, 시장경제가 사회주의를 위해 활용되도록 하였다. 바로 이러한 요인으로 '중국 특색 사회주의'는 "자본주의의 선진 국가를 포함한 세계 각국의 현대 사회화 생산 법칙을 반영하는 선진 경영방식과 관리방법을 과감히 감별 섭취하여 자본주의와 상호 비교할 수 있는 우세"31를 얻었다.

셋째, 덩샤오핑을 비롯한 역대의 중앙영도집단은 시종 하나의 이념을 받아들였는데, 즉 확고부동하게 국가의 독립 자주성과 사회주의 국가의

30 《邓小平文选》第3卷, 人民出版社, 1993, 118-225쪽.
31 《邓小平文选》第3卷, 人民出版社, 1993, 373쪽.

강대한 동원 능력을 확보하였다. 덩샤오핑은 사회주의 제도가 가진 강대한 국가동원 능력은 시장경제가 가져오는 예견치 못하는 거대한 능동성과 활력을 효과적으로 주도하고 인도할 수 있으며, 서방 국가로부터 도입하는 선진기술과 관리경험을 효과적으로 소화하고 섭취할 수 있다는 것을 예리하게 관찰하였다. 덩샤오핑은 국가의 독립자주를 확보하는 것은, 민족국가의 독립과 민족자본의 독립을 효과적으로 보호하고 자본을 효과적으로 이끌어 국가 이익을 위해 봉사함으로써 중국이 전면적으로 서방을 따라 배우는 과정에서 자아를 잃어버리지 않게 하는 것이라는 점을 분명히 의식하였다. 이것은 중국이 시종일관 성공하는 관건이다.

넷째, 중국 공산당은 거대한 창의력을 갖고 있다. 개혁개방 속에서 중국은 인류 역사상 유례 없는 '초융합과 배제'를 실현했다, 즉 전통적 사회주의 우세와 현대 자본주의 우세와의 기묘한 융합, 전통적 사회주의 제도 중의 폐단과 현대 자본주의 제도 중의 폐단은 성공적으로 배제되었다. 바로 이러한 '초융합과 배제'의 '에너지' 하에서 중국은 정치, 경제, 문화, 사회, 생태환경과 당 건설 등 영역에서 많은 이론과 실천을 창조해낸 것이다. 바로 이러한 뛰어난 융합과 배제는 중국으로 하여금 '옛길'을 걷지도 '그릇된 길'도 가지도 않게 했으며, 하나의 새로운 길, 즉 중국 특색의 길로 나아가게 하였다. 이 길은 아직 많은 문제가 있고, 일부 지방에서는 인민대중들이 만족하지 못하고 있지만 시일이 좀 지나면 중국은 중국 인민들에게 만족감을 줄 것이며, 세계에도 놀라움과 기쁨을 가져다줄 것이다.

제3절 '중국 특색 사회주의 길'의 국제적 의의

11기 3중전회부터 시작하여 중국 공산당은 중국 인민을 영도하여 '중국 특색 사회주의 길'을 개척하였다. 이것은 마오쩌둥이 중국 인민을 영도하여 반식민지 반봉건 사회의 중국을 사회주의 신중국으로 전환시킨 위대한 혁명 이후, 중국을 저개발 사회주의 국가에서 부강하고, 민주적이며, 문명하고, 조화로운 사회주의 현대화 국가로 변모시킨 또 한 차례의 위대한 실험이며, 마르크스주의 중국화의 발전 과정 중의 또 한 차례의 역사적 비약으로서 중대한 국제적 의의를 가지고 있다.

Ⅰ. '중국 특색 사회주의 길'의 국제적 의의에 대한 국내외 학자와 정계 요인들의 상관 논술

세계문명의 탄생에 대한 '중국 특색 사회주의 길'의 영향과 의의는 객관적으로 존재하는 것이다. 중국 국력 및 국제적 지위가 급속히 상승함에 따라 '중국 특색 사회주의 길'은 필연적으로 더 많고 더 큰 '넘김 효과'를 낳기 마련이다. 이에 대해 국내외의 상당한 학자와 정계 인사들이 언급한 바 있다.

'중국 특색 사회주의 길'은 세계화와 이탈하지 않고 상호 연관되는 과정에서 형성되고 발전한 것이며, 목적은 중국이 사회주의 제도 하에서 사회주의 현대화를 실현하는 것이다. 1956년 마오쩌둥은 "중국은 마땅히 인류를 위해 커다란 공헌을 해야 한다"[32]고 언급하였다. 중국은 어떻게 인류를 위해 공헌할 것인가? 1981년, 덩샤오핑은 다음과 같이 지적하였다.

---

32 《毛澤東文集》 第7卷, 人民出版社, 1999, 157쪽.

첫째, "중국 인민은 자신의 창조적 노동으로 자국의 낙후한 면모를 근본적으로 개변할 것이며, 참신한 모습으로 세계 선진 대열에서 자립할 뿐 아니라 각국 인민들과 함께 인류 진보의 정의로운 사업을 추진할 것이다."[33] 둘째, 중국이 인류에 기여한 가장 큰 공헌은 제3세계를 위해 현대화의 길을 개척한다는 것이다. 이와 관련하여 덩샤오핑은 "우리의 개혁은 중국에서만 아니라 국제적 범위 내에서도 하나의 실험이며 우리는 꼭 성공하리라고 확신한다. 만약 성공하면 세계의 사회주의 사업과 저개발 국가들의 발전에 대해 일부의 경험을 제공할 것이다"[34]라고 지적하였다. 21세기 중엽에 이르러서는 중국은 기본적으로 현대화를 실현할 것이다. "그때가 되면 사회주의 중국의 위상과 역할이 달라져 우리는 인류에 비교적 큰 공헌을 할 수 있게 된다. '중국 특색 사회주의 길'의 성공은 세계 인구의 3/4을 차지하는 제3세계에 하나의 길을 열어주었다."[35]

장쩌민은 14차 당대회에서 '중국 특색 사회주의' 사업의 왕성한 발전은 반드시 세계 사회주의 사업과 인류 진보 사업에 중대한 공헌을 할 것이라고 지적하였다. 또 후진타오는 17차 당대회에서 '중국 특색 사회주의'를 건설하는 위대한 사업은 당대 중국과 세계의 관계를 역사적으로 변화시켰다. 중국 인민은 각국 인민과 손 잡고 항구 평화와 공동번영의 조화로운 세계를 건설하기 위해 노력하기를 바란다. "중국의 발전은 중국 인민을 안정적으로 부유하고 광활한 길로 나아가게 하였을 뿐 아니라 세계 경제발전과 인류문명의 진보를 위해 중대한 공헌을 하였다."[36] "'중국

---

33 《邓小平思想年谱(1975-1997)》, 中央文献出版社, 1998, 182쪽.

34 《邓小平文选》第3卷, 人民出版社, 1993, 135쪽.

35 《邓小平文选》第3卷, 人民出版社, 1993, 143·225쪽.

36 胡锦涛, 《高举中国特色社会主义伟大旗帜, 为夺取全面建设小康社会新胜利而奋斗》, 人民出版社, 2007, 9쪽.

특색 사회주의 길'은 사회주의 현대화를 실현함에 있어 반드시 거쳐야 할 길이며, 인민의 아름다운 생활을 창조하는 데 반드시 거쳐야 할 길이다'³⁷ 라고 지적하였다.

학자들은 30여 년의 중국 발전의 힘찬 표출에 근거하여 대체적으로 '중국 특색 사회주의 길'의 국제적 의의가 비범하다고 인정하고, '중국 특색 사회주의'는 인류사회를 위해 서방 현대화와 다른 하나의 길을 개척할 것이라고 인정하였다. '중국 특색 사회주의 길'은 "세계 근대 이래로 '후흥대국(後興大國)'이 부상한 역사상 전대미문의 새로운 전략의 길이며, 세계의 현실 사회주의 역사상 전대미문의 새로운 전략의 길이며, 마르크스주의 발전사상 전대미문의 새로운 전략의 길이다."³⁸ 반드시 알아야 할 것은, 인구 세계 1위, 국토 3위로 큰 개발도상 대국 중국에서 '중국 특색 사회주의'가 거둔 성공은 세계 구도와 역사 발전에 중대한 영향을 주었으며, 세계 사회주의의 발전에 대한 추진도 거대한 것이다. 이러한 의미에서 보면 "'중국 특색 사회주의' 현대화의 길을 끊임없이 개척하는 이 위업 자체가 인류문명과 세계 평화발전에 대한 위대한 공헌이다."³⁹ "이것은 중국을 경제 세계화와 연결하여 세계화가 가져다주는 기회를 활용하여 자국의 발전을 실현한 성공적 경험은 중요한 세계적 의의가 있다."⁴⁰

아래에서는 국외학자 및 정계 인사들이 '중국 특색 사회주의 길'의 국제적 의의를 어떻게 연구하여 판단했는가를 살펴보기로 한다. 서방 학자들은 '중국 특색 사회주의 길'을 개척하는 과정에서 빈곤을 퇴치한 성과에 대해 특별한 관심을 쏟으면서 중국이 빈곤을 소멸한 방식은 전 세계에

---

37 胡锦涛, 《在庆祝中国共产党成立90周年大会上的讲话》, 人民出版社, 2011, 7쪽.
38 郑必坚, 《思考的历程》, 中共中央党校出版社, 2006, 98쪽.
39 侯惠勤, 《中国特色社会主义的价值基础》, 《思想政治工作研究》 2009, 第8期.
40 徐崇温, 《中国特色社会主义道路的世界意义》, 《中国特色社会主义研究》 2009, 第4期.

영향을 끼칠 것이라 인정했다. 세계은행이 발표한 통계에 따르면, 1981년부터 2005년까지 중국은 개발도상 국가 중 빈곤소멸 성과가 가장 뚜렷한 국가이다. 세계은행의 파디크 바타살리(PaDick Bhatta Sally)는 중국이 개혁개방 이래 2억이 넘는 인구를 빈곤에서 벗어나게 한 것을 "현대 중국의 거대한 승리이며, 인류역사에서 전대미문의 성과라고 평가했다."[41]

나이지리아 학자 페르미 아코모라이푸(Fermi akomolev)는 논문《다시는 아시아인을 비웃을 사람은 없다》에서 "1970~80년대 중국과 대부분 아프리카 지역은 모두 경제가 낙후한 국면에 처해 있었으며 이러한 요인으로 중국의 오늘날 경제발전은 아프리카 인민들에게 특수한 경험을 가져다주었으며, 아프리카는 이러한 중국이란 경제대국에게서 매우 많은 경험을 배우게 된다. 우선 그리고 가장 중요한 것은, 만사가 모두 가능하다는 것을 믿는 것인데, 어느 방면으로 보아도 중국의 경제발전은 하나의 기적이다. 이것은 자부심, 결심과 비전을 가진 민족은 그 어떠한 성과도 취득할 수 있다는 것을 과시하였다"[42]고 말하였다.

객관적인 사실로 묘사하면, '중국 특색 사회주의 길'은 개척될 때부터 '중국성'을 띠었고 또한 세계적 성격도 갖고 있었으며 중국의 발전은 개발도상 국가나 선진 국가를 막론하고 모두 참조할 만한 의의를 가지고 있다. '중국 특색 사회주의 길'은 중국을 변화시켰을 뿐 아니라 또한 세계를 돕고, 바야흐로 세계를 부각시키고 있으며 세계에 새로운 희망을 가져다주었으며 중국은 세계의 질서를 변화시킬 것이다. 적지 않은 국외 학자들과 정계 인사들은 모두 이렇게 인정하고 있다.

구소련과 동유럽 사회주의 국가의 일부 학자들은 그들 국가의 자본주의 시장경제로 전환한 상황과 중국의 사회주의 시장경제를 비교하는 과

---

41 美国《财富》杂志, 2004年 10月 4日.
42 英国《新非洲人》月刊, 2006年 6月号.

정에서 다음과 같은 결론을 내렸다. 즉 "동유럽 국가, 러시아와 독립국가 연합(CIS)의 기타 국가들은 1989년부터 시장경제를 발전시킨 방법은 사회주의를 보완하는 것이 아니었으며, 그 결과는 자국 국가 이익을 위배했을 뿐 아니라 생산력을 파괴하였으며, 생산이 부단히 떨어지고, 경제위기가 부단히 심화되었으며, 사회위기와 도덕위기가 전반 사회에 만연되어 나라를 다른 나라에 의존하는 '바나나 공화국'으로 만들었다."[43] "원 사회주의 국가 중에서 오직 중국만 성공했고, 중국에서는 개조를 필요로 한 사회주의 구조를 신속히 무너뜨리지 않았고, 또한 즉시 시장경제를 실행하지 않았으며 정치와 경제구조를 상대적으로 유지하는 동시에 점진적으로 시장화 경제를 확립시켰다. 바로 이렇게 15년 동안 생산이 떨어지지 않았을 뿐 아니라 오히려 전례없는 속도로 경제성장을 가져왔으며 생활수준은 하락하지 않고 오히려 자산계급의 길을 걷는 국가보다 더 빨리 향상되었다.[44]

2003년 4월, 원 민주독일의 주 중국대사 베르트 홀트(Bert Holder)는 자신이 쓴 글에서 당대의 자본주의는 "경제발전 속도가 끊임없이 빨라지는 동시에 날마다 심각해지는 전 세계적 문제를 해결할 수 없으며", "지금 세계는 자본주의 대립 면을 성공적으로 만들 것을 점점 더 명확하게 요구하고 있다. 중화인민공화국의 중요한 의의 및 지금 중국에서 발생하고 있는 모든 것도 바로 여기에 있다"[45]고 지적하였다.

2004년, 미국학자 조슈아 쿠퍼 레이머(Joshua Cooper Ramo)가 제기한 '베이징 컨센서스'란 명제는 언어적으로도 '중국 특색 사회주의 길'의 국

43 保加利亚《言论报》, 1994年 11月 1日.
44 《匈牙利新闻报》, 1994年 9月 4日.
45 罗尔夫·贝特霍尔德, 《中国2003－－迈向社会主义的道路》, 德国《我们的时代》2003年 4月 25日.

제적 영향을 증명하였을 뿐 아니라 중국 경제발전 모델은 중국에 적용되는 것만 아니고 경제성장을 추구하고 인민생활을 개선하려는 개발도상국가들이 따라 배우는 본보기라고 지적하였다. 레이머는 '중국 특색 사회주의 길'의 중대한 의의는 세계적으로 자국을 발전시킬 수 있고 또한 자국의 특색과 정치 선택의 발전의 길을 확보할 수 있는 광범위한 개발도상국가들에게 중국은 새로운 사고방식을 제공하였다고 평가하였다.

2006년, 영국의 간행물《생존》은 논문을 통해 왕성하게 발전하는 중국 경제는 국제사회에 훌륭한 본보기를 수립하였고, 개발도상 국가를 위해 성공의 '좋은 처방'을 내놓았으며, 매우 많은 국가의 발전의 길에 영향력을 미치고 있다고 하였다.[46]

유엔 무역과 발전회의가 발표한《2006년 무역과 발전보고서》의 총 조정관 더트럴프 코트(Detlef Cote)는 중국과 라틴아메리카 일부 국가의 발전 상황을 비교하면서, "멕시코, 브라질, 아르헨티나 등 라틴아메리카의 20~25년 전 1인당소득은 중국보다 훨씬 높았다. 그런데 그후 그들의 경제는 심각한 채무위기에 시달렸는 바, 그 원인은 당시 이 국가들의 정부는 국제시장으로부터 대부금이 지나치게 많았고, 외국자본에 의지하여 수입을 추진하여 경제발전을 실시하는 정책을 채택한 데 있었다. 이자율이 급격히 올라감에 따라 대부금의 원가도 올라가 최종적으로 이러한 국가들은 채무를 반환할 수 없게 되어 채무위기가 나타났으며, 경제의 심각한 내리막길을 초래하였다. 이와 대비하면, 비록 허다한 외국자본이 중국으로 유입되었지만 이것은 중국의 핵심 정책이 아니었다. 중국은 이율과 환율을 안정시키기 위한 방법을 강구하였고 국내의 수출상들이 경쟁력을 확보하였으며 높은 수출로 수입의 성장을 이끌었다. 지금 많우 라틴아메

---

46 贝茨·吉尔,《中国软实力资源越来越丰富》,《参考消息》2006年 11月 1日.

리카 국가들은 과거의 경험을 섭취하고, 중국의 경험을 거울로 삼아 참조하고 있다"[47]고 말하였다.

2008년 1월 13일, 멕시코《매일보》는 "이제 막 시작된 1년, 세계의 시선은 중국에 집중될 것이다. 2008년 올림픽 해에 중국은 남들이 관심이 없는 데서부터 일약 아무런 논쟁이 없는 주인공으로 되었으며, 배척되었던 데로부터 그 발전 모델이 인정을 받음에 이르러 인류 문명역사에 새로운 페이지를 열어놓았다"라고 보도하였다. 2008년 1월 15일, 인도 총리 신거(singh)는 중국사회과학원 연설에서 중국의 개혁은 인도의 발전을 추진하였다고 공언하였다. 그는 "지난 수십 년 동안 대외개방은 중국으로 하여금 많은 이익을 얻게 하였으며, 인도에게도 많은 이익을 얻게 하여 인도는 지금 변화를 일으키고 있다. 나는 중국의 성공은 변화를 추진하는 원동력이며 이 과정은 1980년대에 시작하여 1991년에 심도 있게 발전되었다고 인정한다"고 말하였다.

2009년 7월 초, 중국을 일곱 번이나 방문하고 중국 30여 년의 비약적 발전을 직접 목격한 방글라데시 신문《뉴스투데이》의 편집장 리아주딘 아흐메드(Riazuddin Ahmed)는 신화사(新華社) 기자와의 인터뷰에서 중국 정부는 경제발전을 매우 중요한 위치에 놓았으며, 세계의 정세가 어떻게 변화하는지를 막론하고 중국 정부는 발전의 방침을 확고히 했으며, 방글라데시 정부가 따라 배워야 할 것이라고 말했다. 2009년 5월 7일, 미국 하버드대학 경영대학원 교수 리진나 에이브람미(Regina Ebrami)는 인민망(人民網) 기자와의 인터뷰에서 '중국 모델'은 우선적으로 중국 경제문제를 해결하는 '실용적 모델이고', 성장의 모델이며, 개발도상 국가에 적합한 모델이다. 동시에 '중국 모델'은 거대한 국제적 영향력을 과시하였다

---

47 《参考消息》2006年 9月 14日.

고 평가하였다.

2009년 9월 17일, 미국 카터센터(Carter Center) 중국 프로젝트 책임자 류야워이(劉亞衛)는 《글로버타임즈(Global Times)》에 《사회주의 요법(療法)으로 금융위기를 대처하자》는 제목의 글을 발표하였다. 그는 "세계화의 영향 하에 나타나는 금융위기는 사조(思潮)를 다스리는 '사회주의화'를 유발시킬 것이다. 바로 이러한 사조를 다스리는 변화가 전 세계 미래의 발전에 중대한 영향을 끼칠 것이다"라고 지적하였다. 그는 서방 국가의 발전 태세와 중국 발전 추세에 근거하여 "우리는 가능한 사정에 따라 문제를 처리하는 사회주의가 더욱 많이 요구된다. 역사는 끝이 없으며 사회주의는 역사의 수레바퀴이다", "오직 사회주의만이 세계를 구할 수 있다"[48]라고 결론 내렸다. 미국 노동자세계당의 지도자 프레드 골드스타인(Fred Goldstein)은 비록 사회주의 중국도 과거에 위기가 나타난 적이 있었지만 이것은 세계 자본주의 위기가 조성한 것이며, 아울러 중국은 성공적으로 이러한 위기에서 벗어났다. 중국은 "경제 기초 중 사회주의 성분이 여전히 주도적 지위에 있고, 정치 상부 구조도 마찬가지이기 때문이다." "중국 사회주의 구조를 토대로 하는 기구와 시스템은 경제위기 속에서 광범위한 민중을 구원하였다"[49]라고 결론을 내렸다.

프랑스 파리 제8대학의 지연정치학 박사 피에르 피카르(Pierre Picard)는 중국은 세계에 전혀 새로운 발전 모델을 가져다줄 것이라고 말하였다. 또 "중국이 발전할수록 세계에 대한 공헌도 커지고 세계에 가져다줄 기회도 더욱 커진다"라고 했는데, 이는 중국 발전성과에 대한 미국 연합통신사의 관찰 결과이다. 독일의 주간지 《시대》 사이트는 2014년 1월 21일 《중국에 대한 오만은 잘못된 것이다》라고 보도했으며, 독일의 전 대통령 리히르

48 刘亚伟, 《用社会主义疗法应对金融危机》, 《环球时报》 2009年 9月 17日.
49 弗雷德·戈尔茨坦, 《马克思主义和中国的社会性质》, 西班牙 《起义报》 2013年 6月 18日.

트 바이츠제커(Richard Weizzek)는 20년 전에 중국의 성패는 전 세계에 영향을 끼친다라는 말을 한 적이 있다. 영국학자 마틴 쟈크(Martin Jacques)는 "세계 주요 대국으로 부상한 중국은 서방과 완전히 다른 정치 모델과 범례를 제공할 것이다"[50]라고 인정했다.

위의 사실들에서 나타난 바와 같이 국제적으로 남반구에서 북반구로, 동반구에서 서반구로, 선진 자본주의 국가에서 개발도상 국가에 이르기까지 학자와 정계 인사들은 모두 '중국 특색 사회주의 길'의 국제적 의의에 대해 긍정적 입장을 가지고 있다.

'중국 특색 사회주의 길'은 완전히 새로운 현대화 발전의 길로서 그 이론적 초석, 즉 사회주의 초급 단계 이론은 국외 학자들의 관심을 모으게 되었다. 사회주의 초급 단계 이론이 없으면 바로 '중국 특색 사회주의 길'이 없다. 사회주의 초급 단계 이론의 제시는 중국 공산당의 '오직 책의 내용만을 전적으로 믿는 것이 아니라', '오로지 현실만을 추구하는' 실사구시의 사업 기풍이다. 사회주의 초급 단계 이론은 사회주의를 전진 방향으로 하는 개발도상 국가들이 자국의 기본 국정에 근거하여 정확한 노선, 방침과 정책을 제정하는데 이론적 근거를 제공하였고, 국제적으로 커다란 반향을 불러 일으켰다. 일본의 아카후지 요이노리(丹藤佳紀)가 발표한 《중국의 초급 단계론이 제3세계에 대한 영향을 줄 것이다》라는 논문에서 "중국의 초급 단계론은 소련과 동유럽 국가에도 자극을 주었다. 베트남, 에티오피아, 탄자니아 등 제3세계의 사회주의 국가에도 직접적으로 중대한 영향을 일으킬 것이다"라고 하였다. 이러한 개발도상의 사회주의 국가 중 다수 국가에서는 모두 자국의 국정을 홀시하고 급하게 국유화와 집단화를 실시하였다. 그 결과 인류의 가장 기본인 '먹을 권리'도 보장받기 어려

50　马丁·雅克, 《当中国统治世界:中国的崛起和西方的衰落》, 张莉, 刘曲译, 中信出版社, 2010, 314쪽.

웠다[51]고 하였다. 1988년 소련과학원 극동연구소 등 7개 연구소 학자들은 한자리에 모여 이 이론을 논의하였다. 어떤 학자는 이 이론의 제기 자체가 "사회주의 건설 방면의 혁명적 낭만주의를 포기하고, 혁명적 현실주의를 넘어 역사유물주의에로 되돌아가는" 표지라고 인정하였으며, 어떤 학자는 현실적 국제 의의를 강조하였던 바 "소련이나 중국 및 대다수 현재의 '현실 사회주의 국가'를 막론하고 새 사회는 구사회에서 탄생된 물질 전제조건이 완전히 성숙되지 못하였기 때문에 우선적으로 물질 전제조건을 현재 자본주의 국가와 같은 수준으로 끌어 올려야 한다. 특히 개발도상 국가인 경우, 이 이론은 커다란 흡인력이 있는 것이다. 왜냐하면 이 이론은 사회주의로 하여금 시간적으로 그들과 크게 '접근하며' 따라서 사회경제와 정치 발전의 초급 단계에서 혁명적 사회개혁의 영역에서 새로운 가능성을 열어 놓았기 때문이다"[52]라고 주장하였다.

II. '중국 특색 사회주의 길'이 기타 사회주의 국가 현대화 발전에 대한 영향

시장경제와 자본주의 제도와의 결합은 이미 수백 년의 역사를 거쳐 완벽하고 성숙된 운영 시스템과 발전 법칙이 형성되었다. 시장경제에는 이데올로기적 차이가 존재하지 않고, 자본주의 시장경제와 사회주의 시장경제의 구분이 없으며, 이는 단지 하나의 수단일 뿐이다. 중국 개혁에서 가장 빛나는 성공은 바로 사회주의와 시장경제의 완미한 결합이며, 그외의 상응한 개혁은 대체적으로 이 결합을 둘러싸고 전개된 것이다. 이미 지나온 현대화 과정을 보면, 한 나라 현대화의 실현은 시장경제를 회피할 수

---

51 日本 《读卖新闻》 1987年 11月 12日.
52 苏联 《远东问题》 杂志 1989年 第1期.

없다. 시장경제와 현대화를 실현하려는 국가와의 관계는 마치 국외로 떠나가는 여행자와 여권 간의 관계와 같아 잠시도 떨어질 수 없다.

경제발전 수단으로서 시장경제가 이처럼 중요하다면 어떻게 시장경제를 견지하고 발전시키는지는 조금도 소홀히 해서는 안 된다. 시장은 객관성을 갖고 있으며 '보이지 않는 손'이므로 그 이로움과 폐단은 이 손을 어떻게 다루느냐에 달려 있다. 잘 다루면 좋은 시장경제이며, 잘 다루지 못하면 나쁜 시장경제이다. 계획성은 사회주의 제도의 명제에서 응당 있어야 할 도리이므로 과거에 계획경제를 실시하였다 하여 계획성을 전반적으로 부정해서는 안 된다. 계획은 시장과 마찬가지로 오직 수단일 뿐 목적은 아니다. 덩샤오핑은 사회주의와 자본주의는 모두 계획이 있고 모두 시장도 있다고 지적했다. 관건은 이에 대해 어떻게 경계를 확정하며 잘 운용하는가를 주시해야 한다.

경험을 통해 다양한 계획과 다양한 시장이 있다는 것을 알 수 있다. 유한(상대적)과 무한(절대적)한 계획이 있으며 유한(상대적)과 무한(절대적)한 시장이 있다. 결국 어떻게 선택할 것인가? 이 관건적 문제는 다양한 정부에 달려 있다. 필자의 견지에서 보면, 중국이 선택한 '중국 특색 사회주의 길'은 바로 유한(상대적)한 계획과 유한(상대적)한 시장 결합의 대표이다. 유한한 계획은 중앙에서 지방에 이르기까지 5년마다 한 차례의 계획과 매년 말의 경제사업회에서 중점적으로 구현된다. 유한한 시장을 당의 18기 3중전회 정신에 따라 해독(解讀)하면, 시장으로 하여금 자원배분 과정에서 결정적 역할을 하는 것과 정부의 역할을 더 잘 발휘하는 것과의 결합이다. '두 가지 유한(有限)'의 경계에 대한 파악이 옳고 그름에 따라 사회주의와 시장경제 결합이 옳고 그름을 나타낸다.

30여 년의 개혁개방의 실천은 만일 시장경제가 공유제를 주체로 하는 기본 경제제도와 유기적 결합과 통일이 없으면 자원배분 중에서 시장의

역할을 발휘하기가 매우 어려우며, 시장 추세 개혁의 성공을 거두기 매우
어렵다는 것을 증명하였다. 만일 정부가 계획성(혹은 거시적 조정수단)이
라는 '보이는 손'으로 시장의 '보이지 않는 손'을 통제하지 않고, '두 손'
의 유기적 결합과 통일을 실현한다면 사회주의 제도의 우세를 더 잘 발휘
하기 어려우며, 사회주의 방향의 개혁도 성공하기 매우 어려울 것이다.
'중국 특색 사회주의 길'의 성공은 바로 사회주의 기본 제도를 유지하는
전제 하에서 시장경제를 결합하는 과정에서 취득한 것이다.

개발도상 대국가와 사회주의 대국으로서 중국의 성공과 성과는 광범
위하고 심원하여 세계에 영향을 미치고 있다. '중국 특색 사회주의 길'은
사회주의 국가의 입장에서 말한다면, 세계 사회주의의 현실적 운동을 위
해 주요한 역량을 확보하였을 뿐 아니라 사람들에게 희망을 보여주었고,
사회주의에 대한 신념과 신뢰를 증강시켰다. '중국 특색 사회주의 길'의
성공적 개척은 더욱이 기타 모든 나라들에게 중대한 참고할 만한 시사적
인 의의를 가지고 있다.

현대화는 인류 사회발전의 목표이다. 자본주의 현대화는 현대화 과정
중의 한 단계이며 자본주의에는 예를 들면 한·일식, 영·미식, 독일식, 북
유럽식 등의 현대화를 실현하는 서로 다른 발전 모델과 길이 존재한다.
사회주의 현대화의 발전 모델과 길도 한 가지 모델과 길에 고정시키는 것
은 불가능하며, 응당 다양화할 것이다. 사회주의는 자본주의보다 더 고급
스런 사회 형태이며 자본주의 제도 내부에서 성장할 수 있으며 무산계급
이 폭력혁명의 수단으로서 '카푸틴 협곡(Capudine Forks)'을 뛰어넘어 진
입할 수 있다. 사회주의 현대화는 자본주의 현대화보다 더 고급스러우며,
현대화 과정 중의 하나의 더 높은 단계이며 그중에 필연적으로 자본주의
현대화의 모든 적극적 요소를 참조하고 포함해야 한다.

사회주의 국가가 사회주의 현대화를 실현하는 과정에서 그 길은 마땅

히 다양성이 있어야 한다. 왜냐하면 각국은 경제, 정치, 사상문화와 역사적으로 차이가 존재하며, 이러한 차이는 필연적으로 다른 이론과 실천을 낳게 하며, 따라서 사회주의 발전의 길의 다양한 특징을 나타내게 하였다. 이 점과 관련하여 레닌은 "모든 민족은 모두 사회주의로 향해 나아갈 것이다. 이는 피할 수 없는 것이다. 그러나 모든 민족의 실천 방식이 완전히 같을 수 없는 것이다. 민주에서의 이러저러한 형식, 무산계급 독재에서의 이러저러한 형태 방면, 사회생활 각 방면의 사회주의 개조 속도에서 각 민족은 모두 자체의 특성이 있게 된다"[53]고 지적하였다.

중국과 소련의 사회주의 개혁의 경험에서 보면, 시종일관 과학적 사회주의의 기본 원칙과 자국의 실제 상황과 결합시켜야만 비로소 다른 길을 개척할 수 있다. 이 면에서 중국은 가장 발언권이 있다. 일찍이 1980년대 덩샤오핑은 이를 깊이 있게 집중적으로 언급했다. 즉 "우리의 현대화 건설은 반드시 중국의 실제 상황에서 출발해야 한다. 혁명이든 건설이든 모두 외국의 경험을 학습하고 참조하는 것을 중요시해야 한다. 그러나 다른 나라의 경험과 모델을 그대로 베껴 쓰고 답습해서는 성공을 이룰 수 없다. 이 방면에서 우리는 많은 교훈이 있다. 마르크스주의의 보편 진리와 중국의 구체적 실천과 결합하여 자신의 길을 걷고 '중국 특색 사회주의'를 건설하는 것이다. 이것이 바로 우리가 장기적인 역사 경험을 총화하는 과정에서 얻은 기본 결론이다."[54]

그는 모잠비크 대통령 시사노(Chissano)를 접견하면서, "사회주의를 말한다면, 오직 모잠비크의 실제 상황과 부합되는 사회주의를 말할 수밖에 없다. 세계 상의 문제는 모두 한 가지 모델로 해결하는 것은 불가능하다. 중국은 중국 자신의 모델이 있으며 모잠비크도 역시 마땅히 모잠비크 자

---

53 《列宁选集》第2卷, 人民出版社, 1995, 261쪽.
54 《邓小平文选》第3卷, 人民出版社, 1993, 2-3쪽.

신의 모델이 있어야 한다"[55]라고 말하였다.

차이성은 다양성을 결정하고 다양성은 생명력을 만들어냈다. 인류사회 발전 법칙은 보편성과 특수성의 통일이고, 사회주의 발전의 길의 다양성은 특수법칙의 현실적 표현이며 사회주의의 강력한 생명력은 길의 다양성에 있다. 과학적 사회주의 기본 법칙은 반드시 일정한 민족 형식으로 나타나며, 사회주의의 민족 형식은 반드시 과학적 사회주의 기본 원칙을 전제로 한다. 만약 그렇지 않으면 아무리 과학적 사회주의이고 더 좋은 민족 형식이라도 과학적 사회주의의 발전 모델이라 부를 수 없다.

고르바초프가 소련에서 실시한 이른바 '사회주의 개혁'과 덩샤오핑이 중국에서 실시한 사회주의 개혁은 차이성과 다양성을 구현했을 뿐 아니라 소련 개혁의 필연적 실패와 중국 개혁의 강력한 생명력을 비교해 주었다. 전자는 민족 형식을 취했지만 사회주의 기본 원칙을 이탈하였고, 후자는 과학적 사회주의의 기본 원칙과 민족 형식을 잘 결합시켰다.

수립된 어떤 사회제도라도 한 번 고생으로 영원히 편안해지는 것은 아니며, 나라의 정세와 사회 상황의 변화에 따라 끊임없이 개혁을 실시하고 완성되어야 한다. 자본주의도 이와 같으며 사회주의 역시 이와 같다. 민족 형식으로 개척한 사회주의 현대화의 길은 강력한 생명력을 확보해야 하고, 또한 반드시 개혁과 개방을 시종일관 관철시켜야 한다. 개혁은 함부로 실시하는 것이 아니라 시종 사회주의 방향을 확고히 견지해야 하며, 그렇지 않으면 개혁은 기로에 접어들고 소련 변천의 뒤를 따르게 된다. 동유럽과 소련의 개혁 실패와 중국 개혁의 위대한 성과는 정·반 양면으로 이 점을 증명하였다.

중국 개혁의 성과에 대해 러시아 학자는 《진리보》에 발표한 논문에서

---

55 《邓小平文选》第3卷, 人民出版社, 1993, 261쪽.

중국이 사회주의를 견지하는 조치에서 "가장 중요한 경험은 중국의 영도
자들이 이전의 체제를 타파하지 않았고 온갖 지혜를 짜내 사회주의에서
자본주의에로 넘어간 것이 아니라, 사회주의 체제 중에 이미 사회주의 체
제를 개혁하는 원동력이 된 일련의 중요한 성분을 융합시켰으며", "중국
의 경험은 사회주의 제도 하에서 개혁을 실시할 수 있을 뿐 아니라 세계
를 놀라게 한 아시아의 네 마리 작은 용과 같은 자본주의 사회보다 더
빨리 경제 발전을 촉진하는 메커니즘을 구축할 수 있다는 것을 증명하였
다"고 말하였다. 사실도 이와 같다.

덩샤오핑, 장쩌민, 후진타오로 대표되는 중국 공산당원은 현대화를 곧
자본주의화, 서구화와 동일시하는 낡은 관념을 버리고 자본주의 현대화의
적극적 요소를 섭취하였다. 또한 소련 사회주의 모델의 신성화와 고착화
의 작법을 타파하고 자국 국정을 정확하게 인식하고 자국의 길을 확보하
였으며 '중국 특색 사회주의 길'의 개척 과정에서 사회주의 이론과 실천
형식의 창출을 위해 새로운 양분을 제공하였다.[56]

Ⅲ. '중국 특색 사회주의 길'의 국제 의의(意義)의 원칙 개괄

'중국 특색 사회주의 길'의 성공은 갈수록 많은 국가들에게 자국의 발
전의 길을 탐색하도록 격려하고 있다. 그렇다면 '중국 특색 사회주의 길'
이 인류문명 발전에 대한 공헌은 도대체 어떠한 원칙성, 보편성의 작법,
특히 어떤 법칙을 제공하였는가? 만약 30여 년 역사를 거친 '중국 특색
사회주의 길'에 대해 다른 나라에서 참조하여 배울 만한 원칙을 추론한다
면, 다음과 같이 개괄할 수 있다. 즉 실천이성(實踐理性)이 우선이고 자아

---

56 尹倩,《始终不渝地坚持中国特色社会主义道路》,《求实》2008年 第2期.

(自我)를 위주로 하고 내용과 성질이 다른 것을 모두 수용하고 축적하며, 혁신적으로 발전하고 평화적으로 발전하는 것이다.

사회주의 국가를 대상으로 이 원칙을 몇 개의 측면으로 구체화할 수 있다. 첫째, 사회주의 현대화는 고정된 모델과 길이 없으며 반드시 "자신의 길을 걸어야 한다." 둘째, "실천을 통하여 마르크스주의 신념을 견지하고 시장에 대한 합리적 활용을 통해 생산력을 해방하고 생산력을 발전시키는 목적에 도달할 수 있다는 것을 증명하였다."[57] 셋째, 사회주의는 반드시 끊임없이 개혁하여야 하며 개혁을 발전의 원동력으로 삼아야 한다. 넷째, 사회주의 개혁은 반드시 공유제와 공동부유를 견지해야 한다. 다섯째, 사회주의 개혁은 반드시 우선 이성적으로 실험하고 경험을 총결산하여 이론으로 승화시키며 또 실천 총화에서 나온 이론의 지도 하에서 전면적으로 추진한다. 여섯째, 사회주의는 반드시 모든 나라에 개방해야 하며, 개방 과정에서 비교하고 참조하며, 이를 통해 비로소 자신의 특색을 더욱 잘 발전시킬 수 있다. 일곱째, 사회주의 개방은 반드시 독립자주를 견지하며, 이를 통해서만 자신의 특색을 보증할 수 있다. 여덟째, 한 나라가 발전을 이루려면 반드시 과감하게 혁신에 주력해야 한다. "혁신은 한 민족이 진보하는 영혼이며 나라가 대단히 번창하는 무궁무진한 원동력이다."[58] 아홉째, 모든 사회주의 국가의 집권당은 자국의 실천에 따라 사회주의에 대해 새롭게 이해하고 새롭게 인식하는 동시에 자신의 경험을 이론으로 승화시켜 과학적 사회주의에 새로운 내용을 더해야 한다.[59]

물론 "실천이성이 우선이고 자아를 위주로 하고 내용과 성질이 다른

---

57 周弘,《全球化条件下中国道路的世界意义》,《中国社会科学》2009年 第5期.

58 《江泽民文选》第3卷, 人民出版社, 2006, 537쪽.

59 秦刚,《中国特色社会主义道路的创新性及其国际意义》,《当代世界与社会主义》2008, 第4期.

것을 모두 수용하고 축적하며 혁신적으로 발전하고 평화적으로 발전한다"는 원칙은 현대화를 추구하는 제3세계 국가에도 마찬가지로 적용된다. 제3세계 국가를 대상으로 하는 이 원칙은 다음과 같이 구체적으로 세분할 수 있다. 첫째, 중국은 서방과 완전히 같지 않는 정치 모델과 범례를 제공하였고 서로 다른 이데올로기를 지닌 국가 간의 상호 적대 위주의 국면을 타파하고 평화공존, 합작하여 함께 이익을 얻는 방향으로 한 새로운 형태의 두 체제 관계로 전환시켰다. 둘째, "중국의 부상이 가져온 것은 하나의 완전히 새로운 사유와 깊은 차원의 변화이며, 서방의 현존하는 이론과 언어로는 아직 해석할 수 없는 새로운 인지이다."[60] "중국의 길은 자기 자신을 설명하면서도 세계를 관찰할 수 있는 자체의 해석력이 있다."[61] 셋째, "중국은 서방의 단일한 서구화·민주화·사유화·자유화라는 정치틀을 넘어서서 효과적으로 경제 전환과 사회조정의 흡인력을 받아들이고, 일부 국가에서 나타난 민족분열과 지역분리 세력을 막아냈으며, 국가 통일과 영토 보존을 지켜냈다."[62] 넷째, 중국의 길은 "개발도상국이 빈곤에서 벗어나 발전을 가속화하는 데 모범적 효과를 발휘함과 동시에 전 세계에 새로운 발전 경험과 건설 이념을 제공하였다."[63]

사실 한 나라 발전의 길의 성공과 실패는 그 나라가 자국의 실제 상황에 부합되고 자국 인민에게 의거하며 자국 인민의 수요를 실현하는 정도에 따라 결정되며, 구미의 현대화 모델에 대한 미신 같은 맹신에 그대로 따라서 결정되는 것이 아니다. 세계 역사 발전 법칙을 가지고 있는 성공

60 张维为,《中国模式的几点概括》,《人民论坛》2008, 第24期.

61 黄平,《"中国道路"的学术意义》,《中国社会科学报》2009, 第10期.

62 张树华,《中国道路的政治优势与思想价值》,《红旗文稿》2011, 第1期.

63 秦刚,《中国特色社会主义道路的创新性及其国际意义》,《当代世界与社会主义》2008, 第4期.

경험은 각국의 구체적 실천과정에 존재하며, 즉 공성(共性)은 개성(個性) 속에 존재한다. '중국 특색 사회주의' 경험은 개성을 충분히 체현하는 동시에 일정한 공성을 가지고 있어 기타 국가에 학습하고 참고를 제공한다. 그러나 민족마다, 나라마다 모두 자국의 국정과 국민 상황에 따라 자국에 적합한 발전의 길을 선택하고 찾을 수 있으며 모두 마땅히 그 길을 선택하고 찾아야 한다. 더욱이 제3세계 국가들의 발전에는 이미 갖추어져 있는 길, 천혜(天惠)의 길, 아름다운 꽃과 미주(美酒)가 넘쳐날 만큼의 운명으로 정해진 길은 없다. 모든 경험과 교훈은 자신의 길을 걸어야 한다는 데로 귀결된다. 세계 각국의 경험과 서방 국가의 경험은 모두 그 자체의 가치가 있기에 한번 연구할 만한 것이다. 그러나 자신이 걸어야 할 길은 자신의 발 아래에 있고, 자신의 하늘은 자신의 머리 위에 있으며, 자신이 신는 신은 자신의 발에 맞는 신이어야 한다. 다른 사람이 씹었던 빵은 달지 않다. 어떠한 경험도 성공한 경험과 실패한 경험을 포함하는 자신의 경험보다 더 소중한 것은 없다. 민족마다, 나라마다 모두 자국에 입각하여 자국 특색의 길을 모색해낼 것이라고 확신한다.

마땅히 지적해야 할 것은, 이상의 경험은 광범위한 개발도상 국가에게 후발적 이점을 이용하여 조속히 현대화를 실현하는 데 유익한 참고와 교훈을 제공할 수 있다. 광범위한 개발도상 국가와 중국의 사회 발전에서 직면한 상황은 매우 비슷한 바, 이것은 그들이 중국과 마찬가지로 모두 자국 경제와 사회의 신속한 발전을 도모하는 간고하고도 막중한 과업에 직면했음을 의미하였다. "발전에 직면하여 개발도상 국가의 보편적 어려움은 현대화 초기의 제한된 역사적 조건에서 누적된 공시적(公示的) 갈등을 어떻게 동시에 해결하느냐에 달려 있다."[64] '중국 특색 사회주의 길'의

---

64 贺钦, 《中国特色社会主义道路对发展中国家的启示》, 《马克思主义研究》 2008, 2期.

성공적 실천은 광범위한 개발도상 국가에게는 큰 고무가 되었음은 의심할 바 없다.

IV. '중국 특색 사회주의'는 자본주의에 힘입어 전통 사회주의에 대한 일종의 깊은 반성과 전면적인 초월이다

한 서방 학자는 '중국 특색 사회주의'는 '후 사회주의(post socialism)'이며 다른 일부 서방 학자들이 인정하는 것과 같은 '중국 특색 자본주의'가 아니다[65]라고 인정했다. 아리부 테리크(Arif Derick)는 '후 사회주의'는 자본주의 세계에 들어섰을 뿐 아니라 사회주의의 기본 구조를 포기할 수도 없으며, 자본주의의 세계 질서와 결합해야 할 뿐 아니라 자본주의로의 복벽을 초래하지 않도록 확보해야 하며, 자본주의의 경험을 활용해야 할 뿐 아니라 자본주의의 각종 폐해도 극복해야 한다고 보았다. 그는 '후 사회주의'의 앞길은 당대 자본주의와 '실제 존재하는 사회주의' 간의 미래 쟁탈을 위한 전방위적 투쟁에 달려 있다[66]고 여겼다.

'후 마르크스주의자'라고 불리는 프레더릭 제임슨(Frederick Jameson)은 "나는 중국이 비교적 좋은 조건을 갖고 있으며, 적어도 국가 정체는 아직 마르크스주의의 언어를 사용하고 아직 공유제가 존재하는 등이다. 이 모든 것은 중국의 역사가 만들어낸 것이다. 그러므로 나는 중국의 환경은 상대적으로 미국과 비교하면 진보적 사상을 접수하기에는 더욱 유리하다는 것이 매우 분명하다고 생각한다"[67]고 지대한 열정으로 말하였다.

65 阿里夫·德里克,《"后社会主义": 反思"有中国特色社会主义"》, 中央编译局出版社, 1989, 3쪽.
66 阿里夫·德里克,《"后社会主义": 反思"有中国特色社会主义"》, 中央编译局出版社, 1989, 43쪽.
67 《詹姆逊文集》第1卷《新马克思主义》, 中国人民大学出版社 2004年 6月版, 308쪽.

'후 사회주의', '마르크스주의'라는 이러한 후 현대적인 언사에 대해 우리는 흥미를 느끼지 않지만 이 발언의 내용은 하나의 원리를 말해주고 있다. 즉 '중국 특색 사회주의'는 자본주의를 활용하여 전통적 사회주의를 깊이 있게 반성하고 전면적으로 초월한 것이다.

V. '중국 특색 사회주의 길'의 평화적 발전방식은 인류에게 문명진보를 추구하는 새로운 길을 펼쳐 놓았다

새로운 길은 서방 현대화의 옛길과 대비하여 한 말이다. 서방의 옛길은 피비린내와 야만으로 가득하고, '중국 특색 사회주의'의 새로운 길은 평화와 꽃으로 가득하다. 평화적 발전은 국내에서 과학적 발전과 조화로운 발전으로 '중국 특색 사회주의 길'의 전반 과정에 일관되어 있다.

국제적으로 중국은 언제나 평화로운 국제환경을 획득하여 자신을 발전시키며 또한 자국의 발전으로 세계평화를 수호하고 공동의 발전을 촉진하며 패권주의와 강권 정치를 반대하고 영원히 패권을 행사하지 않으며, 시종 다른 국가와 민족과 서로 이익을 주고받는 개방 전략을 견지하며 유엔 헌장과 국제 관계의 규범을 따르며, 국제 사무에서 민주, 화목, 협력, 함께 이익을 얻는 정신을 발양하며 국가와 국가 사이에 정치 방면에서 상호존중, 평등협상, 경제적 상호협력, 우세를 상호보완, 문화 방면에서는 상호참조, 공통점을 취하고 차이점은 보류하며, 안보 방면에서 상호신뢰, 상호 도움을 강화하며 협력 추진을 제창하였다.

중국의 평화적 발전 이념과 실천은 서방의 발달한 자본주의 국가가 다른 국가와 민족의 이익을 해치는 기초 위에서 전통의 현대화를 실현하는 상황과는 완전히 다른 것이다. 중국은 글로벌 플랫폼을 이용하여 당대 세계의 다른 국가들과 공동 발전하는 과정에서 당대 세계의 여러 문명과 상호 교류하고 상호 참조하며, 일치하게 협력하는 가운데서 장점을 따라 배우고 단점을 보완하며 공통점을 도모하고 다른 점은 보류하는 것으로 자국의 사회주의 현대화를 도모하고 있다.

홍콩의 《아세아 타임스 온라인》은 일찍 《중국, 세계 경제의 만병통치약》이라는 글에서 "바야흐로 일어서는 중국은 자신뿐 아니라 전 세계에 이익을 보게 할 것이며", "중국은 전 세계와 함께 그 진보를 나누게 되는 바, 이것은 과거와 완전히 다른 것이다. 유럽은 과거에 세계로 확장하여 수십 개의 식민지 출현을 초래했으며, 유럽 외의 수천 수만의 인민들이 고통에 시달리게 하였다. 과거에 일본과 독일의 흥기는 피비린내 나는 전쟁을 야기했지만 발전 과정의 중국은 오히려 전 세계에 기회를 가져다주었다." 중국의 이러한 내외겸수(內外兼修)된 평화 발전 방식은 "사람들에게 세계 자본 통치의 파괴 과정에서 벗어나는 하나의 출로를 가리켜주었다"고 말하였다.

'중국 특색 사회주의 길'의 성공은, 사회주의는 자본주의보다 더 선진적이라는 것을 상징하였으며, 사회주의는 세계에 우뚝 설 수 있음을 과시하였다. '중국 특색 사회주의 길'은 반드시 중화민족을 이끌어 위대한 부흥으로 나아갈 것이며, 반드시 국제사회주의 운동에 더 많고 더 강한 '긍정적 에너지'를 방출할 것이며, 세계 사회주의를 위대한 부흥으로 이끌 것이다. '중국의 길' 170여 년의 역사 발전은 그 자체가 바로 세계문명에 대한 위대한 공헌이다.

제15장
소결(小結): 세계는 부흥, 포용과 혁신 '3위일체'의 문명한 중국을 필요로 한다

중국의 발전은 세계를 떠날 수 없고, 세계 발전도 마찬가지로 중국을 떠날 수 없다. 서구 자본주의 국가는 산업화가 고도화된 후 그들이 주도하는 '세계 체계'를 세웠으며 당시 마르크스, 엥겔스는 이 체계를 인정하였다. 마르크스는 《공산당 선언》에서 "마치 이 체계가 농촌을 도시에 종속시킨 것과 같이, 이 체계가 미(未)개화 국가와 반(半)개화 중의 국가를 문명국가에 종속시키고, 농민의 민족을 자산계급의 민족에 종속시키고, 동방을 서방에 종속시켰다"[68]라고 지적하였다.

여기에서 연속적으로 언급한 '네 개 종속'은 실질적으로 한 체계 중의 중심과 변두리와의 관계를 구체화한 것이다. 이 체계 중에서 중국은 변두리에 처해 있다는 것은 의심할 바 없다. 그러나 개혁개방 30여 년 동안 경제가 끊임없이 강대해진 중국은 세계 경제구조, 권력구조, 나아가 전체 국제구도까지 변화시켰다. 중국은 개혁개방 전의 변두리 국가에서 점차 세계의 중심으로 나아가고 있다.

세계의 중심축으로 나아가고 있는 중국이 전면적으로 개혁개방을 심화시키는 결정적 순간에 접어들면서 세계역사에 심각한 영향을 미칠 것으로 기대되는 '중국의 시각(中國時刻)'이 됐다. 마치 시진핑이 2012년 11월 15일, 18기 중앙정치국상무위원과 함께 내외 기자들을 만났을 때, 중

---

68 《马克思恩格斯选集》第1卷, 人民出版社, 1995, 277쪽.

화민족은 5천여 년의 문명발전 과정에서 인류의 문명과 진보를 위해 불멸의 공헌을 하였으며, 우리의 책임은 바로 인류를 위해 새로운 더 큰 공헌을 하는 것이라고 지적한 바와 같다. 어떻게 인류를 위해 새롭고 더 큰 공헌을 할 것인가에 대해 중국 인민은 주시하고 있으며, 세계 인민도 주시하고 있다.

중국은 전통 농업사회에서 현대 문명사회로의 발전 과정에서 줄곧 피할 수 없는 두 가지 문제를 제기하지 않으면 안 되었다. 첫째, 전통사회에서 현대사회로 전환하기 전, 중국 고대 농업문명 시대의 과학기술은 세계 수준보다 훨씬 앞섰지만, 무엇 때문에 현대 과학기술과 현대사회에로 발전하지 못하였는가? 이것이 바로 세계 과학기술사의 권위자 조지프 니덤(Joseph Needham)이 제시한 '조지프 니덤 난제'이다. 둘째, 현대문명으로 전환하는 과정에서 중국은 무엇 때문에 일부 사람들이 부추긴 '워싱턴 컨센서스'와 신자유주의의 길로 나아가지 않고 '중국 특색 사회주의 길'로 나아가면서 세인들이 예측하지 못한 성과를 거두었는가? 이것이 바로 사람들이 말하는 중국 경제발전의 수수께끼이다.

여기에서 첫 번째 문제에 대해서는 더 자세히 언급하지 않겠다. 두 번째 문제는 실질적으로 오래된 과제, 즉 중국 현대화의 길은 도대체 어떻게 가야 하는가, 중화민족은 어떻게 부흥으로 나아갈 것인가, 이는 인류문명을 위해 새로운 더 큰 공헌을 하는 것과 관련된다. 이 역사적 난제에 대한 사고와 탐색은 중국 인민의 진로에 대한 선택과 실천에 직접적 영향을 미치며, 중화민족의 미래를 결정하게 될 것이다. 이것이 바로 이 책에서 중점적으로 다룬 문제이다.

중화민족의 위대한 부흥과 사회주의를 실현하려는 이상과 분투에 뜻을 세운 역사의 거인인 마오쩌둥은 일찍이 중국 민족의 재난은 너무나 심각하다. 오직 과학적 태도와 책임지는 정신만이 중국 민족을 해방의 길로 인도할 수 있다고 감명 깊게 지적하였다.69 바로 이러한 과학적 자세와 책임 정신이 중국을 인도하여 국가의 독립과 부강, 민족의 해방과 진흥, 인민의 부유와 행복을 향해 나아가게 하였다. 이러한 과학적 태도와 책임 정신은 중국 공산당 내부에서 지속적으로 전수되어 가고 있다. 18차 당대회 이래 시진핑은 더욱더 과학적인 태도와 책임지는 정신으로 짧은 시기 내에 당의 건설, 경제, 정치, 문화, 사회, 생태, 국방군대, 조국 통일, 평화와 발전 등 방면에서 전면적이고도 체계적인 배치를 실시하고 일련의 중요한 사상을 제시하였다. '일부분의 배치, 대부분의 실현'을 견지하면서 당중앙은 전문적으로 '중앙전면개혁심화영도소조'와 '국가안전위원회'를 구성하였다.

전면적인 개혁심화영도소조는 개혁의 총지휘부에 해당하며, 전문적으로 지도층으로부터의 연구를 통해 경제체제, 정치체제, 문화체제, 사회체제, 생태문명체제와 당 건설제도 등 제반 영역에서의 개혁의 중대한 원칙, 방침, 정책과 총체적 방안을 확정하고, 전국적으로 중대한 개혁을 통일적으로 배치하며, 총체성, 장원성(長遠性) 및 지역을 초월하고 부서를 초월한 중대한 개혁문제를 통일적으로 기획하고 협력 처리하였다. 중앙의 중대한 개혁 정책 조치에 관련하여 조직하고 실시하는 과정을 지도하고 독려하였다. 국가안전위원회의 주요한 직책은 국가 안전과 국가 이익을 위해 장기적 전략을 세우고 지도층 위로부터 계획을 하며 당면 국제환경 하에서의 전통적 안전과 비전통적 안전 영역의 돌발 사태에 대해 결정적 역할을 수행한다.

'중국 특색 사회주의 길'은 몇 세대에 걸쳐 지혜가 응집되었고 실천의 검증을 받았다. 사회주의 건설의 길에 대한 탐색은 개혁개방 전과 개혁개

---

69 《毛澤東選集》第2卷, 人民出版社, 1991, 663쪽.

방 후의 두 개의 역사 시기를 거쳤다. 마오쩌둥을 핵심으로 한 제1세대 중앙영도집단의 사회주의 건설의 길에 대한 탐색은 개혁개방 후 '중국 특색 사회주의 길'의 개척을 위해 소중한 경험, 이론 준비와 물질 토대를 마련하였다. '중국 특색 사회주의 길'의 형성은 중국 공산당 역대 영도집단의 지혜를 응집하였으며, 인민대중의 창조력을 모은 것이다.

개혁개방 이래 중국 발전의 실천은 다음의 사실을 증명하였다. 즉 '중국 특색 사회주의 길'은 사회주의와 시장경제의 유기적 결합을 실현하였으며, 전통적인 사회주의 발전모델을 초월하였고, 또한 서방 자본주의의 발전의 길을 초월하였다. 이는 중국 사회주의 현대화를 실현하는 특별한 길이며 사회주의 제도의 우월성을 나타내기 위해 새로운 경로를 개척하였으며 인류문명과 발전을 위해 새로운 길을 개척하였다.

중국을 이끌어 현대화로 나아가는 '중국 특색 사회주의 길'은 사회발전의 경험면에서 무릇 현대화를 실현하려는 국가는 모두 자본주의 생산방식의 토대 위에서 완성된다는 '서방 중심론' 사고를 뒤집어버렸다. 이와 마찬가지로 중국의 길의 국제적 의의를 언급할 때, 반드시 '중국의 길'의 국제적 의의는 특정된 내용이 있다는 것을 강조해야 한다. '중국의 길'의 국제적 의의는 주로 후발국, 즉 절대다수의 비서방 개발도상 국가에 있다. 선진적 서방 국가의 현대화의 길과 후발국은 근본적인 구별이 있다. 중국은 핍박으로 현대화 발전 과정에 휘말린 후발국으로서 백여 년의 분투를 거친 다음 마침내 세계의 앞자리에 서게 되었다. 이 역사 사실 자체가 중국 발전의 길이 기타 개발도상 국가들에 대해 시범적 의의가 있음을 과시하였다.

새로운 세기에 중국이 어떻게 행동하느냐는 전 세계에 관건적 영향을 미칠 것이다. 관심을 갖고 지켜보자! 세계는 부흥, 포용과 혁신 '3위일체(三位一體)'의 문명 중국을 필요로 한다.

中 国 道 路

맺음말

'중국의 길'의 자신감 속에서 '중국의 자각'을 높인다

중국은 서구 열강의 총포 아래 현대화의 진행 과정에 진입한 후발 후진국에서 경제가 지속적으로 고속 발전하는 세계 제2위의 경제 대국으로 진입하면서 그간 지나온 경로를 중국의 길이라는 큰 네 글자로 압축할 수 있다.

오늘날 전 세계적으로 '중국의 길'이라는 이 큰 과제에 대한 연구와 총화는 아직도 많이 부족하다. 중국 현대화의 발전 과정을 돌이켜보면 중국 발전의 길은 우여곡절을 겪었으며, 지금 중국의 발전을 되돌아보면 '중국의 길'은 비록 기본적으로 '중국 특색 사회주의 길'로 형성되었지만 아직도 발전하고 보완하는 과정에 있다. 그러므로 중국의 길을 연구하고 종합하는 것은 중국 학계뿐 아니라 세계 학계에서도 연구해야 할 대과제이다. 이 과제는 전체 인류 발전을 놓고 볼 때 크나큰 역사와 현실적 의의를 가지고 있다.

이 책의 〈중국의 길〉에 대한 해석과 풀이는 필자 본인의 미흡한 소견에 불과하다. 물론 입장이 서로 다른 사람도 서로 다른 견지에서 전혀 다른 내용으로 해독할 수 있다. 그러나 한 가지 중요한 것은 반드시 '중국의 길'의 '래(來)'를 똑바로 알아야 한다. 만약 이것을 똑바로 알지 못하면 어떻게 중국의 길의 '거(去)'를 알 수 있겠는가? 또한 어떻게 '길'에 대한 자신감과 '길'에 대한 자각이 있을 수 있겠는가?

시진핑은 중화민족은 뛰어난 창조력을 가지고 있는 민족이며 우리는 위대한 중화문명을 창조했으며 중국의 국정에 맞는 발전의 길도 얼마든지 지속적으로 개척해서 잘 나갈 수 있을 것이다. 전국 각 민족 인민들은 반드시 '중국 특색 사회주의'에 대한 이론 자신감, 길에 대한 자신감, 제도 자신감을 높이고 확고부동하게 올바른 '중국의 길'을 따라가야 한다고 지적하였다.1 자신감을 높이려면 자각 역량을 향상시켜야 한다. '길'에 대한 자신감은 어디에서 나오는가? 역사, 문화와 비교에서 나오는 것이다.

Ⅰ. 길에 대한 자신감은 역사에서 나온다

18차 당대회 보고서에서 제시한 '길'에 대한 자신감은 중국의 길의 현재식 '중국 특색 사회주의 길'에 대한 자신감을 의미한다. '중국 특색 사회주의 길'에 대한 자신감은 이 길 자체의 역사성, 과학성 및 진실성에서 온 것이다. 그 역사성이란 '중국 특색 사회주의 길'은 갑작스럽게 생긴 것이 아니라 중국의 길의 현재식이며, '중국의 길'의 과거식과 과거 완성식에 뿌리를 내린 것이다.

'중국의 길'의 과거식은 주로 중국 공산당 영도 하의 신민주주의와 사회주의 혁명, 사회주의 건설 단계를 가리키며, 과거 완성식은 주로 1840년부터 중국 공산당 창당 이전까지 국가를 멸망으로부터 구하고 민족의 생존을 도모하는 시행착오를 거듭한 '길'의 탐색 과정을 가리킨다. 그 과학성과 진리성은 '중국 특색 사회주의 길'이 과학적 사회주의의 이론 논리와 중국사회 발전의 역사 논리의 변증법적 통일을 구현하였고, 민족의 해방과 진흥, 국가의 독립과 부흥, 인민의 부유와 부강을 추구하는 중국 인민의 가치 지향을 반영하였으며, 경제문화가 낙후한 국가에서 중국이라는 사회주의 현대화 실현과 민족부흥의 정확한 방향, 근본적 경로와 필연적 법칙을 구현한 것을 가리킨다.

역사는 인민이 창조하며 인민은 언제나 역사의 주체이다. '중국의 길'

---

1 习近平, 《在第十二届全国人民代表大会第一次会议上的讲话》, 《人民日报》 2013年 3月 18日.

은 비록 역사 발전과정에서 우여곡절과 간난신고로 충만하였지만 이는 중국 인민의 선택이며 역사의 필연이다. 중국 공산당의 역사적 발전은 '길'에 대한 선택의 정확성 여부와 밀접히 관련된다. '길'은 전진의 방향이고 중국 혁명 과정 중에서 나타난 우여곡절과 사회주의 건설 과정에서 나타난 오차는 '길'의 선택에서 미망(迷茫)으로 나타난 것이며, 중국 혁명이 승리하고 개혁개방이 성공한 근본적 요인은 '길'의 선택이 정확했기 때문이다. '길'을 옳게 걸으면 당의 사업이 순조롭게 발전하며, '길'이 엇갈리면 당의 사업이 정체되어 앞으로 나아가지 못하며 심지어 뒷걸음치게 될 것이다. 역사는 곧 역사이며, 반드시 역사를 직시해야 한다.

'중국의 길'이 우여곡절과 간난신고를 거친 것은 역사 발전 법칙이 언제나 번잡하고 엉클어진 가상에 가려졌기 때문이다. 중국 인민이 중화민족의 위대한 부흥과 현대화 중국의 길을 추구하는 과정에서 써내려온 이 역사는 중화민족의 5천여 년의 문명사를 전승하였고, 또한 혁명과 건설, 개혁개방 속에서 중국 인민의 근대 이래 170여 년의 투쟁사와 중국 공산당 90여 년의 분투사와 중화인민공화국의 60여 년의 발전사를 계속하여 써내려온 동시에, 중국이 반드시 걸어야 할 자국의 특징에 적합한 발전의 '길', 즉 '중국 특색 사회주의 길'을 찾은 것이다.

역사는 언제나 앞으로 발전한다. 시진핑 총서기는 '중국 특색 사회주의 길'은 쉽게 온 것이 아니다. 이 길은 개혁개방 30여 년의 위대한 실천 속에서 나온 것이며 중화인민공화국 수립 60여 년의 지속적 탐구에서 나온 것이며, 근대 이래 170여 년의 중화민족의 발전과정을 심각하게 총화하여 나온 것이며, 5천여 년의 유구한 문명의 전승 속에서 나온 것으로, 깊은 역사적 연원과 광범위한 현실적 기초를 가지고 있다[2]고 여러 차례 강조하였다.

---

2 习近平,《在第十二届全国人民代表大会第一次会议上的讲话》,《人民日报》2013年 3月 18日.

우리는 신·구 두 단계의 민주혁명을 분명히 갈라 놓아서는 안 될 뿐 아니라 개혁개방의 전·후 두 단계의 시기를 갈라놓아서도 안 된다. 근대 중국 역사 발전은 중국으로 하여금 사회주의를 선택하게 하였고, 사회주의 초급 단계의 기본 국정도 중국으로 하여금 '중국 특색 사회주의'를 선택하게 하였다. 오직 '중국 특색 사회주의'만이 비로소 중국으로 하여금 진정으로 현대화를 실현하게 한다. 이것이 바로 중국이 170여 년 동안 걸어왔고, 또 계속 걸어가는 현대화의 길이며, 이 길은 오직 '대역사관(大歷史觀)'의 높이에 올라서야만 비로소 뚜렷이 볼 수 있으며 잘 알 수 있다.

역사를 환원하여 역사가 말하도록 하며, 역사의 사실을 사람들에게 알려주면 '중국의 길'에 대한 우리의 자신감을 고양시킬 수 있으며, 전체 인민들의 중화를 진흥하고 '중국꿈'을 실현하는 믿음과 결심을 확고히 할 수 있을 것이다.

Ⅱ. 길에 대한 자신감은 문화에서 나온다

한 민족, 한 국가가 어떤 발전의 길을 선택할 것인가는 그 민족과 국가의 역사적 전승, 문화전통과 경제사회 발전의 수준에 의해 결정된다. 중화민족과 중국 인민이 걸어온 중국의 길도 이와 마찬가지이다. 중화문화 속에 누적되어 있는 중화민족의 가장 깊은 정신적 추구는 중화민족이 끊임없이 성장하고 번성하며 발전 장대하는 풍부한 자양분이며, 중화의 우수한 전통문화는 중화민족의 두드러진 우세이며, 우리의 가장 깊고 두터운 문화 소프트파워이다. '중국 특색 사회주의 길'은 중화문화의 옥토에 뿌리를 내렸고, 중국 인민의 의지를 반영하였으며, 중국과 시대의 발전과 진보의 요구에 적응하였으며, 뿌리 깊은 역사적 연원(淵源)과 광범위한 현실적 토대를 가지고 있다.

중화민족은 역사가 유구한 중화문화를 창조하였으며, 중화민족은 중화문화의 새로운 빛나는 미래도 꼭 창조할 것이다. 이것은 의심할 여지가 없으며 우리는 이러한 자신감이 있어야 한다. 그러나 현재 우리의 문화 자신감과 문화 자각에 대해 아직도 진일보의 향상이 기대된다. 2013년 8월 19일, 시진핑 총서기는 전국 사상선전사업회 연설에서 중국의 발언체계를 강화시켜야 하며 국내외를 관통하는 새로운 개념, 새로운 범주, 새로운 표현의 제작에 주력해야 하며, 국제적으로 발언권을 강화해야 한다고 강조하였다.

중국의 종합적 국력이 상대적으로 크게 높아진 데 비해 중국이 세계의 발언권 체계에서 아직 '서강아약(西强我弱)'의 국면을 근본적으로 바꾸지 못하였다. 중국 특색 발언권 체계는 적극적으로 구축되고 있으며 상당한 성과도 거두었다. 예를 들어, 이론체계 측면에는 마오쩌둥 사상과 덩샤오핑 이론, '세 가지 대표'의 중요한 사상과 과학적 발전관이 포함된 '중국 특색 사회주의' 이론체계가 포함되어 있다. 구체적 이론 사상 측면에는 조화로운 사회와 조화로운 세계, '중국의 길'과 중국 경험, 과학적 발전과 생태문명, 사회주의 초급 단계와 사회주의 시장경제, 사회주의 핵심 가치체계와 사회주의 핵심 가치관, 중국꿈, 국가를 다스리는 체계와 다스리는 능력의 현대화 등이 있다. 이러한 중국의 발언체계 혹은 중국의 발언은 전 당과 전국 인민의 공통된 인식의 토대 위에 응집되었기에 '길'에 대한 자신감, 이론에 대한 자신감과 제도에 대한 자신감의 확립에 대해 이미 매우 중요한 역할을 하고 있다.

그러나 현실로서 중국의 발언체계 건설은 아직 파편화 단계에 머물고 있으며, 계통화되고 체계화하려면 오랜 시간이 걸려야 한다는 것이다. 중국의 품격과 중국만의 패기가 있는 중국 특색 발언체계를 최종적으로 구축함에 있어 그 맡은 바 책임은 무겁고, 가야 할 길은 아직도 멀다. 이를 위하여 이론계와 학계 및 민간에서는 대량의 원래의 창조성 연구를 수행하고 중국의 우수한 전통문화로부터 풍부한 양분을 섭취하여 서방의 발언체계와 변론과 대항하며, 각종 사회사조와 이성적 변론과 단호히 투쟁(사상은 오직 투쟁 속에서만 더욱 좋고 더욱 빠른 전파와 승화를 얻을 수 있다)을 진행하며, '중국 특색 사회주의'의 위대한 실천 속에서 인민대중의 경험을 총화하고 아울러 이론으로 승화시켜야 한다.

다른 한편으로는 '중국 특색 사회주의' 실천을 더욱 잘 지도하기 위하여 발언체계가 반드시 중국 혁명의 성과를 해석할 수 있어야 하며, 신중국 건설의 성과와 개혁의 빛나는 성과를 해석해야 하며, 또한 중국 발전의 미래를 해석할 수 있어야 한다. 중국 혁명, 건설 시기에 존재한 일부 문제 및 '중국 특색 사회주의' 이론과 실천 중에서 존재하는 문제를 똑바로 분명하게 해석해야 하며, 중화민족의 언어와 중국 인민들이 잘 알아들을 수 있는 언어를 사용해야 한다. '서강아약'의 구조 속에서 서방의 공세적 발언의 도전에는 강세로 응답해야 한다. 중국 특색을 잘 구현하는 기초 위에서 국제사회와의 의사소통 능력과 경쟁력을 과시하여 외국인이 알아듣고 이해할 수 있게 해야 한다. 이 두 개 측면의 효과를 달성하기 위해 우리는 세계 근대 이래, 5천여 년의 역사와 중국 근대 이래 170여 년의 역사 배경으로 시선을 돌리고, 중국 실제에 입각하여 인류사회가 창조한 모든 문명 성과를 과감하게 받아들여 거울로 삼아야 한다.

또한 현재 자본주의 선진 국가를 포함한 세계 각국의 모든 현대화 생산법칙을 반영하는 적극적 요소를 받아들이고 거울로 삼아 중국의 우수 전통문화와 결합하여 마르크스-레닌주의와 마오쩌둥 사상, '중국 특색 사회주의' 이론체계에 대해 이론적으로 일관적인 연관성을 구축해야 한다. 이렇게 함으로써 이 이론체계에 내재한 일맥상통한 기본 개념, 기본 원리, 기본 구조, 기본 논리 및 철학 기초 등을 추상적으로 개괄하여 '중국 특색 사회주의'를 지도하는 완비한 과학적 이론체계로 집성시켜야 한다. 급선무는 우선적으로 마오쩌둥 사상과 '중국 특색 사회주의' 이론체계를 일이관지(一以貫之)로 관통시키는 것이다. 이렇게 해야만 진정한 중국의 풍격(風格), 중국의 기백이 있는 중국 발언체계가 형성되며 파편화를 체계화, 계통화로 되바꿀 수 있다.

'중국 특색 사회주의 길'은 당대 중국인의 가장 위대한 발언 창조이며 국제 발언체계에서 이미 중국 특색을 지닌 새로운 이론적 개괄이 되었다. 이 길의 성공은 사회주의 기본 제도와 시장경제 운영방식과의 결합으로 귀결될 뿐 아니라 구미 각국과 다른 중국의 독특한 사회 정치체제 특징과 관련된다. 예를 들어, 역량을 집중하여 큰 일을 성사시키는 효율적 우위, 중국 공산당의 정치조직의 우위, 중국 공산당의 군중노선과 사회동원 능력, 개혁개방에서 형성된 제도혁신 우위 및 중국 문화전통, 모든 것을 다 받아들이는 문화 포용 우위 등이다.

문화는 자신감의 근본이며 문화를 떠난 자신감은 매우 약한 것이다. 문화에 대한 자신감은 문화에 대한 자각성을 뒷받침하며 문화의 자신감과 자각성이 있으면 중국 풍격과 중국 기백을 갖춘 중국 발언체계가 곧 희망이 있게 되며, '길'에 대한 자신감이 비로소 문화적 토대가 된다.

우리는 역사적 기회를 포착하고, 더 큰 정치적 용기, 이론적 용기와 이론적 지혜로 '중국 특색 사회주의' 사업을 장기적으로 이끌어 갈 수 있는 국제적 발언체계를 구축해야 한다.

III. '길'에 대한 자신감은 비교에서 나온다

변증법적 사상으로 충만한 비교는 일종의 과학적 방법론이다. 비교는 같은 유형이나 혹은 같은 유형에 가까운 사물에 대한 여러 면의 대조로서 사물의 본질을 인식하고 사물에 대한 자신의 인식을 더욱 정확하게 한다. 중국의 길의 전반적 발전과정은 비교라는 방법으로 일관되었는데, 종(縱)적 비교가 있고 횡(橫)적 비교도 있다. 종적 비교에서 역사의 안목으로 끊임없이 중국 역사 발전을 자세히 살펴보아야 하며 중국문화를 사고하며 반성하여 그 찌꺼기를 버리고 그 알맹이를 섭취해야 한다. 횡적 비교에서 세계를 보는 안목으로 끊임없이 세계 역사 발전, 특히 자본주의 역사 발전을 자세히 살펴보면서 인류의 선진문명의 성과를 발견하고 섭취해야 한다. 중국 인민은 이러한 비교를 통해 잡물을 버리고 정수를 취하며 가짜를 버리고 진짜를 남기며, 이것에 견주어 다른 것을 보며 현상에서 본질까지 보며, 중화민족의 위대한 부흥과 현대화 길의 법칙을 정확히 파악함과 아울러 민족의 특징에 부합되는 문명과 진보의 길을 탐색하였다.

중국 역사 발전의 종(縱)적 비교 중, 1840년부터 시작한 170여 년의 역사 과정에서 중국 발전의 총체적 특징은 "참깨는 꽃이 피고 점점 높아지고" "버드나무 우거지고 백화가 만발하는" 국면이 항상 나타난 것이다. 지속적 탐색, 시행착오와 비교, 수천 년을 거친 봉건제도에서 짧은 시간의 자본주의 민주국가에, 다시 사회주의 신중국과 오늘날의 '중국 특색 사회주의'에 이르기까지이다. 마르크스주의의 사회형태론으로 분석할 경우 170여 년 동안 중국은 봉건사회, 자본주의 사회와 사회주의 사회를 거쳤다.

서방 역사 발전의 횡적 비교 중에서 170여 년 동안 중국 발전의 총체적 특징은 '도전-대응-흡수-혁신-발전'이다.[3] 아편전쟁 이후 중국은 자강

---

3 서구중심론은 문명의 발전은 '도전과 대응'의 방식이라고 보는데 토인비도 이렇게 인정하고 미국의 페이정칭(費正淸)도 이렇게 인정하였다. 중국의 길과 그 발전과정 중에서 전개된 문명 전환에는 '도진과 내응'이라는 성분이 담겨져 있지만 중국은 간단히 서방의 도전을 접수하고 대응한 것이 아니라 평등한 신분으로 국제활동에 적극 참여하고 '도전과 대응'을 접수하는 동시에 대량의 흡수, 혁신, 발전이 있었다. 그렇지 않았다면 중국의 길의 형성은 어려웠을 것이다.

을 위해 기물(器物) 차원에서의 '사이장기(師夷長技)'에서, 정신 차원의 '중체서용(中體西用)'까지, 사상 차원에서의 민주와 과학에서 마르크스-레닌주의까지, 정치제도 차원에서의 군주입헌에서 자산계급 민주공화국으로, 이어 사회주의의 중화인민공화국까지, 체제 차원에서의 소련식 계획경제 체제에서 '중국 특색 사회주의' 시장경제까지, 여기에는 '비교'방법론의 활용으로 충만되어 있다. 이러한 비교는 피동과 주동, 대응과 흡수, 혁신과 발전을 통일하고 있다. 그중 관건은 흡수, 혁신과 발전이다.

일찍이 중국에 신자유주의를 도입해야 한다고 곳곳으로 돌아다니며 호소하던 경제학자 장우창(張五常)마저도 이를 승인하지 않을 수 없었다. 그는 중국이 잘한 부분은 자신이 모색해낸 것이며 베껴온 것은 모두 잘못된 것이다. 왜냐하면 그들도 잘못되었기에 그대로 베껴오면 더욱 잘못되기 때문이다. 중국의 수십 년을 돌이켜보면 대체로 자신이 생각하여 한 것은 잘 되었고, 서방의 것을 도입한 것은 모두 문제가 있었다. 왜냐하면 자신이 생각해서 하려고 한 것은 맞지 않으면 고칠 수 있으며, 또한 공산당은 일을 하면서 잘못된 부분을 빨리 고치고 있기 때문이라고 말하였다. 이처럼 '중국 특색 사회주의'는 자본주의와의 비교되는 우위를 확보했고, 전 세계의 관심과 부러움을 샀다.

종횡(縱橫) 비교에서 이루어진 '중국 특색 사회주의 길'은 도대체 어떤 빛나는 성과가 있기에 그것을 일반 길과 다르게 하였는가? 여기에서 우리는 사회주의 제도의 우월성을 논하지 않고, 중국 개혁개방 30여 년 동안 취득한 경제 사회 발전의 성과를 살펴보도록 하겠다. 경제제도와 체제에서, 개혁개방 이래의 탐색을 통해 우리는 점진적으로 사회주의 초급 단계의 생산수단 공유제를 주체로 하고, 다양한 소유제 경제가 함께 발전하는 기본 경제제도와 노동에 따라 분배하는 것을 주체로 하고 다양한 분배 방식이 병존하는 분배제도를 형성하였고, 사회주의 시장경제 체제를 구축하였다.

경제성장 속도에서, 1979~2012년, 중국의 GDP는 연평균 9.8% 성장하였고, 같은 시기의 세계경제 연평균 성장속도는 겨우 2.8%였다. 중국은 지속적인 고속성장 시간과 성장속도에서 모두 경제의 비약적 발전 시기의 일본과 아시아의 네 마리 작은 용(한국, 홍콩, 싱가포르, 타이완)을 초과하여 인류 경제 발전사의 새로운 기적을 창조하였다.4

경제성장의 총량으로 보면, GDP는 1978년의 3,645억 위안에서 2012년에는 518,942억 위안으로 급상승하였다. 그중 1978년부터 1986년에 1만억 위안에 오르기까지 8년이 걸렸고, 1991년의 2만억 위안으로 오른 시간은 5년이 걸렸으며, 이후부터 10년 동안 연평균 1만억 위안 가까이 올랐다. 2001년에 처음으로 10만억 위안을 초과한 이래 2002~2006년 연평균 2만억 위안으로 올라 2006년에는 20만억 위안을 초과한 후부터 매 2년에 10만억 위안으로 올라 2012년에는 이미 52만억 위안으로 올랐다.5 2012년, 전 세계 경제정세가 매우 나쁜 상황에서 중국의 경제성장 속도는 비록 7.8%로 떨어졌지만, 순증가량은 세계 순증가량의 60.9%를 차지하였다.

국제 경제규모 순위로 보면, 1999년 중국은 미국, 일본, 독일, 영국, 프랑스, 이탈리아 6개의 선진 자본주의 국가에 이어 7위를 차지했고, 2002년에는 이탈리아를 초월하여 6위, 2004년에는 프랑스를 초월하여 5위, 2005년에는 영국을 초월하여 4위, 2007년에는 독일을 초월하여 3위, 2010년에는 일본을 초월하여 2위 경제대국으로 되었다. 세계에서 차지하는 경제총량은 1978년의 1.8%에서 2012년에는 11.5%로 상승하였다. 지금 적지 않은 국내외의 저명한 기구와 경제학자들은 10년, 20년 이후 중국의 경제총량은 미국을 초과할 것이라고 예측하고 있다.

예를 들어, 영국의 주간지 《ECONOMIST》는 2011년 12월 31일 발표

---

4 国家统计局, 《1978年以来我国经济社会发展的巨大变化》, 《人民日报》 2013年 11月 6日.
5 国家统计局, 《1978年以来我国经济社会发展的巨大变化》, 《人民日报》 2013年 11月 6日.

한 〈중국 경제가 진정으로 미국을 초월할 시간은 이미 눈앞에 있다〉는 논문에서 중국은 10년 내에 전면적으로 미국을 초월할 것이라고 전망하였다. 프라이스 워터하우스 쿠퍼스(price waterhouse coopers: PWC)는 2020년에는 중국의 경제총량이 미국을 초월할 것으로 전망하였다. 2009년 《Global Times》는 전 세계 80명의 경제학자들에게 설문조사를 하였는데, 그중 37명의 학자들은 중국 경제총량이 미국을 초월하려면 아직 20여 년이 소요될 것이라고 인정하였다.[6] 세계은행의 경제학자들은 중국의 경제규모는 2030년에 이르러 미국과 유럽공동체를 초월하여 세계 최대의 경제시장이 될 것이라고 예측하였다. 국내 학자 후안강(胡鞍鋼)은 《2030년 중국: 공동부유를 향하여 나아간다》는 저서에서 중국의 경제총량은 2020년에는 미국을 초월하며, 2030년에는 미국의 2배가 될 것이라고 예측하였다. 세계은행 고급부행장 겸 수석 경제학자 린이푸(林毅夫)는 국제적으로 유명한 회사인 매디슨(Madison)의 통계수치를 인용하면서 2030년, 중국의 1인당 평균소득은 미국의 50% 수준에 달할 것이며, 중국의 전체 경제규모는 구매력 평균가로 계산하면 미국의 2배에 달할 것이며, 시장환율에 따라 계산한 경제규모가 적어도 미국과 비슷할 가능성이 있는 만큼 2030년에는 중국이 세계 최대 경제 주체가 될 것으로 내다보았다.[7]

1인당 국내총생산 증가에 있어서 1978년 1인당 국내총생산은 겨우 381위안에 불과했지만 1987년에는 1,112위안, 1992년에는 2,311위안, 2003년에 1만 위안 선을 넘어 10,542위안에 이르렀다. 2007년에는 2만 위안 관문을 돌파하여 20,169위안에 도달했으며, 2010년에 다시 3만 위안 선을 돌파하여 30,015위안에 도달했다. 2012년 1인당 국내총생산은 38,420위안으로 올라 가격 요소를 제하면 1978년에 비해 16.2배 성장하여

---

6 《全球80名经济学家预测: 中国将成为超级大国》,《环球时报》2009年 8月 16日.

7 林毅夫,《2030年中国将成世界最大经济体》,《新京报》2011年 11月 5日.

연평균 8.7% 성장하였고, 1인당 연평균 국내총생산도 빠른 성장을 실현하였다. 세계은행의 통계에 따르면 중국의 1인당 연평균 국민총소득은 1978년의 190달러에서 2012년의 5,680달러로 올라 세계은행의 구분 기준에 따라 저소득 국가에서 이미 중위소득국으로 올라섰다.[8]

외화보유액에서, 1978년 중국의 외화보유액은 1.67억 달러에 불과해서 세계 38위였고, 1인당 평균 0.17달러로 인민폐로 환산하면 1위안에도 부족했다. 중국 대외경제가 발전하고 장대함에 따라 경상항목 무역흑자가 끊임없이 축적되었고 외환저축의 부족은 이미 역사가 되었다. 1990년 외화저축은 백억 달러를 초과하여 111억 달러에 달하였으며, 1996년에는 천억 달러를 넘어 1,050억 달러에 달하였으며, 2006년에는 1만억 달러를 넘어 10,663억 달러에 달하여 일본을 초월하고 세계 1위에 올랐다. 2011년에는 3만억 달러를 넘어섰고, 2012년에는 33,116억 달러에 달하여 7년 연속 세계 1위 자리를 지켰다.[9]

산업구조의 최적화에서, 1979년부터 2012년까지 제1, 제2, 제3산업의 증가치가 연평균 각각 4.6%, 11.3%, 10.8% 늘었다. 3차산업의 증가치가 국내총생산 중 차지하는 비중은 1978년의 28.2 : 47.9 : 23에서 2012년의 10.1 : 45.3: 44.6으로 조정되었다. 1978년과 비교하면 2012년의 1차산업의 비중이 18.1포인트 떨어졌고, 2차산업은 2.6포인트 떨어졌고, 3차산업은 20.7포인트 크게 올랐다.[10]

도시화 수준에서도 1978년의 17.9%에서 2012년의 52.6%로, 34.7포인트 올라 연평균 1.0포인트 상승했다. 도시의 총인구는 연평균 1,586만 명 증가하였고, 농촌 총인구는 연평균 435만 명 감소되었다.[11]

---

8 国家统计局,《1978年以来我国经济社会发展的巨大变化》,《人民日报》2013年 11月 6日.
9 国家统计局,《1978年以来我国经济社会发展的巨大变化》,《人民日报》2013年 11月 6日.
10 国家统计局,《1978年以来我国经济社会发展的巨大变化》,《人民日报》2013年 11月 6日.

대외무역에서 1978년 화물 수출입 총액은 206억 달러에 불과하여 세계 29위였으나, 1988년에 1,000억 달러를 돌파했고 1994년에는 2,000억 달러, 1997년에는 3,000억 달러, 2004년에는 또 1만 억 달러의 선을 넘어 2012년의 화물 수출입 총액은 38,671억 달러에 달하여 1978년에 비해 186배나 되어 연평균 16.6% 증가했으며, 총규모는 미국 다음으로 세계 2위를 차지하였다. 화물 수출총액은 20,487억 달러로 세계 1위를 차지하고 209배 늘어나 연평균 17.0% 증가하였다. 화물 수입총액은 18,184억 달러로 세계 2위를 차지하고 166배 증가하여 연평균 16.2% 성장하였다. 2012년 화물 수출총액과 수입총액은 각각 세계 화물 수출입 총액의 11.2%와 9.8%를 차지하였다.[12]

도시주민 소득에서, 2012년 도시주민의 1인당 평균 지배소득은 24,565위안으로 1978년에 비해 71배 증가하여 연평균 13.4% 증가했고, 가격요소를 제하면 연평균 7.4% 증가하였다. 농촌주민 1인당 평균 순소득은 연평균 7,917위안으로 58배 증가하여 연평균 12.8% 증가했고 가격요소를 제하면 연평균 7.5% 증가하였다. 도·농 주민들이 소유한 재산은 뚜렷이 증가되었다. 2012년 말 도·농 주민의 인민폐 저축예금 잔고는 39.96만억 위안으로 1978년 말에 비해 1896배나 증가하여 연평균 24.9% 증가하였다.[13]

주민 생활수준과 질적 개선에서, 2012년 도시주민 인당 평균 현금 소비지출은 16,674위안으로 1978년에 비해 52.6배 증가하여 연평균 명의상 12.4% 증가하였다. 농촌주민 1인당 평균 소비지출은 5,908위안으로 49.9배 증가하였고 연평균 명의상 12.3% 증가하였다. 도·농 주민의 소비구조가 뚜렷이 최적화되었다. 2012년, 도시주민의 엥겔계수는 36.2%로 1978

11 国家统计局,《1978年以来我国经济社会发展的巨大变化》,《人民日报》2013年 11月 6日.
12 国家统计局,《1978年以来我国经济社会发展的巨大变化》,《人民日报》2013年 11月 6日.
13 国家统计局,《1978年以来我国经济社会发展的巨大变化》,《人民日报》2013年 11月 6日.

년에 비해 21.3포인트 감소하였다. 농촌주민의 엥겔계수는 39.3%로 28.4 포인트 내려갔다. 거주 조건도 큰 개선을 가져왔다. 2012년, 도시주민의 1인당 평균 주택면적은 32.9m²로 1978년에 비해 26.2m² 증가하였으며, 농촌주민의 1인당 평균 주택면적은 37.1m²로 29.0m² 증가하였다. 2012년 말 도시주민 가족의 평균 백호(百戶)당 이동전화, 컴퓨터와 자가용 승용차 소유량은 각각 212.7대, 87.0대와 21.5대로 2000년 말에 비해 193.1대, 77.3 대와 21.0대 증가하였다.[14]

사회보장에서, 2012년 말 전국적으로 도시 직원 기본양로보험에 가입한 인원수는 30426.8만 명으로 1989년 말에 비해 24,716.5만 명 증가하였고, 도시 종업원 기본의료보험과 실업보험에 가입한 인원수는 각각 19,861.3만 명과 15,224.7만 명으로, 1994년에 비해 각각 19,486.7만 명과 7,256.9만 명 증가하였다. 도·농 주민 사회양로보험에 가입한 인원수는 48,369.5만 명이다. 2,566개 현(시, 구)에서는 신형 농업합작 의료사업을 실시한 이래 신형 농촌합작 의료보험 가입률은 98.3%가 되었다. 2,143.5 만의 도시주민과 5,344.5만의 농촌주민이 정부의 최저 생활보장의 혜택을 받았다.[15] 구빈사업(救貧事業)에서, 1978년부터 2012년까지 선후 서로 다른 농촌 빈곤 기준을 적용하였다. 1978년 기준에 따르면, 전국 농촌의 절대 빈곤 인구는 약 2.5억 명으로 전체 인구의 1/4을 차지하였고, 2007년에는 1,479만 명으로 줄어 연평균 811만 명이 빈곤에서 벗어났다. 2008년 기준에 따르면, 2007년의 농촌 빈곤 인구는 4,320만 명이고, 2010년에는 2,688만 명으로 줄어 연평균 544만 명이 빈곤에서 벗어났다. 2010년에 제정한 새로운 빈곤 지원 기준에 따르면, 2010년의 농촌 빈곤 인구는 16,567만 명, 2012년에는 9,899만 명으로 전체 인구의 10%보다 적어 연평

14 国家统计局,《1978年以来我国经济社会发展的巨大变化》,《人民日报》 2013年 11月 6日.
15 国家统计局,《1978年以来我国经济社会发展的巨大变化》,《人民日报》 2013年 11月 6日.

균 3,334만 명이 빈곤에서 벗어났다.[16] 경제 실력의 향상에 따라 중국은 아프리카 국가에 대한 자금 지원과 경험 수출을 확대하여 광범위한 개발도상국 빈곤 퇴치를 위해 공헌하였다.

국민이 교육을 받은 정도에서, 6세 이상 인구의 평균 교육연수는 1982년의 5.2년에서 2012년의 8.9년으로 증가하였다. 2012년, 일반 대학교육본과, 전문대의 신입생 모집 인원수는 689만 명으로 1979년에 비해 16.1배 증가했고 재학생은 2,391만 명으로 26.9배 증가했으며 졸업생은 625만 명으로 36.9배 증가하여 경제 사회 발전과정에서 각종 인재에 대한 수요를 충족시켰다.[17]

문화사업 발전에서, 2012년 말 전국 문화계통의 예술공연단체는 모두 7,321개로 1978년에 비해 1.3배 증가하였고, 공공도서관은 3,076개로 1.5배 증가하였으며, 박물관은 3,069개로 7.8배 증가하였고, 당안관(檔案館)은 4,067개이고 이미 개방한 각 유형의 당안이 7,957만 권(건)으로 1991년에 비해 각각 13.9%와 2.8배 증가하였다. 방송, TV 등 종합 인구 시청률은 각각 97.51%와 98.20% 증가하였다. 2012년에 제작한 영화는 745부나 되지만 1978년에는 겨우 46부 밖에 되지 않았다. 각 유형의 신문 482.3억부, 각 유형의 잡지간행물 33.5억 권, 도서 79.2억 책(장)으로 1978년에 비해 각각 2.8배, 3.4배, 1.1배 증가하였다.[18]

세계경제 성장에 대한 공헌에서, 세계경제에 대한 중국 경제의 공헌은, 1978년의 2.3%에서 2007년의 19%로 올라 중국이 세계경제 성장에 대한 공헌율은 이미 세계에서 1위를 차지하였다. 2008년부터 2012년까지 세계경제 성장에 대한 연평균 공헌율은 20%를 초과하였고 2012년에는 22%

---

16 国家统计局, 《1978年以来我国经济社会发展的巨大变化》, 《人民日报》 2013年 11月 6日.
17 国家统计局, 《1978年以来我国经济社会发展的巨大变化》, 《人民日报》 2013年 11月 6日.
18 国家统计局, 《1978年以来我国经济社会发展的巨大变化》, 《人民日报》 2013年 11月 6日.

에 달하였으며 2013년에는 거의 30%에 가까웠다.

그밖에 정치제도와 체제에서, 공산당의 영도, 인민이 나라의 주인이 되고 법에 따라 나라를 다스리는 유기적 통일을 견지하는 원칙 하에 인민 대표제도와 중국 공산당 영도 하의 다당합작(多黨合作)과 정치협상 제도, 민족구역 자치제도 및 기층 군중의 민주자치 제도를 점차 보완하였다.

한편 중국의 발전이 나날이 향상하던 때, 서방 자본주의 국가에서는 한 차례 심각한 경제위기에 빠졌다. 통계수치에 의하면, 자본주의 경제위기의 시간 간격이 점점 짧아지고 자본주의 국가가 경제위기를 조절하고 완화하는 수단도 점점 적어지고 있다. 18세기 자본주의 사회의 경제위기는 70년에 한 번씩 나타났는데, 19세기에는 그 기간이 20년 내지 30년으로 단축되었으며, 20세기에는 8년 내지 14년까지, 21세기에 들어선 지 10년도 되지 않는 기간에 이미 두 번이나 발생하였다. 2008년 미국에서 먼저 폭발한 세계 금융위기는 서방의 자본주의 국가들로 하여금 지도자로부터 기업가, 학자에 이르기까지 많은 사람들은 마르크스의《자본론》으로 회귀하여 경제위기를 인식하고 체험함과 아울러 자본주의 제도의 결함과 문제점을 심각하게 받아들이게 하였다.

지금까지의 국가 권위기구에서 공포한 1978년 이래 중국 경제사회 발전의 통계수치에 대하여, 국내외의 관련 기구와 학자들이 중국 경제의 미래 발전 전망과 서방 선진 국가가 경제위기의 수렁에 빠져 있는 상황에 대해 종합 비교 분석한 결과, '중국 특색 사회주의 길'에 자신감을 확고히 갖게 하는 충분한 이유가 있다.

이러한 자신감은 종횡적인 비교에서 나온 것일 뿐 아니라 국가에 대한 국민들의 만족감에서도 충분히 증명할 수 있다. 다음의 도표(미국 민간조사기구 Pew Research Center의 2012년 조사수치) 중의 중국에 대한 중국 인민의 만족도는 모든 조사 대상국에서 다른 국가들보다 훨씬 높아 2008

년부터 2012년까지 5년 동안 모두 높은 비율로 1위를 차지하였다.

자기 나라의 방향에 대한 국민의 만족도 조사표

구분	2008년(%)	2009년(%)	2010년(%)	2011년(%)	2012년(%)
중국	86	87	87	85	82
미국	23	36	30	21	29
영국	30	21	31	32	30
프랑스	29	27	26	25	29
독일	34	43	39	43	53
스페인	50	21	22	15	10
러시아	54	27	34	32	46
인도	40	31	28	65	53
일본	23	25	20	25	20
브라질	-	-	50	52	43
멕시코	30	20	19	22	34

출처: Pew Research Center(2012)

그러므로 중국은 자신의 진로에 마땅히 자신감이 넘쳐야 한다. 오늘날 중국이 어떤 문제가 있든, 얼마나 많은 문제가 있는지를 막론하고 상대적으로 중국처럼 덩치 큰 나라는 다른 나라들과 종횡 비교에서 견뎌낼 수 있다. 자신감은 비교에서 오는 것이다. 경제 성과로 보면, 30여 년 동안 중국의 발전은 서방의 200여 년에 상당하며, 이러한 성과는 인류 역사 발전사상 전례가 없는 것이다. 자신감은 '중국 특색 사회주의 길'의 기본 형태가 갖추어진 데에서 나온다. 이 길은 세계 각국, 특히 서방 선진적 자본주의 국가와의 경쟁에서 생겨난 것으로 경쟁에서 어렵게 생겨난 것은 반드시 강한 생명력을 가지고 있다.

Ⅳ. '길'에 대한 자신감은 맹목적으로 자신해서는 안 되며 우환(憂患) 의식을 가져야 한다

'중국 특색 사회주의 길'에 대한 자신감을 견지함에 있어서 맹목적으로 자신하여서는 안 된다. 사회주의와 자본주의 간의 관계 문제를 정확히 처리하는 것은 '중국 특색 사회주의'의 발전과정에서 시종 정확하게 파악해야 할 핵심 문제이다. 이 관점에 입각하여 폐쇄적이고 경직된 전통적 사회주의 옛 길을 걷지 말아야 하며, 기치를 바꾼 자본주의의 그릇된 길로도 가지 말아야 하며,[19] 맹목적으로 자신감을 가져서는 안 된다. 맹목적으로 자신하지 말아야 할 또 다른 하나의 표현은 자신의 길에 대한 자신감을 견지하는 과정에서 '중국 특색 사회주의 길'을 기타 제3세계 국가들에 복제될 수 있는 보편적인 길로 삼아 국외로 수출해서는 안 된다.

현대화 발전과정에서 보면 구미의 자본주의 세계라 할지라도 각국의 발전의 길은 서로 다르다는 것을 알아야 한다. 미국 발전의 길은 유럽과 다르고 유럽 내부에서도 영국의 길은 프랑스와 다르며 독일은 영국, 프랑스와도 다르다. 동아시아의 길은 라틴아메리카 길과 다르며 인도의 길은 동아시아의 길과 다르다.

'중국 특색 사회주의 길'에 대한 자신감을 견지함과 동시에 우환(憂患)

---

19 만약 우리가 중국 특색 사회주의 길에 대해 자신감이 부족하거나 자신감이 없으면 곧바로 서방 혹은 국내의 서구화 사상이 짙은 자들에게 '속아서' 그릇된 길로 나아가기 쉽다. 서구의 '삼권분립'과 개인주의를 핵심으로 하는 민주정치는 실질적으로 하나의 낭만주의 정치이며 서구의 신자유주의를 핵심으로 하는 경제제도는 실질적으로 하나의 낭만주의 경세이다. 이 두 가지 낭만주의는 중국에서 모두 상당한 시장이 있다. 20세기 80년대 말과 90년대 초, 소련과 동유럽의 격변은 바로 서방과 국내의 서구 화자들에게 철저히 '속은' 비참한 결과이다.

의식을 가져야 한다. 한편으로, 18차 당대회 보고서는 중국의 사업 중에 아직 많은 부족한 문제가 존재하며, 전진의 길에는 많은 어려움과 문제가 있기에 이러한 부족과 문제에 대해 반드시 분명하게 인식해야 한다고 지적하였다. 이러한 부족과 문제점은 다음과 같은 점에서 나타난다.

발전 중 불균형, 비조화, 지속 불가능한 문제가 여전히 심각하며 과학 기술의 혁신 능력이 강하지 못하고, 산업구조가 불합리하며, 농업기초는 여전히 박약하고, 자원 환경의 제약이 심하며, 과학 발전을 제약하는 체제적 장애가 비교적 많아지고, 개혁개방을 심화하고 경제발전 방식을 전환하는 임무가 어려운 것 등이다. 도시와 농촌지역 발전의 격차와 주민소득 분배 격차가 여전히 크고 사회 갈등이 뚜렷이 증가되고 교육, 취업, 사회 보장, 의료, 주택 거주, 생태 환경, 식품과 약품 안전, 사회 치안, 사법 집행 등 대중의 밀접한 이익과 관련되는 문제가 비교적 많으며, 일부 대중의 생활이 비교적 어려운 것이다.

일부 영역은 도덕적 규범을 잃고 신뢰가 떨어졌고 일부 간부들은 과학의 발전을 이끄는 능력이 뛰어나지 못하고, 일부 기층 당조직이 연약하고 소수의 당원 간부의 이상적 신념이 동요되고, 취지 의식이 희박하며 형식주의, 관료주의 문제가 돌출하고 사치하고 낭비하는 현상이 심각하다. 일부 영역에서 소극적이고 부패한 현상이 아주 쉽게 일어나고 많이 발생하며 부패척결 투쟁의 형세가 여전히 심각하다.

이러한 곤란과 문제점을 우리는 중시하고 나아가 진지하게 해결하는 동시에 시시각각 경각성을 높이고 마음속에 우환의식을 가져야 한다. 다른 한편으로는 신중국이 수립된 60여 년 동안 특히 개혁개방 30여 년 동안의 개척과 발전을 통해 '중국 특색 사회주의 길'은 이미 기본적으로 형성되었으나 아직 완벽하지 않으며 여전히 상당한 문제점이 존재한다는 것을 객관적으로 보아야 한다. 체제와 발전의 길의 성숙은 모두 비교적 장기간의 발전과정을 거쳐야 하는데, 하물며 사회주의 시장경제를 제도의 구조로 하는 아주 큰 어려움을 가지고 있는 새로운 발전의 길의 개척과 발전은 말할 필요가 없다. '중국 특색 사회주의 길'이 가진 특징적인 새로운 함의와 새로운 기능은 이미 현실 속에서 나타나고 있지만 아직도 충분하지 않다. '중국 특색 사회주의 길'은 발전과정에서 아직 예상할 수 없는 모순과 문제가 나타날 수 있다. 이것은 마치 덩샤오핑이 강조한 것과 같이 개혁은 한 차례의 대실험이며 "하나의 새로운 길"을 모색하는 것인 바 대실험과 모색이라고 한 이상 문제점이 발생할 수 있으며 심지어 실수를 면하기 어렵다.

그러므로 우리는 맹목적 자신감을 피하고 마음속에 우환(憂患) 의식을 가져야 한다. '중국 특색 사회주의 길'을 확고히 견지하는 과정에서 철저히 해결하지 못한 일부 어려운 문제와 발전과정에서 부딪친 새로운 문제를 직시하고 끊임없이 해결해야 한다. 또한 사회주의 현대화의 보편적 법칙과 중국 사회주의 현대화의 특수한 법칙을 꾸준히 모색하고 파악해야 한다. 오직 이렇게 해야만 비로소 사회주의 현대화와 민족 부흥의 위업이 지속적으로 앞으로 나아갈 수 있다.

중국은 성공하고 있으며 중국은 부상하고 있다. 중국이 성공적으로 부상한 근본적 원인은 사회주의를 선택하였고 서방의 경험을 거울로 삼았으나 서방과 다른 독특한 길로 나아갔기 때문이다. 중국이 걸은 이 길은 평화와 문명의 발전의 길이다. 비록 아직도 부단히 발전하고 완선화하고 있지만, 이미 중국은 깊게 개변한 동시에 세계도 깊게 변혁하고 있으며 또한 세계에 다른 하나의 희망을 안겨주고 있다. 바로 2014년 3월 27일, 시진핑이 유럽을 방문했을 때 중국과 프랑스 양국 수교 50주년 기념대회에서 "나폴레옹은 중국은 깊이 잠든 사자와 같아 일단 잠에서 깨어날 때면 세계도 그것 때문에 떨 것이라 말했습니다. 중국이라는 이 사자는 이미 잠에서 깨어났습니다. 그러나 이는 평화적이고 친근하고 문명화한 사자입니다"라고 말했다.

오늘의 세계를 둘러보면, 수천 년의 유구한 문명과 현대 국가 형태가 거의 완전히 합쳐진 국가는 오직 하나인 바, 그 나라가 바로 중국이다. 중국의 부상은 세계에 새로운 '천년 미증유의 대변국(大變局)'을 가져다 줄 것이며, 세계에 평화와 조화의 기대를 가져다 줄 것이다. 이것은 마치 미국 《뉴욕타임즈》의 칼럼 작가 토마스 프리드만(Thomas Friedman)이 "당신은 오직 중국에 가야만 미래를 볼 수 있다"고 말한 것과 같다.

중국은 함부로 자신을 낮추지 말아야 하며 어제의 공로 위에 누워서도 안 된다. 오늘날 중국의 부상은 아직 초급 단계이며, 더욱 다채로운 이야기는 내일에 있다. 앞날은 여전히 임무가 막중하고 갈 길은 멀지만 우리가 오직 길에 대한 확고한 자신감이 있으면 중국 공산당은 반드시 전국 각 민족 인민을 영도하여 중화민족의 위대한 부흥과 사회주의 현대화의 중국 꿈을 실현할 것이라는 것을 확신한다.

2014년은 개혁개방의 위대한 총설계사인 덩샤오핑 동지 탄생 110주년이 되는 해이다. 여기에서 나는 이 분께서 한 말씀을 이 책의 맺음말로 하여 이 분에 대한 기념과 그리움을 표하고자 한다.

중국 일은 중국 상황에 따라 처리해야 하며, 중국인 자신의 역량에 의지해야 한다. 독립적이고 자주적이며, 자력갱생하는 것은 과거, 현재와 장래를 막론하고 모두 우리의 입각점이다.[20]

---

20 《邓小平文选》第3卷, 人民出版社, 1993, 3页.

참고문헌

《马克思恩格斯文集》第1·2·3·4·5·6·7·8卷，人民出版社，2009.

《马克思恩格斯选集》第1·2·3·4卷，人民出版社，1995.

《列宁选集》第1·2·3·4卷，人民出版社，1995.

《列宁专题文集·论马克思主义》，人民出版社，2009.

《列宁专题文集·论社会主义》，人民出版社，2009.

《毛泽东选集》第1·2·3·4卷，人民出版社，1991.

《毛泽东早期文稿》，湖南人民出版社，2008.

《邓小平文选》第1·2卷，人民出版社，1994.

《邓小平文选》第3卷，人民出版社，1993.

《邓小平年谱(1975-1997)》(上·下)，中央文献出版社，2004.

《江泽民文选》第1·2·3卷，人民出版社，2006.

《周恩来选集》(下)，人民出版社，1984.

《周恩来经济文选》，中央文献出版社，1993.

《李大钊文集》(上)，人民出版社，1984.

《恽代英文集》(上)，人民出版社，1984.

《邓中夏文选》，人民出版社，1983.

《瞿秋白选集》，人民出版社，1985.

《叶剑英选集》，人民出版社，1996.

《陈云文选》第1·2·3卷，人民出版社，1995.

《陈云年谱》(中)，中央文献出版社，2000.

《中共中央文件选集》第3·4·11·15册，中共中央党校出版社，1991.

《建国以来毛泽东文稿》第6册，中央文献出版社，1994.

《建国以来重要文献选编》第9·13册，中央文献出版社，1996.

《三中全会以来重要文献选编》(下)，人民出版社，1982.

《十一届三中全会以来重要文献选读》(上)，人民出版社，1987.

《十一届三中全会以来党的历次全国代表大会中央全会重要文件选编》(上·下)，中央文献出版社，1997.

《十二大以来重要文献选编》(上·中)，人民出版社，1986.

《十三大以来重要文献选编》(上), 人民出版社, 1991.

《十四大以来重要文献选编》(下), 人民出版社, 1999.

《十五大以来重要文献选编》(上・中), 人民出版社, 2000.

《十六大以来重要文献选编》(上・中), 中央文献出版社, 2005.

《新时期民族工作文献选编》, 中央文献出版社, 1990.

《民族工作文献选编》, 中央文献出版社, 2010.

《民族问题文献汇编》, 中共中央党校出版社, 1991.

《中国共产党第八次代表大会文献》, 人民出版社, 1957.

《中共党史教学参考资料》(一), 人民出版社, 1979.

王培英编, 《中国宪法文献通编》(修订版), 中国民主法制出版社, 2007.

薄一波, 《若干重大决策与事件的回顾》(上・下), 中共中央党校出版社, 1993.

吴冷西, 《十年论战》, 中央文献出版社, 1999.

吴冷西, 《忆毛主席——我亲身经历的若干重大历史事件片段》, 新华出版社, 1995.

孙中山, 《建国方略》, 辽宁人民出版社, 1994.

石仲泉・沈正乐等主编, 《中共八大史》, 人民出版社, 1998.

武力主编, 《中国发展道路》, 湖南人民出版社, 2012.

徐中约, 《中国近代史》(上), 香港中文大学出版社, 2002.

金观涛・刘青峰, 《观念史研究》, 法律出版社, 2009.

本书编辑组编, 《怀念龚育之》, 中央文献出版社, 2007.

萧冬连, 《国步艰难——中国社会主义路径的五次选择》, 社会科学文献出版社, 2013.

杨明伟, 《陈云晚年岁月》, 人民出版社, 2005.

叶子龙口述・温卫东整理, 《叶子龙回忆录》, 中央文献出版社, 2000.

龚育之, 《党史札记二集》, 浙江人民出版社, 2004.

沈云锁, 《中国模式论》, 人民出版社, 2007.

杜维明, 《现代精神与儒家传统》, 三联书店, 1997.

郑必坚, 《思考的历程》, 中共中央党校出版社, 2006.

贺新元, 《环境问题与第三世界》, 中央民族大学出版社, 2007.

夏禹龙等, 《中国发展道路的理论支撑》, 学林出版社, 2011.

辛向阳等, 《中国特色社会主义政治制度研究》, 经济科学出版社, 2013.

朱峻峰, 《道路自信》, 社会科学文献出版社, 2013.

胡鞍钢, 《集体领导体制》, 中国人民大学出版社, 2013.

胡鞍钢, 《中国道路与中国梦想》, 浙江人民出版社, 2013.

洛丽塔·纳波利奥尼，《中国道路——一位西方学者眼中的中国模式》，中信出版社，2013.

陈蕾，《中国发展道路的意识形态审视》，时事出版社，2012.

徐崇温，《中国特色社会主义理论体系研究》，重庆出版社，2011.

欧阳康等，《中国道路——思想前提，价值意蕴与方法论反思》，中国社会科学出版社，2013.

张远新等，《中国特色社会主义道路的多维透视》，上海社会科学院出版社，2012.

高天·滕育栋，《中国道路——大家谈》，复旦大学出版社，2013.

刘明福，《中国梦》，中国友谊出版公司，2010.

谭来兴，《中国现代化道路探索的历史考察》，人民出版社，2008.

马丁·雅克，《当中国统治世界：中国的崛起和西方的衰落》，中信出版社，2010.

《詹姆逊文集》第1卷《新马克思主义》，中国人民大学出版社，2004.

阿里夫·德里克，《"后社会主义"：反思"有中国特色社会主义"》，中央编译局出版社，1989.

马克斯·舍勒，《资本主义的未来》，生活·读书·新知三联书店，1997.

米·谢·戈尔巴乔夫，《对过去和未来的思考》，新华出版社，2002.

保罗·肯尼迪，《大国的兴衰》，求实出版社，1989.

亨廷顿，《文明的冲突》，三联书店，1998.

密尔，《代议制政府》，商务印书馆，1984.

贺钦，《中国特色社会主义道路对发展中国家的启示》，《马克思主义研究》2008年 第2期.

秦刚，《中国特色社会主义道路的创新性及其国际意义》，《当代世界与社会主义》2008年 第4期.

周弘，《全球化条件下中国道路的世界意义》，《中国社会科学》2009年 第5期.

尹倩，《始终不渝地坚持中国特色社会主义道路》，《求实》2008年 第2期.

张树华，《中国道路的政治优势与思想价值》，《红旗文稿》2011年 第1期.

黄平，《"中国道路"的学术意义》，《中国社会科学报》2009年 第10期.

张维为，《中国模式的几点概括》，《人民论坛》2008年 第24期.

刘亚伟，《用社会主义疗法应对金融危机》，《环球时报》2009年 9月 17日.

徐崇温，《中国特色社会主义道路的世界意义》，《中国特色社会主义研究》2009年 第4期.

侯惠勤，《中国特色社会主义的价值基础》，《思想政治工作研究》2009年 第8期.

逄先知，《毛泽东关于建设社会主义的一些思路和构想》，《党的文献》2009年 第6期.

张五常，《26年前一位年轻人让我刮目相看他就是习近平》，《凤凰财经》2012年 12月 16日.

贺新元，《辩证思维下的"中国道路"解读》，《马克思主义研究》2013年 第6期.

贺新元,《邓小平发展思想论纲》,《中国人口资源环境》2011年 第10期.

刘建武,《邓小平的读书生涯及其特点》,《毛泽东邓小平理论研究》2011年 第5期.

李锐,《"大跃进"失败的教训何在?》,《马克思主义与现实》1997年 第8期.

石仲泉,《第二次历史性飞跃的前奏曲》,《党的文献》1988年 第6期.

杨莹·王小强,《邓英淘:为了多数人的现代化》,《香港传真》2012年 第1期.

根纳季·久加诺夫,《十二个历史教训》,载《社会主义论坛》1999年 第2期.

高放,《从十个要点看苏联兴亡》,《中共杭州市委党校学报》2012年 第5期.

邹诗鹏,《中国道路与中国实践哲学》,《马克思主义与现实》2012年 第6期.

中央党校中国特色社会主义理论体系研究中心:《中国道路的时代必然性》,《求是》2013年 第20期.

李捷,《毛泽东对中国社会主义建设规律的探索》,《当代中国史研究》2006年 第6期.

王萌,《新中国60年经济发展绩效及其基本经验》,《探索》2009年 第5期.

许耀桐,《论中国特色社会主义具体政治制度》,《科学社会主义》2013年 第1期.

张维炜,《感受法治的脉动——回顾中国特色社会主义法律体系形成历程》,《全国人大》2011年 第7期.

현재 국내외의 학자들과 정계 인사 심지어 일반 대중까지 중국이 성취한 '중국의 길'에 대해 큰 관심을 가지고 있으며, 이에 대한 연구가 바야흐로 힘차게 진행되고 있는 중이다. '중국의 길'이 외국 전문가들이 말하는 '베이징 컨센서스' 혹은 '중국 모델'과 동일시할 수 있는가? 연구성과로 보면 사람에 따라 견해가 서로 다르다. 만약 동일시한다면, '중국의 길'은 바로 '중국 특색 사회주의 길'만을 가리키는 것이다.

이 점에 있어서 필자는 다른 의견을 가지고 있다. 그리하여 2010년 8월 3년 동안의 시장(西藏) 지원 업무를 마치고 베이징으로 돌아온 후 줄곧 관련 자료를 수집함과 아울러 '중국의 길'에 대한 연구를 본격적으로 시작하였고, 360여 일 낮과 밤을 이어가며 마침내 이 책의 원고를 완성하였다.

저작의 출판을 앞두고 필자는 원고의 내용과 기본 틀에 대해 많은 소중한 건의성적 의견을 주신 책임편집 린쥔제(林俊傑) 동지에게 충심으로 감사드린다. 그리고 근무 외의 여가를 포기하고 많은 문자 입력과 정리 작업을 도와준 아내에게 감사드린다!

이 책을 집필하는 과정에서 국내외의 많은 관련 연구성과를 참조하였던 바, 직접 인용한 것에 대해서는 기본적으로 각주를 달았고, 간접적으로 참조한 것은 부분적으로 각주를 달았다. 만약 누락되었거나 각주를 달지 못한 것이 있다면 저자분들의 양해를 바란다. 그리고 참고한 논저의 저자분들께 진심 어린 감사를 드린다!

2013년 12월
하이뎬 이슈웬(海澱·怡秀園)에서
허신위앤(賀新元)

이 책『중국의 길: 남다른 현대화의 길』은 '중화학술외국어번역(中華學術外譯) 프로젝트'(허가번호: 14WKS004)의 일환으로서, 중화사회과학기금(中華社會科學基金, Chinese Fund for the Humanities and Social Sciences)의 지원으로 번역되었습니다.

이 책은 2014년 중국 복건인민출판사(中國福建人民出版社)에서 출판된 학술저작입니다. 저자는 거시적인 시각과 풍부한 사료를 동원하여 170여 년 동안 '중국의 길'의 발전 역사과정을 깊고 체계적으로 서술하였으며, 이론과 실천을 결합하여 '중국의 길'에 대한 심층적인 분석 연구를 통하여 '중국의 길'이 중화민족의 위대한 부흥에 일관되고 있음을 제시하였습니다. 또한 사회주의 국가인 소련의 현대화 길, 서구 자본주의의 현대화 길과 비교 연구를 통해 중국의 현대화 길이 서구 현대화의 길과 전혀 다르며, 다른 사회주의 국가의 현대화 길과도 같지 않다는 결론에 이르렀습니다. 아울러 '중국의 길'이 역사발전 과정에서 중화문명의 현대화 전환을 어떻게 추진했는지와 그것이 국제사회에 미치는 영향에 대해 연구했습니다.

이 책의 한국어판 출판은 중국의 발전 및 진로에 관심을 가진 독자들에게 도움이 될 수 있기를 기원하며, 한·중 관계 발전과 상호이해를 증진시키는 데 기여할 수 있게 되기를 간절히 바랍니다.

이 책의 한국어 번역 작업에 참여하신 쉬저건(徐哲根)·진춘즈(金春子)·퍄오광하이(朴光海)·한상도(韓相燾) 교수님의 노고에 감사드리며, 저자인 허신위앤(賀新元) 선생님과 중화학술외국어번역(中華學術外譯) 프로젝트의 신청과 출판을 적극 지원해주신 복건인민출판사 책임편집 린쥔제(林俊傑) 선생님께도 감사의 인사를 드립니다. 아울러 한국어판 출판을 위해 애써주신 경인문화사 한정희 사장님과 유지혜 등 여러 선생님들께도 감사의 말씀을 전합니다.

2021년 8월 16일
퍄오잉지(朴英姬)

저자 허신위앤(賀新元)

1970년 중국 쟝시성(江西省) 융신현(永新縣)에서 태어났다.

법학박사, 연구원, 박사과정 학생 지도교수.

현재 중국사회과학원 마르크스주의 연구원 마르크스주의 중국화 연구부 부주임, 마르크스주의 연구원 학술위원회 위원, 중국사회과학원 '창신(創新) 프로젝트' 수석전문가를 맡고 있다.

그간 '마르크스주의 중국화 및 당대(當代) 중국'이라는 연구 주제로 8권의 저서를 출판하였으며, 현재 '국가사회과학기금 과제', '중국사회과학원 중대과제' 등 10여 개의 연구사업을 주관하고 있다.

중국의 길
남다른 현대화의 길

2021년 12월 17일 초판 인쇄
2021년 12월 31일 초판 발행

저　　　자	허신위앤(賀新元)	
역　　　자	퍄오잉지(朴英姬) 쉬저건(徐哲根) 진춘즈(金春子) 퍄오광하이(朴光海) 한상도(韓相禱)	
원 출 판 사	중국 복건인민출판사(中國福建人民出版社)	
발 행 인	한정희	
발 행 처	경인문화사	
편 집 부	유지혜 김지선 박지현 한주연 이다빈 김윤진	
마 케 팅	전병관 하재일 유인순	
출 판 번 호	제406-1973-000003호	
주　　　소	경기도 파주시 회동길 445-1 경인빌딩 B동 4층	
대 표 전 화	031-955-9300　　팩　　스　031-955-9310	
홈 페 이 지	http://www.kyunginp.co.kr	
이 메 일	kyungin@kyunginp.co.kr	

ISBN 978-89-499-6609-0　93300
값 39,000원